Otto von Bismarck

Gedanken und Erinnerungen: Die Autobiografie von Otto von Bismarck

e-artnow 2023

Otto von Bismarck

Gedanken und Erinnerungen: Die Autobiografie von Otto von Bismarck

e-artnow, 2023
ISBN 978-80-273-8659-8

Inhaltsverzeichnis

Erster Band

Vorwort zur ersten Ausgabe.

Fürst Bismarck begann die Aufzeichnungen seiner »Gedanken und Erinnerungen«, bald nachdem ihm durch die Entlassung aus seinen ruhmreich geführten Aemtern – wie er selbst wiederholt gesagt hat – das Spalier entzogen war, an dem sich sein Leben bisher emporgerankt hatte. Die erste Anregung gab ihm eine von einem Verlagsangebote begleitete Anfrage des Cotta'schen Hauses,– schon am 6. Juli 1890 wurde zwischen dem Fürsten und dem Vertreter der Cotta'schen Buchhandlung ein Abkommen getroffen, durch welches diesem Hause für den Fall, daß der Fürst Erinnerungen aus seinem Leben niederschriebe, das Verlagsrecht übertragen wurde. Lothar Bucher, der geschichtskundige Diplomat, der nach des Fürsten Entlassung Jahre lang mit kurzen Unterbrechungen in Friedrichsruh oder Varzin als stiller Hausgast weilte, hat das Verdienst, daß er den Fürsten Bismarck in seinem Entschlusse zur Niederschrift seiner Erinnerungen und seiner politischen Gedanken bestärkte und ihn in täglichen Gesprächen bei dem begonnenen Werke festhielt. Bucher's stenographische Nachschriften nach dem Dictate des Fürsten bildeten den Grundstock zu der ersten Ausarbeitung, mit der sich der Fürst Jahre lang eifrig beschäftigte, indem er die in Kapitel eingetheilten und systematisch geordneten Aufzeichnungen immer von neuem durchsah und durch eigenhändige Nachträge ergänzte. Um ihm diese Arbeit zu erleichtern, wurden die »Gedanken und Erinnerungen« schon im Jahre 1893 als Manuskript gedruckt mit allen Aenderungen, die der Fürst an dem ersten Entwurf angebracht hatte. Dieses neue Manuskript hat Fürst Bismarck dann noch zwei- bis dreimal durchgearbeitet und sorgfältiger Nachprüfung unterzogen, in der ihn sein fast untrügliches Gedächtniß aufs beste unterstützte. Ganze Kapitel hat er noch in den letzten beiden Jahren in neue Formen umgegossen.

Die zunehmenden Leiden des Alters und eine gewisse Scheu vor der Mühe des Schreibens ließen die Arbeit zuweilen ins Stocken gerathen, aber ein großer Theil ist fertig geworden und bildet ein kostbares Erbe der deutschen Nation. Aus dieser reichfließenden Quelle werden auch noch in künftigen Jahrhunderten unsere Staatsmänner und Geschichtsschreiber Belehrung schöpfen, unser ganzes Volk aber wird sich noch bis in die fernsten Zeiten, wie an den Werken seiner Klassiker, an dem Buche erbauen, das sein Bismarck ihm hinterlassen hat.

Pflicht des Herausgebers, der hierin einem vom Fürsten Otto von Bismarck selbst herrührenden Auftrage nachkam, mußte es sein, die eingestreuten Schriftstücke, die oft aus mangelhaften Drucken übernommen worden waren, nach den Urschriften richtig zu stellen, kleine Irrthümer in der Angabe von Daten oder der Schreibung von Namen, die der Mangel an amtlichem Material verschuldete, zu bessern, in Fußnoten auf ähnliche Aeußerungen des Fürsten in seinen politischen Reden aufmerksam zu machen und literarische Nachweise zu geben. Nirgends aber ist der Text geändert oder gekürzt worden – die Pietät gebietet einem solchen Todten gegenüber doppelte Zurückhaltung.

Anmerkungen von der Hand des Fürsten sind durch Sternchen (*), solche des Herausgebers durch Ziffern kenntlich gemacht.

Chemnitz, 21. Oktober 1898.

Horst Kohl.

Vorwort zur Volksausgabe.

Es war ein dankenswerther Entschluß der Verlagsbuchhandlung, in einer Volksausgabe das nachgelassene Werk des Fürsten Bismarck den weitesten Kreisen zugänglich und damit zu einem Gemeingute des deutschen Volkes zu machen. In der That kann es ein besseres Buch für den deutschen Staatsbürger nicht geben als Bismarck's »Gedanken und Erinnerungen«. Was ihn selbst zur Abfassung trieb, das lehrt die Widmung, die dem Werke vorgesetzt ist. Sie wurde erst nach dem Erscheinen der ersten Ausgabe unter den Papieren des Fürsten Bismarck gefunden und soll dem deutschen Volke nicht vorenthalten bleiben, denn sie zeigt, aus welchem Geiste das Werk geboren ist. Es sollte nicht eitler Selbstbespiegelung dienen und ruhmredigem Lobpreis errungener Erfolge, sondern durch die Erinnerung an die Vergangenheit, ihre Kämpfe und Siege die Enkel mahnen, das Erbe der Väter zu erhalten. Es ist zugleich ein Rechenschaftsbericht und ein politisches Testament, nach beiden Seiten hin will es gewürdigt sein und ist es gewürdigt worden. In der That hat sich eine an Nummern nicht unbeträchtliche Literatur an das Erscheinen der »Gedanken und Erinnerungen« geknüpft, theils ernste historische Untersuchungen mit allem Rüstzeug wissenschaftlicher Kritik, theils Parteischriften voll Anmaßung und Ueberhebung, theils widerwärtige Pamphlets rein persönlichen Charakters, in denen nur Haß und Schmähsucht zu Worte kommen. Mit allen diesen mich auseinanderzusetzen, konnte ich nicht als meine Pflicht anerkennen. Es ist nun einmal deutsche Art, an dem Großen zu mäkeln und sich und andern den Genuß durch kleinmeisterliche Einzelkritik zu verderben; wo die wissenschaftliche Untersuchung auf Irrthümer der Darstellung oder auch der Auffassung aufmerksam gemacht hat, da habe ich meinerseits die erhobenen Einwände nachgeprüft und in längeren oder kürzeren Anmerkungen mich zur Sache geäußert. Daß auch das treueste Gedächtnis Irrungen unterworfen ist, wird jeder ohne Weiteres zugeben müssen; wunderbar bleibt trotz alledem, mit welcher Genauigkeit Fürst Bismarck sich oft der Einzelheiten einer weit zurückliegenden Vergangenheit zu erinnern vermochte, wie ganze Gedankengänge sich in ihm wiederbelebten, so daß die gleichen Gedanken sich fast in die gleichen Worte kleideten. Wenn dagegen geltend gemacht worden ist, daß dieselben Erzählungen bei verschiedenen Berichterstattern verschieden lauteten, so darf dafür nicht Bismarck verantwortlich gemacht werden, sondern die geringe Fähigkeit der meisten Berichterstatter, Gehörtes richtig aufzufassen und in der richtigen Form zu Papier zu bringen. Mit aller Schärfe ist der Vorwurf abzuweisen, daß Fürst Bismarck absichtlich die Darstellung hier und da gefärbt habe, um die Meinung seiner Leser in gewisser Richtung zu beeinflussen, daß er – wie im Kapitel von der Emser Depesche – nicht überall der strengen Wahrheit die Ehre gegeben, sondern manches verschwiegen habe, um minder schuldig zu erscheinen. Wer das von Fürst Bismarck zu denken vermag, hat ihn nie verstanden und wird ihn nie verstehen. Er hat immer den Muth der Verantwortlichkeit gehabt und mit rücksichtsloser Offenheit sein Inneres erschlossen. Es ist auch unerfindlich, was ihn am Abende seines Lebens bestimmt haben sollte, seinen Antheil an den Dingen in einem unsicheren Lichte darzustellen, noch dazu, wo es sich um eine seiner größten Ruhmesthaten handelt. Gerade, daß er es ablehnt, die Hohenzollern'sche Candidatur darum gefördert zu haben, weil sie den französischen Grund zur Kriegserklärung geben konnte, beweist, wie wenig es ihm um Selbstlob zu thun war. Einen unvermeidlichen Krieg rechtzeitig herbeigeführt zu haben, ist noch immer als ein Ruhmestitel eines seiner Aufgabe bewußten Staatsmannes angesehen worden; Bismarck hielt den Krieg bei der Stimmung der Franzosen für wahrscheinlich, aber er hielt doch auch nicht für unmöglich, daß er vermieden werden könnte, und so hat er alles gethan, was in seinen Kräften stand, um den Franzosen nicht den Anlaß zu geben, nach dem sie suchten. Wen auch das nicht überzeugt, den könnte die lobenswerthe Offenheit der Geschichtsschreiber des französischen Generalstabswerkes belehren, die rückhaltlos zugeben, daß der Krieg von den maßgebenden Kreisen eifrig vorbereitet und zum Ausbruch gebracht wurde, als die spanische Frage willkommenen Vorwand bot.

Uebrigens sollte doch nie vergessen werden, daß der Fürst in den letzten Jahren nur noch schwer zu bewegen war, die durch Bucher's Tod unterbrochene Arbeit wieder aufzunehmen. Es fehlte seitdem die treibende Kraft; körperliches Unbehagen, gemüthliche Depressionen mancherlei Art, Abneigung gegen die Arbeit am Schreibtische, lebhafte Beschäftigung mit den Dingen der Gegenwart und eine fast ununterbrochene Wirksamkeit als politischer Redner, wie er sie bei den Massenempfängen in Friedrichsruh und Varzin, sowie auf seinen Reisen entwickelte, alles entfremdete den Fürsten Bismarck der stillen Arbeit des Geschichtsschreibers, die der Sammlung und Concentration der Gedanken bedarf. Daß er uns aber bei seinem hohen Alter gleichwohl so viel und manches Kapitel in geradezu meisterhafter Darstellung hinterlassen hat, bleibt ein Gewinn für unser Volk, den wir nicht hoch genug anschlagen können.

Den Text habe ich überall gewissenhaft nachgeprüft; an Stelle der Entwürfe, die dem Fürsten Bismarck in seinen Concepten vorlagen, konnten mehrfach die Redactionen letzter Hand eingesetzt werden, so das Schreiben vom 27. November 1870 an Ludwig von Bayern und der Brief an Graf Schuwalow vom 25. Februar 1877; andere Stücke, für die zur Zeit der Abfassung nur zum Theil recht fehlerhafte Abschriften vorlagen, konnte ich nach den inzwischen aufgefundenen Originalen berichtigen. So bietet die Volksausgabe an vielen Stellen einen besseren Text als die erste Ausgabe; sie wird darum auch vielen Besitzern dieser Ausgabe willkommen sein. Die in Bismarck's Briefen und sonstigen eigenhändigen Aufzeichnungen beobachtete Schreibung der Worte ist in der Volksausgabe einheitlich durchgeführt, auch in den Ueberschriften der Seiten. Sie ist ein Theil seines Wesens und in ihren Abweichungen vom Schulmäßigen so sehr ein Wiederspiel gewisser Eigenschaften seines Charakters und seiner Persönlichkeit, daß der Herausgeber sich für berechtigt hielt, sie auch in denjenigen Abschnitten anzuwenden, die, weil sie im Entwurf nach Dictat von Bucher's oder Chrysander's Hand geschrieben sind, andere Schreibung aufweisen.

Mit besonderem Danke möchte ich der selbstlosen Hülfe gedenken, die mir Herr Professor Dr. A. Eigenbrodt in Kassel bei Durchsicht des Textes und der Erörterung der kritischen Fragen hat zu Theil werden lassen; er war der Einzige, der meiner Bitte gern und freudig entsprach.

Leipzig, 13. Juli 1905.

Horst Kohl.

Erstes Kapitel. Bis zum Ersten Vereinigten Landtage.

I.

Als normales Product unsres staatlichen Unterrichts verließ ich Ostern 1832 die Schule als Pantheist, und wenn nicht als Republikaner, doch mit der Ueberzeugung, daß die Republik die vernünftigste Staatsform sei, und mit Nachdenken über die Ursachen, welche Millionen von Menschen bestimmen könnten, *Einem* dauernd zu gehorchen, während ich von Erwachsenen manche bittre oder geringschätzige Kritik über die Herrscher hören konnte. Dazu hatte ich von der turnerischen Vorschule mit Jahn'schen Traditionen (Plamann), in der ich vom sechsten bis zum zwölften Jahre gelebt, deutsch-nationale Eindrücke mitgebracht. Diese blieben im Stadium theoretischer Betrachtungen und waren nicht stark genug, um angeborne preußisch-monarchische Gefühle auszutilgen. Meine geschichtlichen Sympathien blieben auf Seiten der Autorität. Harmodius und Aristogiton sowohl wie Brutus waren für mein kindliches Rechtsgefühl Verbrecher und Tell ein Rebell und Mörder. Jeder deutsche Fürst, der vor dem 30jährigen Kriege dem Kaiser widerstrebte, ärgerte mich; vom Großen Kurfürsten an aber war ich parteiisch genug, antikaiserlich zu urtheilen und natürlich zu finden, daß der siebenjährige Krieg sich vorbereitete. Doch blieb mein deutsches Nationalgefühl so stark, daß ich im Anfang der Universitätszeit zunächst zur Burschenschaft in Beziehung gerieth, welche die Pflege des nationalen Gefühls als ihren Zweck bezeichnete. Aber bei persönlicher Bekanntschaft mit ihren Mitgliedern mißfielen mir ihre Weigerung, Satisfaction zu geben, und ihr Mangel an äußerlicher Erziehung und an Formen der guten Gesellschaft, bei näherer Bekanntschaft auch die Extravaganz ihrer politischen Auffassungen, die auf einem Mangel an Bildung und an Kenntniß der vorhandnen, historisch gewordnen Lebensverhältnisse beruhte, von denen ich bei meinen siebzehn Jahren mehr zu beobachten Gelegenheit gehabt hatte als die meisten jener durchschnittlich ältern Studenten. Ich hatte den Eindruck einer Verbindung von Utopie und Mangel an Erziehung. Gleichwohl bewahrte ich innerlich meine nationalen Empfindungen und den Glauben, daß die Entwicklung der nächsten Zukunft uns zur deutschen Einheit führen werde; ich ging mit meinem amerikanischen Freunde Coffin die Wette darauf ein, daß dieses Ziel in zwanzig Jahren erreicht sein werde.

In mein erstes Semester fiel die Hambacher Feier (27. Mai 1832), deren Festgesang mir in der Erinnrung geblieben ist, in mein drittes der Frankfurter Putsch (3. April 1833). Diese Erscheinungen stießen mich ab, meiner preußischen Schulung widerstrebten tumultuarische Eingriffe in die staatliche Ordnung; ich kam nach Berlin mit weniger liberaler Gesinnung zurück, als ich es verlassen hatte, eine Reaction, die sich wieder abschwächte, nachdem ich mit dem staatlichen Räderwerke in unmittelbare Beziehung getreten war. Was ich etwa über auswärtige Politik dachte, mit der das Publikum sich damals wenig beschäftigte, war im Sinne der Freiheitskriege, vom preußischen Offizierstandpunkt gesehn. Beim Blick auf die Landkarte ärgerte mich der französische Besitz von Straßburg, und der Besuch von Heidelberg, Speier und der Pfalz stimmte mich rachsüchtig und kriegslustig. In der Zeit vor 1848 war für einen Kammergerichts-Auscultator und Regirungs-Referendar, dem jede Beziehung zu ministeriellen und höhern amtlichen Kreisen fehlte, kaum eine Aussicht zu einer Betheiligung an der preußischen Politik vorhanden, so lange er nicht den einförmigen Weg zurückgelegt hatte, der durch die Stufen der bürokratischen Laufbahn nach Jahrzehnten dahin führen konnte, an den höhern Stellen bemerkt und herangezogen zu werden. Als mustergültige Vordermänner auf diesem Wege wurden mir im Familienkreise damals Männer wie Pommer-Esche und Delbrück vorgehalten, und als einzuschlagende Richtung die Arbeit an und in dem Zollvereine empfohlen. Ich hatte, so lange ich in dem damaligen Alter an eine Beamtenlaufbahn ernstlich dachte, die diplomatische im Auge, auch nachdem ich von Seiten des Ministers Ancillon bei meiner Meldung dazu wenig Ermuthigung gefunden hatte. Derselbe bezeichnete nicht mir, aber hohen Kreisen gegenüber als Musterbild dessen, was unsrer Diplomatie fehle, den Fürsten Felix Lichnowski, obschon man hätte vermuthen sollen, daß diese Persönlichkeit, wie sie sich damals in Berlin zur Anschauung brachte, der anerkennenden Würdigung eines der evangelischen Geistlichkeit entstammenden Ministers nicht grade nahe stände.

Der Minister hatte den Eindruck, daß die Kategorie unsres hausbacknen preußischen Landadels für unsre Diplomatie den ihm wünschenswerthen Ersatz nicht lieferte und die Mängel, welche er an der Gewandheit des Personalbestandes dieses Dienstzweiges fand, zu decken nicht geeignet war. Dieser Eindruck war nicht ganz ohne Berechtigung. Ich habe als Minister stets ein landsmannschaftliches Wohlwollen für eingeborne preußische Diplomaten gehabt, aber im dienstlichen Pflichtgefühle nur selten diese Vorliebe bethätigen können, in der Regel nur dann, wenn die Betheiligten aus einer militärischen Stellung in die diplomatische übergingen. Bei den rein preußischen Civil-Diplomaten, welche der Wirkung militärischer Disciplin garnicht oder unzureichend unterlegen hatten, habe ich in der Regel eine zu starke Neigung zur Kritik, zum Besserwissen, zur Opposition und zu persönlichen Empfindlichkeiten gefunden, verstärkt durch die Unzufriedenheit, welche das Gleichheitsgefühl des alten preußischen Edelmanns empfindet, wenn ein Standesgenosse ihm über den Kopf wächst oder außerhalb der militärischen Verhältnisse sein Vorgesetzter wird. In der Armee sind diese Kreise seit Jahrhunderten daran gewöhnt, daß das geschieht, und geben den Bodensatz ihrer Verstimmung gegen frühere Vorgesetzte an ihre spätern Untergebenen weiter, sobald sie selbst in höhere Stellen gelangt sind. In der Diplomatie kommt dazu, daß diejenigen unter den Aspiranten, welche Vermögen oder die zufällige Kenntniß fremder Sprachen, namentlich der französischen, besitzen, schon darin einen Grund zur Bevorzugung sehn und deshalb der obern Leitung noch anspruchsvoller und zur Kritik geneigter gegenübertreten als Andre. Sprachkenntnisse, wie auch Oberkellner sie besitzen, bildeten bei uns leicht die Unterlage des eignen Glaubens an den Beruf zur Diplomatie, namentlich so lange unsre gesandschaftlichen Berichte, besonders die ad Regem, französisch sein mußten, wie es die nicht immer befolgte, aber bis ich Minister wurde amtlich in Kraft stehende Vorschrift war. Ich habe manche unter unsern ältern Gesandten gekannt, die, ohne Verständniß für Politik, lediglich durch Sicherheit im Französischen in die höchsten Stellen aufrückten; und auch sie sagten in ihren Berichten doch nur das, was sie französisch geläufig zur Verfügung hatten. Ich habe noch 1862 von Petersburg französisch amtlich zu berichten gehabt, und die Gesandten, welche auch ihre Privatbriefe an den Minister französisch schrieben, empfahlen sich dadurch als besonders berufen zur Diplomatie, auch wenn sie politisch als urtheilslos bekannt waren.

Außerdem kann ich Ancillon nicht Unrecht geben, wenn er von den meisten Aspiranten aus unserm Landadel den Eindruck hatte, daß sie sich aus dem engen Gesichtskreise ihrer damaligen Berliner, man könnte sagen provinziellen Anschauungen schwer loslösen ließen, und daß es ihnen nicht leicht gelingen würde, den specifisch *preußischen* Bürokraten in der Diplomatie mit dem Firniß des *europäischen* zu übertünchen. Die Wirkung dieser Wahrnehmungen zeigt sich deutlich, wenn man die Rangliste unsrer Diplomaten aus damaliger Zeit durchgeht; man wird erstaunt sein, so wenig geborne Preußen darin zu finden. Die Eigenschaft, der Sohn eines in Berlin accreditirten fremden Gesandten zu sein, gab an sich einen Vorzug. Die an den kleinen Höfen erwachsenen, in den preußischen Dienst übernommnen Diplomaten hatten nicht selten den Vortheil größrer *assurance* in höfischen Kreisen und eines größern Mangels an Blödigkeit vor den eingebornen. Ein Beispiel *dieser* Richtung war namentlich Herr von Schleinitz. Dann finden sich in der Liste Mitglieder standesherrlicher Häuser, bei denen die Abstammung die Begabung ersetzte. Aus der Zeit, als ich nach Frankfurt ernannt wurde, ist mir außer mir, dem Freiherrn Karl von Werther, Canitz und dem französisch verheiratheten Grafen Max Hatzfeldt kaum der Chef einer ansehnlichen Mission preußischer Abstammung erinnerlich. Ausländische Namen standen höher im Kurse: Brassier, Perponcher, Savigny, Oriola. Man setzte bei ihnen größre Geläufigkeit im Französischen voraus, und sie waren »weiter her«, dazu trat [bei den Diplomaten preußischer Abkunft Die in Klammer gesetzten Worte sind von dem Herausgeber ergänzt] der Mangel an Bereitwilligkeit zur Uebernahme eigner Verantwortlichkeit bei fehlender Deckung durch zweifellose Instruction, ähnlich wie im Militär 1806 bei der alten Schule aus Friedericianischer Zeit. Wir züchteten schon damals das Offiziersmaterial bis zum Regiments-Commandeur in einer Vollkommenheit wie kein andrer Staat, aber darüber hinaus war das eingeborne preußische Blut nicht mehr fruchtbar an Begabungen wie zur Zeit Friedrich's des Großen selbst. Unsre erfolgreichsten Feldherrn, Blücher, Gneisenau, Moltke, Goeben, waren keine preußischen Urproducte, ebensowenig im Civildienste Stein, Hardenberg, Motz und Grolman. Es ist, als ob unsre Staatsmänner wie die Bäume in den Baumschulen zu voller Wurzelbildung der Versetzung bedürften.

Ancillon rieth mir, zunächst das Examen als Regirungs-Assessor zu machen und dann auf dem Umwege durch die Zollvereinsgeschäfte Eintritt in die *deutsche* Diplomatie Preußens zu suchen; einen Beruf für die europäische erwartete er also bei einem Sprößlinge des einheimischen Landadels nicht. Ich nahm mir seine Andeutung zu Herzen und beabsichtigte, zunächst das Examen als Regirungs-Assessor zu machen.

Die Personen und Einrichtungen unsrer Justiz, in der ich zunächst beschäftigt war, gaben meiner jugendlichen Auffassung mehr Stoff zur Kritik als zur Anerkennung. Die praktische Ausbildung des Auscultators begann damit, daß man auf dem Criminalgericht das Protokoll zu führen hatte, wozu ich von dem Rathe, dem ich zugewiesen war, Herrn von Brauchitsch, über die Gebühr herangezogen wurde, weil ich damals über den Durchschnitt schnell und lesbar schrieb. Von den »Untersuchungen«, wie die Kriminalprozesse bei dem damals geltenden Inquisitionsverfahren genannt wurden, hat mir eine den nachhaltigsten Eindruck hinterlassen, welche eine in Berlin weit verzweigte Verbindung zum Zweck der unnatürlichen Laster betraf. Die Klubeinrichtungen der Betheiligten, die Stammbücher, die gleichmachende Wirkung des gemeinschaftlichen Betreibens des Verbotnen durch alle Stände hindurch – alles das bewies schon 1835 eine Demoralisation, welche hinter den Ergebnissen des Prozesses gegen die Heinzeschen Eheleute (October 1891) nicht zurückstand. Die Verzweigungen dieser Gesellschaft reichten bis in hohe Kreise hinauf. Es wurde dem Einflusse des Fürsten Wittgenstein zugeschrieben, daß die Akten von dem Justizministerium eingefordert und, wenigstens während meiner Thätigkeit an dem Criminalgerichte, nicht zurückgegeben wurden.

Nachdem ich vier Monate protokollirt hatte, wurde ich zu dem Stadtgerichte, vor das die Civilsachen gehörten, versetzt und aus der mechanischen Beschäftigung des Schreibens unter Dictat plötzlich zu einer selbständigen erhoben, der gegenüber meine Unerfahrenheit und mein Gefühl mir die Stellung erschwerten. Das erste Stadium, in welchem der juristische Neuling damals zu einer selbständigen Thätigkeit berufen wurde, waren nämlich die Ehescheidungen. Offenbar als das Unwichtigste betrachtet, waren sie dem unfähigsten Rathe, Namens Prätorius, übertragen, und unter ihm der Bearbeitung der ganz grünen Auscultatoren überlassen worden, die damit in corpore vili ihre ersten Experimente in der Richterrolle zu machen hatten, allerdings unter nomineller Verantwortlichkeit des Herrn Prätorius, der jedoch ihren Verhandlungen nicht beiwohnte. Zur Charakterisirung dieses Herrn wurde uns jungen Leuten erzählt, daß er in den Sitzungen, wenn behufs der Abstimmung aus einem leichten Schlummer geweckt, zu sagen pflegte: »Ich stimme wie der College Tempelhof«, und gelegentlich darauf aufmerksam gemacht werden mußte, daß Herr Tempelhof nicht anwesend sei.

Ich trug ihm einmal meine Verlegenheit vor, daß ich, wenige Monate über 20 Jahre alt, mit einem aufgeregten Ehepaare den Sühneversuch vornehmen solle, der für meine Auffassung einen gewissen kirchlichen und sittlichen Nimbus hatte, dem ich mich in meiner Seelenstimmung nicht adäquat fühlte. Ich fand Prätorius in der verdrießlichen Stimmung eines zur Unzeit geweckten ältern Herrn, der außerdem die Abneigung mancher alten Bürokraten gegen einen jungen Edelmann hegte. Er sagte mit geringschätzigem Lächeln: »Es ist verdrießlich, Herr Referendarius, wenn man sich auch nicht ein bischen zu helfen weiß; ich werde Ihnen zeigen, wie man das macht.« Ich kehrte mit ihm in das Terminszimmer zurück. Der Fall lag so, daß der Mann geschieden sein wollte, die Frau nicht, der Mann sie des Ehebruchs beschuldigte, die Frau mit thränenreichen Declamationen ihre Unschuld betheuerte und trotz aller Mißhandlung von Seiten des Mannes bei ihm bleiben wollte. Mit seinem lispelnden Zungenanschlage sprach

Prätorius die Frau also an: »Aber Frau, sei sie doch nicht so dumm; was hat sie denn davon? Wenn sie nach Hause kommt, schlägt ihr der Mann die Jacke voll, bis sie es nicht mehr aushalten kann. Sage sie doch einfach Ja, dann ist sie mit dem Säufer kurzer Hand auseinander.« Darauf die Frau weinend und schreiend: »Ich bin eine ehrliche Frau, kann die Schande nicht auf mich nehmen, will nicht geschieden sein.« Nach mehrfacher Replik und Duplik in dieser Tonart wandte sich Prätorius zu mir mit den Worten: »Da sie nicht Vernunft annehmen will, so schreiben Sie, Herr Referendarius,« und dictirte mir die Worte, die ich wegen des tiefen Eindrucks, welchen sie mir machten, noch heut auswendig weiß: »Nachdem der Sühneversuch angestellt und die dafür dem Gebiete der Moral und Religion entnommnen Gründe erfolglos geblieben waren, wurde wie folgt weiter verhandelt.« Mein Vorgesetzter erhob sich und sagte: »Nun merken Sie sich, wie man das macht, und lassen Sie mich künftig mit dergleichen in Ruhe.« Ich begleitete ihn zur Thüre und setzte die Verhandlung fort. Die Station der Ehescheidungen dauerte, so viel ich mich erinnre, vier bis sechs Wochen, ein Sühneversuch kam mir nicht wieder vor. Es war ein gewisses Bedürfniß vorhanden für die *Verordnung* über das Verfahren in Ehescheidungen, auf welche Friedrich Wilhelm IV. sich beschränken mußte, nachdem sein Versuch, ein Gesetz über Aenderung des materiellen Eherechts zu Stande zu bringen, an dem Widerstande des Staatsrats gescheitert war. Dabei mag erwähnt werden, daß durch jene Verordnung zuerst in den Provinzen des Allgemeinen Landrechts der Staatsanwalt eingeführt worden ist als *defensor matrimonii* und zur Verhütung von Collusionen der Parteien.

Ansprechender war das folgende Stadium der Bagatellprozesse, wo der ungeschulte junge Jurist wenigstens eine Uebung im Aufnehmen von Klagen und Vernehmen von Zeugen gewann, wo man ihn im Ganzen aber doch mehr als Hülfsarbeiter ausnutzte, als mit Belehrung förderte. Das Local und die Procedur hatten etwas von dem unruhigen Verkehre an einem Eisenbahnschalter. Der Raum, wo der leitende Rath und die drei oder vier Auscultatoren mit dem Rücken gegen das Publikum saßen, war von hölzernen Gittern umgeben, und die dadurch gebildete viereckige Bucht war von der wechselnden und mehr oder weniger lärmenden Menge der Parteien rings umfluthet.

Mein Eindruck von Institutionen und Personen wurde nicht wesentlich modificirt, nachdem ich zur Verwaltung übergegangen war. Um den Umweg zur Diplomatie abzukürzen, wandte ich mich einer rheinischen Regirung, der Aachner, zu, deren Cursus sich in zwei Jahren abmachen ließ, während bei den altländischen wenigstens drei erforderlich waren. Vgl. die Akten des Aachner Aufenthalts in Bismarck-Jahrbuch III, die Probearbeiten zum Referendariats-Examen in Bismarck-Jahrbuch II, herausg. von Horst Kohl. Stuttgart, J.G. Cotta'sche Buchhandlung Nachfolger.

Ich kann mir denken, daß bei Besetzung der rheinischen Regirungscollegien 1816 ähnlich verfahren worden war, wie 1871 bei der Organisation von Elsaß-Lothringen. Die Behörden, welche einen Theil ihres Personals abzugeben hatten, werden nicht auf das staatliche Bedürfnis gehört haben, für die schwierige Aufgabe der Assimilirung einer neu erworbenen Bevölkerung den besten Fuß vorzusetzen, sondern diejenigen Mitglieder gewählt haben, deren Abgang von ihren Vorgesetzten oder von ihnen selbst gewünscht wurde; in den Collegien fanden sich frühere Präfektur-Sekretäre und andre Reste der französischen Verwaltung. Die Persönlichkeiten entsprachen nicht alle dem unberechtigten Ideale, das mir in dem Alter von 21 Jahren vorschwebte, und noch weniger that dies der Inhalt der laufenden Geschäfte. Ich erinnre mich, daß ich bei vielen Meinungsverschiedenheiten zwischen Beamten und Regirten oder innerhalb jeder dieser beiden Kategorien, Meinungsverschiedenheiten, deren polemische Vertretung jahrelang die Akten anschwellen machte, gewöhnlich unter dem Eindrucke stand, »ja, so kann man es auch machen,« und daß Fragen, deren Entscheidung in dem einen oder dem andern Sinne das verbrauchte Papier nicht werth war, eine Geschäftslast erzeugten, die ein einzelner Präfekt mit dem vierten Theile der aufgewandten Arbeitskraft hätte erledigen können. Nichtsdestoweniger war, abgesehn von den subalternen Beamten, das tägliche Arbeitspensum ein geringes und besonders für die Abtheilungs-Dirigenten eine reine Sinecure. Ich verließ Aachen mit einer, abgesehn von dem begabten Präsidenten Grafen Arnim-Boitzenburg, geringen Meinung von unsrer Bürokratie im Einzelnen und in der Gesammtheit. Im Einzelnen wurde meine Meinung günstiger durch meine demnächstige Erfahrung bei der Regirung in Potsdam, zu der ich mich im Jahre 1837 versetzen ließ, weil dort abweichend von den andern Provinzen die indirecten Steuern zum Ressort der Regirung gehörten und grade diese wichtig waren, wenn ich die Zollpolitik zur Basis meiner Zukunft nehmen wollte.

Die Mitglieder des Kollegiums machten mir einen würdigern Eindruck als die Aachner, aber doch in ihrer Gesammtheit den Eindruck von Zopf und Perrücke, in welche Kategorie meine jugendliche Ueberhebung auch den väterlich-würdigen Oberpräsidenten von Bassewitz stellte, während der Aachner Regirungspräsident Graf Arnim zwar die generelle Staatsperrücke, aber doch keinen geistigen Zopf trug. Als ich dann aus dem Staatsdienste in das Landleben überging, brachte ich in die Berührungen, welche ich als Gutsbesitzer mit den Behörden hatte, eine nach meinem heutigen Urtheil zu geringe Meinung von dem Werthe unsrer Bürokratie, eine vielleicht zu große Neigung zur Kritik mit. Ich erinnre mich, daß ich als stellvertretender Landrath über den Plan, die Wahl der Landräthe abzuschaffen, gutachtlich zu berichten hatte und mich so aussprach, die Bürokratie sinke in der Achtung vom Landrath aufwärts; sie habe dieselbe nur in der Person des Landraths bewahrt, der einen Januskopf trage, ein Gesicht in der Bürokratie, eins im Lande habe.

Die Neigung zu befremdendem Eingreifen in die verschiedensten Lebensverhältnisse war unter dem damaligen väterlichen Regimente vielleicht größer als heut, aber die Organe zum Eingreifen waren weniger zahlreich und standen an Bildung und Erziehung höher als ein Theil der heutigen. Die Beamten der Königlichen hochlöblichen Regirung waren ehrliche, studirte und gut erzogne Beamte, aber ihre wohlwollende Thätigkeit fand nicht immer Anerkennung, weil sie sich ohne locale Sachkunde auf Details zersplitterte, in Betreff deren die Ansichten des gelehrten Stadtbewohners am grünen Tische nicht immer der Kritik des bäuerlichen gesunden Menschenverstandes überlegen waren. Die Mitglieder der Regirungs-Collegien hatten damals multa, nicht multum zu thun, und der Mangel an höhern Aufgaben brachte es mit sich, daß sie kein ausreichendes Quantum wichtiger Geschäfte fanden und in ihrem Pflichteifer sich über das Bedürfniß der Regirten hinaus zu thun machten, in die Neigung zur Reglementirerei, zu dem, was der Schweizer »Befehlerle« nennt, geriethen.

Man hatte, um einen vergleichenden Blick auf die Gegenwart zu werfen, gehofft, daß die Staatsbehörden durch die Einführung der heutigen localen Selbstverwaltung an Geschäften und an Beamten würden entbürdet werden; aber im Gegentheile, die Zahl der Beamten und ihre Geschäftslast sind durch Korrespondenzen und Frictionen mit den Organen der Selbstverwaltung von dem Provinzialrathe bis zu der ländlichen Gemeindeverwaltung erheblich gesteigert worden. Es muß früher oder später der wunde Punkt eintreten, wo wir von der Last der Schreiberei und besonders der subalternen Bürokratie erdrückt werden. Daneben ist der bürokratische Druck auf das Privatleben durch die Art der Ausführung der »Selbstverwaltung« verstärkt worden und greift in die ländlichen Gemeinden schärfer als früher ein. Vorher bildete der der Bevölkerung ebenso nahe als dem Staate stehende Landrath den Abschluß der staatlichen Bürokratie nach unten; unter ihm standen locale Verwaltungen, die wohl der Controlle, aber nicht in gleichem Maße wie heut der Disciplinargewalt der Bezirks- oder Ministerial-Bürokratie unterlagen. Die ländliche Bevölkerung erfreut sich heut vermöge der ihr gewährten Selbstregirung nicht etwa einer ähnlichen Autonomie wie seit lange die der Städte, sondern sie hat in Gestalt des Amtsvorstehers einen Vorstand erhalten, der durch Befehle von oben, vom Landrathe, unter Androhung von Ordnungsstrafen disciplinarisch angehalten wird, im Sinne der staatlichen Hierarchie seine Mitbürger in seinem Bezirke mit Listen, Meldungen und Zumuthungen zu belästigen. Die regirte contribuens plebs hat in der landräthlichen Instanz ungeschickten Eingriffen gegenüber nicht mehr die Garantie, welche früher in dem Verhältniß lag, daß die Kreiseingesessenen, die Landräthe wurden, dies in ihrem Kreise lebenslänglich zu bleiben in der Regel entschlossen waren und die Leiden und Freuden des Kreises mitfühlten. Heut ist der Landrathsposten die unterste Stufe der höhern Verwaltungslaufbahn, gesucht von jungen Assessoren, die den berechtigten Ehrgeiz haben, Carrière zu machen; dazu bedürfen sie der ministeriellen Gunst mehr als des Wohlwollens der Kreisbevölkerung und suchen erstre durch hervorragenden Eifer und Anspannung der Amtsvorsteher der angeblichen Selbstverwaltung bei Durchführung auch minderwerthiger bürokratischer Versuche zu gewinnen. Darin liegt zum großen Theil der Anlaß zur Ueberlastung ihrer Untergebenen in der localen »Selbstverwaltung«. Die »Selbstverwaltung« ist also Verschärfung der Bürokratie, Vermehrung der Beamten, ihrer Macht und ihrer Einmischung in's Privatleben.

Es liegt in der menschlichen Natur, daß man von jeder Einrichtung die Dornen stärker empfindet als die Rosen, und daß die erstern gegen das zur Zeit Bestehende verstimmen. Die alten Regirungsbeamten zeigten sich, wenn sie mit der regirten Bevölkerung in unmittelbare Berührung traten, pedantisch und durch ihre Beschäftigung am grünen Tische den Verhältnissen des praktischen Lebens entfremdet, hinterließen aber den Eindruck, daß sie ehrlich und gewissenhaft bemüht waren, gerecht zu sein. Dasselbe läßt sich von den Organen der heutigen Selbstverwaltung in Landstrichen, wo die Parteien einander schärfer gegenüberstehn, nicht in allen Stufen voraussetzen; das Wohlwollen für politische Freunde, die Stimmung bezüglich des Gegners werden leicht ein Hinderniß unparteiischer Handhabung der Einrichtungen. Nach meinen Erfahrungen aus jener und der spätern Zeit möchte ich übrigens den Vorzug der Unparteilichkeit im Vergleiche zwischen richterlichen und administrativen Entscheidungen nicht den erstern allein einräumen, wenigstens nicht durchgängig. Ich habe im Gegentheil den Eindruck behalten, daß Richter an den kleinen und localen Gerichten den starken Parteiströmungen leichter und hingebender unterliegen als Verwaltungsbeamte; und es ist auch kein psychologischer Grund dafür erfindlich, daß bei gleicher Bildung die letztern a priori für weniger gerecht und gewissenhaft in ihren amtlichen Entscheidungen gehalten werden sollten als die erstern. Wohl aber nehme ich an, daß die amtlichen Entschließungen an Ehrlichkeit und Angemessenheit dadurch nicht gewinnen, daß sie collegialisch gefaßt werden; abgesehn davon, daß Arithmetik und Zufall bei dem Majoritätsvotum an die Stelle logischer Begründung treten, geht das Gefühl persönlicher Verantwortlichkeit, in welcher die wesentliche Bürgschaft für die Gewissenhaftigkeit der Entscheidung liegt, sofort verloren, wenn diese durch anonyme Majoritäten erfolgt.

Der Geschäftsgang in beiden Collegien, in Potsdam wie in Aachen, war für meine Strebsamkeit nicht ermuthigend gewesen. Ich fand die mir zugewiesene Beschäftigung kleinlich und langweilig, und meine Arbeiten auf dem Gebiete der Mahlsteuerprozesse und der Beitragspflicht zum Bau des Dammes in Rotzis bei Wusterhausen haben mir kein Heimweh nach meiner damaligen Thätigkeit hinterlassen. Dem Ehrgeiz der Beamtenlaufbahn entsagend, erfüllte ich gern den Wunsch meiner Eltern, in die festgefahrne Bewirtschaftung unsrer pommerschen Güter einzutreten. Auf dem Lande dachte ich zu leben und zu sterben, nachdem ich Erfolge in der Landwirthschaft erreicht haben würde, vielleicht auch im Kriege, wenn es einen gäbe. Soweit mir auf dem Lande Ehrgeiz verblieb, war es der des Landwehr-Lieutenants.

II.

Die in meiner Kindheit empfangnen Eindrücke waren wenig dazu angethan, mich zu verjunkern. In der nach Pestalozzi'schen und Jahn'schen Grundsätzen eingerichteten Plamann'schen Erziehungsanstalt war das »von« vor meinem Namen ein Nachtheil für mein kindliches Behagen im Verkehre mit Mitschülern und Lehrern. Auch auf dem Gymnasium zum Grauen Kloster habe ich einzelnen Lehrern gegenüber unter dem Adelshasse zu leiden gehabt, der sich in einem großen Theile des gebildeten Bürgerthums als Reminiscenz aus den Zeiten vor 1806 erhalten hatte. Aber selbst die aggressive Tendenz, die in bürgerlichen Kreisen unter Umständen zum Vorschein kam, hat mich niemals zu einem Vorstoße in entgegengesetzter Richtung veranlaßt. Mein Vater war vom aristokratischen Vorurtheile frei, und sein innres Gleichheitsgefühl war, wenn überhaupt, nur durch die Offizierseindrücke seiner Jugend, keineswegs aber durch Überschätzung des Geburtsstandes modificirt. Meine Mutter war die Tochter des in den damaligen Hofkreisen für liberal geltenden Cabinetsraths Friedrich's des Großen, Friedrich Wilhelm's II. und III. aus der Leipziger Professorenfamilie Mencken Anastasius Ludwig Mencke(n), geb. 2. Aug. 1752, gest. 5. Aug. 1801, war Cabinetssecretär unter Friedrich d. Gr., Cabinetsrath unter den beiden folgenden Königen , welche in ihren letzten, mir vorhergehenden Generationen nach Preußen in den auswärtigen und den Hofdienst gerathen war. Der Freiherr vom Stein hat meinen Großvater Mencken als einen ehrlichen, stark liberalen Beamten bezeichnet. Unter diesen Umständen waren die Auffassungen, die ich mit der Muttermilch einsog, eher liberal als reactionär, und meine Mutter würde, wenn sie meine ministerielle Thätigkeit erlebt hätte, mit der Richtung derselben kaum einverstanden gewesen sein, wenn sie auch an den äußern Erfolgen meiner amtlichen Laufbahn große Freude empfunden haben würde. Sie war in bürokratischen und Hofkreisen groß geworden; Friedrich Wilhelm IV. sprach von ihr als »Mienchen« im Andenken an Kinderspiele. Ich darf es darnach für eine ungerechte Einschätzung meiner Auffassung in jüngern Jahren erklären, wenn mir »die Vorurtheile meines Standes« angeheftet werden und behauptet wird, daß Erinnrung an Bevorrechtigung des Adels der Ausgangspunkt meiner innern Politik gewesen wäre.

Auch die unumschränkte Autorität der alten preußischen Königsmacht war und ist nicht das letzte Wort meiner Ueberzeugung. Für letztre war allerdings auf dem Ersten Vereinigten Landtage diese Autorität des Monarchen staatsrechtlich vorhanden, aber mit dem Wunsche und dem Zukunftsgedanken, daß die unumschränkte Macht des Königs selber ohne Ueberstürzung das Maß ihrer Beschränkung zu bestimmen habe. Der Absolutismus bedarf in erster Linie Unparteilichkeit, Ehrlichkeit, Pflichttreue, Arbeitskraft und innre Demuth des Regirenden; sind sie vorhanden, so werden doch männliche oder weibliche Günstlinge, im besten Falle die legitime Frau, die eigne Eitelkeit und Empfänglichkeit für Schmeicheleien dem Staate die Früchte des Königlichen Wohlwollens verkürzen, da der Monarch nicht allwissend ist und nicht für alle Zweige seiner Aufgabe gleiches Verständnis haben kann. Ich bin schon 1847 dafür gewesen, daß die Möglichkeit öffentlicher Kritik der Regirung im Parlamente und in der Presse erstrebt werde, um den Monarchen vor der Gefahr zu behüten, daß Weiber, Höflinge, Streber und Phantasten ihm Scheuklappen anlegten, die ihn hinderten, seine monarchischen Aufgaben zu übersehn und Mißgriffe zu vermeiden oder zu corrigiren. Diese meine Auffassung hat sich um so schärfer ausgeprägt, je nachdem ich mit den Hofkreisen mehr vertraut wurde und gegen ihre Strömungen und gegen die Opposition des Ressortpatriotismus das Staatsinteresse zu vertreten hatte. Letztres allein hat mich geleitet, und es ist eine Verleumdung, wenn selbst wohlwollende Publizisten mich beschuldigen, daß ich je für ein Adelsregiment eingetreten sei. Die Geburt hat mir niemals als Ersatz für Mangel an Tüchtigkeit gegolten; wenn ich für den Grundbesitz eingetreten bin, so habe ich das nicht im Interesse besitzender Standesgenossen gethan, sondern weil ich im Verfall der Landwirthschaft eine der größten Gefahren für unsern staatlichen Bestand sehe. Mir hat immer als Ideal eine monarchische Gewalt vorgeschwebt, welche durch eine unabhängige, nach meiner Meinung ständische oder berufsgenossenschaftliche Landesvertretung soweit controllirt wäre, daß Monarch oder Parlament den bestehenden gesetzlichen Rechtszustand nicht *einseitig*, sondern nur *communi consensu* ändern können, bei Oeffentlichkeit und öffentlicher Kritik aller staatlichen Vorgänge durch Presse und Landtag.

Die Ueberzeugung, daß der uncontrollirte Absolutismus, wie er durch Louis XIV. zuerst in Scene gesetzt wurde, die richtigste Regirungsform für deutsche Unterthanen sei, verliert auch der, welcher sie hat, durch Specialstudien in den Hofgeschichten und durch kritische Beobachtungen, wie ich sie am Hofe des von mir persönlich geliebten und verehrten Königs Friedrich Wilhelm's IV. zur Zeit Manteuffel's anstellen konnte. Der König war gläubiger, gottberufner Absolutist, und die Minister nach Brandenburg in der Regel zufrieden, wenn sie durch Königliche Unterschrift gedeckt waren, auch wenn sie persönlich den Inhalt des Unterschriebenen nicht hätten verantworten mögen. Ich erlebte damals, daß ein hoher und absolutistisch gesinnter Hofbeamter in meiner und mehrer seiner Collegen Gegenwart auf die Nachricht von dem Neufchâteler Aufstand der Royalisten in einer gewissen Verblüffung sagte: »Das ist ein Royalismus, den man heut zu Tage doch nur noch sehr fern vom Hofe erlebt.« Sarkasmen lagen sonst nicht in der Gewohnheit dieses alten Herrn.

Wahrnehmungen, welche ich auf dem Lande über Bestechlichkeit und Chicane von Bezirksfeldwebeln und subalternen Beamten machte, und kleine Conflicte, in welche ich als Kreisdeputirter und Stellvertreter des Landraths mit der Regirung in Stettin gerieth, steigerten meine Abneigung gegen die Herrschaft der Bürokratie. Von diesen Conflicten mag der eine erwähnt sein. Während ich den beurlaubten Landrath vertrat, erhielt ich von der Regirung den Auftrag, den Patron von Külz, der ich selbst war, zur Uebernahme gewisser Lasten zu bewegen. Ich ließ den Auftrag liegen, um ihn dem Landrathe bei seiner Rückkehr zu übergeben, wurde wiederholt excitirt, und eine Ordnungsstrafe von einem Thaler wurde mir durch Postvorschuß auferlegt. Ich setzte nun ein Protokoll auf, in welchem ich erstens als stellvertretender Landrath, zweitens als Patron von Külz als erschienen aufgeführt war. Comparent machte in seiner Eigenschaft *ad 1* sich die vorgeschriebene Vorhaltung; entwickelte dagegen in der *ad 2* die Gründe, aus denen er die Zumuthung ablehnen müsse; worauf das Protokoll von ihm doppelt genehmigt und unterschrieben wurde. Die Regirung verstand Scherz und ließ mir die Ordnungsstrafe zurückzahlen. In andern Fällen kam es zu unangenehmern Schraubereien. Ich wurde zur Kritik geneigt, also »liberal« in dem Sinne, in welchem man das Wort damals in Kreisen von Gutsbesitzern anwandte zur Bezeichnung der Unzufriedenheit mit der Bürokratie, die ihrerseits in der Mehrzahl ihrer Glieder liberaler als ich war, aber in andrem Sinne.

Aus meiner ständisch-liberalen Stimmung, für die ich in Pommern kaum Verständniß und Theilnahme, in Schönhausen aber die Zustimmung von Kreisgenossen wie Graf Wartensleben-Karow, Schierstädt-Dahlen und Andern fand, denselben Elementen, die zum Theil zu den später unter der neuen Aera gerichtlich verurtheilten Kirchen-Patronen gehörten, aus dieser Stimmung wurde ich wieder entgleist durch die mir unsympathische Art der Opposition des Ersten Vereinigten Landtags, zu dem ich erst für die letzten sechs Wochen der Session wegen Erkrankung des Abgeordneten von Brauchitsch als dessen Stellvertreter einberufen wurde. Vgl. Fürst Bismarck's Briefe an seine Braut und Gattin. Herausgegeben vom Fürsten Herbert Bismarck, Stuttgart, I. G. Cottasche Buchhandlung Nachfolger, 1900. S. 84 f. Die Reden der Ostpreußen Saucken-Tarputschen, Alfred Auerswald, die Sentimentalität von Beckerath, der rheinisch-französische Liberalismus von Heydt und Mevissen und die polternde Heftigkeit der Vincke'schen Reden waren mir widerlich, und auch wenn ich die Verhandlungen heut lese, so machen sie mir den Eindruck von importirter Phrasen-Schablone. Ich hatte das Gefühl, daß der König auf dem richtigen Wege sei und den Anspruch darauf habe, daß man ihm Zeit lasse und ihn in seiner eignen Entwicklung schone.

Ich gerieth mit der Opposition in Conflict, als ich das erste Mal zu längrer Ausführung das Wort nahm, am 17. Mai 1847, indem ich die Legende bekämpfte, daß die Preußen 1813 in den Krieg gegangen wären, um eine Verfassung zu erlangen, und meiner naturwüchsigen Entrüstung darüber Ausdruck gab, daß die Fremdherrschaft an sich kein genügender Grund zum Kampfe gewesen sein solle. Die politischen Reden des Fürsten Bismarck. Stuttgart und Berlin, I. G. Cotta'sche Buchhandlung Nachfolger. Bd. I 9; vgl. Bd. XIV 3 Mir schien es unwürdig, daß die Nation dafür, daß sie *sich selbst* befreit habe, dem Könige eine in Verfassungsparagraphen zahlbare Rechnung überreichen wolle. Meine Ausführung rief einen Sturm hervor. Ich blieb auf der Tribüne, blätterte in einer dort liegenden Zeitung und brachte, nachdem der Lärm sich ausgetobt hatte, meine Rede zu Ende.

Bei den Hoffestlichkeiten, die während des Vereinigten Landtags stattfanden, wurde ich von dem Könige und der Prinzessin von Preußen in augenfälliger Weise gemieden, jedoch aus verschiednen Gründen, von der letztern, weil ich weder liberal noch populär war, von dem erstern aus einem Grunde, der mir erst später klar wurde. Wenn er bei Empfang der Mitglieder vermied, mit mir zu sprechen, wenn er im Cercle, nachdem er der Reihe nach jeden angeredet hatte, abbrach, sobald er an mich kam, umkehrte oder quer durch den Saal abschwenkte: so glaubte ich annehmen zu müssen, daß meine Haltung als royalistischer Heißsporn die Grenzen überschritt, die er sich gesteckt hatte. Daß diese Auslegung unrichtig, erkannte ich erst einige Monate später, als ich auf meiner Hochzeitsreise Venedig berührte. Der König, der mich im Theater erkannt hatte, befahl mich folgenden Tags zur Audienz und zur Tafel, mir so unerwartet, daß mein leichtes Reisegepäck und die Unfähigkeit der Schneider des Ortes mir nicht die Möglichkeit gewährten, in correctem Anzuge zu erscheinen. Mein Empfang war ein so wohlwollender und die Unterhaltung auch auf politischem Gebiete derart, daß ich eine aufmunternde Billigung meiner Haltung im Landtage daraus entnehmen konnte. Der König befahl mir, mich im Laufe des Winters bei ihm zu melden, was geschah. Bei dieser Gelegenheit und bei kleinern Diners im Schlosse überzeugte ich mich, daß ich bei beiden allerhöchsten Herrschaften in voller Gnade stand, und daß der König, wenn er zur Zeit der Landtagssitzungen vermieden hatte, öffentlich mit mir zu reden, damit nicht eine Kritik meines politischen Verhaltens geben, sondern nur seine Billigung den Andern zur Zeit nicht zeigen wollte.

Zweites Kapitel. Das Jahr 1848.

I.

Die erste Kunde von den Ereignissen des 18. und 19. März 1848 erhielt ich im Hause meines Gutsnachbarn, des Grafen von Wartensleben auf Karow, zu dem sich Berliner Damen geflüchtet hatten. Für die politische Tragweite der Vorgänge war ich im ersten Augenblick nicht so empfänglich wie für die Erbittrung über die Ermordung unsrer Soldaten in den Straßen. Politisch, dachte ich, würde der König bald Herr der Sache werden, wenn er nur frei wäre; ich sah die nächste Aufgabe in der Befreiung des Königs, der in der Gewalt der Aufständischen sein sollte.

Am 20. meldeten mir die Bauern in Schönhausen, es seien Deputirte aus dem dreiviertel Meilen entfernten Tangermünde angekommen, mit der Aufforderung, wie in der genannten Stadt geschehn war, auf dem Thurme die schwarz-roth-goldne Fahne aufzuziehn, und mit der Drohung, im Weigerungsfalle mit Verstärkung wiederzukommen. Ich fragte die Bauern, ob sie sich wehren wollten: sie antworteten mit einem einstimmigen und lebhaften »Ja«, und ich empfahl ihnen, die Städter aus dem Dorfe zu treiben, was unter eifriger Betheiligung der Weiber besorgt wurde. Ich ließ dann eine in der Kirche vorhandne weiße Fahne mit schwarzem Kreuz, in Form des eisernen, auf dem Thurme aufziehn und ermittelte, was an Gewehren und Schießbedarf im Dorfe vorhanden war, wobei etwa fünfzig bäuerliche Jagdgewehre zum Vorschein kamen. Ich selbst besaß mit Einrechnung der alterthümlichen einige zwanzig und ließ Pulver durch reitende Boten von Jerichow und Rathenow holen.

Dann fuhr ich mit meiner Frau auf umliegende Dörfer und fand die Bauern eifrig bereit, dem Könige nach Berlin zu Hülfe zu ziehn, besonders begeistert einen alten Deichschulzen Krause in Neuermark, der in meines Vaters Regiment »Carabiniers« Wachtmeister gewesen war. Nur mein nächster Nachbar sympathisirte mit der Berliner Bewegung, warf mir vor, eine Brandfackel in das Land zu schleudern, und erklärte, wenn die Bauern sich wirklich zum Abmarsch anschicken sollten, so werde er auftreten und abwiegeln. Ich erwiderte: »Sie kennen mich als einen ruhigen Mann, aber wenn Sie das thun, so schieße ich Sie nieder.« – »Das werden Sie nicht,« meinte er. – »Ich gebe mein Ehrenwort darauf,« versetzte ich, »und Sie wissen, daß ich das halte, also lassen Sie das.«

Ich fuhr zunächst allein nach Potsdam, wo ich am Bahnhofe Herrn von Bodelschwingh sah, der bis zum 19. Minister des Innern gewesen war. Es war ihm offenbar unerwünscht, im Gespräch mit mir, dem »Reactionär«, gesehn zu werden; er erwiderte meine Begrüßung mit den Worten: »Ne me parlez pas.« – »Les paysans se lèvent chez nous,« erwiderte ich. »Pour le Roi?« – »Oui.« – »Dieser Seiltänzer,« sagte er, die Hände auf die thränenden Augen drückend. In der Stadt fand ich auf der Plantage an der Garnisonkirche ein Bivouak der Garde-Infanterie; ich sprach mit den Leuten und fand Erbittrung über den befohlnen Rückzug und Verlangen nach neuem Kampfe. Auf dem Rückwege längs des Kanals folgten mir spionartige Civilisten, welche Verkehr mit der Truppe gesucht hatten und drohende Reden gegen mich führten. Ich hatte vier Schuß in der Tasche, bedurfte ihrer aber nicht. Ich stieg bei meinem Freunde Roon ab, der als Mentor des Prinzen Friedrich Karl einige Zimmer in dem Stadtschlosse bewohnte, und besuchte im »Deutschen Hause« den General von Möllendorf, noch steif von den Mißhandlungen, die er erlitten, als er mit den Aufständischen unterhandelte, und General von Prittwitz, der in Berlin commandirt hatte. Ich schilderte ihnen die Stimmung des Landvolks; sie gaben mir dagegen Einzelheiten über die Vorgänge bis zum 19. Morgens. Was sie zu berichten hatten und was an spätern Nachrichten aus Berlin hergelangt war, konnte mich nur in dem Glauben bestärken, daß der König nicht frei sei.

Prittwitz, der älter als ich war und ruhiger urtheilte, sagte: »Schicken Sie uns keine Bauern, wir brauchen sie nicht, haben Soldaten genug; schicken Sie uns lieber Kartoffeln und Korn, vielleicht auch Geld, denn ich weiß nicht, ob für die Verpflegung und Löhnung der Truppen ausreichend gesorgt werden wird. Wenn Zuzug käme, würde ich aus Berlin den Befehl erhalten und ausführen müssen, denselben zurückzuschlagen.« – »So holen Sie den König heraus!« sagte ich. Er erwiderte: »Das würde keine große Schwierigkeit haben; ich bin stark genug, Berlin zu nehmen, aber dann haben wir wieder Gefecht, was können wir thun, nachdem der König uns befohlen hat, die Rolle des Besiegten anzunehmen? Ohne Befehl kann ich nicht angreifen.«

Bei diesem Zustand der Dinge kam ich auf den Gedanken, einen Befehl zum Handeln, der von dem unfreien Könige nicht zu erwarten war, von einer andern Seite zu beschaffen, und suchte zu dem Prinzen von Preußen zu gelangen. An die Prinzessin verwiesen, deren Einwilligung dazu nöthig sei, ließ ich mich bei ihr melden, um den Aufenthalt ihres Gemals zu erfahren (der, wie ich später erfuhr, auf der Pfaueninsel war). Sie empfing mich in einem Dienerzimmer im Entresol, auf einem fichtnen Stuhle sitzend, verweigerte die erbetne Auskunft und erklärte in lebhafter Erregung, daß es ihre Pflicht sei, die Rechte ihres Sohnes zu wahren. Was sie sagte, beruhte auf der Voraussetzung, daß der König und ihr Gemal sich nicht halten könnten, und lies auf den Gedanken schließen, während der Minderjährigkeit ihres Sohnes die Regentschaft zu führen. Um für diesen Zweck die Mitwirkung der Rechten in den Kammern zu gewinnen, sind mir formelle Eröffnungen durch Georg von Vincke gemacht worden. Da ich zum Prinzen von Preußen nicht gelangen konnte, machte ich einen Versuch mit dem Prinzen Friedrich Karl, stellte ihm vor, wie nöthig es sei, daß das Königshaus Fühlung mit der Armee behalte, und wenn Se. Majestät unfrei sei, auch ohne Befehl des Königs für die Sache desselben handle. Er erwiderte in lebhafter Gemüthsbewegung, so sehr ihm mein Gedanke zusage, so fühle er sich doch zu jung, ihn auszuführen, und könne dem Beispiel der Studenten, die sich in die Politik mischten, nicht folgen, er sei auch nicht älter als die. Ich entschloß mich dann zu dem Versuche, zu dem Könige zu gelangen.

Prinz Karl gab mir im Potsdamer Schlosse als Legitimation und Paß das nachstehende offne Schreiben:

Ueberbringer – mir wohlbekannt – hat den Auftrag, sich bei Sr. Majestät meinem Allergnädigsten Bruder *persönlich* nach Höchstdessen Gesundheit zu erkundigen und mir Nachricht zu bringen, aus welchem Grunde mir seit 30 Stunden auf meine wiederholten eigenh. Anfragen »ob ich nicht nach Berlin kommen dürfe« *keine* Antwort ward. Potsdam 21. Maerz 1848 1 Uhr N. M.

Carl Prinz v. Preußen.

Ich fuhr nach Berlin. Vom Vereinigten Landtage her vielen Leuten von Ansehn bekannt, hatte ich für rathsam gehalten, meinen Bart abzuscheeren und einen breiten Hut mit bunter Kokarde aufzusetzen. Wegen der gehofften Audienz war ich im Frack. Am Ausgange des Bahnhofes war eine Schüssel mit einer Aufforderung zu Spenden für die Barrikadenkämpfer aufgestellt, daneben ein baumlanger Bürgerwehrmann mit der Muskete auf der Schulter. Ein Vetter von mir, mit dem ich beim Aussteigen zusammengetroffen war, zog die Börse. »Du wirst doch für die Mörder nichts geben,« sagte ich, und auf einen warnenden Blick, den er mir zuwarf, »und Dich vor dem Kuhfuß nicht fürchten?« Ich hatte in dem Posten schon den mir befreundeten Kammergerichtsrath Meier erkannt, der sich auf den »Kuhfuß« zornig umwandte und dann ausrief: »I Jotte doch, Bismarck! wie sehn Sie aus! Schöne Schweinerei hier!«

Die Bürgerwache im Schlosse fragte mich, was ich dort wolle. Auf meine Antwort, ich hätte einen Brief des Prinzen Karl an den König abzugeben, sagte der Posten, mich mit mißtrauischen Blicken betrachtend, das könne nicht sein; der Prinz befinde sich eben beim Könige. Erstrer mußte also noch vor mir von Potsdam abgereist sein. Die Wache verlangte den Brief zu sehn, den ich hätte; ich zeigte ihn, da er offen und der Inhalt unverfänglich war, und man ließ mich gehn, aber nicht in's Schloß. Im Gasthof Meinhard, parterre, lag ein mir bekannter Arzt im Fenster, zu dem ich eintrat. Dort schrieb ich dem Könige, was ich ihm zu sagen beabsichtigt hatte. Ich ging mit dem Briefe zum Fürsten Boguslaw Radziwill, der freien Verkehr hatte und ihn dem

Könige übergeben konnte. Es stand darin u. A., die Revolution beschränke sich auf die großen Städte, und der König sei Herr im Lande, sobald er Berlin verlasse. Der König antwortete nicht, hat mir aber später gesagt, er habe den auf schlechtem Papier schlecht geschriebenen Brief als das erste Zeichen von Sympathie, das er damals erhalten, sorgfältig aufbewahrt.

Auf meinen Gängen durch die Straßen, um die Spuren des Kampfes anzusehn, raunte ein Unbekannter mir zu: »Wissen Sie, daß Sie verfolgt werden?« Ein andrer Unbekannter flüsterte mir unter den Linden zu: »Kommen Sie mit«; ich folgte ihm in die Kleine Mauerstraße, wo er sagte: »Reisen Sie ab, oder Sie werden verhaftet.« »Kennen Sie mich?« fragte ich. »Ja,« antwortete er, »Sie sind Herr von Bismarck.« Von welcher Seite mir die Gefahr drohn sollte, von welcher die Warnung kam, habe ich nie erfahren. Der Unbekannte verließ mich schnell. Ein Straßenjunge rief mir nach: »Kiek, det is och en Franzos,« eine Aeußrung, an die ich durch manche spätre Ermittlung erinnert worden bin. Mein allein unrasirter langer Kinnbart, der Schlapphut und Frack hatten dem Jungen einen exotischen Eindruck gemacht. Die Straßen waren leer, kein Wagen sichtbar; zu Fuß nur einige Trupps in Blusen und mit Fahnen, deren einer in der Friedrichstraße einen lorbeerbekränzten Barrikadenhelden zu irgend welcher Ovation geleitete.

Nicht wegen der Warnung, sondern weil ich in Berlin keinen Boden für eine Thätigkeit fand, kehrte ich an demselben Tage nach Potsdam zurück und besprach mit den beiden Generalen Möllendorf und Prittwitz noch einmal die Möglichkeit eines selbständigen Handelns. »Wie sollen wir das anfangen?« sagte Prittwitz. Ich klimperte auf dem geöffneten Klavier, neben dem ich saß, den Infanteriemarsch zum Angriff. Möllendorf fiel mir in Thränen und vor Wundschmerzen steif um den Hals und rief: »Wenn Sie uns das besorgen könnten!« »Kann ich nicht,« erwiderte ich; »aber wenn Sie es ohne Befehl thun, was kann Ihnen denn geschehn? Das Land wird Ihnen danken und der König schließlich auch.« Prittwitz: »Können Sie mir Gewißheit schaffen, ob Wrangel und Hedemann mitgehn werden? wir können zur Insubordination nicht noch Zwist in die Armee bringen.« Ich versprach das zu ermitteln, selbst nach Magdeburg zu gehn und einen Vertrauten nach Stettin zu schicken, und die beiden kommandirenden Generale zu sondiren. Von Stettin kam der Bescheid des Generals von Wrangel: »Was Prittwitz thut, thue ich auch.« Ich selbst war in Magdeburg weniger glücklich. Ich gelangte zunächst nur an den Adjutanten des Generals von Hedemann, einen jungen Major, dem ich mich eröffnete und der mir seine Sympathie ausdrückte. Nach kurzer Zeit aber kam er zu mir in den Gasthof und bat mich, sofort abzureisen, um mir eine Unannehmlichkeit und dem alten General eine Lächerlichkeit zu ersparen; derselbe beabsichtige, mich als Hochverräther festnehmen zu lassen. Der damalige Oberpräsident von Bonin, die höchste politische Autorität der Provinz, hatte eine Proclamation erlassen des Inhalts: »In Berlin ist eine Revolution ausgebrochen; ich werde eine Stellung über den Parteien nehmen.« Diese »Stütze des Thrones« war später Minister und Inhaber hoher und einflußreicher Aemter. General Hedemann gehörte dem Humboldt'schen Kreise an.

Nach Schönhausen zurückgekehrt, suchte ich den Bauern begreiflich zu machen, daß der bewaffnete Zug nach Berlin nicht thunlich sei, gerieth aber dadurch in den Verdacht, in Berlin von dem revolutionären Schwindel angesteckt zu sein. Ich machte ihnen daher den Vorschlag, der angenommen wurde, daß Deputirte aus Schönhausen und andern Dörfern mit mir nach Potsdam reisen sollten, um selbst zu sehn und den General von Prittwitz, vielleicht den Prinzen von Preußen zu sprechen. Als wir am 25. den Bahnhof von Potsdam erreichten, war der König eben dort eingetroffen und von einer großen Menschenmenge in wohlwollender Stimmung empfangen worden. Ich sagte meinen bäuerlichen Begleitern: »Da ist der König, ich werde Euch ihm vorstellen, sprecht mit ihm.« Das lehnten sie aber ängstlich ab und verzogen sich schnell in die hintersten Reihen. Ich begrüßte den König ehrfurchtsvoll, er dankte, ohne mich zu erkennen, und fuhr nach dem Schlosse. Ich folgte ihm und hörte dort die Anrede, welche er im Marmorsaale an die Offiziere des Gardecorps richtete. Sie findet sich nach den Aufzeichnungen eines Offiziers in den Denkwürdigkeiten aus dem Leben Leopold von Gerlach's. Berlin 1891. I 148 f.; vgl. Prinz Kraft zu Hohenlohe-Ingelfingen, Aus meinem Leben. Berlin, E. S. Mittler und Sohn. 1897. I 68 f. Bei den Worten: »Ich bin niemals freier und sichrer gewesen als unter dem Schutze meiner Bürger« erhob sich ein Murren und Aufstoßen von Säbelscheiden, wie es ein König von Preußen in Mitten seiner Offiziere nie gehört haben wird und hoffentlich nie wieder hören wird. Die meiner Erinnrung und sich unter einander widersprechenden Berichte der Allgemeinen Preußischen, der Vossischen und der Schlesichen Zeitung liegen mir vor. (Wolff, Berliner Revolutions-Chronik Band I 424. Mit verwundetem Gefühl kehrte ich nach Schönhausen zurück.

Die Erinnrung an das Gespräch, welches ich in Potsdam mit dem General-Lieutenant von Prittwitz gehabt hatte, veranlaßte mich, im Mai folgendes, von meinen Freunden in der Schönhauser Gegend mitunterzeichnetes Schreiben an ihn zu richten:

»Jeder, dem ein preußisches Herz in der Brust schlägt, hat gewiß gleich uns Unterzeichneten mit Entrüstung die Angriffe der Presse gelesen, welchen in den ersten Wochen nach dem 19. März die Königlichen Truppen zum Lohn dafür ausgesetzt waren, daß sie ihre Pflicht im Kampfe treu erfüllt und auf ihrem befohlnen Rückzuge ein unübertroffnes Beispiel militärischer Disciplin und Selbstverleugnung gegeben hatten. Wenn die Presse seit einiger Zeit eine schicklichere Haltung beobachtet, so liegt der Grund davon bei der dieselbe beherrschenden Partei weniger in einer ihr seither gewordnen richtigen Erkenntniß des Sachverhältnisses, als darin, daß die schnelle Bewegung der neuern Ereignisse den Eindruck der ältern in den Hintergrund drängt, und man sich das Ansehn giebt, den Truppen wegen ihrer neuesten Thaten die frühern verzeihn zu wollen. Sogar bei dem Landvolk, welches die ersten Nachrichten von den Berliner Ereignissen mit kaum zu zügelnder Erbittrung aufnahm, fangen die Entstellungen an Consistenz zu gewinnen, welche von allen Seiten und ohne irgend erheblichen Widerspruch, theils durch die Presse, theils durch die bei Gelegenheit der Wahlen das Volk bearbeitenden Emissäre verbreitet worden sind, so daß die wohlgesinnten Leute unter dem Landvolk bereits glauben, es könne doch nicht ohne allen Grund sein, daß der Berliner Straßenkampf von den Truppen, mit oder ohne Wissen und Willen des vielverleumdeten Thronerben, vorbedachter Weise herbeigeführt sei, um dem Volke die Concessionen, welche der König gemacht hatte, zu entreißen. An eine Vorbereitung auf der andern Seite, an eine systematische Bearbeitung des Volkes, will kaum einer mehr glauben. Wir fürchten, daß diese Lüge, wenigstens im Bewußtsein der untern Volksschichten, auf lange Zeit hin zu Geschichte werde, wenn ihr nicht durch ausführliche, mit Beweisen belegte Darstellungen des wahren Hergangs der Sache entgegengetreten wird, und zwar sobald als möglich, da bei dem außer aller Berechnung liegenden Lauf der Zeit heut und morgen neue Ereignisse eintreten könnten, welche die Aufmerksamkeit des Publikums durch ihre Wichtigkeit dergestalt in Anspruch nahmen, daß Erklärungen über die Vergangenheit keinen Anklang mehr fanden.

Es würde unsrer Meinung nach von dem erheblichsten Einfluß auf die politischen Ansichten der Bevölkerung sein, wenn sie über die unlautre Quelle der Berliner Bewegung einigermaßen aufgeklärt werden könnte, sowie darüber, daß der Kampf der Märzhelden zur Erreichung des *vorgeschützten* Zweckes, nämlich der Verteidigung der von Sr. Majestät versprochnen constitutionellen Institutionen, ein unnöthiger war. Ew. Excellenz als Befehlshaber der ruhmwürdigen Truppen, welche bei jenen Ereignissen thätig waren, sind unsres Erachtens vorzugsweise berufen und im Stande, die Wahrheit über dieselben auf überzeugende Weise ans Licht zu bringen. Die Ueberzeugung, wie wichtig dies für unser Vaterland sein und wie sehr der Ruhm der Armee dabei gewinnen würde, muß uns zur Entschuldigung dienen, wenn wir Ew. Excellenz so dringend als ehrerbietig bitten, eine, insoweit die dienstlichen Rücksichten es gestatten, genaue und mit Beweisstücken versehne Darstellung der Berliner Ereignisse vom militärischen Standpunkt so bald als möglich der Oeffentlichkeit übergeben zu lassen.«

Der General von Prittwitz ist auf diese Anregung nicht eingegangen. Erst am 18. März 1891 hat der General-Lieutenant z. D. von Meyerinck in dem Beiheft des »Militär-Wochenblatts« eine Darstellung zu dem von mir bezeichneten Zwecke geliefert, leider so spät, daß grade die wichtigsten Zeugen, namentlich die Flügeladjutanten Edwin von Manteuffel und Graf Oriola, inzwischen verstorben waren.

Als Beitrag zu der Geschichte der Märztage seien hier Gespräche aufgezeichnet, welche ich einige Wochen danach mit Personen hatte, die mich, den sie als Vertrauensmann der Conservativen betrachteten, aufsuchten, die einen, um sich über ihr Verhalten vor und an dem 18. März rechtfertigend auszusprechen, die andern, um mir die gemachten Wahrnehmungen mitzutheilen. Der Polizeipräsident von Minutoli beklagte sich dabei, daß ihm der Vorwurf gemacht werde, er habe den Aufstand vorausgesehn und nichts zur Verhinderung desselben gethan, und bestritt, daß irgend welche auffallende Symptome zu seiner Kenntniß gekommen wären. Auf meine Entgegnung, mir sei in Genthin von Augenzeugen gesagt worden, daß während der Tage vor dem 18. März fremdländisch aussehende Männer, meistens polnisch sprechend, einige offen Waffen mit sich führend, die andern mit schweren Gepäckstücken, in der Richtung nach Berlin passirt wären, erzählte Minutoli, der Minister von Bodelschwingh habe ihn Mitte März kommen lassen und Besorgniß über die herrschende Gährung geäußert; darauf habe er denselben in eine Versammlung vor den Zelten geführt. Nachdem Bodelschwingh die dort gehaltnen Reden angehört, habe er gesagt: »Die Leute sprechen ja ganz verständig, ich danke Ihnen, Sie haben mich vor einer Thorheit bewahrt.« Bedenklich für die Beurtheilung Minutoli's war seine Popularität in den nächsten Tagen nach dem Straßenkampfe. Sie war für einen Polizeipräsidenten als Ergebniß eines Aufruhrs unnatürlich.

Auch der General von Prittwitz, der die Truppen um das Schloß befehligt hatte, suchte mich auf und erzählte mir, mit ihrem Abzuge sei es so zugegangen: Nachdem ihm die Proclamation »An meine lieben Berliner« bekannt geworden, habe er das Gefecht abgebrochen, aber den Schloßplatz, das Zeughaus und die einmündenden Straßen zum Schutze des Schlosses besetzt gehalten. Da sei Bodelschwingh an ihn mit der Fordrung herangetreten: »Der Schloßplatz muß geräumt werden.« »Das ist unmöglich,« habe er geantwortet, »damit gebe ich den König preis.« Darauf Bodelschwingh: »Der König hat in seiner Proclamation befohlen, daß alle öffentlichen Plätze geräumt werden sollen; ist der Schloßplatz ein öffentlicher Platz oder nicht? Noch bin ich Minister, und ich habe es wohl auswendig gelernt, was ich als solcher zu thun habe. Ich fordre Sie auf, den Schloßplatz zu räumen.«

»Was,« so schloß Prittwitz seine Mittheilung, »was hatte ich darauf anders thun sollen, als abmarschiren?« »Ich würde,« antwortete ich, »es für das Zweckmäßigste gehalten haben, einem Unteroffizier zu befehlen: ›Nehmen Sie diesen Civilisten in Verwahrung.‹« Prittwitz erwiderte: »Wenn man vom Rathhause kommt, ist man immer klüger. Sie urtheilen als Politiker, ich handelte ausschließlich als Soldat auf Weisung des auf eine unterschriebene allerhöchste Proclamation sich stützenden dirigirenden Ministers.« – Von andrer Seite habe ich gehört, Prittwitz habe diese seine letzte im Freien stattfindende Unterredung mit Bodelschwingh damit abgebrochen, daß er blauroth vor Zorn den Degen in die Scheide gestoßen und die Auffordrung gemurmelt habe, die Götz von Berlichingen dem Reichscommissar durch das Fenster zuruft. Dann habe er sein Pferd links gedreht und sei durch die Schloßfreiheit schweigend und im Schritt abgeritten. Durch einen vom Schlosse gesendeten Offizier nach dem Verbleib der Truppen gefragt, habe er bissig geantwortet: »Die sind mir durch die Finger gegangen, wo Alle mitreden.« Das Schreiben des Pastors von Bodelschwingh vom 8. November 1891 (Kreuzzeitung vom 18. November 1891, Nr. 539) und die Denkwürdigkeiten aus dem Leben Leopold's von Gerlach sind mir bekannt

Von Offizieren aus der nächsten Umgebung Sr. Majestät habe ich Folgendes gehört. Sie suchten den König auf, der momentan nicht zu finden war, weil er aus natürlichen Gründen sich zurückgezogen hatte. Als er wieder zum Vorschein kam und gefragt wurde: »Haben Ew. Majestät befohlen, daß die Truppen abmarschiren?« erwiderte der König: »Nein.« – »Sie sind aber schon auf dem Abmarsch,« sagte der Adjutant und führte den König an ein Fenster. Der Schloßplatz war schwarz von Civilisten, hinter denen noch die letzten Bajonette der abziehenden Soldaten zu sehn waren. »Das habe ich nicht befohlen, das kann nicht sein,« rief der König aus und hatte den Ausdruck der Bestürzung und Entrüstung.

Ueber den Fürsten Lichnowski wurde mir erzählt, daß er abwechselnd oben im Schlosse einschüchternde Nachrichten über Schwäche der Truppen, Mangel an Lebensmitteln und Munition verbreitet und unten auf dem Platze den Aufständischen deutsch und polnisch zugeredet habe auszuhalten, oben habe man den Muth verloren.

II.

In der kurzen Session des Zweiten Vereinigten Landtags sagte ich am 2.April:

»Ich bin einer der wenigen, welche gegen die Adresse stimmen werden, und ich habe um das Wort nur deshalb gebeten, um diese Abstimmung zu motiviren und Ihnen zu erklären, daß ich die Adresse, insoweit sie ein Programm der Zukunft ist, ohne Weitres acceptire, aber aus dem alleinigen Grunde, weil ich mir nicht anders helfen kann.

Nicht freiwillig, sondern durch den Drang der Umstände getrieben, thue ich es; denn ich habe meine Ansicht seit den sechs Monaten nicht gewechselt; ich glaube, daß dies Ministerium das einzige ist, welches uns aus der gegenwärtigen Lage einem geordneten und gesetzmäßigen Zustande zuführen kann, und aus diesem Grunde werde ich demselben meine geringe Unterstützung überall widmen, wo es mir möglich ist. Was mich aber veranlaßt, gegen die Adresse zu stimmen, sind die Aeußerungen von Freude und Dank für das, was in den letzten Tagen geschehn ist. Die Vergangenheit ist begraben, und ich bedaure es schmerzlicher als Viele von Ihnen, daß keine menschliche Macht im Stande ist, sie wieder zu erwecken, nachdem die Krone selbst die Erde auf ihren Sarg geworfen hat. Aber wenn ich dies, durch die Gewalt der Umstände gezwungen, acceptire, so kann ich doch nicht aus meiner Wirksamkeit auf dem Vereinigten Landtage mit der Lüge scheiden, daß ich für das danken und mich freuen soll über das, was ich mindestens für einen irrthümlichen Weg halten muß. Wenn es wirklich gelingt, auf dem neuen Wege, der jetzt eingeschlagen ist, ein einiges deutsches Vaterland, einen glücklichen oder auch nur gesetzmäßig geordneten Zustand zu erlangen, dann wird der Augenblick gekommen sein, wo ich dem Urheber der neuen Ordnung der Dinge meinen Dank aussprechen kann, jetzt aber ist es mir nicht möglich.«

Ich wollte mehr sagen, war aber durch innre Bewegung in die Unmöglichkeit versetzt, weiter zu sprechen, und verfiel in einen Weinkrampf, der mich zwang, die Tribüne zu verlassen.

Wenige Tage zuvor hatte mir ein Angriff einer Magdeburger Zeitung Anlaß gegeben, an die Redaction das nachstehende Schreiben zu richten, in welchem ich eine der Errungenschaften, das stürmisch geforderte und durch die Aufhebung der Censur gewahrte »Recht der freien Meinungsäußerung«, auch für mich in Anspruch nahm, nicht ahnend, daß mir dasselbe 42Jahre später würde bestritten werden.

»Eure Wohlgeboren

haben in die heutige Nummer Ihrer Zeitung einen ›Aus der Altmark‹ datirten Artikel aufgenommen, der einzelne Persönlichkeiten verdächtigt, indirect auch mich, und ich stelle daher Ihrem Gerechtigkeitsgefühl anheim, ob Sie nachstehende Erwiderung aufnehmen wollen. Ich bin zwar nicht der in jenem Artikel bezeichnete Herr, welcher von Potsdam nach Stendal gekommen sein soll, aber ich habe ebenfalls in der vorigen Woche den mir benachbarten Gemeinden erklärt, daß ich den König in Berlin nicht für frei hielte, und dieselben zur Absendung einer Deputation an die geeignete Stelle aufgefordert, ohne daß ich mir deshalb die selbstsüchtigen Motive, welche Ihr Correspondent anführt, unterschieben lassen möchte. Es ist 1) sehr erklärlich, daß jemand, dem alle mit der Person des Königs nach dem Abzug der Truppen vorgegangen Ereignisse bekannt waren, die Meinung fassen konnte, der König sei nicht Herr, zu thun und zu lassen, was er wollte: 2) halte ich jeden Bürger eines freien Staates für berechtigt, seine Meinung gegen seine Mitbürger selbst dann zu äußern, wenn sie der augenblicklichen öffentlichen Meinung widerspricht: ja nach den neusten Vorgängen möchte es schwer sein, jemand das Recht zu bestreiten, seine politischen Ansichten durch Volksaufregung zu unterstützen; 3) wenn alle Handlungen Sr. Majestät in den letzten 14 Tagen durchaus freiwillig gewesen sind, was weder Ihr Correspondent noch ich mit Sicherheit wissen können, was hatten dann die Berliner erkämpft? Dann wäre der Kampf am 18. und 19. mindestens ein überflüssiger und zweckloser gewesen und alles Blutvergießen ohne Veranlassung und ohne Erfolg; 4) glaube ich die Gesinnung der großen Mehrzahl der Ritterschaft dahin aussprechen zu können, daß in einer Zeit, wo es sich um das sociale und politische Fortbestehn Preußens handelt, wo Deutschland von Spaltungen in mehr als einer Richtung bedroht ist, wir weder Zeit noch Neigung haben, unsre Kräfte an reactionäre Versuche, oder an Vertheidigung der unbedeutenden uns bisher verbliebenen gutsherrlichen Rechte zu vergeuden, sondern gern bereit sind, diese auf Würdigere zu übertragen, indem wir dieses als untergeordnete Frage, die Herstellung rechtlicher Ordnung in Deutschland, die Erhaltung der Ehre und Unverletzlichkeit unsres Vaterlandes aber als die für jetzt alleinige Aufgabe eines jeden betrachten, dessen Blick auf unsre politische Lage nicht durch Parteiansichten getrübt ist.

Gegen die Veröffentlichung meines Namens habe ich, falls Sie Vorstehendes aufnehmen wollen, nichts einzuwenden. Genehmigen Sie die Versicherung der größten Hochachtung, mit der ich bin

Schönhausen bei Jerichow, 30. März 1848

Eurer Wohlgeboren
ergebenster

Bismarck.«

Ich bemerke dazu, daß ich mich von Jugend auf ohne »v« unterschrieben und meine heutige Unterzeichnung v. B. erst aus Widerspruch gegen die Anträge auf Abschaffung des Adels 1848 angenommen habe.

Der nachstehende Artikel, dessen Concept in meiner Handschrift sich erhalten hat, ist, wie der Inhalt ergiebt, in der Zeit zwischen dem Zweiten Vereinigten Landtage und den Wahlen zur Nationalversammlung geschrieben. In welcher Zeitung er erschienen ist, hat sich nicht ermitteln lassen. Bismarck-Jahrbuch VI 10 ff.

»Aus der Altmark.

Ein Theil unsrer Mitbürger, welcher sich unter dem System der ständischen Sonderung einer starken Vertretung erfreute, nämlich die Bewohner der Städte, fangen an zu fühlen, daß bei dem neuen Wahlmodus, nach welchem in fast allen Kreisen die städtische Bevölkerung mit einer der Zahl nach sehr überwiegenden ländlichen zu concurriren haben wird, ihre Interessen gegen die der großen Massen der Landbewohner werden zurückstehn müssen. Wir leben in der Zeit der materiellen Interessen, und nach Feststellung der neuen Verfassung, nach Beruhigung der jetzigen Gährung, wird sich der Kampf der Parteien darum drehn, ob die Staatslasten gleichmäßig nach dem Vermögen getragen, oder ob sie überwiegend dem immer steuerbereiten Grund und Boden aufgelegt werden sollen, der die bequemste und sicherste Erhebung gestattet und von dessen Umfang nie etwas verheimlicht werden kann. Es ist natürlich, daß die Städter dahin streben, den Steuererheber von der Fabrikindustrie, von dem städtischen Häuserwerth, von dem Rentier und Capitalisten so fern als möglich zu halten und ihn lieber auf Acker und Wiesen und deren Producte anzuweisen. Ein Anfang ist damit gemacht, daß in den bisher mahlsteuerpflichtigen Städten die untersten Stufen von der neuen directen Steuer frei bleiben, während sie auf dem Lande nach wie vor Klassensteuer zahlen. Wir hören ferner von Maßregeln zur Unterstützung der Industrie auf Kosten der Staatskassen, aber wir hören nicht davon, daß man dem Landmanne zu Hülfe kommen wolle, der wegen der kriegerischen Aussichten auf der Seeseite seine Producte nicht verwerthen kann, aber der durch Kündigung von Capitalien in dieser geldarmen Zeit seinen Hof zu verkaufen genöthigt wird. Ebenso hören wir mit Bezug auf indirecte Besteuerung mehr von dem Schutzzollsystem zu Gunsten inländischer Fabrication und Gewerbe sprechen als von dem für die ackerbautreibende Bevölkerung nöthigen freien Handel. Es ist wie gesagt natürlich, daß ein Theil der städtischen Bevölkerung mit Rücksicht auf die beregten Streitpunkte kein Mittel scheut, bei den bevorstehenden Wahlen das eigne Interesse zur Geltung zu bringen und die Vertretung der Landbewohner zu schwächen. Ein sehr wirksamer Hebel zu letzterem Zweck liegt in den Bestrebungen, der ländlichen Bevölkerung diejenigen ihrer Mitglieder zu verdächtigen, deren Bildung und Intelligenz sie befähigen könnte, die Interessen des Grund und Bodens auf der Nationalversammlung mit Erfolg zu vertreten; man bemüht sich daher, eine Mißstimmung gegen die Rittergutsbesitzer künstlich zu befördern, indem man meint, wenn man diese Klasse unschädlich macht, so müssen die Landbewohner entweder Advokaten oder andre Städter wählen, die nach den ländlichen Interessen nicht viel fragen, oder es kommen meist schlichte Landleute, und die denkt man durch die Beredsamkeit und kluge Politik der Parteiführer in der Nationalversammlung schon unvermerkt zu leiten. Man sucht daher die bisherige Ritterschaft als solche Leute zu bezeichnen, die den alten Zustand erhalten und zurückführen wollen, während die Rittergutsbesitzer wie jeder andre vernünftige Mensch sich selbst sagen, daß es unsinnig und unmöglich wäre, den Strom der Zeit aufhalten oder zurückdämmen zu wollen; [sogar der ultraconservative Herr von Thadden vergleicht einen solchen, der für die Vergangenheit kämpft, mit dem irrenden Ritter, der gegen Windmühlen ficht und dem die Mühlenflügel die Knochen zerschlagen [Dieser in der letzten Redaction fehlende Satz ist dem Manuskript des Artikels entnommen.]]. Man sucht ferner auf den Dörfern die Vorstellung zu wecken und zu bestärken, daß jetzt die Zeit gekommen sei, sich von allen den Zahlungen, die nach den Separationsrecessen an Rittergüter zu leisten sind, ohne Entschädigung loszumachen; aber man verschweigt dabei, daß eine Regirung, die Recht und Ordnung will, nicht damit anfangen kann, eine Klasse von Staatsbürgern zu plündern, um eine andre zu beschenken, daß alle Rechte, die auf Gesetz, Erkenntniß oder Vertrag beruhn, alle Forderungen, die Einer an den Andern haben mag, alle Ansprüche auf hypothekarische Zinsen und Capitalien denen, die sie haben, mit demselben Rechtstitel genommen werden können, mit welchem man den Rittergütern ihre Renten ohne volle Entschädigung nehmen möchte; man bedenkt nicht, daß diese Renten und Hypothekenanleihen den Sparpfennig mancher Wittwe verbürgen, daß endlich mit demselben Recht, mit welchem diese Renten abgeschafft werden könnten, auch alles, was die bäuerlichen Besitzer seit der Regulirung zum Behuf von Ablösungen an Capital gezahlt oder an Land abgetreten haben, zurückgegeben werden müßte, so daß eine Beraubung aus der andern und schließlich Unsicherheit jedes verbrieften Besitzes folgen würde. Aber wie gesagt, man wendet diese Mittel an, um die ländliche Bevölkerung derjenigen kräftigen Vertretung ihrer Interessen zu berauben, welche sie durch fähige und geschäftskundige Mitglieder der ehemaligen Ritterschaft haben könnte [Diese in der letzten Redaction fehlenden Sätze sind dem Manuskript des Artikels entnommen.] . Man täuscht den Landmann darüber, daß er mit dem Rittergutsbesitzer das gleiche Interesse des Landwirthes und den gleichen Gegner in dem ausschließlichen Industriesysteme hat, welches seine Hand nach der Herrschaft in dem preußischen Staate ausstreckt; gelingt diese Täuschung, so wollen wir hoffen, daß sie nicht lange dauert, daß man ihr durch eine schnelle, gesetzliche Abschaffung der bisherigen politischen Rechte der Rittergüter ein Ende mache, und daß der ländlichen Bevölkerung nicht erst dann, wenn es an's Bezahlen geht, dann aber zu spät, die Augen darüber aufgehn, wie fein sie von den klugen Städtern überlistet ist.«

Während der Zweite Vereinigte Landtag zusammentrat, nahm Georg von Vincke im Namen seiner Parteigenossen und angeblich in höherem Auftrage meine Mitwirkung für den Plan in Anspruch, den König durch den Landtag zur Abdankung zu bewegen und mit Uebergehung, aber im angeblichen Einverständniß des Prinzen von Preußen, eine Regentschaft der Prinzessin für ihren minderjährigen Sohn herzustellen. Ich lehnte sofort ab und erklärte, daß ich einen Antrag des Inhalts mit dem Antrage auf gerichtliches Verfahren wegen Hochverraths beantworten würde. Vincke vertheidigte seine Anregung als eine politisch gebotne, durchdachte und vorbereitete Maßregel. Er hielt den Prinzen wegen der von ihm leider nicht verdienten Bezeichnung »Kartätschenprinz« für unmöglich und behauptete, daß dessen Einverstandniß schriftlich vorliege. Damit hatte er eine Erklärung im Sinne, welche der ritterliche Herr ausgestellt haben soll, daß er, wenn sein König dadurch vor Gefahr geschützt werden könne, bereit sei, auf sein Erbrecht zu verzichten. Ich habe die Erklärung nie gesehn, und der hohe Herr hat mir nie davon gesprochen. Herr von Vincke gab seinen Versuch, mich für die Regentschaft der Prinzessin zu gewinnen, schließlich kühl und leicht mit der Erklärung auf, ohne Mitwirkung der äußersten Rechten, die er als durch mich vertreten ansah, werde der König nicht zum Rücktritt zu bestimmen sein. Die Verhandlung fand bei mir im Hôtel des Princes, parterre rechts, statt und enthielt beiderseits mehr, als sich niederschreiben läßt.

Von diesem Vorgange und von der Aussprache, welche ich von seiner Gemalin während der Märztage in dem Potsdamer Stadtschlosse zu hören bekommen hatte, habe ich dem Kaiser

Wilhelm niemals gesprochen und weiß nicht, ob Andre es gethan haben. Ich habe ihm diese Erlebnisse verschwiegen auch in Zeiten wie die des vierjährigen Conflicts, des östreichischen Krieges und des Culturkampfs, wo ich in der Königin Augusta den Gegner erkennen mußte, welcher meine Fähigkeit, zu vertreten was ich für meine Pflicht hielt, und meine Nerven auf die schwerste Probe im Leben gestellt hat.

Dagegen muß sie ihrem Gemal nach England geschrieben haben, daß ich versucht hatte, zu ihm zu gelangen, um seine Unterstützung für eine contrarevolutionäre Bewegung zur Befreiung des Königs zu gewinnen; denn als er auf der Rückkehr am 7. Juni einige Minuten auf dem Genthiner Bahnhof verweilte und ich mich in den Hintergrund gezogen hatte, weil ich nicht wußte, ob er in seiner Eigenschaft als »Abgeordneter für Wirsitz« mit mir gesehn sein wollte, erkannte er mich in den hintersten Reihen des Publikums, bahnte sich den Weg durch die vor mir Stehenden, reichte mir die Hand und sagte: »Ich weiß, daß Sie für mich thätig gewesen sind, und werde Ihnen das nie vergessen.«

Meine erste Begegnung mit ihm war im Winter 1834/35 auf einem Hofballe gewesen. Ich stand neben einem Herrn von Schack aus Mecklenburg, der, wie ich, lang gewachsen und auch in Justiz-Referendarien-Uniform war, was den Prinzen zu dem Scherz veranlaßte, die Justiz suche sich jetzt die Leute wohl nach dem Gardemaße aus. Dann zu mir gewandt, fragte er mich, weshalb ich nicht Soldat geworden sei. »Ich hatte den Wunsch,« erwiderte ich, »aber die Eltern waren dagegen, weil die Aussichten zu ungünstig seien.« Worauf der Prinz sagte: »Brillant ist die Carrière allerdings nicht, aber bei der Justiz auch nicht.« Während des Ersten Vereinigten Landtags, dem er als Mitglied der Herrencurie angehörte, redete er mich in den vereinigten Sitzungen wiederholt in einer Weise an, die sein Wohlgefallen an der damals von mir angenommnen politischen Haltung bezeugte.

Bald nach der Begegnung in Genthin lud er mich nach Babelsberg ein. Ich erzählte ihm mancherlei aus den Märztagen, was ich theils erlebt, theils von Offizieren gehört hatte, namentlich über die Stimmung, in der die Truppen den Rückzug aus Berlin angetreten und die sich in sehr bittern, auf dem Marsch gesungnen Versen Luft gemacht hatte. Ich war hart genug, ihm das Gedicht vorzulesen, welches für die Stimmung der Truppen auf dem befohlnen Rückzuge aus Berlin historisch bezeichnend ist:

1.

Das waren *Preußen, schwar* und *weiß* die Farben,
So schwebt' die Fahne einmal noch voran,
Als für den König seine Treuen starben.
Für ihren König, jubelnd Mann für Mann.
Wir sahen ohne Zagen
Fort die Gefall'nen tragen,
Da schnitt ein Ruf in's treue Herz hinein:
»Ihr sollt nicht Preußen mehr, sollt Deutsche sein,«

2.

Doch wir mit Liebe nahten uns dem Throne,
Fest noch im Glauben und voll Zuversicht,
Da zeigt er uns, wie man die Treue lohne,
Uns, seine Preußen, hört ihr König nicht.
Da lösten sich die Bande,
Weh' meinem Vaterlande!
Seit er verstoßen seine Vielgetreu'n,
Brach unser Herz und seine Stütze ein.

3.

Da, wie der Sturm sein theures Haupt umbrauset,
Verwünscht, verlästert von des Pöbels Wuth,
Der jetzt auf unsrem Siegesfelde hauset.
Das, was Ihn schützte, war der Truppen Muth.
Sie standen ohne Beben
Und setzten Blut und Leben
Für ihren Herrn, für ihren König ein,
Ihr Tod war süß, und ihre Ehre rein.

4.

Und wo sie fielen, Deine Tapfern, Treuen,
Vernimm die Schandthat, heil'ges Vaterland,
Sieht man des Pöbels schmutz'ge Schlächterreihen
Um jenen König stehen Hand in Hand.
Da schwören sie auf's Neue
Sich Liebe ha! und Treue.
Trug ist ihr Schwur
Und ihre Freiheit Schein,
Heil uns, sie wollen nicht mehr Preußen sein,

5.

Schwarz, Roth und Gold glüht nun im Sonnenlichte,
Der schwarze Adler sinkt herab entweiht;
Hier endet, Zollern, Deines Ruhms Geschichte,
Hier fiel ein König, aber nicht im Streit.
Wir sehen nicht mehr gerne
Nach dem gefall'nen Sterne.
Was Du hier thatest, Fürst, wird Dich gereu'n,
So treu wird Keiner, wie die Preußen, sein.

Er brach darüber in so heftiges Weinen aus, wie ich es nur noch einmal erlebt habe, als ich ihm in Nikolsburg wegen Fortsetzung des Krieges Widerstand leistete (s. Kap. 20).

Bei der Prinzessin, seiner Gemalin, stand ich bis zu meiner Ernennung nach Frankfurt so weit in Gnade, daß ich gelegentlich nach Babelsberg befohlen wurde, um ihre politischen Auffassungen und Wünsche zu vernehmen, deren Darlegung mit den Worten zu schließen pflegte: »Es freut mich, Ihre Meinung gehört zu haben,« obschon ich nicht in die Lage gekommen war, mich zu äußern. Der damals 18 – und 19jährige, aber jünger aussehende spätre Kaiser Friedrich pflegte in solchen Fällen seine politische Sympathie mir dadurch zu erkennen zu geben, daß er mich im Dunkel der abendlichen Abfahrt beim Einsteigen in den Wagen mit lebhaftem Händedruck freundlich begrüßte in einer Art, als ob ihm eine offne Bekundung seiner Gesinnung bei Licht nicht gestattet wäre.

III.

Die Frage der deutschen Einheit war in den letzten beiden Jahrzehnten unter Friedrich Wilhelm III. nur in Gestalt der burschenschaftlichen Strebungen und deren strafrechtlicher Repression in die äußre Erscheinung getreten. Friedrich Wilhelm's IV. deutsches oder, wie er schrieb, »teutsches« Nationalgefühl war gemüthlich lebhafter wie das seines Vaters, aber durch mittelalterliche Verbrämung und durch Abneigung gegen klare und feste Entschlüsse in der praktischen Bethätigung gehemmt. Daher versäumte er die Gelegenheit, die im März 1848 günstig war; und es sollte das nicht die einzige versäumte bleiben. In den Tagen zwischen den süddeutschen Revolutionen, einschließlich der Wiener, und dem 18. März, so lange es vor Augen lag, daß von allen deutschen Staaten, Oestreich inbegriffen, Preußen der einzige feststehende geblieben war, waren die deutschen Fürsten bereit, nach Berlin zu kommen und Schutz zu suchen unter Bedingungen, die in unitarischer Richtung über das hinausgingen, was heut verwirklicht ist; auch das bairische Selbstbewußtsein war erschüttert. Wenn es zu dem, nach einer Erklärung der preußischen und der östreichischen Regirung vom 10. März auf den 20. März nach Dresden berufnen Fürstencongreß gekommen wäre, so wäre nach der Stimmung der betheiligten Höfe eine Opferwilligkeit auf dem Altar des Vaterlandes wie die französische vom 4. August 1789 zu erwarten gewesen. Diese Auffassung entsprach den thatsächlichen Verhältnissen; das militärische Preußen war stark und intact genug, um die revolutionäre Welle zum Stehn zu bringen und den übrigen deutschen Staaten für Gesetz und Ordnung in Zukunft Garantien zu bieten, welche den andern Dynastien damals annehmbar erschienen. Der 18. März war ein Beispiel, wie schädlich das Eingreifen roher Kräfte auch den Zwecken werden kann, die dadurch erreicht werden sollen. Indessen war am 19. Morgens noch nichts verloren. Der Aufstand war niedergeschlagen. Führer desselben, darunter der mir von der Universität her bekannte Assessor Rudolf Schramm, hatten sich nach Dessau geflüchtet, hielten die erste Nachricht von dem Rückzuge der Truppen für eine polizeiliche Falle und kehrten erst nach Berlin zurück, nachdem sie die Zeitungen erhalten hatten. Ich glaube, daß mit fester und kluger Ausnutzung des Sieges, des einzigen, der damals von einer Regirung in Europa gegen Aufstände erfochten war, die deutsche Einheit in strengrer Form zu erreichen war, als zur Zeit meiner Betheiligung an der Regirung schließlich geschehn ist. Ob das nützlicher und dauerhafter gewesen wäre, lasse ich dahingestellt sein.

Wenn der König im März die Empörung in Berlin definitiv niederwarf und auch nachher nicht wieder aufkommen ließ, so würden wir von dem Kaiser Nicolaus nach dem Zusammenbruch Oestreichs keine Schwierigkeiten in der Neubildung einer haltbaren Organisation Deutschlands erfahren haben. Seine Sympathien waren ursprünglich mehr nach Berlin als nach Wien gerichtet, wenn auch Friedrich Wilhelm IV. persönlich diese nicht besaß und bei der Verschiedenheit der Charaktere nicht besitzen konnte.

Der Umzug durch die Straßen in den Farben der Burschenschaft am 21. März war am wenigsten geeignet, das wieder einzubringen, was im Innern und nach Außen verloren war. Die Situation wurde dadurch dergestalt umgedreht, daß der König nun an der Spitze nicht mehr seiner Truppen, sondern der Barrikadenkämpfer, derselben unlenkbaren Massen, stand, vor deren Bedrohung die Fürsten einige Tage zuvor bei ihm Schutz gesucht hatten. Der Gedanke, eine Verlegung des geplanten Fürstencongresses von Dresden nach Potsdam als einziges Ergebnis; der Märztage zu behandeln, verlor durch den würdelosen Umzug jede Haltbarkeit. Die Weichlichkeit, mit der Friedrich Wilhelm IV. unter dem Drucke unberufner, vielleicht verrätherischer Rathgeber, gedrängt durch weibliche Thränen, das blutige Ergebniß in Berlin, nachdem es siegreich durchgeführt war, dadurch abschließen wollte, daß er seinen Truppen befahl, auf den gewonnenen Sieg zu verzichten, hat für die weitre Entwicklung unsrer Politik zunächst den Schaden einer versäumten Gelegenheit gebracht. Ob der Fortschritt ein dauernder gewesen sein würde, wenn der König den Sieg seiner Truppen festgehalten und ausgenutzt hätte, ist eine andre Frage. Der König würde dann allerdings nicht in der gebrochnen Stimmung gewesen sein, in der ich ihn während des Zweiten Vereinigten Landtags gefunden habe, sondern in dem durch den Sieg gestärkten Schwunge der Beredsamkeit, die er bei Gelegenheit der Huldigung 1840, in Köln 1842 und sonst entwickelt hatte. Ich wage keine Vermuthung darüber, welche Einwirkung auf die Haltung des Königs, (auf) die Romantik mittelalterlicher Reichserinnrungen Oestreich und den Fürsten gegenüber und (auf) das vorher und später so starke fürstliche Selbstgefühl im Inlande das Bewußtsein geübt haben würde, den Aufruhr definitiv niedergeschlagen zu haben, der allein ihm gegenüber siegreich blieb im außerrussischen Continent. Eine auf dem Straßenpflaster erkämpfte Errungenschaft wäre von andrer Art und von mindrer Tragweite gewesen als die später auf dem Schlachtfeld gewonnene. Es ist vielleicht für unsre Zukunft besser gewesen, daß wir die Irrwege in der Wüste innrer Kämpfe von 1848 bis 1866 wie die Juden, bevor sie das gelobte Land erreichten, noch haben durchmachen müssen. Die Kriege von 1866 und 1870 wären uns doch schwerlich erspart worden, nachdem unsre 1848 zusammengebrochnen Nachbarn in Anlehnung an Paris, Wien und anderswo sich wieder ermuthigt und gekräftigt haben würden. Es ist fraglich, ob auf dem kürzern und raschern Wege des Märzsieges von 1848 die Wirkung der geschichtlichen Ereignisse auf die Deutschen dieselbe gewesen sein würde, wie die heut vorhandne, die den Eindruck macht, daß die Dynastien, und grade die früher hervorragend particularistischen, reichsfreundlicher sind als die Fractionen und Parteien.

Mein erster Besuch in Sanssouci kam unter ungünstigen Aspecten zu Stande. In den ersten Tagen des Juni, wenige Tage vor dem Abgange des Ministerpräsidenten Ludolf Camphausen, befand ich mich in Potsdam, als ein Leibjäger mich in dem Gasthofe aufsuchte, um mir zu melden, daß der König mich zu sprechen wünsche. Ich sagte unter dem Eindruck meiner frondirenden Gemüthsstimmung, daß ich bedauerte, dem Befehle Sr. Majestät nicht Folge leisten zu können, da ich im Begriffe sei, nach Hause zu reisen und meine Frau, deren Gesundheit besondrer Schonung bedürfe, sich ängstigen würde, wenn ich länger als verabredet ausbliebe. Nach einiger Zeit erschien der Flügeladjutant Edwin von Manteuffel, wiederholte die Aufforderung in Form einer Einladung zur Tafel und sagte, der König stelle mir einen Feldjäger zur Verfügung, um meine Frau zu benachrichtigen. Es blieb mir nichts übrig, als mich nach Sanssouci zu begeben. Die Tischgesellschaft war sehr klein, enthielt, wenn ich mich recht erinnre, außer den Damen und Herrn vom Dienste nur Camphausen und mich. Nach der Tafel führte der König mich auf die Terrasse und fragte freundlich: »Wie geht es bei Ihnen?« In der Gereiztheit, die ich seit den Märztagen in mir trug, antwortete ich: »Schlecht.« Darauf der König: »Ich denke, die Stimmung ist gut bei Ihnen.« Darauf ich, unter dem Eindrucke von Anordnungen, deren Inhalt mir nicht erinnerlich ist: »Die Stimmung war sehr gut, aber seit die Revolution uns von den königlichen Behörden unter königlichem Stempel eingeimpft worden, ist sie schlecht geworden. Das Vertrauen zu dem Beistande des Königs fehlt.« In dem Augenblicke trat die Königin hinter einem Gebüsche hervor und sagte: »Wie können Sie so zu dem Könige sprechen?« – »Laß mich nur, Elise,« versetzte der König, »ich werde schon mit ihm fertig werden;« und dann zu mir gewandt: »Was werfen Sie mir denn eigentlich vor?« – »Die Räumung Berlins.« – »Die habe ich nicht gewollt,« erwiderte der König. Und die Königin, die noch in Gehörsweite geblieben war, setzte hinzu: »Daran ist der König ganz unschuldig, er hatte seit drei Tagen nicht geschlafen.« – »Ein König muß schlafen können,« versetzte ich. Unbeirrt durch diese schroffe Aeußerung sagte der König: »Man ist immer klüger, wenn man von dem Rathhause kommt; was wäre denn damit gewonnen, daß ich zugäbe, ›wie ein Esel‹ gehandelt zu haben? Vorwürfe sind nicht das Mittel, einen umgestürzten Thron wieder aufzurichten, dazu bedarf ich des Beistandes und thätiger Hingebung, nicht der Kritik.« Die Güte, mit der er dies und Aehnliches sagte, überwältigte mich. Ich war gekommen in der Stimmung eines Frondeurs, dem es ganz recht sein würde, ungnädig weggeschickt zu werden, und ging, vollständig entwaffnet und gewonnen.

Auf meine Vorstellungen, daß er Herr im Lande sei und die Macht besitze, die bedrohte Ordnung überall herzustellen, sagte er, er müsse sich hüten, den Weg des formellen Rechtes zu verlassen; wenn er mit der Berliner Versammlung, dem Tagelöhnerparlamente, wie man sie damals in gewissen Kreisen nannte, brechen wolle, so müsse er dazu das formelle Recht auf seiner Seite haben, sonst stehe seine Sache auf schwachen Füßen, und die ganze Monarchie laufe Gefahr, nicht blos von innern Bewegungen, sondern auch von außen her. Vielleicht hat er dabei an einen französischen Krieg unter Betheiligung deutscher Aufstände gedacht. Wahrscheinlicher aber ist mir, dass er grade mir die Besorgniß, seine deutschen Aussichten Preußens zu schädigen, in dem Moment, wo er meine Dienste gewinnen wollte, nicht aussprach. Ich erwiderte, daß das formale Recht und seine Grenzen in der vorliegenden Situation verwischt erschienen und von den Gegnern, sobald sie die Macht hätten, ebenso wenig respectirt werden würden wie am 18. März, ich sähe die Situation mehr in dem Lichte von Krieg und Nothwehr als von rechtlichen Argumentationen. Der König beharrte jedoch dabei, daß seine Stellung zu schwach werde, wenn er von dem Rechtsboden abweiche, und der Eindruck ist mir geblieben, daß er dem von Radowitz bei ihm gepflegten Gedankengange, dem schwarz-roth-goldnen, wie man damals sagte, die Möglichkeit der Herstellung der Ordnung in Preußen zunächst unterordnete.

Aus den zahlreichen Gesprächen, die auf jenes erste folgten, ist mir das Wort des Königs erinnerlich: »Ich will den Kampf gegen die Tendenzen der Nationalversammlung durchführen, aber wie die Sache heut liegt, so mag ich zwar von meinem Rechte vollständig überzeugt sein, es ist aber nicht gewiß, daß Andre, und daß schließlich die großen Massen es auch sein werden; damit ich dessen gewiß werde, muß die Versammlung sich noch mehr und in solchen Fragen in's Unrecht setzen, in denen mein Recht, mich mit Gewalt zu wehren, nicht nur für mich, sondern allgemein einleuchtend ist.«

Meine Ueberzeugung, daß die Zweifel des Königs an seiner Macht unbegründet seien, und daß es deshalb nur darauf ankomme, ob er an sein Recht glaube, wenn er sich gegen die Uebergriffe der Versammlung wehren wolle, konnte ich bei ihm nicht zur Anerkennung bringen. Daß sie richtig war, ist demnächst dadurch bestätigt worden, daß den großen und kleinen Aufständen gegenüber jede militärische Anordnung unbedenklich und mit Eifer durchgeführt wurde, und zwar unter Umständen, wo die Bethätigung des militärischen Gehorsams schon von Hause aus mit dem Niederwerfen bereits vorhandnen bewaffneten Widerstandes verbunden war, während eine Auflösung der Versammlung, sobald man ihre Wirksamkeit als staatsgefährlich erkannte, in den Reihen der Truppen die Frage des Gehorsams gegen militärische Befehle nicht berührt haben würde. Auch das Einrücken größrer Truppenmassen in Berlin nach dem Zeughaussturme und ähnlichen Vorgängen würde nicht blos von den Soldaten, sondern auch von der Mehrheit der Bevölkerung als dankenswerthe Ausübung eines zweifellosen königlichen Rechts aufgefaßt worden sein, wenn auch nicht von der Minderheit, welche die Leitung übte; und auch wenn die Bürgerwehr sich hätte widersetzen wollen, so würde sie bei den Truppen nur den berechtigten Kampfeszorn gesteigert haben. Ich kann mir kaum denken, daß der König im Sommer an seiner materiellen Macht, der Revolution in Berlin ein Ende zu machen, Zweifel gehabt haben sollte, vermuthe vielmehr, daß Hintergedanken rege waren, ob nicht die Berliner Versammlung und der Friede mit ihr und ihrem Rechtsboden unter irgend welchen Constellationen direct oder indirect nützlich werden könne, sei es in Combinationen mit dem Frankfurter Parlamente oder gegen dasselbe, sei es, um nach andern Seiten hin in der deutschen Frage einen Druck auszuüben, und ob der formale Bruch mit der preußischen Volksvertretung die deutschen Aussichten compromittiren könne. Den Umzug in den deutschen Farben setze ich allerdings nicht auf Rechnung solcher Neigungen des Königs; er war damals körperlich und geistig so angegriffen, daß er Zumuthungen, die ihm mit Entschiedenheit gemacht wurden, wenig Widerstand entgegensetzte.

Bei meinem Verkehr in Sanssouci lernte ich die Personen kennen, die das Vertrauen des Königs auch in politischen Dingen besaßen, und traf zuweilen in dem Cabinet mit ihnen zusammen. Es waren das besonders die Generale Leopold von Gerlach und von Rauch, später Niebuhr, der Cabinetsrath.

Rauch war praktischer, Gerlach in der Entschließung über actuelle Vorkommnisse mehr durch geistreiche Gesammtauffassung angekränkelt, eine edle Natur von hohem Schwung, doch frei von dem Fanatismus seines Bruders, des Präsidenten Ludwig von Gerlach, im gewöhnlichen Leben bescheiden und hülflos wie ein Kind, in der Politik tapfer und hochfliegend, aber durch körperliches Phlegma gehemmt. Ich erinnre mich, daß ich in Gegenwart beider Brüder, des Präsidenten und des Generals, veranlaßt wurde, mich über den ihnen gemachten Vorwurf des Unpraktischen zu erklären und das in folgender Weise that: »Wenn wir drei hier aus dem Fenster einen Unfall auf der Straße geschehn sehn, so wird der Herr Präsident daran eine geistreiche Betrachtung über unsern Mangel an Glauben und die Unvollkommenheit unsrer Einrichtungen knüpfen; der General wird genau das Richtige angeben, was unten geschehn müsse, um zu helfen, aber sitzen bleiben; ich würde der Einzige sein, der hinunter ginge oder Leute riefe, um zu helfen.« So war der General der einflußreichste Politiker in der Camarilla Friedrich Wilhelm's IV., ein vornehmer und selbstloser Charakter, ein treuer Diener des Königs, aber geistig vielleicht ebenso wie körperlich durch das Schwergewicht seiner Person an der prompten Ausführung seiner richtigen Gedanken behindert. An Tagen, wo der König ungerecht oder ungnädig für ihn gewesen war, wurde in der Abendandacht im Hause des Generals wohl das alte Kirchenlied gesungen:

> Verlasse Dich auf Fürsten nicht,
> Sie sind wie eine Wiege.
> Wer heute Hosianna spricht,
> Ruft morgen crucifige.

Aber seine Hingebung für den König erlitt unter diesem christlichen Erguß seiner Verstimmung nicht die mindeste Abschwächung. Auch für den seiner Meinung nach irrenden König setzte er sich voll mit Leib und Leben ein, wie er schließlich seinen Tod dadurch fast eigenwillig herbeiführte, daß er hinter der Leiche seines Königs bei Wind und sehr hoher Kälte stundenlang in bloßem Kopfe, den Helm in der Hand, folgte. Dieser letzten formalen Hingebung des alten Dieners für die Leiche seines Herrn unterlag seine schon länger angegriffne Gesundheit; er kam mit der Kopfrose nach Hause und starb nach wenigen Tagen. Durch sein Ende erinnert er an das Gefolge eines altgermanischen Fürsten, das freiwillig mit ihm stirbt.

Neben Gerlach und vielleicht in höherem Grade war Rauch seit 1848 von Einfluß auf den König. Sehr begabt, der fleischgewordne Menschenverstand, tapfer und ehrlich, ohne Schulbildung, mit den Tendenzen eines preußischen Generals von der besten Sorte, war er wiederholt als Militärbevollmächtigter in Petersburg in der Diplomatie thätig gewesen. Einmal war Rauch von Berlin in Sanssouci erschienen mit dem mündlichen Auftrage des Ministerpräsidenten Grafen Brandenburg, von dem Könige die Entscheidung über eine Frage von Wichtigkeit zu erbitten. Als der König, dem die Entscheidung schwer wurde, nicht zum Entschluß kommen konnte, zog endlich Rauch die Uhr aus der Tasche und sagte mit einem Blick auf das Zifferblatt: »Jetzt sind noch zwanzig Minuten, bis mein Zug abgeht; da werden Ew. Majestät doch nun befehlen müssen, ob ich dem Grafen Brandenburg Ja sagen soll oder Nee, oder ob ich ihm melden soll, daß Ew. Majestät nich Ja und nich Nee sagen wollen.« Diese Aeußerung kam heraus in dem Tone der Gereiztheit, gedämpft durch die militärische Disciplin, als Ausdruck der Verstimmung, die bei dem klaren, entschiednen und durch die lange fruchtlose Discussion ermüdeten General erklärlich war. Der König sagte: »Na, denn meinetwegen Ja«, worauf Rauch sich sofort entfernte, um in beschleunigter Gangart durch die Stadt zum Bahnhof zu fahren. Nachdem der König eine Weile schweigend dagestanden hatte, wie wenn er die Folgen der widerwillig getroffnen Entscheidung noch erwöge, wandte er sich gegen Gerlach und mich und sagte: »Dieser Rauch! Er kann nicht richtig Deutsch sprechen, aber er hat mehr gesunden Menschenverstand als wir Alle,« und darauf gegen Gerlach gewandt und das Zimmer verlassend: »Klüger wie Sie ist er immer schon gewesen.« Ob der König darin Recht hatte, lasse ich dahingestellt; geistreicher war Gerlach, praktischer Rauch.

IV.

Die Entwicklung der Dinge bot keine Gelegenheit, die Berliner Versammlung für die deutsche Sache nutzbar zu machen, während ihre Uebergriffe wuchsen; es reifte daher der Gedanke, sie nach einem andern Orte zu verlegen, um ihre Mitglieder dem Drucke der Einschüchterung zu entziehn, eventuell sie aufzulösen. Damit steigerte sich die Schwierigkeit, ein Ministerium zu Stande zu bringen, welches diese Maßregel durchzuführen übernehmen würde. Schon seit der Eröffnung der Versammlung war es dem Könige nicht leicht geworden, überhaupt Minister zu finden, besonders aber solche, welche auf seine sich nicht immer gleichbleibenden Ansichten gefügig eingingen, und deren furchtlose Festigkeit zugleich die Bürgschaft gewährte, daß sie bei einer entscheidenden Wendung nicht versagen würden. Es sind mir aus dem Frühjahre mehre verfehlte Versuche erinnerlich: Georg von Vincke antwortete auf meine Sondirung, er sei ein Mann der rothen Erde, zu Kritik und Opposition und nicht zu einer Ministerrolle veranlagt. Beckerath wollte die Bildung eines Ministeriums nur übernehmen, wenn die äußerste Rechte sich ihm unbedingt hingebe und ihm den König sicher mache. Männer, welche in der Nationalversammlung Einfluß hatten, wollten sich die Aussicht nicht verderben, künftig, nach Herstellung geordneter Zustände, constitutionelle Majoritätsminister zu werden und zu bleiben. Ich begegnete unter anderm bei Harkort, der als Handelsminister in das Auge gefaßt war, der Meinung, daß die Herstellung der Ordnung durch ein Fachministerium von Beamten und Militärs bewirkt werden müsse, ehe verfassungstreue Minister die Geschäfte übernehmen könnten; später sei man bereit.

Die Abneigung, Minister zu werden, wurde verstärkt durch die Vorstellung, daß persönliche Gefahr damit verbunden sein könne, wie das Vorkommen körperlicher Mißhandlung conservativer Abgeordneter auf der Straße schon gezeigt habe. Nach den Gewöhnungen, welche die Straßenbevölkerung angenommen habe, und bei dem Einflusse, den Abgeordnete der äußersten Linken auf sie besäßen, müsse man auf größre Ausschreitungen gefaßt sein, wenn die Regirung dem demokratischen Andringen Widerstand zu leisten und in festre Wege einzulenken versuche.

Als der Graf Brandenburg, gleichgültig gegen solche Besorgnisse, sich bereit erklärt hatte, das Präsidium zu übernehmen, kam es darauf an, ihm geeignete und genehme Collegen zu gewinnen. In einer Liste, welche dem Könige vorgelegt wurde, fand sich auch mein Name; wie mir der General Gerlach erzählte, hatte der König dazu an den Rand geschrieben: »Nur zu gebrauchen, wenn das Bayonett schrankenlos waltet«. Gerlach ist zuverlässiger als die Quelle, aus welcher der Graf Vitzthum von Eckstädt geschöpft haben muß, wenn er – »Berlin und Wien« S, 247 – die Randbemerkung so giebt: »Rother Reaktionär, riecht nach Blut, *später* zu gebrauchen.« Der Graf Brandenburg selbst sagte mir in Potsdam: »Ich habe die Sache übernommen, habe aber kaum die Zeitungen gelesen, bin mit staatsrechtlichen Fragen unbekannt und kann nichts weiter thun, als meinen Kopf zu Markte tragen. Ich brauche einen ›Kornak‹, einen Mann, dem ich traue und der mir sagt, was ich thun kann. Ich gehe in die Sache wie ein Kind in's Dunkel, und weiß Niemanden als Otto Manteuffel (Director im Ministerium des Innern), der die Vorbildung und zugleich mein persönliches Vertrauen besitzt, der aber noch Bedenken hat. Wenn er will, so gehe ich morgen in die Versammlung; wenn er nicht will, so müssen wir warten und einen Andern finden. Fahren Sie nach Berlin hinüber und bewegen Sie Manteuffel.« Dies gelang, nachdem ich von 9 Uhr bis Mitternacht in ihn eingeredet und es übernommen hatte, seine Frau in Potsdam zu benachrichtigen, und die für die persönliche Sicherheit der Minister im Schauspielhause und in dessen Umgebung getroffnen Maßregeln dargelegt hatte.

Am 9. November früh Morgens kam der zum Kriegsminister ernannte General v. Strotha zu mir, Bismarck wohnte damals bei R. von der Goltz, Leipziger Platz 14; s. Bismarck's Briefe an seine Braut und Gattin S. 118. weil ihn Brandenburg an mich gewiesen hatte, um sich die Situation klar machen zu lassen. Ich that das nach Möglichkeit und fragte: »Sind Sie bereit?« Er antwortete mit der Gegenfrage: »Welcher Anzug ist bestimmt?« – »Civil,« erwiderte ich. – »Das habe ich nicht,« sagte er. Ich besorgte ihm einen Lohndiener, und es wurde glücklich noch vor der festgesetzten Stunde ein Anzug aus einer Kleiderhandlung beschafft. Für die Sicherheit der Minister wurden mannigfache Vorsichtsmaßregeln getroffen. Zunächst waren im Schauspielhause selbst außer einer starken Polizeitruppe ungefähr dreißig der besten Schützen des Garde-Jäger-Bataillons so untergebracht, daß sie auf ein bestimmtes Signal im Saale und auf den Gallerien erscheinen und mit ihren der größten Genauigkeit sichern Schüssen die Minister decken konnten, wenn sie thätlich bedroht wurden. Es ließ sich annehmen, daß auf die ersten Schüsse die Insassen den Saal schnell räumen würden. Entsprechende Vorkehrungen waren an den Fenstern des Schauspielhauses und in verschiednen Gebäuden am Gensdarmenmarkt getroffen, in der Absicht, den Rückzug der Minister aus dem Schauspielhause gegen etwaige feindliche Angriffe zu decken; man nahm an, daß auch größre etwa dort versammelte Massen sich zerstreuen würden, sobald aus verschiednen Richtungen Schüsse fielen.

Herr von Manteuffel machte noch darauf aufmerksam, daß der Eingang zum Schauspielhause in der dort engen Charlottenstraße nicht gedeckt sei; ich erbot mich, zu bewirken, daß die ihm gegenüber liegende Wohnung des beurlaubten hanöverschen Gesandten, Grafen Knyphausen, von Militär besetzt würde. Ich begab mich noch in der Nacht zu dem Obersten von Griesheim im Kriegsministerium, der mit den militärischen Anordnungen betraut war, stieß aber bei ihm auf Bedenken, ob man eine Gesandschaft zu solchem Zwecke benutzen dürfe. Ich suchte nun den hanöverschen Geschäftsträger, Grafen Platen, auf, der das dem Könige von Hanover gehörige Haus unter den Linden bewohnte. Derselbe war der Ansicht, daß das amtliche Domizil der Gesandschaft zur Zeit in seiner Wohnung unter den Linden sei, und ermächtigte mich, dem Obersten von Griesheim zu schreiben, daß er die Wohnung »seines abwesenden Freundes«, des Grafen Knyphausen, für polizeiliche Zwecke zur Verfügung stelle. Spät zu Bett gegangen, wurde ich um 7 Uhr Morgens durch einen Boten Platen's mit der Bitte, ihn zu besuchen, geweckt. Ich fand ihn sehr erregt darüber, daß eine Abtheilung von etwa 100 Mann im Hofe seiner Wohnung, also grade dort, wo er den Sitz der Gesandschaft bezeichnet hatte, aufmarschirt war. Griesheim hatte wahrscheinlich den durch meine Mittheilung veranlaßten Befehl irgend einem Beamten ertheilt, der das Mißverständniß angerichtet hatte. Ich ging zu ihm und erwirkte den Befehl an den Führer der Abtheilung, die Knyphausensche Wohnung zu besetzen, was denn auch geschah, nachdem es schon Tag geworden, während die Besetzung der übrigen gewählten Häuser in der Nacht heimlich erfolgt war. Vielleicht bewirkte grade der zufällige Anschein offner Entschlossenheit, daß der Gensdarmenmarkt, als die Minister sich in das Schauspielhaus begaben, ganz leer war.

Als Wrangel an der Spitze der Truppen eingezogen war (10. November), verhandelte er mit der Bürgerwehr und bewog sie zum freiwilligen Abzuge. Ich hielt das für einen politischen Fehler; wenn es zum kleinsten Gefecht gekommen wäre, so wäre Berlin nicht durch Capitulation, sondern gewaltsam eingenommen, und dann wäre die politische Stellung der Regirung eine andre gewesen. Daß der König die Nationalversammlung nicht gleich auflöste, sondern auf einige Zeit vertagte und nach Brandenburg verlegte und den Versuch machte, ob sich dort eine Majorität finden würde, mit der ein befriedigender Abschluß zu erreichen war, beweist, daß in der politischen Entwicklung, die dem Könige vorschweben mochte, die Rolle der Versammlung auch damals noch nicht ausgespielt war. Daß diese Rolle auf dem Gebiete der deutschen Frage gedacht war, dafür sind mir einige Symptome erinnerlich. In Privatgesprächen der maßgebenden Politiker während der Vertagung der Versammlung trat die deutsche Frage mehr in den Vordergrund als vorher, und innerhalb des Ministeriums wurden in dieser Beziehung große Hoffnungen auf den Sachsen von Carlowitz gesetzt, dessen anerkannte Beredsamkeit in deutsch-nationalem Sinne wirken würde. Wie der Graf Brandenburg über die deutsche Sache dachte, darüber habe ich damals von ihm unmittelbare Mitteilungen nicht erhalten. Er gab nur seine Bereitwilligkeit zu erkennen, mit soldatischem Gehorsam zu thun, was der König befehlen würde. Später in Erfurt sprach er sich offner zu mir darüber aus. S. u. S. 85.

Drittes Kapitel. Erfurt, Olmütz, Dresden.

I.

Der latente deutsche Gedanke Friedrich Wilhelm's IV. trägt mehr als seine Schwäche die Schuld an den Mißerfolgen unsrer Politik nach 1848. Der König hoffte, das Wünschenswerthe würde kommen, ohne daß er seine legitimistischen Traditionen zu verletzen brauchte. Wenn Preußen und der König garkeinen Wunsch nach irgend etwas gehabt hätten, was sie vor 1848 nicht besaßen, sei es auch nur nach einer historischen *mention honorable*, wie es die Reden von 1840 und 1842 vermuthen ließen; wenn der König keine Ziele und Neigungen gehabt hätte, für deren Verfolgung eine gewisse Popularität nützlich war: was hätte ihn dann abgehalten, nachdem das Ministerium Brandenburg festen Fuß gefaßt, den revolutionären Errungenschaften im Innern Preußens in ähnlicher Weise entgegenzutreten, wie dem badischen Aufstande und dem Widerstande einzelner preußischer Provinzialstädte? Der Verlauf dieser Erhebungen hatte auch denen, die es nicht wußten, gezeigt, daß die militärischen Kräfte zuverlässig waren; in Baden hatte sogar die Landwehr aus Districten, die für unsicher galten, ihre Schuldigkeit nach Kräften gethan. Die Möglichkeit einer militärischen Reaction, die Möglichkeit, wenn man einmal eine Verfassung octroyirte, das zu Grunde gelegte belgische Formular schärfer, als geschehn ist, im monarchischen Sinne zu amendiren, lag ohne Zweifel vor. Die Neigung, diese Möglichkeit auszunutzen, muß im Gemüthe des Königs zurückgetreten sein vor der Besorgniß, dasjenige Maß von Wohlwollen in nationaler und liberaler Richtung zu verlieren, auf dem die Hoffnung beruhte, daß Preußen ohne Krieg und in einer mit legitimistischen Vorstellungen verträglichen Weise das Vorgewicht in Deutschland zufallen würde.

Diese Hoffnung oder Erwartung, die bis in die »Neue Aera« hinein in Phrasen von dem deutschen Berufe Preußens und von moralischen Eroberungen einen schüchternen Ausdruck fand, beruhte auf dem doppelten Irrthum, der vom März 1848 bis zum Frühjahr des folgenden Jahres in Sanssouci wie in der Paulskirche bestimmend war: einer *Unter*schätzung der Lebenskraft der deutschen Dynastien und ihrer Staaten, und einer *Ueber*schätzung der Kräfte, die man unter dem Wort Barrikade zusammenfassen kann, so daß darunter alle die Barrikade vorbereitenden Momente, Agitation und *Drohung* mit dem Straßenkampfe, begriffen sind. Nicht in diesem selbst lag die Gefahr des Umsturzes, sondern in der Furcht davor. Die mehr oder weniger phäakischen Regirungen waren im März, ehe sie den Degen gezogen hatten, geschlagen, theils durch die Furcht vor dem Feinde, theils durch die innre Sympathie ihrer Beamten mit demselben. Immerhin wäre es für den König von Preußen an der Spitze der Fürsten leichter gewesen, durch Ausnutzung des Sieges der Truppen in Berlin ein deutsches Einheitsgebilde herzustellen, als es nachher der Paulskirche geworden ist; ob die Eigenthümlichkeit des Königs nicht eine solche Herstellung auch bei Festhalten dieses Sieges gehindert oder das hergestellte, wie Bodelschwingh im März fürchtete, wieder unsicher gemacht haben würde, ist allerdings schwer zu beurtheilen. In den Stimmungen seiner letzten Lebensjahre, wie sie auch aus den Aufzeichnungen Leopold's v. Gerlach und aus andern Quellen ersichtlich sind, steht die ursprüngliche Abneigung gegen constitutionelle Einrichtungen, die Ueberzeugung von der Nothwendigkeit eines größern Maßes freier Bewegung der Königlichen Gewalt als das in der preußischen Verfassung gegebene wieder im Vordergrunde. Der Gedanke, die Verfassung durch einen »Königlichen Freibrief« zu ersetzen, war in der letzten Krankheit noch lebendig.

Die Frankfurter Versammlung, in demselben doppelten Irrthum befangen, behandelte die *dynastischen* Fragen als überwundnen Standpunkt, und mit der theoretischen Energie, welche dem Deutschen eigen ist, auch in Betreff Preußens und Oestreichs. Diejenigen Abgeordneten, welche in Frankfurt über die Stimmung der preußischen Provinzen und der deutsch-östreichischen Länder kundige Auskunft geben konnten, waren zum Theil interessirt bei der Verschweigung der Wahrheit; die Versammlung täuschte sich, ehrlich oder unehrlich, über die Thatsache, daß im Falle eines Widerspruchs zwischen einem Frankfurter Reichstagsbeschluß und einem preußischen Königsbefehl der erstere bei sieben Achtel der preußischen Bevölkerung leichter oder garnicht in's Gewicht fiel. Wer damals in unsern Ostprovinzen gelebt hat, wird heut noch die Erinnrung haben, daß die Frankfurter Verhandlungen bei allen den Elementen, in deren Hand die materielle Macht lag, bei allen denen, welche in Conflictsfällen Waffen zu führen oder zu befehlen hatten, nicht so ernsthaft aufgefaßt wurden, wie es nach der Würde der wissenschaftlichen und parlamentarischen Größen, die dort versammelt waren, hätte erwartet werden können. Und nicht nur in Preußen, sondern auch in den großen Mittelstaaten hatte damals ein monarchischer Befehl, der die Masse der Fäuste dem Fürsten zu Hülfe aufrief, falls er erfolgte, eine ausreichende Wirkung gehabt; nicht überall in dem Maße, wie es in Preußen der Fall war, aber doch in einem Maße, welches überall dem Bedürfniß materieller Polizeigewalt genügt haben würde, wenn die Fürsten den Muth gehabt hätten, Minister anzustellen, die ihre Sache fest und offen vertraten. Es war dies im Sommer 1848 in Preußen nicht der Fall gewesen; sobald aber im November der König sich entschloß, Minister zu ernennen, welche bereit waren, die Kronrechte ohne Rücksicht auf Parlamentsbeschlüsse zu vertreten, war der ganze Spuk verschwunden und nur noch die Gefahr vorhanden, daß der Rückschlag über das vernünftige Maß hinausgehn werde. In den übrigen norddeutschen Staaten kam es nicht einmal zu solchen Conflicten, wie sie das Ministerium Brandenburg in einzelnen Provinzialstädten zu bekämpfen hatte. Auch in Baiern und Würtemberg erwies sich das Königthum trotz antiköniglicher Minister schließlich stärker als die Revolution.

Als der König am 3. April 1849 die Kaiserkrone ablehnte, aber aus dem Beschlusse der Frankfurter Versammlung »ein Anrecht« entnahm, dessen Werth er zu schätzen wisse, war er dazu hauptsächlich bewogen durch den revolutionären oder doch parlamentarischen Ursprung des Anerbietens und durch den Mangel eines staatsrechtlichen Mandats des Frankfurter Parlaments bei mangelnder Zustimmung der Dynastien. Aber auch wenn alle diese Mängel nicht, oder doch in den Augen des Königs nicht, vorhanden gewesen wären, so würde unter ihm eine Fortbildung und Kräftigung der Reichs-Institutionen, wie sie unter Kaiser Wilhelm stattgefunden hat, kaum zu erwarten gewesen sein. Die Kriege, welche der Letztre geführt hat, würden nicht ausgeblieben sein, nur würden sie nach der Constituirung des Kaiserthums, als Folge derselben, und nicht *vorher*, das Kaiserthum vorbereitend und herstellend, zu führen gewesen sein. Ob Friedrich Wilhelm IV. zur rechtzeitigen Führung derselben hätte bewogen werden können, weiß ich nicht; es war das schon schwierig bei seinem Herrn Bruder, in dem die militärische Ader und das preußische Offiziersgefühl vorwiegend waren.

Wenn ich die damaligen preußischen Zustände, persönliche und sachliche, als nicht reif zur Uebernahme der Führung in Deutschland in Krieg und Frieden bezeichne, so will ich damit nicht gesagt haben, daß ich damals die Voraussicht davon mit derselben Klarheit gehabt habe, wie heut im Rückblick auf eine 40jährige seitdem verflossene Entwicklung. Meine damalige Befriedigung über die Ablehnung der Kaiserkrone durch den König lag nicht in der vorstehenden Beurtheilung seiner Person, eher in einer stärkern Empfänglichkeit für das Prestige der Preußischen Krone und ihres Trägers, noch mehr aber in dem instinctiven Mißtrauen gegen die Entwicklung seit den Barrikaden von 1848 und ihren parlamentarischen Consequenzen. Den letztern gegenüber war ich mit meinen politischen Freunden unter dem Eindruck, daß die leitenden Männer in Parlament und Presse das Programm »es muß alles ruinirt werden« zum Theil bewußt, zum größern Theile unbewußt förderten und ausführten, und daß die vorhandnen Minister nicht die Männer waren, welche die Bewegung leiten oder hemmen konnten. Mein Standpunkt dazu unterschied sich damals nicht wesentlich von dem noch heut in Kraft stehenden eines parlamentarischen Fractionsmitgliedes, begründet auf Anhänglichkeit an Freunde und Mißtrauen oder Feindschaft gegen Gegner. Die Ueberzeugung, daß der Gegner in Allem, was er vornimmt, im besten Falle beschränkt, wahrscheinlich aber böswillig und gewissenlos ist, und die Abneigung, mit den eignen Fractionsgenossen zu dissentiren und zu brechen, beherrscht noch heut das Fractionsleben; und damals waren die Ueberzeugungen, auf denen diese dem Staatsleben gefährlichen Erscheinungen beruhn, sehr viel lebhafter und ehrlicher, als sie heut sind. Die Gegner kannten sich damals wenig, sie haben seitdem 40 Jahre lang Gelegenheit gehabt, sich kennen zu lernen, da der Personalbestand der im Vordergrunde stehenden Parteimänner sich nur langsam und wenig zu andern pflegt. Man hielt sich damals wirklich gegenseitig für entweder dumm oder schlecht, man hatte wirklich die Gefühle und Ueberzeugungen, die man heutzutage behufs Einwirkung auf die Wähler und auf den Monarchen zu haben *vorgiebt*, weil sie zu dem Programm gehören, auf welches hin man in einer bestimmten Fraction Dienst genommen hat, »eingesprungen« ist, indem man an deren Berechtigung geglaubt und ihren Führern vertraut hat. Das politische Streberthum hat heut mehr Antheil an dem Bestehn und Verhalten der Fractionen als vor 40 Jahren; die Ueberzeugungen waren damals aufrichtiger und ungeschulter, wenn auch die Leidenschaften, der Haß und die gegenseitige Mißgunst der Fractionen und ihrer Führer, die Neigung, die Landesinteressen den Fractionsinteressen zu opfern, heut vielleicht stärker entwickelt sind. En tout cas 1e diable n'y perd rien. Byzantinismus und verlogne Speculation auf Liebhabereien des Königs wurden wohl in kleinen höhern Kreisen betrieben, aber bei den parlamentarischen Fractionen war der Wettlauf um die Gunst des Hofes noch nicht im Gange; der Glaube an die Macht des Königthums war irrthümlicher Weise meist geringer als der an die eigne Bedeutung; man fürchtete nichts mehr, als für servil oder für ministeriell zu gelten. Die Einen strebten nach eigner Ueberzeugung das Königthum zu stärken und zu stützen, die Andern glaubten ihr und des Landes Wohl in Bekämpfung und Schwächung des Königs zu finden; es liegt darin ein Beweis, daß, wenn nicht die Macht, doch der Glaube an die Macht des preußischen Königthums damals schwächer war als heut zu Tage. Die Unterschätzung der Macht der Krone erlitt auch durch die Thatsache keine Aenderung, daß der persönliche Wille eines nicht sehr willensstarken Monarchen wie Friedrich Wilhelm's IV. hinreichte, der ganzen deutschen Bewegung durch Ablehnung der Kaiserkrone die Spitze abzubrechen, und daß die sporadischen Aufstände, die demnächst für die Durchführung nationaler Wünsche ausbrachen, von der Königlichen Gewalt mit Leichtigkeit unterdrückt wurden.

Die günstige Situation, welche für Preußen in der kurzen Zeit von der Niederlage des Fürsten Metternich in Wien bis zum Rückzuge der Truppen aus Berlin bestanden hatte, erneuerte sich, wenn auch in schwächern Umrissen, dank der Wahrnehmung, daß der König und sein Heer nach allen Mißgriffen noch stark genug waren, den Aufstand in Dresden niederzuwerfen und das Drei-Königsbündniß zu Stande zu bringen. Eine schnelle Ausnutzung der Lage im nationalen Sinne war vielleicht möglich, setzte aber klare und praktische Ziele und entschlossenes Handeln voraus. Beides fehlte. Die günstige Zeit ging verloren mit Erwägungen von Einzelheiten der künftigen Verfassung, unter denen eine der breitesten Stellen die Frage von dem Gesandschaftsrecht der deutschen Fürsten neben dem des Deutschen Reiches einnahm. Vgl. Bismarck's Äußerung in der Reichstagsrede vom 8. März 1878, Politische Reden VII 184 f. Ich habe damals in den mir zugänglichen Kreisen am Hofe und unter den Abgeordneten die Ansicht vertreten, daß das Gesandschaftsrecht nicht die Wichtigkeit habe, die man ihm beilegte, sondern der Frage von dem Einflusse der einzelnen Bundesfürsten im Reiche oder im Auslande untergeordnet sei. Wäre der Einfluß eines solchen auf die Politik gering, so würden seine Gesandschaften im Auslande den einheitlichen Eindruck des Reiches nicht abschwächen können; bliebe sein Einfluß auf Krieg und Frieden, auf die politische und finanzielle Leitung des Reiches oder auf die Entschließungen fremder Höfe stark genug, so gebe es kein Mittel, zu verhindern, daß fürstliche Correspondenzen oder irgend welche mehr oder weniger distinguirte Privatleute, bis in die Kategorie der internationalen Zahnärzte hinein, die Träger politischer Verhandlungen würden.

Mir schien es damals nützlicher, anstatt der theoretischen Erörterungen über Verfassungsparagraphen die vorhandne lebenskräftige preußische Militärmacht in den Vordergrund zu stellen, wie es gegen den Aufstand in Dresden geschehn war und in den übrigen außerpreußischen Staaten hätte geschehn können. Die Dresdner Vorgänge hatten gezeigt, daß in der sächsischen

Truppe Disciplin und Treue unerschüttert waren, sobald die preußische Verstärkung die militärische Lage haltbar machte. Ebenso erwiesen sich bei den Kämpfen in Frankfurt die hessische, in Baden die mecklenburgische Truppe zuverlässig, sobald sie überzeugt waren, daß eine bewußte Leitung stattfand und einheitliche Befehle gegeben wurden, und sobald man ihnen nicht zumuthete, sich angreifen zu lassen und sich nicht zu wehren. Hätte man damals von Berlin aus die eigne Armee rechtzeitig und hinreichend verstärkt und mit ihr die Führung auf militärischem Gebiete ohne Hintergedanken übernommen, so weiß ich nicht, was zu Zweifeln an einem günstigen Erfolge hatte berechtigen können. Die Situation war nicht so klar in allen Rechts- und Gewissensfragen wie Anfangs März 1848, aber politisch immerhin nicht ungünstig.

Wenn ich von Hintergedanken spreche, so meine ich damit den Verzicht auf Beifall und Popularität bei verwandten Fürstenhäusern, bei Parlamenten, Historikern und in der Tagespresse. Als öffentliche Meinung imponirte damals die tägliche Strömung, die in der Presse und den Parlamenten am lautesten rauscht, aber nicht maßgebend ist für die Volksstimmung, von der es abhängt, ob die Masse den auf regelmäßigem Wege von oben ergehenden Anforderungen noch Folge leistet. Die geistige Potenz der obern Zehntausend in der Presse und auf der Tribüne ist von einer zu großen Mannigfaltigkeit sich kreuzender Bestrebungen und Kräfte getragen und geleitet, als daß die Regirungen aus ihr die Richtschnur für ihr Verhalten entnehmen könnten, so lange nicht die Evangelien der Redner und Schriftsteller vermöge des Glaubens, den sie bei den Massen finden, die materiellen Kräfte, die sich »hart im Raume«

Vgl. Schiller, Wallenstein's Tod II 2: »Leicht bei einander wohnen die Gedanken
Doch hart im Raume stoßen sich die Sachen.«

stoßen, zur Verfügung haben. Ist dies der Fall, so tritt vis major ein, mit der die Politik rechnen muß. So lange diese in der Regel nicht schnell eintretende Wirkung nicht vorliegt, so lange nur das Geschrei der rerum novarum cupidi in größern Centren, das Emotionsbedürfnis der Presse und des parlamentarischen Lebens den Lärm machen, tritt für den Realpolitiker die Betrachtung Coriolan's über populäre Kundgebungen Vgl. Shakespeare, Coriolan 1. Aufz. 1. Auftr. in Kraft, wenn auch in ihr die Druckerschwärze noch keine Erwähnung findet. Die leitenden Kreise in Preußen ließen sich aber damals durch den Lärm der großen und kleinen Parlamente betäuben, ohne deren Gewicht an dem Barometer zu messen, den ihnen die Haltung der Mannschaft in Reih und Glied oder der Einberufung gegenüber an die Hand gab. Zu der Täuschung über die realen Machtverhältnisse, die ich damals bei Hofe und bei dem Könige selbst habe constatiren können, haben die Sympathien der höhern Beamtenschichten theils für die liberale, theils für die nationale Seite der Bewegung viel beigetragen – ein Element, das ohne einen Impuls von oben wohl hemmend, aber nicht thatsächlich entscheidend in's Gewicht fallen konnte.

Gegenüber der Versuchung, die in der Situation lag, hatte der König ein Gefühl, welches ich dem Unbehagen vergleichen möchte, von dem ich, obwohl ein großer Liebhaber des Schwimmens, ergriffen wurde, wenn ich an einem kalten stürmischen Tage den ersten Schritt in das Wasser thun wollte. Seine Bedenken, ob die Dinge reif seien, wurden unter anderm genährt durch die geschichtlichen Erörterungen, die er mit Radowitz pflog, nicht nur über das sächsische und hanöversche Gesandschaftsrecht, sondern auch über die Vertheilung der Sitze im »Reichstage« zwischen Regirenden und Mediatisirten, zwischen Landesherrn und Personalisten, recipirten und nicht recipirten Grafen unter den verschiednen Kategorien der Reichstagsmasse, wobei die Specialität des Freien Standesherrn von Grote-Schauen zu untersuchen war.

II.

Den militärischen Vorgängen stand ich damals weniger nahe als später, glaube aber nicht zu irren, wenn ich annehme, daß für die Truppenbewegungen zur Unterdrückung der Aufstände in der Pfalz und in Baden mehr Cadres und Stämme verwendet wurden, als rathsam und als erforderlich gewesen wäre, wenn man feldmäßig mobile Truppen hätte marschiren lassen. Thatsache ist, daß mir der Kriegsminister zur Zeit der Olmützer Begegnung als einen der zwingenden Gründe für den Frieden oder doch Aufschub des Krieges die Unmöglichkeit angab, den großen Theil der Armee rechtzeitig oder überhaupt zu mobilisiren, dessen Stämme sich in Baden oder sonst außerhalb ihrer Stand- und Mobilmachungs-Bezirke unvollzählig befanden. Wenn wir im Frühjahr 1849 die Möglichkeit einer kriegerischen Lösung im Auge behalten und unsre Mobilmachungsfähigkeit durch Verwendung keiner andern als *kriegsbereiter* Truppen intact erhalten hätten, so wäre die militärische Kraft, über welche Friedrich Wilhelm IV. verfügte, ausreichend gewesen, nicht nur jede aufständische Bewegung in und außer Preußen niederzuschlagen, sondern die aufgestellten Streitkräfte hätten zugleich das Mittel gewährt, uns 1850 auf die Lösung der damaligen Hauptfragen in unverdächtiger Weise vorzubereiten, falls sie sich zu einer militärischen Machtfrage zuspitzten. Es fehlte dem geistreichen Könige nicht an politischer Voraussicht, aber an Entschluß, und sein im Princip starker Glaube an die eigne Machtvollkommenheit hielt in concreten Fällen wohl gegen *politische* Rathgeber Stand, aber nicht gegen finanzministerielle Bedenken.

Ich hatte schon damals das Vertrauen, daß die militärische Kraft Preußens genügen werde, um alle Aufstände zu überwältigen, und daß die Ergebnisse der Ueberwältigung zu Gunsten der Monarchie und der nationalen Sache um so erheblicher sein würden, je größer der zu überwindende Widerstand gewesen wäre, und vollständig befriedigend, wenn alle Kräfte, von denen Widerstand zu erwarten war, in einem und demselben Feldzuge überwunden werden konnten. Während der Aufstände in Baden und der Pfalz war es eine Zeit lang zweifelhaft, wohin ein Theil der bairischen Armee gravitiren würde. Ich erinnre mich, daß ich dem bairischen Gesandten, Grafen Lerchenfeld, als er grade in diesen kritischen Tagen von mir Abschied nahm, um nach München zu reisen, sagte: »Gott gebe, daß auch Ihre Armee, so weit sie unsicher ist, offen abfällt; dann wird der Kampf groß, aber ein entscheidender werden, der das Geschwür heilt. Machen Sie mit dem unsichern Theil Ihrer Truppen Frieden, so bleibt das Geschwür unterköthig.« Lerchenfeld, besorgt und bestürzt, nannte mich leichtsinnig. Ich schloß das Gespräch mit den Worten: »Seien Sie sicher, wir reißen Ihre und unsre Sache durch; je toller je besser.« Er glaubte mir nicht, aber meine Zuversicht ermuthigte ihn doch, und ich glaube noch heut, daß die Chancen für eine wünschenswerthe Lösung der damaligen Krisis noch besser geworden wären, wenn vorher die badische Revolution durch den damals befürchteten Abfall auch eines Theils der bairischen und würtembergischen Truppen verstärkt worden wäre. Freilich würden sie auch dann vielleicht unbenutzt geblieben sein.

Ich lasse unentschieden, ob an der Halbheit und Schüchternheit der damals den ernsten Gefahren gegenüber ergriffnen Maßregeln nur finanzielle Minister-Aengstlichkeiten oder dynastische Gewissensbedenken und Unentschlossenheit an höchster Stelle Schuld waren, oder ob in amtlichen Kreisen eine ähnliche Sorge mitwirkte wie die, welche in den Märztagen bei Bodelschwingh und Andern die richtige Lösung verhinderte, nämlich die Befürchtung, daß der König in dem Maße, in dem er sich wieder mächtig und sorgenfrei fühlen würde, auch eine absolutistische Richtung einschlagen könnte. Ich erinnre mich, diese Besorgniß bei höhern Beamten und in *liberalen* Hofkreisen wahrgenommen zu haben.

Unbeantwortet ist die Frage geblieben, ob der Einfluß des Generals von Radowitz aus katholisirenden Gründen in einer auf den König wirksamen Gestalt verwendet worden ist, um das evangelische Preußen an der Wahrnehmung der günstigen Gelegenheit zu hindern und den König über dieselbe hinweg zu täuschen. Ich weiß heut noch nicht, ob er ein katholisirender Gegner Preußens war oder nur bestrebt, seine Stellung bei dem Könige zu halten. Der General von Gerlach hat im August 1850 niedergeschrieben (Denkwürdigkeiten I514):

Die Verehrung des Königs für Radowitz, beruht auf zwei Dingen: 1)seinem scheinbar scharf logisch-mathematischen Raisonnement, bei dem seine gedankenlose Indifferenz es ihm möglich macht, jeden Widerspruch mit dem Könige zu vermeiden. Nun sieht der König in dieser seinem Ideengange ganz entgegengesetzten Denkart die Probe für das Exempel, was er sich zusammengerechnet, und hält sich so seiner Sache gewiß. 2)Der König hält seine Minister und auch mich für Rindvieh, schon darum, weil jene mit ihm currente und praktische Geschäfte abmachen müssen, welche nie seinen Ideen entsprechen. Er traut sich nicht die Fähigkeit zu, diese Minister sich folgsam zu machen, auch nicht die, andre zu finden, er giebt also diesen Weg auf und glaubt, in Radowitz einen gefunden zu haben, von Deutschland aus Preußen zu restauriren, wie das Radowitz in ›Deutschland und Friedrich Wilhelm IV.‹ geradezu eingesteht.«

Gewiß ist, daß er den geschickten Garderobier der mittelalterlichen Phantasie des Königs machte und dazu beitrug, daß der König über historische Formfragen und reichsgeschichtliche Erinnrungen die Gelegenheiten zu praktischem Eingreifen in die Entwicklung der Gegenwart versäumte. Das tempus utile für Einrichtung des Dreikönigsbundes wurde dilatorisch mit nebensächlichen Formfragen ausgefüllt, bis Oestreich wieder stark genug war, um Sachsen und Hanover zum Rücktritt zu vermögen, so daß beide Mitbegründer dieses Dreibundes in Erfurt ausfielen. Während des Erfurter Parlaments, in einer von dem General von Pfuel geladnen Gesellschaft, kamen vertrauliche Nachrichten einiger Abgeordneten zur Sprache über die Stärke der oestreichischen Armee, die sich in Böhmen sammelte und dem Parlament als Gegengewicht und Correctiv dienen sollte. Es wurden verschiedne Zahlen, 80000 und 130000 Mann angegeben. Radowitz hörte eine Zeit lang ruhig zu und sagte dann mit dem ihm eignen Ausdruck unwiderleglicher Gewißheit auf seinen regelmäßigen Zügen in entscheidendem Tone: »Oestreich hat in Böhmen 28254 Mann und 7132 Pferde.« Die Tausende, die er angab, sind mir obiter in Erinnrung, die übrigen Ziffern setze ich nach Gutdünken hinzu, nur um die erdrückende Genauigkeit der Angaben des Generals anschaulich zu machen. Natürlich brachten diese Zahlen aus dem Munde des amtlichen und competenten Vertreters der preußischen Regirung einstweilen jede abweichende Meinung zum Schweigen. Wie stark die östreichische Armee im Frühjahr 1850 in Böhmen gewesen ist, wird heut wohl feststehn; daß sie zur Olmützer Zeit erheblich mehr als 100000 Mann betrug, habe ich annehmen müssen nach den vertraulichen Mittheilungen, die mir der Kriegsminister im November desselben Jahres machte.

Die nähere Berührung, in welche ich in Erfurt mit dem Grafen Brandenburg trat, ließ mich erkennen, daß sein preußischer Patriotismus vorwiegend von den Erinnrungen an 1812 und 1813 zehrte und schon deshalb von deutschem Nationalgefühl durchsetzt war. Entscheidend blieb indeß das dynastische und borussische Gefühl und der Gedanke einer Machtvergrößrung Preußens. Er hatte von dem Könige, der schon damals auf seine Weise an meiner politischen Erziehung arbeitete, den Auftrag erhalten, meinen etwaigen Einfluß in der Fraction der äußersten Rechten für die Erfurter Politik zu gewinnen, und versuchte das, indem er mir auf einem einsamen Spaziergange zwischen der Stadt und dem Steigerwalde sagte: »Was kann bei der ganzen Sache Preußen für Gefahr laufen? Wir nehmen ruhig an, was uns an Verstärkung geboten wird, ›Viel oder Wenig‹, unter einstweiligem Verzichte auf das, was uns nicht geboten wird. Ob wir uns die Verfassungsbestimmungen, die der König mit in den Kauf zu nehmen hat, auf die Dauer gefallen lassen können, das kann nur die Erfahrung lehren. Geht es nicht, ›so ziehn wir den Degen und jagen die Kerls zum Teufel‹.« Ich kann nicht leugnen, daß dieser militärische Schluß seiner Auseinandersetzung mir einen sehr gewinnenden Eindruck machte, hatte aber meine Zweifel, ob die Allerhöchste Entschließung im entscheidenden Augenblicke nicht mehr von andern Einflüssen abhängen würde als von diesem ritterlichen Generale. Sein tragisches Ende hat meine Zweifel bestätigt. Nach Sybel, Die Begründung des Deutschen Reichs. München, R. Oldenbourg. II 3. f. ist die Erzählung, Brandenburg sei an »gebrochenem Herzen« über die ihm in Warschau zu Theil gewordene übermüthige Behandlung und die ihm aufgezwungene friedliche Politik gestorben, gegenüber den aktenmäßigen Feststellungen als legendär zu bezeichnen.

Auch Herr von Manteuffel war von dem Könige zu dem Versuche veranlaßt worden, die preußische äußerste Rechte für Unterstützung der Regirungspolitik zu gewinnen und in diesem

Sinne eine Verständigung zwischen uns und der Gagern'schen Partei anzubahnen. Er that das in der Weise, daß er Gagern und mich allein zu Tisch einlud und uns beide, während wir noch bei der Flasche saßen, allein ließ, ohne uns eine vermittelnde oder einleitende Andeutung zu hinterlassen. Gagern wiederholte mir, nur minder genau und verständlich, was uns als Programm seiner Partei und etwas abgemindert als Regirungsvorlage bekannt war. Er sprach, ohne mich anzublicken, schräg weg gegen den Himmel sehend. Auf meine Aeußrung, wir royalistische Preußen befürchteten in erster Linie, daß mit dieser Verfassung die monarchische Gewalt nicht stark genug bleiben werde, versank er nach der langen und declamatorischen Darlegung in ein geringschätziges Schweigen, was den Eindruck machte, den man mit Roma, locuta est übersetzen kann. Als Manteuffel wieder eintrat, hatten wir mehre Minuten schweigend gesessen, ich, weil ich Gagern's Erwidrung erwartete, er, weil er in der Erinnrung an seine Frankfurter Stellung es unter seiner Würde hielt, mit einem preußischen Landjunker anders als maßgebend zu verhandeln. Er war eben mehr zum parlamentarischen Redner und Präsidenten als zum politischen Geschäftsmann veranlagt und hatte sich in das Bewußtsein eines Jupiter tonans hineingelebt. Nachdem er sich entfernt hatte, fragte Manteuffel mich, was er gesagt habe. »Er hat mir eine Rede gehalten, als ob ich eine Volksversammlung wäre,« antwortete ich.

Es ist merkwürdig, daß in den beiden Familien, welche damals in Deutschland und in Preußen den nationalen Liberalismus vertraten, Gagern und Auerswald, je drei Brüder vorhanden waren, unter denen je ein General, daß diese beiden Generale die praktischeren Politiker unter ihren Brüdern waren und beide in Folge der revolutionären Bewegungen ermordet wurden, deren Entwicklung jeder von ihnen in seinem Wirkungskreise in gutem patriotischen Glauben gefördert hatte. Der General von Auerswald, der am 18. September 1848 bei Frankfurt ermordet wurde, wie man sagt, weil er für Radowitz gehalten wurde, hatte sich zur Zeit des Ersten Vereinigten Landtags gerühmt, daß er als Oberst eines Kavallerie-Regiments hunderte von Meilen zu Pferde zurückgelegt habe, um oppositionelle Wahlen der Bauern zu fördern. General Friedrich von Gagern wurde bekanntlich am 20. April 1648 von den Kugeln badischer Freischärler bei Kandern getödtet, als er von einer erfolglosen Unterredung mit Hecker zu seiner Truppe zurückritt.

Im November 1850 wurde ich gleichzeitig als Landwehr-Offizier zu meinem Regimente und als Abgeordneter zu der bevorstehenden Kammersession einberufen. Nach einer Randbemerkung im Manuskripte beabsichtigte Fürst Bismarck an dieser Stelle ein Erlebniß einzuschalten, dessen er wiederholt in seinen Tischgesprächen gedacht hat. Ich gebe die Erzählung, wie sie mir im Gedächtniß haftet. Als Bismarck sich mit der Einberufungsordre in der Tasche auf dem Wege nach Berlin befand, stieg ein pommerscher Schulze, des Namens Stranzke, zu ihm in den Postwagen. Das Gespräch lenkte sich selbstverständlich bald auf die politischen Ereignisse. Als Stranzke von der Einberufungsordre hörte, fragte er ganz naiv: »Wo steiht de Franzos?« und war sichtlich enttäuscht, als ihm Herr v. Bismarck mittheilte, daß es diesmal nicht gegen die Franzosen, sondern gegen die Oestreicher gehn werde. »Das sollte mir doch leid thun, wenn mir auf die ›weißen Collets‹ schießen sollten,« meinte er, »und nicht auf die Hundsfötter von Franzosen,« So lebendig war in ihm die Erinnerung an die Leidenszeit Preußens nach der Niederlage von Jena und an die preußisch-östreichische Waffenbrüderschaft von 1813/14. Auf dem Wege über Berlin zu dem Marschquartier des Regiments meldete ich mich bei dem Kriegsminister von Stockhausen, Vgl. Brief vom 16. No«. 1850 an Frau v. Bismarck. Danach traf Bismarck am 14. Nov. Abends 10 Uhr in Berlin, von Reinfeld kommend, ein, und suchte noch in der Nacht Stockhausen auf, traf ihn aber nicht. Vermuthlich fand die Unterredung am nächsten Tage statt. Auch Manteuffel hatte schon am Abend des 14. Nov. Bismarck ersucht, nicht nach Stendal zu reisen, »da die Kammermenschen hier nöthig gebraucht würden« der mir persönlich befreundet und für kleine persönliche Dienste dankbar war. Nachdem ich den Widerstand des alten Portiers überwunden hatte und vorgelassen war, gab ich meiner durch die Einberufung und den Ton der Oestreicher etwas erregten kriegerischen Stimmung Ausdruck. Der Minister, ein alter, schneidiger Soldat, dessen moralischer und physischer Tapferkeit ich sicher war, sagte mir in der Hauptsache Folgendes:

»Wir müssen für den Augenblick den Bruch nach Möglichkeit vermeiden. Wir haben keine Macht, welche hinreichte, die Oestreicher, auch wenn sie ohne sächsische Unterstützung bei uns einbrechen, aufzuhalten. Wir müssen ihnen Berlin preisgeben und in zwei Centren außerhalb der Hauptstadt, etwa in Danzig und in Westfalen, mobilisiren; vorwärts Berlin können wir erst in 14 Tagen etwa 70000 Mann haben, und auch die würden nicht reichen gegen die Streitkräfte, die Oestreich jetzt schon gegen uns in Bereitschaft hat.« Es sei, fuhr er fort, vor Allem nöthig, wenn wir schlagen wollten, Zeit zu gewinnen, und deshalb zu wünschen, daß die bevorstehenden Verhandlungen im Abgeordnetenhause nicht den Bruch beschleunigten durch Erörtrungen und Beschlüsse, wie man sich deren nach den herrschenden Stimmen in der Presse versehn müsse. Er bäte mich daher, in Berlin zu bleiben und auf die bereits anwesenden und nächstens eintreffenden befreundeten Abgeordneten vertraulich im Sinne der Mäßigung einzuwirken. Er klagte über die Verzettlung der Stämme, die in ihrer Friedensformation ausgerückt und verwendet wären und sich nun fern von ihren Ersatzbezirken und Zeughäusern befänden, theils im Inlande, zum großen Theil aber im Südwesten Deutschlands, also in Oertlichkeiten, wo eine schleunige Mobilmachung auf Kriegsfuß sich schwer ausführen lasse. Vgl. die Reichstagsrede Bismarck's vom 24. Januar 1882, Politische Reden IX 234; diese Mittheilungen geben den Schlüssel zum richtigen Verständniß der Rede vom 3. December 1850.

Die badischen Truppen hatte man damals auf wenig gangbaren Wegen mit Benutzung des braunschweigischen Weserdistricts nach Preußen kommen lassen – ein Beweis von der Aengstlichkeit, mit welcher man damals die Gebietsgrenzen der Bundesfürsten respectirte, während sonstige Attribute ihrer Landeshoheit in den Verfassungsentwürfen für das Reich und den Dreikönigsbund mit Leichtigkeit ignorirt oder abgeschafft wurden: man ging in den Entwürfen bis nahe an die Mediatisirung, aber man wagte nicht, ein Marschquartier außerhalb der vertragsmäßig vorhandnen Etappenstraßen zu beanspruchen. Erst bei Ausbruch des dänischen Krieges 1864 wurde in Schwartau mit dieser schüchternen Tradition gebrochen und der niedergelassene oldenburgische Schlagbaum von den preußischen Truppen beseitigt.

Die Erwägungen eines fachkundigen und ehrliebenden Generals, wie Stockhausen, konnte ich einer Kritik nicht unterziehn und vermag das auch heut noch nicht. Die Schuld an unsrer militärischen Gebundenheit, die er mir schilderte, lag nicht an ihm, sondern an der Planlosigkeit, mit der unsre Politik auf militärischem Gebiete sowohl wie auf diplomatischem in und seit den Märztagen mit einer Mischung von Leichtfertigkeit und Knauserei geleitet worden war. Auf militärischem namentlich war sie von der Art, daß man nach den getroffnen Maßregeln voraussetzen muß, daß eine kriegerische oder auch nur militärische Lösung der schwebenden Fragen in letzter Instanz in Berlin überhaupt nicht in Erwägung gezogen wurde. Man war zu sehr mit öffentlicher Meinung, Reden, Zeitungen und Verfassungsmacherei präoccupirt, um auf dem Gebiete der auswärtigen, selbst nur der außerpreußischen deutschen Politik zu festen Absichten und praktischen Zielen gelangen zu können. Stockhausen war nicht im Stande, die Unterlassungssünden und die Planlosigkeit unsrer Politik durch plötzliche militärische Leistungen wieder gut zu machen, und gerieth so in eine Situation, die selbst der politische Leiter des Ministeriums, Graf Brandenburg, nicht für möglich gehalten hatte. Denn derselbe erlag der Enttäuschung, welche sein hohes patriotisches Ehrgefühl in den letzten Tagen seines Lebens erlitten hatte. S. o. S. 85 erste Anm. Es ist Unrecht, Stockhausen der Kleinmütigkeit anzuklagen, und ich habe Grund zu glauben, daß auch König Wilhelm I. zu der Zeit, da ich sein Minister wurde, meine Auffassung bezüglich der militärischen Situation im November 1850 theilte. Im Jahre 1850 war er für den Krieg; vgl. Brief Bismarck's vom 16. Nov. 1850, Bismarck's Briefe an seine Braut und Gattin S.213. Wie dem auch sei, mir fehlte damals jede Unterlage zu einer Kritik, die ich als conservativer Abgeordneter einem Minister aus militärischem Gebiete, als Landwehr-Lieutenant dem General gegenüber hätte ausüben können.

Stockhausen übernahm es, mein in der Lausitz liegendes Regiment zu benachrichtigen, daß er dem Lieutenant von Bismarck befohlen habe, in Berlin zu bleiben. Vgl. Brief vom 16. Nov. a. a. O.: »Meine Stelle in der Schwadron wird besetzt werden, und ich erhalte, wenn es wider Erwarten doch noch losgehn sollte, anderweite Verwendung.« Ich begab mich zunächst zu meinem Landtagscollegen Justizrath Geppert, der damals an der Spitze zwar nicht meiner Fraction, aber doch derjenigen Zahlreichen stand, welche man das rechte Centrum hätte nennen können, und die zur Unterstützung der Regirung geneigt waren, aber die energische Wahrnehmung der nationalen Aufgabe Preußens nicht nur prinzipiell, sondern auch durch sofortige militärische Bethätigung für angezeigt hielten. Ich stieß bei ihm in erster Linie auf parlamentarische Ansichten, die mit dem Programme des Kriegsministers nicht übereinstimmten, mußte mich also bemühn, ihn von einer Auffassung abzubringen, die ich selbst vor meiner Unterredung mit Stockhausen in der Hauptsache getheilt hatte, und die man als natürliches Erzeugniß eines verletzten nationalen oder preußisch-militärischen Ehrgefühls bezeichnen kann. Ich erinnre mich, daß unsre Besprechungen von langer Dauer waren und wiederholt werden mußten. Ihre Wirkung auf die Fractionen der Rechten läßt sich aus der Adreßdebatte entnehmen. Ich selbst habe am 3. December meine damalige Ueberzeugung in einer Rede ausgesprochen, der die nachstehenden Sätze entnommen sind:

»Das preußische Volk hat sich, wie uns Allen bekannt ist, auf den Ruf seines Königs einmüthig erhoben, es hat sich in vertraunsvollem Gehorsam erhoben, es hat sich erhoben, um gleich seinen Vätern die Schlachten der Könige von Preußen zu schlagen, ehe es wußte, und, meine Herrn, merken Sie das wohl, ehe es wußte, was in diesen Schlachten erkämpft werden sollte; das wußte vielleicht Niemand, der zur Landwehr abging.

Ich hatte gehofft, daß ich dieses Gefühl der Einmüthigkeit und des Vertrauns wiederfinden würde in den Kreisen der Landesvertretung, in den engern Kreisen, in denen die Zügel der Regirung auslaufen. Ein kurzer Aufenthalt in Berlin, ein flüchtiger Blick in das hiesige Treiben hat mir gezeigt, daß ich mich geirrt habe. Der Adreßentwurf nennt diese Zeit eine große; ich habe hier nichts Großes gefunden als persönliche Ehrsucht, nichts Großes als Mißtrauen, nichts Großes als Parteihaß. Das sind drei Größen, die in meinem Urtheile diese Zeit zu einer kleinlichen stempeln und dem Vaterlandsfreunde einen trüben Blick in unsre Zukunft gewähren. Der Mangel an Einigkeit in den Kreisen, die ich andeutete, wird in dem Adreßentwurfe locker verdeckt durch große Worte, bei denen sich Jeder das Seine denkt. Von dem Vertraun, das das Land beseelt, von dem hingebenden Vertraun, gegründet auf die Anhänglichkeit an Seine Majestät den König, gegründet auf die Erfahrung, daß das Land mit dem Ministerium, welches ihm zwei Jahre lang vorsteht, gut gefahren ist, habe ich in der Adresse und in ihren Amendements nichts gespürt. Ich hätte dies um so nöthiger gefunden, als es mir Bedürfniß schien, daß der Eindruck, den die einmüthige Erhebung des Landes in Europa gemacht hat, gehoben und gekräftigt werde durch die Einheit derer, die nicht der Wehrkraft angehören, in dem Augenblicke, wo uns unsre Nachbarn in Waffen gegenüberstehn, wo wir in Waffen nach unsern Grenzen eilen, in einem Augenblicke, wo ein Geist des Vertrauens selbst in solchen herrscht, denen er sonst nicht angebracht schien; in einem Augenblicke, wo jede Frage der Adresse, welche die auswärtige Politik berührt, Krieg oder Frieden in ihrem Schoße birgt; und, meine Herrn, welchen Krieg? Keinen Feldzug einzelner Regimenter nach Schleswig oder Baden, keine militärische Promenade durch unruhige Provinzen, sondern einen Krieg in großem Maßstäbe gegen zwei unter den drei großen Continentalmächten, während die dritte beutelustig an unsern Grenzen rüstet und sehr wohl weiß, daß im Dome zu Köln das Kleinod zu finden ist, welches geeignet wäre, die französische Revolution zu schließen und die dortigen Machthaber zu befestigen, nämlich die französische Kaiserkrone...

Es ist leicht für einen Staatsmann, sei es in dem Cabinete oder in der Kammer, mit dem populären Winde in die Kriegstrompete zu stoßen und sich dabei an seinem Kaminfeuer zu wärmen oder von dieser Tribüne donnernde Reden zu halten und es dem Musketier, der auf dem Schnee verblutet, zu überlassen, ob sein System Sieg und Ruhm erwirbt oder nicht. Es ist nichts leichter als das, aber wehe dem Staatsmann, der sich in dieser Zeit nicht nach einem Grunde zum Kriege umsieht, der auch nach dem Kriege noch stichhaltig ist...

Die preußische Ehre besteht nach meiner Ueberzeugung nicht darin, daß Preußen überall in Deutschland den Don Quixote spiele für gekränkte Kammer-Celebritäten, welche ihre locale Verfassung für gefährdet halten. Ich suche die preußische Ehre darin, daß Preußen vor Allem sich von jeder schmachvollen Verbindung mit der Demokratie entfernt halte, daß Preußen in der vorliegenden wie in allen andern Fragen nicht zugebe, daß in Deutschland etwas geschehe ohne Preußens Einwilligung, daß dasjenige, was Preußen und Oestreich nach gemeinschaftlicher unabhängiger Erwägung für vernünftig und politisch richtig halten, durch die beiden gleichberechtigten Schutzmächte Deutschlands gemeinschaftlich ausgeführt werde...

Die Hauptfrage, die Krieg und Frieden birgt, die Gestaltung Deutschlands, die Regelung der Verhältnisse zwischen Preußen und Oestreich und der Verhältnisse von Preußen und Oestreich zu den kleinern Staaten, soll in wenigen Tagen der Gegenstand der freien Conferenzen werden, kann also *jetzt* nicht Gegenstand eines Krieges sein. Wer den Krieg durchaus will, den vertröste ich darauf, daß er in den freien Conferenzen *jederzeit zu finden* ist: in vier oder sechs Wochen, wenn man ihn haben will. Ich bin weit davon entfernt, in einem so wichtigen Augenblicke, wie dieser ist, die Handlungsweise der Regirung durch Rathgeben hemmen zu wollen. Wenn ich dem Ministerium gegenüber einen Wunsch aussprechen wollte, so wäre es der, daß wir *nicht eher entwaffnen*, als bis die freien Conferenzen ein positives Resultat gegeben haben; *dann bleibt es noch immer Zeit, einen Krieg zu führen*, wenn wir ihn wirklich mit Ehren nicht vermeiden können oder nicht vermeiden wollen.

Wie in der Union die deutsche Einheit gesucht werden soll, vermag ich nicht zu verstehn; es ist eine sonderbare Einheit, die von Hause aus verlangt, im Interesse dieses Sonderbundes einstweilen unsre deutschen Landsleute im Süden zu erschießen und zu erstechen; die die deutsche Ehre darin findet, daß der Schwerpunkt aller deutschen Fragen nothwendig nach Warschau und Paris fällt. Denken Sie sich zwei Theile Deutschlands einander in Waffen gegenüber, deren Machtverschiedenheit nicht in dem Grade bedeutend ist, daß nicht eine Parteinahme auf einer Seite auch von einer geringern Macht als Rußland und Frankreich ein entscheidendes Gewicht in die Wagschale legen könnte, und ich begreife nicht, mit welchem Recht Jemand, der ein solches Verhältniß selbst herbeiführen will, sich darüber beklagen darf, daß der Schwerpunkt der Entscheidung unter solchen Umständen nach dem Auslande fällt.«

Mein leitender Gedanke bei meiner Rede war, im Sinne der Ueberzeugung des Kriegsministers für den Aufschub des Krieges zu wirken, bis wir gerüstet sein würden. In seiner Klarheit konnte ich aber den Gedanken nicht öffentlich aussprechen, ich konnte ihn nur andeuten. Es wäre kein übermäßiger Anspruch an die Geschicklichkeit unsrer Diplomatie gewesen, von ihr zu verlangen, daß sie den Krieg nach Bedürfnis verschieben, verhüten oder zum Ausbruch bringen solle.

Zu jener Zeit, November 1850, war die russische Auffassung der revolutionären Bewegung in Deutschland schon eine viel ruhigere als bei dem ersten Ausbruche im März 1848. Ich war befreundet mit dem russischen Militär-Attaché Grafen Benckendorf und erhielt 1850 im vertrauten Gespräche mit ihm den Eindruck, daß die deutsche einschließlich der polnischen Bewegung im Petersburger Cabinete nicht mehr in demselben Maße wie bei ihrem Ausbruche in Petersburg beunruhigte und als eine militärische Gefahr im Kriegsfalle aufgefaßt wurde. Im März 1848 erschien den Russen die Entwicklung der Revolution in Deutschland und Polen noch als etwas Unberechenbares und Gefährliches. Der erste russische Diplomat, der in Petersburg durch seine Berichte eine andre Ansicht vertrat, war der damalige Geschäftsträger in Frankfurt am Main, spätre Gesandte in Berlin, Baron von Budberg. Seine Berichte über die Verhandlungen und die Bedeutung der Paulskirche waren von Hause aus satirisch gefärbt, und die Geringschätzung, mit welcher dieser junge Diplomat von den Reden der deutschen Professoren und von der Machtstellung der Nationalversammlung in seinen Berichten sprach, hatte den Kaiser Nicolaus dergestalt befriedigt, daß Budberg's Carrière dadurch gemacht und er sehr schnell zum Gesandten und Botschafter befördert wurde. Er hatte in ihnen vom antideutschen Standpunkte eine analoge politische Schätzung zum Ausdruck gebracht, wie sie in den altpreußischen Kreisen in Berlin, in denen er früher gelebt hatte, in landsmannschaftlicher und besorgter Weise herrschend war, und man kann sagen, daß die Auffassung, als deren erster Erfinder er in Petersburg Carrière machte, dem Berliner »Casino« entsprungen war. Seitdem hatte man in Rußland nicht nur die militärische Stellung an der Weichsel wesentlich verstärkt, sondern auch einen geringern Eindruck von der damaligen militärischen Leistungsfähigkeit der Revolution sowohl wie der deutschen Regirungen gewonnen, und die Sprache, welche ich im November 1850 bei dem mir befreundeten russischen Gesandten Baron Meyendorff und seinen Landsleuten hörte, war eine im russischen Sinne vollkommen zuversichtliche, von einer persönlich wohlwollenden, aber für mich verletzenden Theilnahme für die Zukunft des befreundeten Preußens durchsetzt. Sie machte mir den Eindruck, daß man Oestreich für den stärkern und zuverlässigern Theil und Rußland selbst für stark genug hielt, um die Entscheidung zwischen beiden in die Hand zu nehmen.

III.

Mit den Mitteln und Gewohnheiten des auswärtigen Dienstes noch nicht so vertraut wie später, war ich doch als Laie nicht zweifelhaft, daß der Krieg, wenn er für uns überhaupt geboten oder annehmbar erschien, auch nach Olmütz in den Dresdner Verhandlungen jederzeit gefunden und durch Abbruch derselben herbeigeführt werden konnte. Stockhausen hatte mir gelegentlich sechs Wochen als die Frist bezeichnet, deren er bedürfte, um fechten zu können, und es wäre nach meiner Ansicht nicht schwer gewesen, das Doppelte derselben durch geschickte Leitung der Verhandlungen in Dresden zu gewinnen, wenn bei uns die momentane Unfertigkeit der militärischen Rüstungen der einzige Grund gewesen wäre, uns eine kriegerische Lösung zu versagen. Wenn die Dresdner Verhandlungen nicht dazu benutzt worden sind, im preußischen Sinne entweder ein höheres Resultat oder einen berechtigt erscheinenden Anlaß zum Kriege zu gewinnen, so ist mir niemals klar geworden, ob die auffällige Beschränkung unsrer Ziele in Dresden von dem Könige oder von Herrn von Manteuffel, dem neuen auswärtigen Minister, ausgegangen ist. Ich habe damals nur den Eindruck gehabt, daß letztrer nach seinem Vorleben als Landrath, Regirungs-Präsident und Director im Ministerium des Innern sich in der Sicherheit seines Auftretens durch die renommirenden vornehmen Verkehrsformen des Fürsten Schwarzenberg genirt fühlte. Schon die häusliche Erscheinung Beider in Dresden – Fürst Schwarzenberg mit Livreen, Silbergeschirr und Champagner im ersten Stock, der preußische Minister mit Kanzleidienern und Wassergläsern eine Treppe höher – war geeignet, auf das Selbstgefühl der betheiligten Vertreter beider Großmächte und auf ihre Einschätzung durch die übrigen deutschen Vertreter nachtheilig für uns zu wirken. Die alte preußische Einfachheit, die Friedrich der Große seinem Vertreter in London mit der Redensart empfahl: »Sage Er, wenn Er zu Fuß geht, daß 100000 Mann hinter ihm gehn,« bezeugt eine Renommage, die man dem geistreichen Könige nur in einer der Anwandlungen von übertriebener Sparsamkeit zutraun kann. Vgl. Bismarck's Aeußerung, Politische Reden II (2. Aufl.) 144. 384; V 160. 168. Heut hat jeder 100000 Mann, nur wir hatten sie, wie es scheint, zur Dresdner Zeit nicht verfügbar. Der Grundirrthum der damaligen preußischen Politik war der, daß man glaubte, Erfolge, die nur durch Kampf oder durch Bereitschaft dazu gewonnen werden konnten, würden sich durch publicistische, parlamentarische und diplomatische Heucheleien in der Gestalt erreichen lassen, daß sie als unsrer tugendhaften Bescheidenheit zum Lohn oratorischer Bethätigung unsrer »deutschen Gesinnung« aufgezwungen erschienen. Man nannte das später »moralische« Eroberungen; es war die Hoffnung, daß Andre für uns thun würden, was wir selbst nicht wagten.

Viertes Kapitel. Diplomat.

Nachdem die preußische Regirung sich entschlossen hatte, den von Oestreich reactivirten Bundestag zu beschicken und dadurch vollzählig zu machen, wurde der General von Rochow, der in Petersburg accreditirt war und blieb, provisorisch zum Bundestags-Gesandten ernannt. Gleichzeitig wurden zwei Legationsräthe für die Gesandschaft auf den Etat gebracht, ich selbst und Herr von Grüner. Mir wurde durch Se. Majestät und den Minister von Manteuffel vor meiner Ernennung zum Legationsrath die demnächstige Ernennung zum Bundestags-Gesandten in Aussicht gestellt. Die erste Erwähnung einer eventuellen Ernennung Bismarck's nach Frankfurt findet sich im Briefe an die Gattin vom 24. April 1851, Bismarck's Briefe an seine Braut und Gattin, S. 263; der Brief vom 28. April, S. 266, enthält die positiven Mittheilungen über die Vorgeschichte der Ernennung. Rochow sollte mich einführen und anlernen, konnte aber selbst nicht geschäftsmäßig arbeiten und benutzte mich als Redacteur, ohne mich politisch au fait zu halten.

Das meiner Ernennung vorhergehende Gespräch mit dem Könige, kurz gegeben in einem Briefe meines verstorbenen Freundes F. L. Motley an seine Frau, S. Motley's Brief vom 27. Juli 18L5, Briefwechsel von F. L. Motley, übersetzt von A. Eltze. Berlin, D. Fanke. 1890 I 175. verlief folgendermaßen. Nachdem ich auf die plötzliche Frage des Ministers Manteuffel, ob ich die Stelle eines Bundesgesandten annehmen wolle, einfach mit Ja geantwortet hatte, ließ der König mich zu sich bescheiden und sagte: »Sie haben viel Muth, daß Sie so ohne Weitres ein Ihnen fremdes Amt übernehmen.« Ich erwiderte: »Der Muth ist ganz auf Seiten Eurer Majestät, wenn Sie mir eine solche Stellung anvertraun, indessen sind Eure Majestät ja nicht gebunden, die Ernennung aufrecht zu erhalten, sobald sie sich nicht bewährt. Ich selbst kann keine Gewißheit darüber haben, ob die Aufgabe meine Fähigkeit übersteigt, ehe ich ihr näher getreten bin. Wenn ich mich derselben nicht gewachsen finde, so werde ich der erste sein, meine Abberufung zu erbitten. Ich habe den Muth zu gehorchen, wenn Eure Majestät den haben zu befehlen.« Worauf der König: »Dann wollen wir die Sache versuchen.«

Am 11. Mai 1851 traf ich in Frankfurt ein. Herr von Rochow mit weniger Ehrgeiz als Liebe zum Behagen, des Klimas und des anstrengenden Hoflebens in Petersburg müde, hätte lieber den Frankfurter Posten, in dem er alle seine Wünsche befriedigt fand, dauernd behalten, arbeitete in Berlin dafür, daß ich zum Gesandten in Darmstadt mit gleichzeitiger Accreditirung bei dem Herzog von Nassau und der Stadt Frankfurt ernannt werde, und wäre vielleicht auch nicht abgeneigt gewesen, mir den Petersburger Posten im Tausch zu überlassen. Er liebte das Leben am Rhein und den Verkehr mit den deutschen Höfen. Seine Bemühungen hatten indessen keinen Erfolg. Unter dem 11. Juli schrieb mir Herr von Manteuffel, daß der König meine Ernennung zum Bundestagsgesandten genehmigt habe. Das Schreiben ist vollständig im Anhang zu den Gedanken und Erinnerungen mitgetheilt, Bd. II 7 ff. »Es versteht sich dabei von selbst,« schrieb der Minister, »daß man Herrn von Rochow nicht brusquement wegschicken kann; ich beabsichtige daher, ihm heute noch einige Worte darüber zu schreiben, und glaube Ihres Einverständnisses gewiß zu sein, wenn ich in dieser Sache mit aller Rücksicht auf Herrn von Rochow's Wünsche verfahre, dem ich es in der That nur Dank wissen kann, daß er die schwierige und undankbare Mission angenommen hat im Gegensatz zu manchen andern Leuten, die immer mit der Kritik bei der Hand sind, wenn es aber auf das Handeln ankommt, sich zurückziehen. Daß ich Sie damit nicht meine, brauche ich nicht zu versichern, denn Sie sind ja auch mit auf die Bresche getreten und werden sie, so denke ich, auch allein vertheidigen.«

Unter dem 15. Juli erfolgte meine Ernennung zum Bundestagsgesandten. Ungeachtet der Rücksicht, mit welcher er behandelt wurde, war Herr von Rochow verstimmt und ließ mich die Vereitlung seines Wunsches entgelten, indem er Frankfurt eines Morgens früh verließ, ohne mich von seiner Abreise unterrichtet und mir die Geschäfte und die Akten übergeben zu haben. Von andrer Seite benachrichtigt, kam ich zur rechten Zeit nach dem Bahnhofe, um ihm meinen Dank für das mir bewiesene Wohlwollen auszudrücken. – Ueber meine Thätigkeit und meine Wahrnehmungen am Bundestage ist so viel Amtliches und Privates veröffentlicht worden, Preußen im Bundestage 1851-1859. Documente der K. Preuß. Bundestags-Gesandtschaft. Herausgeg. von Dr. Ritter v. Poschinger. 4 Bde. Leipzig, S. Hirzel. 1882-1884. – Bismarck's Briefe an den General Leopold v. Gerlach, Herausgeg. von Horst Kohl. Berlin 1896. – Bismarck's Briefe an seine Braut und Gattin. – Bismarckbriefe. Herausgeg. von Horst Kohl. 8. Auflage. Bielefeld, Belhagen & Klasing. 1900. S. 106 ff. – Aus den Briefen des Grafen Prokesch 1849-1855. Wien, C. Gerold's Sohn. 1896. daß mir nur eine Nachlese übrig bleibt.

Ich fand in Frankfurt zwei preußische Commissarien aus der Zeit des Interim, den Oberpräsidenten von Boetticher, dessen Sohn später als Staatssekretär und Minister mein Beistand sein sollte, und den General von Peucker, Generallieutenant v. Peucker war seit December 1850 preußischer Commissar in Kassel. der mir Gelegenheit zu meinen ersten Studien über das Ordenswesen gab. Er war ein gescheidter, tapfrer Offizier von hoher wissenschaftlicher Bildung, die er später als Generalinspecteur des Militär-Erziehungs- und Bildungswesens verwerthen konnte. Im Jahre 1812 in dem York'schen Corps dienend, hatte er durch Diebstahl seinen Mantel eingebüßt, den Rückzug in der knappen Uniform machen müssen, sich die Zehn erfroren und durch die Kälte anderweitige Schäden erlitten. Trotz seiner äußerlichen Unschönheit gewann dieser kluge und tapfre Offizier die Hand einer hübschen Gräfin Schulenburg, durch welche später das reiche Erbe des Hauses Schenck von Flechtingen in der Altmark an seinen Sohn gelangte. In merkwürdigem Contrast mit seiner geistigen Bedeutung stand seine Schwäche für Aeußerlichkeiten, die den Berliner Jargon um einen Ausdruck bereicherte. Von Jemand, der zu viele Orden gleichzeitig trug, sagte man »er peuckert«.

Bei einem Morgenbesuche fand ich ihn vor einem Tische stehend, auf welchem seine wohlverdienten, zuerst auf dem Schlachtfelde gewonnenen Orden ausgebreitet lagen, deren herkömmliche Ordnung auf der Brust durch die eben erfolgte Verleihung eines neuen Sterns gestört war. Nach der Begrüßung sprach er mir nicht etwa von Oestreich und Preußen, sondern verlangte mein Urtheil von dem Standpunkte künstlerischen Geschmacks über die Stelle, wo der neue Stern einzuschieben sei. Die Gefühle anhänglicher Achtung, die ich aus meinen Kinderjahren für den hochverdienten General überkommen hatte, bestimmten mich, in voller Ernsthaftigkeit auf das Thema einzugehn und seine Erledigung herbeizuführen, ehe wir auf Geschäfte zu sprechen kamen.

Ich gestehe, daß ich mich, als ich (1842) meine erste Auszeichnung, die Rettungsmedaille, erhielt, erfreut und gehoben fühlte, weil ich damals ein in dieser Beziehung nicht blasirter Landjunker war. Im Staatsdienste habe ich diese Ursprünglichkeit der Empfindung schnell verloren; ich erinnre mich nicht, bei spätern Decorirungen ein objectives Vergnügen empfunden zu haben, sondern nur die subjective Freude über die äußerliche Bethätigung des Wohlwollens, mit welchem mein König meine Anhänglichkeit erwiderte oder andre Monarchen mir den Erfolg meiner politischen Werbung um ihr Vertraun und ihr Wohlwollen bestätigten. Unser Gesandter von Jordan in Dresden antwortete aus den scherzhaften Vorschlag, eine seiner vielen Decorationen abzutreten: »Je vous les cède toutes, pourvu que vous m'en laissiez une pour courvrir mes nudités diplomatiques.« In der That gehört ein grand cordon zur Toilette eines Gesandten, und wenn es nicht der des eignen Hofes ist, so bleibt die Möglichkeit, wechseln zu können, für elegante Diplomaten ebenso erwünscht, wie für Damen bezüglich der Kleider. In Paris habe ich erlebt, daß unverständige Gewalttaten gegen Menschenmassen plötzlich stockten, weil sie auf »un monsieur décoré« stießen. Orden zu tragen ist für mich, außer in Petersburg und Paris, niemals ein Bedürfniß gewesen; an beiden Orten muß man auf der Straße irgend ein Band am Rock zeigen, wenn man polizeilich und bürgerlich mit der wünschenswerten Höflichkeit behandelt werden will. Vgl. u. S. 246 f. Sonst habe ich in jedem Falle nur die durch die Gelegenheit gebotnen Decorationen angelegt; es ist mir immer als eine Chinoiserie erschienen, wenn ich wahrnahm, wie krankhaft der Sammlertrieb in Bezug auf Orden bei meinen Collegen und Mitarbeitern in der Bürokratie entwickelt war, wie Geheime Räthe, welche schon die ihnen aus der Brust quellende Ordenscascade nicht mehr gut beherrschen konnten, den Abschluß irgend eines kleinen Vertrages anbahnten, weil sie zur Vervollständigung ihrer Sammlung noch des Ordens des mitcontrahirenden Staates bedurften.

Die Mitglieder der Kammern, welche 1849/50 die octroyirte Verfassung zu revidiren hatten, entwickelten eine sehr anstrengende Thätigkeit; es gab von 8 bis 10 Uhr Commissionssitzungen, von 10 bis 4 Plenarsitzungen, die zuweilen auch noch in später Abendstunde wiederholt wurden und mit den langdauernden Fractionssitzungen abwechselten. Ich konnte daher mein Bewegungsbedürfniß nur des Nachts befriedigen und erinnre mich, manche Nacht zwischen dem Opernhause und dem Brandenburger Thore in der Mitte der Linden auf- und abgewandelt zu sein. Durch einen Zufall wurde ich damals auf den gesundheitlichen Nutzen des Tanzens aufmerksam, das ich mit 27 Jahren aufgegeben hatte in dem Gefühle, daß dieses Vergnügen nur »der Jugend« anstehe. Auf einem der Hofbälle bat mich eine mir befreundete Dame, ihren abhanden gekommnen Tänzer für den Cotillon zu suchen und, da ich ihn nicht fand, zu ersetzen. Nachdem ich die erste Schwindelbesorgniß auf dem glatten Parket des Weißen Saales überwunden hatte, tanzte ich mit Vergnügen und fand nachher einen so gesunden Schlaf, wie ich ihn lange nicht genossen hatte. In Frankfurt tanzte alle Welt, voran der 65jährige französische Gesandte Monsieur Marquis de Tallenan, nach Proclamirung des Kaiserthums in Frankreich: Monsieur le Marquis de Tallenay, und ich fand mich leicht in diese Gewohnheit, obschon es mir am Bunde nicht an Zeit zum Gehn und Reiten fehlte. Auch in Berlin, als ich Minister geworden war, versagte ich mich nicht, wenn ich von befreundeten Damen aufgefordert oder von Prinzessinnen zu einem Tanze befohlen wurde, bekam aber stets sarkastische Bemerkungen des Königs darüber zu hören, der mir zum Beispiel sagte: »Man macht es mir zum Vorwurf, einen leichtsinnigen Minister gewählt zu haben. Sie sollten den Eindruck nicht dadurch verstärken, daß Sie tanzen.« Den Prinzessinnen wurde dann untersagt, mich zum Tänzer zu wählen. Auch die andauernde Tanzfähigkeit des Herrn von Keudell hat mir, wenn es sich um seine Befördrung handelte, bei Seiner Majestät Schwierigkeit gemacht. Es entsprach das der bescheidnen Natur des Kaisers, der seine Würde auch durch Vermeiden unnöthiger Aeußerlichkeiten, welche die Kritik herausfordern könnten, zu wahren gewöhnt war. Ein tanzender Staatsmann fand in seinen Vorstellungen nur in fürstlichen Ehrenquadrillen Platz; im raschen Walzer verlor er bei ihm an Vertraun auf die Weisheit seiner Rathschläge.

Nachdem ich mich auf dem Frankfurter Terrain zu Hause gemacht hatte, nicht ohne harte Zusammenstöße mit dem oestreichischen Vertreter, zunächst in der Flottenangelegenheit, in welcher er Preußen autoritativ und finanziell zu verkürzen und für die Zukunft lahm zu legen suchte, beschied der König mich nach Potsdam und eröffnete mir am 28. Mai 1852, daß er sich entschlossen habe, mich nunmehr auf die hohe Schule der Diplomatie nach Wien zu schicken, zunächst als Vertreter, demnächst als Nachfolger des schwer erkrankten Grafen Arnim. Heinrich Friedrich Graf von Arnim-Heinrichsdorf-Werbelow, geb. 1791, gest. 1859. – Vgl. Schreiben des Königs Friedlich Wilhelm IV. an Bismarck vom 3. Juni im Anhang zu den Gedanken und Erinnerungen II 63 f. – Die Uebergabe des für den Kaiser bestimmten Schreibens vom 5. Juni erfolgte jedenfalls an diesem Tage in der Audienz, zu der Bismarck befohlen war. Vgl. Briefe an Frau v. Bismarck vom 5. Juni 1852, Bismarck's Briefe an seine Braut und Gattin S. 333 f. Zu dem Zwecke übergab er mir das nachstehende Einführungsschreiben an Se. Majestät den Kaiser Franz Joseph vom 5. Juni: Text in der Volksausgabe nach dem Original verglichen.

»Eure Kaiserliche Majestät wollen es mir gütig gestatten, daß ich den Ueberbringer dieses Blattes mit einigen eigenhändigen Schriftzügen an Ihrem Hoflager introduzire. Es ist der Herr von Bismarck-Schönhausen. Er gehört einem Ritter-Geschlecht an, welches länger als mein Haus in unsern Marken seßhaft, von jeher und besonders in ihm seine alten Tugenden bewährt hat. Die Erhaltung und Stärkung der erfreulichen Zustände unsres platten Landes verdanken wir mit seinem furchtlosen und energischen Mühen in den bösen Tagen der jüngst verflossenen Jahre. Ew. Majestät wissen, daß Herr von Bismarck die Stelle meines Bundesgesandten bekleidet. Da jetzt der Gesundheits-Zustand meines Gesandten an Ew. Majestät Kaiserlichem Hofe, des Grafen von Arnim, dessen zeitweilige Abwesenheit nöthig gemacht hat, das Verhältniß unsrer Höfe aber eine subalterne Vertretung nicht zuläßt (meiner Auffassung zufolge), so habe ich

Herrn von Bismarck ausersehen, die Vices für Graf Arnim während dessen Abwesenheit zu versehen. Es ist mir ein befriedigender Gedanke, daß Ew. Majestät einen Mann kennen lernen, der bei uns im Lande wegen seines ritterlich-freien Gehorsams und seiner Unversöhnlichkeit gegen die Revolution bis in ihre Wurzeln hinein von Vielen verehrt, von Manchen gehaßt wird. Er ist mein Freund und treuer Diener und kommt mit dem frischen lebendigen sympathischen Eindruck meiner Grundsätze, meiner Handlungsweise, meines Willens und ich setze hinzu meiner Liebe zu Oestreich und zu Ew. Majestät nach Wien. Er kann, wenn es der Mühe werth gefunden wird, Ew. Majestät und Ihren höchsten Räthen über viele Gegenstände Rede und Antwort geben, wie es wohl Wenige im Stande sind; denn wenn nicht unerhörte, langvorbereitete Mißverständnisse zu tief eingewurzelt sind, was Gott in Gnaden verhüte, kann die kurze Zeit seiner Amtsführung in Wien wahrhaft segensreich werden. Herr von Bismarck kommt aus Frankfurt, wo das, was die *rheinbundschwangeren* Mittelstaaten mit Entzücken die Differenzen Oestreichs und Preußens nennen, jederzeit seinen stärksten Wiederhall und oft seine Quelle gehabt hat, und er hat diese Dinge und das Treiben daselbst mit scharfem und richtigem Blick betrachtet. Ich habe ihm befohlen, jede darauf gerichtete Frage Ew. Majestät und Ihrer Minister so zu beantworten, als hätte ich sie selbst an ihn gerichtet. Sollte es Ew. Majestät gefallen, von ihm Aufklärung über meine Auffassung und meine Behandlung der Zollvereins-Angelegenheit zu verlangen, so lebe ich der Gewißheit, daß mein Betragen in diesen Dingen, wenn auch vielleicht nicht das Glück Ihres Beifalls, doch sicher Ihre Achtung erringen wird. Die Anwesenheit des theuren herrlichen Kaisers Nicolaus ist mir eine wahre Herzstärkung gewesen. Die gewisse Bestätigung meiner alten und starken Hoffnung, daß Ew. Majestät, er und ich vollkommen einig in der Wahrheit sind: daß unsre dreifache, unerschütterliche, gläubige und thatkräftige Eintracht *allein* Europa und das unartige und doch so geliebte Teutsche Vaterland aus der jetzigen Krise retten könne, erfüllt mich mit Dank gegen Gott und steigert meine alte treue Liebe zu Ew. Majestät. Bewahren auch Sie, mein theuerster Freund, mir Ihre Liebe aus den fabelhaften Tagen von Tegernsee, und stärken Sie Ihr Vertrauen und Ihre so wichtige und so mächtige, dem gemeinsamen Vaterlande so unentbehrliche Freundschaft zu mir! Dieser Freundschaft empfehle ich mich aus der Tiefe meines Herzens, allertheuerster Freund, als Ew. Kaiserlichen Majestät treu und innigst ergebenster Onkel, Bruder und Freund. Sans-souci, 5. Juni 1852.«

Ich fand in Wien Bismarck traf am 3. Juni Abends dort ein das »einsylbige« Ministerium Buol, Bach, Bruck etc, keine Preußenfreunde, aber liebenswürdig für mich, in dem Glauben an meine Empfänglichkeit für hohes Wohlwollen und meine Gegenleistung dafür auf geschäftlichem Gebiete. Ich wurde äußerlich ehrenvoller, als ich erwarten konnte, aufgenommen; aber geschäftlich, d. h. bezüglich der Zollsachen, blieb meine Mission erfolglos. Oestreich hatte schon damals die Zolleinigung mit uns im Auge, und ich hielt es weder damals noch später für rathsam, diesem Streben entgegenzukommen. Vgl. u. S. 376. Zu den nothwendigen Unterlagen einer Zollgemeinschaft gehört ein gewisser Grad von Gleichartigkeit des Verbrauchs; schon die Unterschiede der Interessen innerhalb des deutschen Zollvereins zwischen Nord und Süd, Ost und West sind schwer und nur mit dem guten Willen zu überwinden, der der nationalen Zusammengehörigkeit entspringt; zwischen Ungarn und Galizien einerseits und dem Zollverein andrerseits ist die Verschiedenheit des Verbrauchs zollpflichtiger Waaren zu stark, um eine Zollgemeinschaft durchführbar erscheinen zu lassen. Der Vertheilungsmaßstab für die Zollerträge würde stets für Deutschland nachtheilig bleiben, auch wenn die Ziffern es für Oestreich zu sein schienen. Letztres lebt in Cis- und mehr noch in Trans-Leithanien vorwiegend von eignen, nicht von importirten Erzeugnissen. Außerdem hatte ich damals allgemein und habe ich auch heut noch sporadisch nicht das nöthige Vertraun zu undeutschen Unterbeamten im Osten.

Unser einziger Legationssekretär in Wien empfing mich mit Verstimmung darüber, daß er nicht Geschäftsträger wurde, und suchte in Berlin Urlaub nach. Derselbe wurde von dem Minister verweigert, von mir aber demnächst bewilligt. Vgl. Preußen im Bundestage IV 85 So kam es, daß ich mich auf den mir von früher her befreundeten hanöverschen Gesandten Graf Adolf Platen behufs der Vorstellung bei den Ministern und der Einführung in die diplomatische Gesellschaft angewiesen fand.

In vertraulichem Gespräch fragte er mich gelegentlich, ob auch ich glaubte, daß ich zu Manteuffel's Nachfolger bestimmt sei. Ich erwiderte, das läge einstweilen nicht in meinen Wünschen. Ich glaubte allerdings, daß der König mich in spätrer Zeit einmal zu seinem Minister zu machen gedenke und mich dazu erziehn wolle, in dieser Absicht auch mir die *mission extraordinaire* nach Oestreich übertragen habe. Mein Wunsch aber wäre, noch etwa zehn Jahre lang in Frankfurt oder an verschiednen Höfen als Gesandter die Welt zu sehn und dann gern etwa zehn Jahre lang, womöglich mit Ruhm, Minister zu sein, dann auf dem Lande über das Erlebte nachzudenken und wie mein alter Onkel in Templin bei Potsdam Obstbäume zu pfropfen. Vgl. den Brief Bismarck's an Manteuffel vom 23. Juli 1852 in Preußen im Bundestage IV 99 ff. – Die Rechtfertigung Platen's vom 13. August 1852 mit den Auszügen aus seinen amtlichen Berichten über Bismarck's Mission f. im Anhang zu den Gedanken und Erinnerungen II 86 ff. Dieses scherzende Gespräch war von Platen nach Hanover berichtet worden und dort zur Kenntniß des General-Steuerdirectors Klentze gekommen, der mit Manteuffel über Zollsachen verhandelte und in mir den Junker im Sinne der liberalen Bürokraten haßte. Er hatte nichts Eiligeres zu thun, als entstellte Angaben aus Platen's Bericht an Manteuffel mitzutheilen in dem Sinne, als ob ich an dessen Sturze arbeitete. Bei meiner Rückkehr von Wien nach Berlin (8. Juli) hatte ich an Aeußerlichem die Wirkung dieser Einbläserei wahrzunehmen. Sie bestand in einer Abkühlung meiner Beziehungen zu meinem Chef, und ich wurde nicht mehr wie bis dahin gebeten, bei ihm zu wohnen, wenn ich nach Berlin kam. Verdacht wurden mir dabei auch meine freundschaftlichen Beziehungen zu dem General von Gerlach.

Die Genesung des Grafen Arnim gestattete mir, meinem Wiener Aufenthalte ein Ende zu machen, und vereitelte einstweilen die Absicht des Königs, mich zum Nachfolger Arnim's zu ernennen. Aber auch wenn diese Genesung nicht eingetreten wäre, würde ich den dortigen Posten nicht gern übernommen haben, weil ich schon damals das Gefühl hatte, durch mein Auftreten in Frankfurt *persona ingrata* in Wien geworden zu sein. Ich hatte die Befürchtung, daß man dort fortfahren würde, mich als gegnerisches Element zu behandeln, mir den Dienst zu erschweren und mich am Berliner Hofe zu discreditiren, was durch Hofcorrespondenz, wenn ich in Wien fungirte, noch leichter gewesen wäre als über Frankfurt.

Aus spätrer Zeit sind mir Unterredungen erinnerlich, welche ich auf langen Eisenbahnfahren unter vier Augen mit dem Könige über Wien hatte. Ich nahm dann die Stellung, zu sagen: »Wenn Eure Majestät befehlen, so gehe ich dahin, aber freiwillig nicht, ich habe mir die Abneigung des östreichischen Hofes in Frankfurt im Dienste Eurer Majestät zugezogen, und ich werde das Gefühl haben, meinen Gegnern ausgeliefert zu sein, wenn ich Gesandter in Wien werden sollte. Jede Regirung kann jeden Gesandten, der bei ihr beglaubigt ist, mit Leichtigkeit schädigen und durch Mittel, wie sie die östreichische Politik in Deutschland anwendet, seine Stellung verderben.« Die Erwiderung des Königs pflegte zu sein: »Befehlen will ich nicht, Sie sollen freiwillig hingehn und mich darum bitten; es ist das eine hohe Schule für Ihre diplomatische Ausbildung, und Sie sollten mir dankbar sein, wenn ich diese Ausbildung, weil es bei Ihnen der Mühe lohnt, übernehme.«

Auch die Ministerstellung lag damals außerhalb meiner Wünsche. Ich war überzeugt, daß ich dem Könige gegenüber als Minister eine für mich haltbare Stellung nicht erlangen würde. Er sah in mir ein Ei, was er selbst gelegt hatte und ausbrütete, und würde bei Meinungsverschiedenheiten immer die Vorstellung gehabt haben, daß das Ei klüger sein wolle als die Henne. Daß die Ziele der preußischen auswärtigen Politik, welche mir vorschwebten, sich mit denen des Königs nicht vollständig deckten, war mir klar, ebenso die Schwierigkeit, welche ein verantwortlicher Minister dieses Herrn zu überwinden hatte bei dessen selbstherrlichen Anwandlungen mit oft jähem Wechsel der Ansichten, bei der Unregelmäßigkeit in Geschäften und bei der Zugänglichkeit für unberufne Hintertreppen-Einflüsse von politischen Intriganten, wie sie von den Adepten unsrer Kurfürsten bis auf neuere Zeiten in dem regirenden Hause, sogar bei dem strengen und hausbacknen Friedrich Wilhelm I. Zutritt gefunden haben – *pharmacopolae, balatrones, hoc genus omne*. Die Schwierigkeit, gleichzeitig gehorsamer und verantwortlicher Minister zu sein, war damals größer als unter Wilhelm I.

Im September 1853 wurde mir in Hanover die Aussicht, Minister zu werden, eröffnet. Nach Beendigung meiner Badekur Nach dem Briefe vom 5./7. Sept. 1853, Bismarck's Briefe an seine Braut und Gattin S. 362, beabsichtigte Bismarck am 9. Sept. von Norderney aufzubrechen, einen Tag in Hannover zu bleiben und am 11. oder 12. Sept. in Frankfurt, am folgenden Tag in Basel zu sein. in Norderney wurde ich von dem eben aus dem Ministerium Schele ausgetretnen Minister Bacmeister sondirt, ob ich Minister des Königs Georg werden wolle. Ich sprach mich dahin aus, daß ich in der auswärtigen Politik Hanover nur dienen könne, wenn der König vollständig Hand in Hand mit Preußen gehn wolle; ich könnte mein Preußenthum nicht ausziehn wie einen Rock. Auf dem Wege zu den Meinigen nach Villeneuve am Genfer See, den ich von Norderney über Hanover nahm, hatte ich mehre Konferenzen mit dem Könige. Eine derselben fand statt in einem, zwischen seinem Schlafzimmer und dem der Königin gelegnen Cabinet im Erdgeschoß des Schlosses. Der König wollte, daß die Thatsache unsrer Besprechung nicht bekannt werde, hatte mich aber um fünf Uhr zur Tafel befohlen. Er kam auf die Frage, ob ich sein Minister werden wolle, nicht zurück, sondern verlangte nur von mir als Sachkundigem in bundestäglichen Geschäften einen Vortrag über die Art und Weise, wie die Verfassung von 1848 mit Hülfe von Bundesbeschlüssen revidirt werden könne. Nachdem ich meine Ansicht entwickelt hatte, verlangte er eine schriftliche Redaction derselben und zwar auf der Stelle. Ich schrieb also in der ungeduldigen Nachbarschaft des an demselben Tische sitzenden Königs die Hauptzüge des Operationsplans nieder unter den erschwerenden Umständen, die ein selten gebrauchtes Schreibzeug bereitete: Tinte dick, Feder schlecht, Papier rauh, Löschblatt nicht vorhanden; die von mir gelieferte vier Seiten lange Staatsschrift mit ihren Tintenflecken war nicht als ein kanzleimäßiges Mundum anzusehn. Der König schrieb überhaupt nur seine Unterschrift, und auch diese schwerlich in dem Gemach, in welchem er des Geheimnisses wegen mich empfangen hatte. Das Geheimniß wurde freilich dadurch durchbrochen, daß es darüber sechs Uhr geworden war und der auf fünf befohlnen Tischgesellschaft die Ursache der Verspätung nicht entgehn konnte. Als die hinter dem Könige stehende Uhr schlug, sprang er auf und ging wortlos und mit einer bei seiner Blindheit überraschenden Schnelligkeit und Sicherheit durch das mit Möbeln besetzte Gemach in das benachbarte Schlaf- oder Ankleidezimmer. Ich blieb allein, ohne Direction, ohne Kenntniß der Localität des Schlosses, nur durch eine Aeußrung des Königs unterrichtet, daß die eine der drei Thüren in das Schlafzimmer der an den Masern krank liegenden Königin führte. Nachdem ich mir hatte sagen müssen, daß Niemand kommen werde, mich zu geleiten, trat ich durch die dritte Thür hinaus und fand mich einem Lakaien gegenüber, der mich nicht kannte und über mein Erscheinen in diesem Theile des Schlosses erschrocken und aufgeregt war, sich jedoch beruhigte, als ich dem Accente seiner mißtrauischen Frage entsprechend englisch antwortete und zu der königlichen Tafel geführt zu werden verlangte.

Am Abende, ich weiß nicht, ob desselben oder des folgenden Tages, hatte ich wieder eine lange Audienz ohne Zeugen. Während derselben nahm ich mit Erstaunen wahr, wie nachlässig der blinde Herr bedient war. Die ganze Beleuchtung des großen Zimmers bestand in einem Doppelleuchter mit zwei Wachskerzen, an denen schwere, metallne Lichtschirme angeklemmt waren. Der eine fiel in Folge Niederbrennens der Kerze mit einem Geräusch, wie der Schlag auf ein Gong, zu Boden; es erschien aber Niemand, befand sich auch Niemand im Nebenzimmer, und ich mußte mir von dem hohen Herrn die Stelle der Klingel bezeichnen lassen, die ich zu ziehn hatte. Diese Verlassenheit des Königs war mir um so auffälliger, als der Tisch, an dem wir saßen, mit allen möglichen amtlichen oder privaten Papieren so bedeckt war, daß einzelne bei Bewegungen des Königs herunterfielen und von mir aufgehoben werden mußten. Nicht weniger auffällig war es, daß der blinde Herr mit einem fremden Diplomaten, wie ich, ohne jede ministerielle Kenntnißnahme Stunden lang verhandelte.

Die Erwähnung meines damaligen Aufenthalts in Hanover erinnert mich an einen Vorgang, der mir nie klar geworden ist. Dem preußischen Commissarius, der in Hanover über die schwebenden Zollangelegenheiten zu verhandeln hatte, war von Berlin aus ein Consul Spiegelthal zur Aushülfe beigeordnet worden. Als ich desselben als eines preußischen Beamten im Gespräche mit dem mir befreundeten Minister von Schele erwähnte, gab dieser lachend sein Erstaunen zu erkennen: »Er hätte den Mann nach seiner Thätigkeit für einen östreichischen Agenten gehalten.« Ich telegraphirte chiffrirt an den Minister von Manteuffel und rieth, das Gepäck des Spiegelthal, der in den nächsten Tagen nach Berlin zurückreisen wollte, bei der Zollrevision an der Grenze untersuchen und seine Papiere in Beschlag nehmen zu lassen. Meine Erwartung, in den folgenden Tagen davon zu lesen oder zu hören, erfüllte sich nicht. Während ich die letzten Oktobertage in Berlin und Potsdam zubrachte, Bismarck traf am 29. Oktober 1853 Nachmittags im Gefolge des Königs, von Letzlingen kommend, in Potsdam ein und blieb bis zum 2. November in Berlin-Potsdam. erzählte der General von Verlach mir u.A.: »Manteuffel habe zuweilen ganz sonderbare Einfalle; so habe er vor Kurzem verlangt, daß der Consul Spiegelthal zur königlichen Tafel gezogen werde, und unter Stellung der Cabinetsfrage sein Verlangen durchgesetzt.«

Fünftes Kapitel. Wochenblattspartei. Krimkrieg.

I.

Für die deutsche Sache behielt man in den dem Königthum widerstrebenden Kreisen eine kleine Hoffnung auf Hebelkräfte im Sinne des Herzogs von Coburg, auf englischen und selbst französischen Beistand, in erster Linie aber auf liberale Sympathien des deutschen Volks. Die praktisch wirksame Bethätigung dieser Hoffnungen beschränkte sich auf den kleinen Kreis der Hof-Opposition, die unter dem Namen der Fraction Bethmann-Hollweg den Prinzen von Preußen für sich und ihre Bestrebungen zu gewinnen suchte. Es war dies eine Fraction, die an dem Volke garkeinen und an der damals als »Gothaer« bezeichneten nationalliberalen Richtung geringen Anhalt hatte. Ich habe diese Herrn nicht grade für nationaldeutsche Schwärmer gehalten, im Gegentheil. Der einflußreiche, noch heut (1891) lebende langjährige Adjutant des Kaisers Wilhelm, Graf Karl von der Goltz, der einen stets offnen Zugang für seinen Bruder und dessen Freunde abgab, war ursprünglich ein eleganter und gescheidter Garde-Offizier, Stockpreuße und Hofmann, der an dem außerpreußischen Deutschland nur so viel Interesse nahm, als seine Hofstellung es mit sich brachte. Er war ein Lebemann, Jagdreiter, sah gut aus, hatte Glück bei Damen und wußte sich auf dem Hofparket geschickt zu benehmen; aber die Politik stand bei ihm nicht in erster Linie, sondern galt ihm erst, wenn er ihrer bei Hofe bedurfte. Daß die Erinnrung an Olmütz das Mittel war, den Prinzen zum Bundesgenossen für den Kampf gegen Manteuffel zu gewinnen, das konnte Niemand besser wissen als er, und diesen Stachel für die Empfindung des Prinzen in Wirksamkeit zu erhalten, hatte er auf Reisen und zu Hause stets gute Gelegenheit.

Die später nach Bethmann-Hollweg benannte Partei, richtiger Coterie, stützte sich ursprünglich auf den Grafen Robert von der Goltz, einen Mann von ungewöhnlicher Befähigung und Thätigkeit. Herr von Manteuffel hatte das Ungeschick gehabt, diese strebsame Capacität schlecht zu behandeln; der dadurch stellungslos gewordne Graf wurde der Impresario für die Truppe, welche zuerst als höfische Fraction und später als Ministerium des Regenten auf der Bühne erschien. Sie begann in der Presse, besonders durch das von ihr gegründete »Preußische Wochenblatt«, und durch persönliche Werbungen in politischen und Hofkreisen sich Geltung zu schaffen. Die »Finanzirung«, wie die Börse sich ausdrückt, wurde durch die großen Vermögen Bethmann-Hollweg's und der Grafen Fürstenberg-Stammheim und Albert Pourtalès, und die politische Aufgabe, als deren Ziel zunächst der Sturz Manteuffel's gestellt war, von den geschickten Händen der Grafen Goltz und Pourtalès besorgt. Beide schrieben ein elegantes Französisch in geschickter Diction, während Herr von Manteuffel in der Herstellung diplomatischer Aktenstücke hauptsächlich auf die hausbackne Tradition seiner Beamten von der französischen Kolonie in Berlin angewiesen war. Auch Graf Pourtalès war von dem Ministerpräsidenten im Dienste verstimmt und von dem Könige als Rival Manteuffel's ermuthigt worden.

Goltz wollte ohne Zweifel, wenn nicht der unmittelbare Nachfolger Manteuffel's, doch früher oder später Minister werden. Er hatte auch das Zeug dazu, viel mehr als Harry von Arnim, weil er weniger Eitelkeit und mehr Patriotismus und Charakter besaß; freilich auch mehr Zorn und Galle, die sich vermöge der ihm innewohnenden Energie als Subtrahenda von seiner praktischen Leistung geltend machten. Ich habe zu seiner Ernennung nach Petersburg, später nach Paris mitgewirkt und Harry von Arnim aus der unwichtigen Stellung, in welcher ich ihn fand, schnell und nicht ohne Widerspruch in dem Cabinete befördert, aber an diesen beiden befähigtsten unter meinen diplomatischen Mitarbeitern dasselbe erlebt, wie Yglano an Anselmo in dem Chamisso'schen Gedichte.

Auch Rudolf von Auerswald hatte sich der Fraction zurückhaltend angeschlossen, kam aber im Juni 1854 zu mir nach Frankfurt, um mir zu sagen, daß er seinen Feldzug der letzten Jahre für verloren halte, sich herauszuziehn wünsche und, wenn er den Gesandten-Posten in Brasilien erhielte, versprechen wolle, sich um innre Politik nicht mehr zu kümmern. S. Brief vom 6. Juni 1854, Bismarck's Briefe an den General Leopold v. Gerlach. Herausgegeben von H. Kohl. S. 156. Obwohl ich Manteuffel empfahl, in seinem Interesse darauf einzugehn und einen so feinen Kopf, erfahrnen und achtbaren Mann und Freund des Prinzen von Preußen auf diese ehrliche Weise zu neutralisiren, so war sein und des Generals von Gerlach Mißtraun oder Abneigung gegen Auerswald doch so stark, daß der Minister seine Ernennung ablehnte. Manteuffel und Gerlach waren überhaupt, obschon nicht untereinander, doch gegen die Partei Bethmann-Hollweg einig. Auerswald blieb im Lande und einer der Hauptträger der Beziehungen zwischen diesen anti-Manteuffel'schen Elementen und dem Prinzen.

Graf Robert Goltz, mit dem ich aus der Jugend her befreundet war, versuchte in Frankfurt auch mich für die Fraction zu gewinnen. Ich lehnte den Beitritt, soweit Mitwirkung zum Sturze Manteuffel's von mir gefordert würde, mit der Motivirung ab, daß ich, wie damals der Fall war, mit vollem Vertraun Manteuffel's den Posten in Frankfurt angetreten hätte und es nicht für ehrlich halten würde, meine Stellung zum Könige zum Sturze Manteuffel's zu benutzen, solange Letztrer mich nicht in die Notwendigkeit versetzte, mit ihm zu brechen, und daß ich in dem Falle ihm die Fehde und den Grund derselben vorher offen ansagen würde. Graf Goltz wollte sich damals verheirathen und bezeichnete mir als sein nächstes Verlangen den Gesandschaftsposten in Athen. »Man soll mir,« setzte er mit Bitterkeit hinzu, »schon einen Posten geben und einen guten; davor ist mir nicht bange.«

Die scharfe Kritik der Politik Olmütz, die in der That nicht so sehr die Schuld des Preußischen Unterhändlers als der, um das Wenigste zu sagen, ungeschickten Leitung der preußischen Politik bis zu seiner Zusammenkunft mit dem Fürsten Schwarzenberg war, und die Schilderung ihrer Folgen, das war die erste Waffe, mit welcher Manteuffel von Goltz angegriffen und die Sympathie des Prinzen von Preußen gewonnen wurde. In dem soldatischen Gefühle des Letztern war Olmütz ein wunder Punkt, in Bezug auf welchen nur die militärische und royalistische Disciplin dem Könige gegenüber die Empfindung der Kränkung und des Schmerzes beherrschte. Trotz seiner großen Liebe zu seinen russischen Verwandten, die zuletzt in der innigen Freundschaft mit Alexander II. zum Ausdrucke kam, behielt er das Gefühl einer Demüthigung, die Preußen durch den Kaiser Nicolaus erlitten hatte, und diese Empfindung wurde um so stärker, je mehr seine Mißbilligung der Manteuffel'schen Politik und der östreichischen Einflüsse ihn der ihm früher ferner liegenden deutschen Aufgabe Preußens näher rückte.

Im Sommer 1853 schien es, daß Goltz sich seinem Ziele nähern, zwar nicht Manteuffel verdrängen, aber doch Minister werden werde. Der General Gerlach schrieb mir am 6. Juli:

»Von Manteuffel hörte ich, Im Original lautet der Anfang des Satzes: ... erst nach schwieriger Verständigung hat er (Manteuffel) mir gesagt, 1) daß Goltz keineswegs freiwillig zu ihm gekommen ist, sondern erst zum Kommen in Bezug auf das, was Goltz zu Ihnen gesagt, dazu hat aufgemuntert werden müssen, 2) wie oben im Text. daß Goltz Manteuffeln erklärt hat, nur dann in das Ministerium eintreten zu können, wenn die Umgebung des Königs geändert, d. h. vor allen Dingen, wenn ich fortgeschickt würde. Ich glaube übrigens, ja ich könnte sagen, ich weiß es, daß Manteuffel Goltz in das Auswärtige Ministerium als Rath hat haben wollen, um gegen andre Personen dort, wie Le Coq (wohl eher gegen Gerlach und dessen Freunde am Hofe) u.s.w. ein Gegengewicht zu haben, was nun, Gott sei Dank, durch Goltzens Trotz vereitelt ist. – Ich denke mir, daß ein Plan im Werke ist – ob in allen zum Mithandeln bestimmten Personen bewußt oder unbewußt, halb oder ganz, lasse ich dahingestellt sein – ein Ministerium unter den Auspicien des Prinzen von Preußen zu formiren, in dem – nach Entfernung von Raumer, Westphalen, Bodelschwingh – Manteuffel als Präses, Ladenberg als Cultus, Goltz als Auswärtiger functionirt, was sich die Kammer-Majorität verschafft, was ich nicht für sehr schwierig halte. Dann sitzt der arme König zwischen einer Kammermajorität und seinem Nachfolger und kann sich nicht rühren. Alles, was Westphalen und Räumer zu Stande gebracht, und das sind die einzigen Menschen, die etwas gethan, würde wieder verloren gehn, von den übrigen Folgen zu schweigen. Manteuffel als doppelter Novembermann wäre wie schon jetzt *inévitable.*«

Der Gegensatz der verschiednen Elemente, welche die Entschließungen des Königs zu bestimmen suchten, steigerte sich, der Angriff der Bethmann-Hollweg'schen Fraction auf Manteuffel belebte sich während des Krimkriegs. Der Ministerpräsident hat seine Abneigung gegen den Bruch mit Oestreich und gegen eine Politik, wie sie nach den böhmischen Schlachtfeldern führte, am nachdrücklichsten in allen für unsre Freundschaft mit Oestreich kritischen Momenten bethätigt. In der Zeit des Fürsten Schwarzenberg, demnächst des Krimkriegs und der Ausbeutung Preußens für die östreichische Orientpolitik erinnerte unser Verhältniß zu Oestreich an das zwischen Leporello und Don Juan. In Frankfurt, wo zur Zeit des Krimkriegs die übrigen Bundesstaaten außer Oestreich versuchsweise verlangten, daß Preußen sie der östreichisch-westmächtlichen Vergewaltigung gegenüber vertrete, konnte ich als Träger der preußischen Politik mich einer Beschämung und Erbittrung nicht erwehren, wenn ich sah, wie wir gegenüber den nicht einmal in höflichen Formen vorgebrachten Zumuthungen Oestreichs jede eigne Politik und jede selbständige Ansicht opferten, von Posten zu Posten zurückwichen, und unter dem Druck der Inferiorität, in Furcht vor Frankreich und in Demuth vor England, im Schlepptau Oestreichs Deckung suchten. Der König war nicht unempfänglich für diesen meinen Eindruck, aber nicht geneigt, ihn durch eine Politik im großen Stile abzuschütteln.

Nachdem England und Frankreich am 28. März 1854 Rußland den Krieg erklärt hatten, waren wir mit Oestreich das Schutz- und Trutzbündniß vom 20. April eingegangen, das Preußen verpflichtete, unter Umständen 100000 Mann in Zeit von 36 Tagen zu concentriren, ein Drittel in Ostpreußen, die beiden andern zu Posen oder zu Breslau, und sein Heer, wenn die Umstände es erheischten, auf 200 000 Mann zu bringen und sich behufs alles dessen mit Oestreich zu verständigen.

Unter dem 5. Mai schrieb mir Manteuffel folgenden pikirten Brief: Nach dem Original veröffentlicht im Anhang zu den Gedanken und Erinnerungen II 170.

»General von Gerlach theilt mir soeben mit, daß des Königs Majestät Euer Hochwohlgeboren behufs Besprechung über die Behandlung des österreichisch-preußischen Bündnisses am Bunde hier anwesend zu sehen befohlen und daß der Herr General in diesem Sinne Euer Hochwohlgeboren bereits geschrieben habe. Dieser Brief ist veröffentlicht im Briefwechsel des Generals Leopold v. Gerlach mit dem Bundestags-Gesandten Otto v. Bismarck. Berlin 1893. S.166. In Gemäßheit dieses Allerhöchsten Befehls, von dem mir übrigens vorher nichts bekannt gewesen, darf ich keinen Anstand nehmen, Euer Hochwohlgeboren ganz ergebenst zu veranlassen, sich unverzüglich hierher zu verfügen. Mit Rücksicht auf die beim Bundestage bevorstehenden Verhandlungen dürfte Ihr Aufenthalt hierselbst nicht von langer Dauer sein können.«

Bei Besprechung des Vertrages vom 20. April schlug ich dem Könige vor, diese Gelegenheit zu benutzen, um uns und die preußische Politik aus der secundären und, wie mir schien, unwürdigen Lage herauszuheben und eine Stellung einzunehmen, welche uns die Sympathie und die Leitung der deutschen Staaten gewonnen hatte, die mit uns und durch uns in unabhängiger Neutralität zu verbleiben wünschten. Ich hielte dies für erreichbar, wenn wir, sobald Oestreich die Truppenaufstellung verlangte, freundlich und bereitwillig darauf eingingen, aber die Aufstellung der 66000 und factisch mehr Mann nicht bei Lissa, sondern in Oberschlesien machten, so daß unsre Truppen in der Lage seien, die russische oder die östreichische Grenze mit gleicher Leichtigkeit zu überschreiten, namentlich wenn wir uns nicht genirten, die Ziffer 100000 uneingestanden zu überschreiten. Mit 200000 Mann würde Se. Majestät in diesem Augenblick Herr der gesammten europäischen Situation werden, den Frieden dictiren und in Deutschland eine Preußens würdige Stellung gewinnen können. Vgl. die Aeußerung Bismarck's in der Reichstagsrede vom 6. Febr. 1888, Politische Reden XII 459.

Frankreich Der hier einsetzende Abschnitt gehört nicht mehr zu dem Referat über den dem Könige gehaltenen Vortrag, sondern ist rückschauende Betrachtung des Erzählers zu näherer Erläuterung des Gedankengangs des Vortrags. Lenz übersieht bei seiner Kritik dieser Stelle (S.

37), daß der mit »Ich hielte« beginnende Satz Bestandtheil des Referats über den Bericht ist, bei »Frankreich« die Reflexion einsetzt. war nicht im Stande, neben der Leistung, mit der es in der Krim beschäftigt war, bedrohlich an unsrer Westgrenze aufzutreten. Oestreich hatte seine disponiblen Kräfte in Ost-Galizien stehn, wo sie von Krankheiten mehr Verluste erlitten als auf den Schlachtfeldern. Sie waren festgenagelt durch die, auf dem Papier wenigstens, 200000 Mann starke russische Armee in Polen, deren Marsch nach der Krim die dortige Situation entschieden haben würde, wenn die östreichische Grenzaufstellung ihn hätte zulässig erscheinen lassen. Es gab schon damals Diplomaten, welche die Herstellung Polens unter östreichischem Patronat in ihr Programm aufgenommen hatten. Jene beiden Armeen standen einander gegenüber fest, und es war für Preußen möglich, durch seinen Beistand einer von ihnen die Oberhand zu gewähren. Die Wirkung einer englischen Blokade, welche unsre Küste hätte treffen können, würde nicht gefährlicher gewesen sein als die wenige Jahre früher mehrmals ausgestandne, uns ebenso vollständig abschließende dänische, und aufgewogen worden sein durch die Erlangung unsrer und der deutschen Unabhängigkeit von dem Drucke und der Drohung einer östreichisch-französischen Allianz und Vergewaltigung der zwischenliegenden Mittelstaaten. Während des Krimkriegs sagte mir der alte König Wilhelm von Würtemberg in vertraulicher Audienz am Kamin in Stuttgart: »Wir deutschen Südstaaten können nicht gleichzeitig die Feindschaft Oestreichs und Frankreichs auf uns nehmen, wir sind zu nahe unter der Ausfallpforte Straßburg und vom Westen her occupirt, bevor uns von Berlin Hülfe kommen kann. Würtemberg wird überfallen, und wenn ich ehrlich mich in das preußische Lager zurückziehe, so werden die Klagen meiner vom Feinde bedrückten Untertanen mich zurückrufen; das würtembergische Hemd ist mir näher als der Rock des Bundes«. Vgl. die Aeußerungen Bismarck's in den Reden vom 22. Januar 1864 und 2. Mai 1871, Politische Reden II (2. Aufl.) 294, V 52. – Ein der Zeit näher stehendes Zeugniß über diese Aeußerung des Königs Wilhelm von Württemberg findet sich in Bismarck's Schreiben vom 9. Februar 1860, Bismarck's Briefwechsel mit dem Minister v. Schleinitz. Stuttgart und Berlin, J. G. Cotta'sche Buchh. Nachf. 1905. S.60. Die nicht unbegründete Hoffnungslosigkeit, welche in dieser Aeußerung des gescheidten alten Herrn lag, und die mehr oder weniger zornige Empfindung in andern Bundesstaaten – nur nicht in Darmstadt, wo Herr von Dalwigk-Coehorn sicher auf Frankreich baute – diese Stimmungen würden sich wohl geändert haben, wenn ein nachdrückliches Auftreten Preußens in Oberschlesien den Beweis lieferte, daß weder Oestreich noch Frankreich uns damals überlegnen Widerstand zu leisten vermochten, wenn wir ihre entblößte und gefährdete Situation entschlossen benutzten.

Der König war nicht unempfänglich für die überzeugte Stimmung, in welcher ich ihm die Sachlage und die Eventualitäten darstellte; er lächelte wohlgefällig und sagte im Berliner Dialekt: »Liebeken, das is sehr schöne, aber es is mich zu theuer. Solche Gewaltstreiche kann ein Mann von der Sorte Napoleon wohl machen, ich aber nicht.«

II.

Der zögernde Beitritt der deutschen Mittelstaaten, die sich in Bamberg Die Bamberger Conferenz fand am 25. Mai 1854 statt. Vertreten waren Sachsen, Bayern, Hannover, beide Hessen und Nassau. berathen hatten, zu dem Vertrage vom 20. April, die Bemühungen des Grafen Buol, einen Kriegsfall zu schaffen, die durch die Räumung der Wallachei und Moldau seitens der Russen vereitelt wurden, die von ihm beantragte und im Geheimniß vor Preußen abgeschlossene Allianz mit den Westmächten vom 2. December, die vier Punkte der Wiener Conferenz und der weitre Verlauf bis zu dem Pariser Frieden vom 30. März 1856 sind von Sybel aus den Archiven dargestellt, und meine amtliche Stellungnahme zu allen diesen Fragen ergiebt sich aus dem Werke »Preußen im Bundestage«. Ueber das, was in dem Cabinet vorging, über die Erwägungen und Einflüsse, die den König in den wechselnden Phasen bestimmten, erhielt ich von dem General von Gerlach Mittheilungen, von denen ich die interessantern einflechte. Wir hatten für diese Correspondenz seit Herbst 1855 eine Art von Chiffre verabredet, in welchem die Staaten durch die Namen uns bekannter Dörfer, die Personen nicht ohne Humor durch Figuren aus Shakespeare bezeichnet waren. S. den Schlüssel in Bismarck's Briefen an den General L. v. Gerlach, herausg. von H. Kohl, S. 351 f. (doch ist S. 352 Z. 4 zu lesen: Fortinbras, Z. 8: Trinkulo). – Zum ersten Male bediente sich der Chiffre Bismarck im Briefe vom 21. December 1855, Gerlach im Briefe vom 15. Januar 1856 (Bismarck-Jahrbuch II 212 ff.) »Berlin, den 24. April 1854.

Fra Diavolo (Manteuffel) hat seinen Abschluß mit (dem Feldzeugmeister) Heß zu Stande gebracht und zwar auf eine Art, die ich nicht anders als eine verlorene Bataille bezeichnen kann. Alle meine militärischen Berechnungen, alle Ihre Briefe, die entschieden bewiesen, daß Oestreich es nie wagen würde, ohne uns zu einem bestimmten Abschluß mit Westen (d.i. den Westmächten) zu kommen, haben nichts geholfen; man hat sich von den Furchtsamen furchtsam machen lassen, und so weit muß ich F. D. Recht geben, daß es gar nicht unmöglich ist, daß eben aus Furcht Oestreich den kühnen Sprung nach Westen hätte machen können.

Doch dem sei wie ihm wolle, dieser Abschluß ist ein *fait accompli*, und man muß jetzt wie nach einer verlorenen Schlacht die zerstreuten Kräfte sammeln, um dem Gegner sich wieder entgegen stellen zu können, und da ist denn das Nächste, daß in dem Vertrage Alles auf gegenseitiges Einverständniß gestellt ist. Aber eben deshalb wird die nächste und auch sehr üble Folge sein, daß wir, sobald wir die uns richtig scheinende Auslegung geltend machen, der Doppelzüngigkeit und Wortbrüchigkeit angeklagt werden. Dagegen müssen wir uns zunächst dickfellig machen, dann aber dergleichen zuvorkommen, indem wir unsere Auslegung des Vertrages sofort aussprechen, sowohl in Wien als in Frankfurt, noch bevor eine Kollision eingetreten ist. Denn die Dinge stehn so, daß noch immer einem kräftigen, muthigen und gewandten auswärtigen Minister die Hände nicht gebunden sind. Wir machen alle Schritte in Petersburg selbständig, können also in der Consequenz bleiben und können stets noch die Einigung erlangen und bei derselben Reciprocität und Alles, was in dem Vertrage fehlt, geltend machen. Budberg und den Grafen H. v. M(ünster) habe ich nach Kräften zu beschwichtigen gesucht; Niebuhr ist sehr thätig und eifrig auf diesem Felde und hat sich wie immer sehr geschickt und vortrefflich benommen. Was hilft aber diese Flickerei, die zuletzt doch eine undankbare Arbeit ist. Es liegt in der Natur des Menschen, also auch unseres Herrn, daß wenn er mit einem Diener einen Bock oder vielmehr eine Ricke geschossen hat, er diesen zunächst halt und die besonnenen und treuen Freunde schlecht behandelt. In der Lage bin ich jetzt, und sie ist wahrlich nicht beneidenswerth. Vgl. Briefwechsel Gerlach-Bismarck S. 163 f., hier nach dem Original berichtigt. ...

Sanssouci, den 1. Juli 1854.

... Die Dinge haben sich einmal wieder furchtbar verwickelt, stehen aber doch einmal wieder so, daß man, wenn Alles klappt, ein gutes Ende für möglich halten kann ... Wenn wir Oestreich nicht so lange als möglich festhalten, so laden wir eine schwere Schuld auf uns, rufen die Trias ins Leben, welche der Anfang des Rheinbundes ist und den französischen Einfluß bis unter die Thore von Berlin bringt. Jetzt haben die Bamberger es versucht, sich unter dem Protectorate von Rußland als Trias zu constituiren, wohl wissend, daß es ein Leichtes ist, ein Protectorat zu wechseln, um so mehr, da die russisch-französische Allianz doch das Ende vom Liede ist, wenn England nicht bald die Augen aufgehn über die Thorheit des Krieges und des Bündnisses mit Frankreichs. Vgl. Briefwechsel Gerlach-Bismarck S. 174 f., hier n. d. Original berichtigt. ...

Sanssouci, den 22. Juli 1854.

... Für die deutsche Diplomatie, in so weit sie jetzt von Preußen ausgeht, öffnet sich ein glänzendes Schlachtfeld, denn leider scheint es, daß Prokesch nicht Unrecht hat, wenn er für seinen Kaiser die Kriegstrompete bläst. Die Wiener Nachrichten sind gar nicht besonders, obschon ich es doch noch nicht aufgebe, daß in der elften Stunde Buol und der Kaiser auseinander gehen ... Es wäre der größeste Fehler, den man machen könnte, wenn man den mir noch nicht ganz verständlichen antifranzösischen Enthusiasmus von Baiern, Würtemberg, Sachsen und Hannover so ungenutzt vorübergehen ließe. Sobald man mit Oestreich im Klaren, d. h. sowie dessen westmächtliche Sympathien klar hervortreten, müssen die lebhaftesten Verhandlungen mit den deutschen Mächten beginnen, und wir müssen einen Fürstenbund schließen, ganz anders und fester als der von Friedrich II. war Briefwechsel Gerlach-Bismarck S. 178 f., hier n. d. Original berichtigt. ...

(Charlottenburg, den 9. August 1854.)

... F(ra) D(iavolo) ist bis jetzt ganz vernünftig, aber wie Sie wissen, unzuverlässig. Ich glaube, daß Sie die Aufgabe haben, nach zwei Seiten hin für den richtigen Weg zu wirken. Einmal, daß Sie Ihrem Freunde P(rokesch) die richtige Politik über den Kopf wegnehmen und ihm zu verstehen geben, daß jetzt jeder Vorwand wegfällt, Oestreich in seinen Russischen Kriegsgelüsten nachzugehn, und dann, daß Sie den deutschen Mächten den Weg weisen, den sie zu gehen haben ... Es ist ein eigen Unglück, daß der Aufenthalt (des Königs Friedrich Wilhelm) in München wieder an gewisser Stelle germanomanischen Enthusiasmus erregt hat. Eine deutsche Reservearmee, er an der Spitze, ist der confuse Gedanke, der eine nicht gute Einwirkung auf die Politik macht. Ludwig XIV. sagte l'état c'est moi. Mit viel mehr Recht kann Se. Majestät sagen l'Allemagne c'est moi.

L. v. G.« Briefwechsel Gerlach-Bismarck S. 181 f., hier n. d. Original berichtigt.

Daneben gewährte der nachstehende Brief des Cabinetsraths Niebuhr an mich einen weitern Einblick in die Stimmungen am Hofe.

»Puttbus, den 22. August 1854.

... Ich verkenne gewiß nicht gute Intentionen, wenn sie auch meiner Ueberzeugung nach nicht an der (richtigen) Stelle und noch weniger richtig ausgeführt sind, und ebensowenig das Recht von Interessen, wenn sie auch demjenigen, was ich für richtig halten muß, schnurstracks widersprechen. Aber ich verlange Wahrheit und Klarheit, und deren Mangel kann mich zur Desperation bringen. Mangel an Wahrheit nach außen kann ich unsrer Politik nun nicht zum Vorwurf machen: wohl aber Unwahrheit gegen uns selbst. Wir würden ganz anders dastehen, und Vieles unterlassen haben, wenn wir uns die eigentlichen Motive dazu eingestanden hätten, statt uns beständig vorzuspiegeln, daß die einzelnen Acte unsrer Politik Consequenzen der richtigen Grundgedanken derselben seien. Die fortgesetzte Theilnahme an den Wiener Conferenzen nach dem Einlaufen der englisch-französischen Flotte in die Dardanellen und jetzt zuletzt die Unterstützung der westmächtlich-österreichischen Forderungen in Petersburg, haben ihren wahren Grund in der kindischen Furcht, ›aus dem *Concert européen* hinausgedrängt zu werden‹ und ›die Stellung als Großmacht zu verlieren‹. Die größten Albernheiten, die zu denken sind: denn von einem *Concert européen* zu sprechen, wenn zwei Mächte mit einer dritten im Kriege sind, ist doch geradezu ein hölzernes Eisen, und unsre Stellung als Großmacht verdanken wir doch wahrhaftig nicht der Gefälligkeit von London, Paris und Wien, sondern unsrem guten Schwerte. Ueberdem aber spielt überall eine Empfindlichkeit gegen Rußland mit, die ich vollkommen begreife und auch theile, der man aber jetzt nicht nachgeben kann, ohne zugleich uns selbst zu züchtigen.

Wo man nicht wahr gegen sich selbst ist, ist man allemal auch nicht klar. Und so leben und handeln wir zwar nicht in solcher Unklarheit, wie in Wien, wo man wie ein Schlaftrunkener alle

Augenblicke handelt, als ob man schon im Kriege mit Rußland wäre: aber wie man neutral und Friedensvermittler sein, und zugleich Propositionen, wie die letzten der Seemächte empfehlen kann, Fehlt im Original. verstehe ich mit meinen schwachen Verstandeskräften nicht.«

Die folgenden Brieffragmente sind wieder von Gerlach.

»Sanssouci, den 13. October 1854.

... Seitdem ich Alles gelesen und nach Kräften gegen einander abgewogen habe, halte ich es für sehr wahrscheinlich, daß die zwei Drittel Stimmen Oestreich nicht entgehn werden. Hannover spielt ein falsches Spiel, Braunschweig ist westmächtlich, die Thüringer ebenso, Baiern ist in allen Zuständen und des Königs Majestät ist ein schwankendes Rohr. Selbst über Beust gehen zweifelhafte Nachrichten ein. Hierzu kommt, daß man in Wien zum Kriege entschlossen scheint. Man sieht ein, daß die expectative bewaffnete Stellung nicht länger durchzuführen ist, schon finanziell nicht, und hält das Umkehren für gefährlicher als das Vorwärtsgehen. Leicht ist das Umkehren auch wirklich nicht, und ich sehe auch nicht ein, woher dem Kaiser dazu die Entschlossenheit kommen soll. Oestreich kann sich für das erste und oberflächlich leichter mit den revolutionären Plänen der Westmächte verständigen, als Preußen z. B. eine Restauration von Polen, ein rücksichtsloses Verfahren gegen Rußland u.s.w. (vertragen kann), Fehlt im Original. sowie es keinem Zweifel unterliegt, daß Frankreich und England ihm auf der andern Seite noch leichter als uns Verlegenheiten bereiten können, sowohl in Ungarn als in Italien. Der Kaiser ist in den Händen seiner Polizei – und was das heißt, habe ich in den letzten Jahren gelernt –, Gerlach hat dabei wohl an Ohm und Hantge gedacht, auch an die Berichte, welche der phantasiereiche und gut bezahlte Oestreicher Tausenau aus London über gefährliche Anschläge der deutschen Flüchtlinge erstattete. Der König muß über die Zuverlässigkeit dieser Meldungen zweifelhaft geworden sein; er beauftragte direct aus seinem Cabinet den Gesandten Bunsen, von der englischen Polizei Erkundigung einzuziehn, die dahin ausfiel, daß die deutschen Flüchtlinge in London zu viel mit dem Erwerb ihres Lebensunterhaltes zu thun hätten, um an Attentate zu denken. und hat sich vorlügen lassen, Rußland habe Kossuth aufgehetzt u.s.w. Er hat damit vollständig sein Gewissen beschwichtigt, und was die Polizei nicht vermag, das leistet der Ultramontanismus, die Wuth gegen die orthodoxe Kirche und gegen das protestantische Preußen. Daher ist auch schon jetzt von einem Königreich Polen unter einem östreichischen Erzherzog die Rede ... Was folgt aus diesem Allen? Daß man sehr auf seiner Hut sein und auf Alles, selbst auf einen Krieg gegen die mit Oestreich verbündeten Westmächte gefaßt sein muß, daß den deutschen Fürsten nicht zu trauen ist u.s.w. Der Herr möge nur geben, daß wir nicht schwach befunden werden, aber ich müßte eine Unwahrheit sagen, wenn ich den Leitern unserer Geschicke fest vertraute. Halten wir daher eng zusammen. Anno 1850 hatte Radowitz uns activ auf denselben Punkt gebracht wie Buol jetzt passiv von drüben her. Briefwechsel Gerlach-Bismarck S. 191 ff., hier n. d. Original berichtigt. ...

(Sanssouci,) 15. November 1854.

... Was Oestreich anbetrifft, so ist mir durch die letzten Verhandlungen endlich die dortige Politik klar geworden. In meinem Alter ist man von schweren Begriffen. Die östreichische Politik ist keine ultramontane (d. h. der Hauptsache nach), obschon sie den Ultramontanismus nach den Umständen gebraucht, wie es sich Se. Majestät construirt; sie hat keine großen Pläne von Eroberungen im Orient, obschon sie auch davon etwas mitnimmt; sie denkt auch nicht an die deutsche Kaiserkrone. Alles das ist viel zu erhaben und wird nur hin und wieder als Mittelchen zum Zweck benutzt. Die östreichische Politik ist eine Politik der Furcht, basirt auf die schwierige innere und äußere Lage in Italien, Ungarn, in den Finanzen, in dem zerstörten Recht, in der Furcht vor Bonaparte, in der Angst vor russischer Rache, auch in der Furcht vor Preußen, dem sie viel mehr Böses zutrauen, als sich irgend Jemand je hier gedacht hat, und quasi durch dieß Alles gerechtfertigt.

Meyendorff sagt: ›Mein Schwager B(uol) ist ein politischer Hundsfott; er fürchtet jeden Krieg, aber allerdings mehr einen Krieg mit Frankreich als mit Rußland.‹ Dieses Urtheil ist ganz richtig, und diese Furcht ist das, was Oestreich bestimmt ...

Ich glaube, wenn man betrachtet, daß es immer ein gefährliches Ding ist, allein zu stehn, daß die Dinge hier im Lande so stehen, daß es auch gefährlich ist, sie auf die Spitze zu treiben, da weder F(ra) D(iavolo) noch – zuverlässig sind, so scheint es mir immer der Klugheit angemessen, Oestreich so weit als irgend möglich nachzugehn. Ueber diese Möglichkeit hinaus liegt aber jede Allianz mit Frankreich, die wir weder moralisch, noch finanziell, noch militärisch ertragen können. Sie wäre unser Tod, wir verlören unsern Ruhm von 1813-1815, von dem wir leben, wir würden den mit Recht mißtrauischen Alliirten Festungen einräumen, wir würden sie ernähren müssen. Bonaparte würde, so wie er l'élu de sept millions, bald einen König von Polen finden, der auf demselben Rechtstitel stünde und dem man mit Leichtigkeit die Wähler in beliebiger Anzahl finden würde. Briefwechsel Gerlach-Bismarck S. 203 ff, hier n. d. Original berichtigt. ...

Potsdam, den 4. Januar 1855.

... Ich glaube, daß wir einig sein würden, wenn Sie hier wären, das heißt in dem was zu thun wäre, wenn auch nicht im Princip, denn ich halte mich an die heilige Schrift, daß man nicht Böses thun darf, daß Gutes daraus werde, weil derer, die das thun, Verdammniß ganz recht ist. Mit Bonaparte und dem Liberalismus buhlen ist aber böse, im gegebenen Fall aber außerdem meines Erachtens auch unweise. Sie vergessen dabei (ein Fehler, in den Jeder fällt, der eine Weile von hier fort ist) die Persönlichkeiten, welche doch das Entscheidende sind. Wie können Sie solche indirecte Finasserien mit einem völlig principienlosen, unzuverlässigen Minister, der in den falschen Weg unwillkührlich hineingezogen wird, und mit einem, um nicht mehr zu sagen, unberechenbar eigenthümlichen Herrn machen. Bedenken Sie doch, daß F(ra) D(iavolo) principaliter Bonapartist ist, denken Sie an sein Benehmen bei dem coup d'état, an die von ihm damals patronisirte Quehl'sche Schrift, und wenn Sie etwas Neueres haben wollen, so kann ich Ihnen sagen, daß er jetzt an Werther (damals Gesandter in Petersburg) die thörichte Ansicht geschrieben hat, daß, wenn man Rußland nützen wolle, man dem Vertrage vom 2. December beitreten müsse, um bei den Verhandlungen mitzusprechen...

Nehmen die Verhandlungen in Wien einen Karakter an, so daß man auf einen Erfolg rechnen kann, so wird man uns schon zuziehen und uns mit unsern 300000 Mann nicht ignoriren. Schon jetzt wäre das nicht möglich, wenn man sich nicht durch Hinken, nicht, wie das oft geschehen, nach zwei, sondern, was selten geschehen, nach drei Seiten, um alles Vertrauen und alle Einflößung von Furcht gebracht hatte.

Ich wünsche sehr, daß Sie, wenn auch nur auf wenige Tage, herkämen, um sich zu orientiren. Ich weiß aus eigener Erfahrung, wie schnell man bei einer irgend längeren Abwesenheit desortentirt ist. Denn eben wegen ihrer personalissimen Eigenschaft ist es so schwer, unsere Zustände durch Schreiben verständlich zu machen, besonders wenn unzuverlässige principienlose Karaktere im Spiele sind. Mir ist immer sehr unheimlich, wenn Se. Majestät mit F(ra) D(iavolo) Geheimnisse haben; denn wenn der König seiner Sache vor Gott und seinem Gewissen gewiß ist, so ist er gegen viele, nicht etwa blos gegen mich, offener als gegen F. D. Bei jenen Heimlichkeiten aber entsteht ein Gebräu von Schwäche und Finasserie auf der einen und von animosem Servilismus auf der andern Seite, was in der Regel etwas sehr Unglückliches zur Welt bringt. Vgl. Briefwechsel Gerlach-Bismarck S. 216 ff., hier n. d. Original berichtigt. .]

Berlin, 23. Januar 1855.

... Was mich ganz niederschlägt, ist der allgemein verbreitete Bonapartismus und die Indifferenz und der Leichtsinn, womit man diese größeste aller Gefahren auf sich zukommen sieht. Ist es denn so schwer zu erkennen, wohin dieser Mensch will? ... Und wie stehen hier die Sachen? The king can do no wrong. Von dem schweige ich; F. D. ist völlig Bonapartist ... Bunsen in London mitsammt Usedom sind keine Preußen. Hatzfeld in Paris hat eine bonapartistische Frau und ist so eingeseift, daß sein hiesiger Schwager den alten Bonaparte im Vergleich mit dem jetzigen für einen Esel hält. Was soll daraus werden, und wie darf man dem Könige Vorwürfe machen, wenn er so bedient ist? Von den irregulären Rathgebern zu schweigen...« Briefwechsel Gerlach-Bismarck 222 ff., hier nach dem Original berichtigt. – Die weiteren Briefe Gerlach's aus den Jahren 1855 bis 1860 sind veröffentlicht im Bismarck-Jahrbuch II 191 ff., IV 158 ff., VI 83 ff.

Bei Manteuffel hatte eine active und unternehmende antiöstreichische Politik noch weniger Aussicht auf Anklang als bei dem Könige. Mein damaliger Chef machte mir in der Discussion der Frage unter vier Augen wohl den Eindruck, als theile er meine borussische Entrüstung über die geringschätzige und verletzende Art der Behandlung, die wir von der Politik Buol-Prokesch erfuhren. War aber die Situation bis zum Handeln gediehn, kam es darauf an, einen wirksamen diplomatischen Schritt in antiöstreichischer Richtung zu thun oder auch nur die Fühlung mit Rußland so weit festzuhalten, daß wir diesem bis dahin befreundeten Nachbar gegenüber nicht direct feindlich auftraten, dann spitzte sich die Sache in der Regel dahin zu, daß eine Cabinetskrisis zwischen dem Könige und dem Ministerpräsidenten entstand und der erstre dem letztern gelegentlich mit mir oder auch mit dem Grafen Alvensleben drohte, in einem Falle auch, im Winter 1854, mit dem Grafen Albert Pourtalès aus der Bethmann-Hollweg'schen Coterie, obschon dessen Auffassung der auswärtigen Politik die entgegengesetzte von der meinigen und auch mit der des Grafen Alvensleben schwerlich verträglich war.

Das Ende der Krisis führte den König und den Minister stets wieder zusammen. Von den drei Gegencandidaten hatte Graf Alvensleben ziemlich öffentlich erklärt, er würde unter diesem Monarchen nie wieder ein Amt annehmen. Der König wollte mich zu ihm nach Erxleben schicken? ich rieth davon ab, weil Alvensleben mir vor kurzem obige Erklärung mit Bitterkeit in Frankfurt wiederholt hatte. Als wir uns später wiedersahn, war seine Verstimmung gehoben, er war geneigt, einer Aufforderung Sr. Majestät entgegen zu kommen, und wünschte, daß ich in dem Falle mit ihm eintreten möge. Der König ist aber mir gegenüber nicht auf Alvensleben zurückgekommen, vielleicht weil in der Zeit nach meinem Besuche in Parts (August 1855) eine Erkältung am Hofe, und namentlich bei Ihrer Majestät der Königin mir gegenüber eingetreten war. Graf Pourtalès war dem Könige wegen seines Reichthums »zu unabhängig«. S. u. S. 160. Der König war der Meinung, daß arme und auf Gehalt angewiesene Minister gehorsamer wären. Ich selbst entzog mich der verantwortlichen Stellung unter diesem Herrn, wie ich konnte, und söhnte ihn immer wieder mit Manteuffel aus, den ich zu diesem Zwecke auf dem Lande (Drahnsdorf) besuchte. Vgl. die Aeußerung in der Reichstagsrede vom 6. Febr. 1888, Politische Reden XII 448 f.

III.

In dieser Situation trieb die Wochenblattspartei, wie sie auch genannt wurde, ein merkwürdiges Doppelspiel. Ich erinnre mich der umfangreichen Denkschriften, welche die Herrn unier sich austauschten und durch deren Mittheilung sie mitunter auch mich für ihre Sache zu gewinnen suchten. Darin war als ein Ziel aufgestellt; nach dem Preußen als Vorkämpfer Europas zu streben hätte, die Zerstücklung Rußlands, der Verlust der Ostseeprovinzen mit Einschluß von Petersburg an Preußen und Schweden, des Gesammtgebiets der Republik Polen in ihrer größten Ausdehnung und die Zersetzung des Ueberrestes durch Theilung zwischen Groß- und Klein-Russen, abgesehn davon, daß fast die Mehrheit der Klein-Russen schon dem Maximalgebiet der Republik Polen gehört hatte. Zur Rechtfertigung dieses Programms wurde mit Vorliebe die Theorie des Freiherrn von Haxthausen-Abbenburg (Studien über die inneren Zustände, das Volksleben und insbesondere die ländlichen Einrichtungen Rußlands) benutzt, daß die drei Zonen mit ihren einander ergänzenden Producten den hundert Millionen Russen, wenn sie vereinigt blieben, das Übergewicht über Europa sichern müßten.

Aus dieser Theorie wurde die Notwendigkeit der Pflege des natürlichen Bündnisses mit England entwickelt, mit dunkeln Andeutungen, daß England, wenn Preußen ihm mit seiner Armee gegen Rußland diene, seinerseits die preußische Politik in dem Sinne, den man damals den »Gothaer« nannte, fördern würde. Von der angeblichen öffentlichen Meinung des englischen Volkes im Bunde bald mit dem Prinzen Albert, welcher dem Könige und dem Prinzen von Preußen unerbetne Lectionen ertheilte, bald mit Lord Palmerston, der im November 1851 gegen eine Deputation radicaler Vorstädter England als den einsichtigen Sekundanten (judicious bottle-holder) jedes für seine Freiheit kämpfenden Volkes bezeichnete und später in Flugschriften den Prinzen Albert als den gefährlichsten Gegner seiner befreienden Anstrengungen denunciren ließ, von diesen Hülfen wurde die Gestaltung der deutschen Zustände mit Sicherheit vorhergesagt, welche später von der Armee des Königs Wilhelm auf den Schlachtfeldern erkämpft worden ist. Die Frage, ob Palmerston oder ein andrer englischer Minister geneigt sein würde, Arm in Arm mit dem gothaisirenden Liberalismus und mit der Fronde am preußischen Hofe Europa zu einem ungleichen Kampfe herauszufordern und englische Interessen auf dem Altar der deutschen Einheitsbestrebungen zu opfern, – die weitre Frage, ob England dazu ohne andern continentalen Beistand als den einer in coburgische Wege geleiteten preußischen Politik im Stande sein würde – diese Fragen bis an's Ende durchzudenken, fühlte niemand den Beruf, am allerwenigsten die Fürsprecher derartiger Experimente. Die Phrase und die Bereitwilligkeit, im Partei-Interesse jede Dummheit hinzunehmen, deckten alle Lücken in dem windigen Bau der damaligen westmächtlichen Hofnebenpolitik. Mit diesen kindischen Utopien spielten sich die zweifellos klugen Köpfe der Bethmann-Hollweg'schen Partei als Staatsmänner aus, hielten es für möglich, den Körper von sechzig Millionen Groß-Russen in der europäischen Zukunft als ein caput mortuum zu behandeln, das man nach Belieben mißhandeln könne, ohne daraus einen sichern Bundesgenossen jedes zukünftigen Feindes von Preußen zu machen und ohne Preußen in jedem französischen Kriege zur Rückendeckung gegen Polen zu nöthigen, da eine Polen befriedigende Auseinandersetzung in den Provinzen Preußen und Posen und selbst noch in Schlesien unmöglich ist, ohne den Bestand Preußens aufzulösen. Diese Politiker hielten sich damals nicht nur für weise, sondern wurden in der liberalen Presse als solche verehrt.

Von den Leistungen des Preußischen Wochenblatts ist mir unter andern eine in der Erinnrung geblieben, ein Memoire, das angeblich unter dem Kaiser Nicolaus in dem Auswärtigen Amte in Petersburg behufs Unterweisung des Thronfolgers ausgearbeitet war, die in dem apokryphen, ungefähr um das Jahr 1810 in Paris entstandnen Testamente Peter's des Großen niedergelegten Grundzüge der russischen Politik auf die Gegenwart anwendet und Rußland mit einer gegen alle Staaten gerichteten Minirarbeit zum Zwecke der Weltherrschaft beschäftigt erscheinen läßt. Es ist mir später mitgetheilt worden, daß dieses in die ausländische, namentlich die englische Presse übergegangne Elaborat von Constantin Frantz geliefert war.

Während Goltz und seine Berliner Genossen ihre Sache mit einem gewissen Geschick betrieben, von welchem der erwähnte Artikel eine Probe ist, war Bunsen, Gesandter in London, so unvorsichtig, im April 1854 dem Minister Manteuffel eine lange Denkschrift einzusenden, welche die Herstellung Polens, die Ausdehnung Oestreichs bis in die Krim, die Versetzung der Ernestinischen Linie auf den sächsischen Königsthron und dergleichen mehr forderte und die Mitwirkung Preußens für dieses Programm empfahl. Gleichzeitig hatte er nach Berlin gemeldet, die englische Regirung würde mit der Erwerbung der Elbherzogthümer durch Preußen einverstanden sein, wenn letztres sich den Westmächten anschließen wolle, und in London hatte er zu verstehn gegeben, daß die preußische Regirung dazu unter der bezeichneten Gegenleistung bereit sei. Vgl. Sybel, Die Begründung des Deutschen Reichs II 181. Zu beiden Erklärungen war er nicht ermächtigt. Das war denn doch dem Könige, als er dahinter kam, zu viel, so sehr er Bunsen liebte. Er ließ ihn durch Manteuffel anweisen, einen langen Urlaub zu nehmen, der dann in den Ruhestand überging. In der von der Familie herausgegebenen Biographie Bunsen's ist jene Denkschrift, mit Weglassung der ärgsten Stellen, aber ohne Andeutung von Lücken, abgedruckt und die amtliche Correspondenz, die mit der Beurlaubung endigte, in einseitiger Färbung wiedergegeben. Ein im Jahre 1882 in die Presse gelangter Brief des Prinzen Albert an den Freiherrn von Stockmar, in welchem »der Sturz Bunsen's« aus einer russischen Intrige erklärt und das Verhalten des Königs sehr abfällig beurtheilt wird, gab Veranlassung, den vollständigen Text der Denkschrift und, immer noch mit Schonung, den wahren Hergang der Sache nach den Akten zu veröffentlichen (»Deutsche Revue« 1882, S. 152 ff.).

In die Pläne der Ausschlachtung Rußlands hatte man den Prinzen von Preußen nicht eingeweiht. Wie es gelungen, ihn für eine Wendung gegen Rußland zu gewinnen, ihn, der vor 1848 seine Bedenken gegen die liberale und nationale Politik des Königs nur in den Schranken brüderlicher Rücksicht und Unterordnung geltend gemacht hatte, zu einer ziemlich activen Opposition gegen die Regirungspolitik zu bewegen, trat in einer Unterredung hervor, die ich mit ihm in einer der Krisen hatte, in welchen mich der König zum Beistande gegen Manteuffel nach Berlin berufen hatte. Ich wurde gleich nach meiner Ankunft zu dem Prinzen befohlen, der mir in einer durch seine Umgebung erzeugten Gemüthserregung den Wunsch aussprach, ich solle dem Könige im westmächtlichen und antirussischen Sinne zureden. Er sagte: »Sie sehn sich hier zwei streitenden Systemen gegenüber, von denen das eine durch Manteuffel, das andre, russenfreundliche, durch Gerlach und den Grafen Münster in Petersburg vertreten ist. Sie kommen frisch hierher, sind von dem Könige gewissermaßen als Schiedsmann berufen. Ihre Meinung wird daher den Ausschlag geben, und ich beschwöre Sie, sprechen Sie sich so aus, wie es nicht nur die europäische Situation, sondern auch ein richtiges Freundesinteresse für Rußland erfordert. Rußland ruft ganz Europa gegen sich auf und wird schließlich unterliegen.« – »Alle diese prächtigen Truppen,« – es war dies nach den für die Russen nachtheiligen Schlachten vor Sebastopol – »alle unsre Freunde, die dort geblieben sind,« – er nannte mehre – »würden noch leben, wenn wir richtig eingegriffen und Rußland zum Frieden gezwungen hätten«. Es sind hier offenbar zwei zeitlich aus einander liegende Unterredungen im Bericht zusammengezogen; die Anführungsstriche und der Gedankenstrich nach *unterliegen*, sowie die Anführungsstriche vor *Alle* sollen das Verständniß erleichtern. Man vgl. Eigenbrodt, Zum Verständniß der Gedanken und Erinnerungen des Fürsten Bismarck, Kreuzzeitung 28., 30., 31. Jan. 1900 (Nr. 46. 48. 50) Es Das Folgende gehört möglicher Weise wieder zu dem Gespräch vom 4. März 1854. würde damit enden, daß Rußland, unser alter Freund und Bundesgenosse, vernichtet oder in gefährlicher Weise geschädigt würde. Unsre, von der Vorsehung gegebene Aufgabe sei es, den Frieden dictatorisch herbeizuführen und unsern Freund auch gegen seinen Willen zu retten.

In dieser Form etwa hatten Goltz, Albert Pourtalès und Usedom in ihrer auf den Sturz Manteuffel's berechneten Politik die Preußen gegen Rußland zugedachte Rolle dem Prinzen annehmbar gemacht, wobei die Abneigung der Prinzessin, seiner Gemalin, gegen Rußland ihnen behülflich gewesen sein wird.

Um ihn aus diesem Gedankenkreise loszumachen, stellte ich ihm vor, daß wir absolut keinen eignen Kriegsgrund gegen Rußland hätten und kein Interesse an der orientalischen Frage, das einen Krieg mit Rußland oder auch nur das Opfer unsrer langjährigen guten Beziehungen zu Rußland rechtfertigen könnte; im Gegentheil, jeder siegreiche Krieg gegen Rußland unter unsrer nachbarlichen Beteiligung belade uns nicht nur mit dem dauernden Revanchegefühl Rußlands, das wir ohne eignen Kriegsgrund angefallen, sondern zugleich mit einer sehr bedenklichen Aufgabe, nämlich die polnische Frage in einer für Preußen erträglichen Form zu lösen. Wenn eigne Interessen keinenfalls *für*, eher *gegen* einen Bruch mit Rußland sprächen, so würden wir den bisherigen Freund und immerwährenden Nachbar, ohne daß wir provocirt wären, entweder aus Furcht vor Frankreich oder im Liebesdienste Englands und Oestreichs angreifen. Wir würden die Rolle eines indischen Vasallenfürsten übernehmen, der im englischen Patronat englische Kriege zu führen hat, oder die des York'schen Corps beim Ausmarsch zum Kriege 1812, wo die damals berechtigte Furcht vor Frankreich uns zu dessen gehorsamem Bundesgenossen zwangsweis gemacht hatte.

Den Prinzen verletzte mein Ausdruck, mit zorniger Röthe unterbrach er mich mit den Worten: »Von Vasallen und Furcht ist hier garkeine Rede.« Er brach aber die Unterredung nicht ab. Wer einmal sein Vertraun hatte und in seiner Gnade stand, konnte ihm gegenüber sehr frei von der Leber sprechen, sogar heftig werden. Ich nahm an, daß es mir nicht gelungen sei, die Auffassung, der sich der Prinz unter häuslichem, englischem und Bethmann-Hollweg'schem Einfluß ehrlich überlassen hatte, zu erschüttern. Gegen den Einfluß der letztern Partei wäre ich auch bei ihm wohl durchgedrungen, aber gegen den der Frau Prinzessin konnte ich nicht aufkommen.

Während des Krimkriegs und, wenn ich mich recht erinnre, aus Anlaß desselben wurde ein lange betriebener Depeschendiebstahl ruchbar. Ein verarmter Polizeiagent, der vor Jahren seine Geschicklichkeit dadurch bewiesen hatte, daß er, während der Graf Bresson französischer Gesandter in Berlin war, Nachts durch die Spree geschwommen, in die Villa des Grafen in Moabit eingebrochen war und seine Papiere abgeschrieben hatte, wurde von dem Minister Manteuffel dazu angestellt, sich durch bestochne Diener Zugang zu den Mappen zu verschaffen, in denen die eingegangnen Depeschen und die durch deren Lesung veranlaßte Correspondenz zwischen dem Könige, Gerlach und Niebuhr hin und her ging, und von dem Inhalte derselben Abschrift zu nehmen. Von Manteuffel mit preußischer Sparsamkeit bezahlt, suchte er nach weitrer Verwerthung seiner Bemühungen und fand eine solche durch Vermittlung des Agenten Hassenkrug zunächst bei dem französischen Gesandten Moustier, dann auch bei andern Leuten. Vgl. Gerlach's Denkwürdigkeiten II 346 ff.

Zu den Kunden des Agenten gehörte auch der Polizeipräsident von Hinckelden. Dieser kam eines Tages zu dem General von Gerlach mit der Abschrift eines Briefes, in welchem dieser an Jemanden, wahrscheinlich an Niebuhr, geschrieben hatte: »Nun der König mit hohem Besuch in Stolzenfels sei, hatten sich die und die, darunter Hinckelden, dorthin begeben; die Bibel sage, wo das Aas ist, da sammeln sich die Adlers jetzt könne man sagen, wo der Adler ist, da sammelt sich das Aas.« Hinckelden stellte den General zur Rede und antwortete auf des Generals Frage, wie er zu diesem Briefe komme: »Der Brief kostet mich 30 Thaler.« – »Wie verschwenderisch!« erwiderte Gerlach, »für 30 Thaler hätte ich Ihnen zehn solche Briefe geschrieben!«

IV.

Meine amtlichen Aeußrungen über die Theilnahme Preußens an den Friedensverhandlungen in Paris (Preußen im Bundestage Theil II, S. 312 – 317, 337 bis 339, 350) werden ergänzt durch folgendes Schreiben an Gerlach.

»Frankfurt, 11. Februar 1856.

Ich hatte immer noch gehofft, daß wir eine festere Stellung annehmen würden, bis man sich entschlösse, uns zu den Conferenzen einzuladen, und daß wir in einer solchen verharren würden, wenn die Einladung garnicht erfolgt. Es war dieß meines Erachtens das einzige Mittel, unsre Zuziehung durchzusetzen. Nach den mir gestern zugegangnen Instructionen wollen wir aber d'emblée auf eine Fassung mit mehr oder weniger Vorbehalt eingehn, die uns und den Bund zur Aufrechterhaltung der Präliminarien verpflichtet. Hat man das erst von uns in Händen, nachdem sogar die Westmächte und Oestreich bisher nur ein ›projet‹ von Präliminarien unterzeichnet haben, warum soll man sich dann noch auf den Conferenzen mit uns bemühn; man wird viel lieber unsre und der übrigen Mittelstaaten am Bunde gegebne Adhäsion in unsrer Abwesenheit nach Bedürfniß und Belieben ausbeuten und benutzen in dem Bewußtsein, daß man nur zu fordern braucht, und wir geben uns. Wir sind zu gut für diese Welt. Es kommt mir nicht zu, die Entschlüsse Sr. Majestät und meines Chefs zu kritisiren, nachdem sie gefaßt sind; (12. Febr.) aber die Kritik vollzieht sich in mir ohne mein Zuthun; ich habe die ersten 24 Stunden nach Empfang jener Chamade schlagenden Instruction unter fortwährenden Anfällen gallichten Erbrechens gelitten, und ein mäßiges Fieber verläßt mich keinen Augenblick. Ich finde nur in der Erinnrung an den Frühling 1848 das Analogon meiner körperlichen und geistigen Stimmung, und je mehr ich mir die Situation klar mache, um so weniger entdecke ich etwas, woran mein Preußisches Ehrgefühl sich aufrichten könnte. Vor acht Tagen schien mir noch alles nied- und nagelfest, und ich selbst bat Manteuffel, Oestreich die Auswahl zwischen zwei für uns annehmbaren Vorschlägen zu lassen, ließ mir aber nicht träumen, daß Graf Buol sie beide verwerfen und uns auf seine eigne Vorlage auch die Antwort vorschreiben werde, die wir zu geben haben. Ich hatte gehofft, daß wir, wie auch schließlich unsre Antwort ausfallen möge, uns doch nicht gefangen geben würden, bevor unsre Zuziehung zu den Conferenzen gesichert wäre. Wie stellt sich aber unsre Lage jetzt heraus? Viermal hat Oestreich in zwei Jahren das Spiel gegen uns durchgeführt, daß es den ganzen Grund, auf dem wir standen, von uns forderte und wir nach einigem Sperren die Hälfte oder so etwas abtraten. Jetzt geht es aber um den letzten Quadratfuß, auf dem noch eine Preußische Aufstellung möglich blieb. Durch seine Erfolge übermüthig gemacht, fordert Oestreich nicht nur, daß wir, die wir uns eine Großmacht nennen und auf dualistische Gleichberechtigung Anspruch machen, ihm diesen letzten Rest von unabhängiger Stellung opfern, sondern schreibt uns auch den Ausdruck vor, in dem wir unsre Abdication unterzeichnen sollen, gebietet uns eine unanständige nach Stunden bemessene Eile und versagt uns jedes Aequivalent, welches ein Pflaster für unsre Wunden abgeben könnte. Nicht einmal ein Amendement in der Erklärung, die Preußen und Deutschland geben sollen, getrauen wir uns entschieden aufzustellen. Pfordten macht die Sache mit Oestreich ab, indem er glaubt, Preußens Einverständniß voraussetzen zu dürfen, und wenn Baiern gesprochen hat, so ist es für Preußen res judicata. Bei ähnlichen Gelegenheiten der letzten beiden Jahre stellten wir, wenigstens von Hause aus, bei den deutschen Höfen ein Preußisches Programm auf, und keiner von ihnen entschied sich, bevor *wir* uns nicht mit Oestreich verständigt hatten. Jetzt verständigt sich Baiern mit Wien, und wir fügen uns im Rummel mit Darmstadt und Oldenburg. Damit geben wir das Letzte her, was man einstweilen von uns braucht, und hat man den Bundesbeschluß einschließlich des Preußischen Votums erst in der Tasche, so werden wir bald sehn, wie Buol mit achselzuckendem Bedauern von der Unmöglichkeit spricht, den Widerspruch der Westmächte gegen unsre Zulassung zu überwinden. Auf Rußlands Unterstützung können wir dabei, meinem Gefühl nach, nicht rechnen, denn den Russen wird die Verstimmung ganz lieb sein, die bei uns folgen muß, wenn wir den letzten Rest unsrer Politik für ein Entree-Billet zu den Conferenzen hergegeben haben. Außerdem fürchten die Russen sich offenbar mehr vor unsrer »vermittelnden« Unterstützung der gegnerischen Politik, als daß sie irgend einen Beistand von uns auf den Conferenzen erwarteten. Meine Gespräche mit Brunnow und Petersburger Briefe, die ich gesehn, lassen mir darüber, trotz aller diplomatischen Schlauheit des erstern, keinen Zweifel.

Das einzige Mittel, unsre Theilnahme an den Conferenzen durchzusetzen, ist und bleibt die Zurückhaltung unsrer Erklärung über die östreichische Vorlage hier. Was soll man noch mit einem preußischen Quärulanten auf den Conferenzen, wenn man den Bundesbeschluß, und damit uns, erst in der Tasche hat? Oestreich wird ihn schon auszulegen wissen, wenn wir nicht da sind. Aus der östreichischen Regirungspresse und aus dem Verhalten Rechberg's geht klar hervor, daß sie schon jetzt den dürftigen Vorbehalt in dem Oestreichisch-Bairischen Entwurf ausdrücklich auf ArtikelV Les puissances belligérantes réservent le droit qui leur appartient de produire dans un intérêt européen des conditions particulières en sus des quatre conditions. einschränken. Ueber die conditions particulières, welche von den *kriegführenden* Mächten werden aufgestellt werden, bleibt uns und dem Bunde das freie Urtheil vorbehalten, in Betreff der von Oestreich aufzustellenden aber nicht, und was die Interpretation der 4 Punkte anbelangt, so ist die Annahme, daß darüber Preußen und Deutschland sich im Voraus der Auffassung ihrer sie vertretenden Schutzmacht Oestreich anschließen, dadurch gerechtfertigt, daß unser früher deßhalb *begehrter* Vorbehalt von Baiern und Oestreich abgelehnt ist, und wir uns dabei beruhigt haben.

Diese ganze Berechnung zerreißen wir, wenn wir hier jetzt ablehnen uns auszusprechen, bis unsrer Ansicht nach die Zeit dazu gekommen sein wird. So lange wir diese Haltung annehmen, bedarf man unser noch und wird um uns werben. Man wird hier auch schwerlich den Versuch machen, uns zu majorisiren; selbst Sachsen und Baiern stehn nur in der ›Voraussetzung‹ unsres Einverständnisses zu dem dermaligen östreichischen Entwurfe; sie haben sich daran gewöhnt, daß wir schließlich nachlassen, und deßhalb erlauben sie sich solche Voraussetzungen. Wenn wir aber den Muth unsrer Meinung haben, wird man es auch der Mühe werth finden, bei Entscheidungen über deutsche Politik die Erklärung Preußens abzuwarten. Wenn wir fest auf Aufschub des Beschlusses verharren und das den deutschen Höfen erklären, so steht uns noch heut eine gute Majorität zur Seite, selbst wenn, was nicht der Fall sein wird, Sachsen und Baiern sich schon mit Kopf und Kragen an Buol verkauft hätten.

Wollen wir es darauf nicht ankommen lassen, so müssen wir uns auch darauf gefaßt machen, daß Sardinien und die Türkei in Paris selbständig über die Wahrung der deutschen Interessen in den beiden vom Bunde angeeigneten Punkten berathen, während wir durch Oestreich dabei vertreten werden. Und wir werden nicht einmal die ersten in dem Schweife Oestreichs sein, denn Graf Buol wird sich bei Erfüllung seines präsumtiven Mandats für Deutschland noch eher bei Pfordten und Beust Rath holen, als bei Manteuffel, den er persönlich haßt, und wenn er Sachsen und Baiern für sich hat, so wird er auf Widerspruch Preußens *nach* dem Bundesbeschluß noch weniger rechnen als vorher.

Wäre es solchen Eventualitäten nicht bei weitem vorzuziehn, daß wir als europäische Macht direct mit Frankreich und England über unsern Beitritt unterhandelt hätten, als daß wir es wie einer, der nicht sui juris ist, unter Oestreichs Vormundschaft thun und nur noch als Pfeil in Buol's Köcher auf der Conferenz in Rechnung kommen? Fortsetzung s. in Bismarck's Briefen an den General Leopold v. Gerlach, herausg. von Horst Kohl, S. 281 f. ...

v. B.«

Der Eindruck, daß wir in den Formen wie in der Sache von Oestreich geringschätzig behandelt wurden, wie er sich in vorstehendem Schreiben ausspricht, und daß wir uns diese geringschätzige Behandlung nicht gefallen lassen dürften, ist nicht ohne Folgen geblieben für die spätre Gestaltung der preußisch-östreichischen Beziehungen.

Sechstes Kapitel. Sanssouci und Coblenz.

Daß die Denkschriften, welche die Goltz'sche Fraction als Kampfmittel gegen Manteuffel bei dem Könige und dem Prinzen von Preußen verwerthen und dann in der Presse und durch fremde Diplomaten ausnutzen ließ, nicht ohne Eindruck auf den Prinzen geblieben waren, erkannte ich unter Anderm daran, daß ich bei ihm auf die Haxthausen'sche Theorie von den drei Zonen *S. o. S. 131* stieß.

Wirksamer noch als durch die politischen Argumentationen der Bethmann-Hollweg'schen Coterie wurde der Prinz von seiner Gemalin im westmächtlichen Sinne beeinflußt und in eine Art von Oppositionsstellung gegen den Bruder gebracht, die seinen militärischen Instincten fern lag. Die Prinzessin Augusta hat aus ihrer Weimarischen Jugendzeit bis an ihr Lebensende den Eindruck bewahrt, daß französische und noch mehr englische Autoritäten und Personen den einheimischen überlegen seien. Sie war darin echt deutschen Bluts, daß sich an ihr unsre nationale Art bewährte, welche in der Redensart ihren schärfsten Ausdruck findet: »Das ist nicht weit her, taugt also nichts.« Trotz Goethe, Schiller und allen andern Größen in den elyseischen Gefilden von Weimar war doch diese geistig hervorragende Residenz nicht frei von dem Alp, der bis zur Gegenwart auf unserm Nationalgefühl gelastet hat: daß ein Franzose und vollends ein Engländer durch seine Nationalität und Geburt ein vornehmeres Wesen sei als der Deutsche, und daß der Beifall der öffentlichen Meinung von Paris und London ein authentischeres Zeugniß des eignen Werthes bilde, als unser eignes Bewußtsein. Die Kaiserin Augusta ist trotz ihrer geistigen Begabung und trotz der Anerkennung, welche die Bethätigung ihres Pflichtgefühls auf verschiednen Gebieten bei uns gefunden hat, doch von dem Druck dieses Alps niemals vollständig frei geworden; ein sichrer Franzose mit geläufigem Französisch Ihr Vorleser (Gérard) galt als französischer Spion! Vgl. Bd. II 197-199. imponirte ihr, und ein Engländer hatte bis zum Gegenbeweise die Vermuthung für sich, daß er in Deutschland als vornehmer Mann zu behandeln sei. So ward es in Weimar vor 70 Jahren gehalten, und der Nachgeschmack davon hat sich mir in meiner amtlichen Thätigkeit oft genug fühlbar gemacht. Wahrscheinlich hat in der Zeit, von der die Rede ist, auch das Streben nach der englischen Heirath ihres Sohnes die Prinzessin von Preußen in der Richtung bestärkt, in welche Goltz und seine Freunde ihren Gemal zu ziehn suchten.

Der Krimkrieg brachte die von Kind auf gewurzelte, früher äußerlich nicht hervorgetretne Abneigung der Prinzessin gegen alles Russische zur Erscheinung. Auf den Bällen Friedrich Wilhelm's III., wo ich sie als junge und schöne Frau zuerst gesehn habe, pflegte sie in der Wahl der Tänzer Diplomaten, wohl auch russische, zu begünstigen und unter ihnen solche, welche mehr für die Unterhaltung als für den Tanz begabt waren, die Glätte des Parkets versuchen zu lassen. Ihre später sichtbar und wirksam gewordne Abneigung gegen Rußland ist psychologisch schwer zu erklären. Die Erinnrung an die Ermordung ihres Großvaters, des Kaisers Paul, hatte schwerlich so nachhaltig gewirkt. Näher liegt die Vermuthung der Nachwirkung eines Dissenses zwischen der hochbegabten, social und politisch russischen Mutter, der Großherzogin von Weimar, und ihren russischen Besuchern und dem lebhaften Temperament einer erwachsenen und zur Uebernahme der Führung in ihrem Kreise geneigten Tochter, vielleicht auch die Vermuthung einer Idiosynkrasie gegen die präpotente Persönlichkeit des Kaisers Nicolaus. Gewiß ist, daß der antirussische Einfluß dieser hohen Frau auch in den Zeiten, wo sie Königin und Kaiserin war, mir die Durchführung der von mir für nothwendig erkannten Politik bei Sr. Majestät häufig erschwert hat.

Wesentliche Hülfe leistete der Bethmann-Hollweg'schen Fraktion Herr von Schleinitz, der Specialpolitiker der Prinzessin, der auch seinerseits zum Kampfe gegen Manteuffel dadurch veranlaßt war, daß er aus dem gutsituirten, aber nicht sehr fleißig befolgten Posten von Hanover aus dienstlichen Gründen unter Umständen der Art entlassen war, daß ihm das Wartegeld als Gesandter erst, nachdem er Minister geworden, nachträglich ausgezahlt wurde. Als Sohn eines braunschweigischen Ministers und als gewerbsmäßiger Diplomat an das Hofleben und die äußern Vorzüge des auswärtigen Dienstes gewöhnt, ohne Vermögen, dienstlich verstimmt, bei der Prinzessin aber in Gnaden stehend, wurde er natürlich von den Gegnern Manteuffel's gesucht und schloß sich ihnen bereitwillig an. Er wurde der erste auswärtige Minister der neuen Aera und starb als Hausminister der Kaiserin Augusta.

Beim Frühstück – und diese Gewohnheit des *Prinzen* wurde auch vom *Kaiser* Wilhelm beibehalten – hielt die Prinzessin ihrem Gemal Vortrag unter Vorlegung von Briefen und Zeitungsartikeln, die zuweilen *ad hoc* redigirt worden waren. Andeutungen, die ich mir gelegentlich gestattete, daß gewisse Briefe auf Veranstaltung der Königin durch Herrn von Schleinitz hergestellt und beschafft sein könnten, trugen mir eine sehr scharfe Zurückweisung zu. Der König trat mit seinem ritterlichen Sinne unbedingt für seine Gemalin ein, auch wenn der Anschein einleuchtend gegen sie war. Er wollte gewissermaßen verbieten, dergleichen zu glauben, auch wenn es wahr wäre.

Ich habe es nie für die Aufgabe eines Gesandten bei befreundeten Höfen gehalten, jedes verstimmende Detail nach Hause zu melden; namentlich als ich in Petersburg mit einem Vertraun beehrt wurde, welches ich fremden Diplomaten in Berlin zu gewähren für bedenklich gehalten haben würde. Jede zur Erregung von Verstimmung zwischen uns und Rußland geeignete Meldung würde bei der damals und in der Regel antirussischen Politik der Königin zur Lockerung unsrer russischen Beziehungen ausgenutzt worden sein, sei es aus Abneigung gegen Rußland und aus vorübergehenden Popularitätsrücksichten, sei es aus Wohlwollen für England und in der Voraussetzung, daß Wohlwollen für England und selbst für Frankreich einen höhern Grad von Civilisation und Bildung anzeige als Wohlwollen für Rußland.

Nachdem der Prinz von Preußen im Jahre 1849 als Gouverneur der Rheinprovinz seine Residenz dauernd nach Coblenz verlegt hatte, consolidirte sich allmählich die gegenseitige Stellung der beiden Höfe von Sanssouci und Coblenz zu einer occulten Gegnerschaft, in welcher auch auf der königlichen Seite das weibliche Element mitspielte, jedoch in geringerm Maße als auf der prinzlichen. Der Einfluß der Königin Elisabeth zu Gunsten Oestreichs, Baierns, Sachsens war ein unbefangner und unverhehlter, ein Ergebniß der Solidarität, welche die Übereinstimmung der Anschauungen und die verwandschaftlichen Familiensympathien naturgemäß hervorbrachten. Zwischen der Königin und dem Minister von Manteuffel bestand keine persönliche Sympathie, wie schon die Verschiedenheit der Temperamente es mit sich brachte; gleichwohl ging die Einwirkung Beider auf den König nicht selten und namentlich in kritischen Momenten gleichmäßig in der Richtung des östreichischen Interesses, doch von Seiten der Königin in entscheidenden Augenblicken nur bis zu gewissen Grenzen, welche die eheliche und fürstliche Empfindung im Interesse der Krone des Gemals ihr zogen. Die Sorge für des Königs Ansehn trat namentlich in kritischen Momenten hervor, wenn auch weniger in der Gestalt einer Ermuthigung zum Handeln, als in der einer weiblichen Scheu vor den Consequenzen der eignen Anschauungen und daraus hervorgehender Enthaltsamkeit von fernerer Einwirkung.

In der Prinzessin entwickelte sich während der Coblenzer Zeit noch eine Neigung, welche bei ihrer politischen Thätigkeit mitwirkte und sich bis an ihr Lebensende erhielt.

Der für den norddeutschen und namentlich für den Gedankenkreis einer kleinen Stadt in Mitten rein protestantischer Bevölkerung fremdartige Katholicismus hatte etwas Anziehendes für eine Fürstin, die überhaupt das Fremde mehr interessirte als das Näherliegende, Alltägliche, Hausbackne. Ein katholischer Bischof erschien vornehmer als ein General-Superintendent. Ein gewisses Wohlwollen für die katholische Sache, welches ihr schon früher eigen und z.B. in der Wahl ihrer männlichen Umgebung und Dienerschaft erkennbar war, wurde durch ihren Aufenthalt in Coblenz vollends entwickelt. Sie gewöhnte sich daran, die localen Interessen des alten Krummstab-Landes und seiner Geistlichkeit als ihrer Fürsorge besonders zugewiesen anzusehn und zu vertreten. Das moderne confessionelle Selbstgefühl auf dem Grunde geschichtlicher Tradition, das in dem Prinzen die protestantische Sympathie nicht selten mit Schärfe hervortreten ließ, war seiner Gemalin fremd. Welchen Erfolg ihr Bemühn um Popularität im Rheinlande gehabt hatte, zeigte sich u.A. darin, daß der Graf v.d. Recke-Volmerstein mir am 9. October 1863 schrieb, wohlgesinnte Leute am Rhein riethen, der König möge nicht zum Dombaufest kommen, sondern lieber I. Majestät schicken, »die mit Enthusiasmus würde empfangen werden«. Ein Beispiel der wirksamen Energie, mit der sie die Wünsche der Geistlichkeit vertrat, lieferte die Modification, zu welcher der Bau der sogenannten Metzer Eisenbahn genöthigt wurde, weil die Geistlichkeit sich eines katholischen Kirchhofs, der berührt werden sollte, angenommen hatte und darin von der Kaiserin so erfolgreich unterstützt wurde, daß die Richtung geändert und schwierige Bauten ad hoc hergestellt wurden.

Unter dem 27. October 1877 schrieb mir der Staatssekretär von Bülow, die Kaiserin habe von dem Minister Falk eine Reiseunterstützung für einen ultramontanen Maler verlangen lassen, der nicht nur selbst nicht darum bitten wolle, sondern mit Gemälden zur Verherrlichung von Marpingen beschäftigt sei. Unter dem 25. Januar 1878 berichtete er mir: »Vor seiner Abreise (nach Italien) hat der Kronprinz eine sehr heftige Scene mit der Kaiserin gehabt, welche verlangte, daß er, der künftige Herrscher über acht Millionen Katholiken, den alten ehrwürdigen Papst besuchen solle. Als der Kronprinz nach der Rückkehr sich beim Kaiser meldete, war auch die Kaiserin (aus ihren Zimmern) hinuntergekommen. Als das Gespräch eine Wendung nahm, die ihr nicht gefiel, betreffend die Stellung des Königs Humbert, und dann stockte, ist sie mit den Worten aufgestanden: ›Il paraît que je suis de trop ici‹, und der Kaiser hatte dann ganz wehmüthig zum Kronprinzen gesagt: ›Ueber diese Dinge ist Deine Mutter in dieser Zeit wieder unzurechnungsfähig.‹«

Zu den Nebenwirkungen, durch welche diese höfischen Kämpfe complicirt wurden, gehörte auch das Mißverhältniß, in das die Prinzessin mit dem Oberpräsidenten von Kleist-Retzow gerieth, der das Erdgeschoß des Schlosses unter der prinzlichen Wohnung inne hatte und an sich, als äußre Erscheinung, als Redner der äußersten Rechten und durch seine ländliche Gewohnheit, häusliche Andachten mit Gesang täglich mit seinen Hausgenossen abzuhalten, der Prinzessin lästig fiel. Mehr an amtliche als an höfische Beziehungen gewöhnt, betrachtete der Oberpräsident seine Existenz im Schlosse und im Schloßgarten als eine Vertretung der königlichen Prärogative im Gegenhalt zu angeblichen Uebergriffen des prinzlichen Haushalts und glaubte ehrlich, dem Könige, seinem Herrn, etwas zu vergeben, wenn er der Gemalin des Thronerben gegenüber in Betreff der wirtschaftlichen Nutzung häuslicher Locale die oberpräsidialen Ansprüche gegen die des prinzlichen Hofes nicht energisch vertrat.

Der Chef des Generalstabs von Sanssouci war, nachdem der General von Rauch gestorben, Leopold von Gerlach, und seine Beistände, aber nicht immer, mitunter auch seine Rivalen, waren der Cabinetsrath Niebuhr und Edwin von Manteuffel, während des Krimkriegs auch der Graf Münster. Zu der Camarilla waren außerdem zu rechnen der Graf Anton Stolberg, der Graf Friedrich zu Dohna und der Graf von der Gröben.

An dem prinzlichen Hofe hatte das staatliche Interesse in der Abwehr von Schädigungen durch weibliche Einflüsse einen festen und klugen Vertreter an Gustav von Alvensleben, der an dem Frieden zwischen beiden Höfen nach Kräften arbeitete, ohne mit den politischen Maßregeln der Regirung einverstanden zu sein. Er theilte meine Ansicht von der Nothwendigkeit, die Frage der preußisch-östreichischen Rivalität auf dem Schlachtfelde zu entscheiden, weil sie in andrer Weise unlösbar sei. Er, der das vierte Corps bei Beaumont und Sedan führte, und sein Bruder Constantin, dessen selbständig gefaßten Entschlüsse bei Vionville und Mars la Tour die französische Rheinarmee vor Metz zum Stehn brachten, waren Musterbilder von Generalen. Wenn ich ihn gelegentlich nach seiner Meinung über den Ausgang einer ersten Hauptschlacht zwischen uns und den Oestreichern fragte, so antwortete er: »Wir laufen sie über, daß sie die Beine gen Himmel kehren.« Und seine Zuversicht hat dazu beigetragen, mir in den schwierigen Entschließungen von 1864 und 1866 den Muth zu stärken. Der Antagonismus, in dem sein lediglich durch staatliche und patriotische Erwägungen bestimmter Einfluß auf den Prinzen mit dem der Prinzessin stand, brachte ihn zuweilen in eine Erregung, der er in Worten Luft machte, die ich nicht wiederholen will, die aber die ganze Entrüstung des patriotischen Soldaten über politisirende Damen in einer die Strafgesetze streifenden Sprache zum Ausdruck brachten. Daß der Prinz diesen seinen Adjutanten seiner Gemalin gegenüber hielt, war ein Ergebniß der

Eigenschaft, die er auch als König und Kaiser bewährte, daß er für treue Diener ein treuer Herr war.

Siebentes Kapitel. Unterwegs zwischen Frankfurt und Berlin.

I.

Die Entfremdung, die zwischen dem Minister Manteuffel und mir nach meiner Wiener Mission und infolge der Zuträgerei von Klentze und Andern entstanden war, hatte die Folge, daß der König mich immer häufiger zur »Territion« kommen ließ, wenn der Minister ihm nicht zu Willen sein wollte. Ich habe auf den Reisen zwischen Frankfurt und Berlin über Guntershausen in einem Jahre 2000 Meilen Natürlich ist diese Angabe nicht rechnerisch durch Addition der auf Reisen zwischen Berlin und Frankfurt zurückgelegten Wegstrecken gefunden worden, sondern in dem übertreibenden Sinne zu fassen, wie die Lateiner sescenti zur Bezeichnung einer unbestimmten großen Zahl gebrauchen (vgl. im Deutschen: Ich habe es schon *tausendmal* gesagt). Es erschien nothwendig, darauf hinzuweisen, da die Zahl, die sich bei Nachrechnung als zu hoch erwiesen, Veranlassung gegeben hat, die Glaubwürdigkeit der »Gedanken und Erinnerungen« anzufechten. gemacht, damals stets die neue Cigarre an der vorhergehenden entzündend oder gut schlafend. Der König erforderte nicht nur meine Ansicht über Fragen der deutschen und der auswärtigen Politik, sondern beauftragte mich auch gelegentlich, wenn ihm Entwürfe des Auswärtigen Amts vorlagen, mit der Ausarbeitung von Gegenprojecten. Ich besprach diese Aufträge und meine entsprechenden Redactionen dann mit Manteuffel, der es in der Regel ablehnte, Aenderungen daran vorzunehmen, wenn auch unsre politischen Ansichten auseinander gingen. Er hatte mehr Entgegenkommen für die Westmächte und die östreichischen Wünsche, während ich, ohne russische Politik zu vertreten, keinen Grund sah, unsern langjährigen Frieden mit Rußland für andre als preußische Interessen in Frage zu stellen, und ein etwaiges Eintreten Preußens gegen Rußland für Interessen, die uns fern lagen, als das Ergebniß unsrer Furcht vor den Westmächten und unsres bescheidnen Respects vor England betrachtete. Manteuffel vermied es, durch schärfres Vertreten seiner Auffassung den König noch mehr zu verstimmen oder durch Eintreten für meine angeblich russische Auffassung die Westmächte und Oestreich zu reizen, er effacirte sich lieber. Marquis Moustier kannte diese Stellung, und mein Chef überließ ihm gelegentlich die Aufgabe, mich zur westmächtlichen Politik und zur Vertretung derselben beim Könige zu bekehren. Bei einem Besuche, den ich Moustier machte, riß ihn die Lebhaftigkeit seines Temperaments zu der bedrohlichen Aeußerung hin: »La politique que vous faites, va vous conduire à Iéna.« Worauf ich antwortete: »Pourquoi pas à Leipsic ou à Rosbach?« Moustier war eine so unabhängige Sprache in Berlin nicht gewohnt und wurde stumm und bleich vor Zorn. Nach einigem Schweigen setzte ich hinzu: »Enfin toute nation a perdu et gagné des batailles. Je ne suis pas venu pour faire avec vous un cours d'histoire.« Die Unterhaltung kam nicht wieder in Fluß. Moustier beschwerte sich über mich bei Manteuffel, der die Beschwerde an den König brachte. Dieser aber lobte mich Manteuffel gegenüber, später auch direct, wegen der richtigen Antwort, die ich dem Franzosen gegeben hatte.

Die leistungsfähigen Kräfte der Bethmann-Hollweg'schen Partei, Goltz, Pourtalès, zuweilen Usedom, wurden durch den Prinzen von Preußen auch bei dem Könige zu einer gewissen Geltung gebracht. Es kam vor, daß nothwendige Depeschen nicht von Manteuffel, sondern von dem Grafen Albert Pourtalès entworfen wurden, daß der König mir dessen Entwürfe zur Revision gab, daß ich über die Amendirung wieder mit Manteuffel Fühlung nahm, daß der den Unterstaatssekretär Le Coq zuzog, daß dieser die Fassung aber lediglich von dem Standpunkte französischer Stilistik prüfte und eine Tage lange Verzögerung mit der Anführung rechtfertigte, er habe den genau angemessenen französischen Ausdruck noch nicht gefunden, der zwischen dunkel, unklar, zweifelhaft und bedenklich die richtige Mitte hielte, – als ob es auf solche Lappalien damals angekommen wäre.

II.

Ich suchte mich der Rolle, welche der König mich spielen ließ, in schicklicher Weise zu entziehn und die Verständigung zwischen ihm und Manteuffel nach Möglichkeit anzubahnen; so in den ernsten Zerwürfnissen, welche über Rhino Quehl entstanden. Nachdem durch Wiederherstellung des Bundestags nationale Sonderbestrebungen Preußens einstweilen behindert waren, ging man in Berlin an eine Restauration der innern Zustände, mit welcher der König gezögert hatte, so lange er darauf bedacht war, sich die Liberalen in den übrigen deutschen Staaten nicht zu entfremden. Ueber das Ziel und die Gangart der Restauration zeigte sich aber sofort zwischen dem Minister Manteuffel und der »kleinen aber mächtigen Partei« eine Meinungsverschiedenheit, die sich merkwürdigerweise in einen Streit über Halten oder Fallenlassen einer verhältnißmäßig untergeordneten Persönlichkeit zuspitzte und zu einem scharfen, öffentlichen Ausbruch führte. In demselben Briefe vom 11. Juli 1851, durch welchen er mich von meiner Ernennung zum Bundestagsgesandten benachrichtigte, schrieb Manteuffel: Der Brief, in der ersten Ausgabe nach einer fehlerhaften Abschrift herausgegeben, ist hier nach dem Original berichtigt; vgl. Anhang zu den Gedanken und Erinnerungen II 7 ff.

»Was unsre innern Verhältnisse, namentlich die ständischen Dinge betrifft, so würde die Sache ganz leidlich gehen, wenn man darin mit etwas mehr Maß und Geschick verführe. Westphalen ist in der Sache vortrefflich, ich schätze ihn sehr hoch und wir sind im Wesentlichen einverstanden; die Feder von Klützow scheint mir indeß keine recht glückliche zu sein, und es sind in der Form wohl manche nicht notwendige Verstöße vorgekommen. Weit schlimmer aber noch ist die Attitüde, welche dabei die Kreuzzeitung einnimmt. Nicht allein triumphirt sie in ungeschickter und aufregender Weise, sondern sie will auch zu Extremen drängen, die ihr wahrscheinlich selbst nicht behagen würden. Wenn es z.B. möglich wäre und gelänge, den Vereinigten Landtag mit allen seinen Consequenzen pure wieder herzustellen – und weiter könnte man doch nicht gehen – was wäre damit wohl gewonnen? Ich finde die Position der Regierung viel günstiger, wenn sie, bis eine gründliche organische Umgestaltung als nothwendig sich ergeben hat, die Sache gewisser Maaßen in der Schwebe hält. Ich hoffe und wünsche, daß man dann auch von den Provinzial-Ständen los etwa auf Communal-Stände nach alten historischen Begrenzungen, die auch in der Rhein-Provinz noch nicht verwischt und in allen alten Provinzen noch sehr erkennbar sind, zurückkommen und aus diesen die Landesvertretung hervorgehen lassen wird. Das sind aber Dinge, die man nicht im Sprunge erreichen kann, wenigstens nicht ohne große Stöße, die man doch zu vermeiden Anlaß hat. Die Kreuzzeitung hat mir nun förmlich Fehde ankündigen und als Preis und Zeichen der Submission die Entlassung des v. Quehl fordern lassen, ohne zu bedenken, daß selbst, wenn ich einen fleißigen und aufopfernden Menschen Preis geben wollte, was nicht meine Absicht ist, ich es unter solchen Verhältnissen gar nicht könnte.«

Rhino Quehl war ein Journalist, durch den Manteuffel schon während des Erfurter Parlaments seine Politik in der Presse hatte vertreten lassen, voller Ideen und Anregungen, richtigen und falschen, eine sehr geschickte Feder führend, aber mit einer zu starken Hypothek von Eitelkeit belastet. Die weitre Entwicklung des Conflicts zwischen Manteuffel und Quehl auf der einen, der Kreuzzeitung und der Camarilla auf der andern Seite, und die ganze innre Situation wird aus den nachstehenden brieflichen Aeußrungen von Gerlach ersichtlich:

»Potsdam, 17. Mai 1852.

Wenn Manteuffel den Quehl nicht fortjagt, so kann das kein gutes Ende nehmen. ... Ich halte Manteuffel für einen braven Mann, aber ein sonderbares politisches Leben ist das seinige doch. Er hat die Dezemberverfassung unterzeichnet, sich zur Unionspolitik bekannt, Gemeinde-Ordnung und Ablösungs-Gesetz mit Rücksichtslosigkeit durchgesetzt, den Bonapartismus amnestirt u.s.w. Daß er in diesen Dingen nicht consequent gewesen, gereicht ihm zum Ruhm, aber wenn auch Se. Majestät sagt, die Consequenz sei die elendeste aller Tugenden, so ist die Manteuffel'sche Inconsequenz doch etwas stark. Man spricht gegen die Kammern und gegen den Constitutionalismus. Seit der Mitte des 18. Jahrhunderts bis jetzt aber sind alle Regierungen revolutionär gewesen, außer England mit Kammern bis zur Reform und Preußen in geringen Unterbrechungen, 1823 und 1847. Die Kreuzzeitung hat in ihren kleinen Apologien der Kammern in Wahrheit nicht Unrecht, und doch sehnt sich unser Premier nach dem Bonapartismus, der doch ganz gewiß keine Zukunft hat.

Manteuffel sagte übrigens gestern, er wolle Sie herbescheiden; wenn Sie nur noch zur rechten Zeit kommen, um den Kaiser und Graf Nesselrode kennen zu lernen. Wichtiger aber als dies Alles ist, daß Sie Manteuffel von Quehl befreien, denn Manteuffel ist jetzt noch unentbehrlich und mit Quehl nicht zu halten. Es wird diesen nichts kosten zu behaupten, er wisse nichts von diesem Zeitungs-Artikel, ja, daß »die Zeit« ihn nichts anginge, aber da kann man sich nicht damit abfertigen lassen, da Thile (der Redacteur) ebenfalls durch Quehl und durch Manteuffel angestellt ist. Ich fürchte auch die absolutistischen Velleitäten von Manteuffel jun. Vgl. Briefwechsel Gerlach-Bismarck, S. 32 ff. (mit falschem Datum), hier nach dem Original berichtigt.

19. Mai 1852.

Infolge des Zeitungsartikels, von dem Ihr letztes Schreiben Bismarck's Briefe an den General L. v. Gerlach, S. 30 f. an mich handelt, ist wiederum von mehreren Seiten her in Manteuffel eingeredet worden, um ihn zu bewegen, sich von dem etc. Quehl zu trennen. Ich hatte mich hiebei nicht betheiligt, weil ich schon einmal über diesen Mann mit ihm aneinander gewesen war und wir damals gewissermaßen einen Vertrag geschlossen hatten, dieses Thema nicht zu berühren. Gestern fing jedoch Manteuffel selbst mit mir davon an, vertheidigte Quehl auf das Entschiedenste, erklärte lieber abtreten, als sich von ihm trennen zu wollen, sprach seinen Haß gegen die Kreuzzeitung unverholen aus und machte auch einige bedenkliche Aeußerungen über den Gang des Ministeriums des Innern und über einige uns gleich werthe Persönlichkeiten. Nach dem Original berichtigt.

Sans-Souci, 21. Juli 1852.

Soeben erhalte ich Ihren Brief Ofen-Frankfurt vom 25. Juni und 19. Juli, Bismarck's Briefe an den General L.v. Gerlach, S. 32 ff. dessen Anfang ebenso interessant ist als sein Ende. Aber von mir verlangen Sie das Unmögliche. Ich soll Ihnen die hiesige Lage der Dinge erklären, die so verwickelt und durch einander ist, daß man sie an Ort und Stelle nicht versteht. Wagener's Auftreten gegen Manteuffel ist nicht zu rechtfertigen, wenn er sich nicht ganz von der Partei isoliren will. Eine Zeitung, wie die Kreuzzeitung, darf nur dann gegen einen Premierminister auftreten, wenn ihre ganze Partei in die Opposition geworfen ist, wie das bei Radowitz der Fall war. ... Ein solches *bellum omnium contra omnes* kann nicht bleiben. Wagener wird *nolens volens* müssen mit dem Preußischen Wochenblatt Chorus machen, was ein großes Uebel ist; Hinckeldey und der kleine Manteuffel, sonst entschieden Feinde, alliiren sich über die Kreuzzeitung, wie Herodes und Pilatus über Christum. Das Traurigste ist mir der Minister Manteuffel, der kaum zu halten ist und doch gehalten werden muß, denn seine präsumtiven Nachfolger sind schrecklich. Alles schreit, er soll Quehl entlassen. Ich glaube, damit wird wenig gewonnen sein, Quehl's etwaiger Nachfolger Fr. ist vielleicht noch schlimmer. Wenn Manteuffel sich nicht zu Allianzen mit honetten Leuten entschließt, ist ihm nicht zu helfen. Vgl. Briefwechsel Gerlach-Bismarck, S. 37 f. (mit falschem Datum und entstellenden Lesefehlern), hier n. d. Original berichtigt. ...

Sans-Souci, 8. October 1852.

... Ich habe Manteuffel's sonderbares Benehmen mit seinen Creaturen, ich habe die Anstellung von Radowitz benutzt, um offen mit ihm zu reden, es ist aber nichts dabei herausgekommen. Ich habe ihm gesagt, daß ich nicht zu denen gehöre, welche Quehl in das Elend schicken wollten, aber er möge sich doch mit ordentlichen Leuten in Verbindung setzen und sich in der Gemeinschaft mit ihnen stärken. Aber vergebens. Jetzt treibt er wieder sein Wesen mit dem Bonapartisten Frantz. Ich will das, was Wagener thut, nicht rechtfertigen, besonders nicht sein eigensinniges Widerstreben gegen jeden Rath und jede Warnung, die ihm zukommt, aber darin hat er recht, daß Manteuffel die conservative Partei gründlich zerstört und ihn, Wagener, namentlich auf das Aeußerste reizt. Es ist doch eine merkwürdige Erscheinung, daß die Kreuzzeitung die einzige Zeitung in Deutschland ist, die verfolgt und confiscirt wird. Von dem, was mich bei dem Allem am meisten afficirt, von der Wirkung dieser Lage der Dinge auf S.

M., will ich gar nicht reden. Sinnen Sie doch auf Mittel, Menschen heranzuziehen, die das Ministerium stärken. Kommen Sie doch einmal wieder her und sehen Sie sich selbst die Dinge an. Vgl. Briefwechsel Gerlach-Bismarck, S. 43, hier berichtigt n. d. Original. ...

Charlottenburg, 25. Februar 1853.

...Ich habe letzt S. M. darauf aufmerksam gemacht, wie es doch nicht gut wäre, daß Wagener, der doch Alles für die gute Sache gewagt hätte, nächstens im Gefängniß sitzen, während Quehl, sein Gegner, durch die bloße *vis intertiae* Geheimer Rath werden würde. Niebuhren ist es denn auch gelungen, den König mit Wagener auszusöhnen, obschon letzterer dabei bleibt, die Redaction der Kreuzzeitung niederlegen zu wollen. ...Manteuffel hat eine Tendenz nach unten, vid. Quehl, Levinstein u.s.w., weil er an den Wahrheiten, die von oben kommen, zweifelt, statt daran zu glauben. Er sagt mit Pilatus: Was ist Wahrheit? und sucht sie dann bei Quehl und Consorten. ...Manteuffel I läßt sich ja schon jetzt bei jeder Gelegenheit durch Quehl zu einer sehr üblen heimlichen und passiven Opposition gegen Westphalen und dessen Maasregeln, die doch das muthigste und beste enthalten, was in unsrer Administration seit 1848 geschehn ist, bewegen. Er leidet, daß Quehl die Presse auf das schamloseste gegen Westphalen, Räumer u.s.w. benutzt und wie man mich versichert, sich dafür bezahlen läßt. ...So kann es fast nicht ausbleiben, daß Quehl und Consorten zuletzt Manteuffel's Sturz bewirken, den ich schon aus dem einfachen Grunde für ein Unglück halte, daß ich durchaus keinen möglichen Nachfolger weiß. Vgl. Briefwechsel Gerlach-Bismarck, S. 72 ff. (ungenau in der Wiedergabe des Wortlauts), hier berichtigt.

Potsdam, 28. Februar 1853.

...Ich thue mein Mögliches, die Kreuzzeitung zu erhalten oder zunächst vielmehr Wagenern der Kreuzzeitung zu erhalten. Er sagt, er könne diese Sache den Intriguen von Quehl gegenüber nicht fortführen. Von den königlichen Geldern, über welche dieser Mensch durch das Vertrauen Manteuffel's disponirt, giebt er den Mitarbeitern Wagener's bedeutende Remunerationen und entzieht sie der Kreuzzeitung; ja er soll die Gesandten auffordern lassen, die auswärtigen Correspondenten der Kreuzzeitung zu ermitteln, um sie ihr abspenstig zu machen. Vgl. Briefwechsel Gerlach-Bismarck, S.74 ff., hier m. bericht. Text. ...

20. Juni 1853.

...Die innern Verhältnisse mißfallen mir sehr. Ich fürchte, Quehl siegt über Westphalen und Räumer ganz einfach dadurch, daß Manteuffel sich bei dem Könige als unentbehrlich geltend macht, eine Ansicht, die S. M. aus richtigen und unrichtigen Gründen anerkennt....

Charlottenburg, 30. Juni 1853....

Wenn ich die verschiedenen Nachrichten über die Quehl'schen Intriguen miteinander vergleiche, wenn ich auf die Notiz etwas gebe, daß Quehl eine Art von Vertrag mit der Hollweg'schen Partei geschlossen, wonach Manteuffel geschont, die andern mißliebigen Minister Raumer, Westphalen, Bodelschwingh, rücksichtslos angegriffen wurden, wenn ich ferner beachte, daß Manteuffel über sein Verhältniß zum Prinzen von Preußen ein böses Gewissen gegen mich hat, daß er jetzt Niebuhr dichter an sein Herz schließt als mich, während er sich sonst gegen mich oft über Niebuhr beklagte, wenn ich endlich beachte, daß Quehl geradezu den Prinzen von Preußen und seinen Herrn Sohn als mit sich und mit Manteuffel übereinstimmend ansieht, was ich aus der zuverlässigsten Quelle weiß, und sich demgemäß äußert, wenn dieß Alles auf Radowitz sieht (sic), so fühle ich den Boden mir unter den Füßen schwanken, obschon der König schwerlich für diese Wirthschaft zu gewinnen ist und mir persönlich dieß Alles Gott sei Dank ziemlich gleichgültig ist. Sie aber, mein verehrter Freund, der Sie noch jung sind, müssen sich rüsten und stärken, dies Lügengewebe zur passenden Zeit zur Rettung des Landes zu zerreißen. Vgl. Briefwechsel Gerlach-Bismarck, S. 91 ff., hier berichtigt. ...

Sans-Souci, 17. Juli 1853.

...Q. wird jetzt schon der Hof gemacht und er hat Exzellenzen in seinem Vorzimmer und auf seinem Sopha. Auf der andern Seite halte ich es nicht für unmöglich, daß Manteuffel eines Tags Quehl darangiebt, denn Dankbarkeit ist keine karakteristische Eigenschaft dieses zweifelnden und daher oft desesperirenden Staatsmannes. Was soll aber werden, wenn Manteuffel geht?

Es wäre ein Ministerium zu finden, aber schwerlich eines, was auch nur 4 Wochen mit S. M. sich hielte. Aus diesen Gründen und bei meiner aufrichtigen Achtung und Liebe, die ich für Manteuffel habe, möchte ich es nicht auf mein Gewissen nehmen, seinen Sturz veranlaßt zu haben. Denken Sie mahl über diese Dinge nach und schreiben Sie mir« Briefwechsel Gerlach-Bismarck, S. 99 ff., hier berichtigt. ....

Bald nach dem Datum des letzten Briefes war die Verstimmung zwischen dem Könige und Manteuffel so acut geworden, daß der letztre sich schmollend auf sein Gut Drahnsdorf zurückzog. Um ihn zu einem »gehorsamen Minister« zu machen, benutzte der König diesmal nicht meine Ministercandidatur als Schreckbild, sondern beauftragte mich, den Grafen Albrecht von Alvensleben, den »alten Lerchenfresser«, wie er ihn nannte, in Erxleben aufzusuchen und zu fragen, ob er den Vorsitz in einem neuen Ministerium übernehmen wolle, in dem ich das auswärtige Ressort erhalten solle. Der Graf hatte kurz vorher mir unter sehr abfälligen Aeußerungen über den König erklärt, daß er während der Regirung Sr. Majestät unter keinen Umständen in irgend ein Cabinet treten werde S. o. S. 130. . Ich sagte dies dem Könige, und meine Reise unterblieb. Später aber, als dieselbe Combination wieder auftauchte, hat er sich doch bereit erklärt, sie zu acceptiren; der König vertrug sich dann aber mit Manteuffel, der inzwischen »Gehorsam« gelobt hatte. Statt der Sendung nach Erxleben reiste ich aus eignem Antriebe zu Manteuffel auf's Land und redete ihm zu, sich von Quehl zu trennen und stillschweigend ohne Explication mit Sr. Majestät seine amtliche Function wieder aufzunehmen. Er erwiderte in dem Sinne seines Briefs vom 11. Juli 1851, daß er den fleißigen, ihm mit Hingebung dienenden Mann nicht fallen lassen könne. Da ich heraus zu hören glaubte, daß Manteuffel wohl noch andre Gründe habe, Quehl zu schonen, so sagte ich: »Vertrauen Sie mir die Vollmacht an, Sie von Quehl zu erlösen, ohne daß es zu einem Bruche zwischen Ihnen beiden kommt; wenn mir das gelingt, so bringen Sie dem Könige die Nachricht von Quehl's Abgange und führen die Geschäfte fort, als wenn kein Dissensus zwischen Sr. Majestät und Ihnen vorgekommen wäre.« Er ging auf diesen Gedanken ein, und wir verabredeten, daß er Quehl, der sich grade auf einer Reise in Frankreich befand, veranlassen werde, auf der Rückkehr mich in Frankfurt aufzusuchen, was geschah. Ich benutzte die Pläne des Königs mit Alvensleben, um Quehl zu überzeugen, daß er, wenn er nicht abginge, Schuld an dem Sturze seines Gönners sein werde, und empfahl ihm, die Macht desselben, so lange es noch Zeit sei, zu benutzen. Ich sagte ihm: »Schneiden Sie Ihre Pfeifen, wo Sie noch im Rohr sitzen, es dauert nicht lange mehr«, und ich brachte ihn dahin, seine Wünsche zu präcisiren: das Generalconsulat in Kopenhagen mit einer starken Gehaltserhöhung. Ich benachrichtigte Manteuffel, und die Sache schien erledigt, zog sich aber bis zur endlichen Lösung noch einige Zeit hin, weil man in Berlin so ungeschickt gewesen war, die Sicherung der Stellung Manteuffel's früher zu verlautbaren als das Ausscheiden Quehl's. Letztrer hatte in Berlin seine und Manteuffel's Stellung nicht so unsicher gefunden, wie ich sie geschildert hatte, und machte dann einige Schwierigkeiten, die verbessernd auf seine Stellung in Kopenhagen wirkten. Vgl. Bismarck's Briefe an den General L. v. Gerlach vom 6. und 13, Aug. 1853, herausgegeben von H. Kohl S, 96, 97.

Aehnliche Verhandlungen drängten sich mir auf mit Agenten, welche bei dem Depeschendiebstahl in der französischen Gesandschaft benutzt worden waren, unter Andern mit Hassenkrug, der zur Zeit des Processes über diesen Diebstahl, anscheinend mit seiner eignen Zustimmung, in Frankreich polizeilich verhaftet und Jahr und Tag sequestrirt wurde, bis die Sache vergessen war.

Der König haßte damals Manteuffel, er behandelte ihn nicht mit der ihm sonst eignen Höflichkeit und that beißende Aeußrungen über ihn. Wie er überhaupt die Stellung eines Ministers auffaßte, zeigt ein Wort über den Grafen Albert Pourtalès, den er auch gelegentlich als Schreckbild für Manteuffel benutzte S. o. S. 130. : »Der wäre ein Minister für mich, wenn er nicht 30000 Reichsthaler Einkommen zu viel hätte; darin steckt die Quelle des Ungehorsams.« Wenn ich sein Minister geworden wäre, so würde ich mehr als Andre dieser Auffassung ausgesetzt gewesen sein, weil er mich als seinen Zögling betrachtete und in meinem Royalismus als wesentlichstes Element den unbedingten »Gehorsam« sah. Jede selbständige Meinung von mir würde ihn befremdet haben, war ihm doch schon mein Sträuben gegen definitive Uebernahme des Wiener Postens als eine Art von Felonie erschienen. Eine lange nachwirkende Erfahrung der Art hatte ich zwei Jahre später zu machen.

III.

Meine Berufungen nach Berlin wurden nicht immer durch die äußre Politik veranlaßt, mitunter auch durch Vorgänge im Landtage, in den ich bei der durch meine Ernennung zum Gesandten nothwendig gewordnen Neuwahl am 13. October 1851 wiedergewählt worden war.

Als es sich um die Verwandlung der Ersten Kammer in das Herrnhaus handelte, erhielt ich folgende, vom 20. April 1852 datirte Mittheilung Manteuffel's Vgl. Anhang zu den Gedanken und Erinnerungen II 56 ff. .:

»Bunsen hetzt den König immer mehr in die Pairie hinein. Er behauptet, die größten Staatsmänner in England glaubten, daß in wenigen Jahren der Continent in zwei Theile zerfallen würde: a) protestantische Staaten mit konstitutionellem System, getragen von den Säulen der Pairie, b) katholisch-jesuitisch-demokrattsch-absolutistische Staaten. In die letzte Kategorie stellt er Oestreich, Frankreich und Rußland. Ich halte das für ganz falsch. Solche Kategorien giebt es gar nicht. Jeder Staat hat seinen eigenen Entwicklungsgang. Friedrich Wilhelm I. war weder katholisch noch demokratisch, und doch absolut. Aber dergleichen Dinge machen großen Eindruck auf S. M. Das constitutionelle System, welches die Majoritäten-Herrschaft proclamirt, halte ich für nichts weniger als protestantisch.«

Am folgenden Tage, 21. April, schrieb mir der König:

»Charlottenburg, 21. April 1852.

Ich erinnere Sie daran, theuerster Bismarck, *daß ich auf Sie und Ihre Hülfe zähle* bey der nahen Verhandlung in der Kammer über die Gestaltung der Ersten. Ich thue dies um so mehr, als ich leider aus allersicherster Quelle Kenntniß von den schmutzigen Intriguen habe, die in bewußtem (?) oder unbewußtem (?) Verein reudtiger *Schafe* aus der Rechten und stänkriger *Böcke* aus der Linken angestellt meiden, um meine Absichten zu zerstöhren. Es ist dies ein trauriger Anblick unter allen Verhältnissen, einer ›zum Haar Ausraufen‹ aber auf dem Felde der theuer angeschafften Lügen Maschine des französischen Constituzionalismus. Gott bessr' es! Amen.

Friedlich Wilhelm.«

Ich schrieb dem General Gerlach, Am 23. April 1852; der Brief ist bisher im Wortlaut nicht veröffentlicht; doch vgl. die Aeußerung in dem Briefe vom 23. April an Manteuffel (Preußen im Bundestage IV 72). ich sei eins der jüngsten Mitglieder unter diesen Leuten. Wenn ich die Wünsche Sr. Majestät früher gekannt hätte, hätte ich vielleicht einen Einfluß gewinnen können; aber der Befehl des Königs, von mir in Berlin ausgeführt und in der conservativen Partei beider Häuser vertreten, würde meine parlamentarische Stellung, die für den König und seine Regirung in andern Fragen von Nutzen sein könnte, zerstören, wenn ich rein als königlicher Beauftragter, ohne eigne Gedanken zu vertreten, meinen Einfluß in der kurzen Frist von zwei Tagen verwerthen sollte. Ich fragte daher an, ob ich nicht den vom Könige erhaltnen Auftrag, mit dem Herzog von Augustenburg zu verhandeln, als Grund für mein Wegbleiben von dem Landtage geltend machen dürfte. Ich erhielt durch den Telegraphen die Antwort, mich auf das Augustenburger Geschäft nicht zu berufen, sondern sofort nach Berlin zu kommen, Vgl. die Depeschen im Anhang zu den Gedanken und Erinnerungen II 61 f. reiste also am 20. April ab. Inzwischen war in Berlin auf Betrieb der conservativen Partei ein Beschluß gefaßt worden, der den Absichten des Königs zuwiderlief, und der von Sr. Majestät unternommne Feldzug schien damit verloren zu sein. Als ich mich am 27. bei dem General von Gerlach in dem Flügel des Charlottenburger Schlosses neben der Wache meldete, vernahm ich, daß der König ungehalten über mich sei, weil ich nicht sofort abgereist sei; wenn ich gleich erschienen wäre, so würde ich den Beschluß haben verhindern können. Vgl. Gerlach's Denkwürdigkeiten I 754, 756. Gerlach ging, um mich zu melden, zum Könige und kam nach ziemlich langer Zeit zurück mit der Antwort: Se. Majestät wolle mich nicht sehn, ich solle aber warten. Dieser in sich widersprechende Bescheid ist charakteristisch für den König; er zürnte mir und wollte das durch Versagung der Audienz zu erkennen geben, aber doch auch zugleich die Wiederannahme zu Gnaden in kurzer Frist sicher stellen. Es war das eine Art von Erziehungsmethode, wie man in der Schule gelegentlich aus der Klasse gewiesen, aber wieder hineingelassen wurde. Ich war gewissermaßen im Charlottenburger Schlosse internirt, ein Zustand, der mir durch ein gutes und elegant servirtes Frühstück erleichtert wurde. Die Einrichtung des Königlichen Haushalts außerhalb Berlins, vorzugsweise in Potsdam und Charlottenburg, war die eines Grand Seigneur auf dem Lande. Man wurde bei jeder Anwesenheit zu den üblichen Zeiten nach Bedarf verpflegt, und wenn man zwischen diesen Zeiten einen Wunsch hatte, auch dann. Die Wirtschaftsführung war allerdings nicht auf russischem Fuße, aber doch durchaus vornehm und reichlich nach unsern Begriffen, ohne in Verschwendung auszuarten.

Nach etwa einer Stunde wurde ich durch den Adjutanten vom Dienst zum Könige berufen und etwas kühler als sonst, aber doch nicht so ungnädig empfangen, wie ich befürchtet hatte. Se. Majestät hatte erwartet, daß ich auf die erste Anregung erscheinen würde, und darauf gerechnet, daß ich im Stande sein würde, in den 24 Stunden bis zur Abstimmung die conservative Fraction wie auf militärisches Commando Kehrt machen und in des Königs Richtung einschwenken zu lassen. Ich setzte auseinander, daß damit mein Einfluß auf die Fraction über- und die Unabhängigkeit derselben unterschätzt werde. Ich hätte in dieser Frage persönlich keine Ueberzeugung, die der des Königs entgegenstände, und sei bereit, die letztre bei meinen Fractionsgenossen zu vertreten, wenn er mir Zeit dazu lassen wolle und geneigt sei, seine Wünsche in neuer Gestalt nochmals geltend zu machen. Der König, sichtlich versöhnt, ging darauf ein und entließ mich mit dem Auftrage, Propaganda für seinen Plan zu machen. Letztres geschah mit mehr Erfolg, als ich selbst erwartet hatte; der Widerspruch gegen die Umgestaltung der Körperschaft hatte nur die Führer der Fraction zu Trägern, und seine Nachhaltigkeit beruhte nicht auf der Ueberzeugung der Gesammtheit, sondern auf der Autorität, welche in jeder Fraction die anerkannten Leiter zu haben pflegen – und nicht mit Unrecht, da sie in der Regel die besten Redner und gewöhnlich die einzigen arbeitsamen Geschäftsleute sind und den Uebrigen die Mühe abnehmen, die vorkommenden Fragen zu studiren. Ein Opponent in der Fraction, der nicht das gleiche Ansehn hat, wird von dem Fractionsführer, welcher gewöhnlich der schlagfertigere Redner ist, sehr leicht in einer Weise abgeführt, welche ihm für die Zukunft die Lust zur Auflehnung benimmt, wenn er nicht mit einem Mangel an Schüchternheit begabt ist, der bei uns grade in den Klassen, denen die Conservativen meistens angehören, nicht häufig ist. Ich fand unsre damals zahlreiche, ich glaube über 100 Köpfe starke Fraction unter dem Banne der von den Führern festgelegten politischen Sätze. Ich selbst hatte mich, seit ich mich in Frankfurt auf der Defensive gegen Oestreich, also auf einem von der Fractionsleitung nicht gebilligten Wege befand, von derselben einigermaßen emancipirt, und obschon in dieser Frage unser Verhältniß zu Oestreich nicht im Spiele war, so hatte die Meinungsverschiedenheit über dieses Verhältniß meinen Glauben an die Fractionsleitung überhaupt erschüttert. Indessen überraschte mich doch die sofortige Wirkung, welche mein Plaidoyer nicht sowohl für die vorliegende Auffassung des Königs, als für das Zusammenhalten mit ihm hatte. Die Fractionsleitung blieb bei der Abstimmung isolirt; fast die gesammte Fraction war bereit, dem Könige auf seinem Wege zu folgen.

Wenn ich heut auf diese Vorgänge zurückblicke, so scheint es mir, daß die drei oder sechs Führer, gegen welche ich die conservative Fraction aufwiegelte, im Grunde dem Könige gegenüber Recht hatten. Die Erste Kammer war zur Lösung der Aufgaben, welche einer solchen im constitutionellen Leben zufallen, befähigter als das heutige Herrnhaus. Sie genoß in der Bevölkerung eines Ansehns, welches das Herrnhaus sich bisher nicht erworben hat. Das letztre hat zu einer hervorragenden politischen Leistung nur in der Conflictszeit Gelegenheit gehabt und sich damals durch die furchtlose Treue, mit der es zur Monarchie stand, auf dem defensiven Gebiete der Aufgabe eines Oberhauses völlig gewachsen gezeigt. Es ist wahrscheinlich, daß es in kritischen Lagen der Monarchie dieselbe tapfre Festigkeit beweisen wird. Ob es aber für Verhütung solcher Krisen in den scheinbar friedlichen Zeiten, in denen sie sich vorbereiten können, denselben Einfluß ausüben wird, wie jene Erste Kammer gethan hat, ist mir zweifelhaft. Es verräth einen Fehler in der Constitution, wenn ein Oberhaus in der Einschätzung der öffentlichen Meinung ein Organ der Regirungspolitik oder selbst der königlichen Politik wird. Nach der preußischen Verfassung hat der König mit seiner Regirung an und für sich einen gleichwerthigen Antheil an der Gesetzgebung wie jedes der beiden Häuser; er hat nicht nur sein volles Veto, sondern die ganze vollziehende Gewalt, vermöge deren die Initiative in der Gesetzgebung factisch und die Ausführung der Gesetze auch rechtlich der Krone zufällt. Das Königthum ist, wenn es sich seiner Stärke bewußt ist und den Muth hat, sie anzuwenden, mächtig genug für eine verfassungsmäßige Monarchie, ohne eines ihm gehorsamen Herrnhauses als einer Krücke zu bedürfen. Auch wenn das Herrnhaus in der Conflictszeit sich für die ihm zugehenden Etatsgesetze die Beschlüsse des Abgeordnetenhauses angeeignet hätte, so wäre immer, um ein Etatsgesetz nach Art. 99 zu Stande zu bringen, die Zustimmung des dritten Factors, des Königs, unentbehrlich gewesen, um dem Etat Gesetzeskraft zu geben. Nach meiner Ueberzeugung würde König Wilhelm seine Zustimmung auch dann versagt haben, wenn das Herrnhaus in seinen Beschlüssen mit dem Abgeordnetenhause übereingestimmt hätte. Daß die »Erste Kammer« das gethan haben würde, glaube ich nicht, vermuthe im Gegentheil, daß ihre durch Sachlichkeit und Leidenschaftslosigkeit überlegnen Debatten schon viel früher auf das Abgeordnetenhaus mäßigend eingewirkt und dessen Ausschreitungen zum Theil verhindert haben würden. Das Herrnhaus hatte nicht dasselbe Schwergewicht in der öffentlichen Meinung, man war geneigt, in ihm eine Doublüre der Regirungsgewalt und eine parallele Ausdrucksform des königlichen Willens zu sehn.

Ich war schon damals solchen Erwägungen nicht unzugänglich, hatte im Gegentheil dem Könige gegenüber, als er seinen Plan wiederholt mit mir besprach, lebhaft befürwortet, neben einer gewissen Anzahl erblicher Mitglieder den Hauptbestand des Herrnhauses aus Wahlcorporationen hervorgehn zu lassen, deren Unterlage die 12000 oder 13000 Rittergüter, vervollständigt durch gleichwerthigen Grundbesitz, durch die Magistrate bedeutender Städte und die Höchstbesteuerten ohne Grundbesitz nach einem hohen Census abgeben sollten, und daß der nichterbliche Theil der Mitglieder ebenso wie die des Abgeordnetenhauses der Wahlperiode und der *Auflösung* unterliegen sollte. Der König wies diese Ansichten so weit und geringschätzig von sich, daß ich jede Hoffnung auf eingehende Erörterung derselben aufgeben mußte. Auf dem mir neuen Gebiete der Gesetzgebung hatte ich damals nicht die Sicherheit des Glaubens an die Richtigkeit eigner Auffassungen, welche erforderlich gewesen wäre, um mich in den mir gleichfalls neuen unmittelbaren Beziehungen zu dem Könige und in den Rücksichten auf meine amtliche Stellung zum Festhalten an abweichenden eignen Ansichten in Verfassungsfragen zu ermuthigen. Um mich dazu unter Umständen berechtigt und verpflichtet zu fühlen, hätte ich einer längern Erfahrung in Staatsgeschäften bedurft, als ich damals besaß. Wenn es sich 20 Jahre später um die Beibehaltung der Ersten Kammer oder Verwandlung derselben in das Herrnhaus gehandelt hätte, so würde ich aus der ersten Alternative eine Cabinetsfrage gemacht haben.

IV.

Die Haltung, welche ich in der conservativen Fraction angenommen hatte, griff störend in die Pläne ein, die der König mit mir hatte oder zu haben behauptete. Als er zu Anfang des Jahres 1854 das Ziel, mich zum Minister zu machen, directer in's Auge zu fassen begann, wurde seine Absicht nicht nur von Manteuffel bekämpft, sondern auch von der Camarilla, deren Hauptpersonen der General Gerlach und Niebuhr waren. Diese, ebenso wie Manteuffel, waren nicht geneigt, den Einfluß auf den König mit mir zu theilen, und glaubten sich mit mir im täglichen Zusammenleben nicht so gut wie in der Entfernung zu vertragen. Gerlach wurde in dieser Voraussetzung bestärkt durch seinen Bruder, den Präsidenten, der die Gewohnheit hatte, mich als einen Pilatus-Charakter zu bezeichnen auf der Basis: Was ist Wahrheit? S. o. S. 156. also als einen unsichern Fractionsgenossen. Dieses Urtheil über mich kam auch in den Kämpfen innerhalb der conservativen Fraction und ihres intimern Comités mit Schärfe zum Ausdruck, als ich, auf Grund meiner Stellung als Bundestagsgesandter und weil ich im Besitz des Vortrags bei dem Könige über die deutschen Angelegenheiten sei, einen größern Einfluß auf die Haltung der Fraction in der deutschen und der auswärtigen Politik verlangte, während der Präsident Gerlach und Stahl die absolute Gesammtleitung nach *allen* Seiten hin in Anspruch nahmen. Ich befand mich im Widerspruche mit Beiden, mehr aber mit Gerlach als mit Stahl, und der Erstre erklärte schon damals, vorauszusehn, daß unsre Wege sich trennen und wir als Gegner enden würden. – In Übereinstimmung habe ich mich in den wechselnden Phasen der conservativen Fraction stets mit Below-Hohendorf und Alvensleben-Erxleben befunden.

Im Winter 1853 zu 1854 ließ mich der König wiederholt kommen und hielt mich oft lang fest; ich verfiel dadurch äußerlich in die Kategorie der Streber, die am Sturze Manteuffel's arbeiteten, den Prinzen von Preußen gegen seinen Bruder einzunehmen, für sich Stellen oder wenigstens Aufträge herauszuschlagen suchten und dann und wann von dem Könige als Rivalen Manteuffel's *cum spe succedendi* behandelt wurden. Nachdem ich mehrmals von dem Könige gegen Manteuffel in der Weise ausgespielt worden war, daß ich Gegenentwürfe von Depeschen zu machen hatte, bat ich Gerlach, den ich in einem kleinen Vorzimmer neben dem Cabinet des Königs in dem längs der Spree hinlaufenden Flügel des Schlosses fand, mir die Erlaubniß zur Rückkehr nach Frankfurt zu erwirken. Gerlach trat in das Cabinet und sprach, der König rief: »Er soll in des Teufels Namen warten, bis ich ihm befehle abzureisen!« Als Gerlach herauskam, sagte ich lachend, ich hätte den Bescheid schon. Ich blieb also noch eine Zeit lang in Berlin. Als es endlich zur Abreise kam, hinterließ ich den Entwurf eines eigenhändigen, von dem Könige an den Kaiser Franz Joseph zu richtenden Schreibens, den ich auf Befehl Seiner Majestät ausgearbeitet und den Manteuffel dem Könige vorzulegen übernommen hatte, nachdem er sich mit mir über den Inhalt verständigt haben würde. Der Schwerpunkt lag in dem Schlußsatze, aber auch ohne diesen bildete der Entwurf ein abgerundetes Aktenstück, freilich von wesentlich modificirter Tragweite. Ich bat den Flügeladjutanten vom Dienst unter Mittheilung einer Abschrift des Concepts, den König darauf aufmerksam zu machen, daß der Schlußsatz das entscheidende Stück des Erlasses sei. Diese Vorsichtsmaßregel war im Auswärtigen Amte nicht bekannt; die Collationirung im Schlosse ergab, daß, wie ich befürchtet hatte, das Concept geändert und der östreichischen Politik näher gerückt war. Während des Krimkriegs und der vorangegangnen Verhandlungen drehten sich die Kämpfe in den Regirungskreisen häufig um eine westmächtlich-östreichische oder eine russische Phrase, die, kaum geschrieben, keine praktische Bedeutung mehr hatte.

Um eine ernstre, in den Verlauf der Dinge eingreifende Frage der Redaction handelte es sich im September 1854. Der König befand sich in Rügen; ich war auf dem Wege von Frankfurt nach Reinfeld, wo meine Frau krank lag, als (am 29. August) So in der ersten Redaction, in der sich auch nicht das Datum des 29. August für die Ankunft in Stettin und des 30. August für den Empfang durch den König notirt findet. Beide Daten sind erst später – wie es scheint nach Lektüre von Sybel II 206 und Gerlach's Denkwürdigkeiten II 209 – eingefügt worden, ebenso der 10. August als Datum der Depesche. Es geht daraus hervor, daß in der Erinnerung Bismarck's sich die Vorgänge von Putbus (30. Aug. bis 1. Sept.) mit den um ca. 14 Tage späteren, die sich im Anschluß an Buol's Depesche vom 14. September in Berlin abspielten (Bismarck ist in Berlin vom 16. bis 20. Sept. nachweisbar, vgl. Kohl, Bismarckregesten I 101), verwirrt haben. Vgl. auch Lenz, Zur Kritik der Gedanken und Erinnerungen S. 46 ff. in Stettin ein höherer Postbeamter, der angewiesen war, auf mich zu fahnden, mir eine Einladung des Königs nach Putbus ausrichtete. Ich hätte mich gern gedrückt, Vgl. dagegen Bismarck's Brief an Gerlach vom 26. August 1854 (Ausgabe von H. Kohl) S. 164: »Es heißt hier, M. würde am selbigen Tage (27.) nach Putbus gehn; ich würde ihn begleiten, wenn ich es wagte, ungerufen die geheiligten Haine zu betreten.« Die Einladung brachte Gerlach's Brief vom Sonntag (27. Aug.) Nachmittags 3 Uhr, Briefwechsel S. 189. Zu der diesem Stücke beigegebenen Punctation über den Inhalt der österreichischen Erklärung an Frankreich und England bei Occupation der Fürstenthümer bemerke ich, daß sie *von Bismarck's Hand* in Putbus niedergeschrieben ist. der Postbeamte aber begriff nicht, wie ein Mann von altem preußischen Schlage sich einer solchen Auffordrung entziehn wolle. Ich ging nach Rügen, nicht ohne Sorge vor neuen Zumuthungen, Minister zu werden und dadurch in unhaltbare Beziehungen zum Könige zu gerathen. Der König empfing mich (am 30. August) S. Anm. S. 168. gnädig und setzte mich von einer vorliegenden Meinungsverschiedenheit über die durch den Rückzug der Russen aus den Donaufürstenthümern entstandne Situation in Kenntniß. Es handelte sich um die Depesche des Grafen Buol vom 14. September So in der ersten Redaction. Die Depesche findet sich abgedruckt in Jasmund, Aktenstücke zur orientalischen Frage I 359 ff. und einen von Manteuffel vorgelegten Entwurf einer Antwort, den der König zu östreichisch fand. Auf Befehl machte ich einen andern Entwurf, der von Sr. Majestät genehmigt und nach Berlin geschickt wurde, um im Widerspruch mit dem leitenden Minister zunächst an den Grafen Arnim in Wien gesandt und dann den deutschen Regirungen mitgetheilt zu werden. Sie ist vom 21. Sept. datirt und in Jasmund I 363 ff. abgedruckt. Allerdings weist der Schluß des Satzes nicht auf die Depesche vom 21. Sept. hin, sondern auf die Note an Arnim vom 3. Sept (Manteuffel, Unter Friedrich Wilhelm IV. Denkwürdigkeiten, Herausgeg. von H. v. Poschinger. Berlin, G. S. Mittler & Sohn, 1901, II 453; in Buol's Depesche erwähnt) und auf das Rundschreiben vom 3. Sept. an die deutschen Regierungen (*Sybel* II 206), das am 30. Aug. (vgl. Gerlach, Denkw. II 209) berathen wurde. Nach Bismarck's Brief an Wentzel vom 3. Sept. 1854 hatte man sich entschlossen, Oestreich nur beizustehen, wenn es angegriffen würde, ohne daß es angefangen habe (Bismarck-Jahrbuch V 11). Die Absicht aber, »sich unumwunden zu erklären: Beistand gegen *unprovocirten* Angriff, sonst nichts zu gewähren« (vgl. Brief an Wentzel vom 9. Sept. 1854, B.-J. V12), ist in dem Rundschreiben nicht erfüllt worden. Sein Tenor ist wesentlich herabgestimmt: Statt der *unumwundenen* Erklärung an Oesterreich eine Ermahnung, nicht aggressiv zu werden, keine ausdrückliche Warnung vor einer Provocation Rußlands. Es bezieht sich also wahrscheinlich die am Schluß des Abschnitts erwähnte Abänderung des Depeschen-Entwurfs auf den Entwurf des Rundschreibens.

Die durch Annahme meines Entwurfs bekundete Stimmung des Königs zeigte sich auch in dem Empfang des Grafen Benckendorf, der mit Briefen und mündlichen Aufträgen in Putbus eintraf, und den ich mit der Nachricht hatte empfangen können, daß die Engländer und Franzosen in der Krim gelandet seien. Die Landung erfolgte erst am 14. Sept.; am 5. fuhr die englisch-französische Flotte von Warna aus. – Demnach fällt die Unterhaltung mit Benckendorf auch erst in die Zeit des Berliner Aufenthalts. »Freut mich,« erwiderte er, »da sind wir sehr stark.« Es wurde russische Strömung. Ich glaubte, politisch meine Schuldigkeit gethan zu haben, hatte schlechte Nachrichten von meiner Frau und bat um die Erlaubnis abzureisen. Sie wurde mir indirect dadurch verweigert, daß ich auf das Gefolge übertragen wurde, ein hoher Gunstbeweis. Gerlach warnte mich, ihn nicht zu überschätzen. »Bilden Sie sich nur nicht ein,« sagte er, »daß Sie politisch geschickter gewesen sind als wir. Sie sind augenblicklich in Gunst, und der König schenkt Ihnen die Depesche, wie er einer Dame ein Bouquet schenken würde.«

Wie wahr das war, erfuhr ich sofort, aber in vollem Umfang erst später nach und nach. Als ich darauf bestand, abzureisen, und in der That (am 1. September) Auch dieses Datum ist wie die andern erst in der zweiten Redaction zugefügt worden. abreiste, erfolgte eine ernste Ungnade des Königs; mir wäre meine Häuslichkeit doch mehr werth als das ganze Reich, hatte er zu Gerlach gesagt. Mein beifällig aufgenommner Depeschen-Entwurf wurde telegraphisch angehalten und dann geändert. Aber wie tief die Verstimmung gegangen war, wurde mir erst während und nach meiner Pariser Reise klar. Die beiden letzten Sätze des Abschnitts sind hier in die richtige Gedankenfolge gebracht. Der jetzige Schlußsatz soll auf das folgende Kapitel überleiten. – Beweis für die Ungnade des Königs ist die Nichteinladung Bismarck's zur Hofjagd, worüber dieser im Briefe an Gerlach vom 18. Oct. 1854 klagt (Briefe B.'s an G.S. 174).

Achtes Kapitel. Besuch in Paris.

I.

Im Sommer 1855 lud unser Gesandter in Paris, Graf Hatzfeldt, mich zum Besuche der Industrie-Ausstellung ein; S. Bismarck-Jahrbuch III 86 f. er theilte noch den damals in diplomatischen Kreisen verbreiteten Glauben, daß ich ehestens der Nachfolger Manteuffel's im Auswärtigen Amt werden würde. Wenn der König sich mit einem solchen Gedanken abwechselnd getragen hatte, so wußte man in intimen Hofkreisen doch damals schon, daß eine Wandlung vorgegangen sei. Der Graf Wilhelm Redern, den ich in Paris traf, sagte mir, die Gesandten glaubten noch immer, daß ich zum Minister bestimmt sei, er selbst habe das auch geglaubt; aber die Stimmung des Königs sei umgeschlagen, Näheres wisse er nicht. Wohl seit Rügen.

Der 15. August, Napoleonstag, wurde u. A. dadurch gefeiert, daß man russische Gefangne durch die Straßen führte. Am 19. traf die Königin von England ein, der zu Ehren am 25. August ein großes Ballfest in Versailles stattfand, auf dem ich ihr und dem Prinzen Albert vorgestellt wurde.

Der Prinz in seiner schwarzen Uniform, schön und kühl, sprach höflich mit mir, aber in seiner Haltung lag eine gewisse übelwollende Neugier, aus der ich abnahm, daß ihm meine antiwestmächtliche Einwirkung auf den König nicht unbekannt war. Nach der ihm eignen Sinnesweise suchte er die Beweggründe meines Verhaltens nicht da, wo sie lagen, nämlich in dem Interesse an der Unabhängigkeit meines Vaterlandes von fremden Einflüssen, Einflüssen, die in unsrer kleinstädtischen Verehrung für England und Furcht vor Frankreich einen empfänglichen Boden fanden, sowie in dem Wunsche, uns von einem Kriege freizuhalten, den wir nicht in unserm Interesse, sondern in Abhängigkeit von östreichischer und englischer Politik geführt haben würden. In den Augen des Prinzen war ich, was ich natürlich nicht dem momentanen Eindruck bei meiner Vorstellung, sondern anderweitiger Sach- und Aktenkunde entnahm, ein reactionärer Parteimann, der sich auf die Seite Rußlands stellte, um eine absolutistische und Junker-Politik zu fördern. Es konnte nicht befremden, daß diese Ansicht des Prinzen und der damaligen Parteigenossen des Herzogs von Coburg sich auf die Tochter des Erstern, welche demnächst unsre Kronprinzessin wurde, übertragen hatte.

Schon bald nach ihrer Ankunft in Deutschland, im Februar 1858, konnte ich durch Mitglieder des königlichen Hauses und aus eignen Wahrnehmungen die Überzeugung gewinnen, daß die Prinzessin gegen mich persönlich voreingenommen war. Überraschend war mir dabei nicht die Thatsache, wohl aber die Form, wie ihr damaliges Vorurtheil gegen mich im engen Familienkreise zum Ausdruck gekommen war: sie traue mir nicht. Aus Abneigung wegen meiner angeblich anti-englischen Gesinnung und wegen Ungehorsams gegen englische Einflüsse war ich gefaßt; daß die Frau Prinzessin sich aber in der Folgezeit bei der Beurtheilung meiner Persönlichkeit von weitergehenden Verleumdungen beeinflussen ließ, mußte ich vermuthen, als sie in einem Gespräche, das sie mit mir, ihrem Tischnachbar, nach dem 1866er Kriege führte, in halb scherzendem Tone sagte: ich hätte den Ehrgeiz, König zu werden oder wenigstens Präsident einer Republik. Ich antwortete in demselben halb scherzenden Tone, ich sei für meine Person zum Republikaner verdorben, in den royalistischen Traditionen der Familie aufgewachsen und bedürfe zu meinem irdischen Behagen einer monarchischen Einrichtung, dankte aber Gott, daß ich nicht dazu berufen sei, wie ein König auf dem Präsentirteller zu leben, sondern bis an mein Ende ein getreuer Unterthan des Königs zu sein. Daß diese meine Überzeugung aber allgemein erblich sein würde, ließe sich nicht verbürgen, nicht weil die Royalisten ausgehn würden, sondern vielleicht die Könige. *Pour faire un civet, il faut un lièvre, et pour une monarchie, il faut un roi.* Ich könnte nicht dafür gut sagen, daß in Ermanglung eines solchen die nächste

Generation nicht republikanisch werden könne. Indem ich mich so äußerte, war ich nicht frei von Sorge in dem Gedanken an einen Thronwechsel ohne Uebergang der monarchischen Traditionen auf den Nachfolger. Die Prinzessin vermied indessen jede ernsthafte Wendung und blieb in dem scherzenden Tone, liebenswürdig und unterhaltend wie immer; sie machte mir mehr den Eindruck, daß sie einen politischen Gegner necken wollte.

In den ersten Jahren meines Ministeriums habe ich noch öfter bei ähnlichen Tischgesprächen beobachtet, daß es der Prinzessin Vergnügen machte, meine patriotische Empfindlichkeit durch scherzhafte Kritik von Personen und Zuständen zu reizen.

Die Königin Victoria sprach auf jenem Balle in Versailles mit mir deutsch. Ich hatte von ihr den Eindruck, daß sie in mir eine merkwürdige, aber unsympathische Persönlichkeit sah, doch war ihre Tonart ohne den Anflug von ironischer Überlegenheit, den ich bei dem Prinzen Albert durchzufühlen glaubte. Sie blieb freundlich und höflich wie Jemand, der einen wunderlichen Kauz nicht unfreundlich behandeln will.

Bei dem Souper war mir im Vergleich mit Berlin die Einrichtung merkwürdig, daß die Gesellschaft in drei Klassen mit Abstufungen in dem Menü speiste und denjenigen Gästen, die überhaupt speisen sollten, die Zusicherung durch Überreichung einer Karte mit der Nummer beim Eintreten gegeben wurde. Die Karten der ersten Klasse enthielten auch den Namen der an dem betreffenden Tische vorsitzenden Dame. Diese Tische waren auf 15 bis 20 Personen eingerichtet. Ich erhielt beim Eintreten eine solche Karte zu dem Tische der Gräfin Walewska und später im Saale noch zwei von zwei andern Patronesses-Damen der Diplomatie und des Hofes. Es war also kein genauer Plan für die Placirung der Gäste gemacht worden. Ich wählte den Tisch der Gräfin Walewska, zu deren Departement ich als auswärtiger Diplomat gehörte. Ihr Gatte, der Herzog Walewski, wurde 1885 in das Ministerium des Auswärtigen berufen und leitete 1856 die Verhandlungen des Pariser Congresses. Auf dem Wege zu dem betreffenden Saale stieß ich auf einen preußischen Offizier in der Uniform eines Garde-Infanterie-Regiments, der eine französische Dame führte und sich in lebhaftem Streit mit einem der kaiserlichen Haushofmeister befand, der beide, weil sie mit Karten nicht versehn waren, nicht passiren lassen wollte. Nachdem mir der Offizier auf mein Befragen die Sachlage erklärt und mir die Dame als eine Herzogin mit italienischem Titel aus dem ersten Empire bezeichnet hatte, sagte ich dem Hofbeamten, ich hätte die Karte des Herrn, und gab ihm eine der meinigen. Der Beamte wollte nun aber die Dame nicht passiren lassen, ich gab daher dem Offizier meine zweite Karte für seine Herzogin. Der Beamte bedeutete mich, »*mais vous ne passerez pas sans carte*«; als ich ihm die dritte vorgezeigt hatte, machte er ein verwundertes Gesicht und ließ uns alle drei durch. Ich empfahl meinen beiden Schützlingen, sich nicht an die Tische zu setzen, die auf den Karten angegeben waren, sondern zu sehn, wo sie sonst unterkamen, habe auch keine Reclamation über meine Kartenvertheilung zu hören bekommen. Die Unregelmäßigkeit war so groß, daß unser Tisch nicht voll besetzt wurde, was sich aus dem Mangel einer Verabredung der dames *patronesses erklärt*. Der alte Fürst Pückler hatte entweder keine Karte erhalten oder seinen Tisch nicht finden können; nachdem er sich an mein ihm bekanntes Gesicht gewandt hatte, wurde er von der Gräfin Walewska auf einen der leer gebliebenen Plätze eingeladen. Das Souper war trotz der Dreitheilung weder nach dem Material, noch nach der Zubereitung auf der Höhe dessen, was in Berlin bei ähnlichen Massenfesten geleistet wird; nur die Bedienung war ausreichend und prompt.

Am auffallendsten war mir der Unterschied in den Anordnungen für die Circulation. Das Versailler Schloß bietet dafür eine viel größre Leichtigkeit, als das Berliner vermöge der größern Zahl und, abgesehn von dem Weißen Saale, der größern Ausdehnung der Räume. Hier war den Soupirenden Nro. 1 für ihren Rückzug derselbe Weg angewiesen, wie den Hungrigen Nro. 2, deren stürmischer Anmarsch schon eine weniger höfische gesellschaftliche Gewöhnung verrieth. Es kamen körperliche Zusammenstöße der gestickten und bebänderten Herrn und reich eleganten Damen vor, die in Handgreiflichkeiten und Verbalinjurien übergingen, wie sie bei uns im Schlosse unmöglich waren. Ich zog mich mit dem befriedigenden Eindruck zurück, daß trotz alles Glanzes des Kaiserlichen Hofes der Hofdienst, die Erziehung und die Manieren der Hofgesellschaft bei uns, wie in Petersburg und Wien höher standen als in Paris, und daß die Zeiten hinter uns lagen, da man in Frankreich und am Pariser Hofe eine Schule der Höflichkeit und des guten Benehmens durchmachen konnte. Selbst die, namentlich im Vergleich mit Petersburg, veraltete Etikette kleiner deutscher Höfe war würdevoller als die imperialistische Praxis. Freilich habe ich diesen Eindruck schon unter Louis Philipp gehabt, während dessen Regirung es in Frankreich gradezu Mode wurde, sich in der Richtung übertriebener Ungenirtheit und des Verzichts auf Höflichkeit besonders gegen Damen hervorzuthun. War es nun auch in dieser Beziehung während des zweiten Kaiserreichs besser geworden, so blieben doch der Ton in der amtlichen und höfischen Gesellschaft und die Haltung des Hofs selbst gegen die drei östlichen großen Höfe zurück. Nur in den der amtlichen Welt fremden legitimistischen Kreisen war es zur Zeit Louis Philipp's sowohl, wie Louis Napoleon's anders, der Ton tadellos, höflich und gastlich, mit gelegentlichen Ausnahmen der jüngern, mehr verpariserten Herrn, die ihre Gewohnheiten nicht der Familie, sondern dem Club entnahmen.

Der Kaiser, den ich bei meiner damaligen Anwesenheit in Paris zum ersten Male sah, hat mir bei verschiednen Besprechungen damals nur in allgemeinen Worten seinen Wunsch und seine Absicht im Sinne einer französisch-preußischen Intimität zu erkennen gegeben. Er sprach davon, daß diese beiden benachbarten Staaten, die vermöge ihrer Bildung und ihrer Einrichtungen an der Spitze der Civilisation ständen, auf einander angewiesen seien. Eine Neigung, Beschwerden, die durch unsre Verweigerung des Anschlusses an die Westmächte hervorgerufen wären, mir gegenüber zum Ausdruck zu bringen, stand nicht im Vordergrunde. Ich hatte das Gefühl, daß der Druck, den England und Oestreich in Berlin und Frankfurt ausübten, um uns zu Kriegsdiensten im westmächtlichen Lager zu nöthigen, sehr viel stärker, man könnte sagen, leidenschaftlicher und gröber war als die in wohlwollender Form mir kund gegebenen Wünsche und Versprechungen, mit denen der Kaiser unsre Verständigung speciell mit Frankreich befürwortete. Er war für unsre Sünden gegen die westmächtliche Politik viel nachsichtiger als England und Oestreich. Er sprach nie Deutsch mit mir, auch später nicht.

Daß mein Besuch in Paris am heimathlichen Hofe mißfallen und die gegen mich bereits vorhandne Verstimmung besonders bei der Königin Elisabeth gesteigert hatte, konnte ich Ende September desselben Jahres wahrnehmen. Während der König die Rheinreise zum Dombaufest nach Köln machte, meldete ich mich in Coblenz und wurde mit meiner Frau von dem Könige zur Mitfahrt nach Köln auf dem Dampfschiff eingeladen, meine Frau aber von der Königin an Bord und in Remagen ignorirt. Vgl. Bismarck's Briefe an den General L. v. Gerlach S. 248 f. Der Prinz von Preußen, der das bemerkt hatte, gab meiner Frau den Arm und führte sie zu Tisch. Nach Aufhebung der Tafel bat ich um die Erlaubniß, nach Frankfurt zurückzukehren, die ich erhielt.

Erst im folgenden Winter, während dessen der König sich mir wieder genähert hatte, fragte er mich einmal bei Tafel quer über den Tisch nach meiner Meinung über Louis Napoleon; sein Ton war ironisch. Ich antwortete: »Ich habe den Eindruck, daß der Kaiser Napoleon ein gescheidter und liebenswürdiger Mann, aber so klug nicht ist, wie die Welt ihn schätzt, die alles, was vorgeht, auf seine Rechnung schreibt, und wenn es in Ostasien zur unrechten Zeit regnet, das aus einer übelwollenden Machination des Kaisers erklären will. Man hat sich besonders bei uns daran gewöhnt, ihn als eine Art *génie du mal* zu betrachten, das immer nur darüber nachdenke, wie es in der Welt Unfug anrichten könne. Vgl. die Äußerung Bismarck's in der Reichstagsrede vom 8. Januar 1885, Politische Reden X 373. Ich glaube, daß er froh ist, wenn er etwas Gutes in Ruhe genießen kann; sein Verstand wird auf Kosten seines Herzens überschätzt; er ist im Grunde gutmüthig, und es ist ihm ein ungewöhnliches Maß von Dankbarkeit für jeden geleisteten Dienst eigen.«

Der König lachte dazu in einer Weise, die mich verdroß und zu der Frage veranlaßte, ob ich mir gestatten dürfe, die augenblicklichen Gedanken Sr. Majestät zu errathen. Der König bejahte und ich sagte:

»General von Canitz hielt den jungen Offizieren in der Kriegsakademie Vorträge über Napoleon's Feldzüge. Ein strebsamer Zuhörer fragte ihn, warum Napoleon diese oder jene Bewegung unterlassen haben könne. Canitz antwortete: ›Ja, sehn Sie, wie dieser Napoleon eben war, ein seelensguter Kerl, aber dumm, dumm‹ – was natürlich die große Heiterkeit der Kriegsschüler erregte. Ich fürchte, daß Eurer Majestät Gedanken über mich denen des Generals von Canitz über Napoleon ähnlich sind.«

Der König sagte lachend: »Sie mögen Recht haben; aber ich kenne den jetzigen Napoleon nicht hinreichend, um Ihren Eindruck bestreiten zu können, daß sein Herz besser sei als sein Kopf.« Daß die Königin mit meiner Ansicht unzufrieden war, konnte ich aus den kleinen Äußerlichkeiten entnehmen, durch welche sich bei Hofe die Eindrücke kenntlich machen.

II.

Das Mißvergnügen über meinen Verkehr mit Napoleon entsprang aus dem Begriffe oder genauer gesprochen dem Worte *Legitimität*, das in dem modernen Sinne von Talleyrand geprägt und 1814 und 1815 mit großem Erfolge und zum Vortheil der Bourbonen als eine täuschende Zauberformel benutzt worden ist.

Ich schalte hier einige Stücke aus meiner Correspondenz mit Gerlach ein, die etwas später fallen, deren Anlaß aber schon in den oben mitgetheilten Bruchstücken seiner Briefe zu erkennen ist.

»Frankfurt, den 2. Mai 1857. Bismarck's Briefe an den General L. v. Gerlach, S. 314 ff.

... So einstimmig wir in Betreff der innern Politik sind, so wenig kann ich mich in Ihre Auffassung der äußern hineinleben, der ich im Allgemeinen den Vorwurf mache, daß sie die Realitäten ignorirt. Sie geht davon aus, daß ich einem vereinzelten Manne, der mir imponire, das Prinzip opfre. Ich lehne mich gegen Vorder- und Nachsatz auf. Der Mann imponirt mir durchaus nicht. Die Fähigkeit, Menschen zu bewundern, ist in mir nur mäßig ausgebildet, und [es ist] vielmehr ein Fehler meines Auges, daß es schärfer für Schwächen als für Vorzüge ist. Wenn mein letzter Brief etwa ein lebhafteres Colorit hat, so bitte ich das mehr als rhetorisches Hülfsmittel zu betrachten, mit dem ich auf Sie habe wirken wollen. Was aber das von mir geopferte Prinzip betrifft, so kann ich mir das, was Sie damit meinen, concret nicht recht formuliren und bitte Sie, diesen Punkt in einer Antwort wieder aufzunehmen, da ich das Bedürfniß habe, mit Ihnen prinzipiell nicht auseinander zu gehn. Meinen Sie damit ein auf *Frankreich und seine Legitimität* anzuwendendes Prinzip, so gestehe ich allerdings, daß ich dieses meinem *specifisch Preußischen Patriotismus vollständig* unterordne; Frankreich interessirt mich nur insoweit, als es auf die Lage meines Vaterlandes reagirt, und wir können Politik nur mit *dem Frankreich* treiben, welches vorhanden ist, dieses aber *aus den Combinationen nicht ausschließen.* Ein legitimer Monarch wie Ludwig XIV. ist ein ebenso feindseliges Element wie Napoleon I., und wenn dessen jetziger Nachfolger heut auf den Gedanken käme zu abdiciren, um sich in die Muße des Privatlebens zurückzuziehn, so würde er uns garkeinen Gefallen damit thun, und Heinrich V. würde nicht sein Nachfolger sein; auch wenn man ihn auf den vacanten und unverwehrten Thron hinaufsetzte, würde er sich nicht darauf behaupten. Ich kann als Romantiker eine Thräne für sein Geschick haben, als Diplomat würde ich sein Diener sein, wenn ich Franzose wäre, so aber zählt mir Frankreich, ohne Rücksicht auf die jeweilige Person an seiner Spitze, nur als ein Stein und zwar ein unvermeidlicher in dem Schachspiel der Politik, ein Spiel, in welchem ich nur *meinem* Könige und *meinem* Lande zu dienen Beruf habe. Sympathien und Antipathien in Betreff auswärtiger Mächte und Personen vermag ich vor meinem Pflichtgefühl im auswärtigen Dienste meines Landes nicht zu rechtfertigen, weder an mir noch an Andern; es ist darin der Embryo der Untreue gegen den Herrn oder das Land, dem man dient. Insbesondre aber, wenn man seine stehenden diplomatischen Beziehungen und die Unterhaltung des Einvernehmens im Frieden danach zuschneiden will, so hört man m. E. auf, Politik zu treiben und handelt nach persönlicher Willkür. Die Interessen des Vaterlandes dem eignen Gefühl von Liebe oder Haß gegen Fremde unterzuordnen, dazu hat meiner Ansicht nach selbst der König nicht das Recht, hat es aber vor Gott und nicht vor mir zu verantworten, wenn er es thut, und darum schweige ich über diesen Punkt.

Oder finden Sie das Prinzip, welches ich geopfert habe, in der Formel, daß ein *Preuße stets ein Gegner Frankreichs sein müsse?* Aus dem Obigen geht schon hervor, daß ich den Maßstab für mein Verhalten gegen fremde Regirungen nicht aus stagnirenden Antipathien, sondern nur aus der Schädlichkeit oder Nützlichkeit für Preußen, welche ich ihnen beilege, entnehme. In der Gefühlspolitik ist garkeine Reciprocität, sie ist eine ausschließlich Preußische Eigentümlichkeit; jede andre Regirung nimmt lediglich ihre Interessen zum Maßstabe ihrer Handlungen, wie sie dieselben auch mit rechtlichen oder gefühlvollen Deductionen drapiren mag. Man acceptirt unsre Gefühle, beutet sie aus, rechnet darauf, daß sie uns nicht gestatten, uns dieser Ausbeutung zu entziehn, und behandelt uns danach, d.h. man dankt uns nicht einmal dafür und respectirt uns nur als brauchbare *dupe.*

Ich glaube, Sie werden mir Recht geben, wenn ich behaupte, daß unser Ansehn in Europa heut nicht dasselbe ist wie vor 1848; ich meine sogar, es war größer zu jeder Zeit zwischen 1763 und 1848, mit Ausnahme natürlich der Zeit von 7 bis 13. Ich räume ein, daß unser Machtverhältniß zu andern Großmächten, namentlich aggressiv, vor 1806 ein stärkeres war als jetzt, von 15 bis 48 aber nicht; damals waren ziemlich Alle, was sie jetzt noch sind, und doch müssen wir sagen wie der Schäfer in Goethe's Gedicht: ›Ich bin heruntergekommen und weiß doch selber nicht wie.‹ Ich will auch nicht behaupten, daß ich es weiß, aber viel liegt ohne Zweifel in dem Umstande: wir haben keine Bündnisse und treiben keine auswärtige Politik, das heißt, keine active, sondern wir beschränken uns darauf, die Steine, die in unsern Garten fallen, aufzusammeln und den Schmutz, der uns anfliegt, abzubürsten, wie wir können. Wenn ich von Bündnissen rede, so meine ich damit keine Schutz- und Trutzbündnisse, denn der Frieden ist noch nicht bedroht; aber alle die Nuancen von Möglichkeit, Wahrscheinlichkeit oder Absicht, für den Fall eines Krieges dieses oder jenes Bündnis, schließen, zu dieser oder jener Gruppe gehören zu können, bleiben doch die Basis des Einflusses, den ein Staat heut zu Tage in Friedenszeiten üben kann. Wer sich in der für den Kriegsfall schwächern Combination befindet, ist nachgiebiger gestimmt; wer sich ganz isolirt, verzichtet auf Einfluß, besonders wenn es die schwächste unter den Großmächten ist. Bündnisse sind der Ausdruck gemeinsamer Interessen und Absichten. Ob wir Absichten und bewußte Ziele unsrer Politik überhaupt jetzt haben, weiß ich nicht; aber daß wir *Interessen* haben, daran werden uns Andre schon erinnern. Wir aber haben die Wahrscheinlichkeit eines Bündnisses bisher nur mit *denen,* deren Interessen sich mit den unsrigen am mannigfachsten kreuzen und ihnen widersprechen, nämlich mit den deutschen Staaten und Oestreich. Wollen wir damit unsre auswärtige Politik abgeschlossen betrachten, so müssen wir uns auch mit dem Gedanken vertraut machen, in Friedenszeiten unsern europäischen Einfluß auf ein Siebzehntel der Stimmen des engern Rathes im Bunde reducirt zu sehn und im Kriegsfalle mit der Bundesverfassung in der Hand allein im Taxisschen Palais übrig zu bleiben. Ich frage Sie, ob es in Europa ein Cabinet gibt, welches mehr als das Wiener ein gebornes und natürliches Interesse daran hat, Preußen nicht stärker werden zu lassen, sondern seinen Einfluß in Deutschland zu mindern; ob es ein Cabinet gibt, welches diesen Zweck eifriger und geschickter verfolgt, welches überhaupt kühler und cynischer nur *seine* eignen Interessen zur Richtschnur seiner Politik nimmt, und welches uns, den Russen und den Westmächten mehr und schlagendere Beweise von Perfidie und Unzuverlässigkeit für Bundesgenossen gegeben hat? Genirt sich denn Oestreich etwa mit dem Auslande jede seinem Vortheil entsprechende Verbindung einzugehn und sogar die Theilnehmer des Deutschen Bundes vermöge solcher Verbindungen offen zu bedrohn? Halten Sie den Kaiser Franz Joseph für eine aufopfernde, hingebende Natur überhaupt und insbesondre für außeröstreichische Interessen? Finden Sie zwischen seiner Buol-Bach'schen Regirungsweise und der Napoleonischen vom Standpunkte des ›Prinzips‹ einen Unterschied? Der Träger der letztern sagte mir in Paris, es sei für ihn ›qui fais tous les efforts pour sortir de ce système de centralisation trop tendue qui en dernier lieu a pour pivot un gendarme secrétaire et que je considère comme une des causes principales des malheurs de la France‹ sehr merkwürdig zu sehn, wie Oestreich die stärksten Anstrengungen mache, um hinein zu gerathen. Ich frage noch weiter und bitte Sie, mich in Antwort nicht mit einer ausweichenden Wendung abzufinden: gibt es nächst Oestreich Regirungen, die weniger den Beruf fühlen, etwas für Preußen zu thun als die deutschen Mittelstaaten? Im Frieden haben sie das Bedürfniß, am Bunde und im Zollverein Rollen zu spielen, ihre Souveränität an unsern Grenzen geltend zu machen, sich mit von der Heydt zu zanken, und im Kriege wird ihr Verhalten durch Furcht oder Mißtrauen für oder gegen uns bedingt, und das Mißtrauen wird ihnen kein Engel ausreden können, so lange es noch Landkarten gibt, auf die sie einen Blick werfen können. Und nun noch eine Frage: Glauben Sie denn und glaubt Se. Majestät der König wirklich noch an den Deutschen Bund und seine Armee für den Kriegsfall? ich meine nicht für den Fall eines französischen Revolutionskrieges gegen Deutschland im Bunde mit Rußland, sondern in einem

Interessenkriege, bei dem Deutschland mit Preußen und Oestreich auf ihren alleinigen Füßen zu stehn angewiesen wären. Glauben Sie daran, so kann ich allerdings nicht weiter discutiren, denn unsre Prämissen wären zu verschieden. Was könnte Sie aber berechtigen, daran zu glauben, daß die Großherzöge von Baden und Darmstadt, der König von Würtemberg oder Baiern den Leonidas für Preußen und Oestreich machen sollten, wenn die Uebermacht *nicht* auf deren Seite ist und niemand an Einheit und Vertrauen zwischen beiden, Preußen und Oestreich nämlich, auch nur den mäßigsten Grund hat zu glauben? Schwerlich wird der König Max in Fontainebleau dem Napoleon sagen, daß er nur über seine Leiche die Gränze Deutschlands oder Oestreichs passiren werde.

Ganz erstaunt bin ich, in Ihrem Briefe zu lesen, daß die Oestreicher behaupten, sie hatten uns in Neuenburg mehr verschafft als die Franzosen. So unverschämt im Lügen ist doch nur Oestreich; wenn sie *gewollt* hätten, so hätten sie es nicht gekonnt und mit Frankreich und England wahrlich keine Händel um unsertwillen angefangen. Aber sie haben im Gegentheil uns in der Durchmarschfrage genirt, so viel sie konnten, uns verleumdet, uns Baden abwendig gemacht, und jetzt in Paris sind sie mit England unsre Gegner gewesen. Ich weiß von den Franzosen und von Kisseleff, daß in allen Besprechungen, wo Hübner *ohne* Hatzfeldt gewesen ist, und das waren grade die entscheidenden, er stets der Erste war, sich dem englischen Widerspruch gegen uns anzuschließen; dann ist Frankreich gefolgt, dann Rußland. Warum sollte aber überhaupt *Jemand* etwas für uns in Neuenburg thun und sich für unsre Interessen einsetzen? hatte denn Jemand von uns etwas dafür zu hoffen oder zu fürchten, wenn er uns den Gefallen that oder nicht? Daß man in der Politik aus Gefälligkeit oder aus allgemeinem Rechtsgefühl handelt, das dürfen Andre von *uns*, *wir* aber nicht von *ihnen* erwarten.

Wollen wir so isolirt, unbeachtet und gelegentlich schlecht behandelt weiter leben, so habe ich freilich keine Macht, es zu ändern; wollen wir aber wieder zu Ansehn gelangen, so erreichen wir es unmöglich damit, daß wir unser Fundament lediglich auf den Sand des Deutschen Bundes bauen und den Einsturz in Ruhe abwarten. So lange Jeder von uns die Ueberzeugung hat, daß ein Theil des europäischen Schachbretes uns nach unserm eignen Willen verschlossen bleibt oder daß wir uns einen Arm prinzipiell festbinden, während jeder Andre beide zu unserm Nachtheil benutzt, wird man diese unsre Gemüthlichkeit ohne Furcht und ohne Dank benutzen. Ich verlange ja garnicht, daß wir mit Frankreich ein Bündniß schließen und gegen Deutschland conspiriren sollen; aber ist es nicht vernünftiger, mit den Franzosen, so lange sie uns in Ruhe lassen, auf freundlichem als auf kühlem Fuße zu stehn? Ich will nichts weiter, als andern Leuten den Glauben benehmen, *sie* könnten sich verbrüdern, mit wem sie wollten, aber *wir* würden eher Riemen aus unsrer Haut schneiden lassen, als dieselbe mit französischer Hülfe vertheidigen. Höflichkeit ist eine wohlfeile Münze; und wenn sie auch nur dahin führt, daß die Andern nicht mehr glauben, Frankreichs seien sie gegen uns immer sicher und wir jeder Zeit hülfsbedürftig gegen Frankreich, so ist das für Friedensdiplomatie ein großer Gewinn; wenn wir diese Hülfsmittel verschmähn, sogar das Gegentheil thun, so weiß ich nicht, warum wir nicht lieber die Kosten der Diplomatie sparen oder reduciren, denn diese Kaste vermag mit allen Arbeiten nicht zu Wege zu bringen, was der König mit geringer Mühe kann, nämlich Preußen eine angesehne Stellung im Frieden durch den Anschein von freundlichen Beziehungen und möglichen Verbindungen wiederzugeben. Nicht minder vermag Se. Majestät durch ein Schautragen *kühler* Verhältnisse leicht alle Arbeit der Diplomaten zu lähmen; denn was soll ich hier oder einer unsrer andern Gesandten durchsetzen, wenn wir den Eindruck machen, ohne Freunde zu sein oder auf Oestreichs Freundschaft zu rechnen. Man muß nach Berlin kommen, um nicht ausgelacht zu werden, wenn man von Oestreichs Unterstützung in irgend einer für uns erheblichen Frage sprechen will. Und selbst in Berlin kenne ich doch nachgrade nur einen sehr kleinen Kreis, bei dem das Gefühl der Bitterkeit nicht durchbräche, sobald von unsrer auswärtigen Politik die Rede ist. Unser Recept für alle Nebel ist, uns an die Brust des Grafen Buol zu werfen und ihm unser brüderliches Herz auszuschütten. Ich erlebte in Paris, daß ein Graf So und So gegen seine Frau auf Scheidung klagte, nachdem er sie, eine ehemalige Kunstreiterin, *zum 24. Male* im flagranten Ehebruch betroffen hatte; er wurde als ein Muster von galantem und nachsichtigem Ehemann von seinem Advocaten vor Gericht gerühmt, aber gegen unsern Edelmuth mit Oestreich kann er sich doch nicht messen.

Unsre innern Verhältnisse leiden unter ihren eignen Fehlern kaum mehr als unter dem peinlichen und allgemeinen Gefühl unsres Verlustes an Ansehn im Auslande und der gänzlich passiven Rolle unsrer Politik. Wir sind eine eitle Nation, es ist uns schon empfindlich, wenn wir nicht renommiren können, und einer Regirung, die uns nach außen hin Bedeutung gibt, halten wir vieles zu Gute und lassen uns viel gefallen dafür, selbst im Beutel. Aber wenn wir uns für's Innre sagen müssen, daß wir mehr durch unsre guten Säfte die Krankheiten ausstoßen, welche unsre ministeriellen Aerzte uns einimpfen, als daß wir von ihnen geheilt und zu gesunder Diät angeleitet würden, so sucht man im Auswärtigen vergebens nach einem Trost dafür. Sie sind doch, verehrtester Freund, *au fait* von unsrer Politik; können Sie mir nun ein Ziel nennen, welches dieselbe sich etwa vorgesteckt hat, auch nur einen Plan auf einige Monate hinaus; grade *rebus sic stantibus* weiß man da, was man eigentlich will? Weiß das irgend Jemand in Berlin und glauben Sie, daß bei den Leitern eines andern Staates dieselbe Leere an positiven Zwecken und Ideen vorhanden ist? Können Sie mir ferner einen Verbündeten nennen, auf welchen Preußen zählen könnte, wenn es heut grade zum Kriege käme, oder der für uns spräche bei einem Anliegen, wie etwa das Neuenburger, oder der für uns irgend etwas thäte, weil er auf unsern Beistand rechnet oder unsre Feindschaft fürchtet? Wir sind die gutmüthigsten, ungefährlichsten Politiker, und doch traut uns eigentlich niemand; wir gelten wie unsichre Genossen und ungefährliche Feinde, ganz als hätten wir uns im Aeußern so betragen und wären im Innern so krank wie Oestreich. Ich spreche nicht von der Gegenwart; aber können Sie mir einen *positiven* Plan (abwehrende genug) oder eine Absicht nennen, die wir seit dem Radowitzischen Dreikönigsbündniß in auswärtiger Politik gehabt haben? Doch, den Jahdebusen; der bleibt aber bisher ein todtes Wasserloch, und den Zollverein werden wir uns von Oestreich ganz freundlich ausziehn lassen, weil wir nicht den Entschluß haben, einfach Nein zu sagen. Ich wundre mich, wenn es bei uns noch Diplomaten gibt, denen der Muth, einen Gedanken zu haben, denen die sachliche Ambition, etwas leisten zu wollen, nicht schon erstorben ist, und ich werde mich ebenso gut wie meine College darin finden, einfältig meine Instruction zu vollziehn, den Sitzungen beizuwohnen und mich der Theilnahme für den allgemeinen Gang unsrer Politik zu entschlagen; man bleibt gesünder dabei und verbraucht weniger Tinte.

Sie werden wahrscheinlich sagen, daß ich aus *dépit*, weil Sie nicht meiner Meinung sind, schwarz sehe und raisonnire wie ein Rohrspatz; aber ich würde wahrlich ebensogern meine Bemühungen an die Durchführung fremder Ideen wie eigner setzen, wenn ich nur überhaupt welche fände. So weiter zu vegetiren, dazu bedürfen mir eigentlich des ganzen Apparates unsrer Diplomatie nicht. Die Tauben, die uns gebraten anfliegen, entgehn uns ohnehin nicht; oder doch, denn wir werden den Mund schwerlich dazu aufmachen, falls wir nicht grade gähnen. Mein Streben geht ja nur dahin, daß wir solche Dinge zulassen und nicht von uns weisen, welche geeignet sind, bei den Cabinetten in Friedenszeit den Eindruck zu machen, daß wir uns mit Frankreich nicht schlecht stehn, daß man auf unsre Beistandsbedürftigkeit gegen Frankreich nicht zählen und uns deßhalb drücken darf, und daß uns, wenn man unwürdig mit uns umgehn will, alle Bündnisse offen stehn. Wenn ich nun melde, daß diese Vortheile gegen Höflichkeit und gegen den Schein der Reciprocität zu haben sind, so erwarte ich, daß man mir entweder nachweist, es seien keine Vortheile, es entspreche vielmehr unsern Interessen besser, wenn fremde und deutsche Höfe berechtigt sind, von der Annahme auszugehn, daß wir gegen Westen unter allen Umständen feindlich gerüstet sein müssen und Bündnisse, eventuell Hülfe, dagegen bedürfen, und wenn sie diese Annahme als Basis ihrer gegen uns gerichteten politischen Operationen ausbeuten. Oder ich erwarte, daß man andre Pläne und Absichten hat, in deren Combination der Anschein eines guten Vernehmens mit Frankreich nicht paßt. Ich weiß nicht, ob die Regirung einen Plan hat (den ich nicht kenne), ich glaube es nicht; wenn man aber diplomatische Annäherungen einer großen Macht nur deßhalb von sich abhält und die politischen Beziehungen zweier großen Mächte nur danach regelt, ob man Antipathien oder Sympathien für Zustände und Personen hat, die man doch nicht ändern kann und will, so drücke ich mich mit Zurückhaltung aus, wenn ich sage: Ich habe dafür kein Verständniß als Diplomat und finde mit der Annahme eines solchen Systems in auswärtigen Beziehungen das ganze Gewerbe der Diplomatie bis auf das Consularwesen hinunter überflüssig und thatsächlich cassirt. Sie sagen mir, ›der Mann ist unser natürlicher Feind, und daß er es ist und bleiben muß, wird sich bald zeigen‹, ich könnte das bestreiten oder mit demselben Rechte sagen: ›Oestreich, England sind unsre Feinde, und daß sie es sind, zeigt sich schon längst, bei Oestretch natürlicher, bei England unnatürlicher Weise.‹ Aber ich will das auf sich beruhn lassen und annehmen, Ihr Satz wäre richtig, so kann ich es auch dann noch nicht für politisch halten, unsre Befürchtungen schon im Frieden von andern und von Frankreich selbst erkennen zu lassen, sondern finde es, bis der von Ihnen vorhergesehne Bruch wirklich eintritt, immer noch nützlich, die Leute glauben zu lassen, daß ein Krieg gegen Frankreich uns *nicht* nothwendig über kurz oder lang bevorsteht, daß er wenigstens nichts von Preußens Lage Unzertrennliches, daß die Spannung gegen Frankreich nicht ein organischer Fehler, eine angeborne schwache Seite unsrer Natur ist, auf die jeder Andre mit Sicherheit speculiren kann. Sobald man uns für kühl mit Frankreich hält, wird auch der Bundescollege hier kühl für mich....

v. B.«

Gerlach antwortete wie folgt:

»Berlin, 6. Mai 1857.

Ihr Brief vom 2. hat auf der einen Seite mir eine große Freude gemacht, da ich daraus sehe, daß es Ihnen am Herzen liegt, mit mir in Einigkeit zu bleiben oder zu kommen, woraus sich die meisten Menschen wenig machen, auf der andern Seite aber auch zum Widerspruch und zur eignen Rechtfertigung aufgefordert.

Zunächst bilde ich mir ein, doch immer noch im innersten Grunde mit Ihnen einig zu sein. Wäre das nicht der Fall, so würde ich mich auf eine gründliche Widerlegung nicht einlassen, indem eine solche doch zu nichts führen könnte. Haben Sie das Bedürfniß, mit mir principiell nicht auseinander zu gehen, so liegt es uns doch zunächst ob, dieses Princip aufzusuchen und sich nicht an Regationen zu halten, wie z.B. ›Ignoriren von Realitäten‹, ›Ausschließen von Frankreich aus den politischen Combinationen‹. Ebensowenig dürften wir das gemeinschaftliche Princip in dem ›preußischen Patriotismus‹, ›in der Schädlichkeit und Nützlichkeit für Preußen‹, ›in dem ausschließlichen Dienst des Königs und des Landes‹ finden, denn das sind Dinge, die sich von selbst verstehen und bei denen Sie doch auf die Antwort gefaßt sein müssen, daß ich diese Dinge in meiner Politik noch besser und mehr als in der Ihrigen und in jeder andern zu finden glaube. Mir ist aber das Aussuchen des Princips gerade deshalb von der größten Wichtigkeit, weil ich, ohne ein solches gefunden zu haben, alle politischen Combinationen für fehlerhaft, unsicher und in hohem Grade gefährlich halte, wovon ich mich in den letzten zehn Jahren und gerade durch den Erfolg überzeugt habe.

Jetzt muß ich etwas weit ausholen und zwar bis zu Karl dem Großen, also über 1000 Jahre. Damals war das Princip der europäischen Politik die Ausbreitung der christlichen Kirche. Karl der Große huldigte demselben in seinen Kriegen mit den Sarazenen, Sachsen, Avaren u.s.w., und seine Politik war wahrlich nicht unpraktisch. Seine Nachfolger stritten sich principienlos unter einander, und wieder waren es die großen Fürsten des Mittelalters, welche dem alten Princip treu blieben. Die preußische Macht wurde gegründet durch die Kämpfe der brandenburgischen Markgrafen und des deutschen Ordens gegen diejenigen Völker, welche sich dem Kaiser, dem Vicarius der Kirche, nicht unterwerfen wollten, und das dauerte, bis daß der Verfall der Kirche zu dem Territorialismus, zum Verfall des Reiches, zur Spaltung in der Kirche führte. Seitdem war nicht mehr ein allgemeines Princip in der Christenheit. Von dem ursprünglichen Princip war noch allein der Widerstand gegen die gefährliche Macht der Türken übrig, und Oestreich sowie später Rußland waren wahrlich nicht unpraktisch, als sie diesem Principe gemäß die Türken bekämpften. Die Türkenkriege begründeten die Macht dieser Reiche, und wäre man diesem Princip, das türkische Reich zu bekämpfen, treu geblieben: Europa oder die Christenheit wären nach menschlichen Begriffen dem Orient gegenüber in einer besseren Lage als jetzt, wo uns von dort die größten Gefahren drohen. Vor der französischen Revolution, dem schroffen und sehr praktischen Abfall von der Kirche Christi zunächst in der Politik, war eine Politik ›der Interessen‹ des sogenannten Patriotismus, und wohin diese führte, haben wir gesehen. Etwas Elenderes als die Politik Preußens von 1778 bis zur französischen Revolution hat es nie gegeben; ich erinnere an die Subsidien, die Friedrich II. an Rußland zahlte, die einem Tribut gleichkamen, an den Haß gegen England. Bei Holland hielt 1787 noch das alte Ansehen Friedrich's II.; die Reichenbacher Convention war aber schon eine durch Abweichung von dem Princip veranlaßte Blamage. Die Kriege des Großen Kurfürsten waren im protestantischen Interesse, und die Kriege Friedrich Wilhelm's III. gegen Frankreich waren recht eigentlich Kriege gegen die Revolution. Den protestantischen Charakter hatten wesentlich auch die drei schlesischen Kriege 1740 bis 1763, wenn auch bei allem diesen die Interessen des Territorialismus und das Gleichgewicht mitspielten.

Das Princip, was durch die Revolution, welche die Tour durch Europa machte, der europäischen Politik gegeben wurde, ist das nach meiner Meinung bis heute gültige. Es war wahrlich nicht unpraktisch, dieser Auffassung treu zu bleiben. England, was dem Kampfe gegen die Revolution bis 1815 treu blieb und sich durch den alten Bonaparte nicht beirren ließ, stieg zur höchsten Macht; Oestreich kam nach vielen unglücklichen Kriegen dennoch gut aus der Fechtschule; Preußen hat schwer an den Folgen des Baseler Friedens gelitten und nur durch 1813-1815 sich rehabilitirt, noch viel mehr Spanien, was daran zu Grunde gegangen; und nach Ihrer eignen Ansicht sind die deutschen Mittelstaaten leider im Wiener Congreß aus Halbheit und Eifersucht octroyirte und geschützte Producte der Revolution und des ihr folgenden Bonapartismus, der *Materia peccans*, in Deutschland. Hätte man principienmäßig in Wien Belgien an Oestreich und die fränkischen Fürstentümer an Preußen zurückgegeben: Deutschland wäre in einer andern Lage als jetzt, besonders wenn man gleichzeitig die Mißgeburten Bayern, Württemberg, Darmstadt auf ihre natürliche Größe zurückgeführt hätte; damals aber zog man Arrondirung u.s.w., lauter mechanische Interessen dem Principe vor.

Sie haben sich aber gewiß bei meiner weitläufigen Deduction schon gelangweilt, ich will daher der neuesten Zeit entgegengehen. Finden Sie es denn eine glückliche Lage der Dinge, daß jetzt, wo Preußen und Oestreich sich feindlich entgegenstehen, Bonaparte bis Dessau hin regirt und Nichts in Deutschland geschieht, ohne bei ihm anzufragen? Kann uns ein Bündnis mit Frankreich den Zustand der Dinge ersetzen, welcher von 1815-1848 bestanden hat, wo sich keine fremde Macht in die deutschen Angelegenheiten mischte? Daß Oestreich und die deutschen Mittelstaaten nichts für uns tun werden, davon bin ich wie Sie überzeugt. Ich glaube nur außerdem noch, daß Frankreich, das heißt Bonaparte, auch nichts für uns thun wird. Daß man unfreundlich und unhöflich gegen ihn ist, billige ich so wenig als Sie; daß man Frankreich aus den politischen Combinationen ausschließt, ist Wahnsinn. Daraus folgt aber noch nicht, daß man Bonaparte's Ursprung vergißt, ihn nach Berlin einladet und dadurch im In- und Auslande alle Begriffe verwirrt. In der Neufchâteler Sache hat er sich insofern gut benommen, daß er den Krieg verhindert und offen gesagt hat, daß er nicht mehr thun würde. Ob es aber nicht besser um diese Angelegenheit stände, wenn wir uns nicht von einer ›Gefühlspolitik‹ hätten leiten lassen, sondern die Sache an die europäischen Mächte, die das Londoner Protokoll unterzeichnet, gebracht hatten, ohne uns vorher unter die Flügel Bonaparte's geduckt zu haben, das ist doch noch sehr fraglich, und das hatte Oestreich denn doch wirklich gewollt. Den Gefangenen, für die man sich verwenden konnte, wäre doch kein Leid geschehen.

Dann klagen Sie unsre Politik der Isolirtheit an. Dieselbe Anklage erhob der Freimaurer Usedom, als er uns in den Vertrag vom 2. December hineintreiben wollte, und Manteuffel, jetzt Usedom's entschiedener Feind, war sehr von diesem Gedanken imponirt, Sie damals aber Gott sei Dank nicht. Oestreich schloß damals den Decembervertrag mit, was hat es ihm genutzt? Es taumelt umher nach Bündnissen. Eine Quasi-Allianz schloß es gleich nach dem Pariser Frieden, jetzt soll es eine geheime mit England geschlossen haben. Ich sehe dabei keinen Gewinn, sondern nur Verlegenheiten. Letztere Allianz kann nur für den Fall gültig werden, daß die französisch-englische auseinandergeht, und auch nur bis dahin wird Palmerston sich nicht abhalten lassen, mit Sardinien und Italien zu coquettiren.

Mein politisches Princip ist und bleibt der Kampf gegen die Revolution. Sie werden Bonaparte nicht davon überzeugen, daß er nicht auf der Seite der Revolution steht. Er will auch nirgends anders stehen, denn er hat davon seine entschiedenen Vortheile. Es ist hier also weder von Sympathie noch von Antipathie die Rede. Diese Stellung Bonaparte's ist eine ›Realität‹, die Sie nicht ›ignoriren‹ können. Daraus folgt aber keineswegs, daß man nicht höflich und nachgiebig, anerkennend und rücksichtsvoll gegen ihn sein, nicht daß man sich zu bestimmten Dingen mit ihm verbinden kann. Wenn aber mein Princip wie das des Gegensatzes gegen die Revolution ein richtiges ist, und ich glaube, daß Sie es auch als ein solches anerkennen, so muß man es auch in der Praxis stets festhalten, damit, wenn die Zeit kommt, wo es praktisch wird, und diese Zeit muß kommen, wenn das Princip richtig ist, diejenigen, die wie vielleicht bald Oestreich und auch England es anerkennen müssen, dann wissen, was sie von uns zu halten haben. Sie sagen selbst, daß man sich auf uns nicht verlassen kann, und es ist doch nicht zu verkennen, daß nur der zuverlässig ist, welcher nach bestimmten Grundsätzen und nicht nach schwankenden Begriffen von Interessen u. s. w. handelt. England und in seiner Art auch Oestreich waren von 1793 bis 1813 völlig zuverlässig und fanden daher immer Verbündete trotz aller Niederlagen, welche die Franzosen ihnen beibrachten.

Was nun unsre deutsche Politik anbetrifft, so glaube ich, daß es doch unser Beruf ist, den kleinen Staaten die preußische Ueberlegenheit zu zeigen und sich nicht Alles gefallen zu lassen, so in den Zollvereins-Verhältnissen und bei vielen andern Gelegenheiten, bis zu den Jagdeinladungen, bis zu den Prinzen, die in unsre Dienste treten u. s. w. Hier, d. h. in Deutschland, ist auch der Ort, wo man Oestreich, wie es mir scheint, entgegentreten muß; gleichzeitig wäre aber auch jede Blöße gegen Oestreich zu vermeiden. Dies wäre meine Erwiderung auf Ihren Brief.

Wenn ich aber noch über unsre außerdeutsche Politik reden soll, so kann ich es nicht auffallend und auch nicht ängstlich finden, wenn wir da in einer Zeit isolirt stehen, wo alle Verhältnisse auf den Kopf gestellt sind, England und Frankreich für jetzt noch so eng verbunden sind, daß Frankreich nicht den Muth hat, an Sicherheiten gegen die Schweizer Radikalen zu denken, weil England es übel nehmen könnte, unterdessen aber dasselbe England in Furcht mit seinen Landungsvorbereitungen setzt und entschiedene Schritte zu einer russischen Allianz macht; Oestreich in einem Bunde mit England, was dennoch fortwährend Italien aufwiegelt u. s. w. Wohin sollen wir uns da wenden nach Ihrer Ansicht, etwa wie es der hier anwesende Plonplon angedeutet haben soll, zu einer Allianz mit Frankreich und Rußland gegen Oestreich und England? Aus einer solchen Allianz folgt aber unmittelbar ein überwiegender Einfluß Frankreichs in Italien, die gänzliche Revolutionirung dieses Landes und ebenfalls ein überwiegender Einfluß von Bonaparte in Deutschland. An diesem Einfluß würde man uns in den untergeordneten Sphären einigen Antheil lassen, aber keinen großen und keinen langen. Wir haben ja schon einmal Deutschland unter russisch-französischem Einflusse gesehen 1801-1803, wo die Bisthümer säcularisirt und nach Pariser und Petersburger Vorschriften vertheilt wurden; Preußen, was sich damals gut mit den beiden Staaten und schlecht mit Oestreich und England stand, erhielt auch etwas ab bei der Theilung, aber nicht viel und sein Einfluß war geringer als je.

L. v. G.«

Ohne näher auf seinen Brief einzugehn, schrieb ich dem General am 11. Mai:

»... Berliner Nachrichten sagen mir, daß man mich am Hofe als Bonapartisten bezeichnet. Man thut mir Unrecht damit. Im Jahre 50 wurde ich von unsern Gegnern verrätherischer Hinneigung zu Oestreich angeklagt, und man nannte uns die Wiener in Berlin; später fand man, daß wir nach Juchten rochen, und nannte uns Spree-Kosaken. Ich habe damals auf die Frage, ob ich Russisch oder westmächtlich sei, stets geantwortet, ich bin Preußisch, und mein Ideal für auswärtige Politiker ist die Vorurtheilsfreiheit, die Unabhängigkeit der Entschließungen von den Eindrücken der Abneigung oder der Vorliebe für fremde Staaten und deren Regenten. Ich habe, was das Ausland anbelangt, in meinem Leben nur für England und seine Bewohner Sympathie gehabt und bin stundenweis noch nicht frei davon; aber die Leute wollen sich ja von uns nicht lieben lassen, und ich würde, sobald man mir nachweist, daß es im Interesse einer gesunden und wohldurchdachten Preußischen Politik liegt, unsre Truppen mit derselben Genugthuung auf die Französischen, Russischen, Englischen oder Oestreichischen feuern sehn. In Friedenszeiten halte ich es für muthwillige Selbstschwächung, sich Verstimmungen zuzuziehn oder solche zu unterhalten, ohne daß man einen praktischen politischen Zweck damit verbindet, und die Freiheit seiner künftigen Entschließungen und Verbindungen vagen und unerwiderten Sympathien zu opfern, Concessionen, wie sie Oestreich jetzt in Betreff Rastatts von uns erwartet, lediglich aus Gutmüthigkeit und love of approbation zu machen. Können wir jetzt kein Aequivalent für eine Gefälligkeit der Art erwarten, so sollten wir auch unsre Concession zurückhalten; die Gelegenheit, sie als Ausgleichungsobject zu verwerthen, kommt vielleicht später einmal. Die Nützlichkeit für den Bund kann doch nicht die *ausschließliche* Richtschnur Preußischer Politik sein, denn das Allernützlichste für den Bund wäre ohne Zweifel, wenn wir uns und alle Deutsche Regirungen Oestreich militärisch, politisch und commerciell im Zollverein unterordneten; unter einheitlicher Leitung würde der Bund in Krieg und Frieden ganz andre Dinge leisten, auch wirklich haltbar werden für Kriegsfälle…« Bismarck's Briefe an den General L. v. Gerlach S. 324 ff.

Gerlach antwortete mir unter dem 21. Mai:

»Als ich Ihren Brief vom 11. d. M. erhielt, dachte ich schon, es wäre eine Antwort auf meine versuchte Widerlegung Ihres ausführlichen Schreibens vom 2. d. M. Ich war daher sehr gespannt, da es mir sehr schwer wird, mit Ihnen verschiedener Meinung zu sein, und ich auf eine Verständigung hoffte. Ihre Apologie gegen den Ihnen gemachten Vorwurf des Bonapartismus zeigt mir aber, daß wir noch weit aus einander sind…. Daß Sie kein Bonapartist sind, weiß ich ebenso gewiß, als daß die meisten Staatsmänner, nicht allein bei uns, sondern auch in andern Ländern, es in Wahrheit sind, z. B. Palmerston, Bach, Buol u. s. w.; auch weiß ich a priori, daß Sie in Frankfurt und in Deutschland, bald hätte ich gesagt im Rheinbund, viele Exemplare dieser Sorte bemerkt haben werden. Schon die Art, wie Sie die Opposition des letzten Landtags ansahn, rechtfertigt Sie gegen den Vorwurf des Bonapartismus. Aber eben deswegen ist es mir unerklärlich, wie Sie unsre äußere Politik ansehn.

Daß man nicht mistrauisch, steifstellig, widerwillig gegen Bonaparte sein soll, finde ich auch, man soll die besten procédés gegen ihn haben, nur nicht ihn hierher einladen, wie Sie wollen, weil man sich etwas dadurch vergiebt, den guten Sinn, wo er noch vorhanden, irre macht, Mistrauen erregt und seine Ehre verliert. Darum billige ich vieles in Ihrem Memoire; An Manteuffel vom 18. Mai, s. Preußen im Bundestage IV 262 ff. 264 ff., einen Nachtrag dazu s. ebendort S. 272 ff. die historische Einleitung, Fol. 1-5, ist höchst belehrend und von dem andern das Meiste sehr anwendbar; aber verzeihen Sie, es fehlt ihm Kopf und Schwanz, Princip und Ziel der Politik.

1. Können Sie leugnen, daß Napoleon III. wie Napoleon I. den Consequenzen seiner Stellung eines auf Volkssouveränität gegründeten Absolutismus (l'élu de 7 millions) unterliegt, was er so gut als der alte fühlt…?
2. Frankreich, Rußland, Preußen eine triple alliance, in die Preußen nur eintritt, ›ich sei, gewährt mir die Bitte, in eurem Bunde der Dritte‹ und der schwächste bleibt, der Oestreich und England abwehrend und mistrauisch gegenübersteht, bewirkt unmittelbar den Sieg der ›französischen Interessen‹, d. h. die Herrschaft in Italien zunächst und dann in Deutschland. 1801 bis 1804 vertheilten Rußland und Frankreich Deutschland und gaben Preußen ein Weniges ab.
3. Worin unterscheidet sich die von Ihnen empfohlene Politik von der von Haugwitz von 1794-1805? Da war auch nur von einem ›Defensiv-System‹ die Rede. Thugut, Cobenzl, Lehrbach waren um nichts besser als Buol und Bach, Perfidien fielen Seitens Oestreichs auch vor, Rußland war noch unzuverlässiger als jetzt, dafür aber freilich England zuverlässiger. Der König war auch in seinem Herzen dieser Politik abgeneigt….

Bei meiner Differenz mit Ihnen kommt mir oft der Gedanke, daß ich mit meinen Ansichten veraltet bin, und daß, wenn ich auch meine Politik nicht unrichtig finden kann, es doch vielleicht nöthig ist, es mit einer andern zu versuchen, die zunächst durchgemacht und überwunden werden muß. 1792 war Massenbach für die französische Allianz und schrieb darüber mitten im Kriege eine Abhandlung, von 1794 war Haugwitz für das Defensiv-System oder für die Neutralität u.s.w. Der revolutionäre Absolutismus ist seinem Wesen nach erobernd, da er sich im Innern nur halten kann, wenn rundum alles so wie bei ihm ist. Palmerston mußte die Demonstration gegen die Belgische Presse unterstützen u.s.w. Gegen den Schweizer Radicalismus, obschon er Bonaparte eingestandnermaßen sehr unbequem ist, war Napoleon III. sehr schwach. – Nun noch eine Parallele. 1812 waren Gneisenau, Scharnhorst und wenige andre gegen die französische Allianz, die bekanntlich durchgesetzt und durch ein Hilfscorps zur Realität wurde. Der Erfolg sprach für die, welche die Allianz gewollt hatten. Ich würde doch sehr gern bei Gneisenau und Scharnhorst gestanden haben. 1813 war Knesebeck für den Waffenstillstand, Gneisenau dagegen, ich damals als 22jähriger Offizier entschieden dagegen und getraue mir, des Erfolges ungeachtet, zu beweisen, daß ich Recht hatte. *Vitrix causa diis placuit, victa Catoni* hat auch eine Bedeutung....

Die Politik des Defensiv-Systems in der Allianz mit Frankreich und Rußland durchzusetzen – ehemals nannte man das Neutralitätspolitik, bei der orientalischen Frage wollte England eine solche nicht dulden – wird Ihnen nicht schwer fallen, die Manteuffels und noch viele Andre stehen auf Ihrer Seite (S. Maj. im Herzen zwar nicht, aber doch mit der Passivität), und zwar diese alle so lange, wie der Bonapartismus hält. Was kann aber unterdessen noch Alles geschehn? Ich würde mich aber sehr gefreut haben, wenn Sie dann völlig unvermischt mit demselben das Heft hätten ergreifen können. Der alte Bonaparte regierte 15 Jahr, Louis Philippe 18, glauben Sie, daß das jetzige Wesen länger halten wird?

L. v. G.« Vgl. Bismarck-Jahrbuch II 242 ff.

Ich erwiderte in folgendem Briefe:

»Frankfurt, 30. Mai 1857. Bei Beantwortung Ihrer beiden letzten Briefe bin ich unter dem Drucke des Gefühls der Unvollkommenheit des menschlichen Ausdrucks, besonders des schriftlichen; jeder Versuch sich klar zu machen, ist der Vater neuer Mißverständnisse; es ist uns nicht gegeben, den ganzen Menschen zu Papier oder über die Zunge zu bringen, und die Bruchstücke, welche wir zu Tage fördern, können wir Andre nicht grade so wahrnehmen lassen, wie wir sie selbst empfunden haben, theils wegen der Inferiorität der Sprache gegen den Gedanken, theils weil die äußern Thatsachen, auf die wir Bezug nehmen, sich selten zwei Personen unter gleichem Lichte darstellen, sobald der Eine nicht die Anschauung des Andern auf Glauben und ohne eignes Urtheil annimmt.

Den Abhaltungen, die in Geschäften, Besuchen, schönem Wetter, Faulheit, Kinderkrankheit und eigner Krankheit lagen, kam jenes Gefühl zu Hülfe und entmuthigte mich, Ihrer Kritik mit fernern Argumenten gegenüber zu treten, von denen jedes seine Halbheiten und Blößen an sich tragen wird. Nehmen Sie bei der Beurtheilung Rücksicht darauf, daß ich Reconvalescent bin und heut den ersten Marienbader getrunken habe, und wenn meine Ansichten von den Ihrigen abweichen, so suchen Sie die Verschiedenheit im Blättertrieb und nicht in der Wurzel, für welche ich vielmehr meinen Überzeugungen die Gemeinschaft mit den Ihrigen stets vindicire.

Das Prinzip des Kampfes gegen die Revolution erkenne auch ich als das meinige an, aber ich halte es nicht für richtig, Louis Napoleon als den alleinigen oder auch nur als den Repräsentanten der Revolution hinzustellen, und halte es nicht für möglich, das Prinzip in der Politik als ein solches durchzuführen, daß die entferntesten Consequenzen desselben noch jede andre Rücksicht durchbrechen, daß es gewissermaßen den alleinigen Trumpf im Spiele bildet, von dem die niedrigste Karte noch die höchste jeder andern Farbe sticht.

Wie viele Existenzen giebt es noch in der heutigen politischen Welt, die nicht in revolutionärem Boden wurzeln? Nehmen Sie Spanien, Portugal, Brasilien, alle amerikanischen Republiken, Belgien, Holland, die Schweiz, Griechenland, Schweden, das noch heut mit Bewußtsein in der *glorious revolution* von 1688 fußende England; selbst für das Terrain, welches die heutigen deutschen Fürsten theils Kaiser und Reich theils ihren Mitständen, den Standesherrn, theils ihren eignen Landständen abgewonnen haben, läßt sich kein vollständig legitimer Besitztitel nachweisen, und in unserm eignen staatlichen Leben können wir der Benutzung revolutionärer Unterlagen nicht entgehn. Viele der berührten Zustände sind eingealtert, und wir haben uns an sie gewöhnt; es geht uns damit, wie mit allen den Wundern, welche uns täglich 24 Stunden lang umgeben, deßhalb aufhören, uns wunderbar zu erscheinen, und niemand abhalten, den Begriff des ›Wunders‹ auf Erscheinungen einzuschränken, welche durchaus nicht wunderbarer sind als die eigne Geburt und das tägliche Leben des Menschen.

Wenn ich aber ein Prinzip als oberstes und allgemein durchgreifendes anerkenne, so kann ich das nur insoweit, als es sich unter allen Umständen und zu allen Zeiten bewahrheitet, und der Grundsatz *quod ab initio vitiosum, lapsu temporis convalescere nequit* Vgl. Corpus Juris, Dig. de diversis regulis iuris antiqui 50, 17, fragm. 29. bleibt der Doctrin gegenüber richtig. Aber selbst dann, wenn die revolutionären Erscheinungen der Vergangenheit noch nicht den Grad von Verjährung hatten, daß man von ihnen sagen konnte, wie die Hexe im Faust von ihrem Höllentrank: ›Hier hab' ich eine Flasche, aus der ich selbst zuweilen nasche, die auch nicht mehr im mindesten stinkt‹, hatte man nicht immer die Keuschheit, sich liebender Berührungen zu enthalten; Cromwell wurde von sehr antirevolutionären Potentaten ›Herr Bruder‹ genannt und seine Freundschaft gesucht, wenn sie nützlich erschien; mit den Generalstaaten waren sehr ehrbare Fürsten im Bündniß, bevor sie von Spanien anerkannt wurden. Wilhelm von Oranien und seine Nachfolger in England galten, auch während die Stuarts noch prätendirten, unsern Vorfahren für durchaus koscher, und den Vereinigten Staaten von Nordamerika haben wir schon in dem Haager Vertrage von 1785 ihren revolutionären Ursprung verziehn. Der jetzige König von Portugal hat uns in Berlin besucht, und mit dem Hause Bernadotte hätten wir uns verschwägert, wenn nicht zufällige Hindernisse eintraten.

Wann und nach welchen Kennzeichen haben alle diese Mächte aufgehört, revolutionär zu sein? Es scheint, daß man ihnen die illegitime Geburt verzeiht, sobald wir keine Gefahr von ihnen besorgen, und daß man sich alsdann auch nicht prinzipiell daran stößt, wenn sie fortfahren, ohne Buße, ja mit Rühmen sich zu ihrer Wurzel im Unrecht zu bekennen.

Ich sehe nicht, daß vor der Französischen Revolution ein Staatsmann, sei er auch der christlichste und gewissenhafteste, auf den Gedanken gekommen wäre, sein gesammtes politisches Streben, sein Verhalten zur äußern wie zur innern Politik dem Prinzipe des ›Kampfes gegen die Revolution‹ unterzuordnen und die Beziehungen seines Landes zu andern lediglich an *diesem* Probirstein zu prüfen; und doch waren die Grundsätze der Amerikanischen Revolution und der Englischen Revolution, abgesehn von dem Maße des Blutvergießens und dem nach dem Nationalcharakter sich verschieden gestaltenden Unfug mit der Religion, ziemlich dieselben, wie diejenigen, welche in Frankreich die Unterbrechung der Continuität des Rechtes herbeiführten. Ich kann nicht annehmen, daß es vor 1789 nicht einige ebenso christliche und conservative Politiker, ebenso richtige Erkenner des Bösen gegeben hätte, wie wir sind, und daß die Wahrheit eines von uns als Grundlage aller Politik hinzustellenden Prinzips ihnen entgangen sein sollte. Ich finde auch nicht, daß wir auf alle revolutionäre Erscheinungen nach 1789 das Prinzip ebenso rigoros anwenden wie auf Frankreich. Die analogen Rechtszustande in Oestreich, das Prosperiren der Revolution in Portugal, Spanien, Belgien und in dem durch und durch revolutionären heutigen Dänemark, das offne Bekennen und Propagiren der revolutionären Grundideen von Seiten der Englischen Regirung und das Bethätigen derselben noch in dem Neuenburger Conflict, das alles hält uns nicht ab, die Beziehungen unsres Königs zu den Monarchen dieser Länder milder zu beurtheilen als diejenigen zu Napoleon III. Was steckt denn Besondres in dem Letzten und in der Französischen Revolution überhaupt? Die unfürstliche Herkunft der Bonaparte thut viel, aber sie findet in Schweden auch statt, ohne dieselbe Consequenz. Liegt dieses ›Besondre‹ grade in der Familie Bonaparte? Dieselbe hat weder die Revolution in die Welt gebracht, noch würde die Revolution beseitigt oder auch nur unschädlich gemacht, wenn man diese Familie ausrottete. Die Revolution ist viel älter als die Bonapartes und viel breiter in der Grundlage als Frankreich. Wenn man ihr einen irdischen Ursprung anweisen will, so wäre auch der nicht in Frankreich, sondern eher in England zu suchen, wenn nicht noch früher in Deutschland oder in Rom, je nachdem man die Auswüchse der Reformation oder die der Römischen Kirche und die Einführung des Römischen Rechtes in die Germanische Welt als schuldig ansehn will.

Der erste Napoleon hat damit begonnen, die Revolution in Frankreich für seinen Ehrgeiz mit Erfolg zu benutzen und sie später ohne Erfolg und mit falschen Mitteln zu bekämpfen gesucht; er wäre sie recht gern aus seiner Vergangenheit los gewesen, nachdem er die Frucht davon gepflückt und in der Tasche hatte; gefördert wenigstens hat er sie nicht in dem Grade, wie die drei Louis vor ihm durch Einführung des Absolutismus unter Louis XIV., durch die Unwürdigkeiten der Regentschaft und des Louis XV., durch die Schwäche von Louis XVI., der am 14. September 91 bei Annahme der Verfassung die Revolution als beendigt proclamirte; fertig war sie allerdings. Das Haus Bourbon hat mehr für die Revolution gethan als alle Bonaparten, auch wenn man ihm Philippe Egalité nicht zur Last schreibt.

Der Bonapartismus ist nicht der Vater der Revolution, er ist nur wie jeder Absolutismus ein fruchtbares Feld für die Saat derselben; ich will ihn damit durchaus nicht außerhalb des Gebietes der revolutionären Erscheinungen stellen, sondern ihn nur frei von den Zuthaten zur Anschauung bringen, welche seinem Wesen nicht nothwendig eigen sind. Zu solchen rechne ich ferner die ungerechten Kriege und Eroberungen. Diese sind kein eigenthümliches Attribut der Familie Bonaparte oder des nach ihr benannten Regirungssystems. Legitime Erben alter Throne können das auch. Ludwig XIV. hat nach seinen Kräften nicht weniger heidnisch in Deutschland gewirthschaftet als Napoleon, und wenn letztrer mit seinen Anlagen und Neigungen als Sohn Ludwig's XVI. geboren wäre, so hätte er uns vermuthlich auch das Leben sauer genug gemacht.

Der Trieb zum Erobern ist England, Nordamerika, Rußland und Andern nicht minder eigen als dem Napoleonischen Frankreich, und sobald Macht und Gelegenheit dazu sich finden, ist es auch bei der legitimsten Monarchie schwerlich die Bescheidenheit oder die Gerechtigkeitsliebe, welche ihm Schranken setzt. Bei Napoleon III. scheint er als Instinct nicht zu dominiren; derselbe ist kein Feldherr, und im großen Kriege, mit großen Erfolgen oder Gefahren könnte es kaum fehlen, daß die Blicke der Französischen Armee, der Trägerin seiner Herrschaft, sich mehr auf einen glücklichen General als auf den Kaiser richteten. Er wird daher den Krieg nur dann suchen, wenn er sich durch innre Gefahren dazu genöthigt glaubt. Eine solche Nöthigung würde aber für den legitimen König von Frankreich, wenn er jetzt zur Regirung käme, von Hause aus vorhanden sein.

Weder die Erinnrung an die Eroberungssucht des Onkels, noch die Thatsache des ungerechten Ursprungs seiner Macht berechtigt mich also, den gegenwärtigen Kaiser der Franzosen als den ausschließlichen Repräsentanten der Revolution, als vorzugsweises Object des Kampfes gegen dieselbe zu betrachten. Den zweiten Makel theilt er mit vielen bestehenden Gewalten, und des erstern ist er bisher nicht verdächtiger als Andre. Sie, verehrtester Freund, werfen ihm vor, daß er sich nicht halten könne, wenn nicht ringsum alles so sei wie bei ihm; wenn ich das für richtig erkännte, so würde es hinreichen, meine Ansicht zu erschüttern. Aber der Bonapartismus unterscheidet sich dadurch von der Republik, daß er nicht das Bedürfniß hat, seine Regirungsgrundsätze gewaltsam zu propagiren. Selbst der erste Napoleon hat den Ländern, welche nicht direct oder indirect zu Frankreich geschlagen wurden, seine Regirungsform nicht aufzudrängen versucht; man ahmte sie im Wetteifer freiwillig nach. Fremde Staaten mit Hülfe der Revolution zu bedrohn, ist heut zu Tage seit einer ziemlichen Reihe von Jahren das Gewerbe Englands, und wenn Louis Napoleon so gewollt hätte wie Palmerston, so würden wir in Neapel schon vor Jahr und Tag einen Ausbruch erlebt haben. Der Französische Kaiser würde durch Ausbreitung revolutionärer Institutionen bei seinen Nachbarn Gefahren für sich selbst schaffen; er wird vielmehr, im Interesse der Erhaltung seiner Herrschaft und Dynastie, und bei seiner Ueberzeugung von der Fehlerhaftigkeit der heutigen Institutionen Frankreichs für sich selbst festere Grundlagen als die der Revolution zu gewinnen suchen. Ob er das kann, ist freilich eine andre Frage, aber er ist keineswegs blind für die Mangelhaftigkeit und die Gefahren des Bonapartistischen Regirungssystems, denn er spricht sich selbst darüber aus und beklagt sie.

Die jetzige Regirungsform ist für Frankreich nichts Willkührliches, was Louis Napoleon einrichten oder ändern könnte; sie war für ihn ein Gegebenes und ist wahrscheinlich die einzige

Methode, nach der Frankreich auf lange Zeit hin regirt werden kann; für alles Andre fehlt die Grundlage entweder von Hause aus im National-Charakter, oder sie ist zerschlagen und verloren gegangen; und wenn Heinrich V. jetzt auf den Thron gelangte, er würde, wenn überhaupt, auch nicht anders regiren können. Louis Napoleon hat die revolutionären Zustände des Landes nicht geschaffen, die Herrschaft auch nicht in Auflehnung gegen eine rechtmäßig bestehende Autorität gewonnen, sondern sie als herrnloses Gut aus dem Strudel der Anarchie herausgefischt. Wenn er sie jetzt niederlegen wollte, so würde er Europa in Verlegenheit setzen, und man würde ihn ziemlich einstimmig bitten, zu bleiben; und wenn er sie an den Herzog von Bordeaux cedirte, so würde dieser sie sich ebensowenig erhalten können, als er sie zu erwerben vermochte. Wenn Louis Napoleon sich den *élu de sept millions* nennt, so erwähnt er damit eine Tatsache, die er nicht wegleugnen kann; er vermag sich keinen andern Ursprung zu geben, als er hat; daß er aber, nachdem er im Besitz der Herrschaft ist, dem Prinzip der Volkssouveränetat praktisch zu huldigen fortführe und von dem Willen der Massen das Gesetz empfinge, wie das jetzt mehr und mehr in England einreißt, kann man von ihm nicht sagen.

Es ist menschlich natürlich, daß die Unterdrückung und schändliche Behandlung unsres Landes durch den ersten Napoleon in allen, die es erlebt haben, einen unauslöschlichen Eindruck hinterlassen hat, und daß in deren Augen das böse Prinzip, welches wir in Gestalt der Revolution bekämpfen, sich allein mit der Person und dem Geschlechte dessen identifiziert, den man *l'heureux soldat héritier de la révolution* nannte; aber mir scheint, daß Sie dem jetzigen Napoleon zu viel aufbürden, wenn Sie grade in ihm und nur in ihm die zu bekämpfende Revolution personifizieren und aus diesem Grunde die Proscription über ihn aussprechen, so daß es wider die Ehre sei, mit ihm umzugehn. Jedes Kennzeichen der Revolution, welches er an sich trägt, finden Sie auch an andern Stellen wieder, ohne daß Sie Ihren Haß mit derselben Strenge der Doctrin auch dahin richteten. Das Bonapartistische Regiment im Innern mit seiner rohen Centralisation, seiner Vernichtung der Selbständigkeiten, seiner Nichtachtung von Recht und Freiheit, seiner offiziellen Lüge, seiner Corruption in Staat und Börse, seinen gefügigen und überzeugungslosen Schreibern blüht in dem von Ihnen mit unverdienter Vorliebe betrachteten Oestreich ebenso wie in Frankreich und wird an der Donau aus freier Machtvollkommenheit mit Bewußtsein in's Leben gerufen, während Louis Napoleon es in Frankreich als vorhandenes, ihm selbst unwillkommnes, aber nicht leicht zu änderndes Resultat der Geschichte vorfand. Ich finde das ›Besondre‹, welches uns heut zu Tage bestimmt, grade die Französische Revolution vorzugsweise als Revolution zu bezeichnen, nicht in der Familie Bonaparte, sondern in der örtlichen und zeitlichen Nähe der Ereignisse und in der Größe und Macht des Landes, auf dessen Boden sie sich zutragen. Deßhalb sind sie gefährlicher, aber ich finde es deßhalb noch nicht schlechter, mit Bonaparte in Beziehung zu stehn als mit andern von der Revolution erzeugten Existenzen, oder mit Regirungen, welche sich freiwillig mit ihr identificiren, wie Oestreich, und für die Ausbreitung revolutionärer Grundsätze thätig sind, wie England.

Ich will mit diesem Allen keine Apologie der Personen und Zustände in Frankreich geben; ich habe für die erstern keine Vorliebe und halte die letztern für ein Unglück jenes Landes; ich will nur erklären, wie ich dazu komme, daß es mir weder sündlich noch ehrenrührig erscheint, mit dem von uns anerkannten Souverän eines wichtigen Landes in nähere Verbindung zu treten, wenn es der Gang der Politik mit sich bringt. Daß diese Verbindung an sich etwas Wünschenswerthes sei, sage ich nicht, sondern nur, daß alle andern Chancen schlechter sind, und daß wir, um sie zu bessern, durch die Wirklichkeit oder den Schein intimerer Beziehungen zu Frankreich hindurch müssen. Nur durch dieses Mittel können wir Oestreich so weit zur Vernunft und zur Verzichtleistung auf seinen überspannten Schwarzenbergischen Ehrgeiz bringen, daß es die Verständigung mit uns statt unsrer Uebervortheilung sucht, und nur durch dieses Mittel können wir die weitre Entwicklung der directen Beziehungen der Deutschen Mittelstaaten zu Frankreich hemmen. Auch England wird anfangen zu erkennen, wie wichtig ihm die Allianz Preußens ist, wenn es erst fürchtet, sie an Frankreich zu verlieren. Also auch wenn ich mich auf *Ihren* Standpunkt der Neigung für Oestreich und England stellte, müssen wir bei Frankreich anfangen, um jene zur Erkenntniß zu bringen. Sie sehn in Ihrem Schreiben voraus, verehrtester Freund, daß wir in einer Preußisch-Französisch-Russischen Allianz eine geringe Rolle spielen werden. Ich habe eine solche Allianz auch nie als etwas von uns zu Erstrebendes hingestellt, sondern als eine Thatsache, die wahrscheinlich früher oder später aus dem jetzigen *décousu* hervorgehn wird, ohne daß wir sie hindern können, mit der wir also rechnen, über deren Wirkungen wir uns klar machen müssen. Ich habe hinzugefügt, daß wir sie, nachdem Frankreich um *unsre* Freundschaft wirbt, durch unser Eingehn auf diese Werbung vielleicht hindern, oder doch in der Wirkung modificiren, jedenfalls vermeiden können, als ›der Dritte‹ in dieselbe zu treten. Verhältnißmäßig schwach werden wir in jeder Verbindung mit andern Großmächten erscheinen, so lange wir eben nicht stärker sind, als wir jetzt sind. Oestreich und England werden, wenn wir mit ihnen im Bunde sind, ihre Ueberlegenheit auch nicht grade in unserm Interesse geltend machen, das haben wir auf dem Wiener Congreß zu unserm Schaden erlebt. Oestreich kann uns keine Bedeutung in Deutschland gönnen, England keine Chancen maritimer Entwicklung in Handel oder Flotte, und ist neidisch auf unsre Industrie.

Sie parallelisiren mich mit Haugwitz und der damaligen ›Defensiv-Politik‹. Die Verhältnisse damals waren aber andre. Frankreich war schon im Besitz der drohendsten Uebermacht, an seiner Spitze ein notorisch gefährlicher Eroberer, und auf England war dagegen sicher zu rechnen. Ich habe den Muth, den Baseler Frieden nicht zu tadeln; mit dem damaligen Oestreich und seinen Thugut, Lehrbach und Cobenzl war ebensowenig ein Bündniß auszuhalten wie mit dem heutigen, und daß wir 1815 nur schlecht fortkamen, kann ich nicht auf den Baseler Frieden schieben, sondern wir konnten gegen die uns entgegenstehenden Interessen von England und Oestreich nicht aufkommen, weil unsre physische Schwäche im Vergleich mit den andern Großmächten nicht gefürchtet wurde. Die Rheinbundstaaten hatten noch ganz anders ›gebaselt‹ wie wir und kamen doch in Wien vorzüglich gut fort. Daß wir aber 1805 nicht die Gelegenheit ergriffen, um Frankreichs Übermacht brechen zu helfen, war eine ausgezeichnete Dummheit; schnell, nachdrücklich und bis zum letzten Hauch hätten wir gegen Napoleon eingreifen sollen. Stillzusitzen war noch unverständiger, als *für* Frankreich Partei zu nehmen; nachdem wir aber diese Gelegenheit hatten vorbeigehn lassen, so mußten wir auch 1806 à tout prix Friede halten und eine bessere abwarten.

Ich bin garnicht für ›Defensiv-Politik‹, ich sage nur, daß wir ohne aggressive Absichten und Verpflichtungen uns auf die Annäherungsversuche Frankreichs einlassen können, daß dieses Verhalten grade den Vortheil bietet, uns jede Thür offen, jede Wendung frei zu erhalten, bis die Lage der Dinge fester und durchsichtiger wird, daß ich die empfohlne Richtung nicht als conspirirend gegen Andre, sondern nur als vorsorglich für unsre Nothwehr auffasse.

Sie sagen, ›Frankreich wird auch nicht mehr für uns thun als Östreich und die Mittelstaaten‹; ich glaube, daß niemand etwas für uns thut, der nicht zugleich *sein* Interesse dabei findet; die Richtung aber, in welcher Östreich und die Mittelstaaten gegenwärtig ihre Interessen verfolgen, ist mit den Aufgaben, welche für Preußen Lebensfragen sind, ganz incompatibel, und eine Gemeinschaftlichkeit der Politik garnicht möglich, bevor Östreich nicht ein bescheidneres System uns gegenüber adoptirt, wozu bisher wenig Aussicht.

Sie stimmen mit mir darin überein, daß wir ›den kleinen Staaten die Überlegenheit Preußens zeigen müssen‹; aber welche Mittel haben wir dazu innerhalb der Bundesacte? Eine Stimme unter 17 und Östreich gegen uns, damit ist nicht viel auszurichten. Der Besuch L. Napoleon's bei uns würde aus den anderweit von mir vorgetragnen Gründen unsrer Stimme bei den kleinern Staaten an und für sich schon ein durchschlagenderes Gewicht geben. Sie werden rücksichtsvoll und selbst anhänglich für uns sein im genauen Verhältnis ihrer Furcht vor uns; Vertrauen werden sie nie zu uns haben; jeder Blick auf die Karte benimmt es ihnen, und sie wissen, daß ihre Interessen und Sondergelüste der Gesammtrichtung der Preußischen Politik im Wege stehn, daß darin eine Gefahr für sie liegt, gegen welche nur die Uneigennützigkeit unsres allergnädigsten Herrn eine Sicherheit für die Gegenwart bietet. Der Besuch des Franzosen bei uns würde kein Mißtrauen weiter hervorrufen, dasselbe ist im Großen und Ganzen gegen *Preußen* schon vorhanden, und die Gesinnungen des Königs, welche es entkräften könnten, werden Sr. Majestät nicht gedankt, sondern nur benutzt und ausgebeutet. Das etwa vorhandne ›Vertrauen‹

wird im Fall der Noth nicht Einen Mann für uns in's Feld bringen, die Furcht, wenn wir sie einzuflößen wissen, stellt den ganzen Bund zu unsrer Disposition. Diese Furcht würde durch ostensible Zeichen unsrer guten Beziehungen zu Frankreich eingeflößt werden.

Geschieht nichts der Art, so dürfte es schwer sein, diejenigen wohlwollenden Beziehungen mit Frankreich lange durchzuführen, welche auch Sie für wünschenswerth ansehn. Denn man wirbt von dort um uns, man hat das Bedürfniß, sich ein relief mit uns zu geben, man hofft auf eine Zusammenkunft, und ein Korb von uns müßte eine auch für andre Höfe erkennbare Abkühlung bewirken, weil sich der ›parvenu‹ an der empfindlichsten Seite davon betroffen fühlen würde.

Schlagen Sie mir eine andre Politik vor, und ich will sie ehrlich und vorurteilsfrei mit Ihnen discutiren; aber eine passive Planlosigkeit, die froh ist, wenn sie in Ruhe gelassen wird, können wir in der Mitte von Europa nicht durchführen; sie kann uns heut ebenso gefährlich werden, wie sie 1805 war, und wir werden Ambos, wenn wir nichts thun, um Hammer zu werden. Den Trost des ›victa causa Catoni placuit‹ kann ich Ihnen nicht zugestehn, wenn Sie dabei Gefahr laufen, unser gemeinsames Vaterland in eine victa causa hineinzuziehn....

Wenn meine Auffassung keine Gnade vor Ihnen findet, so brechen Sie wenigstens nicht den Stab über meinen ganzen Menschen, sondern erinnern Sie Sich, daß wir Jahre lang in schweren Zeiten nicht nur denselben Boden hatten, sondern auch dieselben Pflanzen darauf zogen, und daß ich ein Mann bin, der mit sich reden läßt und Unrecht abthut, wenn ihm die Erkenntniß davon wird....

v. B. Bismarck's Briefe an den General L. v. Gerlach S. 326 ff.

Gerlach erwiderte:

»Sanssouci, den 5. Junius 1857. ... Zunächst will ich gern die practische Seite Ihrer Ansicht anerkennen. Nesselrode sagte hier mit Recht, ebenso wie Sie, daß, so lange Buol regiere (Sie nennen richtig Bach zugleich mit), es nicht möglich wäre, sich mit Oestreich zu stellen. Oestreich hätte mit lauter Freundschafts-Versicherungen Europa gegen sie (d. h. die Russen) gehetzt, ihnen das Stück Bessarabien entrissen und thäte ihnen noch jetzt das gebrannte Herzeleid an. Aehnlich benimmt es sich mit uns und hat sich während des orientalischen Krieges scheuslich perfide benommen. Wenn Sie also sagen, man kann nicht mit Oestreich gehen, so hat das eine relative Wahrheit, und würden wir in casu concreto schwerlich uns hierüber veruneinigen. Vergessen Sie aber nicht, daß die Sünde stets wieder die Sünde gebiert, und daß Oestreich uns auch ein Sündenregister schlimmer Art vorhalten kann, z. B. die Abwehr des Einmarsches 1849 in den Badischen Seekreis, was den eigentlichen Verlust von Neuenburg, das damals durch den Prinzen von Preußen zu erobern war, bewirkt hat, dann die Radowitzische Politik, dann die hochmüthige Behandlung des Interim, bei dem selbst Schwarzenberg guten Willen hatte, und endlich eine Menge unbedeutenderer Einzelnheiten: alles Repetitionen der Politik von 1793 bis 1805. Die Anschauung aber, daß unser schlechtes Verhältniß zu Östreich nur ein *relatives* sein darf, wird bei jeder Gelegenheit practisch, indem sie einmahl die Rache von unsrer Seite, weil sie nur zu Unglück führen kann, verhindert und dann den Willen zur Versöhnung und Annäherung festhält und daher das, was eine solche Annäherung unmöglich macht, vermeidet. Beides fehlt bei uns, und warum? weil unsre Staatsmänner donnent dans le Bonapartisme.

Diesen aber zu beurtheilen, haben die Alten einen Vorzug vor den Jungen. Die Alten auf der Bühne sind hier aber der König und meine Wenigkeit, die Jungen F(ra) D(iavolo) (Manteuffel) u. s. w., denn F. D. war 1806 bis 1814 im Rheinbund und Sie noch nicht geboren. Wir haben aber den Bonapartismus 10 Jahre practisch studirt, uns ist er eingebläut worden. Unsre ganze Differenz liegt auch daher, da wir in der Wurzel einig sind, allein in der verschiedenen Ansicht des Wesens dieser Erscheinung. Sie sagen, Ludwig XIV. war auch Eroberer, das Östreichische Viribus unitis sei auch revolutionär, die Bourbons haben mehr Schuld an der Revolution als die Bonapartes u. s. w. Sie erklären quod ab initio vitiosum, lapsu temporis convalescere nequit für einen nur doctrinär richtigen Satz (ich nicht einmahl dafür, denn aus jedem Unrecht kann Recht werden und wird es im Lauf der Zeiten; aus dem wider Gottes Willen eingesetzten Königthum in Israel ging der Heiland hervor, die so sehr anerkannte Erstgeburt wird bei Ruben, Absalom u. s. w. durchbrochen, der mit der Ehebrecherin Bathseba erzeugte Salomo ist der Gesegnete des Herrn u.s.w. u.s.w.), aber es ist ein völliges Verkennen des Wesens des Bonapartismus, wenn Sie denselben mit jenen Dingen in einen Topf werfen: Bonaparte, sowohl N(apoleon) I. als N(apoleon) III., haben nicht blos einen revolutionären unrechtmäßigen Ursprung, wie Wilhelm III. vielleicht, wie der König Oscar u. s. w., sie sind selbst die incarnirte Revolution. Beide, No. I und No. III, haben das als ein Übel erkannt und empfunden, beide haben aber nicht davon losgekonnt. Lesen Sie ein jetzt vergessenes Buch, Relations et Correspondances de Nap. Bonaparte avec Jean Fiévée, da finden Sie tiefe Blicke des alten Napoleon in das Wesen der Staaten, wie denn auch der jetzige Bonaparte mir mit solchen Gedanken imponirt, z. B. mit der Feststellung der Adelstitel, Restauration der Majorate, Erkenntniß der Gefahr der Centralisation, Kampf gegen den Börsenschwindel, Wunsch, die alten Provinzen zu restauriren u. s. w. Das ändert aber das Wesen seiner Herrschaft nicht, ebensowenig wie das Wesen des Hauses Habsburg-Lothringen durch den liberalen, ja revolutionären K. Joseph II. oder durch Fr(anz) Joseph mit seinem hochadligen Schwarzenberg und Barrikadenhelden Bach geändert wird. Naturam expellas furca, sie kommt doch wieder. So kann sich kein Bonaparte von der Volkssouveränität lossagen, und er thut es auch nicht. Napoleon I. gab seine Bestrebungen, den revolutionären Ursprung loszuwerden, auf, wie das oben citirte Buch beweiset, z. B. als er den duc d'Enghien erschießen ließ; Napoleon III. wird es auch thun und hat es schon gethan, z.B. bei den Neuenburger Verhandlungen, wo ihm die beste, ihm unter andern Umständen willkommne Gelegenheit gegeben war, die Schweiz zu restauriren. Er aber fürchtete sich vor Lord Palmerston und der Englischen Presse, was Walewski ehrlich eingestanden, Rußland fürchtete sich vor ihm, Östreich vor ihm und vor England, und so kam diese schändliche Transaction zu Stande. – Wie merkwürdig: wir aber haben Augen und sehn nicht, haben Ohren und hören nicht, daß unmittelbar auf die Neuenburger Verhandlungen die Belgische Geschichte folgt, der Sieg der Liberalen über die Clericalen, die siegreiche Allianz der parlamentarischen Minorität und des Straßenaufruhrs über die parlamentarische Majorität. Hier darf von Seiten der legitimen Mächte nicht intervenirt werden, das würde Bonaparte gewiß nicht leiden, es wird aber, wenn es nicht noch einmahl beschwichtigt wird, Seitens des Bonapartismus intervenirt werden, schwerlich aber zu Gunsten der Clericalen oder der Verfassung, sondern zu Gunsten des souveränen Volkes.

Der Bonapartismus ist nicht Absolutismus, nicht einmahl Cesarismus; erstrer kann sich auf ein jus divinum gründen, wie in Rußland und im Orient, er afficirt daher nicht die, welche dieses jus divinum nicht anerkennen, für die es nicht ist, es sei denn, daß es solchem Autocraten einfällt, sich wie Attila, Mahomet oder Timur für eine Geißel Gottes zu halten, was doch eine Ausnahme ist. Der Cesarismus ist die Anmaßung eines Imperiums in einer rechtmäßigen Republik und rechtfertigt sich durch den Nothstand; für einen Bonaparte ist aber, er mag wollen oder nicht, die Revolution, d. h. die Volkssouveränität, innerlicher, und bei jedem Conflict oder Bedürfniß auch äußerlicher Rechtstitel. – Aus diesem Grunde kann mich Ihr Vergleich Bonaparte's mit den Bourbon's, mit dem absolutistischen Östreich ebensowenig als Napoleon's III. Individualität, die mir in vieler Hinsicht auch imponirt, beruhigen. Wenn er nicht erobert, so muß es sein Nachfolger thun, obschon der prince impérial nicht viel mehr Aussicht auf den Thron hat als viele andre, und gewiß weniger als Heinrich V. – In diesem Sinne ist Napoleon III. ebenso unser natürlicher Feind, als es Napoleon I. war, und ich verlange nur, daß Sie das im Auge behalten, nicht aber, daß wir mit ihm schmollen, ihn taquiniren, reizen, sein Werben um uns abweisen sollen, aber wir sind unsrer Ehre und dem Recht eine reservirte Stellung ihm gegenüber schuldig. Er muß wissen, daß wir nicht an seinem Sturz arbeiten, daß wir ihm nicht feindlich sind, es ehrlich mit ihm meinen, aber auch, daß wir seinen Ursprung für gefährlich halten (er thut es ja auch), und daß, wenn er denselben geltend machen will, wir uns ihm widersetzen werden. Das muß, ohne daß wir es zu sagen brauchen, er uns zutrauen und das übrige Europa auch, sonst legt er uns einen Kappzaum an und schleppt uns hin, wohin er will. Das ist eben das Wesen einer guten Politik, daß man ohne Streit anzufangen, denen, mit denen man wirklich einig ist, Vertrauen einflößt. Dazu gehört aber, daß man offen mit den Leuten spricht, und nicht wie F. D. sie durch Schweigen und Tückschen erbittert. Preußen hat die schwere Sünde auf sich, von den drei Mächten der heil. Allianz Louis Philippe zuerst anerkannt und die andern bewogen zu haben, dasselbe zu thun. L. Philippe regierte vielleicht noch, wenn man aufrichtig mit ihm gewesen wäre, ihm öfter die Zähne gewiesen und ihn dadurch an seine Usurpation denken gemacht hätte.

Man spricht von der isolirten Preußischen Stellung; wie kann man aber feste Allianzen suchen, si, wie 1809 Kaiser Franz auf dem Ungarischen Reichstage sagte, totus mundus stultiziat? Englands Politik ging von 1800-1813 dahin, Bonaparte auf dem Continent zu beschäftigen, um ihn zu verhindern, in England zu landen, was er 1805 ernsthaft wollte. Jetzt rüstet Napoleon in allen seinen Häfen, um einst eine Landung möglich zu machen, und der leichtsinnige Palmerston verfeindet sich mit allen Continental-Mächten. Östreich fürchtet mit Recht für sein Italien und verfeindet sich mit Preußen und Rußland, den einzigen Mächten, die es ihm gönnen; es nähert sich Frankreich, was seit dem XIV. Jahrhundert lüstern nach Italien sieht, es treibt Sardinien auf das Äußerste, was die Thüren und Eingänge Italiens in Händen hat, es liebäugelt mit Palmerston, der emsig bemüht ist, den Aufruhr dort zu erregen und zu erhalten. Rußland fängt an, im Innern zu liberalisiren und macht Frankreich den Hof. Mit wem soll man sich verbünden? Ist da etwas andres als abwarten möglich?

In Deutschland ist der Preußische Einfluß so gering, weil der König sich niemals entschließen kann, den Fürsten seinen Unwillen zu zeigen. Wenn sie sich noch so nichtsnutzig betragen, so sind sie bei Jagden und in Sanssouci gern gesehn. 1806 fing Preußen den Krieg mit Frankreich unter sehr ungünstigen Auspicien an, und doch folgten ihm Sachsen, Kurhessen, Braunschweig, Weimar, während Österreich schon 1805 ohne allen Anhang war....

L. v. G.«

Ich hatte keinen Grund, durch eine Replik die an sich ziellose Correspondenz fortzusetzen.

Neuntes Kapitel. Reisen. Regentschaft

I.

Im folgenden Jahre, 1856, begann der König sich mir wieder zu nähern; Manteuffel (vielleicht auch Andre) fürchteten, ich könnte auf seine und ihre Kosten Einfluß gewinnen. Unter diesen Verhältnissen machte mir Manteuffel den Vorschlag, ich solle das Finanzministerium übernehmen, er werde das Präsidium und das auswärtige Ressort behalten, später aber mit mir tauschen, so daß er als Vorsitzender Finanzminister, ich Auswärtiger würde. Er that, als ginge der Vorschlag von ihm aus. Obwohl mir derselbe sonderbar erschien, lehnte ich nicht grade ab, sondern erinnerte nur daran, daß die Zeitungen, als ich zum Bundesgesandten ernannt war, den Scherz des witzigen Dechanten von Westminster über Lord John Russell auf mich angewandt hatten: der Mensch würde auch das Commando einer Fregatte oder eine Steinoperation übernehmen. Wenn ich Finanzminister würde, so könnten dergleichen Urtheile mit mehr Geltung auftreten, obschon ich die unterschreibende Thätigkeit Bodelschwingh's als Finanzminister allenfalls auch würde leisten können. Es komme alles darauf an, wie lange das Interimisticum dauern solle. In der That war der Vorschlag vom Könige ausgegangen; und als der Manteuffeln fragte, was er ausgerichtet hätte, antwortete derselbe: »Er hat mich gradezu ausgelacht.«

Wenn der König mir wiederholt mündlich das Portefeuille Manteuffel's nicht anbot, sondern zu übernehmen befahl mit Worten, wie: »Wenn Sie sich an der Erde winden, es hilft Ihnen nichts, Sie müssen Minister werden,« so behielt ich doch immer den Eindruck im Hintergrunde, daß diese Kundgebungen dem Bedürfniß entsprangen, Manteuffel zur Unterwerfung, zum »Gehorsam« zu bringen. Auch wenn es dem Könige Ernst gewesen wäre, so würde ich doch das Gefühl gehabt haben, daß ich ihm gegenüber eine annehmbare Ministerstellung nicht dauernd würde haben können. S. o. S. 108. 160.

Im März 1857 waren in Paris die Conferenzen zur Schlichtung des zwischen Preußen und der Schweiz ausgebrochnen Streites eröffnet worden. Der Kaiser, über die Vorgänge in Berliner Hof- und Regirungskreisen stets wohl unterrichtet, wußte offenbar, daß der König mit mir auf vertrauterm Fuße stand als mit andern Gesandten und mich wiederholt als Ministercandidaten in's Auge gefaßt hatte. Nachdem er in den Händeln mit der Schweiz eine für Preußen äußerlich, und namentlich im Vergleich mit der Oestreichs, wohlwollende Haltung beobachtet hatte, schien er vorauszusetzen, daß er dafür auf ein Entgegenkommen Preußens in andern Dingen zu rechnen habe; er setzte mir auseinander, daß es ungerecht sei, ihn zu beschuldigen, daß er nach der Rheingrenze strebe. Das linksrheinische deutsche Ufer mit etwa 3 Millionen Einwohnern würde für Frankreich Europa gegenüber eine unhaltbare Grenze sein; die Natur der Dinge würde Frankreich dann dahin treiben, auch Luxemburg, Belgien und Holland zu erwerben oder doch in eine sichre Abhängigkeit zu bringen. Das Unternehmen hinsichtlich der Rheingrenze würde daher Frankreich früher oder später zu einer Vermehrung von 10 bis 11 Millionen thätiger, wohlhabender Einwohner führen. Eine solche Verstärkung der französischen Macht würde von Europa unerträglich befunden werden, – »devrait engendrer la coalition«, würde schwerer zu behalten als zu nehmen sein, – »un dépôt que l'Europe coalisée un jour viendrait reprendre«; eine solche an Napoleon I. erinnernde Prätension sei für die gegenwärtigen Verhältnisse zu hoch; man würde sagen, Frankreichs Hand sei gegen Jedermann, und deshalb würde Jedermanns Hand gegen Frankreich sein. Vielleicht werde er unter Umständen zur Befriedigung des Nationalstolzes »une petite rectification des frontières« verlangen, könne aber ohne solche leben. Wenn er wieder eines Krieges bedürfen sollte, würde er denselben eher in der Richtung nach Italien suchen. Einerseits habe dieses Land doch immer eine große Affinität mit Frankreich, andrerseits sei das letztre an Landmacht und an Siegen zu Lande reich genug. Eine viel pikantre Befriedigung würden die Franzosen in einer Ausdehnung ihrer Seemacht finden. Er denke nicht daran, das Mittelmeer grade zu einem französischen See zu machen, »mais à peu près«. Der Franzose sei kein Seemann von Natur, sondern ein guter Landsoldat, und eben deshalb seien Erfolge zur See ihm viel schmeichelhafter. Dies allein sei das Motiv, welches ihn hätte veranlassen können, zur Zerstörung der russischen Flotte im Schwarzen Meere zu helfen, da Rußland, wenn dereinst im Besitz eines so vortrefflichen Materials, wie die griechischen Matrosen, ein zu gefährlicher Rival im Mittelmeer werden würde. Ich hatte den Eindruck, daß der Kaiser in diesem Punkte nicht ganz aufrichtig war, daß ihm die Zerstörung der russischen Flotte eher leid that, und daß er sich nachträglich eine Rechtfertigung für das Ergebniß des Kriegs zurecht machte, in den England unter seiner Mitwirkung nach dem Ausdruck seines Auswärtigen Ministers wie ein steuerloses Schiff hineingetrieben war – we are drifting into war.

Als Ergebniß eines nächsten Krieges denke er sich ein Verhältniß der Intimität und Abhängigkeit Italiens von Frankreich, vielleicht die Erwerbung einiger Küstenpunkte. Zu diesem Programm gehöre, daß Preußen ihm nicht entgegen sei. Frankreich und Preußen seien aufeinander angewiesen; er halte es für einen Fehler, daß Preußen 1805 nicht wie andre deutsche Mächte zu Napoleon gehalten hätte. Es sei wünschenswerth, unser Gebiet durch die Erwerbung Hanovers und der Elbherzogthümer zu consolidiren, um damit die Unterlage einer stärkern preußischen Seemacht zu gewinnen. Es fehle an Seemächten zweiten Rangs, die durch Vereinigung ihrer Streitkräfte mit der französischen das jetzt erdrückende Uebergewicht Englands aufhöben. Eine Gefahr für sie selbst und für das übrige Europa könne darin nicht liegen, weil sie sich ja zu einseitig egoistisch-französischen Unternehmungen nicht einigen würden, nur für die Freiheit der Meere von der englischen Uebermacht. Zunächst wünsche er sich der Neutralität Preußens zu versichern für den Fall, daß er wegen Italiens mit Oestreich in Krieg geriethe. Ich möge den König über dieses Alles sondiren.

Ich antwortete, ich sei doppelt erfreut, daß der Kaiser diese Andeutungen grade mir gemacht habe, erstens, weil ich darin einen Beweis seines Vertrauns sehn dürfe, und zweitens, weil ich vielleicht der einzige preußische Diplomat sei, der es über sich nehmen würde, diese ganze Eröffnung zu Hause und auch seinem Souverän gegenüber zu verschweigen. Thatsächlich finden sich in den Berichten an Manteuffel vom 11. und 24. April, sowie vom 1. Mai 1857 (Preußen im Bundestage IV 257 f., III 91 ff. 94 ff. Ich bäte ihn dringend, sich dieser Gedanken zu entschlagen; es läge außer aller Möglichkeit für den König Friedrich Wilhelm IV., auf dergleichen einzugehn; eine ablehnende Antwort sei unzweifelhaft, wenn ihm die Eröffnung gemacht würde. Dabei bleibe im letztern Falle die große Gefahr einer Indiscretion im mündlichen Verkehr der Fürsten, einer Andeutung darüber, welchen Versuchungen der König widerstanden habe. Wenn eine andre deutsche Regirung in die Lage versetzt würde, über keinerlei Mittheilungen über diese Unterredung, ebensowenig in dem Briefe an Gerlach vom 11. April 1857, Bismarck's Briefe. S. 311 ff.; daß er dem letztern davon erzählt hat, geht aus Gerlach's Denkwürdigkeiten II 521 hervor. dergleichen Indiscretionen nach Paris zu berichten, so werde das für Preußen so werthvolle gute Benehmen mit Frankreich gestört werden. »Mais ce ne serait plus une indiscrétion, ce serait une trahison,« unterbrach er mich etwas beunruhigt. »Vous vous embourberiez!« fuhr ich fort.

Der Kaiser fand diesen Ausdruck schlagend und anschaulich und wiederholte ihn. Die Unterredung schloß damit, daß er mir für diese Offenheit seinen Dank aussprach und ich ihm Schweigen über seine Eröffnung zusagte.

II.

In demselben Jahre benutzte ich die Ferien des Bundestags zu einem Jagdausfluge nach Dänemark und Schweden. Vgl. die Briefe vom 6., 9., 11., 16. bis 23. August in Bismarck's Briefen an seine Braut und Gattin, S. 378 ff. In Kopenhagen hatte ich am 6. August eine Audienz bei dem Könige Friedrich VII. Er empfing mich in Uniform, den Helm auf dem Kopfe, und unterhielt mich mit übertriebenen Schilderungen seiner Erlebnisse bei verschiednen Gefechten und Belagerungen, bei denen er garnicht zugegen gewesen war. Auf meine Sondirung, ob er glaube, daß die (zweite gemeinschaftliche vom 2. October 1855 datirte) Verfassung halten werde, erwiderte er, er habe seinem Vater auf dem Todtenbette zugeschworen, sie zu halten, wobei er vergaß, daß diese Verfassung beim Tode seines Vaters (1848) noch nicht vorhanden war. Während der Unterhaltung sah ich in einer anstoßenden sonnigen Gallerie einen weiblichen Schatten an der Wand; der König hatte nicht für mich, sondern für die Gräfin Danner geredet, über deren Verkehrsformen mit Sr. Majestät ich sonderbare Anekdoten hörte. Auch mit angesehnen Schleswig-Holsteinern hatte ich Gelegenheit, mich zu besprechen. Sie wollten von einem deutschen Kleinstaate nichts wissen; »da sei ihnen das Bischen Europäerthum in Kopenhagen noch lieber«.

In Schweden stürzte ich bei der Jagd am 17. August auf eine Felskante und erlitt eine ernste Verletzung des Schienbeins, die ich leider vernachlässigte, um nach Kurland auf die Elchjagd zu gehn. Auf der Rückreise von Kopenhagen traf ich am 26. August in Berlin ein, machte Die – erst nachträgliche eingefügte – Zeitangabe in der ersten Ausgabe – am 3. Sept. – beruht auf Irrthum; Bismarck verließ Berlin bereits am 27. Aug., war am 28. Aug. in Memel, am 4. Sept. in Kalleten; vgl. Bismarck's Briefe an seine Braut und Gattin S. 884 ff. – Die hier erwähnte Revue fand entweder am 27. August Vorm. oder später statt; am 16. Sept. wohnte Bismarck der Parade bei Spandau zu Ehren des Zaren Alexander II. bei, der am 14. Sept. in Berlin eingetroffen war. eine große Revue mit, auf der ich zum ersten Male die eben Durch Königliche Cabinetsordre vom 20. August 1857; vgl. Preuß. Staatsanzeiger 80. Aug. 1857, No. 204. eingeführte weiße Uniform des damaligen »schweren Reiter«-Regiments trug, und reiste dann nach Kurland.

Am 8. Juli hatte der König dem Kaiser von Oestreich von Marienbad aus einen Besuch in Schönbrunn gemacht. Auf dem Rückwege war er am 13. Juli zum Besuch des Königs von Sachsen in Pillnitz eingetroffen, wo er an demselben Tage von »einem Unwohlsein« befallen wurde, das in den Bulletins der Leibärzte aus der bei großer Hitze zurückgelegten Reise erklärt wurde und die Abreise um mehre Tage verzögerte. Nachdem der König am 17. nach Sanssouci zurückgekehrt war, bemerkte seine Umgebung Symptome einer geistigen Ermüdung, namentlich Edwin Manteuffel, der ängstlich bemüht war, jede Unterhaltung des Königs mit Andern zu hindern oder zu unterbrechen. Die politischen Eindrücke, die der König bei seinen Verwandten in Schönbrunn und Pillnitz erfahren, hatten auf sein Gemüth deprimirend, die Discussionen angreifend eingewirkt. Bei dem Exerciren am 27. Juli neben ihm reitend, hatte ich im Gespräch den Eindruck des Versiegens der Gedanken und Anlaß, in die Lenkung seines Pferdes im Schritt einzugreifen.

Der Zustand wurde dadurch verschlimmert, daß der König am 6. October den Kaiser von Rußland, einen starken Raucher, nach dem Niederschlesisch-Märkischen Bahnhofe in dem kaiserlichen geschlossenen Salonwagen begleitet hatte, in Tabaksdampf, der ihm ebenso unerträglich war wie der Geruch des Siegellacks. Daß auch seine eigenhändigen Schreiben nicht in seiner Gegenwart gesiegelt wurden, hatte seine sehr bedenkliche Seite.

Es folgte, wie bekannt, ein Schlaganfall. In hohen militärischen Kreisen war die Vorstellung verbreitet, daß ein ähnlicher Zustand ihn schon in der Nacht vom 18. zum 19. März 1848 befallen habe. Die Aerzte beriethen, ob sie einen Aderlaß machen sollten oder nicht, wovon sie im ersten Falle Störungen im Gehirn, im zweiten Tod befürchteten, und entschieden sich erst nach mehren Tagen für den Aderlaß, der den König wieder zum Bewußtsein brachte. Man vgl. jetzt Prinz Kraft zu Hohenlohe-Ingelfingen, Aus meinem Leben II, 95 ff.

Während dieser Tage, also mit der Möglichkeit eines sofortigen Regirungsantritts vor Augen – am 19. October –, machte der Prinz von Preußen mit mir einen langen Spaziergang durch die neuen Anlagen und sprach mit mir darüber, ob er, wenn er zur Regirung komme, die Verfassung unverändert annehmen oder zuvor eine Revision derselben fordern solle. Ich sagte, die Ablehnung der Verfassung würde sich rechtfertigen lassen, wenn das Lehnrecht anwendbar wäre, nach welchem ein Erbe zwar an Verfügungen des Vaters, aber nicht des Bruders gebunden sei. Aus Gründen der Politik aber riethe ich, nicht an der Sache zu rühren, nicht die mit einer, wenn auch bedingten Ablehnung verbundne Unsicherheit unsrer staatlichen Zustände herbeizuführen. Man dürfe nicht die Befürchtung der Möglichkeit des Systemwechsels bei jedem Thronwechsel hervorrufen. Preußens Ansehn in Deutschland und seine europäische Actionsfähigkeit würden durch einen Zwist zwischen der Krone und dem Landtage gemindert werden, die Parteinahme *gegen* den beabsichtigten Schritt in dem liberalen Deutschland eine allgemeine sein. Bei meiner Schildrung der zu befürchtenden Folgen ging ich von demselben Gedanken aus, den ich ihm 1866, als es sich um die Indemnität handelte, zu entwickeln hatte: daß Verfassungsfragen den Bedürfnissen des Landes und seiner politischen Lage in Deutschland untergeordnet wären, ein zwingendes Bedürfniß, an der unsrigen zu rühren, jetzt nicht vorliege; daß für jetzt die Machtfrage und innre Geschlossenheit die Hauptsache sei.

Als ich nach Sanssouci zurückkam, fand ich Edwin Manteuffel besorglich erregt über meine lange Unterhaltung mit dem Prinzen und die Möglichkeit weitrer Einmischung meinerseits. Er fragte mich, weshalb ich nicht auf meinen Posten ginge, wo ich in der gegenwärtigen Situation sehr nöthig sein würde. Ich erwiderte: »Ich bin hier viel nöthiger«. Vgl. den Brief vom 19. Dec. 1857 in Bismarck's Briefen an den General L. v. Gerlach S. 337 ff. und Gerlach's Antwort, Bismarck-Jahrbuch II 250 ff.

Durch Allerhöchsten Erlaß vom 23. October wurde der Prinz von Preußen zunächst auf drei Monate mit der Stellvertretung des Königs beauftragt, die dann noch dreimal auf je drei Monate verlängert wurde und ohne nochmalige Verlängrung im October 1858 abgelaufen wäre. Im Sommer 1858 war ein ernster Versuch im Werke, die Königin zu veranlassen, die Unterschrift des Königs zu einem Briefe an seinen Bruder zu beschaffen, in dem zu sagen sei, daß er sich wieder wohl genug fühle, um die Regirung zu übernehmen, und dem Prinzen für die geführte Stellvertretung danke. Die letztre war durch einen Brief des Königs eingeleitet worden, konnte also, so argumentirte man, durch einen solchen wieder aufgehoben werden. Die Regirung würde dann, unter Controlle der königlichen Unterschrift durch Ihre Majestät die Königin, von den dazu berufnen oder sich darbietenden Herren vom Hofe geführt werden. Zu diesem Plan wurde mündlich auch meine Mitwirkung in Anspruch genommen, die ich in der Form ablehnte, das würde eine Haremsregirung werden. Ich wurde von Frankfurt nach Baden-Baden gerufen und setzte dort den Prinzen von dem Plane in Kenntniß, ohne die Urheber zu nennen. »Dann nehme ich meinen Abschied!« rief der Prinz. Ich stellte ihm vor, daß das Ausscheiden aus seinen militärischen Aemtern nichts helfen, sondern die Sache schlimmer machen würde. Der Plan sei nur ausführbar, wenn das Staatsministerium dazu stille hielte. Ich rieth daher, den Minister Manteuffel, der auf seinem Gute den Erfolg des ihm bekannten Plans abwartete, telegraphisch zu citiren und durch geeignete Weisungen den Faden der Intrige zu zerschneiden. Der Prinz ging darauf ein. Nach Frankfurt zurückgekehrt, erhielt ich folgenden Brief Manteuffel's:

»Ew. Hochwohlgeboren benachrichtige ich ergebenst, daß es meine Absicht ist, nächsten Donnerstag, den 22. ds. M., Morgens früh 7 Uhr von hier nach Frankfurt a./M. zu gehen und am folgenden Morgen so zeitig als möglich nach Baden-Baden mich zu begeben. Es würde mir angenehm sein, wenn es Ew. Hochwohlgeboren convenirte, mich zu begleiten. Wahrscheinlich werden mich meine Frau und mein Sohn begleiten, welche zur Zeit noch auf dem Lande sind, aber morgen hier ankommen.

Ich wünsche nicht, daß in Frankfurt von meiner Durchreise vorher gesprochen werde, wollte mir aber doch erlauben, Ew. Hochwohlgeboren durch diese Zeilen ein kleines Aviso zu geben.

Berlin, den 20. Juli 1858.

Manteuffel.« Vgl. Anhang zu den Gedanken und Erinnerungen II 272 f.

Der weitre Verlauf der Stellvertretungsfrage erhellt aus folgendem Briefe Manteuffel's:

»Unsre große Haupt- und Staats-Action ist inmittelst wenigstens im ersten Akt erledigt. Die Sache hat mir viel Sorge, Unannehmlichkeit und unverdienten Verdruß gemacht. Noch gestern habe ich darüber von Gerlach einen ganz empfindlichen Brief erhalten. Vgl. Manteuffel, Denkwürdigkeiten III 326 f. Er glaubt, daß damit die Souveränetät halb zum Fenster hinausgeworfen sei. Ich kann das beim besten Willen nicht erkennen, meine Vorstellung von der Sache ist folgende:

Wir haben einen dispositionsfähigen, aber regierungsunfähigen König; derselbe sagt sich selbst und muß sich sagen, daß er seit länger als Jahresfrist nicht hat regieren können, daß die Aerzte und er selbst anerkennen müssen, der Zeitpunkt, wo er wieder selbst würde regieren können, lasse sich auch entfernt nicht angeben, daß eine unnatürliche Verlängerung der bisherigen Vollmachts-Ertheilung nicht am Orte und dem Staate eine sich selbst allein verantwortliche Spitze nothwendig sei; aus allen diesen Erwägungen gibt der König dem zunächst zur Krone Berufenen den Befehl, das zu thun, was für solchen Fall in der Landesverfassung vorgeschrieben ist. Die Bestimmungen der letzteren, welche gerade in diesem Punkte correct und monarchisch abgefaßt sind, werden demnächst zur Anwendung gebracht und das, wenn auch nach der Erklärung des Königs überflüssige, immerhin aber in der Verfassung mit gutem Grunde vorgeschriebene Landtagsvotum wird eingeholt, aber streng auf Beantwortung der Frage beschränkt: Ist die Einsetzung einer Regentschaft nothwendig? mit andern Worten: Ist der König mit genügendem Grund von den Geschäften entfernt? Wie man diese Frage verneinen will, ist mir nicht ersichtlich; immerhin wird es noch manche, namentlich formale Schwierigkeit zu überwinden geben. Namentlich fehlt es für die in der Verfassung vorgesehene gemeinschaftliche Sitzung an einer Geschäftsordnung. Diese wird man improvisiren müssen, indessen hoffe ich doch, daß man in etwa fünf Tagen mit der Beschlußfassung zu Stande sein wird, so daß dann der Prinz den Eid leisten und die Versammlung schließen können wird. Andre Vorlagen, namentlich solche, welche auf Geldbewilligungen sich beziehen, werden natürlich für diese Sitzung gar nicht beabsichtigt. Wenn Ihre Geschäfte es erlauben, so würde ich wünschen, daß Sie Sich zum Landtage hier einfinden und womöglich vor dessen Eröffnung hier sind. Ich höre von wunderbaren Anträgen der äußersten Rechten, die man vielleicht im allgemeinen Interesse, sowie in demjenigen dieser Herren verhindern könnte.

Westphalen's Entlassung gerade im gegenwärtigen Momente ist mir sehr unerwünscht gewesen. Einmal schon hatte ich, als er selbige verlangte, sie gehindert. Jetzt wollte der Prinz sie ihm aus ganz freier Entschließung und ohne seinen Antrag ertheilen und schickte mir ein darauf bezügliches Privatschreiben an Westphalen mit dem Befehle, sofort die Ausfertigung vorzulegen. Schreiben des Prinzen an Westphalen vom 6. October samt dem begleitenden Schreiben an Manteuffel s. in Manteuffel, Denkwürdigkeiten III 319 f. Ich that letzteres indeß nicht, und sandte auch das eigenhändige Schreiben nicht ab, sondern machte beim Prinzen Gegenvorstellungen bezüglich der Opportunität des Momentes, Gegenvorstellungen, welche nach nicht geringer Mühe auch durchschlugen. Ich ward ermächtigt, die Maßregel wenigstens aufzuhalten und den Brief bei mir liegen zu lassen. Da schrieb Westphalen am 8. d. Mts. an den Prinzen sowohl wie an mich ein ganz wunderbares Schreiben, Manteuffel, Denkwürdigkeiten III 325. worin er mit Zurücknahme früherer Erklärungen seine Contrasignatur der zu erlassenden und bereits festgestellten Ordres davon abhängig machte, daß auch noch die vom Prinzen zu erlassenden Ordres speciell dem Könige zur Genehmigung vorgelegt würden, ein Verlangen, welches in der That mit Rücksicht auf den in den letzten Tagen verschlimmerten geistigen Zustand des Königs an Widersinnigkeit grenzte. Da verlor der Prinz die Geduld und machte mir Vorwürfe, nicht sogleich sein Schreiben abgeschickt zu haben, und die Sache war nun nicht mehr zu halten. Flottwell's Wahl ist ohne all' mein Zuthun aus dem Prinzen selbstständig hervorgegangen, sie hat, wie Manches gegen sich, so auch Manches für sich. Vollständig ist der Brief nach dem Original im Anhang zu den Gedanken und Erinnerungen II 274 ff. abgedruckt.

Berlin, den 12. October 1858.«

Ich stellte mich zu dem Landtage ein und trat in einer Fractionssitzung gegen die Herrn, von welchen der Versuch ausging, sich der verfassungsmäßigen Votirung der Regentschaft zu widersetzen, mit Entschiedenheit für die Annahme der Regentschaft ein, die denn auch stattfand.

Nachdem am 26. October der Prinz von Preußen die Regentschaft übernommen hatte, fragte Manteuffel mich, was er thun solle, um eine unfreiwillige Verabschiedung zu vermeiden, und gab mir auf mein Verlangen seine letzte Correspondenz mit dem Regenten zu lesen. Meine Antwort, es sei ganz klar, daß der Prinz ihm den Abschied geben wolle, hielt er für unaufrichtig, vielleicht für ehrgeizig. Am 6. November wurde er entlassen. Es folgte ihm der Fürst von Hohenzollern mit dem Ministerium der »Neuen Aera«.

III.

Im Januar 1859 Bismarck traf am 13. Jan. 1859 in Berlin ein und reiste am 27. Jan. nach Frankfurt zurück, nachdem er am 24. Jan. den Prinzen direkt hatte fragen lassen, ob ihm gestattet sein würde am 26. abzureisen. An diesem Tage wurde er vom Prinzregenten nach dem Hofbericht in Audienz empfangen; in dieser fand die entscheidende Unterredung statt, deren Ergebniß die Ernennung zum Gesandten in Petersburg war. Vgl. die Briefe vom 15. und 24. Jan. 1859, Bismarck's Briefe an seine Braut und Gattin S. 395 ff. machte mir auf einem Balle bei Moustier oder Karolyi der Graf Stillfried scherzhafte Anspielungen, aus denen ich schloß, daß meine schon mehrmals geplante Versetzung von Frankfurt nach Petersburg erfolgen werde, und fügte dazu die wohlwollende Bemerkung: Per aspera ad astra. Die Wissenschaft des Grafen beruhte ohne Zweifel auf seinen intimen Beziehungen zu allen Katholiken im Haushalte der Prinzessin, vom ersten Kammerherrn bis zum Kammerdiener. Meine Beziehungen zu den Jesuiten waren damals noch ungetrübt, und ich besaß noch Stillfried's Wohlwollen. Ich verstand die durchsichtige Anspielung, begab mich am folgenden Tage (26. Januar) zu dem Regenten und sagte offen, ich hörte, daß ich nach Petersburg versetzt werden sollte, und bat um Erlaubniß, mein Bedauern darüber auszusprechen, in der Hoffnung, daß es noch rückgängig gemacht werden könnte. Die erste Gegenfrage war: »Wer hat Ihnen das gesagt?« Ich erwiderte, ich würde indiscret sein, wenn ich die Person nennen wollte, ich hätte es aus dem Jesuitenlager gehört, mit dem ich alte Fühlung hätte, und ich bedauerte es, weil ich glaubte, in Frankfurt, in diesem Fuchsbau des Bundestags, dessen Ein- und Ausgänge ich bis auf die Nothröhren kennen gelernt hätte, brauchbarere Dienste leisten zu können als irgend einer meiner Nachfolger, der die sehr complicirte Stellung, die auf den Beziehungen zu vielen Höfen und Ministern beruhe, erst wieder kennen lernen müsse, da ich meine achtjährige Erfahrung auf diesem Gebiete, die ich in bewegten Zuständen gemacht, nicht vererben könnte. Mir wäre jeder deutsche Fürst und jeder deutsche Minister und die Höfe der bundesfürstlichen Residenzen persönlich bekannt, und ich erfreute mich, so weit es für Preußen erreichbar sei, eines Einflusses in der Bundesversammlung und an den einzelnen Höfen. Dieses erworbene und erkämpfte Capital der preußischen Diplomatie würde zwecklos zerstört durch meine Abberufung von Frankfurt. Die Ernennung von Usedom werde das Vertrauen der deutschen Höfe abschwächen, weil er unklar liberal und mehr anekdotenerzählender Höfling als Staatsmann sei; und Frau von Usedom würde uns durch ihre Excentricität Verlegenheit und unerwünschte Eindrücke in Frankfurt zuziehn.

Worauf der Regent: »Das ist es ja eben, daß die hohe Befähigung Usedom's sich nirgendwo anders verwerthen läßt, weil seine Frau an jedem Hofe Verlegenheiten herbeiführen würde.« Letztres geschah nicht blos an Höfen, sondern auch in dem duldsamen Frankfurt, und die Unannehmlichkeiten, welche sie in Ueberschätzung ihrer gesandschaftlichen Prärogative Privatleuten bereitete, arteten bis zu öffentlichen Scandalosen aus. Aber Frau von Usedom war geborne Engländerin und fand deshalb bei der Inferiorität des deutschen Selbstgefühls bei Hofe eine Nachsicht, deren sich keine deutsche Frau zu erfreuen gehabt haben würde.

Meine Erwiderung dem Regenten gegenüber lautete ungefähr: »Dann ist es also ein Fehler, daß ich nicht auch eine taktlose Frau geheirathet habe, sonst würde ich auf den Posten, auf dem ich mich heimisch fühle, denselben Anspruch haben wie Graf Usedom.«

Darauf der Regent: »Ich begreife nicht, wie Sie die Sache so bitter auffassen können; Petersburg hat doch immer für den obersten Posten der preußischen Diplomatie gegolten, und Sie sollten es als einen Beweis hohen Vertrauns aufnehmen, daß ich Sie dahin schicke.«

Darauf ich: »Sobald Ew. Königliche Hoheit mir dieses Zeugniß geben, so muß ich natürlich schweigen, kann aber doch bei der Freiheit des Wortes, die Ew. Königliche Hoheit mir jederzeit gestattet haben, nicht umhin, meine Sorge über die heimische Situation und ihren Einfluß auf die deutsche Frage auszusprechen. Usedom ist ein brouillon, kein Geschäftsmann. Seine Instruction wird er von Berlin erhalten; wenn Graf Schlieffen Decernent für deutsche Sachen bleibt, so werden die Instructionen gut sein; an ihre gewissenhafte Ausführung glaube ich bei Usedom nicht.«

Gleichwohl wurde er nach Frankfurt ernannt. Daß ich ihm mit meinem Urtheil nicht Unrecht gethan, bewies sein spätres Verhalten in Turin und Florenz. Er posirte gerne als Stratege, auch als »verfluchter Kerl« und tief eingeweihter Verschwörer, hatte Verkehr mit Garibaldi und Mazzini und that sich etwas darauf zu Gute. In der Neigung zu unterirdischen Verbindungen nahm er in Turin einen angeblichen Mazzinisten, in der That östreichischen Spitzel, als Privatsekretär an, gab ihm die Akten zu lesen und den Chiffre in die Hände. Er war Wochen und Monate von seinem Posten abwesend, hinterließ Blanquets, auf welche die Legationssekretäre Berichte schrieben; so gelangten an das Auswärtige Amt Berichte mit seiner Unterschrift über Unterredungen, die er mit den italienischen Ministern gehabt haben sollte, ohne daß er diese Herrn in der betreffenden Zeit gesehn hatte. Aber er war ein hoher Freimaurer. Als ich im Februar 1869 die Abberufung eines so unbrauchbaren und bedenklichen Beamten verlangte, stieß ich bei dem Könige, der die Pflichten gegen die Brüder mit einer fast religiösen Treue erfüllte, auf einen Widerstand, der auch durch meine mehrtägige Enthaltung von amtlicher Thätigkeit nicht zu überwinden war und mich zu der Absicht brachte, meinen Abschied zu erbitten. Vgl. Bismarck-Jahrbuch I 76 ff. Indem ich jetzt nach mehr als 20 Jahren die betreffenden Papiere wieder lese, befällt mich eine Reue darüber, daß ich damals, zwischen meine Ueberzeugung von dem Staatsinteresse und meine persönliche Liebe zu dem Könige gestellt, der erstern gefolgt bin und folgen mußte. Ich fühle mich heut beschämt von der Liebenswürdigkeit, mit welcher der König meine amtliche Pedanterie ertrug. Ich hätte ihm und seinem Maurerglauben den Dienst in Florenz opfern sollen. Am 22. Februar schrieb mir S. M.: Anhang zu den Gedanken und Erinnerungen I 189. »Ueberbringer dieser Zeilen [Cabinetsrath Wehrmann] hat mir Mittheilung von dem Auftrage gemacht, den Sie ihm für sich gegeben haben. Wie können Sie nur daran denken, daß ich auf Ihren Gedanken eingehen könnte! *Mein größtes Glück ist es ja* , mit Ihnen zu leben und immer fest einverstanden zu sein. Wie können Sie Sich Hypochondrien darüber machen, daß meine einzige Différenz Sie bis zum *extremsten* Schritt verleitet! Noch aus Varzin schrieben Sie mir in der *Différenz* wegen der Deckung des *Déficits*, daß Sie zwar andrer Meinung wie ich seien, daß Sie aber bei Uebernahme Ihrer Stellung es sich zur Pflicht gemacht hatten, (daß), wenn Sie pflichtmäßig Ihre Ansichten geäußert, Sie Sich meinen Beschlüssen immer fügen würden. Was hat denn diesmal Ihre so edel ausgesprochene Absicht von vor 3 Monaten so gänzlich verändert? Es giebt nur eine einzige *Différen*, ich wiederhohle es, die in F. a./M. Die Regierung hatte am 1. Februar 1869 im Landtage einen Gesetzentwurf vorgelegt, betr. die Auseinandersetzung zwischen Staat und Stadt Frankfurt, die auf einem Gutachten der Kronsyndici beruhte, vom Ministerium berathen, vom Könige genehmigt worden war. Der Frankfurter Magistrat erlangte, während die Verhandlungen über den Entwurf noch schwebten, vom Könige die Zusage, daß der Stadt Frankfurt zur vergleichsweisen Erledigung der von ihr erhobenen Ansprüche 2000000 Gulden aus der Staatskasse überwiesen werden sollten. Der Gesetzentwurf mußte entsprechend abgeändert werden. Die *Usedomiana* habe ich gestern noch ganz eingehend nach Ihrem Wunsch besprochen schriftlich; die Haus-Angelegenheit wird sich schlichten; in der Stellen Besetzung waren wir einig, aber die *Individuen* wollen nicht! Wo ist da also Grund zum *Extrême*?

Ihr Name stehet in Preußens Geschichte schöner als der irgend eines Preußischen Staatsmanns. Den soll ich lassen? Niemals. Ruhe und *Gebeth* wird Alles ausgleichen. Ihr treuster *Freund*

W.«

Von dem folgenden Tage ist der nachstehende Brief Roon's:

»Berlin, 23./2. 1869. Seit ich Sie gestern Abend verließ, mein verehrter Freund, bin ich unausgesetzt mit Ihnen und Ihrer Entschließung beschäftigt. Es läßt mir keine Ruhe. Ich muß Ihnen nochmals zurufen, fassen Sie Ihr Schreiben so, daß ein Einlenken möglich bleibt. Vielleicht haben Sie es noch nicht abgeschickt und können noch daran ändern. Bedenken Sie, daß das gestern empfangene fast zärtliche Billet den Anspruch der Wahrhaftigkeit macht, sei es auch nicht mit voller Berechtigung. Es ist so geschrieben und mit dem Anspruch, nicht als falsche Münze betrachtet zu werden, sondern als gute und vollgültige, und erwägen Sie, daß das beigemischte unächte Gut nichts andres ist als das Kupfer der falschen Scham, die nicht eingestehen will und in Betracht der Stellung des Schreibers auch vielleicht nicht kann: ›Ich, ich habe sehr Unrecht gethan und will mich bessern.‹

Es ist ganz unzulässig, daß Sie die Schiffe verbrennen. Sie dürfen das nicht. Sie würden Sich damit vor dem Lande ruiniren, und Europa würde lachen. Die Motive, die Sie leiten, würden nicht gewürdigt werden; man würde sagen: er verzweifelte sein Werk zu vollenden; deshalb ging er. Ich mag mich nicht ferner wiederholen, höchstens noch in dem Ausdruck meiner unwandelbaren und treuen Anhänglichkeit.

Ihr

von Roon.«

Nachdem ich meinen Antrag auf Verabschiedung zurückgenommen hatte, erhielt ich folgenden Brief: Anhang zu den Gedanken und Erinnerungen I 195 ff.

»Berlin, den 26. Februar 1869.

Als ich Ihnen am 22. in meiner Bestürzung über Wehrmann's Mittheilung ein sehr flüchtiges, aber desto eindringlicheres Billet schrieb, um Sie von Ihrem Verderben drohenden Vorhaben abzuhalten, konnte ich annehmen, daß Ihre Antwort in ihrem Endresultat meinen Vorstellungen Gehör geben würde – und ich habe mich nicht geirrt. Dank, herzlichsten Dank, daß Sie meine Erwartung nicht täuschten!

Was nun die Hauptgründe betrifft, die Sie momentan an Ihren Rücktritt denken ließen, so erkenne ich die Triftigkeit derselben vollkommen an, und Sie werden Sich erinnern, in wie eindringlicher Art ich Sie im Dezember v. J. bei Wiederübernahme der Geschäfte aufforderte, Sich jede mögliche Erleichterung zu verschaffen, damit Sie nicht von Neuem der vorauszusehenden Last und Masse der Arbeit unterlägen. Leider scheint es, daß Sie eine solche Erleichterung (nicht einmal die Abbürdung Lauenburgs) nicht für angänglich gefunden haben und daß meine desfalsigen Befürchtungen sich in erhöhtem Maaß bewahrheitet haben, und zwar in einem Grade, daß Sie zu unheilvollen Gedanken und Beschlüssen gelangen sollten. Wenn Ihrer Schilderung nach nun noch Erschwernisse in Bewältigung einzelner Geschäftsmomente eingetreten sind, so bedauert das Niemand mehr wie ich. Eine derselben ist die Stellung Sulzer's. Schon vor längerer Zeit habe ich die Hand zu dessen anderweitiger *Placirung* gebothen, so daß es meine Schuld nicht ist, wenn dieselbe nicht erfolgt ist, nachdem Eulenburg sich selbst auch von derselben nunmehr überzeugt hat. Wenn eine ähnliche Geschäftsvermehrung Ihnen die Usedom'sche Angelegenheit verursachte, so kann dies auch mir nicht zur Last gelegt werden, da dessen Vertheidigungs Schrift, die ich doch nicht veranlassen konnte, eine Beleuchtung Ihrerseits verlangte. Wenn ich nicht sofort auf die Erledigung des von Ihnen beantragten Gegenstandes einging, so mußten Sie wohl aus der Ueberraschung, welche ich Ihrer Mittheilung entgegenbrachte, als Sie mir Ihren *bereits gethanen* Schritt gegen Usedom anzeigten, darauf vorbereitet sein. Es waren Mitte Januar, als Sie mir diese Anzeige machten, kaum drei Monate verflossen, seitdem die La Marmora'sche Episode sich anfing zu beruhigen, so daß meine Ihnen im Sommer geschriebene Ansicht über Usedoms Verbleiben in Turin S. Schreiben vom 8. Aug. 1868 aus Ems im Anhang zu den Gedanken und Erinnerungen I 175 f. noch dieselbe war. Die mir unter dem 13. Februar gemachten Mittheilungen über Usedoms Geschäfts Betrieb, der seine Enthebung vom Amte nunmehr erfordere, wenn nicht eine *disciplinar* Untersuchung gegen ihn verhängt werden solle, ließ ich einige Tage ruhen, da mir inzwischen die Mittheilung geworden war, daß Keudel mit Ihrem Vorwissen Usedom aufgefordert, einen Schritt entgegen zu thun. Und dennoch, ehe noch eine Antwort aus Turin anlangte, befragte ich Sie schon am 21. Februar, wie Sie sich die Wiederbesetzung dieses Gesandschaftspostens dächten, womit ich also aussprach, daß ich auf die Vacantwerdung desselben einginge. Und dennoch thaten Sie schon am 22. d. M. den endscheidenden Schritt gegen *Wehrmann*, zu welchem die *Usedomiade* mit Veranlassung sein sollte. Eine andre Veranlassung wollen Sie in dem Umstande finden, daß ich nach Empfang des Staatsministerial Berichts in der Angelegenheit Fa/M, vor Feststellung meiner Ansicht, nicht noch Einmal Ihren Vortrag verlangt hätte. Da aber Ihre und der Staatsminister Gründe so endscheidend durch Vorlage des Gesetz-Entwurfs und den Begleitungs Bericht dargelegt waren, ja, meine Unterschrift in derselben Stunde verlangt wurde, als mir diese Vorlage gemacht ward, um sie sofort in die Kammer zu bringen, so schien ein nochmaliger Vortrag nicht angezeigt, um meine Ansicht und Absicht festzustellen. Wäre mir, bevor im Staats-Ministerium dieser in der Fa/M Frage einzuschlagende Weg, der ganz von meiner früheren Kundgebung abwich, festgestellt wurde, Vortrag gehalten worden, Dazu (wäre) Freiheit der Zeit erforderlich (gewesen). Randbemerkung Bismarck's. so würde durch den *Idéen* Austausch ein Ausweg aus den verschiedenen Auffassungen erzielt worden sein, und die *Divergen* und der Mangel des Zusammenwirkens, das Umarbeiten, was Sie mit Recht so sehr bedauern, zu vermeiden gewesen. Alles was Sie bei dieser Gelegenheit über die Schwierigkeit des Imgangehaltens der *constitutionellen* Staats Maschine sagen u.s.w., unterschreibe ich durchaus, nur kann ich die Ansicht nicht gelten lassen, daß mein so nöthiges Vertrauen zu Ihnen und den anderen Räthen der Krone mangele! Bismarck am Rande: Usedom Sie selbst sagen, daß es zum 1tenmal vorkomme seit 1862, daß eine *Différen* eingetreten sei zwischen uns, und das sollte genügen als Beweis, daß ich kein Vertrauen zu meinen Regierungs-Organen mehr hätte? Niemand schlägt das Glück höher an als ich, daß in einer 6jährigen so bewegten Zeit dergleichen *Différenzien* nicht eingetreten sind; aber wir sind dadurch verwöhnt worden, glücklich verwöhnt worden, – so daß der jetzige *Moment*, mehr als gerechtfertigt ist, ein *Ebranlement* erzeugt! Ja, kann ein Monarch seinem Premier ein größeres Vertrauen beweisen als ich, der Ihnen zu so verschiedenen Malen und nun auch jetzt zuletzt noch privat Briefe zusendet, die über momentan schwebende Fragen sprechen, damit Sie sich überzeugen, daß ich nichts der Art hinter Ihrem Rücken betreibe? Wenn ich Ihnen den Brief des Grls von Manteuffel in der Memeler Angelegenheit Es handelte sich um die Eisenbahn Memel-Tilsit. Der König war durch einen Brief des Generals von Manteuffel bestimmt worden, von einer auf Vortrag der Ressortminister getroffenen Entscheidung wieder abzugehen. sendete, Bismarck am Rande: Ordre! weil er mir ein *Novum (:Tottleben:)* zu enthalten schien und ich deshalb Ihre Ansicht hören wollte, wenn ich Ihnen Grls von Boyen Brief mittheilte, ebenso einige Zeitungs-Ausschnitte, bemerkend, daß diese *Piecen genau das wiedergäben*, was ich *unverändert* seit Jahr und Tag überall und *officiel* ausgesprochen hätte – so sollte ich glauben, daß ich mein Vertrauen kaum steigern könnte. Daß ich aber überhaupt mein Ohr den Stimmen verschließen sollte, die in gewissen gewichtigen Augenblicken sich vertrauensvoll an mich wenden, – das werden Sie selbst nicht verlangen.

Wenn ich hier einige der Punkte heraushebe, die Ihr Schreiben als Gründe anführt, die Ihre jetzige Gemüthsstimmung herbeiführten, während ich andere unerörtert ließ, so komme ich noch auf Ihre eigne Aeußerung zurück, daß Sie Ihre Stimmung eine krankhafte nennen; Sie fühlen sich müde, erschöpft, Bismarck am Rande: wodurch? Sehnsucht nach Ruhe beschleicht Sie. Das alles verstehe ich vollkommen, denn ich fühle es Ihnen nach; – kann und darf *ich* deshalb daran denken mein Amt niederzulegen? Bismarck am Rande: nein, aber vertrauen, was man nicht *selbst* sehn kann bei 30 Mill. und *glauben*, was ein Minister amtlich versichert! Ebenso wenig wie ich dies darf, ebenso wenig dürfen Sie es! Sie gehören sich nicht allein, sich selbst an; Ihre Existenz ist mit der Geschichte Preußens, Deutschlands, Europas zu eng verbunden, als daß Sie sich von einem Schauplatz zurückziehen dürfen, den Sie mit schaffen halfen. Aber damit Sie sich dieser Schöpfung auch ganz widmen können, *müssen* Sie sich Erleichterung der Arbeit verschaffen und bitte ich Sie inständigst mir dieserhalb Vorschläge zu machen. So sollten Sie sich von den Staats Ministerial Sitzungen losmachen, Randbemerkung Bismarck's: thue ich wenn gewöhnliche Dinge verhandelt werden. Delbrück steht Ihnen so getreu zur Seite, daß er Ihnen Manches abnehmen könnte. Randbemerkung Bismarck's: thut er *Réduciren* Sie Ihre Vorträge bei mir auf das Wichtigste u.s.w. Randbemerkung Bismarck's: noch mehr? Vor Allem aber zweifeln Sie nie an meinem unveränderten Vertrauen und an meiner unauslöschlichen Dankbarkeit!!

Ihr

Wilhelm.«

Usedom wurde zur Disposition gestellt. Se. Majestät überwand in diesem Falle die Tradition der Verwaltung des Königlichen Hausvermögens so weit, daß er ihm die finanzielle Differenz zwischen dem amtlichen Einkommen und dem Wartegelde aus der Privatchatoulle regelmäßig zahlen ließ.

IV.

Ich kehre zu dem Gespräche mit dem Regenten zurück. Nachdem ich mich über den bundestäglichen Posten geäußert, ging ich auf die Gesammtsituation über und sagte: »Ew. K. H. haben im ganzen Ministerium keine einzige staatsmännische Capacität, nur Mittelmäßigkeiten, beschränkte Köpfe.«

Der Regent: »Halten Sie Bonin für einen beschränkten Kopf?«

Ich: »Das nicht; aber er kann nicht ein Schubfach in Ordnung halten, viel weniger ein Ministerium. Und Schleinitz ist ein Höfling, kein Staatsmann.«

Der Regent empfindlich: »Halten Sie mich etwa für eine Schlafmütze? Mein auswärtiger Minister und mein Kriegsminister werde ich selbst sein; das verstehe ich.«

Ich deprecirte und sagte: »Heut zu Tage kann der fähigste Landrath seinen Kreis nicht verwalten ohne einen intelligenten Kreissekretär und wird immer auf einen solchen halten; die preußische Monarchie bedarf des Analogen in viel höherm Maße. Ohne intelligente Minister werden Ew. K. H. in dem Ergebniß keine Befriedigung finden. Das Innre berührt mich weniger; aber wenn ich an Schwerin denke, so habe ich auch meine Sorgen. Er ist ehrlich und tapfer und würde, wenn er Soldat wäre, wie sein Vorfahr bei Prag fallen; aber ihm fehlt die Besonnenheit. Sehn Ew. K. H. sein Profil an; dicht über den Augenbrauen springt die Schnelligkeit der Conception hervor, die Eigenschaft, welche die Franzosen mit *primesautier* bezeichnen, aber darüber fehlt die Stirn, in welcher die Phrenologen die Besonnenheit suchen. Schwerin ist ein Staatsmann ohne Augenmaß und hat mehr Fähigkeit einzureißen als aufzubauen.«

Die Beschränktheit der Uebrigen gab mir der Prinz zu. Im Ganzen blieb er bei dem Bestreben, mir meine Mission nach Petersburg im Lichte einer Auszeichnung erscheinen zu lassen, und machte mir den Eindruck, als fühle er eine Erleichterung, daß auf diese Weise die auch für ihn unerfreuliche Frage meiner Versetzung durch meine Initiative der Besprechung erledigt war. Die Audienz endete in gnädiger Form auf Seiten des Regenten und auf meiner Seite mit dem Gefühl ungetrübter Anhänglichkeit an den Herrn und gesteigerter Geringschätzung gegen die Streber, deren von der Prinzessin unterstützten Einflüssen er damals unterlag.

In der neuen Aera hatte die hohe Frau zunächst ein Ministerium vor sich, als dessen Begründerin und Patronin sie sich ansehn durfte. Aber auch unter diesem Cabinet blieb ihr Einfluß nicht dauernd gouvernemental, sondern gewann bald die Natur einer Begünstigung derjenigen Minister, welche der obersten Staatsleitung unbequem waren. Am meisten war dies vielleicht der Graf Schwerin, beeinflußt von dem nachmaligen Oberbürgermeister Winter in Danzig und andern liberalen Beamten. Er trieb die ministerielle Unabhängigkeit gegen den Regenten so weit, daß er schriftliche Befehle schriftlich damit erledigend beantwortete, dieselben seien nicht contrasignirt. Als das Ministerium den Regenten einmal zu einer ihm widerwärtigen Unterschrift genöthigt hatte, leistete er dieselbe in unlesbarer Gestalt und zerstampfte die Feder darauf. Graf Schwerin ließ eine zweite Reinschrift machen und bestand auf einer leserlichen Unterschrift. Der Regent unterschrieb nun wie gewöhnlich, knüllte aber das Blatt zusammen und warf es in die Ecke, aus der es hervorgeholt und, nachdem es geglättet, zu den Acten genommen wurde. Auch an meinem Abschiedsgesuche von 1877 war zu sehn, daß der Kaiser es zum Knäul geballt hatte, bevor er darauf antwortete.

V.

Ich wurde am 29. Januar 1859 zum Gesandten in Petersburg ernannt, verließ Frankfurt aber erst am 6. März und verweilte bis zum 23. desselben Monats in Berlin. Vgl. Bismarck's Briefe an seine Braut und Gattin S. 397-404. Während dieser Zeit hatte ich Gelegenheit, von der Verwendung der östreichischen geheimen Fonds, der ich bis dahin nur in der Presse begegnet war, einen praktischen Eindruck zu gewinnen. Der Bankier Levinstein, welcher seit Jahrzehnten bei meinen Vorgesetzten und in deren vertraulichen Aufträgen in Wien und Paris mit den Leitern der auswärtigen Politik und mit dem Kaiser Napoleon in Person verkehrt hatte, richtete am Morgen des Tages, auf den meine Abreise festgesetzt war, das nachstehende Schreiben an mich:

»Ew. Excellenz erlaube ich mir noch hiemit ganz ergebenst gutes Glück zu Ihrer Reise und Ihrer Mission zu wünschen, hoffend, daß wir Sie bald wieder hier begrüßen werden, da Sie im Vaterlande wohl nützlicher zu wirken vermögen als in der Ferne.

Unsre Zeit bedarf der Männer, bedarf Thatkraft, das wird man hier vielleicht etwas zu spät einsehen. Aber die Ereignisse in unsrer Zeit gehen rasch, und ich fürchte, daß für die Dauer doch der Friede kaum zu erhalten sein wird, wie man auch für einige Monate kitten wird.

Ich habe heut eine kleine Operation gemacht, die, wie ich hoffe, gute Früchte tragen soll, ich werde später die Ehre haben, sie Ihnen mitzutheilen. –

In Wien ist man sehr unbehaglich wegen Ihrer Petersburger Mission, weil man Sie für principiellen Gegner hält.

Sehr gut wäre es, dort ausgesöhnt zu sein, weil doch früher oder später jene Mächte sich mit uns gut verstehen werden.

Wollen Ew. Excellenz nur in einigen beliebigen Zeilen an mich sagen, daß Sie persönlich nicht gegen Oestreich eingenommen sind, so würde das von unberechenbarem Nutzen sein. – Herr von Manteuffel sagt immer, ich sei zähe in der Ausführung einer Idee und ruhe nicht, bis ich zum Ziele gekommen – doch fügte er hinzu, ich wäre weder ehr- noch geldgeizig. Bis jetzt, Gott sei Dank, ist es mein Stolz, daß noch Niemand aus einer Verbindung mit mir irgend einen Nachtheil gehabt.

Für die Dauer Ihrer Abwesenheit biete ich Ihnen meine Dienste zur Besorgung Ihrer Angelegenheiten, sei es hier oder sonst wo, mit Vergnügen an. Uneigennütziger und redlicher sollen Sie gewiß anderswo nicht bedient werden.

Mit aufrichtiger Hochachtung bin ich Ew. Excellenz

ganz ergebenster

B. 23./3. 59.

Levinstein.«

Ich ließ den Brief unbeantwortet und erhielt im Laufe des Tages, vor meiner Abfahrt zum Bahnhofe, im Hotel Royal, wo ich logirte, den Besuch des Herrn Levinstein. Nachdem er sich durch Vorzeigung eines eigenhändigen Einführungsschreibens des Grafen Buol legitimirt hatte, machte er mir den Vorschlag zur Betheiligung an einem Finanzgeschäft, welches mir »jährlich 20000 Thaler mit Sicherheit« abwerfen würde. Auf meine Erwiderung, daß ich keine Capitalien anzulegen hätte, erfolgte die Antwort, daß Geldeinschüsse zu dem Geschäft nicht erforderlich seien, sondern daß meine Einlage darin bestehn würde, daß ich mit der preußischen auch die östreichische Politik am russischen Hofe befürwortete, weil die fraglichen Geschäfte nur gelingen könnten, wenn die Beziehungen zwischen Rußland und Oestreich günstig wären. Mir war daran gelegen, irgendwelches schriftliche Zeugniß über dieses Anerbieten in die Hand zu bekommen, um dadurch dem Regenten den Beweis zu liefern, wie gerechtfertigt mein Mißtraun gegen die Politik des Grafen Buol war. Ich hielt deshalb dem Levinstein vor, daß ich bei einem so bedenklichen Geschäft doch eine stärkre Sicherheit haben müßte, als seine mündliche Aeußrung, auf Grund der wenigen Zeilen von der Hand des Grafen Buol, die er an sich behalten habe. Er wollte sich nicht dazu verstehn, mir eine schriftliche Zusage zu beschaffen, erhöhte aber sein Anerbieten auf 30000 Thaler jährlich. Nachdem ich mich überzeugt hatte, daß ich schriftliches Beweis-Material nicht erlangen würde, ersuchte ich Levinstein, mich zu verlassen, und schickte mich zum Ausgehn an. Er folgte mir auf die Treppe unter beweglichen Redensarten über das Thema: »Sehn Sie sich vor, es ist nicht angenehm, die ›Kaiserliche Regirung‹ zum Feinde zu haben.« Erst als ich ihn auf die Steilheit der Treppe und auf meine körperliche Ueberlegenheit aufmerksam machte, stieg er vor mir schnell die Treppe hinab und verließ mich.

Dieser Unterhändler war mir persönlich bekannt geworden durch die Vertraunsstellung, welche er seit Jahren im Auswärtigen Ministerium eingenommen, und durch die Aufträge, welche er von dort für mich zur Zeit Manteuffel's erhielt. Er pflegte seine Beziehungen in den untern Stellen durch übermäßige Trinkgelder.

Als ich Minister geworden war und das Verhältniß des Auswärtigen Amts zu Levinstein abgebrochen hatte, wurden wiederholt Versuche gemacht, dasselbe wieder in Gang zu bringen, namentlich von dem Consul Bamberg in Paris, der mehrmals zu mir kam und mir Vorwürfe darüber machte, daß ich einen »so ausgezeichneten Mann«, der eine solche Stellung an den europäischen Höfen habe, wie Levinstein, so schlecht behandeln könnte.

Ich fand auch sonst Anlaß, Gewohnheiten, die in dem Auswärtigen Ministerium eingerissen waren, abzustellen. Der langjährige Portier des Dienstgebäudes, ein alter Trunkenbold, konnte als Beamter nicht ohne Weitres entlassen werden. Ich brachte ihn dahin, den Abschied zu nehmen, durch die Drohung, ihn dafür zur Untersuchung zu ziehn, daß er mich »für Geld zeige«, indem er gegen Trinkgeld Jedermann zu mir lasse. Seinen Protest brachte ich mit der Bemerkung zum Schweigen: »Haben Sie mir, als ich Gesandter war, nicht jederzeit Herrn von Manteuffel für einen Thaler, und, wenn das Verbot besonders streng war, für zwei Thaler gezeigt?« Von meiner eignen Dienerschaft wurde mir gelegentlich gemeldet, welche unverhältnißmäßigen Trinkgelder Levinstein an sie verschwendete. Thätige Agenten und Geldempfänger auf diesem Gebiete waren einige von Manteuffel und Schleinitz übernommne Canzleidiener, unter ihnen ein für seine subalterne Amtsstellung hervorragender Maurer. Graf Bernstorff hatte während seiner kurzen Amtszeit der Corruption im Auswärtigen Amte kein Ende machen können, war auch wohl geschäftlich und gräflich zu stark präoccupirt, um diesen Dingen nahe zu treten. Ich habe meine Begegnung mit Levinstein, meine Meinung über ihn, seine Beziehungen zu dem Auswärtigen Ministerium später dem Regenten mit allen Details zur Kenntniß gebracht, sobald ich die Möglichkeit hatte, dies mündlich zu thun, was erst Monate später der Fall war. Von einer schriftlichen Berichterstattung versprach ich mir keinen Erfolg, da die Protection Levinstein's durch Herrn von Schleinitz nicht blos zum Regenten hinauf, sondern an die Umgebung der Frau Prinzessin Vgl. was in dem Proceß gegen den Hofrath Manché, October 1891, zur Sprache gekommen ist. hinan reichte, welche bei ihren Darstellungen der Sachlage keinen Beruf fühlte, die Unterlagen objectiv zu prüfen, sondern geneigt war, die Anwaltschaft für meine Gegner zu übernehmen.

Zehntes Kapitel. Petersburg Zu diesem Kapitel vgl. Bismarck's Briefwechsel mit dem Minister Freiherrn v. Schleinitz. Stuttgart und Berlin, J. G. Cotta'sche Buchh. Nachf. 1905.

I.

Es ist in der Geschichte der europäischen Staaten wohl kaum noch einmal vorgekommen, daß ein Souverän einer Großmacht einem Nachbarn dieselben Dienste erwiesen hat, wie der Kaiser Nicolaus der östreichischen Monarchie. In der gefährdeten Lage, in welcher diese sich 1849 befand, kam er ihr mit 150000 Mann zu Hülfe, unterwarf Ungarn, stellte dort die königliche Gewalt wieder her und zog seine Truppen zurück, ohne einen Vortheil oder eine Entschädigung zu verlangen, ohne die orientalischen und polnischen Streitfragen beider Staaten zu erwähnen. Dieser uninteressirte Freundschaftsdienst auf dem Gebiet der innern Politik Oestreich-Ungarns wurde von dem Kaiser Nicolaus in der auswärtigen Politik in den Tagen von Olmütz auf Kosten Preußens unvermindert fortgesetzt. Wenn er auch nicht durch Freundschaft, sondern durch die Erwägungen kaiserlich russischer Politik beeinflußt war, so war es immerhin mehr, als ein Souverän für einen andern zu thun pflegt, und nur in einem so eigenmächtigen und übertrieben ritterlichen Autokraten erklärlich. Nicolaus sah damals auf den Kaiser Franz Joseph als auf seinen Nachfolger und Erben in der Führung der monarchischen Trias. Er betrachtete die letztre als solidarisch der Revolution gegenüber und hatte bezüglich der Fortsetzung der Hegemonie mehr Vertrauen zu Franz Joseph als zu seinem eignen Nachfolger. Noch geringer war seine Meinung von der Veranlagung unsres Königs Friedrich Wilhelm für die Führerrolle auf dem Gebiete praktischer Politik; er hielt ihn zur Leitung der monarchischen Trias für so wenig geeignet wie den eignen Sohn und Nachfolger. Er handelte in Ungarn und in Olmütz in der Ueberzeugung, daß er nach Gottes Willen den Beruf habe, der Führer des monarchischen Widerstandes gegen die von Westen vordringende Revolution zu sein. Er war eine ideale Natur, aber verhärtet in der Isolirung der russischen Autokratie, und es ist wunderbar genug, daß er sich unter allen Eindrücken, von den Decabristen an durch alle folgenden Erlebnisse hindurch, diesen idealen Schwung erhalten hatte.

Wie er über seine Stellung zu seinen Unterthanen empfand, ergibt sich aus einer Thatsache, die mir Friedrich Wilhelm IV. selbst erzählt hat. Der Kaiser Nicolaus bat ihn um Zusendung von zwei Unteroffizieren der preußischen Garde, behufs Ausführung gewisser ärztlich vorgeschriebener Knetungen, die auf dem Rücken des Patienten vorgenommen werden mußten, während dieser auf dem Bauche lag. Er sagte dabei: »Mit meinen Russen werde ich immer fertig, wenn ich ihnen in's Gesicht sehn kann, aber auf den Rücken ohne Augen möchte ich mir sie doch nicht kommen lassen.« Die Unteroffiziere wurden in discreter Weise gestellt, verwendet und reich belohnt. Es zeigt dies, wie trotz der religiösen Hingebung des russischen Volks für seinen Zaren der Kaiser Nicolaus doch auch dem gemeinen Manne unter seinen Unterthanen seine persönliche Sicherheit unter vier Augen nicht unbeschränkt anvertraute; und es ist ein Zeichen großer Charakterstärke, daß er von diesen Empfindungen sich bis an sein Lebensende nicht niederdrücken ließ. Hätten wir damals auf dem Throne eine Persönlichkeit gehabt, die ihm ebenso sympathisch gewesen wäre wie der junge Kaiser Franz Joseph, so hätte er vielleicht in dem damaligen Streit um die Hegemonie in Deutschland für Preußen ebenso Partei genommen, wie er es für Oestreich gethan hat. Vorbedingung dazu wäre gewesen, daß Friedrich Wilhelm IV. den Sieg seiner Truppen im März 1848 festgehalten und ausgenutzt hätte, was ja möglich war ohne weitre Repressionen derart, wie Oestreich sie in Prag und Wien durch Windischgrätz und in Ungarn durch russische Hülfe zu bewirken genöthigt war.

In der Petersburger Gesellschaft ließen sich zu meiner Zeit drei Generationen unterscheiden. Die vornehmste, die europäisch und classisch gebildeten Grands Seigneurs aus der Regirungszeit Alexander's I., war im Aussterben. Zu ihr konnte man noch rechnen Mentschikow, Woronzow, Bludow, Nesselrode und, was Geist und Bildung betrifft, Gortschakow, dessen Niveau durch seine übertriebene Eitelkeit etwas herabgedrückt war im Vergleich mit den übrigen Genannten, Leuten, die classisch gebildet waren, gut und geläufig nicht nur französisch, sondern auch deutsch sprachen und der crême europäischer Gesittung angehörten.

Die zweite Generation, die mit dem Kaiser Nicolaus gleichaltrig war oder doch seinen Stempel trug, pflegte sich in der Unterhaltung auf Hofangelegenheiten, Theater, Avancement und militärische Erlebnisse zu beschränken. Unter ihnen sind als der ältern Kategorie geistig näher stehende Ausnahmen zu nennen der alte Fürst Orlow, hervorragend an Charakter, Höflichkeit und Zuverlässigkeit für uns; der Graf Adlerberg Vater und sein Sohn, der nachherige Hofminister, mit Peter Schuwalow der einsichtigste Kopf, mit dem ich dort in Beziehungen gekommen bin und dem nur Arbeitsamkeit fehlte, um eine leitende Rolle zu spielen; der Fürst Suworow, der wohlwollendste für uns Deutsche, bei dem der russische General nicolaitischer Tradition stark, aber nicht unangenehm, mit burschikosen Reminiscenzen deutscher Universitäten versetzt war; mit ihm dauernd im Streit und doch in gewisser Freundschaft Tschewkin, der Eisenbahn-General, von einer Schärfe und Feinheit des Verständnisses, wie sie bei Verwachsenen mit der ihnen eigenthümlichen klugen Kopfbildung nicht selten gefunden wird; endlich der Baron Peter von Meyendorff, für mich die sympathischste Erscheinung unter den ältern Politikern, früher Gesandter in Berlin, der nach seiner Bildung und der Feinheit seiner Formen mehr dem alexandrinischen Zeitalter angehörte und in ihm durch Intelligenz und Tapferkeit sich aus der Stellung eines jungen Offiziers in einem Linienregimente, in dem er die französischen Kriege mitgemacht, zu einem Staatsmanne emporgearbeitet hatte, dessen Wort bei dem Kaiser Nicolaus erheblich in's Gewicht fiel. Die Annehmlichkeit seines gastfreien Hauses in Berlin wie in Petersburg wurde wesentlich erhöht durch seine Gemalin, eine männlich kluge, vornehme, ehrliche und liebenswürdige Frau, die in noch höherm Grade als ihre Schwester, Frau von Vrints in Frankfurt, den Beweis lieferte, daß in der gräflich Buolschen Familie der erbliche Verstand ein Kunkellehn war. Ihr Bruder, der östreichische Minister Graf Buol, hatte daran nicht den Antheil geerbt, der zur Leitung der Politik einer großen Monarchie unentbehrlich ist. Die beiden Geschwister standen einander persönlich nicht näher als die russische und die östreichische Politik. Als ich 1852 in besondrer Mission in Wien beglaubigt war, war das Verhältniß zwischen ihnen noch derart, daß Frau von Meyendorff geneigt war, mir das Gelingen meiner für Oestreich freundlichen Mission zu erleichtern, wofür ohne Zweifel die Instructionen ihres Gemals maßgebend waren. Der Kaiser Nicolaus wünschte damals unsre Verständigung mit Oestreich. Als ein oder zwei Jahre später, zur Zeit des Krimkriegs, von meiner Ernennung nach Wien die Rede war, fand das Verhältniß zwischen ihr und ihrem Bruder in den Worten Ausdruck: sie hoffe, daß ich nach Wien kommen und »dem Karl ein Gallenfieber anärgern würde«. Frau von Meyendorff war als Frau ihres Gemals patriotische Russin und würde auch ohnedies schon nach ihrem persönlichen Gefühl die feindselige und undankbare Politik nicht gebilligt haben, zu welcher Graf Buol Oestreich bewogen hatte. Die dritte Generation, die der jungen Herrn, zeigte in ihrem gesellschaftlichen Auftreten meist weniger Höflichkeit, mitunter schlechte Manieren und in der Regel stärkre Abneigung gegen deutsche, insbesondre preußische Elemente als die beiden ältern Generationen. Wenn man, des Russischen unkundig, sie deutsch anredete, so waren sie geneigt, ihre Kenntniß dieser Sprache zu verleugnen, unfreundlich oder garnicht zu antworten und Civilisten gegenüber unter das Maß von Höflichkeit herabzugehn, welches sie in den Uniform oder Orden tragenden Kreisen untereinander beobachteten. Es war eine zweckmäßige Einrichtung der Polizei, daß die Dienerschaft der Vertreter auswärtiger Regirungen durch Tressen und das der Diplomatie vorbehaltne Costüm eines Livree-Jägers gekennzeichnet war. Die Angehörigen des diplomatischen Corps würden sonst, da sie nicht die Gewohnheit hatten, auf der Straße Uniform oder Orden zu tragen, sowohl von der Polizei als von Mitgliedern der höhern Gesellschaft denselben zu Conflicten führenden Unannehmlichkeiten ausgesetzt gewesen sein, welche ein ordensloser Civilist, der nicht als vornehmer Mann bekannt war, im Straßenverkehr und auf Dampfschiffen leicht erleben konnte.

In dem Napoleonischen Paris habe ich dieselbe Beobachtung gemacht. S. o. S. 101.. Wenn ich länger dort gewohnt hätte, so würde ich mich haben daran gewöhnen müssen, nach französischer Sitte mich nicht ohne Andeutung einer Decoration auf der Straße zu Fuß zu bewegen. Ich habe auf den Boulevards erlebt, daß bei einer Festlichkeit einige hundert Menschen sich weder vorwärts noch rückwärts bewegen konnten, weil sie infolge mangelhafter Anordnung zwischen zwei in verschiedner Richtung marschirende Truppentheile gerathen waren, und daß die Polizei, welche das Hemmniß nicht wahrgenommen hatte, auf diese Masse gewaltthätig mit Faustschlägen und den in Paris so üblichen coups de pied einstürmte, bis sie auf einen »Monsieur décoré« stieß. Das rothe Bändchen bewog die Polizisten, die Protestationen des Trägers wenigstens anzuhören und sich endlich überzeugen zu lassen, daß der anscheinend widerspenstige Volkshaufe zwischen zwei Truppentheilen eingeklemmt war und deshalb nicht ausweichen konnte. Der Führer der aufgeregten Polizisten zog sich durch den Scherz aus der Affaire, daß er, auf die bis dahin von ihm nicht bemerkten, im pas gymnastique defilirenden chasseurs de Vincennes deutend, sagte: »Eh bien, il faut enfoncer ça!« Das Publikum, einschließlich der Mißhandelten, lachte, die von Thätlichkeiten Verschonten entfernten sich mit einem dankbaren Gefühl für den décoré, dessen Anwesenheit sie gerettet hatte.

Auch in Petersburg würde ich es für zweckmäßig gehalten haben, auf der Straße die Andeutung eines höhern russischen Ordens zu tragen, wenn die großen Entfernungen es nicht mit sich gebracht hätten, daß man sich in den Straßen mehr zu Wagen mit Tressenlivree als zu Fuße zeigte. Schon zu Pferde, wenn in Civil und ohne Reitknecht, lief man Gefahr, von den durch ihr Costüm kenntlichen Kutschern der höhern Würdenträger wörtlich und thätlich angefahren zu werden, wenn man mit ihnen in unvermeidliche Berührung gerieth; und wer hinreichend Herr seines Pferdes war und eine Gerte in der Hand hatte, that wohl, sich bei solchen Conflicten als gleichberechtigt mit dem Insassen des Wagens zu legitimiren. Von den wenigen Reitern in der Umgebung von Petersburg konnte man in der Regel annehmen, daß sie deutsche und englische Kaufleute waren und in dieser ihrer Stellung ärgerliche Berührungen nach Möglichkeit vermieden und lieber ertrugen, als sich bei den Behörden zu beschweren. Offiziere machten nur in ganz geringer Zahl von den guten Reitwegen auf den Inseln und weiter außerhalb der Stadt Gebrauch, und die es thaten, waren in der Regel deutschen Herkommens. Das Bemühn höhern Ortes, den Offizieren mehr Geschmack am Reiten beizubringen, hatte keinen dauernden Erfolg und bewirkte nur, daß nach einer jeden Anregung derart die kaiserlichen Equipagen einige Tage lang mehr Reitern als gewöhnlich begegneten. Eine Merkwürdigkeit war es, daß als die besten Reiter unter den Offizieren die beiden Admirale anerkannt waren, der Großfürst Constantin und der Fürst Mentschikow.

Auch abgesehn von der Reiterei mußte man wahrnehmen, daß in guten Manieren und gesellschaftlichem Tone die jüngre zeitgenössische Generation zurück stand gegen die vorhergehende des Kaisers Nicolaus und beide wieder in europäischer Bildung und Gesammterziehung gegen die alten Herrn aus der Zeit Alexander's I. Dessenungeachtet blieb innerhalb der Hofkreise und der »Gesellschaft« der vollendete gute Ton in Geltung und in den Häusern der Aristokratie, namentlich so weit in diesen die Herrschaft der Damen reichte. Aber die Höflichkeit der Formen verminderte sich erheblich, wenn man mit jüngern Herrn in Situationen gerieth, welche nicht durch den Einfluß des Hofes oder vornehmer Frauen controllirt waren. Ich will nicht entscheiden, wie weit das Wahrgenommne aus einer socialen Reaction der jüngern Gesellschaftsschicht gegen die früher wirksam gewesenen deutschen Einflüsse oder aus einem Sinken der Erziehung in der jüngern russischen Gesellschaft seit der Epoche des Kaisers Alexander I. zu erklären ist; vielleicht auch aus der Contagion, welche die sociale Entwicklung der Pariser Kreise auf die der höhern russischen Gesellschaft auszuüben pflegt. Gute Manieren und vollkommne Höflichkeit sind in den herrschenden Kreisen von Frankreich außerhalb des Faubourg St. Germain heut nicht mehr so verbreitet, wie es früher der Fall war, und wie ich sie in Berührung mit ältern Franzosen und mit französischen und noch gewinnender bei russischen Damen jeden Alters kennen gelernt habe. Da übrigens meine Stellung in Petersburg mich nicht zu einem intimen Verkehr mit der jüngsten erwachsenen Generation nöthigte, so habe ich von meinem dortigen Aufenthalt nur die angenehme Erinnrung behalten, welche ich der Liebenswürdigkeit des Hofes, der ältern Herrn und der Damen der Gesellschaft verdanke. Die antideutsche Stimmung der jüngern Generation hat sich demnächst mir und Andern auch auf dem Gebiete der politischen Beziehungen zu uns fühlbar gemacht, in verstärktem Maße, seit mein russischer College, Fürst Gortschakow, seine ihn beherrschende Eitelkeit auch mir gegenüber herauskehrte. So lange er das Gefühl hatte, in mir einen jüngern Freund zu sehn, an dessen politischer Erziehung er einen Antheil beanspruchte, war sein Wohlwollen für mich unbegrenzt, und die Formen, in denen er mir Vertraun zeigte, überschritten die unter Diplomaten zulässige Grenze, vielleicht aus Berechnung, vielleicht aus Ostentation einem Collegen gegenüber, an dessen bewunderndes Verständniß mir gelungen war ihn glauben zu machen. Diese Beziehungen wurden unhaltbar, sobald ich als preußischer Minister ihm die Illusion seiner persönlichen und staatlichen Überlegenheit nicht mehr lassen konnte. Hinc irae. Vgl. Juvenal, Satiren I 168: Inde irae et lacrimae und Terenz, Andria I 1: Hinc illae irae. Sobald ich selbständig als Deutscher oder Preuße oder als Rival im europäischen Ansehn und in der geschichtlichen Publicistik aufzutreten begann, verwandelte sich sein Wohlwollen in Mißgunst.

Ob diese Wandlung erst nach 1870 begann oder ob sie sich vor diesem Jahre meiner Wahrnehmung entzogen hatte, lasse ich dahingestellt. Wenn Erstres der Fall war, so kann ich als ein achtbares und für einen russischen Kanzler berechtigtes Motiv den Irrthum der Berechnung in Anschlag bringen, daß die Entfremdung zwischen uns und Oestreich auch nach 1866 dauernd fortbestehn werde. Wir haben 1870 der russischen Politik bereitwillig beigestanden, um sie im Schwarzen Meere von den Beschränkungen zu lösen, welche der Pariser Vertrag ihr auferlegt hatte. Vgl. Bd. II 126. Dieselben waren unnatürlich, und das Verbot der freien Bewegung an der eignen Meeresküste war für eine Macht wie Rußland auf die Dauer unerträglich, weil demüthigend. Außerdem lag und liegt es nicht in unserm Interesse, Rußland in der Verwendung seiner überschüssigen Kräfte nach Osten hin hinderlich zu sein; wir sollen froh sein, wenn wir in unsrer Lage und geschichtlichen Entwicklung in Europa Mächte finden, mit denen wir auf keine Art von Concurrenz der politischen Interessen angewiesen sind, wie das zwischen uns und Rußland bisher der Fall ist. Mit Frankreich werden wir nie Frieden haben, mit Rußland nie die Nothwendigkeit des Krieges, wenn nicht liberale Dummheiten oder dynastische Mißgriffe die Situation fälschen.

II.

Wenn ich in Petersburg auf einem der kaiserlichen Schlösser Zarskoe oder Peterhof anwesend war, auch nur, um mit dem daselbst in Sommerquartier lebenden Fürsten Gortschakow zu conferiren, so fand ich in der mir angewiesenen Wohnung im Schlosse für mich und einen Begleiter ein Frühstück von mehren Gängen angerichtet, mit drei oder vier Sorten hervorragend guter Weine; andre sind mir in der kaiserlichen Verpflegung überhaupt niemals vorgekommen. Gewiß wurde in dem Haushalte viel gestohlen, aber die Gäste des Kaisers litten darunter nicht; im Gegentheil, ihre Verpflegung war auf reiche Brosamen für den »Dienst« berechnet. Keller und Küche waren absolut einwandsfrei, auch in Vorkommnissen, wo sie uncontrollirt blieben. Vielleicht hatten die Beamten, denen die nicht getrunknen Weine verblieben, durch lange Erfahrung schon einen zu durchgebildeten Geschmack gewonnen, um Unregelmäßigkeiten zu dulden, unter denen die Qualität der Lieferung gelitten hätte. Die Preise der Lieferungen waren nach allem, was ich erfuhr, allerdings gewaltig hoch. Von der Gastfreiheit des Haushalts bekam ich eine Vorstellung, wenn meine Gönnerin, die Kaiserin-Witwe Charlotte, Schwester unsers Königs, mich einlud. Dann waren für die mit mir eingeladnen Herrn der Gesandschaft zwei, und für mich drei Diners der kaiserlichen Küche entnommen. In meinem Quartier wurden für mich und meine Begleiter Frühstücke und Diners angerichtet und berechnet, wahrscheinlich auch gegessen und getrunken, als ob meine und der Meinigen Einladung zu der Kaiserin garnicht erfolgt sei. Das Couvert für mich wurde einmal in meinem Quartier mit allem Zubehör auf- und abgetragen, das zweite Mal an der Tafel der Kaiserin in Gemeinschaft mit denen meiner Begleiter aufgelegt, und auch dort kam ich mit ihm nicht in Berührung, da ich vor dem Bette der kranken Kaiserin ohne meine Begleiter in kleiner Gesellschaft zu speisen hatte. Bei solchen Gelegenheiten pflegte die damals in der ersten Blüthe jugendlicher Schönheit stehende Prinzessin Leuchtenberg, später Gemalin des Prinzen Wilhelm von Baden, an Stelle ihrer Großmutter mit der ihr eignen Grazie und Heiterkeit die Honneurs zu machen. Auch erinnre ich mich, daß bei einer andern Gelegenheit eine vierjährige Großfürstin sich um den Tisch von vier Personen bewegte und sich weigerte, einem hohen General die gleiche Höflichkeit wie mir zu erweisen. Es war mir sehr schmeichelhaft, daß dieses großfürstliche Kind auf die großmütterliche Vorhaltung antwortete: in Bezug auf mich: *on milü* (er ist lieb), in Bezug auf den General aber hatte sie die Naivität, zu sagen: *on wonjaet* (er stinkt), worauf das großfürstliche *enfant terrible* entfernt wurde.

Es ist vorgekommen, daß preußische Offiziere, welche lange in einem der kaiserlichen Schlösser wohnten, von russischen guten Freunden vertraulich befragt wurden, ob sie wirklich so viel Wein u. dergl. verbrauchten, wie für sie entnommen werde; dann würde man sie um ihre Leistungsfähigkeit beneiden und ferner dafür sorgen. Diese vertrauliche Erkundigung traf auf Herrn von sehr mäßigen Gewohnheiten; mit ihrem Einverständnisse wurden die von ihnen bewohnten Gemächer untersucht: in Wandschränken, mit denen sie unbekannt waren, fanden sich zurückgelegte Vorräthe hochwerthiger Weine und sonstiger Bedürfnisse in Massen.

Bekannt ist, daß dem Kaiser einmal das ungewöhnliche Quantum von Talg aufgefallen war, welches jedes Mal in den Rechnungen erschien, wenn der Prinz von Preußen zum Besuche dort war, und daß schließlich ermittelt wurde, daß er bei seinem ersten Besuche sich durchgeritten und am Abend das Verlangen nach etwas Talg gestellt hatte. Das verlangte Loth dieses Stoffes hatte sich bei spätern Besuchen in Pud verwandelt. Die Aufklärung erfolgte zwischen den hohen Herrschaften persönlich und hatte eine Heiterkeit zur Folge, welche den betheiligten Sündern zu Gute kam.

Von einer andern russischen Eigenthümlichkeit gab es bei meiner ersten Anwesenheit in Petersburg 1859 eine Probe. In den ersten Tagen des Frühlings machte damals die zum Hofe gehörige Welt ihren Spaziergang in dem Sommergarten zwischen dem Pauls-Palais und der Newa. Dort war es dem Kaiser aufgefallen, daß in der Mitte eines Rasenplatzes ein Posten stand. Da der Soldat auf die Frage, weshalb er da stehe, nur die Auskunft zu geben wußte: »Es ist befohlen«, so ließ sich der Kaiser durch seinen Adjutanten auf der Wache erkundigen, erhielt aber auch keine andre Aufklärung, als daß der Posten Winter und Sommer gegeben werde. Der ursprüngliche Befehl sei nicht mehr zu ermitteln. Die Sache wurde bei Hofe zum Tagesgespräch und gelangte auch zur Kenntniß der Dienerschaft. Aus dieser meldete sich ein alter Pensionär und gab an, daß sein Vater ihm gelegentlich im Sommergarten gesagt habe, während sie an der Schildwache vorbeigegangen: »Da steht er noch immer und bewacht die Blume; die Kaiserin Katharina hat an der Stelle einmal ungewöhnlich früh im Jahre ein Schneeglöckchen wahrgenommen und befohlen, man solle sorgen, daß es nicht abgepflückt werde.« Dieser Befehl war durch Aufstellung einer Schildwache zur Ausführung gebracht worden, und seitdem hatte der Posten Jahr aus Jahr ein gestanden. Dergleichen erregt unsre Kritik und Heiterkeit, ist aber ein Ausdruck der elementaren Kraft und Beharrlichkeit, auf denen die Stärke des russischen Wesens dem übrigen Europa gegenüber beruht. Man erinnert sich dabei der Schildwachen, die während der Überschwemmung in Petersburg 1825, im Schipka-Passe 1877 nicht abgelöst wurden, und von denen die Einen ertranken, die Andern auf ihren Posten erfroren.

III.

Während des italienischen Krieges glaubte ich noch an die Möglichkeit, in der Stellung eines Gesandten in Petersburg, wie ich es von Frankfurt aus mit wechselndem Erfolge versucht hatte, auf die Entschließungen in Berlin einwirken zu können, ohne mir klar zu machen, daß die übermäßigen Anstrengungen, die ich mir zu diesem Zwecke in meiner Berichterstattung auferlegte, ganz fruchtlos sein mußten, weil meine Immediatberichte und meine in Form eigenhändiger Briefe gefaßten Mittheilungen entweder garnicht zur Kenntniß des Regenten gelangten oder mit Commentaren, die jeden Eindruck hinderten. Meine Ausarbeitungen hatten außer einer Complicirung der Krankheit, in welche ich durch ärztliche Vergiftung gefallen war, nur die Folge, daß die Genauigkeit meiner Berichte über die Stimmungen des Kaisers verdächtigt wurde, und um mich zu controlliren, der Graf Münster, früher Militärbevollmächtigter in Petersburg, dorthin geschickt wurde. Ich war im Stande, dem mir befreundeten Inspicienten zu beweisen, daß meine Meldungen auf der Einsicht eigenhändiger Bemerkungen des Kaisers am Rande der Berichte russischer Diplomaten beruhten, die Gortschakow mir vorgelegt hatte, und daneben auf mündlichen Mittheilungen persönlicher Freunde, die ich in dem Cabinet und am Hofe besaß. Die eigenhändigen Marginalien des Kaisers waren mir vielleicht mit berechneter Indiscretion vorgelegt worden, damit ihr Inhalt auf diesem weniger verstimmenden Wege nach Berlin gelangen sollte.

Diese und andre Formen, in denen ich von besonders wichtigen Mittheilungen Kenntniß erhielt, sind charakteristisch für die damaligen politischen Schachzüge. Ein Herr, welcher mir gelegentlich eine solche vertraute, wandte sich beim Abschiede in der Thür um und sagte: »Meine erste Indiscretion nöthigt mich zu einer zweiten. Sie werden die Sache natürlich nach Berlin melden, benutzen Sie aber dazu nicht Ihren Chiffre Nr. so und so, den besitzen wir seit Jahren, und nach Lage der Dinge würde man bei uns auf mich als Quelle schließen. Außerdem werden Sie mir den Gefallen thun, den compromittirten Chiffre nicht plötzlich fallen zu lassen, sondern ihn noch einige Monate lang zu unverfänglichen Telegrammen zu benutzen.« Damals glaubte ich zu meiner Beruhigung aus diesem Vorgange die Wahrscheinlichkeit zu entnehmen, daß nur dieser eine unsrer Chiffres sich im russischen Besitze befand. Die Sicherstellung des Chiffres war in Petersburg besonders schwierig, weil jede Gesandschaft russische Diener und Subalterne nothwendig im Innern des Hauses verwenden mußte und die politische Polizei unter diesen sich leicht Agenten verschaffte.

Zur Zeit des östreichisch-französischen Krieges klagte mir der Kaiser Alexander in vertraulichem Gespräche über den heftigen und verletzenden Ton, in welchem die russische Politik in Correspondenzen deutscher Fürsten an kaiserliche Familienglieder kritisirt werde. Er schloß die Beschwerde über seine Verwandten mit den entrüsteten Worten: »Das Beleidigende für mich in der Sache ist, daß die deutschen Herrn Vettern ihre Grobheiten mit der Post schicken, damit sie sicher zu meiner persönlichen Kenntniß gelangen.« Der Kaiser hatte kein Arg bei diesem Eingeständniß und war unbefangen der Meinung, daß es sein monarchisches Recht sei, auch auf diesem Wege von der Correspondenz Kenntniß zu erhalten, deren Trägerin die russische Post war.

Auch in Wien haben früher ähnliche Einrichtungen bestanden. Vor Erbauung der Eisenbahnen hat es Zeiten gegeben, in denen nach Ueberschreitung der Grenze ein östreichischer Beamter zu dem preußischen Courier in den Wagen stieg, und unter Assistenz des Letztern die Depeschen mit gewerbsmäßigem Geschicke geöffnet, geschlossen und excerpirt wurden, bevor sie an die Gesandschaft in Wien gelangten. Noch nach dem Aufhören dieser Praxis galt es für eine vorsichtige Form amtlicher Mittheilung von Cabinet zu Cabinet nach Wien oder Petersburg, wenn dem dortigen preußischen Gesandten mit einfachem Postbriefe geschrieben wurde. Der Inhalt wurde von beiden Seiten als insinuirt angesehn, und man bediente sich dieser Form der Insinuation gelegentlich dann, wenn die Wirkung einer unangenehmen Mittheilung im Interesse der Tonart des formalen Verkehrs abgeschwächt werden sollte. Wie es in der Post von Thurn und Taxis mit dem Briefgeheimniß bestellt war, wird aus meinem Briefe an den Minister von Manteuffel vom 11. Januar 1858 anschaulich:

»Ich habe schon telegraphisch die dringende Bitte ausgesprochen, meinen vertraulichen Bericht, betreffend die Beschwerde Lord Bloomfield's in der Bentinck'schen Sache, nicht durch die Post an den Grafen Flemming in Karlsruhe zu schicken und so zu Oestreichs Kenntniß zu bringen. Sollte meine Bitte zu spät eingetroffen sein, so werde ich nach mehren Richtungen hin in unangenehme Verlegenheiten gerathen, welche kaum anders als in einem persönlichen Conflict zwischen dem Grafen Rechberg und mir ihre Lösung finden könnten. – Wie ich ihn beurtheile und wie es die östreichische Auffassung des Briefgeheimnisses überhaupt mit sich bringt, wird er sich durch den Umstand, daß diese Beweise einem geöffneten Briefe entnommen sind, von der Production derselben nicht abhalten lassen. Ich traue ihm vielmehr zu, daß er sich ausdrücklich darauf beruft, die Depesche könne nur in der Absicht auf die Post gegeben sein, damit sie zur Kenntniß der kaiserlichen Regirung gelange.«

Als ich 1852 die Gesandschaft in Wien zu leiten hatte, stieß ich dort auf die Gewohnheit, wenn der Gesandte eine Mittheilung zu machen hatte, die Instruction, durch die er von Berlin aus dazu beauftragt war, dem östreichischen Minister des Auswärtigen im Original einzureichen. Diese für den Dienst ohne Zweifel nachtheilige Gewohnheit, bei der eigentlich die vermittelnde Amtsthätigkeit des Gesandten als überflüssig erschien, war dergestalt tief eingerissen, daß der damalige, seit Jahrzehnten in Wien einheimische Kanzleivorstand der Gesandschaft aus Anlaß des von mir ergangnen Verbots mich aufsuchte, um mir vorzustellen, wie groß das Mißtraun der kaiserlichen Staatskanzlei sein werde, wenn wir plötzlich in der langjährigen Gepflogenheit eine Aenderung eintreten ließen; man würde namentlich mir gegenüber zweifelhaft werden, ob meine Einwirkung auf den Grafen Buol wirklich dem Text meiner Instructionen und also den Intentionen der Berliner Politik entspräche.

Um sich selbst gegen Untreue der Beamten des auswärtigen Ressorts zu schützen, hat man in Wien zuweilen sehr drastische Mittel angewandt. Ich habe einmal ein geheimes östreichisches Aktenstück in Händen gehabt, aus dem mir dieser Satz erinnerlich geblieben ist:

»Kaunitz ne sachant pas démêler, lequel de ses quatre commis l'avait trahi, les fit noyer tous les quatre dans le Danube moyennant un bateau à soupape.«

Vom Ersäufen war auch die Rede in einer scherzenden Unterhaltung, die ich 1853 oder 1854 mit dem russischen Gesandten in Berlin, Baron von Budberg, hatte. Ich erwähnte, daß ich einen Beamten im Verdacht hätte, bei den ihm aufgetragnen Geschäften das Interesse eines andern Staates zu vertreten. Budberg sagte: »Wenn der Mann Ihnen unbequem ist, so schicken Sie ihn nur einmal bis an das Aegäische Meer, dort haben wir Mittel, ihn verschwinden zu lassen« – und fuhr auf meine etwas ängstliche Frage: »Sie wollen ihn doch nicht ersäufen?« lachend fort: »Nein, er würde im Innern Rußlands verschwinden, und da er anstellig zu sein scheint, später als zufriedner russischer Beamter wieder zum Vorschein kommen.«

IV.

In der ersten Hälfte des Juni 1859 machte ich einen kurzen Ausflug nach Moskau. Vgl. Briefe aus Moskau an die Gattin vom 6. bis 6, Juni 1859, S. 435 ff. Bei diesem Besuche der alten Hauptstadt, der in die Zeit des italienischen Kriegs fiel, war ich Zeuge einer merkwürdigen Probe von dem damaligen Hasse der Russen gegen Oestreich. Während der Gouverneur Fürst Dolgoruki mich in einer Bibliothek umherführte, bemerkte ich auf der Brust eines subalternen Beamten unter vielen militärischen Decorationen auch das eiserne Kreuz. Auf meine Frage nach dem Erwerb desselben nannte er die Schlacht von Kulm, nach welcher Friedrich Wilhelm III. eine Anzahl etwas abweichend gestalteter eiserner Kreuze an russische Soldaten hatte vertheilen lassen, das sogenannte Kulmer Kreuz. Ich beglückwünschte den alten Soldaten, daß er nach 46 Jahren noch so rüstig sei, und erhielt die Antwort, er würde noch jetzt, wenn der Kaiser es erlaubte, den Krieg mitmachen. Ich fragte, mit wem er dann gehn würde, mit Italien oder mit Oestreich, worauf er stramm stehend mit Enthusiasmus erklärte: »Immer gegen Oestreich.« Ich machte ihn darauf aufmerksam, daß Oestreich doch bei Kulm unser und Rußlands Freund und Italien unser Gegner gewesen sei, worauf er, immer in militärisch strammer Haltung und mit der lauten und weit hörbaren Stimme, die der russische Soldat im Gespräch mit Offizieren hat, antwortete: »Ein ehrlicher Feind ist besser als ein falscher Freund.« Diese unverfrorne Antwort begeisterte den Fürsten Dolgoruki dergestalt, daß im nächsten Moment General und Unteroffizier in der Umarmung lagen und die herzlichsten Küsse auf beide Wangen austauschten. So war damals bei General und Unteroffizier die russische Stimmung gegen Oestreich.

Eine Erinnrung an den Ausflug nach Moskau ist der nachstehende Briefwechsel mit dem Fürsten Obolenski.

Moscou, le "2" Juin 1859. In dem Datum liegt ein Fehler. Bismarck verließ Petersburg am 5. Juni Mittags und stieg am 6. Juni früh 8 Uhr im Hôtel de France in Moskau ab. Er trat am 10. Juni die Rückreise an. Wahrscheinlich datirt das Original des Briefes vom 12. Juni. Die an sich unverständlichen Anführungsstriche vor und nach der Zahl weisen vielleicht auf eine undeutlich geschriebene Zahl hin.

En visitant dernièrement les antiquités de Moscou, Votre excellence a porté une grande attention aux monuments de notre ancienne vie politique et morale. Les vieils édifices du Kremlin, les objets de la vie domestique des Tzars, les précieux manuscrits grecs de la bibliothèque des Patriarches de Russie, – tout enfin a excité Sa curiosité éclairée. Les remarques scientifiques de V. E. au sujet de ces monuments ont prouvé qu'outre Ses grandes connaissances diplomatiques, Elle en réunissent d'aussi profondes en archéologie. Une pareille attention de la part d'un étranger pour nos antiquités m'est doublement chère, comme à un Russe et comme à un homme qui consacre ses loisirs aux recherches archéologiques. Permettez-moi d'offrir à votre V. E. en souvenir de Son court séjour à Moscou et de l'agréable connaissance que j'ai eu l'honneur de faire avec Elle, un exemplaire du »Livre contenant la description de l'élection et de l'avènement au trône du Tzar Michel Feodorowitch«. Elle y verra sur des dessins quoique peu artistiques mais curieux par leur ancienntè, les mêmes édifices et objets qui L'intéressaient tant au Kremlin.

Agréez p. p.

P. M. Obolenski

Pétersbourg (Juli 1859). Nach dem Concept. .

Je serais bien ingrat, si après toutes les bontés dont vous m'avez comblé à Moscou, j'avais laissé quatre semaines sans des raisons majeures s'écouler avant de répondre à la lettre dont V. E. m'a honoré. J'ai été saisi après mon retour d'une maladie grave, une espèce de goutte, qui par de fortes douleurs rhumatismales m'a tenu à l'état de perclus depuis près d'un mois avec des intervalles minimes et absorbés par les affaires courantes restées en arrière. Encore aujourd'hui je me trouve hors d'état de marcher, mais mieux portant du reste, de sorte que je tâcherai d'obéir à un ordre de mon gouvernement qui m'appelle à Berlin. Pardonnez ces détails, mon Prince, mais ils sont nécessaires pour expliquer mon silence.

J'avais espéré que par ce retard de ma réponse je serais mis à même d'y joindre celle que j'attends de Berlin à l'envoi dont vous aves bien voulu me charger à destination de Sa Majesté le Roi. Je ne la tiens pas encore, mais je ne puis partirs, mon Prince, sans vous dire, combien je suis touché de la manière digne et aimable à la fois dont vous faites des honneurs du département que vous dirigez, et de la capitale que vous habitez, en montrant à l'étranger un noble modèle de l'hospitalité nationale. Le magnifique ouvrage que vous avez bien voulu me donner, restera toujours un ornement précieux de ma bibliothèque et un objet auquel se rattache le souvenir d'un gentilhomme russe qui sait bien concilier l'illustration du savant avec les qualités qui distinguent le grand-seigneur.

Agréez p. p.

von Bismarck

V.

Neuling in dem Klima von Petersburg, ging ich im Juni 1859 nach anhaltendem Reiten in einer überheizten Reitbahn ohne Pelz nach Hause, hielt mich auch noch unterwegs auf, um exercirenden Rekruten zuzusehn. Am folgenden Tage hatte ich Rheumatismus in allen Gliedern, mit dem ich längre Zeit zu kämpfen hatte. Siehe Bismarck's Brief an die Gattin vom 25. Juni 1850, S. 440 ff., Brief an Frau v. Arnim vom 29. Juni 1859, Bismarckbriefe, herausgegeben von H. Kohl, 8. Aufl., S. 268 f. Als die Zeit herankam abzureisen, um meine Frau nach Petersburg zu holen, war ich übrigens wieder hergestellt, nur daß sich in dem linken Beine, das ich auf dem Jagdausflug nach Schweden im Jahre 1857 durch einen Sturz vom Felsen beschädigt hatte, S. o. S. 220. und das infolge unvorsichtiger Behandlung der locus *minoris resistentiae* geworden war, ein geringfügiger Schmerz fühlbar machte. Der durch die frühere Großherzogin von Baden mir bei der Abreise empfohlne Dr. Walz erbot sich, mir ein Mittel dagegen zu verschreiben, und begegnete meiner Erklärung, ich fühle kein Bedürfniß etwas anzuwenden, da der Schmerz gering sei, mit der Versichrung, die Sache könne auf der Reise schlimmer werden und es sei rathsam, vorzubeugen. Das Mittel sei ein ganz leichtes; er werde mir ein Pflaster in die Kniekehle legen, welches in keiner Weise belästige, nach einigen Tagen von selbst abfallen und nur eine Röthe hinterlassen werde. Mit der Vorgeschichte dieses aus Heidelberg stammenden Arztes noch unbekannt, gab ich leider seinem Zureden nach. Vier Stunden, nachdem ich das Pflaster aufgelegt und fest geschlafen hatte, wachte ich über heftige Schmerzen auf, riß das Pflaster ab, ohne seine Bestandtheile von der schon wund gefressenen Kniekehle entfernen zu können. Walz kam einige Stunden später und versuchte mit irgend einer metallischen Klinge die schwarze Pflastermasse aus der handgroßen Wunde durch Schaben zu entfernen. Der Schmerz war unerträglich und der Erfolg unvollkommen, die corrosive Wirkung des Gifts dauerte fort. Ich wurde mir über die Unwissenheit und Gewissenlosigkeit meines Arztes klar trotz der hohen Empfehlung, die mich bestimmt hatte, ihn zu wählen. Er selbst versicherte mit entschuldigendem Lächeln, die Salbe sei wohl etwas zu stark gepfeffert worden; es sei ein Versehn des Apothekers. Ich ließ von dem Letztern das Recept erbitten und erhielt die Antwort, Walz habe es wieder an sich genommen; Letztrer besaß es nach seiner Aussage nicht mehr. Ich konnte also nicht ermitteln, wer der Giftmischer gewesen war, und erfuhr nur von dem Apotheker, der Hauptbestandtheil der Salbe sei der Stoff gewesen, der zur Herstellung von sogenannten immerwährenden spanischen Fliegen verwendet werde, und nach seiner Erinnrung sei derselbe allerdings in einer ungewöhnlich starken Dosis verschrieben gewesen. Es ist mir später die Frage gestellt worden, ob meine Vergiftung eine absichtliche gewesen sein könne; ich schreibe sie lediglich der Unwissenheit und Dreistigkeit des ärztlichen Schwindlers zu.

Er war auf Grund einer Empfehlung der verwitweten Großherzogin Sophie von Baden Dirigent sämmtlicher Kinderhospitäler in Petersburg geworden. Meine spätern Ermittlungen ergaben, daß er der Sohn des Universitätsconditors in Heidelberg war, als Student nicht gearbeitet und keine Prüfung bestanden hatte. Seine Salbe hatte eine Vene zerstört, und ich habe viele Jahre lang schwer daran gelitten.

Um bei deutschen Aerzten Hülfe zu suchen, reiste ich im Juli auf dem Seewege über Stettin nach Berlin; heftige Schmerzen veranlaßten mich, den berühmten Chirurgen Pirogow, der mit an Bord war, zu fragen; er wollte mir das Bein amputiren, und auf meine Frage, ob über oder unter dem Kniee, bezeichnete er eine Stelle hoch darüber. Ich lehnte ab und wurde, nachdem in Berlin verschiedne Behandlungen erfolglos versucht waren, durch die Bäder von Nauheim unter Leitung des Professors Beneke aus Marburg so weit wiederhergestellt, daß ich gehn, auch reiten und im October den Prinzregenten nach Warschau zur Zusammenkunft mit dem Zaren begleiten konnte. Vgl. über den Verlauf der Krankheit die Briefe der Frau v. Bismarck aus Wiesbaden vom 12. August 1859 und Reinfeld vom 23. October 1859 an v. Keudell in Rob. v. Keudell, Fürst und Fürstin Bismarck. Berlin 1901. S. 71 f. Brief Bismarck's an Schleinitz vom 19. December 1859, Bismarck's Briefwechsel mit dem Minister Freiherrn von Schleinitz S. 51 f. – Zur Reise nach Warschau vgl. die Briefe vom 14. bis 22. October, Bismarck's Briefe an seine

Braut und Gattin, S. 451 ff., an die Schwester vom 14. October, an den Bruder vom 20. October, Bismarckbriefe, 8. Aufl., S. 276. 278. Während ich auf der Rückreise nach Petersburg Herrn von Below in Hohendorf im November einen Besuch machte, riß sich nach ärztlicher Meinung der Thrombus los, der sich in der zerstörten Vene gebildet und festgesetzt hatte, gerieth in den Blutumlauf und verursachte eine Lungenentzündung, die von den Aerzten für tödtlich gehalten, aber in einem Monate langen Siechthum überwunden wurde. Vgl. Brief der Frau v. Bismarck an v. Keudell vom 30. Jan. 1860, a. a. O. S. 74 ff. Merkwürdig sind mir heut die Eindrücke, die damals ein sterbender Preuße über Vormundschaft hatte. Mein erstes Bedürfniß nach meiner ärztlichen Verurtheilung war die Niederschrift einer letztwilligen Verfügung, durch welche jede gerichtliche Einmischung in die eingesetzte Vormundschaft ausgeschlossen wurde. Hierüber beruhigt sah ich meinem Ende mit der Bereitwilligkeit entgegen, die unerträgliche Schmerzen gewähren. Zu Anfang des März 1860 war ich so weit, nach Berlin reisen zu können, wo ich, meine Genesung abwartend, an den Sitzungen des Herrnhauses Theil nahm und bis in den Mai verweilte. Bismarck traf am 5. März 1860 in Berlin ein und verließ es am 23. Mai.

Elftes Kapitel Zwischenzustand

I.

Während dieser Wochen regten der Fürst von Hohenzollern und Rudolf von Auerswald bei dem Regenten meine Ernennung zum Minister des Auswärtigen an. Es fand infolge dessen im Palais eine Art von Conseil statt, das aus dem Fürsten, Auerswald, Schleinitz und mir bestand. Der Regent leitete die Besprechung mit der Auffordrung an mich ein, das Programm zu entwickeln, zu welchem ich riethe. Ich legte dasselbe in der Richtung, die ich später als Minister verfolgt habe, in so weit offen dar, daß ich als die schwächste Seite unsrer Politik ihre Schwäche gegen Oestreich bezeichnete, von der sie seit Olmütz und besonders in den letzten Jahren während der italienischen Krisis beherrscht gewesen sei. Könnten wir unsre deutsche Aufgabe im Einverständniß mit Oestreich lösen, um so besser. Die Möglichkeit würde aber erst vorliegen, wenn man in Wien die Ueberzeugung hätte, daß wir im entgegengesetzten Falle auch den Bruch und den Krieg nicht fürchteten. Die zur Durchführung unsrer Politik wünschenswerthe Fühlung mit Rußland zu bewahren, würde *gegen* Oestreich leichter sein als *mit* Oestreich. Unmöglich aber schiene mir das auch im letztern Falle nicht, nach meiner in Petersburg gewonnenen Kenntniß des russischen Hofes und der dort leitenden Einflüsse. Wir hätten dort aus dem Krimkriege und den polnischen Verwicklungen her einen Saldo, welcher bei geschickter Ausnutzung uns die Möglichkeit lassen könnte, mit Oestreich uns zu verständigen, ohne mit Rußland zu brechen; ich fürchtete nur, daß die Verständigung mit Oestreich wegen der dortigen Überschätzung der eignen und Unterschätzung der preußischen Macht mißlingen werde, wenigstens so lange, als man in Oestreich nicht von dem vollen Ernst unsrer eventuellen Bereitschaft auch zu Bruch und Krieg überzeugt sei. Der Glaube an solche Möglichkeit sei in dem letzten Jahrzehnte unsrer Politik in Wien verloren gegangen, man habe sich dort auf der in Olmütz errungnen Basis als auf einer dauernden eingelebt und nicht gemerkt, oder vergessen, daß die Olmützer Convention ihre Rechtfertigung hauptsächlich in der vorübergehenden Ungunst unsrer Situation fand, die durch die Verzettlung unsrer Cadres und durch die Thatsache hervorgerufen war, daß das ganze Schwergewicht der russischen Macht zur Zeit jener Convention in die Wagschale Oestreichs gefallen war, wohin sie nach dem Krimkriege nicht mehr fiel. Die östreichische Politik uns gegenüber sei aber nach 1856 ebenso anspruchsvoll geblieben, wie zu der Zeit, wo der Kaiser Nicolaus für sie gegen uns einstand. Wir hätten uns der östreichischen Illusion in einer Weise unterworfen, welche an das Experiment erinnerte, ein Huhn durch einen Kreidestrich zu fesseln. Die östreichische Zuversicht, ein geschickter Gebrauch der Presse, und ein großer Reichthum an geheimen Fonds ermögliche dem Grafen Buol die Aufrechthaltung der östreichischen Phantasmagorie und das Ignoriren der starken Stellung, in der Preußen sich befinden werde, so bald es bereit sei, den Zauber des Kreidestrichs zu brechen. Worauf sich die Erwähnung der östreichischen geheimen Fonds bezog, war dem Regenten bekannt. S. o. S. 238 ff.

Nachdem ich meine Auffassung entwickelt hatte, erging an Schleinitz die Auffordrung, die seinige gegenüber zu stellen. Es geschah das in Anknüpfung an das Testament Friedrich Wilhelm's III., also unter geschickter Berührung einer Saite, die im Gemüth des Regenten ihren Anklang nie versagte, unter Schilderung der Bedenken und Gefahren, die von Westen (Paris) und im Innern drohten, wenn die Beziehungen zu Oestreich trotz aller berechtigten Gründe zur Empfindlichkeit nicht erhalten würden. Die Gefahren russisch-französischer Verbindungen, die schon damals in der Oeffentlichkeit eine Rolle spielten, wurden entwickelt, die Möglichkeit preußisch-russischer Verbindungen als von der öffentlichen Meinung verurtheilt dargestellt. Charakteristisch war, daß, sobald Schleinitz sein letztes Wort eines geläufigen und offenbar vorbereiteten Vortrages gesprochen hatte, der Regent wiederum das Wort nahm und in klarer Entwicklung erklärte, daß er sich in Erinnrung an die väterlichen Traditionen für die Darstellung des Ministers von Schleinitz entscheide, und damit war die Erörterung kurzer Hand geschlossen.

Die Schnelligkeit, mit welcher er sich entschied, nachdem das letzte Wort des Ministers gefallen war, ließ mich annehmen, daß die ganze *mise en scène* vorher verabredet war und nach dem Willen der Prinzessin sich entwickelt hatte, um den Ansichten des Fürsten von Hohenzollern und Auerswald's eine äußerliche Berücksichtigung zu gewähren, während sie schon damals sich mit diesen Beiden und deren Neigung, das Cabinet durch meine Zuziehung zu stärken, nicht im Einklang befand.

In der Politik der Prinzessin, welche für ihren Gemal und für den Minister von erheblichem Gewicht war, gaben, wie ich annahm, eher gewisse Abneigungen den Ausschlag als positive Ziele. Die Abneigungen richteten sich gegen Rußland, gegen Louis Napoleon, mit dem Beziehungen zu unterhalten ich im Verdacht stand, gegen mich, wegen Neigung zu unabhängiger Meinung und wegen wiederholter Weigerung, Ansichten der hohen Frau bei ihrem Gemal als meine eignen zu vertreten. Ihre Geneigtheiten wirkten in demselben Sinne. Herr von Schletnitz war politisch ihr Geschöpf, ein von ihr abhängiger Höfling ohne eigne politische Ueberzeugung.

II.

Der Fürst von Hohenzollern, der sich überzeugte, daß die Prinzessin und Schleinitz durch sie stärker waren als er, zog sich bald nachher von den Geschäften thatsächlich zurück, wenn er auch dem Namen nach bis zum September 1862 Ministerpräsident blieb. Die Leitung ging damit auch äußerlich auf Auerswald über, mit dem ich während der Zeit, die ich noch in Berlin zubrachte, in freundlichem Verkehr blieb. Er war von besonders liebenswürdigen Formen und hervorragender politischer Begabung; und nachdem ich zwei Jahre später Ministerpräsident geworden war, leistete er mir einen wohlwollenden Beistand, namentlich dadurch, daß er bei dem Kronprinzen die Bedenken und Besorgnisse über die Zukunft unsres Landes bekämpfte, die ihm von England aus gegen mich als Russenfreund beigebracht worden waren und die später zu dem Danziger Pronunciamento führten. Auf seinem Sterbebette ließ er den Kronprinzen zu sich bitten, warnte eindringlich vor den Gefahren, welche seine Opposition der Monarchie bereiten könnte, und bat den Prinzen, an mir festzuhalten. Vgl. Aus dem Leben Theodor's von Bernhardi. Leipzig, S. Hirzel. VI 227 f. 234.

Im Sommer 1861 war es innerhalb des Ministeriums zu einem Kampfe gekommen, der in dem nachstehenden Brief des Kriegsministers von Roon vom 27. Juni Bismarck-Jahrbuch VI 194 ff. geschildert ist:

»Berlin, den 27. Juni 1861.

Sie sind wohl im Allgemeinen über die jetzt kritische Huldigungsfrage orientirt. Sie ist zum Brechen scharf zugespitzt. Der König kann nicht nachgeben, ohne sich und die Krone für immer zu ruiniren. Die Mehrzahl der Minister kann es ebenso wenig; sie würden sich die unmoralischen Bäuche aufschlitzen, sich politisch vernichten. Sie *können* nicht anders als ungehorsam sein und bleiben. Bis jetzt haben ich, der ich eine ganz entgegengesetzte Position zur brennenden Frage eingenommen, und (Edwin) Manteuffel mit Mühe verhindert, daß der König sich beuge. Er würde es thun, wenn ich dazu riethe, aber ich hoffe zu Gott, daß er meine Zunge lähme, bevor sie zustimmt. Aber ich stehe allein, ganz allein; Edwin Manteuffel geht heute auf die Festung. Wegen eines Duells mit Twesten als dem Verfasser der Schrift: »Was uns noch retten kann«. Gestern endlich hat mir der König erlaubt, mich für ihn nach andern Ministern umzusehen. Er ist der trostlosen Ansicht, er fände, außer bei Stahl und Cp., keine Männer, die die Huldigung mit Eidesleistung für zulässig erachten. Ich frage nun, ob Sie die althergebrachte Erbhuldigung für ein Attentat gegen die Verfassung halten? Antworten Sie darauf mit Ja, so habe ich mich getäuscht, wenn ich annahm, daß Sie meiner Ansicht seien. Treten Sie dieser aber bei und meinen Sie, daß es ein doctrinärer Schwindel, eine Folge politischer Engagements und politischer Parteistellung sei, wenn die lieben Gespielen sich nicht in der Lage zu befinden glauben: so werden Sie auch nicht Anstand nehmen, in den Rath des Königs einzutreten und die Huldigungsfrage in correcter Weise zu lösen. Dann werden Sie auch Mittel finden, die beabsichtigte Urlaubsreise unverzüglich anzutreten und mich ungesäumt durch den Telegraphen zu benachrichtigen. Die Worte: »Ja, ich komme!« reichen aus, besser noch, wenn Sie das Datum Ihrer Ankunft hinzufügen können. Schleinitz geht unter allen Umständen, ganz abgesehen von der Huldigungsfrage. *Das steht fest!* Aber es ist fraglich, ob Sie sein oder Schwerins Portefeuille zu übernehmen haben werden. S. M. scheint für letzteres mehr, als für ersteres disponirt. Doch ist das *cura posterior*. Es kömmt darauf an, den König zu überzeugen, daß er ohne affichirten Systemwechsel ein Ministerium finden kann, wie er es braucht. Ich habe außerdem ähnliche Fragen an Präsident von Möller und von Selchow gerichtet, bin aber noch ohne Antwort. Es ist eine trostlose Lage! Der König leidet entsetzlich. Die Nächsten aus seiner Familie sind gegen ihn und rathen zu einem faulen Frieden. Gott verhüte, daß er nachgiebt. Thäte er es, so steuerten wir mit vollen Segeln in das Schlamm-Meer des parlamentarischen Regiments.

Ich zittere vor Geschäfts-Aufregung, denn die vermehrten Lasten erdrücken mich fast im Verein mit dieser politischen *misère*, indeß – ein braves Pferd stürzt, aber versagt nicht. – Die Geschäftsnoth entschuldige daher auch die Kürze dieser Zeilen. Daher nur noch das Eine, daß ich die Brücke hinter mir abgebrochen habe, daß ich daher gehe, wenn der König nachgiebt, obwohl sich dies eigentlich von selbst versteht.

Dieser Brief soll Ihnen durch den Englischen Courier zugehen, wie Schlieffen verheißt. Antworten Sie mir sogleich durch den Telegraphen.«

Ich antwortete am 2. Juli:

»Ihr Schreiben durch den Engländer kam gestern in Sturm und Regen hier an, und störte mich in dem Behagen, mit welchem ich an die ruhige Zeit dachte, die ich in Reinfeld mit Kissinger und demnächst in Stolpmünde zu verbringen beabsichtigte. In den Streit wohlthuender Gefühle für junge Auerhühner einerseits und Wiedersehn von Frau und Kindern andrerseits tönte Ihr Commando: ›an die Pferde‹ mit schrillem Mißklang. Ich bin geistesträge, matt und kleinmüthig geworden, seit mir das Fundament der Gesundheit abhanden gekommen ist. Doch zur Sache. In dem Huldigungsstreit verstehe ich nicht recht, wie er so wichtig hat werden können, für beide Theile. Es ist mir rechtlich garnicht zweifelhaft, daß der König in keinen Widerstreit mit der Verfassung tritt, wenn er die Huldigung in herkömmlicher Form annimmt. Er hat das Recht, sich von jedem einzelnen seiner Unterthanen und von jeder Corporation im Lande huldigen zu lassen, wann und wo es ihm gefällt, und wenn man meinem Könige ein Recht bestreitet, welches er ausüben will und kann, so fühle ich mich verpflichtet es zu verfechten, wenn ich auch an sich nicht von der practischen Wichtigkeit seiner Ausübung durchdrungen bin. In diesem Sinne telegraphirte ich an Schlieffen, daß ich den ›Besitztitel‹, auf dessen Grund ein neues Ministerium sich etabliren soll, für richtig halte, und sehe die Weigerung der andern Partei und die Wichtigkeit, welche sie auf Verhütung des Huldigungsactes legt, als doctrinäre Verbissenheit an. Wenn ich hinzufügte, daß ich die sonstige Vermögenslage nicht kenne, so meinte ich damit nicht die Personen und Fähigkeiten, mit denen wir das Geschäft übernehmen könnten, sondern das Programm, auf dessen Boden wir zu wirthschaften haben würden. Darin wird m. E. die Schwierigkeit liegen. Meinem Eindruck nach lag der Hauptmangel unsrer bisherigen Politik darin, daß wir liberal in Preußen und conservativ im Auslande auftraten, die Rechte unsres Königs wohlfeil, die fremder Fürsten zu hoch hielten. Eine natürliche Folge des Dualismus zwischen der *constitutionellen* Richtung der Minister und der *legitimistischen*, welche der persönliche Wille Seiner Majestät unsrer auswärtigen Politik gab. Ich würde mich nicht leicht zu der Erbschaft Schwerins entschließen, schon weil ich mein augenblickliches Gesundheits-Capital dazu nicht ausreichend halte. Aber selbst wenn es der Fall wäre, würde ich auch im Innern das Bedürfniß einer andern Färbung unsrer auswärtigen Politik fühlen. Nur durch eine Schwenkung in unsrer ›auswärtigen‹ Haltung kann, wie ich glaube, die Stellung der Krone im Innern von dem Andrang degagirt werden, dem sie auf die Dauer sonst thatsächlich nicht widerstehn wird, obschon ich an der Zulänglichkeit der Mittel dazu nicht zweifle. Die Pression der Dämpfe im Innern muß ziemlich hoch gespannt sein, sonst ist es garnicht verständlich, wie das öffentliche Leben bei uns von Lappalien wie Stieber, Schwark, Macdonald, Patzke, Twesten u. dergl. so aufgeregt werden konnte, und im Ausland wird man nicht begreifen, wie die Huldigungsfrage das Cabinet sprengen konnte. Man sollte glauben, daß eine lange und schwere Mißregirung das Volk gegen seine Obrigkeit so erbittert hätte, daß bei jedem Luftzug die Flamme aufschlägt. Politische Unreife hat viel Antheil an diesem Stolpern über Zwirnsfäden; aber seit vierzehn Jahren haben wir der Nation Geschmack an Politik beigebracht, ihr aber den Appetit nicht befriedigt, und sie sucht die Nahrung in den Gossen. Wir sind fast so eitel wie die Franzosen; können wir uns einreden, daß wir auswärts Ansehn haben, so lassen wir uns im Hause viel gefallen; haben wir das Gefühl, daß jeder kleine Würzburger uns hänselt und geringschätzt und daß wir es dulden aus Angst, weil wir hoffen, daß die Reichsarmee uns vor Frankreich schützen wird, so sehn wir innre Schäden an allen Ecken, und jeder Preßbengel, der den Mund gegen die Regirung aufreißt, hat Recht. Von den Fürstenhäusern von Neapel bis Hanover wird uns keins unsre Liebe danken, und wir üben an ihnen recht evangelische Feindesliebe, auf Kosten der Sicherheit des eignen Thrones. Ich bin meinem Fürsten treu bis in die Vendée, aber gegen alle andern fühle ich in keinem Blutstropfen eine Spur von Verbindlichkeit, den Finger für sie aufzuheben. In dieser Denkungsweise fürchte ich von der unsres allergnädigsten Herrn so weit entfernt zu sein, daß er mich schwerlich zum Rathe seiner Krone geeignet finden wird. Deshalb wird er mich, wenn überhaupt, lieber im Innern verwenden. Das bleibt sich aber m. E. ganz gleich, denn ich verspreche mir von der Gesammtregirung keine gedeihlichen Resultate, wenn unsre auswärtige Haltung nicht kräftiger und unabhängiger von dynastischen Sympathien wird, an denen wir aus Mangel an Selbstvertrauen eine Anlehnung suchen, die sie nicht gewähren können und die wir nicht brauchen. Wegen der Wahlen ist es Schade, daß der Bruch sich grade so gestaltet; die gut königliche Masse der Wähler wird den Streit über die Huldigung nicht verstehn, und die Demokratie ihn entstellen. Es wäre besser gewesen, in der Militärfrage stramm zu halten gegen Kühne, Abgeordneter, auf dessen Antrag die Gelder für die Reorganisation des Heeres nur im Extraordinarium bewilligt wurden. mit der Kammer zu brechen, sie aufzulösen und damit der Nation zu zeigen, wie der König zu den Leuten steht. Wird der König zu solchem Mittel im Winter greifen wollen, wenn's paßt? Ich glaube nicht an gute Wahlen für dießmal, obschon grade die Huldigungen dem König manches Mittel gewähren, darauf zu wirken. Aber rechtzeitige Auflösung, nach handgreiflichen Ausschreitungen der Majorität, ist ein sehr heilsames Mittel, vielleicht das richtigste, zu dem man gelangen kann, um gesunden Blutumlauf herzustellen.

Ich kann mich schriftlich über eine Situation, die ich nur ungenügend kenne, nicht erschöpfend aussprechen, mag auch Manches nicht zu Papier bringen, was ich sagen möchte. Nachdem der Urlaub heut bewilligt, reise ich Sonnabend zu Wasser, und hoffe Dienstag früh in Lübeck zu sein, Abend in Berlin. Früher kann ich nicht, weil der Kaiser mich noch sehn will. Diese Zeilen nimmt der englische Courier wieder mit. Mündlich also Näheres. Bitte mich der Frau Gemalin herzlich zu empfehlen. In treuer Freundschaft der Ihrige

v. Bismarck.« Vollständig in den Bismarckbriefen (8. Aufl.) S. 304 ff., jetzt auch in den Denkwürdigkeiten a. d. Leben des General-Feldmarschalls Kriegsministers Grafen von Roon. Breslau 1897. II 4, 28 ff.

Ich hatte fünf Tage lang keine Zeitungen gesehn, als ich am 9. Juli in Lübeck um fünf Uhr Morgens eintraf und aus der im Bahnhofe allein vorhandnen schwedischen Ystädter Zeitung ersah, daß der König und die Minister Berlin verlassen hatten, die Krisis also beigelegt sein mußte. Am 3. Juli hatte der König das Manifest erlassen, daß er das Herkommen der Erbhuldigung festhalte, aber in Betracht der Veränderungen, welche in der Verfassung der Monarchie unter der Regirung seines Bruders eingetreten, beschlossen habe, anstatt der Erbhuldigung die feierliche Krönung zu erneuern, durch welche die erbliche Königswürde begründet sei. Ueber den Verlauf der Krisis schrieb mir Roon am 24. Juli von Brunnen (Kanton Schwyz): Bismarck-Jahrbuch VI 196 ff.

»Ich habe gelobt, Ihnen am ersten Regentage zu antworten und muß es daher leider schon heute thun und zwar aus einem versiegenden Dintenfaß, welches ich, falls nicht andre Hülfe kommt, auf einige Minuten zum Fenster hinaushalten werde, um seiner Armuth aufzuhelfen. – Daß mir uns immer wieder verfehlten, Vgl. die beiden Briefe Bismarck's an Roon vom 17. Juli 1861, Bismarckbriefe, 8. Aufl., S. 307 f. halte ich kaum für providentiell, lieber für sehr fatal. Die Depesche aus Frankfurt kam, Dank der Dummheit des Dienstpersonals, erst am 17. nach acht Uhr früh in meine Hände und meine sofortige Antwort darauf nach einigen Stunden als unbestellbar zurück. Um so bedenklicher wurde ich wegen meiner Abreise. Aber ich konnte sie nicht verschieben. Schleinitz im Dienste der Königin Augusta hat uns vor der Hand sehr geschadet. Das Geschwür war reif. Schl. selbst, überzeugt von der Unhaltbarkeit des gegenwärtigen Systems, hat vornehmlich deshalb seinen Abtritt genommen, wie die Ratten ein baufälliges Schiff zu verlassen pflegen. Aber er und v.d. Heydt stimmten darin überein, daß man todte abgenutzte Leute nicht durch den galvanischen Strich eines vermeintlichen Märtyrerthums wieder lebendig machen dürfe, und darum gegen mich. Schl., unterstützt von der K. A. und der Großfürstin Helene, haben obgesiegt mit Hülfe der wieder aufgenommenen Krönungsidee, für welche die Mäntel schon im Februar bestellt worden waren. Der schlecht maskirte Rückzug wurde nun angetreten und die fast fertige Ministerliste *ad acta* gelegt. Uebrigens bin ich zu glauben sehr geneigt, daß Schl., wie die K. A. und selbst der Fürst Hohenzollern an den nahen

Untergang des jetzigen Lügensystems glauben und ihn zu befördern geneigt sind. Daß Schl. ausgetreten, ist in jeder Beziehung ein Fortschritt, wiewohl er nicht auf dem doctrinären Boden von Patow, Auerswald und Schwerin steht. Abgesehn von seiner Impotenz im Handeln stützte seine Anwesenheit das Ministerium nach oben. Der Mignon *durfte* nicht fallen; wohlan! er ist nun im Hafen. Wenn Graf Bernstorff nur halb der Mann ist, für den er von Vielen ausgegeben wird, so ist dieser zweite Keil wirksamer als der erste, oder er bleibt nicht vier Monate im Amte. Daß ich mich in der Huldigungsfrage mit meinen Gespielen für immer auch äußerlich entzweit, wissen Sie wohl durch Manteuffel oder Alvensleben. Wenn ich dennoch in ›dieser Gesellschaft‹ bleibe, so geschieht es, weil der K. darauf besteht und ich, unter den jetzigen Umständen von jeder Rücksicht entbunden, nunmehr mit offenem Visir fortkämpfen kann. Es sagt meiner Natur mehr zu, daß die Herren *wissen*, ich bin gegen ihre Recepte, als daß sie es, wie bisher, blos *glauben*. Gott möge weiterhelfen! ich kann wenig mehr thun, als ein ehrlicher Mann bleiben und in meinen Ressorts thätig sein und Vernünftiges wirken. – Das größte Unglück in aller dieser *misère* ist indeß die Mattigkeit und Abgespanntheit unsres Königs. Er ist mehr wie je in der Botmäßigkeit der K. und ihrer Gehülfen. Wird er nicht körperlich wieder frischer, so ist Alles verloren, und wir schwanken weiter in das Joch des Parlamentarismus und der Republik und der Präsidentschaft Patow. Ich sehe *keine, keine* Rettung, wenn uns Gott der Herr nicht hilft. In dem Proceß der allgemeinen Zersetzung vermag ich nur noch einen widerstandsfähigen Organismus zu erkennen, die Armee. Sie unverfault zu erhalten: das ist die Aufgabe, die ich noch für lösbar erachte, aber freilich nur noch auf einige Zeit. Auch sie wird verpestet werden, wenn sie nicht zu Thaten kömmt, wenn ihr nicht von Oben gesunde Lebensluft zugeführt wird, und das, auch das wird alle Tage schwieriger. Habe ich darin Recht, und ich glaube es, so kann man auch nicht tadeln, daß ich in dieser Gesellschaft weiter diene. Ich will damit nicht sagen, daß ein Andrer mein Amt nicht mit gleicher oder größerer Einsicht und Energie zu verwalten vermöchte, aber auch der Fähigste wird ein Jahr zu seiner Orientirung brauchen und – ›die Todten reiten schnell‹. Wie gern ich mich zurückzöge, brauche ich Niemand zu versichern, der mich genauer kennt. In meiner Natur liegt viel mehr Neigung zur Behaglichkeit, als vor Gott Recht ist, und diese würde ich mit meiner verdienten reichlichen Pension finden, da ich weder verwöhnt bin noch ehrbedürftig. Wie sehr ich zur Faulheit neige, fühle ich jetzt, nachdem ich, wie ein abgetriebenes Arbeitsroß, des Zaumes und Geschirrs ledig, auf die Koppel gelassen bin. Fällt nichts Besonderes vor, so will ich erst in den ersten Septembertagen in mein Joch zurückkehren. Dann, denke ich, verfehlen wir uns nicht wieder. Zwar muß ich schon am 9. September wieder nach dem Rhein zu den Manövern, aber doch nur auf zehn, elf Tage. Ob der König, wie er will, auch Anfang September auf einige Tage nach B(erlin) gehen wird, scheint eine offene Frage. Mir scheint, es sei unerläßlich, wenn überhaupt noch von königlichem Regiment in Preußen die Rede ist.

Nach Ihrem Schreiben darf ich hoffen, daß Sie nicht vor der Krönung nach Petersburg zurückkehren werden. Ich halte es für einen großen politischen Fehler, daß die Kreuzzeitung das Krönungs-Manifest so schonungslos kritisirt hat. Der König hat seit jenem Artikel die Kreuzzeitung nicht wieder gelesen. Ein nicht geringerer würde es sein, wenn die Anhänger des Blatts bei der Ceremonie fehlten. Das sagen Sie Moritz. Man hat durch jenen unglücklichen Artikel viel Terrain verloren; es muß wiedergewonnen werden. Zum Schluß noch die besten Wünsche für Ihre verschiedenen Kuren. Möchten Sie recht gestärkt daraus hervorgehen! Die Zeit ist nahe, wo Sie alle Ihre Kräfte gebrauchen werden, zum Heile Ihres Landes. – Ihrer Frau Gemahlin meine, unsre respektvollsten freundlichsten Grüße!

Diesen Brief sende ich über Zimmerhausen und rekommandiert; er *darf* nicht in unrechte Hände fallen!

v. Roon.«

Auf Wunsch des Ministers von Schleinitz begab ich mich am 10. Juli nach Baden-Baden, um mich bei dem Könige zu melden. Er schien von meinem Erscheinen unangenehm überrascht in der Meinung, ich komme wegen der Ministerkrisis. Ich erwähnte, ich hätte gehört, dieselbe sei beigelegt, und sagte, ich sei nur gekommen, um seine persönliche Zustimmung dazu zu erbitten, daß ich meinen Urlaub bis nach der im Herbst bevorstehenden Krönung, also über die gegebenen drei Monat hinaus ausdehnen dürfe. Der König sagte das in freundlicher Weise zu und lud mich persönlich zur Tafel. Aus der Zeit des Aufenthalts in Baden stammt die »Denkschrift über die deutsche Frage«, die ich nach dem Konzept im Bismarck-Jahrbuch III 193 ff. herausgegeben habe.

Nachdem ich den August und September in Reinfeld und Stolpmünde zugebracht hatte, Vgl. die Briefe Bismarck's aus Juli, August und September 1861 in den Bismarckbriefen, 8. Aufl., S. 310 ff. und die Auszüge aus den Briefen der Frau v. Bismarck an v. Keudell S. 85 ff. traf ich am 13. Oktober in Königsberg ein, wo am 18. die Krönung vor sich ging.

Während der Festlichkeiten sah ich, daß in der Stimmung der Königin eine Verändrung vorgegangen war, die vielleicht mit dem inzwischen erfolgten Rücktritt von Schleinitz zusammenhing. Sie ergriff die Initiative zur Besprechung national-deutscher Politik mit mir. Ich begegnete dort zum ersten Male dem Grafen Bernstorff als Minister, der zu einer bestimmten Entschließung über seine Politik noch nicht gelangt zu sein schien und mir in unsern Gesprächen den Eindruck machte, als ringe er nach einer Meinung. Die Königin zeigte sich gegen mich freundlicher als seit langen Jahren, sie zeichnete mich in augenfälliger Weise aus, offenbar über die im Augenblick von dem Könige gewünschte Linie hinaus. In einem Moment, der ceremoniell für Unterhaltung kaum Zeit bot, blieb sie vor mir, der ich in dem Haufen stand, stehn und begann mit mir ein Gespräch über deutsche Politik, dem der sie führende König, eine Zeit lang vergebens, ein Ende zu machen suchte. Das Verhalten beider Herrschaften bei dieser und andern Gelegenheiten bewies, daß damals eine Meinungsverschiedenheit über die Behandlung der deutschen Frage zwischen Ihnen bestand; ich vermuthe, daß Graf Bernstorff Ihrer Majestät nicht sympathisch war. Der König vermied, mit mir über Politik zu reden, wahrscheinlich in der Besorgniß, durch Beziehungen zu mir in eine reactionäre Beleuchtung zu gerathen. Diese Besorgniß beherrschte ihn noch im Mai 1862 und sogar noch im September 1862. Er hielt mich für fanatischer als ich war. Nicht ohne Einfluß war wohl auch die Erinnrung an meine Kritik der Befähigung des neuen Cabinets, die ich ihm vor meinem Abgange nach Petersburg gegeben hatte. S. o. S. 236 f.

III.

Schon in der Berufung des Prinzen Adolf von Hohenlohe-Ingelfingen zum Vertreter des Ministerpräsidenten Fürsten Hohenzollern, März 1862, lag eine Art von ministerieller Wechselreiterei, die auf kurze Verfallzeit berechnet war. Vgl. Hohenlohe-Ingelfingen, Aus meinem Leben II 304 ff. Der Prinz war ein kluger Herr, liebenswürdig, dem Könige unbedingt ergeben und hatte sich an unsrer innern Politik, wenn auch mehr dilettantisch, doch lebhafter betheiligt, als die meisten seiner Genossen vom standesherrlichen Adel; aber er war der Stelle eines Ministerpräsidenten in bewegten Zeiten körperlich und vielleicht auch geistig nicht mehr gewachsen und suchte diesen Eindruck, als ich ihn im Mai 1862 sah, mir gegenüber absichtlich zu verstärken, während er mich beschwor, ihn durch schleunige Uebernahme des Ministeriums von seinem Martyrium zu erlösen, unter dem er zusammenbreche.

Ich kam damals noch nicht in die Lage, seinen Wunsch erfüllen zu können, hatte auch keinen Drang dazu. Schon als ich von Petersburg nach Berlin berufen wurde, hatte ich nach den Windungen unsrer parlamentarischen Politik annehmen können, daß diese Frage an mich herantreten würde. Ich kann nicht sagen, daß mich diese Aussicht angesprochen, thatenfreudig gestimmt hätte, mir fehlte der Glaube an dauernde Festigkeit Sr. Majestät häuslichen Einflüssen gegenüber; ich erinnre mich, daß ich in Endtkuhnen den Schlagbaum der heimathlichen Grenze nicht mit dem freudigen Gefühl passirte wie bis dahin bei jedem ähnlichen Vorkommniß. Ich war bedrückt von der Sorge, schwierigen und verantwortlichen Geschäften entgegen zu gehn und auf die angenehme und nicht nothwendig verantwortliche Stellung eines einflußreichen Gesandten zu verzichten. Dabei konnte ich mir keine sichre Berechnung machen von dem Gewicht und der Richtung des Beistandes, den ich im Kampfe mit der steigenden Fluth der Parlamentsherrschaft bei dem Könige und seiner Gemalin, bei den Collegen und im Lande finden werde. Meine Lage, in Berlin im Gasthofe wie einer der intrigirenden Gesandten aus der Manteuffel'schen Zeit im Lichte eines Bewerbers vor Anker zu liegen, widerstrebte meinem Selbstgefühl. Ich bat den Grafen Bernstorff, mir entweder ein Amt oder meine Entlassung zu verschaffen. Er hatte die Hoffnung, bleiben zu können, noch nicht aufgegeben, er beantragte und erhielt in wenig Stunden meine Ernennung nach Paris. Vgl. zur Pariser Zeit Bismarck's Briefe an seine Braut und Gattin S. 473 ff., ferner Bismarckbriefe, 8. Aufl., S. 389 ff., Briefe der Frau v. Bismarck an v. Keudell, R. v. Keudell, Fürst und Fürstin Bismarck S. 95 ff.

Am 22. Mai 1862 ernannt, übergab ich am 1. Juni in den Tuilerien mein Beglaubigungsschreiben. Von dem folgenden Tage ist nachstehender Brief an Roon: Bismarckbriefe (8. Aufl.) S. 337 f., jetzt auch in Roon's Denkwürdigkeiten II 4, 91 f.

»Ich bin glücklich angekommen, wohne hier wie eine Ratte in der leeren Scheune und bin von kühlem Regenwetter eingesperrt. Gestern hatte ich feierliche Audienz, mit Auffahrt in kaiserlichen Wagen, Ceremonie, aufmarschirten Würdenträgern. Sonst kurz und erbaulich, ohne Politik, die auf *un de ces jours* und Privataudienz verschoben wurde. Die Kaiserin sieht sehr gut aus, wie immer. Gestern Abend kam der Feldjäger, brachte mir aber nichts aus Berlin, als einige lederne Dinger von Depeschen über Dänemark. Ich hatte mich auf einen Brief von Ihnen gespitzt. Aus einem Schreiben, welches Bernstorff an Reuß gerichtet hat, ersehe ich, daß der Schreiber auf meinen dauernden Aufenthalt hier und den seinigen in Berlin mit Bestimmtheit rechnet, und daß der König irrt, wenn er annimmt, daß jener je eher je lieber nach London zurück verlange. Ich begreife ihn nicht, warum er nicht ganz ehrlich sagt, ich wünsche zu bleiben oder ich wünsche zu gehn, keins von beiden ist ja eine Schande. Beide Posten gleichzeitig zu behalten, ist schon weniger vorwurfsfrei. Sobald ich etwas zu berichten, d.h. den Kaiser unter vier Augen gesprochen habe, werde ich dem Könige eigenhändig schreiben. Ich schmeichle mir noch immer mit der Hoffnung, daß ich Seiner Majestät weniger unentbehrlich erscheinen werde, wenn ich ihm eine Zeit lang aus den Augen bin, und daß sich noch ein bisher verkannter Staatsmann findet, der mir den Rang abläuft, damit ich hier noch etwas reifer werde. Ich warte in Ruhe ab, ob und was über mich verfügt wird. Geschieht in einigen Wochen nichts, so werde ich um Urlaub bitten, um meine Frau zu holen, muß dann aber doch Sicherheit haben, wie lange ich hier bleibe. Auf achttägige Kündigung kann ich mich hier dauernd nicht einrichten.

Der Gedanke, mir ein Ministerium ohne Portefeuille zu geben, wird hoffentlich Allerhöchsten Ortes nicht Raum gewinnen; bei der letzten Audienz war davon nicht die Rede; die Stellung ist nicht praktisch: nichts zu sagen und alles zu tragen haben, in alles unberufen hineinstänkern und von jedem abgebissen, wo man wirklich mitreden will. Mir geht Portefeuille über Präsidium; letztres ist doch nur eine Reservestellung; auch würde ich nicht gern einen Collegen haben, der halb in London wohnt. Will er nicht ganz dahin ziehn, so gönne ich ihm von Herzen zu bleiben, wo er ist, und halte es nicht für freundschaftlich, ihn zu drängen.

Herzliche Grüße an die Ihrigen. Ihr treuer Freund und bereitwilliger, aber nicht muthwilliger Kampfgenosse, wenn's sein muß; im Winter noch lieber, als bei die Hitze!«

Unter dem 4. Juni schrieb mir Roon von Berlin: Der Brief ist vollständig veröffentlicht im Bismarck-Jahrbuch III 233 f., jetzt auch in Roon's Denkwürdigkeiten II 4,93 ff.

»...Am Sonntage sprach mir Schleinitz über den Ersatz für Hohenlohe und meinte, Ihre Zeit wäre noch nicht gekommen. Als ich ihn fragte, wer denn als Haupt des Ministerii fungiren sollte, zuckte er die Achseln, und als ich hinzusetzte, es bliebe dann nichts übrig, als daß er sich selbst erbarmte, schlüpfte er darüber hinweg, nicht abwehrend, nicht zustimmend. Daß mich dies beunruhigt, kann Sie nicht wundern. Ich nahm daher gestern Gelegenheit, an maßgebender Stelle die Ministerpräsidenten-Frage auf die Bahn zu bringen, und fand die alte Hinneigung zu Ihnen neben der alten Unentschlossenheit. Wer kann da helfen? Und wie soll dies enden? – – Keine regierungsfähige Partei! Die Demokraten sind selbstverständlich ausgeschlossen, aber die große Majorität besteht aus Demokraten und solchen, die es werden wollen, wenngleich ihr Adreßentwurf von Loyalitätsversicherungen trieft. Daneben die Constitutionellen, d.h. die Eigentlichen, ein Häuflein von wenig mehr als 20 Köpfen, Vincke an der Spitze, circa 15 Conservative, 30 Katholiken, einige 20 Polen. Wo also findet eine *mögliche* Regierung die nöthige Unterstützung? Welche Parthei kann bei dieser Gruppirung regieren außer den Demokraten, und diese können es, dürfen es erst recht nicht. Unter diesen Umständen, so sagt meine Logik, muß die jetzige Regierung im Amte bleiben, so schwierig es auch sein mag. Und eben deshalb muß sie sich mit Nothwendigkeit verstärken und zwar je eher je lieber. – – Daß Graf Bernstorff immer zwei große Posten in Beschlag habe, scheint mir nun nicht eben durch Preußens Interesse geboten zu sein. Ich werde mich daher sehr freuen, wenn Sie nächstens zum Ministerpräsidenten ernannt werden, obgleich ich überzeugt bin, daß B. dann binnen Kurzem aus seiner Doppelstellung treten und nicht länger den Koloß, 1 Fuß in Berlin, 1 in London, spielen wird. Ich schiebe es Ihnen in's Gewissen, keinen Gegenzug zu thun, da er schließlich dahin führen könnte und würde, den König in die offenen Arme der Demokraten zu treiben. – – Zum 11. ds. M. ist Hohenlohe's Urlaub um. Er wird nicht wiederkommen, sondern nur sein Entlassungsgesuch. Und dann, ja dann hoffe ich, wird der Telegraph Sie herrufen. Alle Patrioten ersehnen dies. Wie könnten Sie da zaudern und manövriren?«

Meine Antwort lautet:

»Paris, Pfingsten 8. bez. 9. Juni, Bismarckbriefe (8. Aufl.) 339 f., Roon's Denkwürdigkeiten II 4, 95 ff. 62.

Lieber Roon

Ich habe Ihren Brief durch Stein (damals Militär-Bevollmächtigter) richtig erhalten, offenbar unerbrochen, denn ich konnte ihn ohne theilweise Zerstörung nicht öffnen. Sie können versichert sein, daß ich durchaus keine Gegenzüge und Manövers mache; wenn ich nicht aus allen Anzeichen ersähe, daß Bernstorff garnicht daran denkt auszuscheiden, so würde ich mit Gewißheit erwarten, daß ich in wenig Tagen Paris verließe, um über London nach Berlin zu gehn, und ich würde keinen Finger rühren, um dem entgegenzuarbeiten. Ich rühre auch so keinen; aber ich kann doch auch nicht den König mahnen, mir Bernstorff's Stelle zu geben, und wenn ich ohne Portefeuille einträte, so hätten wir, Schleinitz eingerechnet, 3 auswärtige Minister, von denen jeder Verantwortung gegenüber der eine sich stündlich in's Hausministerium, der andre nach London zurückzuziehn bereit ist. Mit Ihnen weiß ich mich einig, mit

Jagow glaube ich es werden zu können, die Fachministerien würden mir nicht Anstoß geben; über auswärtige Dinge aber habe ich ziemlich bestimmte Ansichten; Bernstorff vielleicht auch, aber ich kenne sie nicht, und vermag mich in seine Methode und seine Formen nicht einzuleben, ich habe auch kein Vertraun zu seinem richtigen Augenmaß für die politischen Dinge, er also vermuthlich zu dem meinigen auch nicht. So sehr lange kann die Ungewißheit übrigens nicht mehr dauern; ich warte bis nach dem 11., ob der König bei der Auffassung vom 26. v. M. Tag der letzten Audienz auf Schloß Babelsberg vor der Abreise nach Paris. bleibt oder sich anderweit versorgt. Geschieht bis dahin nichts, so schreibe ich Sr. M. in der Voraussetzung, daß mein hiesiges Verhältniß definitiv wird, und ich meine häuslichen Einrichtungen danach treffe, mindestens bis zum Winter oder länger hier zu bleiben. Meine Sachen und Wagen sind noch in Petersburg, ich muß sie irgendwo unterbringen; außerdem habe ich die Gewohnheiten eines achtbaren Familienvaters, zu denen gehört, daß man irgendwo einen festen Wohnsitz hat, und der fehlt mir eigentlich seit July v. J., wo mir Schleinitz zuerst sagte, daß ich versetzt würde. Sie thun mir Unrecht, wenn Sie glauben, daß ich mich sträube; ich habe im Gegentheil lebhafte Anwandlungen von dem Unternehmungsgeist jenes Thieres, welches auf dem Eise tanzen geht, wenn ihm zu wohl wird.

Ich bin den Adreßdebatten einigermaßen gefolgt und habe den Eindruck, daß sich die Regirung in der Commission, vielleicht auch im Plenum, mehr hergegeben hat, als nützlich war. Was liegt eigentlich an einer schlechten Adresse? Die Leute glauben mit der angenommnen einen Sieg erfochten zu haben. In einer Adresse führt eine Kammer Manöver mit markirtem Feinde und Platzpatronen auf. Nehmen die Leute das Scheingefecht für ernsten Sieg und zerstreuen sich plündernd und marodirend auf Königlichem Rechtsboden, so kommt wohl die Zeit, daß der markirte Feind seine Batterien demaskirt und scharf schießt. Ich vermisse etwas Gemüthlichkeit in unsrer Auffassung; Ihr Brief athmet ehrlichen Kriegerzorn, geschärft von des Kampfes Staub und Hitze. Sie haben, ohne Schmeichelei, vorzüglich geantwortet, S. die Rede Roon's vom S. Juni 1862 in Roon, Kriegsminister v. Roon als Redner. Breslau, E. Trewendt. I 161 ff. aber es ist eigentlich schade drum, die Leute verstehn kein Deutsch. Unsern freundlichen Nachbar hier habe ich ruhig und behäbig gefunden, sehr wohlwollend für uns, sehr geneigt, die Schwierigkeiten der ›deutschen Frage‹ zu besprechen; er kann seine Sympathien keiner der bestehenden Dynastien versagen, aber er hofft, daß Preußen die große ihm gestellte Aufgabe mit Erfolg lösen werde, die deutsche nämlich, dann werde die Regirung auch im Innern Vertraun gewinnen. Lauter schöne Worte. Um zu erklären, daß ich mich bisher nicht recht wohnlich einrichte, sage ich den Fragern, daß ich in Kurzem für einige Monat Urlaub zu nehmen denke, um dann mit meiner Frau wiederzukommen.

10. Juni. Die Antwort Sr. M. auf die Adresse macht in ihrer zurückhaltenden Gemessenheit einen sehr würdigen Eindruck, und kühl, keine Gereiztheit. Anspielungen auf Schleinitz' Eintritt für Hohenlohe finden sich in mehren Blättern. Ich gönne es ihm von Herzen, und Hausminister bleibt er dabei doch.

Ich schicke diesen Brief morgen mit dem Feldjäger, der dann in Aachen bleibt, bis er wieder etwas aus Berlin herzubringen bekommt. Meine Empfehlungen an Ihre Damen; den Meinigen geht es gut. In alter Treue

Ihr

v. B.«

Am 27. Juni Das Datum hier berichtigt nach dem amtlichen Bericht an Bernstorff; auch aus dem Briefe Bismarck's an die Gattin vom 25. Juni geht hervor, daß die Einladung auf den 27. Juni erfolgte; am 26. Juni, dem Geburtstage des Sultans, aß Bismarck beim türkischen Gesandten (Bismarck's Briefe an seine Braut und Gattin S. 481). hatte der Kaiser mich nach Fontainebleau eingeladen und machte mit mir einen längern Spaziergang. Im Laufe der Unterhaltung über politische Fragen des Tags und der letzten Jahre fragte er mich unerwartet, ob ich glaubte, daß der König geneigt sein würde, auf eine Allianz mit ihm einzugehn. Ich antwortete, der König hätte die freundschaftlichsten Gesinnungen für ihn, und die Vorurtheile, die früher in der öffentlichen Meinung bei uns in Betreff Frankreichs geherrscht hätten, seien so ziemlich verschwunden; aber Allianzen seien das Ergebniß der Umstände, nach denen das Bedürfnis oder die Nützlichkeit zu beurtheilen sei. Eine Allianz setze ein Motiv, einen bestimmten Zweck voraus. Der Kaiser bestritt die Notwendigkeit einer solchen Voraussetzung; es gäbe Mächte, die freundlich zu einander ständen, und andre, bei denen das weniger der Fall sei. Angesichts einer ungewissen Zukunft müsse man sein Vertraun nach irgend einer Seite richten. Er spreche von einer Allianz nicht mit der Absicht eines abenteuerlichen Projects; aber er finde zwischen Preußen und Frankreich eine Conformität der Interessen und darin die Elemente einer entente intime et durable. Es würde ein großer Fehler sein, die Ereignisse schaffen zu wollen; man könne ihre Richtung und Stärke nicht vorausberechnen, aber man könne sich ihnen gegenüber einrichten, se prémunir, en avisant aux moyens pour y faire face et en profiter. Dieser Gedanke einer »diplomatischen Allianz«, in welcher man die Gewohnheit gegenseitigen Vertrauns annähme und für schwierige Lagen auf einander zu rechnen lernte, wurde von dem Kaiser weiter ausgesponnen. Dann plötzlich stehen bleibend, sagte er:

»Sie können Sich nicht vorstellen, quelles singulières ouvertures m'a fait faire l'Autriche, il y a peu de jours. Es scheint, daß das Zusammentreffen Ihrer Ernennung und der Ankunft des Herrn von Budberg in Paris einen panischen Schrecken in Wien erzeugt hat. Der Fürst Metternich hat mir gesagt, er habe Instructionen erhalten, die so weit gingen, daß er selbst darüber erschrocken sei; er habe unbegrenzte Vollmachten, wie sie je ein Souverain seinem Vertreter anvertraut, in Betreff aller und jeder Frage, die ich anregen würde, sich mit mir um jeden Preis zu verständigen. Ich wurde durch diese Eröffnung in einige Verlegenheit gesetzt, denn abgesehn von der Unverträglichkeit der Interessen beider Staaten habe ich eine fast abergläubische Abneigung dagegen, mich mit den Geschicken Oestreichs zu verflechten«. Man vergleiche damit den fast wörtlich übereinstimmenden Bericht vom 28. Juni 1862 an Bernstorff, der dem Fürsten Bismarck bei der Aufzeichnung seiner Erinnerungen *weder im Original noch in einem Concept* vorgelegen hat. Bismarck-Jahrbuch V1152 ff. – Ich habe wegen des Glaubens an die Gedächtnißkraft des Fürsten Bismarck, den ich durch Hinweis auf die wunderbare Thatsache der fast wörtlichen Uebereinstimmung des amtlichen Berichts mit der Darstellung des Vorgangs in den »Gedanken und Erinnerungen« bekundete, von den Kritikern des nachgelassenen Werkes harte Vorwürfe mir gefallen lassen müssen. Ich muß, was ich im »Wegweiser« darüber gesagt habe, aufrecht erhalten. In dem gesammten Nachlaß des Fürsten ist keine Spur einer Abschrift des Berichts an Bernstorff oder eine Aufzeichnung über den Verlauf der Unterredung gefunden worden. Der Fürst selbst hat mir bestätigt, daß er sich des ganzen Gespräches mit allen seinen Wendungen noch völlig erinnere.

Ganz aus der Luft gegriffen konnten diese Auslassungen des Kaisers nicht sein, wenn er auch erwarten durfte, daß ich meine gesellschaftlichen Beziehungen zu Metternich nicht bis zum Bruch des mir gewährten Vertrauns ausnutzen werde. Unvorsichtig war diese Eröffnung an den Preußischen Gesandten jedenfalls, mochte sie wahr oder übertrieben sein. Ich war schon in Frankfurt zu der Ueberzeugung gelangt, daß die Wiener Politik unter Umständen vor keiner Combination zurückschrecke; daß Das Folgende kann aus sachlichen Erwägungen grammatisch nicht von den Worten »Ich war schon in Frankfurt zu der Ueberzeugung gelangt« abhängig sein, da es sich auf die Situation von 1862 bezieht. Vor »daß« ist etwa zu ergänzen: »ich mußte auch jetzt (1862) annehmen«. sie Venetien oder das linke Rheinufer opfern würde, wenn damit auf dem rechten eine Bundesverfassung mit gesichertem Uebergewicht Oestreichs über Preußen zu erkaufen sei, daß die deutsche Phrase in der Hofburg ihren Kurs habe, so lange man sie als Leitseil für uns oder die Würzburger gebrauchte. Wenn eine französisch-östreichische Coalition nicht schon jetzt gegen uns bestände, so hätten wir das nicht Oestreich, sondern Frankreich zu danken, und nicht einer etwaigen Vorliebe Napoleon's für uns, sondern seinem Mißtraun, ob Oestreich im Stande sein werde, mit dem zur Zeit mächtigen Winde der Nationalität zu segeln. Aus alledem zog ich in dem Berichte, den ich dem Könige erstattete, nicht die Konsequenz, daß wir irgend ein Bündniß mit Frankreich jetzt zu suchen hätten, wohl aber die, daß wir auf treue Bundesgenossenschaft Oestreichs gegen Frankreich nicht zählen dürften und nicht hoffen könnten, die freie Zustimmung Oestreichs zur Verbesserung unsrer Stellung in Deutschland zu erlangen.

In Ermanglung jeder Art politischer Aufträge und Geschäfte ging ich auf kurze Zeit nach England und trat am 25. Juli eine längre Reise durch das südliche Frankreich an. In diese Zeit fällt die nachstehende Correspondenz.

»Paris, 15. Juli 62. Bismarckbriefe (8. Aufl.) S. 347 ff., Roon's Denkwürdigkeiten II 102 ff.

Lieber Roon

Ich habe mir neulich viele Fragen darüber vorgelegt, warum Sie telegraphisch Sich erkundigten, ob ich Ihren Brief vom 26. [v. M.] Bismarck-Jahrbuch III 235 f., Roon's Denkwürdigkeiten II 4, 98 ff. erhalten hätte. Ich habe nicht darauf geantwortet, weil ich etwas Neues über den Hauptgegenstand nicht geben, sondern nur empfangen konnte.

Seitdem ist mir ein Courier zugegangen, der mir seit 14 Tagen telegraphisch angemeldet war und in dessen Erwartung ich 8 Tage zu früh von England zurückkam. Er brachte einen Brief von Bernstorff, Bismarck-Jahrbuch VI 155 f. in Antwort auf ein Urlaubsgesuch von mir. Ich bin hier jetzt überflüssig, weil kein Kaiser, kein Minister, kein Gesandter mehr hier ist. Ich bin nicht sehr gesund, und diese provisorische Existenz mit Spannung auf ›ob und wie‹ ohne eigentliche Geschäfte beruhigt die Nerven nicht. Ich ging meiner Ansicht nach auf 10 bis 14 Tage her und bin nun 7 Wochen hier, ohne je zu wissen, ob ich in 24 Stunden noch hier wohne. Ich will mich dem Könige nicht aufdrängen, indem ich in Berlin vor Anker liege, und gehe nicht nach Hause, weil ich fürchte, auf der Durchreise durch Berlin im Gasthof auf unbestimmte Zeit angenagelt zu werden. Aus Bernstorff's Brief ersehe ich, daß es dem Könige vor der Hand nicht gefällt, mir das Auswärtige zu übertragen, und daß Se. Majestät sich noch nicht über die Frage schlüssig gemacht habe, ob ich an Hohenlohe's Stelle treten soll, diese Frage aber auch nicht durch Ertheilung eines Urlaubs auf 6 Wochen negativ präjudiciren will. Der König ist, wie mir Bernstorff schreibt, zweifelhaft, ob ich während der gegenwärtigen Session nützlich sein könne und ob nicht meine Berufung, wenn sie überhaupt erfolgt, zum Winter aufzuschieben sei. Unter diesen Umständen wiederhole ich heut mein Gesuch um 6 Wochen Urlaub, Brief an Bernstorff vom 15. Juli, Bismarck-Jahrbuch VI 156 ff. was ich mir wie folgt motivire. Einmal bin ich wirklich einer körperlichen Stärkung durch Berg- und Seeluft bedürftig; wenn ich in die Galeere eintreten soll, so muß ich etwas Gesundheitsvorrath sammeln, und Paris ist mir bis jetzt schlecht bekommen mit dem Hunde-Bummel-Leben als Garçon. Zweitens muß der König Zeit haben, sich ruhig aus eigner Bewegung zu entschließen, sonst macht Se. Majestät für die Folgen die verantwortlich, die ihn drängen. Drittens will Bernstorff jetzt nicht abgehn, der König hat ihn wiederholt aufgefordert zu bleiben, und erklärt, daß er mit mir wegen des Auswärtigen garnicht gesprochen habe; die Stellung als Minister ohne Portefeuille finde ich aber nicht haltbar. Viertens kann mein Eintritt, der jetzt zwecklos und beiläufig erscheinen würde, in einem spätern Moment als eindrucksvolles Manöver verwerthet werden.

Ich denke mir, daß das Ministerium allen Streichungen im Militäretat ruhig und deutlich opponirt, aber keine Krisis über dieselben herbeiführt, sondern die Kammer das Budget vollständig durchberathen läßt. Das wird, wie ich annehme, im September geschehn sein. Dann geht das Budget, von dem ich voraussetze, daß es für die Regirung nicht annehmbar ist, an das Herrnhaus, falls man sicher ist, daß die verstümmelte Budget-Vorlage dort abgelehnt wird. Dann, oder andernfalls schon vor der Berathung im Herrnhause, könnte man es, mit einer Königlichen Botschaft, welche mit sachlicher Motivirung die Zustimmung der Krone zu einem derartigen Budgetgesetz verweigert, an die Abgeordneten zurückgeben, mit der Auffordrung zu neuer Berathung. Eine 30tägige Vertagung des Landtages würde vielleicht an diesem Punkte, oder schon früher, einzuschalten sein. Je länger sich die Sache hinzieht, desto mehr sinkt die Kammer in der öffentlichen Achtung, da sie den Fehler begangen hat und noch weiter begehn wird, sich in alberne Kleinigkeiten zu verbeißen, und da sie keinen Redner hat, der nicht die Langeweile des Publikums vermehrte. Kann man sie dahin bringen, daß sie sich in solche Lappalie wie die Continuitat des Herrnhauses verbeißt und darüber Krieg anfängt und die Erledigung der eigentlichen Geschäfte verschleppt, so ist es ein großes Glück. Sie wird müde werden, hoffen, daß der Regirung der Athem ausgeht, und die Kreisrichter müssen mit den Kosten ihrer Stellvertretung geängstigt werden. Wenn sie mürbe wird, fühlt, daß sie das Land langweilt, dringend auf Concessionen Seitens der Regirung hofft, um aus der schiefen Stellung erlöst zu werden, dann ist m. E. der Moment gekommen, ihr durch meine Ernennung zu zeigen, daß man weit entfernt ist, den Kampf aufzugeben, sondern ihn mit frischen Kräften aufnimmt. Das Zeigen eines neuen Bataillons in der ministeriellen Schlachtordnung macht dann vielleicht einen Eindruck, der jetzt nicht erreicht würde; besonders wenn vorher etwas mit Redensarten von Octroyiren und Staatsstreicheln geraffelt ist, so hilft mir meine alte Reputation von leichtfertiger Gewaltthätigkeit, und man denkt ›nanu geht's los‹. Dann sind alle Centralen und Halben zum Unterhandeln geneigt.

Das Alles beruht mehr auf instinctivem Gefühl, als daß ich beweisen könnte, es sei so; und ich gehe nicht so weit, zu irgend etwas, das mir der König befiehlt, deshalb auf eigne Faust nein zu sagen. Wenn ich aber um meine Ansicht gefragt werde, so bin ich dafür, noch einige Monate hinter dem Busch gehalten zu werden.

Vielleicht ist dies Alles Rechnung ohne den Wirth, vielleicht entschließt sich Se. Majestät niemals dazu, mich zu ernennen, denn ich sehe nicht ein, warum es überhaupt geschehn sollte, nachdem es seit 6 Wochen nicht geschehn ist. Daß ich aber hier den heißen Staub von Paris schlucken, in cafés und Theatern gähnen, oder mich in Berlin wieder als politischer Dilettant in's Hôtel Royal einlagern soll, dazu fehlt aller Grund, die Zeit ist besser im Bade zu verwenden.

Ich bin doch erstaunt von der politischen Unfähigkeit unsrer Kammern, und wir sind doch ein sehr gebildetes Land; ohne Zweifel zu sehr; die Andern sind bestimmt auch nicht klüger als die Blüthe unsrer Klassenwahlen, aber sie haben nicht dieß kindliche Selbstvertrauen, mit dem die Unsrigen ihre unfähigen Schamtheile in voller Nacktheit als mustergültig an die Oeffentlichkeit bringen. Wie sind wir Deutschen doch in den Ruf schüchterner Bescheidenheit gekommen? Es ist keiner unter uns, der nicht vom Kriegführen bis zum Hundeflöhn alles besser verstände, als sämmtliche gelernte Fachmänner, während es doch in andern Ländern viele giebt, die einräumen, von manchen Dingen weniger zu verstehn als andre, und deshalb sich bescheiden und schweigen.

Den 16. Ich muß heut schleunig schließen, nachdem meine Zeit von andern Geschäften fortgenommen ist.

Mit herzlichen Empfehlungen an die Ihrigen bin ich in alter Treue

Ihr

v. B.«

Roon antwortete mir am 31. August 1862:

»Mein lieber Bismarck,

Sie werden sich ungefähr denken können, warum ich Ihnen bisher nicht geantwortet; ich hoffte und hoffte immer wieder auf eine Entscheidung oder doch auf eine Situation, welche eine akute Lösung herbeiführen müßte. Leider haben meine, unsere Leiden noch immer einen ganz chronischen Charakter. Jetzt ist ein neues Moment – die Freisprechung der Verleumder v. d. Heydt's – hinzugetreten, aber auch das wird sich im märkischen Sande verlaufen. Ich habe mich der misere générale auf einige Tage entzogen, als ich bei der Abreise des Königs nach D(oberan) hierher (Zimmerhausen) floh, um Hühner zu schießen. Bernstorff, den ich vor 3-4 Wochen ganz entschlossen fand, seinen Posten zu verlassen, der ihm viel zu schwer und sauer wird, sagte mir vor 8 Tagen, daß er doch nicht wisse, ob er nach dem Schluß der parlamentarischen Session nicht dem Wunsche des Königs (falls er ausgesprochen werden sollte) werde nachgeben und bleiben müssen, wiewohl seine Sehnsucht nach Erlösung nicht erloschen sei, d. h. in die Wirklichkeit übersetzt, die Session hat sich so lange hingezogen, daß ihr Schluß voraussichtlich mit der Entbindung der Gräfin ungefähr zusammenfallen wird; daß daher eine Versetzungsreise im Winter alsdann noch viel weniger passen würde als ohne dies. Schon früher sagte er mir nämlich, daß seine Versetzung nach London spätestens im September stattfinden müsse, wenn sie für ihn annehmlich sein sollte. Diese vielleicht verdammliche Selbstsucht auf der einen und die Unentschlossenheit des Königs auf der anderen Seite, verbunden mit v. d. Heydt's Ansicht, daß er sich zwar einen Präsidenten, nicht aber einen solchen aus der Zahl jüngerer Collegen gefallen lassen könne und werde, läßt mich zu der früheren Behauptung zurückkehren, daß Sie als Ministerpräsident und zwar vorläufig ohne Portefeuille eintreten müssen; letzteres wird sich später von selbst finden. Daß wir in die Wintersession in der bisherigen Unvollständigkeit und Unzulänglichkeit eintreten sollten, halte ich für ganz widersinnig und unmöglich, und zu dieser Meinung habe ich mehr als eine Allerhöchste Zustimmung. Gefochten muß und gefochten wird werden. An Concessionen und Compromisse ist gar nicht zu denken, am wenigsten ist der König dazu geneigt. Gefährliche Katastrophen sind daher mit Sicherheit vorauszusehen, auch ganz abgesehen von den Verwickelungen in unserer *äußeren* Politik, die schon jetzt einige recht interessante Verhedderungen aufzuweisen hat. – Ich kann mir denken, daß Sie, mein alter Freund, sehr disgustirt sind; ich kann an meinem eigenen Ekel den Ihrigen ermessen. Aber ich hoffe noch immer, daß Sie um deswillen nicht boudiren, sondern sich vielmehr der altritterlichen Pflicht erinnern werden, den König herauszuhauen, auch wenn er, wie geschehen, sich muthwillig in Gefahr begab. Aber Sie sind ein Mensch, und was mehr ist, ein Gatte und Familienvater. Sie wollen, neben aller Arbeit, auch eine Häuslichkeit und ein Familienleben. Sie haben ein Recht darauf, c'est convenu! Sie müssen also wissen, *bald* wissen, wo Ihr Bett und Ihr Schreibtisch aufgestellt werden soll, ob in Paris oder Berlin. Und das Wort des Königs, daß Sie Sich in Paris nicht etabliren sollen, ist bis jetzt, soviel ich weiß, noch nicht zurückgenommen. Sie müssen Gewißheit haben. Ich will das Meinige – und zwar nicht blos aus Selbstsucht, sondern aus patriotischem Interesse – dazu beitragen, daß Ihnen diese Gewißheit baldigst werde. Ich fingire daher, und zwar so lange, bis Sie es mir untersagen, von Ihnen zur Herbeiführung dieser Gewißheit privatim, beauftragt zu sein. Nach den letzten Unterredungen mit Serenissimo über Sie habe ich ohnehin mein spezielles persönliches Interesse für Sie bereits verwerthen müssen. Ich kann daher auch von Ihrer unerträglichen Situation sprechen, die besonders darin begründet ist, daß Sie ausdrücklich verhindert werden, Sich in Paris zu etabliren. Dergleichen Motive werden verstanden, wirken daher vielleicht mehr als politische Erwägungen. Ich fingire daher Ihr Einverständniß und rathe, Sie *einstweilen* zum Minister-Präsidenten ohne Portefeuille zu ernennen, was ich bisher vermieden; es geht nicht anders! Wollen Sie dies absolut nicht, so desavouiren Sie mich oder gebieten Sie mir Schweigen. Ich spreche den Herrn am 7. in einer ganz vertraulichen Audienz, die er mir für diesen Tag bei seiner Durchreise nach Carlsruhe zur Taufe (am 9./9.) zugesagt hat. Sie haben also auch noch Zeit zum Protestiren.

Von der allgemeinen Situation will ich heut nicht reden. Die innere Katastrophe wird jetzt nicht stattfinden, wie ich vermuthe, sondern erst im Frühjahr, und da müssen Sie nothwendig dabei sein. Sie wird über unsere Zukunft endgültig entscheiden....

Ihr

v. Roon.« S. Bismarck-Jahrbuch III 237 f., jetzt auch in Roon's Denkwürdigkeiten II 4, 109 ff.

Ich erwiderte:

»Toulouse, 12. September 62.

Meine Kreuz- und Querzüge in den Pyrenäen haben gemacht, daß ich Ihren Brief vom 31. [August] erst heut hier vorfinde. Ich hatte auch auf einen von Bernstorff gehofft, der mir vor vier Wochen schrieb, daß sich im September die Frage wegen des Personalwechsels jedenfalls entscheiden müsse. Ihre Zeilen lassen mich leider vermuthen, daß die Ungewißheit um Weihnachten noch dieselbe sein wird wie jetzt. Meine Sachen liegen noch in Petersburg und werden dort einfrieren, meine Wagen sind in Stettin, meine Pferde bei Berlin auf dem Lande, meine Familie in Pommern, ich selbst auf der Landstraße. Ich gehe jetzt nach Paris zurück, obschon ich dort weniger wie je zu thun habe, mein Urlaub ist aber um. Mein Plan ist nun, Bernstorff vorzuschlagen, daß ich nach Berlin komme, um das Weitre mündlich zu besprechen. Geschah in einem Briefe von Montpellier aus am gleichen Tage, Bismarck-Jahrbuch VI 162 ff. Ich habe das Bedürfniß, einige Tage in Reinfeld zu sein, nachdem ich die Meinigen seit dem 8.Mai nicht gesehn habe. Bei der Gelegenheit muß ich in's Klare kommen. Ich wünsche nichts lieber, als in Paris zu bleiben, nur muß ich wissen, daß ich Umzug und Einrichtung nicht auf einige Wochen oder Monate bewirke, dazu ist mein Hausstand zu groß. Ich habe mich niemals geweigert, das Präsidium ohne Portefeuille anzunehmen, sobald es der König befiehlt; ich habe nur gesagt, daß ich die Einrichtung für eine unzweckmäßige halte. Ich bin noch heut bereit, ohne Portefeuille einzutreten, aber ich sehe garkeine ernstliche Absicht dazu. Wenn mir Se. Majestät sagen wollte: am 1. November, oder 1. Januar, oder 1. April – so wüßte ich, woran ich wäre, und bin wahrlich kein Schwierigkeitsmacher, ich verlange nur 1/10 der Rücksicht, die Bernstorff so reichlich gewährt wird. In dieser Ungewißheit verliere ich alle Lust an den Geschäften, und ich bin Ihnen von Herzen dankbar für jeden Freundschaftsdienst, den Sie mir leisten, um ihr ein Ende zu machen. Gelingt dieß nicht bald, so muß ich die Dinge nehmen, wie sie liegen, und mir sagen, ich bin des Königs Gesandter in Paris, lasse zum 1. October Kind und Kegel dorthinkommen und richte mich ein. Ist das *geschehn*, so kann Se. Majestät mich des Dienstes entlassen, aber nicht mehr zwingen, nun sofort *wieder* umzuziehn; lieber gehe ich nach Hause auf's Land, dann weiß ich, wo ich wohne. Ich habe in meiner Einsamkeit die alte Gesundheit mit Gottes Hülfe wiedergewonnen, und befinde mich wie seit 10 Jahren nicht, von unsrer politischen Welt aber habe ich kein Wort gehört; daß der König in Doberan war, sehe ich heut aus einem Briefe meiner Frau, sonst könnte ich das D. in dem Ihrigen nicht deuten. Ebenso hatte ich nicht gehört, daß er zum 13. nach Carlsruh geht. Ich würde Se. Majestät dort nicht mehr treffen, wenn ich mich hinbegeben wollte, auch weiß ich aus Erfahrung, daß solche ungerufne Erscheinungen nicht willkommen sind; der Herr schließt daraus auf ehrgeizig drängende Absichten bei mir, die mir weiß Gott fern liegen. Ich bin so zufrieden, Sr. Majestät Gesandter in Paris zu sein, daß ich nichts erbitten möchte, als die Gewißheit, es wenigstens bis 1875 zu sein. Schaffen Sie mir diese oder jede andre Gewißheit, und ich male Engelsflügel an Ihre Photographie! –

Was verstehn Sie unter ›Ende dieser Session‹? Läßt sich das so bestimmt voraussehn, wird sie nicht in die Wintersession ohne Pause übergehn? Und kann man die Kammern schließen ohne Resultat über das Budget? Ich will die Frage nicht grade verneinen, es kommt auf den Feldzugsplan an.

Ich reise eben nach Montpellier ab, von dort über Lyon nach Paris. Bitte schreiben Sie mir dahin, und grüßen Sie herzlich die Ihrigen. In treuer Freundschaft

Ihr

v. B.« S. Bismarckbriefe (8. Aufl.) S. 359 ff., Roon's Denkwürdigkeiten II 4, 117 ff.

In Paris erhielt ich folgendes Telegramm, dessen Unterschrift auf einer Verabredung beruhte:

Berlin, le 18 Septembre

Periculum in mora. Dépêchez-vous. L'oncle de Maurice Henning.

Henning war der zweite Vorname Moritz Blanckenburg's, des Neffen von Roon. Obwohl es die Fassung zweifelhaft ließ, ob die Auffordrung aus der eignen Initiative Roon's hervorgegangen oder von dem Könige veranlaßt war, zögerte ich nicht abzureisen.

Am 20. September Morgens in Berlin angelangt, Vgl. Bismarck's Brief an die Gattin vom 21. Sept. 1862, Bismarck's Briefe an seine Braut und Gattin S. 512 f. wurde ich zu dem Kronprinzen beschieden. Auf seine Frage, wie ich die Situation ansähe, konnte ich nur sehr zurückhaltend antworten, weil ich während der letzten Wochen keine deutschen Zeitungen gelesen und in einer Art von *dépit* mich über heimische Angelegenheiten nicht informirt hatte. Meine Verstimmung hatte ihren Grund darin, daß der König mir in Aussicht gestellt hatte, mir in spätestens sechs Wochen Gewißheit über meine Zukunft, d.h. darüber zu geben, ob ich in Berlin, Paris oder London mein Domizil haben sollte, daß darüber aber schon ein Vierteljahr verflossen war, und ich im Herbst noch immer nicht wußte, wo ich im Winter wohnen würde. Ich war mit der Situation in ihren Einzelheiten nicht so vertraut, daß ich dem Kronprinzen ein programmartiges Urtheil hätte abgeben können; außerdem hielt ich mich auch nicht für berechtigt, mich gegen ihn früher zu äußern als gegen den König. Den Eindruck, den die Thatsache meiner Audienz gemacht hatte, ersah ich zunächst aus der Mittheilung Roon's, daß der König mit Bezug auf mich zu ihm gesagt habe: »Mit dem ist es auch nichts, er ist ja schon bei meinem Sohne gewesen.« Die Tragweite dieser Aeußerung wurde mir nicht sofort verständlich, weil ich nicht wußte, daß der König sich mit dem Gedanken der Abdication trug und voraussetzte, daß ich davon gewußt oder etwas vermuthet hätte und mich deshalb mit seinem Nachfolger zu stellen gesucht habe.

In der That war mir jeder Gedanke an Abdication des Königs fremd, als ich am 22. September in Babelsberg empfangen wurde, Vgl. dazu auch die Mittheilungen v. Keudell's S. 110 f. und die Situation wurde mir erst klar, als Se. Majestät sie ungefähr mit den Worten präcisirte: »Ich will nicht regiren, wenn ich es nicht so vermag, wie ich es vor Gott, meinem Gewissen und meinen Unterthanen verantworten kann. Das kann ich aber nicht, wenn ich nach dem Willen der heutigen Majorität des Landtags regiren soll, und ich finde keine Minister mehr, die bereit wären, meine Regirung zu führen, ohne sich und mich der parlamentarischen Mehrheit zu unterwerfen. Ich habe mich deshalb entschlossen, die Regirung niederzulegen, und meine Abdicationsurkunde, durch die angeführten Gründe motivirt, bereits entworfen.« Der König zeigte mir das auf dem Tische liegende Aktenstück in seiner Handschrift, ob bereits vollzogen oder nicht, weiß ich nicht. Se. Majestät schloß, indem er wiederholte, ohne geeignete Minister könnte er nicht regiren.

Ich erwiderte, es sei Sr. Majestät schon seit dem Mai bekannt, daß ich bereit sei, in das Ministerium einzutreten, ich sei gewiß, daß Roon mit mir bei ihm bleiben werde, und ich zweifelte nicht, daß die weitre Vervollständigung des Cabinets gelingen werde, falls andre Mitglieder sich durch meinen Eintritt zum Rücktritt bewogen finden sollten. Der König stellte nach einigem Erwägen und Hin- und Herreden die Frage, ob ich bereit sei, als Minister für die Militär-Reorganisation einzutreten, und nach meiner Bejahung die weitre Frage, ob auch gegen die Majorität des Landtags und deren Beschlüsse. Auf meine Zusage erklärte er schließlich: »Dann ist es meine Pflicht, mit Ihnen die Weiterführung des Kampfes zu versuchen, und ich abdicire nicht.« Ob er das auf dem Tische liegende Schriftstück vernichtet oder *in rei memoriam* aufbewahrt hat, weiß ich nicht.

Der König forderte mich auf, ihn in den Park zu begleiten. Auf diesem Spaziergange gab er mir ein Programm zu lesen, das in seiner engen Schrift acht Folioseiten füllte, alle Eventualitäten der damaligen Regirungspolitik umfaßte und auf Details wie die Reform der Kreistage einging. Ich lasse es dahin gestellt sein, ob dieses Elaborat schon Erörtrungen mit meinen Vorgängern zur Unterlage gedient hatte, oder ob es zur Sicherstellung gegen eine mir zugetraute conservative Durchgängerei dienen sollte. Ohne Zweifel war, als er damit umging mich zu berufen, eine Befürchtung der Art in ihm von seiner Gemalin geweckt worden, von deren politischer Begabung er ursprünglich eine hohe Meinung hatte, die aus der Zeit datirte, wo Sr. Majestät nur eine kronprinzliche Kritik der Regirung des Bruders, ohne Pflicht zu eigner besserer Leistung, zugestanden hatte. In der Kritik war die Prinzessin ihrem Gemal überlegen. Die ersten Zweifel an dieser geistigen Ueberlegenheit waren ihm gekommen, als er genöthigt war, nicht mehr nur zu kritisiren, sondern selbst zu handeln und die amtliche Verantwortung für das Bessermachen zu tragen. Sobald die Aufgaben beider Herrschaften *praktisch* wurden, hatte der gesunde Verstand des Königs begonnen, sich allmälig von der schlagfertigen weiblichen Beredsamkeit mehr zu emancipiren.

Es gelang mir, ihn zu überzeugen, daß es sich für ihn nicht um Conservativ oder Liberal in dieser oder jener Schattirung, sondern um Königliches Regiment oder Parlamentsherrschaft handle, und daß die letztre unbedingt und auch durch eine Periode der Dictatur abzuwenden sei. Ich sagte: »In dieser Lage werde ich, selbst wenn Eure Majestät mir Dinge befehlen sollten, die ich nicht für richtig hielte, Ihnen zwar diese meine Meinung offen entwickeln, aber wenn Sie auf der Ihrigen schließlich beharren, lieber mit dem Könige untergehn, als Eure Majestät im Kampfe mit der Parlamentsherrschaft im Stiche lassen.« Diese Auffassung war damals durchaus lebendig und maßgebend in mir, weil ich die Negation und die Phrase der damaligen Opposition für politisch verderblich hielt im Angesicht der nationalen Aufgaben Preußens, und weil ich für Wilhelm I. persönlich so starke Gefühle der Hingebung und Anhänglichkeit hegte, daß mir der Gedanke, in Gemeinschaft mit ihm zu Grunde zu gehn, als ein nach Umständen natürlicher und sympathischer Abschluß des Lebens erschien. Der König zerriß das Programm und war im Begriff, die Stücke von der Brücke in die trockne Schlucht im Park zu werfen, als ich daran erinnerte, daß diese Papiere mit der bekannten Handschrift in sehr unrechte Hände gerathen könnten. Er fand, daß ich Recht hätte, steckte die Stücke in die Tasche, um sie dem Feuer zu übergeben, und vollzog an demselben Tage meine Ernennung zum Staatsminister und interimistischen Vorsitzenden des Staatsministeriums, die am 23. veröffentlicht wurde. Meine Ernennung zum Ministerpräsidenten behielt der König vor, bis er mit dem Fürsten von Hohenzollern, der staatsrechtlich diese Stellung noch inne hatte, die desfallsige Correspondenz beendet haben werde. Vgl. Kaiser Wilhelm I. und Fürst Bismarck, Münchener Allg. Zeitung 7. October 1890 M.-U. – Die definitive Ernennung zum Ministerpräsidenten und Minister der Auswärtigen Angelegenheiten erfolgte am 8. October.

Zwölftes Kapitel. Rückblick auf die preußische Politik.

Die königliche Autorität hatte bei uns unter dem Mangel an Selbständigkeit und Energie unsrer auswärtigen und namentlich unsrer deutschen Politik gelitten; in demselben Boden wurzelte die Ungerechtigkeit der bürgerlichen Meinung über die Armee und deren Offiziere und die Abneigung gegen militärische Vorlagen und Ausgaben. In den parlamentarischen Fractionen fand der Ehrgeiz der Führer, Redner und Minister-Candidaten Nahrung und Deckung hinter der nationalen Verstimmung. Klare Ziele hatten unsrer Politik seit dem Tode Friedrich's des Großen entweder gefehlt oder sie waren ungeschickt gewählt oder betrieben; letztres von 1786 bis 1806, wo unsre Politik planlos begann und traurig endete. Man entdeckt in ihr bis zum vollen Ausbruch der französischen Revolution keine Andeutung einer national-deutschen Richtung. Die ersten Spuren einer solchen, die sich im Fürstenbunde in den Ideen von einem preußischen Kaiserthum, in der Demarcationslinie, in der Erwerbung *deutscher* Landstriche finden, sind Ergebnisse nicht nationaler, sondern preußisch-particularistischer Bestrebungen. Im Jahr 1786 lag das stärkre Interesse noch nicht auf deutsch-nationalem Gebiete, sondern in dem Gedanken polnischer territorialer Erwerbungen, und bis in den Krieg von 1792 hinein war das Mißtraun zwischen Preußen und Oestreich weniger durch die deutsche als durch die polnische Rivalität beider Mächte genährt. In den Händeln der Thugut-Lehrbachschen Periode spielte der Streit um den Besitz polnischer Gebiete, namentlich Krakaus, eine mehr in die Augen fallende Rolle als der in der zweiten Hälfte dieses Jahrhunderts im Vordergrunde stehende Streit um die Hegemonie in Deutschland.

Die Frage der Nationalität stand damals mehr im Hintergrunde; der preußische Staat eignete sich neue polnische Unterthanen mit gleicher, wenn nicht mit größrer Bereitwilligkeit wie deutsche an, wenn es nur Unterthanen waren, und auch Oestreich trug kein Bedenken, die Erfolge der gemeinsamen Kriegführung gegen Frankreich in Frage zu stellen, sobald es befürchten mußte, daß ihm zur Wahrnehmung seiner polnischen Interessen die nöthigen Streitkräfte Preußen gegenüber fehlen würden, wenn es sie an der französischen Grenze verwenden wollte. Es ist schwer zu sagen, ob die damalige Situation nach Maßgabe der Ansichten und Fähigkeiten der in Oestreich und Rußland leitenden Persönlichkeiten der preußischen Politik die Möglichkeit bot, nützlichere Wege einzuschlagen als den des Veto gegen die Orientpolitik seiner beiden östlichen Nachbarn, wie in der Convention von Reichenbach, 27. Juli 1790, geschah. Ich kann mich des Eindrucks nicht erwehren, daß dieses Veto ein Act unfruchtbaren Selbstgefühls nach Art des französischen *prestige* war, in welchem die von Friedrich dem Großen geerbte Autorität zwecklos verpufft wurde, ohne daß Preußen einen andern Vortheil von dieser Kraftleistung gehabt hätte, als den einer befriedigten Eitelkeit über Bethätigung seiner großmächtlichen Stellung den beiden Kaisermächten gegenüber, *show of power*.

Wenn Oestreich und Rußland im Orient Beschäftigung fanden, so hätte es, möchte ich glauben, im Interesse ihres damals weniger mächtigen Nachbarn gelegen, sie darin nicht zu stören, sondern beide in der Richtung ihrer orientalischen Bestrebungen eher zu fördern und zu befestigen und ihren Druck auf unsre Grenzen dadurch abzuschwächen. Preußen war nach seinen militärischen Einrichtungen damals schneller schlagfertig als seine Nachbarn und hätte diese Schlagfertigkeit wie bei manchen spätern Gelegenheiten nutzbar machen können, wenn es sich verfrühter Parteinahme enthalten und seiner damaligen verhältnißmäßigen Schwäche entsprechend sich lieber *en vedette* gestellt hätte, anstatt sich das *prestige* des Richteramtes zwischen Oestreich, Rußland und der Pforte beizulegen.

Der Fehler in Situationen der Art hat gewöhnlich in der Ziellosigkeit und Unentschlossenheit gelegen, womit an die Benutzung und Ausbeutung herangetreten wurde. Der Große Kurfürst und Friedrich der Große hatten klare Vorstellungen von der Schädlichkeit halber Maßregeln in Fällen, wo es sich um Parteinahme oder um ihre Androhung handelte. So lange Preußen nicht zu einem der deutschen Nationalität annähernd entsprechenden Staatsgebilde gelangt war, so lange es nicht nach dem Ausdruck, dessen sich der Fürst Metternich mir gegenüber bediente, zu den »saturirten« Staaten gehörte, mußte es seine Politik mit dem angeführten Worte Friedrich's des Großen *en vedette* einrichten. Nun hat aber eine *vedette* eine Existenzberechtigung nur mit einer schlagfertigen Truppe hinter sich; ohne eine solche und ohne den Entschluß, sie activ zu verwenden, sei es für, sei es gegen eine der streitenden Parteien, konnte die preußische Politik von dem Einwerfen ihres europäischen Gewichtes bei Gelegenheiten wie der von Reichenbach keinen materiellen Vortheil, weder in Polen, noch in Deutschland, sondern nur die Verstimmung und das Mißtraun seiner beiden Nachbarn erzielen. Noch heut erkennt man in geschichtlichen Urtheilen chauvinistischer Landsleute die Genugthuung, mit welcher die schiedsrichterliche Rolle, die von Berlin aus auf den Streit im Orient ausgeübt werden konnte, das preußische Selbstgefühl erfüllte; die Reichenbacher Convention gilt ihnen als ein Höhepunkt auf dem Niveau Friedericianischer Politik, von welchem an der Abstieg und das Sinken durch die Pillnitzer Verhandlungen, den Basler Frieden bis nach Tilsit erfolgte.

Wenn ich Minister Friedrich Wilhelm's II. gewesen wäre, so würde ich eher dazu gerathen haben, den Ehrgeiz Oestreichs und Rußlands in der Richtung auf den Orient zu unterstützen, aber als Kaufpreis dafür materielle Concessionen zu verlangen, sei es auch nur auf dem Gebiet der polnischen Frage, an welcher man damals Geschmack fand, und mit Recht, so lange man Danzig und Thorn nicht besaß und an die deutsche Frage noch nicht dachte. An der Spitze von 100000 oder mehr schlagfertigen Soldaten mit der Drohung, sie nöthigenfalls in Thätigkeit zu setzen und den Krieg gegen Frankreich Oestreich allein zu überlassen, würde die preußische Politik in der damaligen Situation immer Besseres haben erreichen können als den diplomatischen Triumph von Reichenbach.

Man findet, daß die Geschichte des Hauses Oestreich seit Karl V. eine Reihe versäumter Gelegenheiten zeigt, für welche man in den meisten Fällen die jedesmaligen Beichtväter der regirenden Herrn verantwortlich macht; aber die Geschichte Preußens, allein innerhalb der letzten 100 Jahre, ist nicht weniger reich an solchen Versäumnissen. Wenn die Gelegenheit zur Zeit der Reichenbacher Convention, richtig benutzt, keinen befriedigenden, aber doch immer einen Fortschritt in der Laufbahn Preußens gebracht haben könnte, so war eine Evolution in größerm Stile schon 1805 möglich, wo die preußische Politik besser militärisch als diplomatisch gegen Frankreich, für Oestreich und Rußland hätte eingesetzt werden können, aber nicht gratis. Die Bedingungen, unter denen man den Beistand leisten oder geleistet haben sollte, konnte nicht ein Minister wie Haugwitz, sondern nur ein Feldherr an der Spitze von 150000 Mann in Böhmen oder Baiern durchsetzen. Was 1806 *post festum* geschah, konnte 1805 von entscheidender Wirkung sein. Was in Oestreich die Beichtväter, das haben in Preußen Cabinetsräthe und ehrliche, aber beschränkte General-Adjutanten an versäumten Gelegenheiten zu Stande gebracht.

Auch die Dienste, welche die preußische Politik der russischen bei dem Frieden von Adrianopel 1829 und bei Unterdrückung des polnischen Aufstandes 1831 erwiesen hat, gratis zu leisten, lag um so weniger Veranlassung vor, als die unfreundlichen Machenschaften, die kurz vorher zwischen dem Kaiser Nicolaus und König Karl X. stattgefunden hatten, dem Berliner Cabinete nicht unbekannt waren. Die Gemüthlichkeit der fürstlichen Familienbeziehungen war bei uns in der Regel stark genug, um russische Sünden zu decken, es fehlte aber die Gegenseitigkeit. Im Jahre 1813 hatte Rußland ohne Zweifel einen Anspruch auf preußische Dankbarkeit erworben; Alexander I. war im Februar 1813 und bis zum Wiener Congreß seiner Zusage, Preußen in dem status quo ante wiederherzustellen, im Großen und Ganzen treu geblieben, gewiß ohne die russischen Interessen zu vergessen, aber doch so, daß dankbare Erinnrungen Friedrich Wilhelm's III. für ihn natürlich blieben. – Solche Erinnrungen waren in meinen Knabenjahren bis zum Tode Alexander's, 1825, auch in unserm Publikum noch sehr lebhaft; russische Großfürsten, Generale und gelegentlich in Berlin erscheinende Soldaten-Abtheilungen genossen noch ein Erbtheil der Popularität, mit der 1813 die ersten Kosacken bei uns empfangen worden waren.

Flagrante Undankbarkeit, wie der Fürst Schwarzenberg sie proclamirte, ist in der Politik wie im Privatleben nicht nur unschön, sondern auch unklug. Wir haben aber unsre Schuld ausgeglichen, nicht nur zur Zeit der Nothlage der Russen bei Adrianopel 1829 und durch unser Verhalten in Polen 1831, sondern in der ganzen Zeit unter Nicolaus I., der der deutschen Romantik und Gemüthlichkeit ferner stand als Alexander I., wenn er auch mit seinen preußischen Verwandten und mit preußischen Offizieren freundlich verkehrte. Unter seiner Regirung haben wir als russische Vasallen gelebt, 1831, wo Rußland ohne uns kaum mit den Polen fertig geworden wäre, namentlich aber in allen europäischen Constellationen von 1831 bis 1850, wo wir immer russische Wechsel acceptirt und honorirt haben, bis nach 1848 der junge östreichische Kaiser dem russischen besser gefiel als der König von Preußen, wo der russische Schiedsrichter kalt und hart gegen Preußen und deutsche Bestrebungen entschied und sich für die Freundschaftsdienste von 1813 voll bezahlt machte, indem er uns die Olmützer Demüthigung aufzwang. Später kamen wir Rußland gegenüber im Krimkriege, im polnischen Aufstande von 1863 bedeutend in Vorschuß, und wenn wir in dem genannten Jahre Alexander's II. eigenhändiger Auffordrung zum Kriege nicht Folge leisteten Vgl. u. S. 341. Näheres über diesen Kriegsplan s. II 82. und er darüber und in der dänischen Frage Empfindlichkeit bewies, so zeigt dies nur, wie weit der russische Anspruch schon über Gleichberechtigung hinaus gediehn war und Unterordnung verlangte.

Das Deficit auf unsrer Seite war einmal durch Verwandschafts-Gefühl, durch die Gewohnheit der Abhängigkeit, in welcher die geringre Energie von der größern stand, sodann durch den Irrthum bedingt, als ob Nicolaus dieselben Gesinnungen wie Alexander I. für uns hege, und dieselben Ansprüche auf Dankbarkeit aus der Zeit der Freiheitskriege habe. In der That aber trat während der Regirung des Kaisers Nicolaus kein im deutschen Gemüth wurzelndes Motiv hervor, unsre Freundschaft mit Rußland auf dem Fuße der Gleichheit zu pflegen und mindestens einen analogen Nutzen daraus zu ziehn wie Rußland aus unsrer Dienstleistung. Etwas mehr Selbstgefühl und Kraftbewußtsein würde unsern Anspruch auf Gegenseitigkeit in Petersburg zur Anerkennung gebracht haben, um so mehr, als 1830 nach der Juli-Revolution Preußen, trotz der Schwerfälligkeit seines Landwehr-Systems, diesem überraschenden Ereigniß gegenüber reichlich ein Jahr lang ohne Zweifel der stärkste, vielleicht der einzige zum Schlagen befähigte Militärstaat in Europa war. Wie sehr nicht nur in Oestreich, sondern auch in Rußland die militärischen Einrichtungen in 15 Friedensjahren vernachlässigt worden waren, vielleicht mit alleiniger Ausnahme der Garde des Kaisers und der polnischen Armee des Großfürsten Constantin, bewies die Schwäche und Langsamkeit der Rüstung des gewaltigen russischen Reichs gegen den Aufstand des kleinen Warschauer Königreichs.

Aehnliche Verhältnisse fanden damals in der französischen und mehr noch in der östreichischen Armee statt. Oestreich brauchte nach der Juli-Revolution mehr als ein Jahr, um den Verfall seiner Heereseinrichtungen so weit auszubessern, daß es eben nur seine italienischen Interessen zu schützen im Stande war. Die östreichische Politik war unter Metternich geschickt genug, um jede Entschließung der drei östlichen Großmächte so lange zu verschleppen, bis Oestreich sich hinlänglich gerüstet fühlte, um mitzureden. Nur in Preußen functionirte die militärische Maschine, so schwerfällig sie war, mit voller Genauigkeit, und hätte die preußische Politik eigne Entschlüsse zu fassen vermocht, so würde sie Kraft genug gefunden haben, die Lage von 1830 in Deutschland und den Niederlanden nach ihrem Ermessen zu präjudiciren. Aber eine selbständige preußische Politik hat in der Zeit von 1806 bis in die vierziger Jahre überhaupt nicht bestanden; unsre Politik wurde abwechselnd in Wien und in Petersburg gemacht. So weit sie in Berlin von 1786 bis 1806 und 1842 bis 1862 selbständig ihre Wege suchte, wird sie vor der Kritik vom Standpunkte eines strebsamen Preußen kaum Anerkennung finden.

Die Eigenschaft einer Großmacht konnten wir uns vor 1866 nur *cum grano salis* beimessen, und wir hielten nach dem Krimkriege für nöthig, uns um eine äußerliche Anerkennung derselben durch Antichambriren im Pariser Congresse zu bewerben. Wir bekannten, daß wir eines Attestes andrer Mächte bedurften, um uns als Großmacht zu fühlen. Dem Maßstäbe der Gortschakow'schen Redensart bezüglich Italiens *»une grade puissance ne se reconnaît pas, elle se révèlè«* fühlten wir uns nicht gewachsen. Die *révélation*, daß Preußen eine Großmacht sei, war vorher zu Zeiten in Europa anerkannt gewesen (vgl. Kapitel 5), aber sie erlitt durch lange Jahre kleinmüthiger Politik eine Abschwächung, die schließlich in der kläglichen Rolle, welche Manteuffel in Paris übernahm, ihren Ausdruck fand. Seine verspätete Zulassung konnte die Wahrheit nicht entkräften, daß eine Großmacht zu ihrer Anerkennung vor allen Dingen der Ueberzeugung und des Muthes, eine solche zu sein, bedarf. Ich habe es als einen bedauerlichen Mangel an Selbstbewußtsein angesehn, daß wir nach allen uns widerfahrnen Geringschätzungen von Seiten Oestreichs und der Westmächte überhaupt das Bedürfniß empfanden, auf dem Congresse zugelassen zu werden und seinen Beschlüssen unsre Unterschrift hinzuzufügen. Unsre Stellung 1870 in den Londoner Besprechungen über das Schwarze Meer würde die Richtigkeit dieser Ansicht bezeugt haben, wenn Preußen sich nicht in den Pariser Congreß in würdeloser Weise eingedrängt hätte. Als Manteuffel aus Paris zurückkehrte und am 20. und 21. April in Frankfurt mein Gast war, habe ich mir erlaubt, ihm mein Bedauern darüber auszusprechen, daß er nicht das *victa Catoni* zur Richtschnur genommen und uns die richtige unabhängige Stellung für die Eventualität der nach Lage der Dinge vorauszusehenden russisch-französischen gegenseitigen Annäherung angebahnt habe. Daß der Kaiser Napoleon damals die russische Freundschaft schon in Aussicht nahm, daß für maßgebende Kreise in England der Friedensschluß verfrüht erschien, konnte in dem Auswärtigen Amte in Berlin nicht zweifelhaft sein. Wie würdig und unabhängig wäre unsre Stellung gewesen, wenn wir uns nicht in den Pariser Congreß in einer demüthigenden Weise eingedrängt, sondern bei mangelnder rechtzeitiger Einladung unsre Betheiligung versagt hätten. Bei angemessener Zurückhaltung würden wir in der neuen Gruppirung umworben worden sein, und schon äußerlich wäre unsre Stellung eine würdigere gewesen, wenn wir unsre Einschätzung als europäische Großmacht nicht von diplomatischen Gegnern abhängig gemacht, sondern lediglich auf unser Selbstbewußtsein basirt hätten, indem wir uns des Anspruchs auf Betheiligung an europäischen Abmachungen enthielten, welche für Preußen kein Interesse hatten, als höchstens nach Analogie der Reichenbacher Convention das der Eitelkeit des Prestige und des Mitredens in Dingen, die unsre Interessen nicht berührten.

Die versäumten Gelegenheiten, welche in die beiden Zeiträume von 1786 bis 1806 und von 1842 bis 1862 fallen, sind den Zeitgenossen nur selten verständlich geworden, noch seltner ist die Verantwortlichkeit dafür sofort richtig vertheilt worden. Erst die Ausschüttung der Archive und die Denkwürdigkeiten Mithandelnder und Mitwissender setzten 50 bis 100 Jahre später die öffentliche Meinung in den Stand, für die einzelnen Mißgriffe das πρωτον ψευδοσ, die Gabelung auf den unrichtigen Weg zu erkennen. Friedrich der Große hinterließ ein reiches Erbe von Autorität und von Glauben an die preußische Politik und Macht. Seine Erben konnten, wie heut der neue Curs von der Erbschaft des alten, zwei Jahrzehnte hindurch davon zehren, ohne sich über die Schwächen und Irrthümer ihrer Epigonenwirthschaft klar zu werden; noch in die Schlacht von Jena hinein trugen sie sich mit der Überschätzung des eignen militärischen und politischen Könnens. Erst der Zusammenbruch der folgenden Wochen brachte den Hof und das Volk zu dem Bewußtsein, daß Ungeschick und Irrthum in der Staatsleitung obgewaltet hatten. Wessen Ungeschick und wessen Irrthum aber, wer persönlich die Verantwortlichkeit für diesen gewaltigen und unerwarteten Zusammenbruch trug, darüber kann selbst heut noch gestritten werden.

In einer absoluten Monarchie, und Preußen war damals eine solche, hat an der Verantwortlichkeit für die Politik außer dem Souverän Niemand einen genau nachweislichen Antheil; faßt oder genehmigt dieser verhängnißvolle Beschlüsse, so kann Niemand beurtheilen, ob sie das Ergebniß eignen moralischen Willens oder des Einflusses sind, den die verschiedenartigsten Persönlichkeiten männlichen und weiblichen Geschlechts, Adjutanten, Höflinge und politische Intriganten, Schmeichler, Schwätzer und Ohrenbläser auf den Monarchen geübt haben. Die Allerhöchste Unterschrift deckt schließlich Alles; *wie* sie erreicht worden ist, erfährt kein Mensch. Dem jedesmaligen Minister die Verantwortlichkeit für das Geschehne aufzuerlegen, ist für monarchische Auffassungen der nächstliegende Ausweg. Aber selbst wenn die Form des Absolutismus der Form der Verfassung Platz gemacht hat, ist die sogenannte Ministerverantwortlichkeit keine von dem Willen des unverantwortlichen Monarchen unabhängige. Gewiß kann ein Minister abgehn, wenn er die königliche Unterschrift für das, was er für nothwendig hält, nicht erlangen kann; aber er übernimmt durch sein Abtreten die Verantwortlichkeit für die Consequenzen desselben, die vielleicht auf andern Gebieten viel tiefgreifender sind als auf dem grade streitigen.

Er ist außerdem durch die collegiale Form des Staatsministeriums mit ihren Majoritätsabstimmungen zu Compromissen und zu Nachgiebigkeit seinen Collegen gegenüber nach der preußischen Ministerverfassung täglich genöthigt. Eine wirkliche Verantwortlichkeit in der großen Politik aber kann nur ein einzelner leitender Minister, niemals ein anonymes Collegium mit Majoritätsabstimmung leisten. Die Entscheidung über Wege und Abwege liegt oft in minimalen, aber einschneidenden Wendungen, zuweilen schon in der Tonart und der Wahl der Ausdrücke eines internationalen Actenstückes. Schon bei geringer Abweichung von der richtigen Linie wächst die Entfernung von derselben oft so rapid, daß der verlassene Strang nicht wieder erreicht werden kann und die Umkehr bis zu dem Gabelpunkt, wo er verlassen wurde, unausführbar ist. Das übliche Amtsgeheimniß deckt die Umstände, unter denen eine Entgleisung stattgefunden hat, Menschenalter hindurch, und das Ergebniß der Unklarheit, in welcher der pragmatische Zusammenhang der Dinge bleibt, erzeugt bei leitenden Ministern, wie das bei manchen meiner Vorgänger der Fall war, Gleichgültigkeit gegen die sachliche Seite der Geschäfte, sobald die formale durch königliche Unterschrift oder parlamentarische Vota gedeckt erscheint. Bei Andern wieder führt der Kampf zwischen dem eignen Ehrgefühl und der Verstrickung der Competenzverhältnisse zu tödtlichen Nervenfiebern, wie bei dem Grafen Brandenburg, S. o. S. 85. oder zu Symptomen von Geistesstörung, wie in einigen frühern Fällen.

Es ist schwer zu sagen, wie die Verantwortlichkeit für unsre Politik während der Regirung Friedrich Wilhelm's IV. mit Gerechtigkeit zu vertheilen sei. Rein menschlich gesprochen, wird sie in der Hauptsache auf dem Könige selbst beruhn bleiben, denn er hat überlegne, ihn und die Geschäfte leitende Rathgeber zu keiner Zeit gehabt. Er behielt sich die Auswahl unter den Rathschlägen nicht nur jedes einzelnen Ministers, sondern auch unter den viel zahlreichern vor, die ihm von mehr oder weniger geistreichen Adjutanten, Cabinetsräthen, Gelehrten, unehrlichen Strebern, ehrlichen Phantasten und Höflingen vorgetragen wurden. Und diese Auswahl behielt er sich oft *lange* vor. Es ist oft weniger schädlich, etwas Unrichtiges als nichts zu thun. Ich habe nie den Muth gehabt, die Gelegenheiten, die mir dieser persönlich so liebenswürdige Herr mehrmals, zuweilen scharf und beinahe zwingend, in den Jahren 1852 bis 1856 geboten hat, sein Minister zu werden, zu benutzen oder ihre Verwirklichung zu fördern. Wie er mich betrachtete, hatte ich ihm gegenüber keine Autorität gehabt, und seine reiche Phantasie war flügellahm, sobald sie sich auf dem Gebiete praktischer Entschlüsse geltend machen sollte. Mir fehlte die schmiegsame Gefügigkeit zur Uebernahme und ministeriellen Vertretung von politischen Richtungen, an die ich nicht glaubte, oder für deren Durchführung ich dem Könige den Entschluß und die Konsequenz nicht zutraute. Er unterhielt und förderte die Elemente des Zwiespalts zwischen seinen einzelnen Ministern; die Frictionen zwischen Manteuffel, Bodelschwingh und Heydt, die in triangularem Kampfe mit einander standen, waren dem Könige angenehm und ein politisches Hülfsmittel in kleinen Detail-Gefechten zwischen königlichem und ministeriellem Einfluß. Manteuffel hat mit vollem Bewußtsein die Camarilla-Thätigkeit von Gerlach, Rauch, Niebuhr, Bunsen, Edwin Manteuffel geduldet; er trieb seine Politik mehr defensiv als im Hinblick auf bestimmte Ziele, fortwurstelnd, wie Graf Taasse sagte, und beruhigt, wenn er durch allerhöchste Unterschrift gedeckt war; doch hat der reine Absolutismus ohne Parlament immer noch das Gute, daß ihm ein Gefühl der Verantwortlichkeit für eigne Thaten bleibt. Gefährlicher ist der durch gefügige Parlamente unterstützte, der keiner andern Rechtfertigung als der Verweisung auf Zustimmung der Majorität bedarf.

Die nächste günstige Situation nach dem Krimkriege bot unsrer Politik der italienische Krieg. Ich glaube freilich nicht, daß König Wilhelm schon als Regent 1859 geneigt gewesen sein würde, in plötzlicher Entschließung den Abstand zu überschreiten, der seine damalige Politik von derjenigen trennte, welche später zur Herstellung des Deutschen Reichs geführt hat. Wenn man die damalige Stellung nach dem Maßstäbe beurtheilt, den die Haltung des auswärtigen Ministers von Schleinitz in dem demnächstigen Abschluß des Garantievertrages von Teplitz mit Oestreich und in der Weigerung der Anerkennung Italiens bezeichnet, so kann man mit Recht bezweifeln, ob es damals möglich gewesen sein würde, den Regenten zu einer Politik zu bewegen, welche die Verwendung der preußischen Kriegsmacht von Concessionen in der deutschen Bundespolitik abhängig gemacht hätte. Die Situation wurde nicht unter dem Gesichtspunkte einer vorwärts strebenden preußischen Politik betrachtet, sondern in dem gewohnheitsmäßigen Bestreben, sich den Beifall der deutschen Fürsten, des Kaisers von Oestreich und zugleich der deutschen Presse zu erwerben, in dem unklaren Bemühn um einen idealen Tugendpreis für Hingebung an Deutschland, ohne irgend eine klare Ansicht über die Gestalt des Zieles, die Richtung, in der, und die Mittel, durch die es zu suchen wäre.

Unter dem Einflusse seiner Gemalin und der Wochenblattspartei war der Regent 1859 nahe daran, sich an dem italienischen Kriege zu betheiligen. Wäre das geschehn, so wurde der Krieg von einem östreichisch-französischen in der Hauptsache zu einem preußisch-französischen am Rhein. Rußland in dem damals noch sehr lebendigen Hasse gegen Oestreich würde mindestens gegen uns demonstrirt, und Oestreich, sobald wir in Krieg mit Frankreich verwickelt waren, würde, am längern Ende des politischen Hebels stehend, erwogen haben, wie weit wir siegen durften. Was zu Thugut's Zeit Polen, war damals Deutschland auf dem Schachbrett. Mein Gedanke war, immerhin zu rüsten, aber zugleich Oestreich ein Ultimatum zu stellen, entweder unsre Bedingungen in der deutschen Frage anzunehmen oder unsern Angriff zu gewärtigen. Aber die Friction einer fortdauernden und aufopfernden Hingebung für »Deutschland« nur in Worten, nie in Thaten, der Einfluß der Prinzessin und ihres den östreichischen Interessen ergebenen Ministers von Schleinitz, dazu die damals gang und gäbe Phraseologie der Parlamente, der Vereine und der Presse, erschwerten es dem Regenten, die Lage nach seinem eignen klaren und hausbacknen Verstande zu prüfen, während sich in seiner politischen und persönlichen Umgebung Niemand befand, der ihm die Nichtigkeit des ganzen Phrasenschwindels klar gemacht und ihm gegenüber die Sache des gesunden deutschen Interesses vertreten hätte. Der Regent und sein damaliger Minister glaubten an die Berechtigung der Redensart: Il y a quelqu'un, qui a plus d'esprit que Monsieur de Talleyrand, c'est tout le monde. Tout le monde braucht aber in der That zu viel Zeit, um das Richtige zu erkennen, und in der Regel ist der Moment, in dem diese Erkenntniß benutzt werden konnte, schon vorüber, wenn tout le monde dahinter kommt, was eigentlich hätte gethan werden sollen. Erst die innern Kämpfe, die der Regent und spätre König durchzumachen hatte, erst die Ueberzeugung, daß seine Minister der neuen Aera nicht nur nicht im Stande waren, seine Unterthanen glücklich und zufrieden zu machen oder im Gehorsam zu erhalten und die von ihm erstrebte und gehoffte Zufriedenheit in den Wahlen und Parlamenten zum Ausdruck zu bringen, erst die Schwierigkeiten, welche den König 1862 zu dem Entschlusse der Abdication brachten, übten auf das Gemüth und das gesunde Urtheil des Königs den nöthigen Einfluß, um seine monarchischen Auffassungen von 1859 über die Brücke der dänischen Frage zu dem Standpunkte von 1866 überzuleiten, vom Reden zum Handeln, von der Phrase zur That.

Die Leitung der auswärtigen Politik in den an sich schwierigen europäischen Situationen wurde für einen Minister, der kühle und praktische Politik ohne dynastische Sentimentalität und ohne höfischen Byzantinismus treiben wollte, durch mächtige Querwirkungen sehr erschwert, welche am stärksten und wirksamsten von der Königin Augusta und deren Minister Schleinitz geübt wurden, sowie von andern fürstlichen Einflüssen und Familien-Correspondenzen neben den Insinuationen feindlicher Elemente am Hofe, nicht minder von den jesuitischen Organen (Nesselrode, Stillfried etc), von Intriganten und befähigten Rivalen, wie Goltz und Harry Arnim, und unbefähigten, wie frühern Ministern, und Parlamentariern, die es werden wollten. Es gehörte die ganze ehrliche und vornehme Treue des Königs für seinen ersten Diener dazu, daß er in seinem Vertrauen zu mir nicht wankend wurde.

In den ersten Tagen des Oktobers fuhr ich dem Könige, der sich zum 30. September, dem Geburtstage seiner Gemalin, nach Baden-Baden begeben hatte, bis Jüterbogk entgegen und erwartete ihn in dem noch unfertigen, von Reisenden dritter Classe und Handwerkern gefüllten Bahnhofe, im Dunkeln auf einer umgestürzten Schiebkarre sitzend. Meine Absicht, indem ich die Gelegenheit zu einer Unterredung suchte, war, Se. Majestät über eine Aufsehn erregende Aeußerung zu beruhigen, welche ich am 30. September in der Budget-Commission gethan hatte und die zwar nicht stenographirt, aber in den Zeitungen ziemlich getreu wiedergegeben war. Vgl. Bismarck's politische Reden (Ausg. von H. Kohl), II. Bd. 2. Aufl. S. 20 ff. Vgl. dazu Rede vom 28. Jan. 1886 Bd. XI 419.

Ich hatte für Leute, die weniger erbittert und von Ehrgeiz verblendet waren, deutlich genug gesagt, wo ich hinaus wollte. Preußen könne – das war der Sinn meiner Rede – wie schon ein Blick auf die Karte zeige, mit seinem schmalen langgestreckten Leibe die Rüstung, deren Deutschland zu seiner Sicherheit bedürfe, allein nicht länger tragen; diese müsse sich auf alle Deutschen gleichmäßig vertheilen. Dem Ziele würden wir nicht durch Reden, Vereine, Majoritätsbeschlüsse näher kommen, sondern es werde ein ernster Kampf nicht zu vermeiden sein, ein Kampf, der nur durch Eisen und Blut erledigt werden könne. Um uns darin Erfolg zu sichern, müßten die Abgeordneten das möglichst große Gewicht von Eisen und Blut in die Hand des Königs von Preußen legen, damit er es nach seinem Ermessen in die eine oder die andre Wagschale werfen könne. Ich hatte demselben Gedanken schon im Abgeordnetenhause 1849 Schramm gegenüber auf der Tribüne Ausdruck gegeben bei Gelegenheit einer Amnestie-Debatte. Vgl. Rede vom 22. März 1849, Politische Reden I 76 f.

Roon, der zugegen war, sprach beim Nachhausegehn seine Unzufriedenheit mit meinen Aeußerungen aus, sagte u. A., er hielte dergleichen »geistreiche Excurse« unsrer Sache nicht für förderlich. Meine eignen Gedanken bewegten sich zwischen dem Wunsche, Abgeordnete für eine energische nationale Politik zu gewinnen, und der Gefahr, den König in seiner vorsichtigen und gewaltsame Mittel scheuenden Veranlagung mißtrauisch gegen mich und meine Absichten zu machen. Um dem vermuthlichen Eindruck der Presse auf ihn bei Zeiten entgegen zu wirken, fuhr ich ihm nach Jüterbogk entgegen.

Ich hatte einige Mühe, durch Erkundigungen bei kurz angebundnen Schaffnern des fahrplanmäßigen Zuges den Wagen zu ermitteln, in dem der König allein in einem gewöhnlichen Coupé erster Klasse saß. Er war unter der Nachwirkung des Verkehrs mit seiner Gemalin sichtlich in gedrückter Stimmung, und als ich um die Erlaubniß bat, die Vorgänge während seiner Abwesenheit darzulegen, unterbrach er mich mit den Worten:

»Ich sehe ganz genau voraus, wie das Alles endigen wird. Da vor dem Opernplatz, unter meinen Fenstern, wird man Ihnen den Kopf abschlagen und etwas später mir.«

Ich errieth, und es ist mir später von Zeugen bestätigt worden, daß er während des achttägigen Aufenthalts in Baden mit Variationen über das Thema Polignac, Strafford, Ludwig XVI. bearbeitet worden war. Als er schwieg, antwortete ich mit der kurzen Phrase »*Et après, Sire*?« – »Ja, *après*, dann sind wir todt!« erwiderte der König. »Ja,« fuhr ich fort, »dann sind wir todt, aber sterben müssen wir früher oder später doch, und können wir anständiger umkommen? Ich selbst im Kampfe für die Sache meines Königs und Eure Majestät, indem Sie Ihre königlichen Rechte von Gottes Gnaden mit dem eignen Blute besiegeln, ob auf dem Schaffot oder auf dem Schlachtfelde, ändert nichts an dem rühmlichen Einsetzen von Leib und Leben für die von Gottes Gnaden verliehnen Rechte. Eure Majestät müssen nicht an Ludwig XVI. denken; der lebte und starb in einer schwächlichen Gemüthsverfassung und macht kein gutes Bild in der Geschichte. Karl I. dagegen, wird er nicht immer eine vornehme historische Erscheinung bleiben, wie er, nachdem er für sein Recht das Schwert gezogen, die Schlacht verloren hatte, ungebeugt seine königliche Gesinnung mit seinem Blute bekräftigte? Eure Majestät sind in der Notwendigkeit zu fechten, Sie können nicht capituliren, Sie müssen, und wenn es mit körperlicher Gefahr wäre, der Vergewaltigung entgegentreten.«

Je länger ich in diesem Sinne sprach, desto mehr belebte sich der König und fühlte sich in die Rolle des für Königthum und Vaterland kämpfenden Offiziers hinein. Er war äußern und persönlichen Gefahren gegenüber von einer seltnen und ihm absolut natürlichen Furchtlosigkeit, auf dem Schlachtfelde wie Attentaten gegenüber; seine Haltung in jeder äußern Gefahr hatte etwas Herzerhebendes und Begeisterndes. Der ideale Typus des preußischen Offiziers, der dem sichern Tode im Dienste mit dem einfachen Worte »Zu Befehl« selbstlos und furchtlos entgegengeht, der aber, wenn er auf eigne Verantwortung handeln soll, die Kritik des Vorgesetzten oder der Welt mehr als den Tod und dergestalt fürchtet, daß die Energie und Richtigkeit seiner Entschließung durch die Furcht vor Verweis und Tadel beeinträchtigt wird, dieser Typus war in ihm im höchsten Grade ausgebildet. Er hatte sich bis dahin auf seiner Fahrt nur gefragt, ob er vor der überlegnen Kritik seiner Frau Gemalin und vor der öffentlichen Meinung in Preußen mit dem Wege, den er mit mir einschlug, würde bestehn können. Dem gegenüber war die Wirkung unsrer Unterredung in dem dunklen Coupé, daß er die ihm nach der Situation zufallende Rolle mehr vom Standpunkte des Offiziers auffaßte. Er fühlte sich bei dem *Porte-épée* gefaßt und in der Lage eines Offiziers, der die Aufgabe hat, einen bestimmten Posten auf Tod und Leben zu behaupten, gleichviel, ob er darauf umkommt oder nicht. Damit war er auf einen seinem ganzen Gedankengange vertrauten Weg gestellt und fand in wenigen Minuten die Sicherheit wieder, um die er in Baden gebracht worden war, und selbst seine Heiterkeit. Das Leben für König und Vaterland einzusetzen, war die Pflicht des preußischen Offiziers, um so mehr die des Königs, als des ersten Offiziers im Lande. Sobald er seine Stellung unter dem Gesichtspunkte der Offiziersehre betrachtete, hatte sie für ihn ebenso wenig Bedenkliches wie für jeden normalen preußischen Offizier die instructionsmäßige Verteidigung eines vielleicht verlornen Postens. Er war der Sorge vor der »Manöverkritik«, welche von der öffentlichen Meinung, der Geschichte und der Gemalin an seinem politischen Manöver geübt werden könnte, überhoben. Er fühlte sich ganz in der Aufgabe des ersten Offiziers der Preußischen Monarchie, für den der Untergang im Dienste ein ehrenvoller Abschluß der ihm gestellten Aufgabe ist. Der Beweis der Richtigkeit meiner Beurtheilung ergab sich daraus, daß der König, den ich in Jüterbogk matt, niedergeschlagen und entmuthigt gefunden hatte, schon vor der Ankunft in Berlin in eine heitre, man kann sagen, fröhliche und kampflustige Stimmung gerieth, die sich den empfangenden Ministern und Beamten gegenüber auf das Unzweideutigste erkennbar machte.

Wenn auch die abschreckenden geschichtlichen Reminiscenzen, die man dem Könige in Baden als Beweise beschränkter Ungeschicklichkeit vorgehalten hatte, auf unsre Verhältnisse nur eine unehrliche oder phantastische Anwendung finden konnten, so war unsre Situation doch ernst genug. Einzelne fortschrittliche Zeitungen hofften, mich zum Besten des Staates Wolle spinnen zu sehn, und am 17. Februar 1863 erklärte das Abgeordnetenhaus mit 274 gegen 45 Stimmen die Minister für verfassungswidrige Ausgaben mit ihrer Person und ihrem Vermögen haftbar. Mir wurde der Plan suggerirt, meinen Grundbesitz, um ihn zu retten, auf meinen Bruder zu übertragen; die Cession an meinen Bruder, um das Object der bei einem Thronwechsel nicht absolut unmöglichen Confiscation meines Vermögens zu entziehn, hätte aber einen Eindruck von Aengstlichkeit und Geldsorge gemacht, der mir widerstrebte. Auch war mein Sitz im Herrnhause an Kniephof geknüpft.

Dreizehntes Kapitel. Dynastien und Stämme.

Niemals, auch in Frankfurt nicht, bin ich darüber in Zweifel gewesen, daß der Schlüssel zur deutschen Politik bei den Fürsten und Dynastien lag und nicht bei der Publicistik in Parlament und Presse oder bei der Barrikade. Die Kundgebungen der öffentlichen Meinung der Gebildeten in Parlament und Presse konnten fördernd und aufhaltend auf die Entschließung der Dynastien wirken, aber sie förderten zugleich das Widerstreben der letztern vielleicht häufiger, als daß sie eine Pression in nationaler Richtung ausgeübt hätten. Schwächere Dynastien suchten Schutz in Anlehnung bei der nationalen Sache, Herrscher und Häuser, die sich zum Widerstande fähiger fühlten, mißtrauten der Bewegung, weil mit der Förderung der deutschen Einheit eine Verminderung der Unabhängigkeit zu Gunsten der Centralgewalt oder der Volksvertretung in Aussicht stand. Die preußische Dynastie konnte voraussehn, daß ihr die Hegemonie mit einer Vermehrung von Ansehn und Macht im künftigen Deutschen Reiche schließlich zufallen würde. Ihr kam die von den andern Dynastien befürchtete *capitis deminutio*voraussichtlich zu Gute, so weit sie nicht durch ein nationales Parlament absorbirt wurde. Seit im Frankfurter Bundestage die dualistische Auffassung Oestreich-Preußen, unter deren Eindruck ich dorthin gekommen war, dem Gefühl der Nothwendigkeit Platz gemacht hatte, unsre Stellung gegen präsidiale Angriffe und Ueberlistungen zu wahren, nachdem ich den Eindruck erhalten hatte, daß die gegenseitige Anlehnung von Oestreich und Preußen ein Jugendtraum war, entstanden durch Nachwirkung der Freiheitskriege und der Schule, nachdem ich mich überzeugt hatte, daß das Oestreich, mit dem ich bis dahin gerechnet, für Preußen nicht existirte: gewann ich die Ueberzeugung, daß auf der Basis der bundestäglichen Autorität nicht einmal die vormärzliche Stellung Preußens im Bunde zurückzugewinnen, geschweige denn eine Reform der Bundesverfassung möglich sein werde, durch die das deutsche Volk der Verwirklichung seines Anspruchs auf völkerrechtliche Existenz als eine der großen europäischen Nationen Aussicht erhalten hätte.

Ich erinnre mich eines Wendepunkts, der in meinen Ansichten eintrat, als ich in Frankfurt die mir bis dahin unbekannte Depesche des Fürsten Schwarzenberg vom 7. December 1850 zu lesen bekam, in welcher er die Olmützer Ergebnisse so darstellt, als ob es von ihm abgehangen hätte, Preußen »zu demüthigen« oder großmüthig zu pardonniren. Der mecklenburgische Gesandte, Herr von Oertzen, mein ehrlicher und conservativer Gesinnungsgenosse in dualistischer Politik, mit dem ich darüber sprach, suchte mein durch diese Schwarzenbergische Depesche verletztes preußisches Gefühl zu besänftigen. Trotz der für preußisches Gefühl demüthigenden Inferiorität unsres Auftretens in Olmütz und Dresden war ich noch gut östreichisch nach Frankfurt gekommen; der Einblick in die Schwarzenbergsche Politik *»avilir, puis démolir«*, Ob Schwarzenberg das berüchtigte Wort wirklich gesprochen hat, muß als fraglich gelten. Nach *Flathe*, Restauration und Revolution S. 691 *soll* er es einer deutschen Fürstin gegenüber ausgesprochen haben, doch hat sich ein Erweis noch nicht erbringen lassen, vgl. Zeißberg, Allg. D. Biogr. Bd. 33, 284. – Die Depesche vom 7. Dec. 1850 ist noch unveröffentlicht. den ich dort actenmäßig gewann, enttäuschte meine jugendlichen Illusionen. Der gordische Knoten deutscher Zustände ließ sich nicht in Liebe dualistisch lösen, nur militärisch zerhauen; es kam darauf an, den König von Preußen, bewußt oder unbewußt, und damit das preußische Heer für den Dienst der nationalen Sache zu gewinnen, mochte man vom borussischen Standpunkte die Führung Preußens oder auf dem nationalen die Einigung Deutschlands als die Hauptsache betrachten; beide Ziele deckten einander. Das war mir klar, und ich deutete es an, als ich in der Budgetcommission (30. September 1862) die vielfach entstellte Aeußerung über Eisen und Blut that (s. o. S. 312).

Preußen war nominell eine Großmacht, jedenfalls die fünfte; es hatte diese Stellung durch die geistige Ueberlegenheit Friedrich's des Großen erlangt und durch die gewaltigen Leistungen der Volkskraft 1813 rehabilitirt. Ohne die ritterliche Haltung des Kaisers Alexander I., die er von 1812 an unter Steinischem, jedenfalls deutschem Einfluß bis zum Wiener Congreß beobachtete, wäre es fraglich geblieben, ob die nationale Begeisterung der vier Millionen Preußen des Tilsiter

Friedens und einer andern vielleicht gleichen Zahl von sympathizers in altpreußischen oder deutschen Ländern genügt hätte, von der damaligen Humboldtischen und Hardenbergischen Diplomatie und der Schüchternheit Friedrich Wilhelm's III. so verwerthet zu werden, daß auch nur die künstliche Neubildung Preußens, so wie sie 1815 geschah, zu Stande gekommen wäre. Das Körpergewicht Preußens entsprach damals nicht seiner geistigen Bedeutung und seiner Leistung in den Freiheitskriegen.

Deutscher Patriotismus bedarf in der Regel, um thätig und wirksam zu werden, der Vermittlung dynastischer Anhänglichkeit; unabhängig von letztrer kommt er praktisch nur in seltnen Fällen zur Hebung, wenn auch theoretisch täglich, in Parlamenten, Zeitungen und Versammlungen; in praxi bedarf der Deutsche einer Dynastie, der er anhängt, oder einer Reizung, die in ihm den Zorn weckt, der zu Thaten treibt. Letztre Erscheinung ist aber ihrer Natur nach keine dauernde Institution. Als Preuße, Hanoveraner, Würtemberger, Baier, Hesse ist er früher bereit, seinen Patriotismus zu documentiren, wie als Deutscher; und in den untern Klassen und in Parlaments-Fractionen wird es noch lange dauern, ehe das anders wird. Man kann nicht sagen, daß die hanöversche, die hessische Dynastie und andre sich besonders bemüht hätten, sich das Wohlwollen ihrer Unterthanen zu erwerben, aber dennoch wird der deutsche Patriotismus der letztern wesentlich bedingt durch ihre Anhänglichkeit an die Dynastie, nach welcher sie sich nennen. Es sind nicht Stammesunterschiede, sondern dynastische Beziehungen, auf denen die centrifugalen Elemente ursprünglich beruhn. Es kommt nicht die Anhänglichkeit an schwäbische, niedersächsische, thüringische Eigenthümlichkeit zur Hebung, sondern die durch die Dynastien Braunschweig, Brabant, Wittelsbach zu einem dynastischen Antheil an dem Körper der Nation gesonderten Convolute der Herrschaft einer fürstlichen Familie. Der Zusammenhang des Königreichs Baiern beruht nicht nur auf dem bajuvarischen Stamme, wie er im Süden Baierns und in Oestreich vorhanden ist, sondern der Augsburger Schwabe, der Pfälzer Alemanne und der Mainfranke, sehr verschiednen Geblüts, nennen sich mit derselben Genugthuung Baiern, wie der Altbaier in München und Landshut, lediglich weil sie mit den letztern durch die gemeinschaftliche Dynastie seit drei Menschenaltern verbunden sind. Die am meisten ausgeprägten Stammeseigenthümlichkeiten, die niederdeutsche, plattdeutsche, sächsische, sind durch dynastische Einflüsse schärfer und tiefer als die übrigen Stamme geschieden. Die deutsche Vaterlandsliebe bedarf eines Fürsten, auf den sich ihre Anhänglichkeit concentrirt. Wenn man den Zustand fingirte, daß sämmtliche deutsche Dynastien plötzlich beseitigt wären, so wäre nicht wahrscheinlich, daß das deutsche Nationalgefühl alle Deutschen in den Frictionen europäischer Politik völkerrechtlich zusammenhalten würde, auch nicht in der Form föderirter Hansestädte und Reichsdörfer. Die Deutschen würden fester geschmiedeten Nationen zur Beute fallen, wenn ihnen das Bindemittel verloren ginge, welches in dem gemeinsamen Standesgefühl der Fürsten liegt.

Die geschichtlich am stärksten ausgeprägte Stammeseigenthümlichkeit in Deutschland ist wohl die preußische, und doch wird Niemand die Frage mit Sicherheit beantworten können, ob der staatliche Zusammenhang Preußens fortbestehn würde, wenn man sich die Dynastie Hohenzollern und jede, die ihr rechtlich nachfolgen könnte, verschwunden denkt. Ist es wohl sicher, daß der östliche und der westliche Theil, daß Pommern, Hanoveraner, Holsteiner und Schlesier, daß Aachen und Königsberg, im untrennbaren preußischen Nationalstaat verbunden, ohne die Dynastie so weiter leben würden? Würde Baiern, isolirt gedacht, geschlossen zusammenhalten, wenn die Wittelsbacher Dynastie spurlos verschwunden wäre? Einige Dynastien haben manche Erinnrungen, die nicht grade geeignet sind, die heterogenen Theile, aus denen diese Staaten geschichtlich gebildet sind, mit Anhänglichkeit zu erfüllen. Das Land Schleswig-Holstein hat garkeine dynastische Erinnrungen, namentlich nicht im anti-gottorpischen Sinne, und doch hat die Aussicht, einen selbständigen kleinen Hof mit Ministern, Hofmarschällen und Orden neu bilden zu können, und auf Kosten der preußischen und östreichischen Bundesleistungen eine kleinstaatliche Existenz zu führen, recht starke particularistische Bewegungen in den Elbherzogthümern hervorgerufen. Das Großherzogthum Baden hat seit dem Markgrafen Ludwig vor Belgrad Lies: Ofen. Während der Belagerung von Belgrad Aug. – Sept. 1688 war

Markgraf Ludwig in Bosnien. kaum eine dynastische Erinnrung; das rasche Anwachsen dieses kleinen Fürstenthums unter französischer Protection im Rheinbunde, das Hofleben der letzten Fürsten der alten Linie, die eheliche Verbindung mit dem Hause Beauharnais, die Caspar Hauser-Geschichte, die revolutionären Vorgänge von 1832, die Vertreibung des bürgerfreundlichen Großherzogs Leopold, die Vertreibung des regirenden Hauses 1849 haben den Zwang der dynastischen Fügsamkeit im Lande nicht brechen können, und Baden hat 1866 seinen Krieg gegen Preußen und die deutsche Idee geführt, weil die dynastischen Interessen des regirenden Hauses es unabweislich machten.

Die andern europäischen Völker bedürfen einer solchen Vermittlung für ihren Patriotismus und ihr Nationalgefühl nicht. Polen, Ungarn, Italiener, Spanier, Franzosen würden unter einer jeden Dynastie oder ganz ohne eine solche ihren einheitlichen Zusammenhang als Nation bewahren. Die germanischen Stämme des Nordens, die Schweden und Dänen, haben sich von dynastischer Sentimentalität ziemlich frei erwiesen, und in England gehört zwar der äußerliche Respect vor der Krone zu den Erfordernissen der guten Gesellschaft und wird die formale Erhaltung des Königthums von allen den Parteien, die bisher an der Herrschaft Antheil gehabt haben, für nützlich gehalten, aber ich glaube nicht, daß das Volk zerfallen oder daß ähnliche Gefühle, wie zur Zeit der Jacobiten, sich thatkräftig geltend machen würden, wenn die geschichtliche Entwicklung einen Dynastiewechsel oder den Uebergang zur Republik für das britische Volk nöthig oder nützlich erscheinen ließe.

Das Vorwiegen der dynastischen Anhänglichkeit und die Unentbehrlichkeit einer Dynastie als Bindemittel für das Zusammenhalten eines bestimmten Bruchtheils der Nation unter dem Namen der Dynastie ist eine specifisch reichsdeutsche Eigenthümlichkeit. Die besondern Nationalitäten, die sich bei uns auf der Basis des dynastischen Familienbesitzes gebildet haben, begreifen in sich in den meisten Fällen Heterogene, deren Zusammengehörigkeit weder auf der Gleichheit des Stammes, noch auf der Gleichheit der geschichtlichen Entwicklung beruht, sondern ausschließlich auf der Thatsache einer in vielen Fällen anfechtbaren Erwerbung durch die Dynastie nach dem Rechte des Stärkern, oder des erbrechtlichen Anfalls vermöge der Verwandschaft, der Erbverbrüderung, oder der bei Wahlcapitulationen von dem kaiserlichen Hofe erlangten Anwartschaft. Welches immer der Ursprung dieser particularistischen Zusammengehörigkeit in Deutschland ist, das Ergebniß derselben bleibt die Thatsache, daß der einzelne Deutsche leicht bereit ist, seinen deutschen Nachbarn und Stammesgenossen mit Feuer und Schwert zu bekämpfen und persönlich zu tödten, wenn infolge von Streitigkeiten, die ihm selbst nicht verständlich sind, der dynastische Befehl dazu ergeht. Die Berechtigung und Vernünftigkeit dieser Eigenthümlichkeit zu prüfen, ist nicht die Aufgabe eines deutschen Staatsmannes, so lange sie sich kräftig genug erweist, um mit ihr rechnen zu können. Die Schwierigkeit, sie zu zerstören und zu ignoriren, oder die Einheit theoretisch zu fördern, ohne Rücksicht auf dieses praktische Hemmniß, ist für die Vorkämpfer der Einheit oft verhängnißvoll gewesen, namentlich bei Benutzung der günstigen Umstände der nationalen Bewegung von 1848 bis 1850. Ich habe ein volles Verständniß für die Anhänglichkeit der heutigen welfischen Partei an die alte Dynastie, und ich weiß nicht, ob ich ihr, wenn ich als Alt-Hanoveraner geboren wäre, nicht angehörte. Aber ich würde auch in dem Falle immer der Wirkung des nationalen deutschen Gefühls mich nicht entziehn können und mich nicht wundern, wenn die *vis major* der Gesammtnationalität meine dynastische Mannestreue und persönliche Vorliebe schonungslos vernichtete. Die Aufgabe, mit Anstand zu Grunde zu gehn, fällt in der Politik, und nicht blos in der deutschen, auch andern und stärker berechtigten Gemüthsregungen zu, und die Unfähigkeit, sie zu erfüllen, vermindert einigermaßen die Sympathie, welche die, kurbraunschweigische Vasallentreue mir einstößt. Ich sehe in dem deutschen Nationalgefühl immer die stärkre Kraft überall, wo sie mit dem Particularismus in Kampf geräth, weil der letztre, auch der preußische, selbst doch nur entstanden ist in Auflehnung gegen das gesammtdeutsche Gemeinwesen, gegen Kaiser und Reich, im Abfall von Beiden, gestützt auf päpstlichen, später französischen, in der Gesammtheit welschen Beistand, die alle dem deutschen Gemeinwesen gleich schädlich und gefährlich waren. Für die welfischen Bestrebungen ist für alle Zeit ihr erster Merkstein in der

Geschichte, der Abfall Heinrich's des Löwen vor der Schlacht bei Legnano, entscheidend, die Desertion vom Kaiser und Reich im Augenblick des schwersten und gefährlichsten Kampfes aus persönlichem und dynastischem Interesse.

Dynastische Interessen haben in Deutschland insoweit eine Berechtigung, als sie sich dem allgemeinen nationalen Reichsinteresse anpassen; sie können mit diesem sehr wohl Hand in Hand gehn, und ein reichstreuer Herzog im alten Sinne ist dem Ganzen unter Umständen nützlicher als direkte Beziehungen des Kaisers zu den herzoglichen Hintersassen. So weit aber die dynastischen Interessen uns mit neuer Zersplitterung und Ohnmacht der Nation bedrohn sollten, müßten sie auf ihr richtiges Maß zurückgeführt werden. Das deutsche Volk und sein nationales Leben können nicht unter fürstlichen Privatbesitz vertheilt werden. Ich bin mir jeder Zeit klar darüber gewesen, daß diese Erwägung auf die kurbrandenburgische Dynastie dieselbe Anwendung findet wie auf die bairische, die welfische und andre; ich würde gegen das brandenburgische Fürstenhaus keine Waffen gehabt haben, wenn ich ihm gegenüber mein deutsches Nationalgefühl durch Bruch und Auflehnung hätte bethätigen müssen; die geschichtliche Prädestination lag aber so, daß meine höfischen Talente hinreichten, um den König und damit schließlich sein Heer der deutschen Sache zu gewinnen. Ich habe gegen den preußischen Particularismus vielleicht noch schwierigere Kämpfe durchzuführen gehabt als gegen den der übrigen deutschen Staaten und Dynastien, und mein angebornes Verhältniß zu dem Kaiser Wilhelm I. hat mir diese Kämpfe erschwert. Doch ist es mir schließlich stets gelungen, trotz der starken dynastischen, aber Dank der dynastisch berechtigten und in entscheidenden Momenten immer stärker werdenden nationalen Strebungen des Kaisers seine Zustimmung für die deutsche Seite unsrer Entwicklung zu gewinnen, auch wenn eine mehr dynastische und particularistische von allen andern Seiten geltend gemacht wurde. In der Nikolsburger Situation wurde mir dies nur mit dem Beistande des damaligen Kronprinzen möglich. Bd. II S. 67 f. Die territoriale Souveränetät der einzelnen Fürsten hatte sich im Laufe der deutschen Geschichte zu einer unnatürlichen Höhe entwickelt; die einzelnen Dynastien, Preußen nicht ausgenommen, hatten an sich dem deutschen Volke gegenüber auf Zerstücklung des letztern für ihren Privatbesitz, auf den souveränen Antheil am Leibe des Volkes niemals ein höheres historisches Recht, als unter den Hohenstaufen und unter Karl V. in ihrem Besitz war. Die unbeschränkte Staatssouveränetät der Dynastien, der Reichsritter, der Reichsstädte und Reichsdörfer war eine revolutionäre Errungenschaft auf Kosten der Nation und ihrer Einheit. Ich habe stets den Eindruck des Unnatürlichen von der Thatsache gehabt, daß die Grenze, welche den niedersächsischen Altmärker bei Salzwedel von dem kurbraunschweigischen Niedersachsen bei Lüchow, in Moor und Haide dem Auge unerkennbar, trennt, doch den zu beiden Seiten plattdeutsch redenden Niedersachsen an zwei verschiedne, einander unter Umständen feindliche völkerrechtliche Gebilde verweisen will, deren eines von Berlin, und das andre früher von London, später von Hanover regirt wurde, das eine Augen rechts nach Osten, das andre Augen links nach Westen bereit stand, und daß friedliche und gleichartige, im Conubium verkehrende Bauern dieser Gegend, der eine für welfisch-habsburgische, der andre für hohenzollern'sche Interessen auf einander schießen sollten. Daß dies überhaupt möglich war, beweist die Tiefe und Gewalt des Einflusses dynastischer Anhänglichkeit auf den Deutschen. Daß die Dynastien jederzeit stärker geblieben sind als Presse und Parlamente, hat sich durch die Thatsache bestätigt, daß 1866 Bundesländer, deren Dynastien im Bereich des östreichischen Einflusses lagen, ohne Rücksicht auf nationale Bestrebungen mit Oestreich, und nur solche, welche »unter den preußischen Kanonen« lagen, mit Preußen gingen. Von den letztern machten allerdings Hanover, Hessen und Nassau Ausnahmen, weil sie Oestreich für stark genug hielten, um alle Zumuthungen Preußens siegreich abweisen zu können. Sie haben infolge dessen die Zeche bezahlt, da es nicht gelang, dem Könige Wilhelm die Vorstellung annehmbar zu machen, daß Preußen an der Spitze des Norddeutschen Bundes einer Vergrößrung seines Gebietes kaum bedürfen würde. Gewiß aber ist, daß auch 1866 die materielle Macht der Bundesstaaten den Dynastien und nicht den Parlamenten folgte, und daß sächsisches, hanöversches und hessisches Blut nicht für die deutsche Einheit, sondern dagegen vergossen ist.

Die Dynastien bildeten überall den Punkt, um den der deutsche Trieb nach Sonderung in engern Verbänden seine Krystalle ansetzte.

Vierzehntes Kapitel. Conflicts-Ministerium

I.

Bei der Vertheilung der Ministerien, wofür die Auswahl an Candidaten klein war, verursachte das Finanzministerium den geringsten Aufenthalt; es wurde Herrn *Karl von Bodelschwingh* – Bruder des im März 1848 abgetretnen Ministers des Innern, Ernst von Bodelschwingh – zugetheilt, der es bereits unter Manteuffel von 1851 bis 1858 gehabt hatte. Es zeigte sich freilich bald, daß er und der Graf Itzenplitz, dem das Handelsministerium zufiel, nicht im Stande waren, ihre Ministerien zu leiten. Beide beschränkten sich darauf, die Beschlüsse der sachkundigen Räthe mit ihrer Unterschrift zu versehn und nach Möglichkeit die Divergenzen zu vermitteln, in welche die Beschlüsse der theils liberalen, theils in engen Ressort-Gesichtspunkten befangnen Räthe mit der Politik des Königs und des Staatsministeriums gerathen konnten. Die sehr sachkundigen Mitglieder des Finanzministeriums gehörten innerlich der Mehrzahl nach der Opposition gegen das Conflictsministerium an und betrachteten es als eine kurze Episode in der liberalen Fortbildung der bürokratischen Regirungsmaschine; und wenn die tüchtigsten unter ihnen zu gewissenhaft waren, um die Thätigkeit der Regirung zu hemmen, so leisteten sie doch einen passiven Widerstand, wo ihr amtliches Pflichtgefühl ihnen einen solchen erlaubte, der immerhin nicht unerheblich war. Aus dieser Sachlage ergab sich das wunderliche Verhältniß, daß Herr von Bodelschwingh, der nach seiner persönlichen Stellung die äußerste Rechte unter uns Ministern bildete, in der Regel mit seinem Votum die äußerste Linke einnahm.

Ebenso war der Handelsminister Graf *Itzenplit* nicht im Stande, das Steuer seines überladnen ministeriellen Fahrzeugs selbständig zu führen, sondern trieb in der Strömung, welche seine Untergebenen ihm herstellten. Wenn es vielleicht unmöglich war, für die mannichfaltigen Verzweigungen des damaligen Handelsministeriums einen Chef zu finden, der in allen ihm unterstellten Disciplinen zur Führung seiner Untergebenen befähigt gewesen wäre, so stand der Graf Itzenplitz den von ihm zu lösenden Aufgaben viel fremder gegenüber, als z. B. von der Heydt, und verfiel ziemlich hülflos der in technischen Fragen sachkundigen Leitung der Decernenten, namentlich Delbrück's. Außerdem war er eine weiche Natur, ohne die zur Leitung eines so großen Ressorts nöthige Energie; selbst den Unredlichkeiten gegenüber, die damals einzelnen hervorragenden Mitarbeitern des Handelsministeriums schuldgegeben wurden und die den persönlich ehrliebenden Chef auf's Höchste beunruhigten, wurde ihm das Einschreiten sehr schwer, weil die technische Leistung der ihm selbst verdächtigen Beamten ihm unentbehrlich schien. Unterstützung meiner Politik hatte ich persönlich von den in Rede stehenden beiden Collegen nicht zu erwarten, weder nach ihrem Verständniß für dieselbe noch nach dem Maß von Wohlwollen, welches sie für mich als jüngern und ursprünglich dem Geschäft nicht angehörigen Präsidenten übrig hatten.

Als Minister des Innern fand ich Herrn von Jagow vor, der durch die Lebhaftigkeit seines Tones, seinen Wortreichthum und die rechthaberische Färbung seiner Discussion sich binnen Kurzem die Abneigung seiner Collegen in dem Grade zuzog, daß er durch den Grafen *Friedrich Eulenburg* ersetzt werden mußte. Charakteristisch für ihn ist ein Erlebniß, das wir mit ihm hatten, nachdem er ausgeschieden und in die Stelle des Oberpräsidenten in Potsdam eingerückt war. In wichtigen Angelegenheiten der Stadt Berlin schwebten Verhandlungen, in denen er das ressortmäßige Mittelglied zwischen der Regirung und den Gemeindebehörden war. Die Dringlichkeit der Sache brachte es mit sich, daß das Staatsministerium den Oberbürgermeister ersuchte, sich nach Potsdam zu begeben und über einen entscheidenden Punkt die Anträge des Oberpräsidenten mündlich einzuholen und darüber in einer zu dem Zweck angesagten Abendsitzung des Ministeriums zu berichten. Der Oberbürgermeister hatte eine zweistündige Audienz;

aber zur Berichterstattung darüber in der Sitzung erscheinend, erklärte er, eine solche nicht machen zu können, weil er während der zwei Stunden, die zwischen den beiden Zügen lagen, dem Herrn Oberpräsidenten gegenüber nicht zu Worte gekommen sei. Er habe es wiederholt und bis zur Unhöflichkeit versucht, seine Frage zu stellen, sei aber von dem Vorgesetzten stets und mit steigender Energie mit den Worten zur Ruhe verwiesen worden: »Erlauben Sie, ich bin noch nicht fertig, bitte mich ausreden zu lassen.« Dieser Bericht des Oberbürgermeisters erzeugte einen geschäftlichen Verdruß, rief aber doch in der Erinnrung an eigne frühere Erlebnisse einige Heiterkeit hervor.

Mein landwirthschaftlicher College *von Selchow* entsprach in seiner Begabung nicht dem Rufe, der ihm in der Provinzialverwaltung vorhergegangen war. Der König hatte ihm das zur Zeit wichtigste Ministerium des Innern zugedacht. Nach einer längern Unterredung, in der ich die Bekanntschaft des Herrn von Selchow machte, bat ich Se. Majestät, davon abzustehn, weil ich ihn der Aufgabe nicht für gewachsen hielt, und schlug statt seiner den Grafen Friedrich Eulenburg vor. Beide Herrn standen mit dem Könige in maurerischen Beziehungen und wurden bei den Schwierigkeiten, die die Vervollständigung des Ministeriums hatte, erst im December zum Eintritt bewogen. Der König hatte Zweifel an Graf Eulenburg's Sachkunde auf dem Gebiete des Innern, wollte ihm das Handelsministerium, dem Grafen Itzenplitz die Landwirthschaft und Selchow das Innre geben. Ich entwickelte dem gegenüber, daß die ressortmäßige Sachkunde als Handelsminister bei Eulenburg und Selchow auf ziemlich gleicher Stufe stehn und jedenfalls mehr bei ihren Räthen als bei ihnen selbst zu suchen sein würde, daß ich in diesem Falle viel mehr Gewicht auf persönliche Begabung, Geschick und Menschenkenntniß legte, als auf technische Vorbildung. Ich gäbe zu, daß Eulenburg arbeitsscheu und vergnügungssüchtig sei; er sei aber auch gescheidt und schlagfertig, und wenn er als Minister des Innern in der nächsten Zeit als der Vorderste auf der Bresche stehn müsse, so werde das Bedürfniß, sich zu wehren und die Schläge, die er bekommen, zu erwidern, ihn aus seiner Unthätigkeit heraus spornen. Der König gab mir endlich nach, und ich glaube auch noch heut, daß meine Wahl den Umständen nach richtig war; denn wenn ich auch unter dem Mangel an Arbeitsamkeit und Pflichtgefühl meines Freundes Eulenburg mitunter schwer gelitten habe, so war er doch in den Zeiten seiner Arbeitslust ein tüchtiger Gehülfe und immer ein feiner Kopf, nicht ohne Ehrgeiz und Empfindlichkeit, auch mir gegenüber. Wenn die Periode der Entsagung und angestrengten Arbeit länger als gewöhnlich dauerte, so verfiel er in nervöse Krankheiten. Jedenfalls waren er und Roon die Hervorragendsten in dem Conflictsministerium.

Roon aber war der einzige unter meinen spätern Collegen, der bei meinem Eintritt in das Amt sich der Wirkung und des Zweckes desselben und des gemeinsamen Operationsplanes bewußt war und den letztern mit mir besprach. Er war unerreicht in der Treue, Tapferkeit und Leistungsfähigkeit, womit er vor und nach meinem Eintritt die Krisis überwinden half, in die der Staat durch das Experiment der neuen Aera gerathen war. Er verstand sein Ressort und beherrschte es, war der beste Redner unter uns, ein Mann von Geist und unerschütterlich in der Gesinnung eines ehrliebenden preußischen Offiziers. Mit vollem Verständniß für politische Fragen wie Eulenburg, war er consequenter, sichrer und besonnener als dieser. Sein Privatleben war einwandsfrei. Ich war mit ihm von meinen Kinderjahren her, als er, mit topographischen Aufnahmen beschäftigt, sich im Hause meiner Eltern aufhielt (1833), persönlich befreundet und habe nur unter seinem Jähzorn zuweilen gelitten, der sich leicht bis zur Gefährdung seiner Gesundheit steigerte. In der Zeit, während deren ich krankheitshalber das Präsidium an ihn abgegeben hatte, 1873, machten sich Streber, wie Harry Arnim und jüngre Militärs, dieselben, die mit ihren Verbündeten in der »Kreuzzeitung« und durch die »Reichsglocke« gegen mich arbeiteten, an ihn heran und suchten ihn mir zu entfremden. Vgl. Bd. II S. 179. Seine Präsidialstellung nahm ohne meine Mitwirkung ein Ende auf die Initiative meiner übrigen Collegen, die bei ihm, dessen Heftigkeit sich mit den Jahren steigerte und der seinerseits von unsern Mitarbeitern in Civil nicht imponirt war, die Formen vermißten, auf welche sie im collegialen Verkehr Anspruch machten, und bei mir, und durch Eulenburg vertraulich bei dem Könige, anregten, daß ich das Präsidium wieder übernehmen möchte. Daraus entstand zu meinem Bedauern und ohne meine Absicht, hauptsächlich durch Zwischenträgereien, in Roon's letzten Jahren nicht grade eine Erkältung, doch eine Zurückhaltung, und bei mir die Empfindung, daß mein bester Freund und Kamerad den Lügen und Verleumdungen, welche über mich systematisch verbreitet wurden, nicht mit der Entschiedenheit entgegentrat, welche ich, wie ich glaube, im umgekehrten Falle bethätigt haben würde.

Der Cultusminister *von Mühler* hatte viel Aehnlichkeit mit seinem spätern Nachfolger, Herrn von Goßler, in der Art, wie er sich geschäftlich gab, nur daß die Energie und die geschäftliche Liebhaberei seiner gescheidten und, wenn sie wollte, liebenswürdigen Frau auf ihn wirkte und er ihrer stärkern Willenskraft vielleicht unterlag; ich wußte das anfangs allerdings nicht aus directer Wahrnehmung, sondern konnte es nur nach dem Eindrucke schließen, den beide Persönlichkeiten mir im Verkehr gemacht hatten. Ich erinnre mich, daß ich schon in Gastein im August 1865 bis zur Unhöflichkeit darauf bestehn mußte, allein mit Herrn von Mühler über einen königlichen Befehl zu sprechen, ehe es mir gelang, die Frau Ministerin zu bewegen, uns allein zu lassen. Das Vorkommen einer solchen Nöthigung hatte seinerseits Verstimmungen zur Folge, die sich bei seiner sachkundigen Behandlung der Dinge auf mein geschäftliches Verhältniß zunächst nicht übertrugen, aber doch die Ergebnisse unsres persönlichen Verkehrs beeinträchtigten. Frau von Mühler empfing ihre politische Direction nicht von ihrem Gemale, sondern von Ihrer Majestät, mit welcher Fühlung zu erhalten sie vor Allem bestrebt war. Die Hofluft, die Rangfragen, die äußerliche Kundgebung Allerhöchster Intimität haben nicht selten auf Ministerfrauen einen Einfluß, der sich in der Politik fühlbar macht; die persönliche, der Staatsraison in der Regel zuwiderlaufende Politik der Königin Augusta fand in Frau von Mühler eine bereitwillige Dienerin, und Herr von Mühler, wenn auch ein einsichtiger und ehrlicher Beamter, war doch nicht fest genug in seinen Ueberzeugungen, um nicht dem Hausfrieden Concessionen auf Kosten der Staatspolitik zu machen, wenn es in unauffälliger Weise geschehn konnte.

Der Justizminister Graf *zur Lippe* hatte vielleicht von seiner Thätigkeit als Staatsanwalt die Gewohnheit beibehalten, auch das Schärfste mit lächelnder Miene, mit einem höhnischen Ausdrucke von Ueberlegenheit zu sagen, und verstimmte dadurch die Parlamente und die Collegen. Er stand nächst Bodelschwingh am weitesten rechts unter uns und war in Vertretung seiner Richtung schärfer als dieser, weil er in seinem Ressort sachkundig genug war, um seiner persönlichen Ueberzeugung folgen zu können, während Bodelschwingh den Geschäftsgang des Finanzministeriums ohne den willigen Beistand seiner sachkundigen Räthe nicht beherrschen konnte, diese Räthe aber in ihrer politischen Auffassung weiter links standen als ihr Chef und das ganze Ministerium.

II.

Die staatsrechtliche Frage, um welche es sich in dem Conflicte handelte, und die Auffassung derselben, welche das Ministerium gewonnen und der König gutgeheißen hatte, ist in einem Schreiben Sr. Majestät an den Oberstlieutenant Freiherrn von Vincke auf Olbendorf bei Grottkau dargelegt, welches seiner Zeit in der Presse erwähnt, aber, so viel ich mich erinnre, nicht vollständig veröffentlicht worden ist, Es findet sich veröffentlicht bei L. *Schneider*, Aus dem Leben Wilhelm's I. Berlin, O. Janke. Bd. I S. 194/197. was dasselbe um so mehr verdient, als sich daraus die Haltung des Königs in der Frage der Indemnität erklärt.

Herr von Vincke hatte ein Glückwunschschreiben zu Neujahr 1863 mit folgenden Sätzen geschlossen: »Das Volk hängt treu an Ew. M., aber es hält auch fest an dem Recht, welches ihm der Artikel 99 der Verfassung unzweideutig gewährt. Möge Gott die unglücklichen Folgen eines großen Mißverständnisses in Gnaden abwenden.«

Der König antwortete am 2. Januar 1863:

»Für Ihre freundlichen Glückwünsche beim Jahreswechsel danke ich Ihnen bestens. Daß der Blick in das neue Jahr nicht freundlich ist, bedarf keines Beweises. Daß aber auch Sie in das Horn stoßen, daß ich nicht die Stimmung des bei Weitem größten Theils des Volkes kenne, ist mir unbegreiflich, und Sie müssen meine Antworten an die vielen Loyalitäts-Deputationen nicht gelesen haben. Immer und immer habe ich es wiederholt, daß mein Vertrauen zu meinem Volk *unerschüttert* sey, weil ich wüßte, daß es mir vertraue; aber *Diejenigen*, *die* verdamme ich, weil *ihre* Pläne nur ausführbar sind, wenn dies Vertrauen erschüttert *wird*. Und daß zu diesem Zwecke *Jenen* alle Wege recht sind, weiß die ganze Welt, denn *nur* Lüge und Trug und Lug kann ihre Pläne zur Reife bringen.

Sie sagen ferner: das *Volk* verlange die Ausführung des § 99 der Verfassung. Ich möchte wohl wissen, wie viele Menschen im *Volke* den § 99 kennen oder ihn je haben nennen hören!!! Das ist aber einerlei und thut nichts zur Sache, da für *die Regierung* der Paragraph existirt und befolgt werden muß. Wer hat denn aber die Ausführung des Paragraphen unmöglich gemacht? Habe ich nicht von der Winter- zur Sommer-Session die Concession von 4 Millionen gemacht *und* danach das Militair-Budget – leider! – modificirt? Habe ich nicht mehrere andere Concessionen – leider! – gemacht, um das Entgegenkommen der Regierung dem neuen Hause zu beweisen? Und was ist die Folge gewesen?? Daß das Abgeordnetenhaus gethan hat, als hätte ich *nichts* gethan, um entgegenzukommen, um nur immer mehr und neue Concessionen zu erlangen, die zuletzt dahin führen sollten, daß die Regierung unmöglich würde. Wer einen solchen Gebrauch von seinem Rechte macht, d. h. das Budget so reducirt, daß Alles im Staate aufhört, der gehört in's Tollhaus! Wo steht es in der Verfassung, daß *nur* die Regierung Concessionen machen soll und die Abgeordneten niemals? Nachdem ich die meinigen in unerhörter Ausdehnung gemacht hatte, war es am Abgeordnetenhaus, die seinigen zu machen. Dies aber wollte es unter keiner Bedingung, und die sogenannte ›Episode‹ bewies wohl mehr wie sonnenklar, daß uns eine Falle nach der anderen gelegt werden sollte, in welche *sogar* Ihr Vetter Patov und Schwerin fielen durch die Schlechtigkeit des Bockum-Dolffs. 234000 Reichsthaler füllten noch pro 1862 abgesetzt werden, um das Budget annehmen zu können, während der Kern der Frage erst 1863 zur Sprache kommen sollte; dies lag *gedruckt* vor; und als ich darauf eingehe, erklärt nun erst Bockum-Dolffs, daß ihrerseits, d. h. seiner politischen Freunde, dies *Eingehen* nur angenommen werden könne, wenn *sofort* in der Commission die *Zusage* und anderen Tags im Plenum das Gesetz einer zweijährigen Dienstzeit eingebracht werde. Und als ich darauf nicht eingehe, verhöhnt uns B. D. durch seine Presse: ›nun solle man sich die Unverschämtheit der Regierung denken, dem Haufe zuzumuthen, um 234000 Reichsthaler Frieden anzubieten!‹ Und doch lag nur dies Anerbieten *Seitens des Hauses* vor! Ist jemals eine größere Infamie aufgeführt worden, um die Regierung zu verunglimpfen und das Volk zu verwirren?

Das Abgeordnetenhaus hat von seinem Recht Gebrauch gemacht und das Budget reducirt.

Das Herrenhaus hat von seinem Recht Gebrauch gemacht und das reducirte Budget en bloc verworfen.

Was schreibt die Verfassung in einem solchen Falle vor?
Nichts! –
Da, wie oben gezeigt, das Abgeordnetenhaus sein Recht zur Vernichtung der Armée und des Landes benutzte, so mußte ich wegen jenes ›Nichts‹ suppléiren und als guter Hausvater das Haus weiter führen und *spätere Rechenschaft geben*. Wer hat also den § 99 unmöglich gemacht? Ich wahrlich nicht!

Wilhelm.«

Fünfzehntes Kapitel. Die Alvensleben'sche Convention.

Gegenüber der Bewegung in Polen, die gleichzeitig mit der Umwälzung in Italien, und nicht ohne Zusammenhang mit ihr, durch die Landestrauer, die kirchliche Feier vaterländischer Erinnrungstage und die Agitation der landwirthschaftlichen Vereine begann, war man in Petersburg ziemlich lange schwankend zwischen Polonismus und Absolutismus. Die den Polen freundliche Strömung hing zusammen mit dem in der höhern russischen Gesellschaft laut gewordnen Verlangen nach einer Verfassung. Man empfand es als eine Demüthigung, daß die Russen, die doch auch gebildete Leute wären, Einrichtungen entbehren müßten, die bei allen europäischen Völkern existirten, und daß sie über ihre eignen Angelegenheiten nicht mitzureden hätten. Der Zwiespalt in der Beurtheilung der polnischen Frage erstreckte sich bis in die höchsten militärischen Kreise und führte zwischen dem Statthalter in Warschau, General Graf Lambert, und dem Generalgouverneur General Gerstenzweig, zu einer leidenschaftlichen Erörtrung, die mit dem nicht aufgeklärten gewaltsamen Tode des Letztern endete (Jan. 1862). Ich wohnte seiner Beisetzung in einer der evangelischen Kirchen Petersburgs bei. Diejenigen Russen, welche für sich eine Verfassung verlangten, machten zuweilen entschuldigend geltend, daß die Polen durch Russen nicht regirbar wären und als die Civilisirtern erhöhten Anspruch auf Betheiligung an ihrer Regirung hätten. Dies war die auch vom Fürsten Gortschakow vertretne Ansicht, dem parlamentarische Einrichtungen ein Feld für europäische Verwerthung seiner Beredsamkeit gewährt haben würden, und den sein Popularitätsbedürfniß widerstandsunfähig gegen liberale Strömungen in der russischen »Gesellschaft« machte. Er war bei der Freisprechung von Wera Sassulitsch (11. April 1878) der Erste, der zum Beifall der Zuhörer das Signal gab.

Der Kampf der Meinungen war in Petersburg recht lebhaft, als ich im April 1862 von dort abging, und blieb so während des ersten Jahres meines Ministeramts. Ich übernahm die Leitung des Auswärtigen Amts unter dem Eindruck, daß es sich bei dem am 1. Januar 1863 ausgebrochnen Aufstände nicht blos um das Interesse unsrer östlichen Provinzen, sondern auch um die weitergreifende Frage handelte, ob im russischen Cabinet eine polenfreundliche oder eine antipolnische Richtung, ein Streben nach panslavistischer antideutscher Verbrüderung zwischen Russen und Polen oder eine gegenseitige Anlehnung der russischen und der preußischen Politik herrschte. In den Verbrüderungsbestrebungen waren die betheiligten Russen die Ehrlichern; von dem polnischen Adel und der Geistlichkeit wurde schwerlich an einen Erfolg dieser Bestrebungen geglaubt oder ein solcher als das definitive Ziel in's Auge gefaßt. Es gab kaum einen Polen, für den die Verbrüderungspolitik mehr als eine taktische Evolution vorgestellt hätte, zu dem Zwecke, gläubige Russen zu täuschen, so lange es nothwendig oder nützlich sein würde. Die Verbrüderung wird von dem polnischen Adel und seiner Geistlichkeit nicht ganz, aber doch annähernd ebenso unwandelbar perhorrescirt wie die mit den Deutschen, letztre jedenfalls stärker, nicht blos aus Abneigung gegen die Race, sondern auch in der Meinung, daß die Russen in staatlicher Gemeinschaft von den Polen geleitet werden würden, die Deutschen aber nicht.

Für Preußens deutsche Zukunft war die Haltung Rußlands eine Frage von hoher Bedeutung. Eine polenfreundliche Richtung der russischen Politik war dazu angethan, die seit dem Pariser Frieden und schon früher gelegentlich angestrebte russisch-französische Fühlung zu beleben, und ein polenfreundliches, russisch-französisches Bündniß, wie es vor der Julirevolution in der Luft schwebte, hätte das damalige Preußen in eine schwierige Lage gebracht. Wir hatten das Interesse, im russischen Cabinet die Partei der polnischen Sympathien, auch solcher im Sinne Alexander's I., zu bekämpfen. Daß Rußland selbst keine Sicherheit gegen die polnische Verbrüderung gewährte, konnte ich aus den vertraulichen Gesprächen entnehmen, die ich theils mit Gortschakow theils mit dem Kaiser selbst hatte. Kaiser Alexander war damals nicht abgeneigt, Polen theilweis aufzugeben; er hat mir das mit dürren Worten gesagt, wenigstens mit Bezug auf das linke Weichselufer, indem er, ohne Accent darauf zu legen, Warschau ausnahm, das immerhin als Garnison in der Armee seinen Reiz hatte und strategisch zu dem Festungsdreieck an der Weichsel gehörte. Polen wäre eine Quelle von Unruhe und europäischen Gefahren für

Rußland, die Russificirung sei nicht durchführbar wegen der confessionellen Verschiedenheit und wegen des Mangels an administrativer Befähigung der russischen Organe. Bei uns gelinge es, das polnische Gebiet zu germanisiren (?), wir hätten die Mittel dazu, weil die deutsche Bevölkerung gebildeter sei als die polnische. Der Russe fühle nicht die nöthige Ueberlegenheit, um die Polen zu beherrschen, man müsse sich auf das Minimum polnischer Bevölkerung beschränken, welches die geographische Lage zulasse, also auf die Weichselgrenze und Warschau als Brückenkopf.

Ich kann nicht darüber urtheilen, in wie weit diese Darlegung des Kaisers reiflich erwogen war. Mit Staatsmännern besprochen wird sie gewesen sein, denn eine ganz selbständige, persönliche, politische Initiative mir gegenüber habe ich vom Kaiser nie erfahren. Dieses Gespräch fand zu einer Zeit statt, wo meine Abberufung schon wahrscheinlich war, und meine nicht blos höfliche, sondern wahrheitsgemäße Aeußerung, daß ich meine Abberufung bedauerte und gern in Petersburg bleiben würde, veranlaßte den Kaiser mißverständlich zu der Frage, ob ich geneigt sei, in russische Dienste zu treten. Ich verneinte das höflich unter Betonung des Wunsches, als preußischer Gesandter in der Nähe Sr. Majestät zu bleiben. Es wäre mir damals nicht unlieb gewesen, wenn der Kaiser zu dem Zwecke Schritte gethan hätte, denn der Gedanke, der Politik der neuen Aera, sei es als Minister, sei es als Gesandter in Paris oder London ohne die Aussicht auf Mitwirkung an unsrer Politik, zu dienen, hatte an sich nichts Verführerisches. Wie ich dem Lande und meiner Ueberzeugung in London oder Paris würde nützen können, wußte ich nicht, während mein Einfluß bei dem Kaiser Alexander und den hervorragenden seiner Staatsmänner nicht ohne Bedeutung für unsre Interessen war. Der Gedanke, Minister des Aeußern zu werden, war mir unbehaglich, etwa wie der Eintritt in ein Seebad bei kaltem Wetter; aber alle diese Empfindungen waren nicht stark genug, um mich zu einem Eingriff in die eigne Zukunft oder zu einer Bitte an den Kaiser Alexander zu solchem Zwecke zu veranlassen.

Nachdem ich dennoch Minister geworden war, stand zunächst die innre Politik mehr im Vordergrunde als die äußre; in dieser aber lagen mir die Beziehungen zu Rußland Dank meiner jüngsten Vergangenheit besonders nahe, und ich war bestrebt, unsrer Politik den Besitz an Einfluß in Petersburg, den wir dort hatten, nach Möglichkeit zu erhalten. Es lag auf der Hand, daß die preußische Politik in deutscher Richtung damals von Oestreich keine Unterstützung zu erwarten hatte. Es war nicht wahrscheinlich, daß das Wohlwollen Frankreichs für unsre Stärkung und die deutsche Einigung auf die Dauer ehrlich sein werde, eine Ueberzeugung, die nicht hindern durfte, vorübergehende, auf irrthümlichen Berechnungen beruhende Unterstützung und Förderung Napoleon's utiliter anzunehmen. Mit Rußland waren wir in derselben Lage wie mit England, insoweit als wir mit beiden prinzipielle divergirende Interessen nicht hatten und durch langjährige Freundschaft verbunden waren. Von England konnten wir platonisches Wohlwollen und belehrende Briefe und Zeitungsartikel, aber schwerlich mehr erwarten. Der zarische Beistand ging, wie die ungarische Expedition des Kaisers Nicolaus gezeigt hatte, unter Umständen über die wohlwollende Neutralität hinaus. Daß er zu unsern Gunsten das thun würde, darauf ließ sich nicht rechnen, wohl aber lag es nicht außerhalb der möglichen Rechnung, daß Kaiser Alexander bei französischen Versuchen zum Eingreifen in die deutsche Frage uns in deren Abwehr wenigstens diplomatisch beistehn würde. Die Stimmung dieses Monarchen, die mich zu der Annahme berechtigte, hat sich noch 1870 erkennen lassen, während wir damals das neutrale und befreundete England mit seinen Sympathien auf französischer Seite fanden. Wir hatten also nach meiner Meinung allen Grund, jede Sympathie, welche Alexander II. im Gegensatz zu vielen seiner Unterthanen und höchsten Beamten für uns hegte, wenigstens insoweit zu pflegen, als nöthig war, um Rußlands Parteinahme gegen uns nach Möglichkeit zu verhüten. Es ließ sich damals nicht mit Sicherheit voraussehn, ob und wie lange dieses politische Kapital der zarischen Freundschaft sich werde praktisch verwerthen lassen. Jedenfalls aber empfahl der einfache gesunde Menschenverstand, es nicht in den Besitz unsrer Gegner gerathen zu lassen, die wir in den Polen, den polonisirenden Russen und im letzten Abschluß wahrscheinlich auch in den Franzosen zu sehn hatten. Oestreich hatte damals in erster Linie die Rivalität mit Preußen auf deutschem Gebiet im Auge und konnte sich mit der polnischen Bewegung leichter abfinden als wir oder als Rußland, weil der katholische Kaiserstaat ungeachtet der Reminiscenzen von 1846 und der auf die Köpfe polnischer Edelleute gesetzten Preise doch unter diesen und der Geistlichkeit immer viel mehr Sympathie besaß als Preußen und Rußland. Die Ausgleichung zwischen östreichisch-polnischen und russisch-polnischen Verbrüderungsplänen wird stets eine schwierige bleiben; aber das Verhalten der östreichischen Politik 1863 im Bunde mit den Westmächten zu Gunsten der polnischen Bewegung bewies, daß Oestreich die russische Rivalität in einem wieder auferstandnen Polen nicht fürchtete. Hatte es doch dreimal, im April, im Juni und unter dem 12. August mit Frankreich und England gemeinsame Schritte zu Gunsten der Polen in Petersburg gethan. »Wir haben,« heißt es in der östreichischen Note vom 18. Juni, Im französischen Text im Staatsarchiv V 354 ff. Nr. 887. – Die österreichische Depesche vom 12. April 1863 s. Staatsarchiv IV 381 Nr. 711, die vom 12. Aug. Staatsarchiv V 380 ff. Nr. 895. »nach den Bedingungen geforscht, durch die dem Königreiche Polen Ruhe und Frieden wiedergegeben werden könnten, und sind dahin gelangt, diese Bedingungen in den folgenden sechs Punkten zusammen zu fassen, die wir der Erwägung des Cabinets von Sankt Petersburg empfehlen: 1. Vollständige und allgemeine Amnestie, 2. Nationale Vertretung, welche an der Gesetzgebung des Landes theilnimmt und Mittel einer wirksamen Controlle besitzt, 3. Ernennung von Polen zu den öffentlichen Aemtern in solcher Weise, daß eine besondre nationale und dem Lande Vertrauen einflößende Administration gebildet werde, 4. Volle und gänzliche Gewissensfreiheit und Aufhebung der die Ausübung des katholischen Cultus treffenden Beschränkungen, 5. Ausschließlicher Gebrauch der polnischen Sprache als amtlicher Sprache in der Verwaltung, der Justiz und dem Unterrichtswesen, 6. Einführung eines regelmäßigen und gesetzlichen Rekrutirungssystems.« Den Vorschlag Gortschakow's, daß Rußland, Oestreich und Preußen sich in's Einvernehmen setzen möchten, um das Loos ihrer betreffenden polnischen Unterthanen festzustellen, wies die östreichische Regirung mit der Erklärung zurück, »daß das zwischen den drei Cabineten von Wien, London und Paris hergestellte Einverständnis; ein Band zwischen ihnen bildet, von dem Oestreich sich jetzt nicht loslösen kann, um abgesondert mit Rußland zu unterhandeln«. Es war das die Situation, in welcher Kaiser Alexander Sr. Majestät in eigenhändigem Schreiben nach Gastein den Entschluß, den Degen zu ziehn, kundgab und Preußens Bündniß verlangte. S. o. S. 303, II 82 ff.

Es ist nicht zu bezweifeln, daß die damalige Intimität mit den beiden Westmächten zu dem Entschlusse des Kaisers Franz Joseph mitgewirkt hat, am 2. August den Vorstoß mit dem Fürstencongreß gegen Preußen zu machen. Freilich hätte er sich dabei in einem Irrthum befunden und nicht gewußt, daß der Kaiser Napoleon der polnischen Sache schon überdrüssig und auf einen anständigen Rückzug bedacht war. Graf Goltz schrieb mir am 31. August: Bismarck-Jahrbuch V 219 f.

»Sie werden aus meiner heutigen Expedition ersehen, daß ich mit Cäsar Ein Herz und Eine Seele bin (in der That war er noch nie, auch zu Anfang meiner Mission nicht, so liebenswürdig und vertraulich wie diesmal), daß Oesterreich uns durch seinen Fürstentag, was unsre Beziehungen zu Frankreich anbetrifft, einen großen Dienst geleistet hat, und daß es nur einer befriedigenden Beilegung der polnischen Differenzen bedarf, um, Dank zugleich der Abwesenheit Metternichs und der heute erfolgten Abreise seiner hohen Freundin, in eine politische Lage zurückzugelangen, in welcher wir den kommenden Ereignissen mit Zuversicht entgegensehen können.

Ich habe auf die Andeutungen des Kaisers hinsichtlich der polnischen Angelegenheit nicht so weit eingehen können, als ich es gewünscht hätte. Er schien mir ein Mediationsanerbieten zu erwarten; aber die Aeußerungen des Königs hielten mich zurück. Jedenfalls scheint es mir rathsam, das Eisen zu schmieden, so lange es warm ist; der Kaiser hat jetzt bescheidenere Ansprüche als je, und es ist zu besorgen, daß er wieder zu stärkeren Anforderungen zurückkehrt, wenn etwa Oesterreich das Frankfurter Ungeschick durch eine erhöhte Bereitwilligkeit in der polnischen Frage wieder gut zu machen bemüht sein sollte. Er will jetzt nur aus der Sache mit Ehren herauskommen, erkennt die sechs Punkte selbst als schlecht an und wird daher bei ihrer praktischen Durchführung gern ein Auge zudrücken, weshalb es ihm vielleicht sogar ganz recht ist, wenn er nicht vermöge einer allzu bindenden Form gezwungen wird, ihre strenge Ausführung zu überwachen. Ich fürchte nur bei der bisherigen Behandlung der Sache, daß uns die Russen das Verdienst der Beilegung nehmen, indem sie ohne uns das thun, wozu wir (?) ihnen zureden wollten (?). Die Reise des Großfürsten, der offenbar nicht abberufen ist, ist mir in dieser Beziehung verdächtig. Wie, wenn der Kaiser Alexander jetzt eine Constitution verkündigte und dem Kaiser Napoleon davon mittelst autographen verbindlichen Schreibens Anzeige machte? Es wäre dies immer noch besser als die Fortdauer der Differenz, aber ungünstiger für uns, als wenn wir vorher dem Kaiser Napoleon gefügt hätten: »Wir sind bereit dazu zu rathen; würdest Du damit zufrieden sein?«

Dieser, schon 14 Tage vorher von dem General Fleury einem Mitgliede der preußischen Gesandschaft gradezu gemachten Insinuation, dem Kaiser Alexander zu dem bezeichneten Schritte zu rathen, haben wir keine Folge gegeben, und der diplomatische Feldzug der drei Mächte ist im Sande verlaufen. Der ganze Plan des Grafen Goltz schien mir weder politisch richtig noch würdig, mehr im Pariser Sinne als in unserm gedacht.

Oestreich hat der polnischen Frage gegenüber nicht die Schwierigkeiten, die für uns in der gegenseitigen Durchsetzung polnischer und deutscher Ansprüche in Polen und Westpreußen und in der Lage Ostpreußens mit der Frage einer Wiederherstellung polnischer Unabhängigkeit unlösbar verbunden sind. Unsre geographische Lage und die Mischung beider Nationalitäten in den Ostprovinzen einschließlich Schlesiens nöthigen uns, die Eröffnung der polnischen Frage nach Möglichkeit hintanzuhalten, und ließen es auch 1863 rathsam erscheinen, die Eröffnung dieser Frage durch Rußland nicht zu fördern, sondern, so viel wir konnten, zu verhüten. Es hat vor 1863 Zeiten gegeben, da man in Petersburg auf der Basis der Wielopolskischen Theorien den Großfürsten Constantin mit seiner schönen Gemalin als Vicekönig von Polen in Aussicht nahm – die Großfürstin trug damals polnisches Costüm –, möglicherweise unter Herstellung der polnischen Verfassung, die, von Alexander I. gegeben, unter dem alten Großfürsten Constantin in formaler Geltung war.

Die Militärconvention, welche durch den General Gustav von Alvensleben im Februar 1863 in Petersburg abgeschlossen wurde, hatte für die preußische Politik mehr einen diplomatischen als einen militärischen Zweck. Vgl. zum Folgenden den Brief Bismarck's an Graf Bernstorff vom 9. März 1863, Bismarck-Jahrbuch VI 172 ff. Sie repräsentirte einen im Cabinet des russischen Kaisers erfochtnen Sieg der preußischen Politik über die polnische, die vertreten war durch Gortschakow, Großfürst Constantin, Wielopolski und andre einflußreiche Personen. Das Ergebniß beruhte auf directer Kaiserlicher Entschließung im Gegensatz zu ministeriellen Bestrebungen. Ein Abkommen politisch-militärischer Natur, welches Rußland mit dem germanischen Gegner des Panslavismus gegen den polnischen »Bruderstamm« schloß, war ein entscheidender Schlag auf die Aussichten der polonisirenden Partei am russischen Hofe; und in diesem Sinne hat das militärisch ziemlich anodyne Abkommen seinen Zweck reichlich erfüllt. Ein militärisches Bedürfniß war dafür an Ort und Stelle nicht vorhanden; die russischen Truppen waren stark genug, und die Erfolge der Insurgenten existirten zum großen Theil nur in den von Paris bestellten, in Myslowitz fabrizirten, bald von der Grenze, bald vom Kriegsschauplatze, bald aus Warschau datirten, zuweilen recht märchenhaften Berichten, die zuerst in einem Berliner Blatte erschienen und dann ihre Runde durch die europäische Presse machten. Die Convention war ein gelungner Schachzug, der die Partie entschied, die innerhalb des russischen Cabinets der antipolnische monarchische und der polonisirende panslavistische Einfluß gegen einander spielten.

Der Fürst Gortschakow hatte der polnischen Frage gegenüber zuweilen absolutistische, zuweilen – man kann nicht sagen liberale aber – parlamentarische Anwandlungen. Er hielt sich für einen großen Redner, war das auch und gefiel sich in der Vorstellung, wie Europa seine auf einer Warschauer oder russischen Tribüne entfaltete Beredsamkeit bewundern werde. Es wurde angenommen, daß liberale Concessionen, die den Polen eingeräumt würden, den Russen nicht vorenthalten werden könnten; die constitutionell gestimmten Russen waren schon deshalb Polenfreunde.

Während die polnische Frage die öffentliche Meinung bei uns beschäftigte, und die Alvensleben'sche Convention die unverständige Entrüstung der Liberalen im Landtage erregte, wurde mir in einer Gesellschaft bei dem Kronprinzen Herr Hintzpeter vorgestellt. Da er im täglichen Verkehr mit den Herrschaften war und sich mir als ein Mann von conservativer Gesinnung zu erkennen gab, ließ ich mich auf ein Gespräch mit ihm ein, in dem ich ihm meine Auffassung der polnischen Frage auseinandersetzte, in der Erwartung, daß er hin und wieder Gelegenheit finden werde, im Sinne derselben zu sprechen. Einige Tage darauf schrieb er mir, die Frau Kronprinzessin habe ihn gefragt, was ich so lange mit ihm gesprochen hätte. Er habe ihr Alles erzählt und dann eine Aufzeichnung seiner Erzählung gemacht, die er mir mit der Bitte um Prüfung oder Berichtigung überschickte. Ich antwortete ihm, daß ich diese Bitte ablehnen müsse; wenn ich sie erfüllte, so würde ich nach dem, was er selbst meldete, nicht zu ihm, sondern zu der Frau Kronprinzessin mich schriftlich über die Frage äußern, was ich nur mündlich zu thun bereit sei.

Sechzehntes Kapitel. Danziger Episode.

I.

Kaiser Friedrich, der Sohn des Monarchen, den ich in *specie* als meinen Herrn bezeichne, hat es mir durch seine Liebenswürdigkeit und sein Vertrauen leicht gemacht, die Gefühle, die ich für seinen Herrn Vater hegte, auf ihn zu übertragen. Er war der verfassungsmäßigen Auffassung, daß ich als Minister die Verantwortlichkeit für seine Entschließungen trug, in der Regel zugänglicher, als sein Vater es gewesen. Auch war es ihm weniger durch Familientraditionen erschwert, politischen Bedürfnissen im Innern und im Auslande gerecht zu werden. Alle Behauptungen, daß zwischen dem Kaiser Friedrich und mir dauernde Verstimmungen existirt hätten, sind ungegründet. Eine vorübergehende entstand durch den Vorgang in Danzig, in dessen Besprechung ich mir, seitdem die hinterlassenen Papiere Max Dunckers R. Haym, Das Leben Max Duncker's (Berlin 1891) S. 292 ff. veröffentlicht worden sind, weniger Zurückhaltung auflege, als sonst geschehn wäre. Am 31. Mai 1863 reiste der Kronprinz zu einer militärischen Inspection nach der Provinz Preußen ab, nachdem er den König schriftlich gebeten hatte, jede Octroyirung zu vermeiden. Auf dem Zuge, mit dem er fuhr, befand sich der Ober-Bürgermeister von Danzig, Herr von Winter, den der Prinz unterwegs in sein Coupé einlud und einige Tage später auf seinem Gute bei Culm besuchte. Am 2. Juni folgte ihm die Kronprinzessin nach Graudenz; am Tage vorher war die Königliche Verordnung über die Presse auf Grund eines Berichtes des Staatsministeriums erschienen, welcher gleichzeitig veröffentlicht wurde. Am 4. Juni richtete Se. Kgl. Hoheit an den König ein Schreiben, in welchem er sich mißbilligend über diese Octroyirung aussprach, sich über die unterlassene Zuziehung seiner zu den betreffenden Beratungen des Staatsministeriums beschwerte und über die Pflichten aussprach, die ihm als dem Thronfolger seiner Meinung nach oblägen. Am 5. Juni fand im Rathhause in Danzig der Empfang der städtischen Behörden statt, bei dem Herr von Winter ein Bedauern darüber aussprach, daß die Verhältnisse es nicht gestatteten, der Freude der Stadt ihren vollen lauten Ausdruck zu geben. Der Kronprinz sagte in seiner Antwort unter Anderm:

»Auch ich beklage, daß ich in einer Zeit hergekommen bin, in welcher zwischen Regirung und Volk ein Zerwürfniß eingetreten ist, welches zu erfahren mich in hohem Grade überrascht hat. Ich habe von den Anordnungen, die dazu geführt haben, nichts gewußt. Ich war abwesend. Ich habe keinen Theil an den Rathschlägen gehabt, die dazu geführt haben. Aber wir Alle und ich am meisten, der ich die edlen und landesväterlichen Intentionen und hochherzigen Gesinnungen Seiner Majestät des Königs am besten kenne, wir Alle haben die Zuversicht, daß Preußen unter dem Szepter Seiner Majestät des Königs der Größe sicher entgegengeht, die ihm die Vorsehung bestimmt hat.«

Exemplare der »Danziger Zeitung« mit einem Berichte über den Vorgang wurden an die Redactionen Berliner und andrer Zeitungen versandt, die das genannte Blatt bei seinem wesentlich localen Charakter nicht zu halten pflegten. Die Worte des Kronprinzen erhielten daher sofort eine weite Verbreitung und erregten im In- und Auslande ein begreifliches Aufsehn. Aus Graudenz übersandte er mir einen förmlichen Protest gegen die Preßverordnung und verlangte Mittheilung desselben an das Staatsministerium, die jedoch auf Befehl des Königs unterblieb. Am 7. ging ihm eine ernste Antwort Sr. Majestät auf die Beschwerdeschrift vom 4. zu. Er bat darauf den Vater um Verzeihung wegen eines Schrittes, den er um seiner und seiner Kinder Zukunft Willen geglaubt hätte nicht unterlassen zu können, und stellte die Entbindung von allen seinen Aemtern anheim. Am 11. erhielt er die Antwort, die ihm die erbetne Verzeihung gewährte, seine Beschwerden über den Minister und sein Entlassungsgesuch überging und ihm für die Zukunft Schweigen zur Pflicht machte.

Während ich die Erregung des Königs als berechtigt anerkennen mußte, bemühte ich mich zu verhindern, daß er ihr durch staatliche oder auch nur öffentlich erkennbare Acte Folge gebe. Ich mußte es mir im dynastischen Interesse zur Aufgabe stellen, den König zu beruhigen und von Schritten, die an Friedrich Wilhelm I. und Küstrin erinnert hätten, abzuhalten. Es geschah das hauptsächlich am 10. Juni auf einer Fahrt von Babelsberg nach dem Neuen Palais, wo Se. Majestät das Lehrbataillon besichtigte; die Unterhaltung wurde wegen der Dienerschaft auf dem Bocke französisch geführt. Es gelang mir in der That, die väterliche Entrüstung durch die Staatsraison zu besänftigen, daß in dem vorliegenden Kampfe zwischen Königthum und Parlament ein Zwiespalt innerhalb des Königlichen Hauses abgestumpft, ignorirt und todtgeschwiegen werden, daß der Vater und König in höherm Maße dafür Sorge tragen müsse, daß die Interessen beider nicht geschädigt würden. »Verfahren Sie säuberlich mit dem Knaben Absalom!« sagte ich in Anspielung darauf, daß schon Geistliche im Lande über Samuelis Buch 2, Kapitel 15, Vers 3 und 4 predigten; »vermeiden Ew. Majestät jeden Entschluß *ab irato*, nur die Staatsräson kann maßgebend sein.« Einen besondern Eindruck schien es zu machen, als ich daran erinnerte, daß in dem Conflicte zwischen Friedrich Wilhelm I. und seinem Sohne dem Letztern die Sympathie der Zeitgenossen und der Nachwelt gehöre, daß es nicht rathsam sei, den Kronprinzen zum Märtyrer zu machen. Nachdem die Sache durch den oben erwähnten Briefwechsel zwischen Vater und Sohn wenigstens äußerlich beigelegt war, erhielt ich ein aus Stettin vom 30. Juni datirtes Schreiben des Kronprinzen, das meine ganze Politik in starken Ausdrücken verurtheilte. Nach dem Original mitgetheilt im Anhang zu den Gedanken und Erinnerungen II 349 ff., ebd. S. 354 das Concept der Antwort Bismarck's vom 10. Juli, S. 355 die Replik des Kronprinzen vom 14. Juli, S. 355 f. die Duplik Bismarck's vom 16. Juli 1863. Sie sei ohne Wohlwollen und Achtung für das Volk, stütze sich auf sehr zweifelhafte Auslegungen der Verfassung, werde sie dem Volke werthlos erscheinen lassen und dieses in Richtungen treiben, die außerhalb der Verfassung lägen. Auf der andern Seite werde das Ministerium von gewagten Deutungen zu gewagteren fortschreiten, endlich dem Könige Bruch mit derselben anrathen. Er werde den König bitten, sich, so lange dieses Ministerium im Amte sei, der Theilnahme an den Sitzungen desselben enthalten zu dürfen.

Die Thatsache, daß ich, nachdem ich diese Aeußerung des Thronfolgers erhalten hatte, auf dem eingeschlagnen Wege beharrte, war ein sprechender Beweis dafür, daß mir nichts daran lag, nach dem Thronwechsel, der ja sehr bald eintreten konnte, Minister zu bleiben. Gleichwohl nöthigte der Kronprinz mich in einem später zu erwähnenden Gespräche, S. u. S. 352 f. ihm das mit ausdrücklichen Worten zu sagen.

Zur Ueberraschung des Königs war am 16. oder 17. Juni in der »Times« zu lesen: »Der Prinz erlaubte sich bei Gelegenheit einer militärischen Dienstreise mit der Politik des Souverains in Widerspruch zu treten und seine Maßregeln in Frage zu stellen. Das Mindeste, was er thun konnte, um diese schwere Beleidigung wieder gut zu machen, war die Zurücknahme seiner Aeußerungen. Dies forderte der König von ihm in einem Briefe, hinzufügend, daß er seiner Würden und Anstellungen beraubt werden würde, wenn er sich weigerte. Der Prinz, in Uebereinstimmung, wie man sagt, mit Ihrer K. H. der Prinzessin, schrieb eine feste Antwort auf dieses Verlangen. Er weigerte sich, irgend etwas zurückzunehmen, bot die Niederlegung seines Commandos und seiner Würden an und bat um Erlaubniß, sich mit seiner Frau und Familie an einen Ort zurückzuziehn, wo er frei von dem Verdacht sein könne, sich auf irgend eine Weise in Staatsangelegenheiten zu mischen. Der Brief des Kronprinzen an den König findet sich, in englischer Übersetzung im *Annual Register for the year* 1863 S. 242. Dieser Brief, sagt man, sei ausgezeichnet, und der Prinz sei glücklich zu preisen im Besitz einer Gattin, welche nicht nur seine liberalen Ansichten theilt, sondern auch im Stande ist, ihm in einem wichtigen und kritischen Augenblicke seines Lebens so viel Beistand zu leisten. Man könne sich nicht leicht eine schwierigere Stellung denken als die des Prinzlichen Paares ohne jeden Rathgeber, mit einem eigenwilligen Souverain und einem verderblichen Cabinet auf einer Seite und einem aufgeregten Volke auf der andern.«

Die Nachforschungen nach dem Vermittler dieses Artikels haben zu keinem sichern Ergebnisse geführt. Eine Reihe von Umständen ließ den Verdacht auf den Legationsrath Meyer fallen. Die ausführlichern Mittheilungen an die »Grenzboten« und die »Süddeutsche Post« des Abgeordneten Brater scheinen durch einen kleinen deutschen Diplomaten gegangen zu sein, der das Vertrauen der Kronprinzlichen Herrschaften besaß, behielt und ein Vierteljahrhundert später durch indiscrete Veröffentlichung ihm anvertrauter Manuscripte des Prinzen mißbraucht hat.

Der Versicherung des Kronprinzen, um diese Veröffentlichung nicht gewußt zu haben, habe ich nie einen Zweifel entgegengebracht, auch nicht, nachdem ich gelesen, daß er in einem Briefe an Max Duncker vom 14. Juli A. a. O. (Haym) S. 308. geschrieben hat, er wäre wenig überrascht, wenn man sich Bismarckischer seits in Besitz von Abschriften des Briefwechsels zwischen ihm und dem Könige zu setzen gewußt hätte.

Die Urheberschaft der Veröffentlichung glaubte ich auf derselben Seite suchen zu müssen, von woher nach meiner Ueberzeugung der Kronprinz zu seiner Haltung bestimmt worden war. Wahrnehmungen während des französischen Krieges und neuerdings die Mittheilung aus Duncker's Papieren haben meine damalige Auffassung bestätigt. Wenn eine ganze Schule von politischen Schriftstellern ein Vierteljahrhundert lang das, was sie die englische Verfassung nannten, und wovon sie keine eindringende Kenntniß besaßen, den festländischen Völkern als Muster gepriesen und zur Nachahmung empfohlen hatten, so war es erklärlich, daß die Kronprinzessin und ihre Mutter das eigentümliche Wesen des preußischen Staates, die Unmöglichkeit verkannten, ihn durch wechselnde parlamentarische Gruppen regiren zu lassen, war es erklärlich, daß aus diesem Irrthume sich der andre erzeugte, es würden sich in dem Preußen des 19. Jahrhunderts die inneren Kämpfe und Katastrophen Englands im 17. wiederholen, wenn nicht das System, durch welches jene Kämpfe zum Abschluß kamen, bei uns eingeführt werde. Ich habe nicht feststellen können, ob die mir damals zugegangne Nachricht wahr ist, daß im April 1863 die Königin Augusta durch den Präsidenten Ludolf Camphausen und die Kronprinzessin durch den Baron von Stockmar kritisirende Denkschriften über die inneren Zustände Preußens ausarbeiten ließen und zur Kenntniß des Königs gebracht haben; daß aber die Königin, zu deren Umgebung der Legationsrath Meyer gehörte, mit der Besorgnis vor Stuartischen Katastrophen erfüllt war, wußte ich und fand es schon 1862 ausgeprägt in der gedrückten Stimmung, in der der König aus Baden von der Geburtstagsfeier seiner Gemalin zurückkehrte. S. o. S. 311 ff. Die im Kampfe mit dem Königthume liegende, von Tag zu Tag auf den Sieg rechnende Fortschrittspartei versäumte es nicht, in der Presse und durch die Personen einzelner Führer die Situation unter die Beleuchtung zu stellen, welche auf weibliche Gemüther besonders wirksam sein mußte.

II.

In Gastein erhielt ich im August den Besuch des Kronprinzen, der dort von englischen Einflüssen freier sein Verhalten im Sinne seines ursprünglichen Mangels an Selbständigkeit und seiner Verehrung für den Vater bescheiden und liebenswürdig aus seiner ungenügenden politischen Vorbildung, seiner Fernhaltung von den Geschäften erklärte und ohne Rückhalt in den Formen eines Mannes sprach, der sein Unrecht einsieht und mit den Einwirkungen, die auf ihn stattgefunden hatten, entschuldigt.

Im September, nachdem der König mit mir über Baden, der Kronprinz direct von Gastein nach Berlin zurückgekehrt war, gewannen die Einflüsse und Befürchtungen wieder die Oberhand, die ihn zu dem Auftreten im Juni bewogen hatten. Den Tag, nachdem die Auflösung des Abgeordnetenhauses beschlossen worden, schrieb er mir:

»Berlin, 3/9. 63.

Ich habe Sr. M. die Ansichten heute mitgetheilt, welche ich Ihnen in meinem Schreiben aus Putbus [rectius Stettin] Das Schreiben ist von Putbus aus abgesendet worden. auseinandersetzte und die ich Sie bat, nicht eher dem Könige zu eröffnen, als bis ich selber dies gethan. Ein folgenschwerer Entschluß ward gestern im conseil gefaßt; in Gegenwart der Minister wollte ich Sr. M. nichts erwidern; heut ist es geschehen; ich habe meine Bedenken geäußert, habe meine schweren Befürchtungen für die Zukunft dargelegt. Der König weiß nunmehr, daß ich der entschiedene Gegner des Ministeriums bin. Bleistiftnotiz Bismarck's: wir auch.

Friedrich Wilhelm.«

Es kam nun auch die in dem Briefe des Kronprinzen vom 30. Juni angekündigte Bitte, von der Theilnahme an den Sitzungen des Staatsministeriums dispensirt zu werden, zur Erörterung. Wie das Verhältniß zwischen den beiden hohen Herrn damals noch war, beweist der nachstehende Brief des Ministers von Bodelschwingh vom 11. September 1863:

»Ungewiß, zu welcher Stunde Sie von Ihrer aus so trüber Veranlassung Tod meiner Schwiegermutter. Ich war vom 6. bis zum 11. von Berlin abwesend. unternommenen Reise zurückkehren und ob bald nachher ich Sie sprechen kann, theile ich schriftlich mit, daß, nach durch den Flügeladjutanten mir gewordener Weisung Sr. M., ich dem Adjutanten Sr. K. H. des Kronprinzen in *Ihrem Auftrage* Ihre schleunige Abreise und deren Grund mit dem Ersuchen mitgetheilt, Sr. K. H. für den Fall davon Kenntnis zu geben, daß Ihre Bitte um Audienz bereits Sr. K. H. vorgetragen oder schon über die Audienz Bestimmung getroffen sei. S. M. haben, wie Prinz Hohenlohe mir sagte, nicht angemessen erachtet, Seinerseits mit dem Kronprinzen über Ihre Abreise und die fragliche Audienz zu reden.«

Der König hatte sich dafür entschieden, daß der Kronprinz, wie seit 1861 geschehn, auch ferner den Sitzungen des Staatsministeriums beiwohnen solle, und mich beauftragt, ihn darüber zu verständigen. Ich nehme an, daß es zu der zu diesem Zweck erbetnen Audienz nicht gekommen ist; denn ich erinnre mich, daß ich das mißverständliche Erscheinen des Kronprinzen zu einer Ministersitzung, die an dem betreffenden Tage nicht stattfand, dazu benutzte, die Erörterung einzuleiten. Ich fragte ihn, weshalb er sich so fern von der Regirung halte; in einigen Jahren werde sie doch die seinige sein; wenn er etwa andre Prinzipien habe, so sollte er lieber den Uebergang zu vermitteln suchen als opponiren. Er lehnte das scharf ab, wie es schien in der Vermuthung, daß ich meinen Uebergang in seine Dienste anbahnen wolle. Ich habe den feindlichen Ausdruck olympischer Hoheit, mit dem das geschah, Jahre hindurch nicht vergessen können und sehe noch heut den zurückgeworfnen Kopf, das geröthete Gesicht und den Blick über die linke Schulter vor mir. Ich unterdrückte meine eigne Aufwallung, dachte an Carlos und Alba (Act 2, Auftritt 5) und antwortete, ich hätte in einer Anwandlung dynastischen Gefühls gesprochen, um ihn mit seinem Vater wieder in nähere Beziehung zu bringen, im Interesse des Landes und der Dynastie, das durch die Entfremdung geschädigt wäre; ich hätte im Juni gethan, was ich gekonnt, um seinen Herrn Vater von Entschließungen ab irato abzuhalten, weil ich im Interesse des Landes und im Kampfe gegen die Parlamentsherrschaft die Uebereinstimmung in der königlichen Familie zu erhalten wünschte. Ich sei ein treuer Diener seines Herrn Vaters und wünschte ihm, daß er, wenn er den Thron bestiege, anstatt meiner ebenso treue Diener finde, wie ich für seinen Vater gewesen. Ich hoffte, er würde sich des Gedankens, als ob ich danach strebte, einmal sein Minister zu werden, entschlagen; ich werde es niemals sein. Ebenso rasch wie erregt, ebenso rasch wurde er weich und schloß das Gespräch mit freundlichen Worten.

Das Verlangen, an den Sitzungen des Staatsministeriums nicht weiter Theil zu nehmen, hielt er fest, und richtete noch im Laufe des September eine vielleicht nicht ohne fremde Einwirkung entstandne Denkschrift an den König, worin er seine Gründe in einer Weise entwickelte, die zugleich als eine Art von Rechtfertigung seines Verhaltens im Juni erschien. Es entstand darüber zwischen Sr. Majestät und mir eine private Correspondenz, die mit folgendem Billet abschloß: Nach dem Original berichtigt.

»Babelsberg, 7. 11. 1863.

Anliegend sende ich Ihnen meine Antwort an meinen Sohn den Kronprinzen auf sein Mémoir vom September. Zur besseren Orientirung sende ich Ihnen das Mémoir wiederum mit, sowie Ihre Notizen, die ich bei meiner Antwort benutzte.«

Von der Denkschrift habe ich eine Abschrift nicht entnommen; der Inhalt wird aber erkennbar aus meinen Marginal-Notizen, die hier folgen:

Seite 1. Der Anspruch, daß eine *Warnung* Sr. Königlichen Hoheit die nach sehr ernster und sorgfältiger Erwägung gefaßten Königlichen Entschließungen aufwiegen soll, legt der eignen Stellung und Erfahrung im Verhältniß zu der des Monarchen und Vaters ein unrichtiges Gewicht bei.

Niemand hat glauben können, daß Se. K. H. »an den Octroyirungen Theil gehabt«, denn jedermann weiß, daß der Kronprinz kein Votum im Ministerium hat, und daß die in ältern Zeiten übliche amtliche Stellung des Thronfolgers nach der Verfassung unmöglich geworden ist. Das démenti in Danzig war daher überflüssig.

Seite 2. Die Freiheit der Entschließungen Sr. K. H. wird dadurch nicht verkümmert, daß Se. K. H. den Sitzungen *beiwohnt*, Sich durch Zuhören und eigne Meinungs-Aeußerung au courant der Staatsgeschäfte hält, wie es die Pflicht jedes Thronerben ist. Die Erfüllung dieser Pflicht, wenn sie in den Zeitungen bekannt wird, kann überall nur eine gute Meinung von dem Fleiße und der Gewissenhaftigkeit hervorrufen, mit der der Kronprinz Sich für Seinen hohen und ernsten Beruf vorbereitet.

Die Worte »mit gebundenen Händen« u.s.w. haben gar keinen Sinn.

Seite 2. »*Das Land*« kann garnicht auf den Gedanken kommen, Se. K. H. mit dem Ministerium zu identificiren, denn das Land weiß, daß der Kronprinz zu keiner amtlichen Mitwirkung bei den Beschlüssen berufen ist. Leider ist die Stellung, die S. K. H. *gegen* die Krone genommen hat, im Lande bekannt genug und wird von jedem Hausvater im Lande, welcher Partei er auch angehören mag, offen gemißbilligt als ein Lossagen von der väterlichen Autorität, deren Verkennung das Gefühl und das Herkommen verletzt. Sr. K. H. könnte nicht schwerer in der öffentlichen Meinung geschadet werden als durch Publication *dieses* mémoirs. Schon predigen Geistliche im Lande über 2. B. Samuelis 15 V. 3 u. 4.

Seite 2. Die Situation Sr. K. H. ist allerdings eine »durchaus falsche«, weil es nicht der Beruf des Thronerben ist, die Fahne der Opposition gegen den König und den Vater aufzupflanzen, die »Pflicht«, aus derselben herauszukommen, kann aber nur auf dem Wege der Rückkehr zu einer normalen Stellung erfüllt werden.

Seite 3. Der Conflict der Pflichten liegt nicht vor, denn die *erstre* Pflicht ist eine selbstgemachte; die Sorge für Preußens Zukunft liegt dem *Könige* ob, nicht dem Kronprinzen, und ob »Fehler« gemacht sind und auf welcher Seite, wird die Zukunft lehren. Wo die »Einsicht« Sr. Majestät mit der des Kronprinzen in Widerspruch tritt, ist die erstre stets die entscheidende, also kein Conflict vorhanden. S. K. H. erkennt selbst an, daß in unsrer Verfassung »kein Platz für Opposition des Thronfolgers« ist.

Seite 4. Die Opposition innerhalb des conseil's schließt den Gehorsam gegen Se. Majestät nicht aus, sobald eine Sache entschieden ist. Minister opponiren auch, wenn sie abweichende Ansicht haben, gehorchen aber Hier ist am Rande von der Hand des Königs der Zusatz: wenn es nicht gegen ihr Gewissen läuft. doch der Entscheidung des Königs, obschon ihnen selbst die Ausführung des von ihnen Bekämpften obliegt.

Seite 4. Wenn S. K. H. weiß, daß die Minister nach dem Willen des Königs handeln, so kann S. K. H. Sich auch darüber nicht täuschen, daß die Opposition des Thronfolgers gegen den regirenden *König Selbst* gerichtet ist.

Seite 5. Zur Unternehmung eines »Kampfes« gegen den Willen des Königs fehlt dem Kronprinzen jeder Beruf und jede Berechtigung, grade weil S. K. H. keinen amtlichen »status« besitzt. Jeder Prinz des Königlichen Hauses könnte mit demselben Rechte wie der Kronprinz für sich die »Pflicht« in Anspruch nehmen, bei abweichender Ansicht öffentlich Opposition gegen den König zu machen, um dadurch »seine und seiner Kinder« eventuelle Erbrechte gegen die Wirkung angeblicher Fehler der Regirung des Königs zu wahren, das heißt, um sich die Succession im Sinne Louis Philipp's zu sichern, wenn der König durch eine Revolution gestürzt würde.

Seite 5. Ueber die Aeußerungen des Minister-Präsidenten in Gastein hat derselbe sich näher zu erklären.

Seite 7. Der Kronprinz ist nicht als »Rathgeber« des Königs, sondern zu seiner eignen Information und Vorbereitung auf seinen künftigen Beruf von des Königs Majestät veranlaßt, den Sitzungen beizuwohnen.

Seite 7. Der Versuch, die Maßregeln der Regirung zu »neutralisiren«, wäre Kampf und Auflehnung gegen die Krone.

Seite 7. Gefährlicher als alle Angriffe der Demokratie und alles »Nagen« an den Wurzeln der Monarchie ist die Lockerung der Bande, welche das Volk noch mit der Dynastie verbinden, durch das Beispiel offen verkündeter Opposition des Thronerben, durch die absichtliche Kundmachung der Uneinigkeit im Schoße der Dynastie. Wenn der Sohn und der Thronerbe die Autorität des Vaters und des Königs anficht, wem soll sie dann noch heilig sein? Wenn dem Ehrgeize für die *Zukunft* eine Prämie dafür in Aussicht gestellt wird, daß er in der *Gegenwart* vom Könige abfällt, so werden jene Bande zum eignen Nachtheile des *künftigen* Königs gelockert, und die Lähmung der Autorität der jetzigen Regirung wird eine böse Saat für die zukünftige sein. Jede Regirung ist besser als eine in sich zwiespältige und gelähmte, und die Erschütterungen, welche der jetzige Kronprinz hervorrufen *kann*, treffen die Fundamente des Gebäudes, in welchem er selbst künftig als König zu wohnen hat.

Seite 7. Nach dem bisherigen *verfassungsmäßigen* Rechte in Preußen *regirt* der König, und nicht die Minister. Nur die Gesetzgebung, nicht die Regirung, ist mit den Kammern getheilt, vor denen die Minister den König vertreten. Es ist also ganz gesetzlich, wie *vor* der Verfassung, daß die Minister *Diener* des Königs, und zwar die berufnen *Rathgeber* Sr. Majestät, aber nicht die *Regirer* des Preußischen Staates sind. Das Preußische Königthum steht auch nach der Verfassung noch nicht auf dem *niveau* des belgischen oder englischen, sondern bei uns regirt noch der König persönlich, und *befiehlt* nach Seinem Ermessen, so weit nicht die Verfassung ein Andres bestimmt, und dies ist *nur* in Betreff der Gesetzgebung der Fall.

Seite 8. Die Veröffentlichung von Staatsgeheimnissen verstößt gegen die Strafgesetze. Was als Staatsgeheinmiß zu behandeln sei, hängt von den Befehlen des Königs zu dienstlicher Geheimhaltung ab.

Seite 8. Warum wird so großer Werth auf das Bekanntwerden »draußen im Lande« gelegt? Wenn S. K. H. nach pflichtmäßiger Ueberzeugung im *conseil* Seine Meinung sagt, so ist dem *Gewissen* Genüge geschehn. Der Kronprinz hat keine offizielle Stellung zu den Staatsgeschäften und keinen Beruf, Sich öffentlich zu äußern; das Einverständniß S. K. H. mit den Beschlüssen der Regirung wird Niemand, der unsre Staatseinrichtungen auch nur oberflächlich kennt, daraus folgern, daß S. K. H. *ohne Stimmrecht*, also ohne die Möglichkeit wirksamen Widerspruchs, die Verhandlungen des *conseil*'s anhört.

Seite 8. »nicht besser erscheinen«; der Fehler der Situation liegt darin eben, daß auf das »Erscheinen« zu viel Werth gelegt wird; auf das *Sein* und das *Können* kommt es an, und das ist nur die Frucht ernster und besonnener Arbeit.

Seite 9. Die Theilnahme Sr. K. H. an den *conseil*'s ist keine »active« Stellung, und »Abstimmungen« des Kronprinzen finden nicht statt.

Seite 9. Die Mittheilung an »berufne« (?) Personen ohne Ermächtigung Sr. Majestät würde gegen die Strafgesetze verstoßen. Das Recht der freien Meinungs-Aeußrung wird ja Sr. K. H. nicht verschränkt, im Gegentheil, gewünscht; aber nur im *conseil*, wo die Aeußrung ja allein von Einfluß auf die zu fassenden Entschließungen sein kann.

Den Gegensatz *»vor dem Lande* offen zu legen«, kann nur eine Befriedigung des Selbstgefühls bezwecken, und muß die Folge haben, Unzufriedenheit und Unbotmäßigkeit zu fördern, und dadurch der Revolution die Wege zu bahnen.

Seite 10. Erschweren wird S. K. H. den Ministern die Arbeit ohne Zweifel, und bequemer würde ihre Aufgabe sein, wenn S. K. H. Sich nicht an den Sitzungen betheiligte. Aber kann Se. Majestät Sich der Pflicht entziehn, so viel als in menschlichen Kräften steht, dafür zu thun, daß der Kronprinz die Geschäfte und Gesetze des Landes kennen lerne? Ist es nicht ein gefährliches Experiment, den künftigen König den Staatsangelegenheiten fremd werden zu lassen, während das Wohl von Millionen darauf beruht, daß Er mit denselben vertraut sei? S. K. H. beweist in dem vorliegenden *mémoire* die Unbekanntschaft mit der Thatsache, daß die Theilnahme des Kronprinzen an den *conseil's* eine *verantwortliche* niemals ist, sondern nur eine informatorische, daß ein *votum* von S. K. H. niemals verlangt werden kann. Auf dem Verkennen dieses Umstandes beruht das ganze *raisonnement.*

Wenn der Kronprinz mit den Staats-Angelegenheiten vertrauter wäre, so könnte es nicht geschehn, daß S. K. H. dem Könige mit Veröffentlichung der *conseil*-Verhandlungen drohte, für den Fall, daß der König auf die Wünsche Sr. K. H. nicht einginge; also mit einer Verletzung der Gesetze, und obenein der Strafgesetze. Und das wenige Wochen, nachdem S. K. H. selbst die Veröffentlichung des Briefwechsels mit Sr. Majestät in sehr strengen Worten gerügt hat.

Seite 11. Der erwähnte Vorwurf ist allerdings für Jedermann im Volke ein sehr nahe liegender; Niemand klagt S. K. H. einer solchen Absicht an, aber wohl sagt man, daß Andre, welche solche Absicht hegen, dieselbe durch die unbewußte Mitwirkung des Kronprinzen zu verwirklichen hoffen, und daß ruchlose Attentate jetzt mehr als früher ihren Urhebern die Aussicht auf einen Systemwechsel gewähren. Seite 12. Das Verlangen, rechtzeitige Kenntniß von den Vorlagen der Sitzungen zu haben, ist als ein begründetes jederzeit erkannt worden und wird stets erfüllt, ja der Wunsch ist häufig laut geworden, daß S. K. H. die Hand dazu biete, genauer als es bisher möglich war, au courant gehalten zu werden. Dazu muß der Aufenthalt Sr. K. H. jederzeit bekannt und erreichbar, der Kronprinz für die Minister persönlich zugänglich, und die Discretion gesichert sein. Besonders aber ist nöthig, daß die vortragenden Räthe, mit denen allein S. K. H. die schwebenden Staatssachen zu bearbeiten berechtigt sein kann, nicht Gegner, sondern Freunde der Regirung seien, oder doch unparteiische Beurtheiler ohne *intime* Beziehung zur Opposition im Landtage und in der Presse. Der schwierigste Punkt ist die *Discretion*, besonders gegen das Ausland, so lange nicht bei Sr. K. H. und bei Ihrer K. H. der Frau Kronprinzessin das Bewußtsein durchgedrungen ist, daß in regirenden Häusern die nächsten Verwandten nicht immer Landsleute sind, sondern nothwendig und pflichtmäßig *andre* als die Preußischen Interessen vertreten. Es ist hart, wenn zwischen Mutter und Tochter, zwischen Bruder und Schwester eine *Landes*gränze als Scheidelinie der Interessen liegt; aber das Vergessen derselben ist immer gefährlich für den Staat.

Seite 12. Die »letzte Conseilsitzung« (am 3.) war keine conseil-Sitzung, sondern nur eine den Ministern selbst vorher nicht bekannte Berufung zu Sr. Majestät.

Seite 13. Die Mittheilung an die Minister würde dem mémoire einen amtlichen Charakter geben, welchen Auslassungen der Thronfolger an sich nicht haben.

Siebzehntes Kapitel. Der Frankfurter Fürstentag.

I.

Die ersten Versuche auf der Bahn, auf der das Bündniß mit Oestreich 1879 erreicht wurde, fanden Statt, während der Graf Rechberg Ministerpräsident, respective Minister des Aeußern war (17. Mai 1859 bis 27. October 1864). Da die persönlichen Beziehungen, in denen ich zu ihm am Bundestage gestanden hatte, solchen Versuchen förderlich sein konnten und in einem Zeitpunkte förderlich gewesen sind, so schalte ich zwei Erlebnisse ein, die ich in Frankfurt mit ihm gehabt habe.

Nach einer Sitzung, in der ich Rechberg verstimmt hatte, blieb er mit mir allein im Saale und machte mir leidenschaftliche Vorwürfe über meine Unverträglichkeit: ich sei mauvais coucheur und Händelsucher; er bezog sich dabei auf Fälle, in denen ich mich gegen präsidiale Uebergriffe gewehrt hatte. Ich erwiderte ihm, ich wisse nicht, ob sein Zorn nur ein diplomatischer Schachzug oder Ernst sei, aber die Aeußrung desselben sei höchst persönlicher Art. »Wir können doch nicht,« sagte ich, »im Bockenheimer Wäldchen mit der Pistole die Diplomatie unsrer Staaten erledigen.« Darauf er mit großer Heftigkeit: »Wir wollen gleich hinausfahren; ich bin bereit, auf der Stelle.« Damit war für mich der Boden der Diplomatie verlassen, und ich antwortete ohne Heftigkeit: »Warum sollen wir fahren; hier im Garten des Bundespalais ist Platz genug, gegenüber wohnen preußische Offiziere, und östreichische sind auch in der Nähe. Die Sache kann in dieser Viertelstunde vor sich gehn, ich bitte Sie nur um Erlaubniß, in wenigen Zeilen die Entstehung des Streites zu Papier zu bringen, und erwarte von Ihnen, daß Sie diese Aufzeichnung mit mir unterschreiben werden, da ich meinem Könige gegenüber nicht als ein Raufbold erscheinen möchte, der die Diplomatie seines Herrn auf der Mensur führt.« Damit begann ich zu schreiben, mein College ging mit raschen Schritten hinter mir auf und ab, während ich schrieb. Während dessen verrauchte sein Zorn, und er kam zu einer ruhigen Betrachtung der Lage, die er herbeigeführt hatte. Ich verließ ihn mit der Aeußrung, daß ich Herrn von Oertzen, den mecklenburgischen Gesandten, als meinen Zeugen zu ihm schicken würde, um das Weitre zu verhandeln. Oertzen legte den Streit versöhnlich bei.

Es ist auch von Interesse, zu erwähnen, wie es kam, daß ich späterhin das Vertraun dieses zornigen, aber ehrliebenden Herrn und vielleicht, als wir Beide Minister geworden waren, seine Freundschaft erworben habe. Bei einem geschäftlichen Besuche, den ich ihm machte, verließ er das Zimmer, um seinen Anzug zu wechseln, und überreichte mir eine Depesche, die er eben von seiner Regirung erhalten hatte, mit der Bitte, sie zu lesen. Ich überzeugte mich aus dem Inhalt, daß Rechberg sich vergriffen und mir ein Schriftstück gegeben hatte, das zwar die fragliche Sache betraf, aber nur für ihn bestimmt und offenbar von einem zweiten ostensiblen begleitet gewesen war. Als er wieder eingetreten war, gab ich ihm die Depesche zurück mit der Aeußrung, er habe sich versehn, ich würde vergessen, was ich gelesen hätte; ich habe in der That vollkommnes Schweigen über sein Versehn beobachtet und in Berichten oder Gesprächen von dem Inhalt des geheimen Schriftstücks und seinem Versehn keinen auch nur indirecten Gebrauch gemacht. Seitdem behielt er Vertraun zu mir.

Die Versuche zur Zeit des Ministeriums Rechberg würden, wenn erfolgreich, damals zu einer gesammtdeutschen Union auf der Basis des Dualismus haben führen können, zu dem Siebzigmillionenreich in Centraleuropa mit zweiköpfiger Spitze, während die Schwarzenbergische Politik auf etwas Aehnliches ausgegangen war, aber mit einheitlicher Spitze Oestreichs und Hinabdrückung Preußens nach Möglichkeit auf den mittelstaatlichen Stand. Der letzte Anlauf dazu war der Fürstencongreß von 1863. Wenn die Schwarzenbergische Politik in der posthumen Gestalt des Fürstencongresses schließlich Erfolg gehabt hätte, so würde zunächst die Verwendung des Bundestags zur Repression auf dem Gebiete der innern Politik Deutschlands voraussichtlich in den Vordergrund getreten sein, nach Maßgabe der Verfassungsrevisionen, die der Bund schon in Hanover, Hessen, Luxemburg, Lippe, Hamburg u. a. in Angriff genommen hatte. Auch die Preußische Verfassung konnte analog herangezogen werden, wenn der König nicht zu vornehm dazu gedacht hätte.

Unter einer dualistischen Spitze mit Gleichberechtigung Preußens und Oestreichs, wie sie als Consequenz meiner Annäherung an Rechberg erstrebt werden konnte, würde unsre innre verfassungsmäßige Entwicklung von der Versumpfung in bundestägiger Reaction und von der einseitigen Fördrung absolutistischer Zwecke in den einzelnen Staaten nicht nothwendig bedroht worden sein; die Eifersucht der beiden Großstaaten wäre der Schutz der Verfassungen gewesen. Preußen, Oestreich und die Mittelstaaten würden bei dualistischer Spitze auf Wettbewerb um die öffentliche Meinung in der Gesammtnation wie in den einzelnen Staaten angewiesen geblieben sein, und die daraus entspringenden Frictionen würden unser öffentliches Leben vor ähnlichen Erstarrungen bewahrt haben, wie sie auf die Zeiten der Mainzer Untersuchungscommission folgten. Die Zeit der liberalen östreichischen Preßthätigkeit im Wetteifer mit Preußen, wenn auch nur auf dem Gebiet der Phrase, ließ schon zu Anfang der fünfziger Jahre erkennen, daß der unentschiedne Kampf um die Hegemonie für die Belebung unsrer nationalen Gefühle und für die verfassungsmäßige Entwicklung nützlich war. Aber die von Oestreich mit Hülfe des Fürstentags von 1863 erstrebte Bundesreform würde für eine Rivalität zwischen Preußen, Oestreich und dem Parlamentarismus geringen Raum gelassen haben. Die Vorherrschaft Oestreichs in der damals beabsichtigten Bundesreform würde, auf Grund der dynastischen Befürchtungen vor Preußen und vor parlamentarischen Kämpfen, vermittelst einer dauernden und systematisch begründeten Bundesmajorität gesichert gewesen sein.

Das Ansehn Deutschlands nach außen hing in beiden Gestaltungen, der dualistischen und der östreichischen, von dem Grade fester Einigkeit ab, den die eine und die andre der Gesammtnation gewährt haben würde. Daß Oestreich und Preußen, sobald sie einig, eine Macht in Europa darstellen, welche leichtfertig anzugreifen keine der andern Mächte geneigt war, hat der ganze Verlauf der dänischen Verwicklungen gezeigt. So lange Preußen allein, wenn auch in Verbindung mit dem stärksten Ausdruck der öffentlichen Meinung des deutschen Volkes, einschließlich der Mittelstaaten, die Sache in der Hand hatte, kam sie nicht vorwärts und führte zu Abschlüssen, wie der Waffenstillstand von Malmö und die Olmützer Convention. Sobald es gelungen war, Oestreich unter Rechberg für eine mit Preußen übereinstimmende Action zu gewinnen, wurde das Schwergewicht der beiden deutschen Großstaaten stark genug, um die Einmischungsgelüste, welche andre Mächte haben konnten, zurückzuhalten. England hat im Laufe der neuern Geschichte jederzeit das Bedürfniß der Verbindung mit einer der continentalen Militärmächte gehabt und die Befriedigung desselben, je nach dem Standpunkt der englischen Interessen, bald in Wien, bald in Berlin gesucht, ohne, bei plötzlichem Uebergang von einer Anlehnung an die andre, wie im siebenjährigen Kriege, scrupulöse Bedenken gegen den Vorwurf des Imstichlassens alter Freunde zu hegen. Wenn aber die beiden Höfe einig und verbündet waren, so fand die englische Politik nicht ihres Dienstes, ihnen etwa im Bunde mit einer von den ihr gefährlichen Mächten, Frankreich und Rußland, feindlich gegenüberzutreten. Sobald aber die preußisch-östreichische Freundschaft gesprengt worden wäre, würde auch damals das Eingreifen des europäischen Seniorenconvents in der dänischen Frage *unter englischer Führung* erfolgt sein. Es war deshalb, wenn unsre Politik nicht wiederum entgleisen sollte, von höchster Wichtigkeit, das Einverständnis; mit Wien festzuhalten; in ihm lag unsre Deckung gegen englisch-europäisches Eingreifen.

Ich hatte am 4. December 1862 gegenüber dem Grafen Karolyi, mit dem ich auf vertrautem Fuße stand, mit offnen Karten gespielt. Ich sagte ihm:

»Unsre Beziehungen müssen entweder besser oder schlechter werden, als sie sind. Ich bin bereit zu einem gemeinschaftlichen Versuche, sie besser zu machen. Mißlingt derselbe durch Ihre Weigerung, so rechnen Sie nicht darauf, daß wir uns durch bundesfreundliche Redensarten werden fesseln lassen. Sie werden mit uns als europäische Großmacht zu thun bekommen; die

Paragraphen der Wiener Schlußacte haben nicht die Kraft, die Entwicklung der deutschen Geschichte zu hemmen«. Vgl. die Depesche vom 24. Januar 1863, in der Bismarck über den Inhalt seiner Unterredungen mit Karolyi vom 4. und 18. Dec. 1862 Rechenschaft giebt, Staatsarchiv VIII S. 55 ff. Nr. 1751.

Graf Karolyi, ein ehrlicher und unabhängiger Charakter, hat ohne Zweifel genau berichtet, was wir unter vier Augen vertraulich besprochen haben. In Wien aber hatte man seit der Olmützer und Dresdner Zeit und der Präpotenz Schwarzenberg's eine irrige Ansicht gewonnen; man hatte sich gewöhnt, uns für schwächer und namentlich für furchtsamer zu halten, als wir zu sein brauchen, und das Gewicht fürstlicher Verwandschaft und Liebe in Fragen internationaler Politik für die Dauer zu hoch in Ansatz gebracht. Die ältern militärischen Vermuthungen sprachen allerdings dafür, daß, wenn der sechsundsechziger Krieg schon 1850 geführt worden wäre, unsre Aussichten bedenklich gewesen sein würden. Mit unsrer Schüchternheit noch in den sechziger Jahren zu rechnen, war ein Irrthum, bei welchem der Thronwechsel außer Ansatz geblieben war.

Friedrich Wilhelm IV. hatte sich zu Mobilmachungen wohl ebenso leicht entschlossen wie 1850 und wie sein Nachfolger 1859, aber schwer zur Kriegführung. Unter ihm lag die Gefahr vor, daß ähnliche Tergiversationen wie unter Haugwitz 1805 uns in falsche Lagen gebracht haben würden; auch nach wirklichem Bruch würde man in Oestreich über unsre Unklarheiten und Vermittlungsversuche mit Entschlossenheit zur Tagesordnung übergegangen sein. Bei dem König Wilhelm war die Abneigung, mit den väterlichen Traditionen und den herkömmlichen Familienbeziehungen zu brechen, ebenso stark wie bei seinem Bruder, aber wenn er einmal unter der Leitung seines Ehrgefühls, dessen Empfindlichkeit ebenso in dem preußischen Porte-épée als im monarchischen Bewußtsein lag, zu Entschlüssen, die seinem Herzen schwer wurden, sich gezwungen gefühlt hatte, so war man sicher, wenn man ihm folgte, in keiner Gefahr von ihm im Stiche gelassen zu werden. Mit diesem Wechsel in dem Charakter der obersten Leitung wurde in Wien zu wenig gerechnet und zu viel mit dem Einfluß, den man durch die angebliche öffentliche Meinung, wie sie durch Preß-Agenten und -Subsidien erzeugt wurde, auf Berliner Entschließungen früher hatte ausüben können, und durch Vermittlung fürstlicher Verwandten und Correspondenzen des königlichen Hauses auch ferner auszuüben bereit und im Stande war.

Zudem überschätzte man in Wien die abschwächende Wirkung, welche unser innrer Conflict auf unsre auswärtige Politik und militärische Leistungsfähigkeit haben konnte. Die Abneigung gegen die Lösung des gordischen Knotens der deutschen Politik durch das Schwert war in weiten Kreisen eine starke, wie 1866 mannigfache Symptome, von dem Blind'schen Attentat und dessen Beurtheilung in den fortschrittlichen Blättern In den Berliner Bilderläden hing eine Lithographie aus, in der das Attentat so dargestellt war, daß der Teufel die für mich bestimmten Kugeln auffing mit den Worten: Der gehört mir! (Vgl. Politische Reden X 123, Rede vom 9. Mai 1884.) bis zu den offnen Kundgebungen großer communaler Körperschaften und dem Ausfall der Wahlen, bezeugen. Aber in unsre Regimenter und deren Feuergefecht auf den Schlachtfeldern reichten diese Strömungen nicht hinein, und auf den Schlachtfeldern lag schließlich die Entscheidung. Auch die symptomatische Thatsache, daß in Berlin durch Vermittlung des frühern auswärtigen und damaligen Hausministers von Schleinitz noch während der ersten Gefechte in Böhmen diplomatische Zettlungen mit höfischer Beziehung stattfanden, blieb auf die militärische Seite der Kriegführung ohne jeden Einfluß.

Wenn das östreichische Cabinet die vertrauliche Eröffnung, die ich dem Grafen Karolyi 1862 gemacht hatte, ohne irrthümliche Schätzung der Realitäten richtig gewürdigt und seine Politik dahin modificirt hätte, die Verständigung mit Preußen anstatt dessen Vergewaltigung durch Majoritäten und andre Einflüsse zu suchen, so hätten wir wahrscheinlich eine Periode dualistischer Politik in Deutschland erlebt oder doch versucht. Es ist freilich zweifelhaft, ob eine solche ohne die klärende Wirkung der Erfahrungen von 1866 und 1870 sich in einem für das deutsche Nationalgefühl annehmbaren Sinne friedlich, unter dauernder Verhütung des innern Zwiespalts, hätte entwickeln können. Der Glaube an die militärische Ueberlegenheit Oestreichs war in Wien und an den mittelstaatlichen Höfen zu stark für einen modus vivendi auf dem Fuße der Gleichheit mit Preußen. Der Beweis für Wien lag in den Proklamationen, die in den

Tornistern der östreichischen Soldaten neben den neuen, zum Einzüge in Berlin bestimmten Uniformen gefunden wurden und deren Inhalt die Sicherheit verrieth, mit der man auf siegreiche Occupation der preußischen Provinzen gerechnet hatte. Auch die Ablehnung der letzten durch den Bruder des Generals von Gablenz gemachten preußischen Friedensanerbietungen und deren finanz-ministerielle Begründung durch das Bedürfniß einer preußischen Kontribution, die damals bekundete Bereitwilligkeit, nach der ersten Schlacht zu verhandeln, kennzeichnet die Sicherheit, mit der man auf den Sieg in letztrer zählte.

II.

Das Gesammtergebniß dieser in gleicher Richtung wirkenden Vorstellungen war denn auch das Gegentheil von einem Entgegenkommen des Wiener Cabinets für dualistische Neigungen; Oestreich ging über die preußische Anregung von 1862 zur Tagesordnung über mit der diametral entgegengesetzten Initiative zur Berufung des Frankfurter Fürstentags, durch die Anfangs August in Gastein König Wilhelm und sein Cabinet überrascht wurden.

Nach den Mittheilungen von Fröbel, *Julius Fröbel*, Ein Lebenslauf. Stuttgart 1831, Theil II S. 252. 255. der sich als den Urheber des Fürstencongresses betrachtet und ohne Zweifel in die Vorbereitungen eingeweiht war, ist den übrigen deutschen Fürsten vor Empfang der vom 31. Juli datirten Einladung der östreichische Plan nicht bekannt gewesen. Es wäre jedoch möglich, daß man den nachmaligen würtembergischen Minister von Varnbüler bis zu einem gewissen Grade in das Geheimniß gezogen hatte. Dieser kluge und strebsame Politiker zeigte im Sommer 1863 Neigung, mit mir die Beziehungen zu erneuern, die früher zwischen uns durch Vermittlung unsres gemeinschaftlichen Freundes von Below-Hohendorf entstanden waren. Er veranlaßte mich zu einer Zusammenkunft, die am 12. Juli in einer auf seinen Wunsch geheimnißvollen Form in einem kleinen böhmischen Orte westlich von Karlsbad vor sich ging und von der ich weiter keinen Eindruck behielt, als daß er mehr mich sondiren, als mir Vorschläge auf dem Gebiete der deutschen Frage machen wollte. Die wirthschaftlichen und finanziellen Fragen, in denen er mir 1878 den vollen Beistand seiner Sachkunde und Arbeitskraft geliehn hat, nahmen schon damals eine hervorragende Stelle in seiner Auffassung ein, allerdings in Anlehnung an großdeutsche Politik mit entsprechender Zolleinigung.

In Gastein saß ich am 2. August 1863 in den Schwarzenbergischen Anlagen an der tiefen Schlucht der Ache unter den Tannen. Ueber mir befand sich ein Meisennest, und ich beobachtete mit der Uhr in der Hand, wie oft in der Minute der Vogel seinen Jungen eine Raupe oder andres Ungeziefer zutrug. Während ich der nützlichen Thätigkeit dieser Thierchen zusah, bemerkte ich, daß auf der andern Seite der Schlucht, auf dem Schillerplatze, König Wilhelm allein aus einer Bank saß. Als die Zeit herangekommen war, mich zu dem Diner bei dem Könige anzuziehn, ging ich in meine Wohnung und fand dort ein Briefchen Sr. Majestät vor, des Inhalts, daß er mich auf dem Schillerplatze Lies an beiden Stellen: auf der Schillerhöhe. erwarten wolle, um wegen der Begegnung mit dem Kaiser mit mir zu sprechen. Veröffentlicht im Anhang zu den Gedanken und Erinnerungen I 74. Ich beeilte mich nach Möglichkeit, aber ehe ich das Königliche Quartier erreichte, hatte bereits eine Unterredung der beiden hohen Herrn stattgefunden. Wenn ich mich weniger lange bei der Naturbetrachtung aufgehalten und den König früher gesehn hätte, so wäre der erste Eindruck, den die Eröffnungen des Kaisers auf den König gemacht haben, vielleicht ein andrer gewesen.

Er fühlte zunächst nicht die Unterschätzung, welche in dieser Überrumplung lag, in dieser Einladung, man könnte sagen Ladung, à courte échéance. Der östreichische Vorschlag gefiel ihm vielleicht wegen des darin liegenden Elements fürstlicher Solidarität in dem Kampfe gegen den parlamentarischen Liberalismus, durch den er selbst damals in Berlin bedrängt wurde. Auch die Königin Elisabeth, die wir auf der Reife von Gastein nach Baden in Wildbad trafen, drang in mich, nach Frankfurt zu gehn. Ich erwiderte: »Wenn der König sich nicht anders entschließt, so werde ich hingehn und dort seine Geschäfte machen, aber nicht als Minister nach Berlin zurückkehren.« Die Königin schien über diese Aussicht beunruhigt und hörte auf, meine Auffassung beim Könige zu bekämpfen.

Wenn ich meinen Widerstand gegen das Streben des Königs nach Frankfurt aufgegeben und ihn seinem Wunsche gemäß dorthin begleitet hätte, um in dem Fürstencongreß die preußisch-östreichische Rivalität in eine gemeinsame Bekämpfung der Revolution und des Constitutionalismus zu verwandeln, so wäre Preußen äußerlich geblieben, was es vorher war, hätte freilich unter dem östreichischen Präsidium durch bundestägliche Beschlüsse die Möglichkeit gehabt, seine Verfassung in analoger Weise revidiren zu lassen, wie das mit der hanöverschen, der hessischen und der mecklenburgischen und in Lippe, Hamburg, Luxemburg geschehn war, damit aber den nationaldeutschen Weg geschlossen.

Es wurde mir nicht leicht, den König zum Fernbleiben von Frankfurt zu bestimmen. Ich bemühte mich darum auf der Fahrt von Wildbad nach Baden, wo wir im offnen kleinen Wagen, wegen der Leute vor uns auf dem Bock, die deutsche Frage französisch verhandelten. Ich glaubte den Herrn überzeugt zu haben, als wir in Baden anlangten. Dort aber fanden wir den König von Sachsen, der im Auftrage aller Fürsten die Einladung nach Frankfurt erneuerte (19. August). Diesem Schachzug zu widerstehn, wurde meinem Herrn nicht leicht. Er wiederholte mehrmals die Erwägung: »30 regirende Herrn und ein König als Courier!« und er liebte und verehrte den König von Sachsen, der unter den Fürsten für diese Mission auch persönlich der Berufenste war. Erst um Mitternacht gelang es mir, die Unterschrift des Königs zu erhalten für die Absage an den König von Sachsen. Als ich den Herrn verließ, waren wir beide in Folge der nervösen Spannung der Situation krankhaft erschöpft, und meine sofortige mündliche Mittheilung an den sächsischen Minister von Beust trug noch den Stempel dieser Erregung. Vgl. Beust, Aus drei Viertel-Jahrhunderten. Stuttgart, J. G. Cotta'sche Buchhandlung Nachf., 1887, I 332 f., v. Sybel II 532, Hohenlohe-Ingelfingen, Aus meinem Leben II 354 f. Die Krisis war aber überwunden, und der König von Sachsen reiste ab, ohne meinen Herrn, wie ich es befürchtet hatte, nochmals aufzusuchen.

Nachdem der König auf der Rückreise von Baden-Baden (31. August) nach Berlin so nahe an Frankfurt vorüber gefahren war, daß der entschlossene Wille, sich nicht zu betheiligen, zu Tage lag, wurde die Mehrheit oder wurden wenigstens die mächtigsten Fürsten von einem Unbehagen erfaßt bei dem Gedanken an den Reformentwurf, der sie, wenn Preußen fern blieb, mit Oestreich allein in einem Verbande ließ, in dem sie nicht durch die Rivalität der beiden Großmächte gedeckt waren. Das Wiener Cabinet muß an die Möglichkeit geglaubt haben, daß die übrigen Bundesfürsten auf die dem Congreß am 17. August gemachte Vorlage auch dann eingehn würden, wenn sie in dem reformirten Bundesverhältniß schließlich mit Oestreich allein geblieben wären. Man würde sonst nicht den in Frankfurt verbliebenen Fürsten die Zumuthung gemacht haben, die östreichische Vorlage auch ohne Preußens Zustimmung anzunehmen und in die Praxis überzuführen. Die Mittelstaaten wollten aber in Frankfurt weder eine einseitig preußische, noch eine einseitig östreichische Leitung, sondern für sich ein möglichst einflußreiches Schiedsamt im Sinne der Trias, welches jede der beiden Großmächte auf das Bewerben um die Stimmen der Mittelstaaten anwies. Die östreichische Zumuthung, auch ohne Preußen abzuschließen, wurde beantwortet durch den Hinweis auf die Nothwendigkeit neuer Verhandlungen mit Preußen und die Kundgebung der eignen Neigung zu solchen. Die Form der Beantwortung der östreichischen Wünsche war nicht glatt genug, um in Wien keine Empfindlichkeit zu erregen. Die Wirkung auf den Grafen Rechberg, vorbereitet durch die guten Beziehungen, in denen unsre Frankfurter Collegenschaft abgeschlossen hatte, war, daß er sagte, der Weg nach Berlin sei für Oestreich nicht weiter und nicht schwieriger als für die Mittelstaaten.

Die durch die Ablehnung erzeugte Verstimmung war nach meinen Eindrücken hauptsächlich der Antrieb, der das Wiener Cabinet zu einer Verständigung mit Preußen im Widerspruche mit der bundestägigen Auffassung leitete. Diese neue Richtung entsprach dem östreichischen Interesse, auch wenn sie länger beibehalten worden wäre. Dazu wäre vor Allem erforderlich gewesen, daß *Rechberg am Ruder blieb*. Wäre damit eine dualistische Führung des Deutschen Bundes hergestellt worden, der sich die übrigen Staaten nicht versagt haben würden, sobald sie die Ueberzeugung gewonnen hatten, daß die Verständigung der beiden Vormächte ehrlich und dauerhaft war, so würden auch die Rheinbundgelüste einzelner süddeutschen Minister, die am schärfsten, was auch Graf Beust in seinen Denkwürdigkeiten sagen mag; in Darmstadt zum Ausdruck kamen, dem östreichisch-preußischen Einverständniß gegenüber verstummt sein.

III.

Wenige Monate nach dem Frankfurter Congreß starb der König Friedrich VII. von Dänemark (15. November 1863). Das Mißlingen des östreichischen Vorstoßes, die Weigerung der übrigen Bundesstaaten, nach der preußischen Ablehnung mit Oestreich allein in engre Beziehung zu treten, brachten den Gedanken einer dualistischen Politik der beiden deutschen Großmächte, infolge der Eröffnung der schleswig-holsteinischen Frage und Succession, in Wien der Erwägung nahe, und mit mehr Aussicht auf Verwirklichung, als im December 1862 vorgelegen hatte. Graf Rechberg machte in der Verstimmung über die Weigerung der Bundesgenossen, sich ohne Mitwirkung Preußens zu verpflichten, einfach Kehrt mit dem Bemerken, daß die Verständigung mit Preußen für Oestreich noch leichter sei als für die Mittelstaaten. Vgl. Beust, Aus drei Viertel-Jahrhunderten I 336. Darin hatte er für den Augenblick Recht, für die Dauer aber doch nur dann, wenn Oestreich bereit war, Preußen als gleichberechtigt in Deutschland thatsächlich zu behandeln und Preußens Beistand in den europäischen Interessen, die Oestreich in Italien und im Orient hatte, durch die Gestattung freier Bewegung des preußischen Einflusses wenigstens in Norddeutschland zu vergelten. Der Anfang der dualistischen Politik gewährte ihr eine glänzende Bethätigung in den gemeinsamen Kämpfen an der Schlei, dem gemeinsamen Einrücken in Jütland und dem gemeinsamen Friedensschlusse mit Dänemark. Das preußisch-östreichische Bündniß bewährte sich selbst unter der Abschwächung, die in der Verstimmung der übrigen Bundesstaaten lag, doch als hinreichendes Schwergewicht, um die widerstrebende Verstimmung der andern Großmächte, unter deren Deckung Dänemark dem gesammten Deutschthum den Handschuh hatte hinwerfen können, im Zaume zu halten.

Unser weitres Zusammengehn mit Oestreich war gefährdet zuerst bei dem heftigen Andrang militärischer Einflüsse auf den König, die ihn zum Ueberschreiten der jütischen Grenze auch ohne Oestreich bewegen wollten. Mein alter Freund, der Feldmarschall Wrangel, schickte unchiffrirt die gröbsten Injurien gegen mich telegraphisch an den König, in denen in Bezug auf mich von Diplomaten, die an den Galgen gehörten, die Rede war. Wir blieben infolge dieser Episode Jahre hindurch in persönlicher Verstimmung und gingen am Hofe schweigend neben einander her, bis bei einer der vielen Gelegenheiten, wo wir Tischnachbarn waren, mich der Feldmarschall verschämt lächelnd anredete: »Mein Sohn, kannst Du garnicht vergessen?« Ich antwortete: »Wie sollte ich es anfangen, zu vergessen, was ich erlebt habe?« Darauf er nach längerm Schweigen: »Kannst Du auch nicht vergeben?« Ich erwiderte: »Von ganzem Herzen.« Wir schüttelten uns die Hände und waren wieder Freunde wie in frühern Zeiten.

Damals indessen gelang es mir, den König zu bestimmen, daß wir nicht um ein Haarbreit an Oestreich vorbei gingen und namentlich nicht in Wien den Eindruck machten, als ob Oestreich gegen seinen Willen von uns fortgerissen würde. Meine guten Beziehungen zu Rechberg und Karolyi ermöglichten es mir, das Einverständniß über den Einmarsch in Jütland herzustellen.

Trotz dieser Erfolge fand der Versuch des Dualismus seinen Culminations- und Wendepunkt in einer Besprechung, welche beide Monarchen unter Zuziehung ihrer Minister, Rechberg's und meiner, am 22. August 1864 in Schönbrunn hatten. Im Laufe derselben sagte ich dem Kaiser von Oestreich:

»Zu einer politischen Gemeinschaft geschichtlich berufen, machen wir dynastisch und politisch beiderseits bessere Geschäfte, wenn wir zusammenhalten und diejenige Führung Deutschlands übernehmen, welche uns nicht entgehn wird, sobald wir einig sind. Wenn Preußen und Oestreich sich die Aufgabe stellen, nicht blos ihre gemeinsamen Interessen, sondern auch beiderseits jedes die Interessen des andern zu fördern, so kann das Bündniß der beiden deutschen Großstaaten von einer weittragenden deutschen und europäischen Wirksamkeit werden. Der Staat Oestreich hat kein Interesse an der Gestaltung der dänischen Herzogthümer, dagegen ein erhebliches an seinen Beziehungen zu Preußen. Sollte aus dieser zweifellosen Thatsache nicht die Zweckmäßigkeit einer für Preußen wohlwollenden Politik hervorgehn, die das bestehende Bündniß der beiden deutschen Großmächte consolidirt und in Preußen Dankbarkeit für Oestreich erweckt? Wenn die gemeinsame Erwerbung statt in Holstein in Italien läge, wenn der Krieg, den wir geführt haben, statt Schleswig-Holstein die Lombardei zur Verfügung der beiden Mächte gestellt hätte, so würde es mir nicht eingefallen sein, bei meinem Könige dahin zu wirken, daß Wünschen unsres Verbündeten ein Widerstand entgegengesetzt oder die Fordrung eines Aequivalents erhoben würde, wenn ein solches nicht zu gleicher Zeit disponibel wäre. Ihm aber für Schleswig-Holstein altpreußisches Land abzutreten, das würde kaum möglich sein, selbst wenn die Einwohner es wünschten; in Glatz protestirten aber sogar die dort angesessenen Oestreicher dagegen. Ich hätte das Gefühl, daß die vortheilhaften Ergebnisse der Freundschaft der deutschen Großmächte mit der holsteinischen Frage nicht abgeschlossen wären, und daß sie, wenn jetzt in der äußersten Entfernung von dem östreichischen Interessengebiete gelegen, doch ein andermal sehr viel näher liegen könnten, und daß es für Oestreich nützlich sein werde, jetzt Preußen gegenüber freigebig und gefällig zu sein.«

Es schien mir, daß die von mir aufgestellte Perspective auf den Kaiser Franz Joseph nicht ohne Eindruck blieb. Er sprach zwar von der Schwierigkeit, der öffentlichen Meinung in Oestreich gegenüber ganz ohne Aequivalent aus der gegenwärtigen Situation hinauszugehn, wenn Preußen einen so großen Gewinn wie Schleswig-Holstein mache, schloß aber mit der Frage, ob wir wirklich fest entschlossen wären, diesen Besitz zu fordern und einzuverleiben. Ich hatte den Eindruck, daß er doch nicht für unmöglich hielte, uns seine Ansprüche auf das von Dänemark abgetretne Land zu cediren, wenn ihm die Aussicht auf ein ferneres festes Zusammenhalten mit Preußen und auf Unterstützung analoger Wünsche Oestreichs durch Preußen gesichert würde. Er stellte zur weitern Discussion zunächst die Frage, ob Preußen wirklich fest entschlossen sei, die Herzogthümer zu preußischen Provinzen zu machen, oder ob wir mit gewissen Rechten in ihnen, wie sie in den sog. Februarbedingungen später formulirt worden sind, zufrieden sein würden. Der König schwieg und ich brach dieses Schweigen, indem ich dem Kaiser antwortete: »Es ist mir sehr erwünscht, daß Eure Majestät mir die Frage in Gegenwart meines allergnädigsten Herrn vorlegen; ich hoffe bei dieser Gelegenheit seine Ansicht zu erfahren.« Ich hatte nämlich bis dahin keine unumwundne Erklärung des Königs weder schriftlich noch mündlich über Sr. Majestät definitive Willensmeinung bezüglich der Herzogthümer erhalten. Die mise en demeure durch den Kaiser hatte die Folge, daß der König zögernd und in einer gewissen Verlegenheit sagte: er habe ja garkein Recht auf die Herzogthümer und könne deshalb keinen Anspruch darauf machen. Durch diese Aeußrung, aus welcher ich die Einwirkung der königlichen Verwandten und der hofliberalen Einflüsse heraushörte, war ich natürlich dem Kaiser gegenüber außer Gefecht gesetzt. Ich trat demnächst noch für das Festhalten der Einigkeit beider deutschen Großmächte ein, und es wurde eine dieser Richtung entsprechende kurze Redaction, in der die Zukunft Schleswig-Holsteins unentschieden blieb, von Rechberg und mir entworfen und von den beiden hohen Herrn genehmigt.

IV.

Der Dualismus würde, wie ich ihn mir dachte, dem jetzt bestehenden Verhältniß ähnlich gewesen sein, jedoch mit dem Unterschiede, daß Oestreich auf die Staaten, die jetzt mit Preußen das Deutsche Reich bilden, bundesmäßigen Einfluß behalten haben würde. Rechberg war für Verstärkung des Gewichts von Mitteleuropa durch eine solche Verständigung der beiden Mächte gewonnen. Diese Gestaltung würde, im Vergleich zur Vergangenheit und wie die Dinge damals lagen, immerhin ein Fortschritt zum Bessern gewesen sein, aber Dauer nur versprochen haben, so lange das Vertrauen zu den beiderseits leitenden Personen ungestört blieb. Graf Rechberg sagte mir bei meiner Abreise von Wien (26. August 1864), daß seine Stellung angefochten sei; durch die Erörtrungen des Ministeriums und die Haltung des Kaisers zu demselben sei er in die Lage gerathen, fürchten zu müssen, daß seine Collegen, namentlich Schmerling, ihn über Bord schieben würden, wenn er nicht für die Zollvereinsbestrebungen Oestreichs, die den Kaiser vorzugsweise beschäftigten, wenigstens die Zusicherung beibringen könne, daß wir auf Verhandlungen in bestimmter Frist eingehn wollten. Ich hatte gegen ein solches *pactum de contrahendo* keine Bedenken, weil ich überzeugt war, daß es mir keine über die Grenzen des mir möglich Scheinenden hinaus gehenden Zugeständnisse würde abdingen können, und weil die politische Seite der Frage im Vordergrunde stand. Die Zolleinigung hielt ich für eine unausführbare Utopie wegen der Verschiedenheit der wirtschaftlichen und administrativen Zustände beider Theile. S. o. S. 105. Die Gegenstände, die im Norden des Zollvereins die finanzielle Unterlage bildeten, gelangen in dem größern Theile des östreichisch-ungarischen Gebietes garnicht zum Verbrauch. Die Schwierigkeiten, welche die Verschiedenheiten der Lebensgewohnheiten und der Consumtion zwischen Nord- und Süddeutschland schon innerhalb des Zollvereins bedingten, mußten unüberwindlich werden, wenn beide Regionen mit den östlichen Ländern Oestreich-Ungarns von derselben Zollgrenze umschlossen werden sollten. Ein gerechter, der bestehenden Consumtion zollpflichtiger Waaren entsprechender Maßstab der Vertheilung würde sich nicht vereinbaren lassen; jeder Maßstab würde entweder ungerecht für den Zollverein oder unannehmbar für die öffentliche Meinung in Oestreich-Ungarn sein. Der bedürfnißlose Slowake und Galizier einerseits, der Rheinländer und der Niedersachse andrerseits sind für die Besteuerung nicht commensurabel. Außerdem fehlte mir der Glaube an die Zuverlässigkeit des Dienstes auf einem großen Theile der östreichischen Grenzen.

Von der Unmöglichkeit der Zolleinigung überzeugt, hatte ich kein Bedenken, dem Grafen Rechberg den gewünschten Dienst zu erweisen, um ihn im Amte zu erhalten. Ich glaubte bei meiner Abreise nach Biarritz (5. October) sicher zu sein, daß der König an meinem Votum festhalten werde; und mir sind noch heut die Motive nicht klar, welche meine Collegen, den Finanzminister Karl von Bodelschwingh und den Handelsminister Grafen Itzenplitz, und ihren freihändlerischen *spiritus rector* Delbrück bestimmt haben, während meiner Abwesenheit den König auf einem ihm ziemlich fremden Gebiete mit so viel Entschiedenheit zu bearbeiten, daß durch unsre Ablehnung die Stellung Rechberg's, wie er es vorhergesagt hatte, erschüttert und er in dem auswärtigen Ministerium durch Mensdorff ersetzt wurde, der zunächst der Candidat Schmerling's war, bis dieser dann durch reactionäre und katholische Einflüsse selbst verdrängt wurde. Der König, so fest er auch in der innern Politik geworden war, ließ sich damals noch von der durch seine Gemalin vertretnen Doctrin beeinflussen, daß zur Lösung der deutschen Frage die Popularität das Mittel sei.

Ueber eine Conferenz, welche am 10. October 1864 von Mitgliedern des Auswärtigen und des Handelsministeriums abgehalten wurde, schrieb mir Herr von Thile nach Biarritz:

»Ich fand in der heutigen Conferenz neu bestätigt, was freilich längst bekannt ist, daß die Herren Fachmänner bei aller ihrer, von mir gern anerkannten Virtuosität in Behandlung der fachlichen Seite die politische arg mißachten und z. B. die Eventualität eines Ministerwechsels in Wien wie eine Bagatelle behandeln. – Itzenplitz wankt in seinen Ansichten sehr. Wiederholt gelang es mir ihn zu dem Geständniß zu bringen, daß uns der Artikel 25 *finaliter* und *realiter* zu nichts verpflichtet. Dann schreckte ihn aber jedesmal ein strafender Blick von Delbrück in seine Fachposition zurück.«

Zwei Tage später, am 12. October, berichtete mir Abeken, der sich bei dem Könige in Baden-Baden befand, es sei ihm nicht gelungen, denselben für den Artikel 25 zu gewinnen; Se. Majestät scheue »das Geschrei«, welches sich über eine solche Concession an Oestreich erheben würde, und habe u. A. gesagt: »Die Ministerkrisis in Wien würden wir vielleicht vermeiden, aber dadurch in Berlin eine solche hervorrufen; Bodelschwingh und Delbrück würden wahrscheinlich ihre Entlassung beantragen, wenn wir den Artikel 25 zuließen.« Und wieder zwei Tage später schrieb mir Graf Goltz aus Paris:

»Ist Rechberg's Stellung entschieden erschüttert (daß sie es bei dem Kaiser sei, muß ich entschieden bezweifeln), so dürfte für uns die Nothwendigkeit eintreten, hier den Eröffnungen eines rein Schmerling'schen Ministeriums zuvorzukommen.«

V.

Nicht ohne Bedeutung für den Werth dualistischer Politik war die Frage, auf welches Maß von Sicherheit im Innehalten dieser Linie wir bei Oestreich rechnen konnten. Wenn man sich die Plötzlichkeit vergegenwärtigte, mit welcher Rechberg in der Verstimmung über den Mangel an Folgsamkeit der Mittelstaaten mit diesen gebrochen und sich mit uns ohne und gegen sie verbündet hatte, so konnte man die Möglichkeit nicht abweisen, daß ein Mangel an Uebereinstimmung mit Preußen in Einzelfragen ebenso unerwartet zu einer neuen Schwenkung führen könnte. Ueber Mangel an Aufrichtigkeit habe ich bei dem Grafen Rechberg nie zu klagen gehabt, aber er war, wie Hamlet sagt, *splenetic and rash* Shakespeare, Hamlet V, Sc. 1, v. 285, doch heißt es dort nicht *splenetic*, sondern *splenitive and rash* (jäh und heftig). in einem ungewöhnlichen Grade; und wenn die persönliche Verstimmung des Grafen Buol über unfreundliche Formen des Kaisers Nicolaus mehr als über politische Differenzen hingereicht hatte, die östreichische Politik in der Linie der bekannten Schwarzenbergischen Undankbarkeit (*Nous étonnerons l'Europe par notre ingratitude*) dauernd festzuhalten, so durfte man sich der Möglichkeit nicht verschließen, daß die sehr viel schwächern Bindemittel zwischen dem Grafen Rechberg und mir von irgend welcher Fluthwelle weggeschwemmt werden könnten. Der Kaiser Nicolaus hatte zu dem Glauben an die Zuverlässigkeit seiner Beziehungen zu Oestreich viel stärkere Unterlagen als wir zur Zeit des dänischen Krieges. Er hatte dem Kaiser Franz Joseph einen Dienst erwiesen, wie kaum je ein Monarch seinem Nachbarstaat gethan S. o. S. 242. , und die Vortheile der gegenseitigen Anlehnung im monarchischen Interesse der Revolution gegenüber, der italienischen und ungarischen so gut wie der polnischen von 1846, fielen für Oestreich bei dem Zusammenhalten mit Rußland noch schwerer in das Gewicht als bei dem mit Preußen 1864 möglichen Bunde. Der Kaiser Franz Joseph ist eine ehrliche Natur, aber das östreichisch-ungarische Staatsschiff ist von so eigenthümlicher Zusammensetzung, daß seine Schwankungen, denen der Monarch seine Haltung an Bord anbequemen muß, sich kaum im Voraus berechnen lassen. Die centrifugalen Einflüsse der einzelnen Nationalitäten, das Ineinandergreifen der vitalen Interessen, die Oestreich nach der deutschen, der italienischen, der orientalischen und der polnischen Seite hin gleichzeitig zu vertreten hat, die Unlenksamkeit des ungarischen Nationalgeistes und vor Allem die Unberechenbarkeit, mit der beichtväterliche Einflüsse die politischen Entschließungen kreuzen, legen jedem Bundesgenossen Oestreichs die Pflicht auf, vorsichtig zu sein und die Interessen der eignen Unterthanen nicht ausschließlich von der östreichischen Politik abhängig zu machen. Der Ruf der Stabilität, den die letztre unter dem langjährigen Regimente Metternich's gewonnen hatte, ist nach der Zusammensetzung der Habsburgischen Monarchie und nach den bewegenden Kräften innerhalb derselben nicht haltbar, mit der Politik des Wiener Cabinets vor der Metternich'schen Periode garnicht, und nach derselben nicht durchweg in Uebereinstimmung. Sind aber die Rückwirkungen der wechselnden Ereignisse und Situationen auf die Entschließungen des Wiener Cabinets für die Dauer unberechenbar, so ist es auch für jeden Bundesgenossen Oestreichs geboten, auf die Pflege von Beziehungen, aus denen sich nöthigen Falls andre Combinationen entwickeln ließen, nicht absolut zu verzichten.

Achtzehntes Kapitel. König Ludwig II. von Baiern.

Auf dem Wege von Gastein nach Baden-Baden berührten wir München, das der König Max bereits verlassen hatte, um sich nach Frankfurt zu begeben, es seiner Gemalin überlassend, die Gäste zu empfangen. Ich glaube nicht, daß die Königin Marie nach ihrer wenig aus sich heraustretenden und der Politik abgewandten Stimmung auf den König Wilhelm und die Entschließung, mit welcher er sich damals trug, lebhaft eingewirkt hat. Vgl. Hohenlohe-Ingelfingen, Aus meinem Leben II 350 f. Bei den regelmäßigen Mahlzeiten, die wir während des Aufenthalts in Nymphenburg, 16. und 17. August 1863, einnahmen, war der Kronprinz, später König Ludwig II., der seiner Mutter gegenüber saß, mein Nachbar. Ich hatte den Eindruck, daß er mit seinen Gedanken nicht bei der Tafel war und sich nur ab und zu seiner Absicht erinnerte, mit mir eine Unterhaltung zu führen, die aus dem Gebiete der üblichen Hofgespräche nicht herausging. Gleichwohl glaubte ich in dem, was er sagte, eine begabte Lebhaftigkeit und einen von seiner Zukunft erfüllten Sinn zu erkennen. In den Pausen des Gesprächs blickte er über seine Frau Mutter hinweg an die Decke und leerte ab und zu hastig sein Champagnerglas, dessen Füllung, wie ich annahm, auf mütterlichen Befehl verlangsamt wurde, so daß der Prinz mehrmals sein leeres Glas rückwärts über seine Schulter hielt, wo es zögernd wieder gefüllt wurde. Er hat weder damals noch später die Mäßigkeit im Trinken überschritten, ich hatte jedoch das Gefühl, daß die Umgebung ihn langweilte und er den von ihr unabhängigen Richtungen seiner Phantasie durch den Champagner zu Hülfe kam. Der Eindruck, den er mir machte, war ein sympathischer, obschon ich mir mit einiger Verdrießlichkeit sagen mußte, daß mein Bestreben, ihn als Tischnachbar angenehm zu unterhalten, unfruchtbar blieb. Es war dies das einzige Mal, daß ich den König Ludwig von Angesicht gesehn habe, ich bin aber mit ihm, seit er bald nachher (10. März 1864) den Thron bestiegen hatte, bis an sein Lebensende in günstigen Beziehungen und in verhältnißmäßig regem brieflichem Verkehre geblieben und habe dabei jederzeit von ihm den Eindruck eines geschäftlich klaren Regenten von national deutscher Gesinnung gehabt, wenn auch mit vorwiegender Sorge für die Erhaltung des föderativen Prinzips der Reichsverfassung und der verfassungsmäßigen Privilegien seines Landes. Als außerhalb des Gebiets politischer Möglichkeit liegend ist mir sein in den Versailler Verhandlungen auftauchender Gedanke erinnerlich, daß das deutsche Kaiserthum resp. Bundes-Präsidium zwischen dem preußischen und dem bairischen Hause erblich alterniren solle. Die Zweifel darüber, wie dieser unpraktische Gedanke praktisch zu machen, wurden überholt durch die Verhandlungen mit den bairischen Vertretern in Versailles und deren Ergebnisse, wonach dem Präsidium des Bundes, also dem Könige von Preußen, die Rechte, die er heut dem bairischen Bundesgenossen gegenüber ausübt, schon in der Hauptsache bewilligt waren, ehe es sich um den Kaisertitel handelte.

Aus meinem Briefwechsel mit dem Könige Ludwig schalte ich einige Stücke ein, die zur richtigen Charakteristik dieses unglücklichen Fürsten beitragen und auch wieder einmal ein actuelles Interesse gewinnen können. Die Curialien sind nur in den ersten Briefen gegeben. Versailles, 27. November 1870. Das in der ersten Ausgabe nach einem Concept abgedruckte Schreiben ist hier nach dem Facsimile in L. v. Kobell, König Ludwig II. und Fürst Bismarck im Jahre 1870 (Leipzig 1899) gegeben.

Allerdurchlauchtigster Großmächtigster König,

Für die huldreichen Eröffnungen, welche mir Graf Holnstein nach Befehl Eurer Majestät gemacht hat, bitte ich Allerhöchstdieselben den ehrfurchtsvollen Ausdruck meines Dankes gnädig entgegennehmen zu wollen. Mein Gefühl der Dankbarkeit gegen Eure Majestät hat einen tieferen und breiteren Grund als den persönlichen, in der amtlichen Stellung, in welcher ich die hochherzigen Entschließungen zu würdigen berufen bin, durch welche Eure Majestät bei dem Beginn und bei dem bevorstehenden Ende dieses großen National-Krieges der Einigkeit und der Macht Deutschlands den Abschluß gegeben haben. Aber es ist nicht meine, sondern die Aufgabe des deutschen Volkes und seiner Geschichte, dem durchlauchtigen Bairischen Hause für Eurer Majestät deutsche Politik und für den Heldenmuth Ihres Heeres zu danken. Ich kann nur versichern, daß ich so lange ich lebe, Eurer Majestät in ehrfurchtsvoller Dankbarkeit anhänglich und ergeben sein, und mich jederzeit glücklich schätzen werde, wenn es mir vergönnt wird, Eurer Majestät zu Diensten sein zu können.

Bezüglich der deutschen Kaiserfrage ist es nach meinem ehrfurchtsvollen Ermessen vor Allem wichtig, daß deren Anregung von keiner andern Seite wie von Eurer Majestät, und namentlich nicht von der Volksvertretung zuerst ausgehe. Die Stellung würde gefälscht werden, wenn sie ihren Ursprung nicht der freien und wohlerwognen Initiative des mächtigsten der dem Bunde beitretenden Fürsten verdankte. Ich habe mir erlaubt, dem Grafen Holnstein den Entwurf einer etwa an meinen allergnädigsten König und, mit den nöthigen Aenderungen der Fassung, an die andern Verbündeten zu richtenden Erklärung auf seinen Wunsch zu übergeben. Demselben liegt der Gedanke zu Grunde, welcher in der That die deutschen Stämme erfüllt: der *deutsche Kaiser* ist ihr Landsmann, der König von Preußen ihr Nachbar, nur der *deutsche* Titel bekundet, daß die damit verbundenen Rechte aus freier Übertragung der deutschen Fürsten und Stämme hervorgehn. Daß die großen Fürstenhäuser Deutschlands, das Preußische eingeschlossen, durch das Vorhandensein eines von ihnen gewählten deutschen Kaisers in ihrer hohen europäischen Stellung nicht beeinträchtigt wurden, lehrt die Geschichte.

In tiefer Ehrfurcht ersterbe ich

Eurer Majestät
unterthänigster treugehorsamster Diener
v. Bismarck.

Mein lieber Graf!

Mit lebhaftem Vergnügen habe ich bemerkt, daß Sie trotz zahlreicher und dringender Geschäfte Muße gefunden, Ihren Gefühlen gegen mich Ausdruck zu verleihen.

Ich sende Ihnen deshalb meinen wärmsten Dank; denn ich lege hohen Werth auf die ergebene Gesinnung eines Mannes, nach dem das ganze Deutschland freudigen Stolzes seine Blicke richtet.

Mein Brief an Ihren König, meinen vielgeliebten hochverehrten Oheim, wird morgen in dessen Hände gelangen. S. denselben Bd. II 145 Anm. 1. – Ich wünsche von ganzem Herzen, daß mein Vorschlag beim Könige, den übrigen Bundesgliedern, welchen ich geschrieben, und auch bei der Nation vollsten Anklang finde, und ist es mir ein befriedigendes Bewußtsein, daß ich vermöge meiner Stellung in Deutschland wie beim Beginne so beim Abschlusse dieses ruhmreichen Krieges in der Lage war, einen entscheidenden Schritt zu Gunsten der nationalen Sache thun zu können. Ich hoffe aber auch mit Bestimmtheit, daß Bayern seine Stellung fortan erhalten bleibt, da sie mit einer treuen, rückhaltlosen Bundespolitik wohl vereinbarlich ist und verderblicher Centralisation am sichersten steuert.

Groß, unsterblich ist das, was Sie für die deutsche Nation gethan haben, und ohne zu schmeicheln, darf ich sagen, daß Sie in der Reihe der großen Männer unseres Jahrhunderts den hervorragendsten Platz einnehmen. Möge Gott Ihnen noch viele, viele Jahre verleihen, damit Sie fortfahren können zu wirken für das Wohl und Gedeihen unseres gemeinsamen Vaterlandes. Meine besten Grüße Ihnen sendend, bleibe ich, mein lieber Graf, stets

Hohenschwangau, den 2. December 1870.

Ihr

aufrichtiger Freund

Ludwig.

Versailles, 24. December 1870. Nach dem Concept; in der Reinschrift hat der Brief einige stilistische Änderungen erfahren, wie aus dem dem Concept beigefügten mut. mut. hervorgeht.

Allerdurchlauchtigster König,

Allergnädigster Herr,

Das huldreiche Schreiben Eurer Majestät, welches Graf Holnstein mir überbracht hat, ermuthigt mich mit meinem Danke für den gnädigen Inhalt desselben, Eurer Majestät meine unterthänigsten Glückwünsche zu dem bevorstehenden Jahreswechsel darzubringen. Wohl selten hat Deutschland von einem neuen Jahre mit gleicher Zuversicht wie von dem bevorstehenden die Erfüllung nationaler Wünsche erwartet. Wenn diese Hoffnungen sich verwirklichen, wenn das geeinte Deutschland dahin gelangt, daß es seinen äußern Frieden in gesicherten Grenzen durch eigne Kraft verbürgen kann, gleichzeitig, ohne die freie Entwicklung der einzelnen Bundesglieder zu beeinträchtigen, so wird die entscheidende Stellung, die Eure Majestät zu der Neugestaltung des gemeinsamen Vaterlandes gewonnen haben, in der Geschichte und in der Dankbarkeit der Deutschen jederzeit unvergessen bleiben.

Eure Majestät setzen mit Recht voraus, daß auch ich von der Centralisation kein Heil erwarte, sondern grade in der Erhaltung der Rechte, welche die Bundesverfassung den einzelnen Gliedern des Bundes sichert, die dem deutschen Geiste entsprechende Form der Entwicklung und zugleich die sicherste Bürgschaft gegen die Gefahren erblicke, welchen Recht und Ordnung in der freien Bewegung des heutigen politischen Lebens ausgesetzt sein können. Daß die Herstellung der Kaiserwürde durch Initiative Eurer Majestät und der verbündeten Fürsten den monarchisch-conservativen Interessen förderlich ist, beweist die feindliche Stellung, welche die republikanische Partei in ganz Deutschland zu derselben genommen hat.

Eure Majestät wollen sich in Gnaden versichert halten, daß ich mich glücklich schätzen werde, wenn es mir gelingt, mir Allerhöchstdero gnädige Gesinnung zu erhalten.

v. B. Hier wäre einzuschalten Brief Ludwig's II. an Bismarck vom 22. März 1871, Bismarck-Jahrbuch I 134 f.

Mein lieber Fürst!

Es würde mir nicht nur ein hohes Interesse bieten, sondern zugleich lebhafte Freude bereiten, Sie zu sprechen und meinen Gefühlen besonderer Hochschätzung für Sie, mein lieber Fürst, mündlichen Ausdruck zu geben. Wie ich zu meinem aufrichtigen Bedauern erfahre, hat jener so verabscheuungswürdige Mordanschlag, für dessen Mißlingen ich Gott immerdar dankbar sein werde, störend auf Ihre auch mir so theure Gesundheit und auf den Curgebrauch gewirkt, so daß es vermessen von mir wäre, wollte ich Sie ersuchen, Sich demnächst zu mir zu bemühen, der ich jetzt mitten in den Bergen verweile. – Für Ihren letzten Brief, der mich mit aufrichtiger Freude erfüllte, bin ich Ihnen aus ganzer Seele dankbar. Fest vertraue ich auf Sie! und glaube ich, daß Sie, wie Sie meinem Minister v. Pfretzschner gegenüber sich äußerten, Ihren politischen Einfluß dafür einsetzen werden, daß das *föderative Princip* die Grundlage der neuen Ordnung der Dinge in Deutschland bilde. Möge der Himmel Ihr theures Leben noch viele Jahre uns Allen erhalten! Ihr Tod, sowie der des von mir hochverehrten Kaisers Wilhelm wäre ein großes Unglück für Deutschland und Bayern. – Aus ganzem Herzen meine besten Grüße Ihnen, mein lieber Fürst, zurufend, bleibe ich stets mit besonderer Hochschätzung und tiefgewurzeltem Vertrauen

Hohenschwangau, den 31. Juli 1874.

Ihr

aufrichtiger Freund

Ludwig.

Kissingen, den 10. August 1874.

Allerdurchlauchtigster König,

Allergnädigster Herr,

Im Begriff, meine Cur zu beendigen, kann ich Kissingen nicht verlassen, ohne Eurer Majestät für alle Gnade, welche Allerhöchstdieselben mir hier erzeigt haben, nochmals ehrfurchtsvoll zu danken, insbesondre auch für das huldreiche Schreiben vom 31. v. Mts.

Ich bin hoch beglückt durch das Vertrauen, welches Eure Majestät mir darin aussprechen, und werde stets bestrebt sein, dasselbe zu verdienen; aber auch unabhängig von persönlichen

Bürgschaften, dürfen Eure Majestät mit voller Zuversicht auf diejenigen rechnen, welche in der Reichsverfassung selbst liegen. Letztre beruht auf der föderativen Grundlage, welche sie durch die Bundesverträge erhalten hat, und kann nicht ohne Vertragsbruch verletzt werden. Darin unterscheidet sich die Reichsverfassung von jeder Landesverfassung. Die Rechte Eurer Majestät bilden einen unlöslichen Theil der Reichsverfassung, und beruhn daher auf denselben sichern Rechtsgrundlagen wie alle Institutionen des Reichs. Deutschland hat gegenwärtig in der Institution seines Bundesrathes, und Baiern in seiner würdigen und einsichtigen Vertretung im Bundesrathe, eine feste Bürgschaft gegen jede Ausartung oder Uebertreibung der einheitlichen Bestrebungen. Eure Majestät werden auf die Sicherheit des vertragsmäßigen Verfassungsrechtes auch dann volles Vertrauen haben können, wenn ich nicht mehr die Ehre habe, dem Reiche als Kanzler zu dienen.

In tiefer Ehrfurcht verharre ich

Eurer Majestät

unterthänigster Diener

v. Bismarck.

Friedrichsruh, 2. Juni 1876.

Eure Majestät haben, wie Baron Werthern mir schreibt, die Gnade gehabt, mir auch in diesem Jahre für den Besuch von Kissingen Equipage aus Allerhöchstdero Marstall zur Verfügung zu stellen. Ich hoffe, daß es mir möglich sein wird, dem Rathe der Aerzte zu folgen und auch in diesem Sommer die Heilung zu suchen, wo ich sie vor 2 Jahren, wie Eure Majestät dessen in der Allerhöchsten Ordre vom 29. April so huldreich gedenken, gefunden habe.

Die türkischen Angelegenheiten sehn bedrohlich aus und können dringliche diplomatische Arbeit erfordern: aber unter allen europäischen Mächten wird Deutschland immer in der günstigsten Lage bleiben, um sich aus den Wirren, mit welchen eine orientalische Frage den Frieden bedrohn kann, dauernd oder doch länger als andre, fern halten zu können. Ich gebe daher die Hoffnung nicht auf, daß es mir möglich sein werde, Kissingen in einigen Wochen zu besuchen, und bitte Eure Majestät ehrfurchtsvoll, meinen allerunterthänigsten Dank für Allerhöchstdero huldreiche Fürsorge in Gnaden entgegennehmen zu wollen.

v. Bismarck.

Es gereicht mir zu aufrichtiger Freude, daß die in Ihren werthen Zeilen vom 2. dieses Monats ausgesprochene Hoffnung, Kissingen zu besuchen, sich nun erfüllt hat.

Von Herzen begrüße ich Sie in meinem Lande und gebe mich der frohen Zuversicht hin, daß Ihre, dem Reiche theure Gesundheit wiederholt durch eine Heilquelle Bayerns Kräftigung finden werde. Möge der allen deutschen Fürsten gemeinsame Wunsch der Erhaltung des Friedens Verwirklichung finden und dadurch Ihnen, mein lieber Fürst, ergiebige Erholung von mühevoller Arbeit und aufregender Sorge gegönnt sein.

Indem ich der Fürstin die Hand küsse und Ihnen, mein lieber Fürst, die herzlichsten Grüße sende, verbleibe ich mit Ihnen bekannten Gesinnungen jederzeit Berg, den 18. Juni 1876.

Ihr

aufrichtiger Freund

Ludwig.

Kissingen, 5. Juli 1876.

...Leider läßt mir die Politik nicht ganz die Ruhe, deren man im Bade bedarf: es ist dabei mehr die allgemeine Unruhe und Ungeduld als eine wirkliche Gefährdung des Friedens, für Deutschland wenigstens, wodurch die unfruchtbaren Arbeiten der Diplomaten veranlaßt werden. Unfruchtbar sind sie nothwendig, so lange der Kampf innerhalb der türkischen Grenzen zu keiner Entscheidung gediehn sein wird. Wie die letztre auch ausfallen möge, so wird die Verständigung zwischen Rußland und England bei gegenseitiger Aufrichtigkeit immer möglich sein, da – und so lange – Rußland nicht nach dem Besitze von Constantinopel strebt. Sehr viel schwieriger wird auf die Dauer die Vermittlung zwischen den östreichisch-ungarischen und den russischen Interessen sein; bisher aber sind beide Kaiserhöfe noch einig, und ich bin überzeugt, Eurer Majestät Allerhöchste Billigung zu finden, wenn ich die Erhaltung dieser Einigkeit als eine Hauptaufgabe deutscher Diplomatie ansehe. Es würde eine große Verlegenheit für Deutschland sein, zwischen diesen beiden so eng befreundeten Nachbarn optiren zu sollen; denn ich zweifle nicht daran, im Sinne Eurer Majestät und aller deutscher Fürsten zu handeln, wenn ich in unsrer Politik den Grundsatz vertrete, daß Deutschland nur zur Wahrung zweifelloser deutscher Interessen sich an einem Kriege freiwillig betheiligen sollte. Die türkische Frage, so lange sie sich innerhalb der türkischen Grenzen entwickelt, berührt meines unterthänigsten Dafürhaltens keine kriegswürdigen deutschen Interessen; auch ein Kampf zwischen Rußland und einer der Westmächte oder beiden kann sich entwickeln, ohne Deutschland in Mitleidenschaft zu ziehn. Sehr viel schwieriger aber liegt der Fall, wenn Oestreich und Rußland uneinig werden sollten, und hoffe ich, daß die Begegnung beider Monarchen in Reichstadt gute Früchte zur Befestigung ihrer Freundschaft tragen werde. Der Kaiser Alexander will glücklicherweise den Frieden und erkennt an, daß Oestreichs Lage der südslavischen Bewegung gegenüber schwieriger und zwingender ist als die Rußlands. Für Letztres sind es auswärtige, für Oestreich aber innre und vitale Interessen, die auf dem Spiele stehn.

v. Bismarck.

Mit lebhafter Freude habe ich Ihre Nachricht von dem offenbar günstigen Verlaufe der Cur erhalten. Ich danke Ihnen vielmals für diese frohe Botschaft und hoffe von Herzen, daß auch die lästigen Folgen des anstrengenden Gebrauchs der Kissinger Quellen sich recht bald verlieren werden.

Durch Ihre so klare Darlegung der politischen Situation haben Sie, mein lieber Fürst, mich ganz besonders verbunden. Der weitsehende, staatsmännische Blick, welcher sich in Ihren Anschauungen über die Stellung Deutschlands zu den gegenwärtigen und etwa noch drohenden Verwicklungen im Auslande kund gibt, hat meine volle Bewunderung, und ich brauche wohl nicht zu versichern, daß Ihre mächtigen Anstrengungen zur Erhaltung des Friedens von meinen wärmsten Sympathien und unbegränztem Vertrauen begleitet sind. – Möge der glückliche Erfolg der deutschen Politik und der Dank der deutschen Fürsten und Stämme Sie, mein lieber Fürst, im Besitze Ihrer vollen Gesundheit und Rüstigkeit finden. Mit diesem innigen Wunsche verbinde ich die herzlichsten Grüße und die Versicherung wahrer Hochachtung und festgewurzelten Vertrauens, womit ich, mein lieber Fürst, stets verbleibe

Hohenschwangau, den 16. Juli 1876.

Ihr

aufrichtiger Freund

Ludwig.

Kissingen, 29. Juni 1877.

....

Die vielen Geschäfte bei der Cur waren unvermeidlich, weil der Reichstag durch die Schwierigkeiten, die er bezüglich meiner Vertretung machte, und gegen die aufzutreten ich damals nicht gesund genug war, mich nöthigte, die Contrasignaturen auch im Urlaub beizubehalten. Es war dies eins der Mittel, durch welche die Mehrheit im Reichstage die Einführung jener Institution zu erkämpfen sucht, welche sie unter der Bezeichnung »verantwortlicher Reichsminister« versteht, und gegen die ich mich jederzeit abwehrend verhalte, nicht um der alleinige Minister zu bleiben, sondern um die verfassungsmäßigen Rechte des Bundesraths und seiner hohen Vollmachtgeber zu wahren. Nur auf Kosten der letztern könnten die erstrebten Reichsministerien geschäftlich dotirt werden, und damit würde ein Weg in der Richtung der Centralisirung eingeschlagen, in der wir das Heil der deutschen Zukunft, wie ich glaube, vergebens suchen würden. Es ist, meines unterthänigsten Dafürhaltens, nicht nur das verfassungsmäßige

Recht, sondern auch die politische Aufgabe meiner außerpreußischen Collegen im Bundesrath, mich im Kampfe gegen die Einführung solcher Reichsministerien offen zu unterstützen und dadurch klar zu stellen, daß ich bisher nicht für die ministerielle Alleinherrschaft des Kanzlers, sondern für die Rechte der Bundesgenossen und für die ministeriellen Befugnisse des Bundesraths eingetreten bin. Ich darf annehmen, Eurer Majestät Intentionen entsprochen zu haben, wenn ich mich in diesem Sinne schon Pfretzschner gegenüber ausgesprochen habe, und ich bin überzeugt, daß Eurer Majestät Vertreter im Bundesrath selbst und in Verbindung mit andern Collegen mir einen Theil des Kampfes gegen das Drängen des Reichstages nach verantwortlichen Reichsministerien durch ihren Beistand abnehmen werden.

Wenn, wie ich höre, Eurer Majestät Wahl auf Herrn von Rudhart gefallen ist, so kann ich nach Allem, was ich durch Hohenlohe über ihn weiß, dafür ehrfurchtsvoll dankbar sein und voraussehn, daß ich nicht nur die innern, sondern auch die auswärtigen Geschäfte des Reichs ihm gegenüber mit der vertrauensvollen Offenheit werde besprechen können, die mir dem Vertreter Eurer Majestät gegenüber ein geschäftliches und ein persönliches Bedürfniß ist. Für den Augenblick ist unsre Stellung zum Auslande noch dieselbe, wie während des ganzen Winters, und die Hoffnung, daß uns der Krieg nicht berühren werde, ungeschwächt. Das Vertrauen Rußlands auf die Zuverlässigkeit unsrer nachbarlichen Politik hat ersichtlich zugenommen, und damit auch die Aussicht, solche Entwicklungen zu verhüten, gegen welche Oestreich einzuschreiten durch seine Interessen genöthigt werden könnte. Die guten Beziehungen der beiden Kaiserreiche zu einander zu erhalten, bleiben wir mit Erfolg bestrebt. Unsre Freundschaft mit England hat bisher darunter nicht gelitten, und auch die am dortigen Hof durch politische Intriganten angebrachten Gerüchte, als könne Deutschland Absichten auf die Erwerbung von Holland haben, konnten nur in hohen Damenkreisen vorübergehend Anklang finden; die Verleumder werden nicht müde, aber die Gläubigen scheinen es endlich zu werden. Unter diesen Umständen ist die äußre Politik des Reiches im Stande, ihre Aufmerksamkeit ungeschwächt dem Vulkan im Westen zuzuwenden, der Deutschland seit 300 Jahren so oft mit Ausbrüchen überschüttet hat. Ich traue den Versicherungen nicht, die wir von dort erhalten, kann aber doch dem Reiche keinen andern Rath geben, als wohlgerüstet und Gewehr bei Fuß den etwaigen neuen Anfall abzuwarten...

v. Bismarck.

...Es drängt mich bei diesem Anlasse, Ihnen, mein lieber Fürst, zu sagen, mit welcher lebhaften Besorgniß mich vor einiger Zeit die Nachricht von der Möglichkeit Ihres Rücktrittes erfüllte. Je größer meine persönliche Verehrung für Sie und mein Vertrauen zu der föderativen Grundlage Ihres staatsmännischen Wirkens ist, desto schmerzlicher hätte ich ein solches Ereigniß für mich und mein Land empfunden.

Zu meiner wahren Freude ist es nicht eingetreten, und ich wünsche von ganzem Herzen, daß Ihre Weisheit und Thatkraft dem Reiche und dem reichstreuen Bayern noch recht lange erhalten bleiben möge! Haben Sie, mein lieber Fürst, meinen innigsten Dank auch für die Mittheilung erfreulicher Friedensaussichten und für die Zusicherung, daß mein für Berlin bestimmter Gesandter v. Rudhart bei Ihnen wohlwollende und vertrauensvolle Aufnahme finden werde. In Ihrer Stellung zu der immer wieder auftauchenden Frage verantwortlicher Reichsministerien erscheinen Sie als der starke Hort der Rechte der Bundesfürsten, und mit wahrhafter Beruhigung nehme ich von Ihnen, mein lieber Fürst, das Wort entgegen, daß das Heil der deutschen Zukunft nicht in der Centralisirung zu suchen ist, welche mit der Schaffung solcher Ministerien eintreten würde. Seien Sie überzeugt, daß ich es an nichts fehlen lassen werde, um Ihnen in dem Kampfe für Aufrechterhaltung der Grundlagen der Reichsverfassung die offene und vollste Unterstützung meiner Vertreter im Bundesrathe, welchen sich gewiß auch die Bevollmächtigten der andern Fürsten anschließen werden, für alle Zukunft zu sichern. Das bewährte sich bei Rudhart nicht.

Berg, den 7. Juli 1877.

Ludwig.

Kissingen, den 12. August 1878.

Eurer Majestät erlaube ich mir meinen ehrfurchtsvollen Dank zu Füßen zu legen für die huldreichen Befehle, welche der Königliche Marstall auch in diesem Jahre für meinen hiesigen Aufenthalt erhalten hat, und für die gnädige Anerkennung, welche der Minister von Pfretzschner mir im Allerhöchsten Auftrage überbracht hat. Durch den Congreß ist die Politik einstweilen zum Abschlusse gebracht, deren Angemessenheit für Deutschland Eure Majestät in huldreichen Schreiben anzuerkennen geruhten. Der eigne Frieden blieb gewahrt, die Gefahr eines Bruches zwischen Oestreich und Rußland ist beseitigt, und unsre Beziehungen zu beiden befreundeten Nachbarreichen sind erhalten und befestigt. Namentlich freue ich mich, daß es gelungen ist, das noch junge Vertrauen Oestreichs zu unsrer Politik im Cabinet wie in der Bevölkerung des Kaiserstaates zu kräftigen. Ich darf von der Allerhöchsten Billigung Eurer Majestät überzeugt sein, wenn ich auch ferner bemüht bin, die auswärtige Politik des Reiches in der vorbezeichneten Richtung zu erhalten, und dementsprechend bei der Pforte und anderweit gegenwärtig dahin zu wirken, daß die schwierige Aufgabe, die Oestreich, allerdings etwas spät, übernommen hat, durch diplomatischen Beistand nach Möglichkeit erleichtert werde.

Schwieriger sind die augenblicklichen Aufgaben der innern Politik. Meine Verhandlungen mit dem Nuntius, ruhn seit dem Tode des Cardinals Franchi vollständig, in Erwartung von Instructionen aus Rom. Diejenigen, welche der Erzbischof von Neocäsarea mitbrachte, verlangten Herstellung des *status quo aute* 1870 in Preußen, factisch, wenn nicht vertragsmäßig. Derartige prinzipielle Concessionen sind beiderseits unmöglich. Der Papst besitzt die Mittel nicht, durch welche er uns die nöthigen Gegenleistungen machen könnte; die Centrumspartei, die staatsfeindliche Presse, die polnische Agitation, gehorchen dem Papste nicht, auch wenn Seine Heiligkeit diesen Elementen befehlen wollte, die Regirung zu unterstützen. Die im Centrum vereinten Kräfte fechten zwar jetzt unter päpstlicher Flagge, sind aber *an sich* staatsfeindlich, auch wenn die Flagge der Katholicität aufhörte sie zu decken; ihr Zusammenhang mit der Fortschrittspartei und den Socialisten auf der Basis der Feindschaft gegen den Staat ist von dem Kirchenstreit unabhängig. In Preußen wenigstens waren die Wahlkreise, in denen das Centrum sich ergänzt, auch *vor* dem Kirchenstreite oppositionell, aus demokratischer Gesinnung, bis auf den Adel in Westfalen und Oberschlesien, der unter der Leitung der Jesuiten steht und von diesen absichtlich schlecht erzogen wird. Unter diesen Umständen fehlt dem römischen Stuhl die Möglichkeit, uns für die Concessionen, die er von uns verlangt, ein Aequivalent zu bieten, namentlich da er über den Einfluß der Jesuiten auf deutsche Verhältnisse gegenwärtig nicht verfügt. Die Machtlosigkeit des Papstes ohne diesen Beistand hat sich besonders bei den Nachwahlen erkennen lassen, wo die katholischen Stimmen, *gegen* den Willen des Papstes, für socialistische Candidaten abgegeben wurden und der Dr. Moufang in Mainz öffentlich Verpflichtungen in dieser Beziehung einging. Die hiesigen Verhandlungen mit dem Nuntius können das Stadium der gegenseitigen Recognoscirung nicht überschreiten; sie haben mir die Ueberzeugung gewährt, daß ein Abschluß noch nicht möglich ist; ich glaube aber vermeiden zu sollen, daß sie gänzlich abreißen, und dasselbe scheint der Nuntius zu wünschen. In Rom hält man uns offenbar für hülfsbedürftiger, als wir sind, und überschätzt den Beistand, den man uns, bei dem besten Willen, im Parlamente zu leisten vermag. Die Wahlen zum Reichstage haben den Schwerpunkt des letztern weiter nach rechts geschoben, als man annahm. Das Uebergewicht der Liberalen ist vermindert, und zwar in höherm Maße, als die Ziffern es erscheinen lassen. Ich war bei Beantragung der Auflösung nicht im Zweifel, daß die Wähler regirungsfreundlicher sind als die Abgeordneten, und die Folge davon ist gewesen, daß viele Abgeordnete, welche ungeachtet ihrer oppositionellen Haltung wiedergewählt wurden, dies nur durch Zusagen zu Gunsten der Regirung erreichen konnten. Wenn sie diese Zusagen nicht halten, und eine neue Auflösung folgen sollte, so werden sie nicht mehr Glauben bei den Wählern finden und nicht wieder gewählt werden. Die Folge der gelockerten Beziehungen zu den liberalen und centralistischen Abgeordneten wird, meines ehrfurchtsvollen Dafürhaltens, ein festeres Zusammenhalten der verbündeten Regirungen unter einander sein. Das Anwachsen der socialdemokratischen Gefahr, die jährliche Vermehrung der bedrohlichen Räuberbande, mit der wir gemeinsam unsre größern Städte bewohnen, die Versagung der Unterstützung gegen diese Gefahr von seiten der Mehrheit des Reichstags drängt schließlich den deutschen Fürsten, ihren Regirungen und allen Anhängern der staatlichen Ordnung eine Solidarität der Nothwehr auf, welcher die Demagogie der Redner und der Presse nicht gewachsen sein wird, so lange die Regirungen einig und entschlossen bleiben, wie sie es gegenwärtig sind. Der Zweck des Deutschen Reiches ist der Rechtsschutz; die parlamentarische Thätigkeit ist bei Stiftung des bestehenden Bundes der Fürsten und Städte als ein Mittel zur Erreichung des Bundeszweckes, aber nicht als Selbstzweck aufgefaßt worden. Ich hoffe, daß das Verhalten des Reichstags die verbündeten Regirungen der Notwendigkeit überheben wird, die Consequenzen dieser Rechtslage jemals praktisch zu ziehn. Aber ich bin nicht gewiß, daß die Mehrheit des jetzt gewählten Reichstags schon der richtige Ausdruck der zweifellos loyal und monarchisch gesinnten Mehrheit der deutschen Wähler sein werde. Sollte es nicht der Fall sein, so tritt die Frage einer neuen Auflösung in die Tagesordnung. Ich glaube aber nicht, daß ein richtiger Moment der Entscheidung darüber schon in diesem Herbst eintreten könne. Bei einem neuen Appell an die Wähler wird die wirthschaftliche und finanzielle Reformfrage ein Bundesgenosse für die verbündeten Regirungen sein, sobald sie im Volke richtig verstanden sein wird; dazu aber ist ihre Discussion im Reichstage nöthig, die nicht vor der Wintersession stattfinden kann. Das Bedürfnis höherer Einnahmen durch indirekte Steuern ist in allen Bundesstaaten fühlbar und von deren Ministern in Heidelberg einstimmig anerkannt worden. Der Widerspruch der parlamentarischen Theoretiker dagegen hat in der productiven Mehrheit der Bevölkerung auf die Dauer keinen Anklang.

Eure Majestät bitte ich unterthänigst, diese kurze Skizze der Situation mit huldreicher Nachsicht aufnehmen und mir Allerhöchstdero Gnade ferner erhalten zu wollen....

v. Bismarck.

Aus ganzem Herzen spreche ich Ihnen meinen aufrichtigen Dank für die so hochinteressante Darstellung der gegenwärtigen politischen Lage, welche Sie von Kissingen aus mir zu schreiben die Aufmerksamkeit hatten, sowie die Zielpunkte, welche Ihre große Politik sich für die nächste Zukunft gesetzt hat. Es ist mein innigster Wunsch, daß Kissingen und die Nachcur Sie im Besitz der riesigen Kraft erhalten möge, welche die Durchführung Ihrer Pläne erfordert und an welche schon die nächste Reichstagssession gewaltige Ansprüche machen wird. Möge Ihr kraftvolles Wirken wie bisher ein gesegnetes sein zum Heile der deutschen Lande und Sie uns allen, denen Deutschlands Wohl am Herzen liegt, noch recht viele Jahre erhalten bleiben! Auch ich gebe mich der festen Hoffnung hin, daß die verbündeten Regierungen stets einig bleiben und fest zusammenstehen, wenn es gilt, die socialdemokratische Gefahr zu beschwören.

Ich ersuche Sie, der Fürstin den Ausdruck meiner besonderen Verehrung zu übermitteln und Ihren Sohn, den Grafen Herbert, recht vielmals von mir grüßen zu wollen.

Unter Wiederholung meines herzlichsten Dankes für Ihren mir so hochwillkommenen fesselnden Brief bleibe ich stets, mein lieber Fürst, mit der Versicherung ganz besonderer Hochachtung, Wertschätzung und Vertrauens Berg, den 31. August 1878.

Ihr

aufrichtiger Freund

Ludwig. Hier wäre das Telegramm des Königs vom 30. Sept. 1878 einzureihen, Anhang zu den Gedanken und Erinnerungen II 518.

Mein lieber Fürst von Bismarck!

Das günstige Resultat, mit welchem die Reichstagsverhandlungen über Ihr großes Finanz-Projekt endeten, gibt mir willkommenen Anlaß, Sie von Herzen zu beglückwünschen. Es bedurfte Ihrer außerordentlichen Kraft und Energie, um den Kampf mit den widerstreitenden Ansichten und den tausend selbstsüchtigen Interessen, welche sich Ihrem Plane entgegenstellten, siegreich zu bestehen. Die deutschen Lande sind Ihnen aufs Neue zu Dank verpflichtet und streben mit wiederbelebter Hoffnung dem Ziele materieller Wohlfahrt zu, welche die unerläßliche Grundlage staatlichen Lebens bildet.

Möge der Aufenthalt in Kissingen Ihnen wieder vollen Erfolg von den Anstrengungen und Mühen der letzten Zeit bringen. Mit diesem aus dem Herzen kommenden Wunsche verbinde ich die Versicherung meiner besonderen Wertschätzung, mit welcher ich bin

Hohenschwangau, den 29. Juli 1879.

Ihr

aufrichtiger Freund

Ludwig.

Kissingen, 4. August 1879.

Eure Majestät haben mich sehr glücklich gemacht durch die huldreiche Anerkennung, welche das allerhöchste Schreiben vom 29. v. M. für mich enthält. Besonders dankbar bin ich für die Nachsicht, mit welcher Eure Majestät die Schwierigkeiten würdigen, welche die Partei-Leidenschaften im Bunde mit den Privat-Interessen den von den verbündeten Regirungen geplanten Reformen in den Weg legen.

In wirthschaftlicher Beziehung, in Betreff des Schutzes der deutschen Arbeit und Production, wird meines unterthänigsten Dafürhaltens in der nächsten Zeit etwas Weiteres als das Erreichte nicht zu erstreben, vielmehr die praktische Wirkung abzuwarten sein: und die letztre wird in dem nächsten Jahre sich noch nicht mit Sicherheit erkennen lassen, weil die vom Reichstag beschlossene Hinausschiebung der Einführungstermine dem Auslande noch Gelegenheit zu unverzollter Ueberführung des deutschen Marktes geboten hat. Die gehoffte heilsame Wirkung auf die Hebung unsrer materiellen Wohlfahrt wird sich erst nach Ablauf des nächsten Jahres fühlbar machen können.

Auf finanziellem Gebiet glaube ich aber wird schon in einer der nächsten Reichstagssitzungen der Versuch zur Eröffnung weitrer Einnahmequellen für die verbündeten Regirungen zu erneuern sein, da die bisherigen vielleicht die Lücken unsres Etats decken, aber nicht ausreichend sein werden, um *Reformen* der directen Steuern und Unterstützungen der nothleidenden Gemeindeverwaltungen zu ermöglichen.

In politischer Beziehung hat das Ergebniß des Vorgehns der verbündeten Regirungen meinen Erwartungen insofern entsprochen, als die fehlerhafte Gruppirung und Zusammensetzung unsrer politischen Parteien und Fractionen durch die betreffenden Verhandlungen einen nachhaltigen Stoß erlitten zu haben scheint. Das Centrum hat zum ersten Male begonnen, sich in positivem Sinne an der Gesetzgebung des Reiches zu betheiligen. Ob dieser Gewinn, ein dauernder sein wird, kann nur die Erfahrung lehren. Die Möglichkeit bleibt nicht ausgeschlossen, daß diese Partei, wenn eine Verständigung mit dem römischen Stuhle nicht gelingt, zu ihrer frühern, rein negativen und oppositionellen Haltung zurückkehrt. Die Aussichten auf eine Verständigung mit Rom sind dem äußern Anschein nach seit dem vorigen Jahre nicht wesentlich gebessert. Vielleicht darf ich aber Hoffnungen an die Thatsache knüpfen, daß der päpstliche Nuntius Jacobini dem Botschafter Prinzen Reuß amtlich den Wunsch ausgesprochen hat, in Verhandlungen einzutreten, zu welchen er von Rom Vollmacht habe. Die Tragweite der letztern kenne ich noch nicht, habe mich aber auf den Wunsch des Nuntius bereit erklärt, mich im Laufe dieses Monats in Gastein mit ihm zu begegnen und zu besprechen.

Die nationalliberale Partei wird, wie ich hoffe, durch die letzte Reichstagssession ihrer Scheidung in eine monarchische und eine fortschrittliche, also republikanische Hälfte entgegengeführt werden. Der Versuch des frühern Präsidenten von Forckenbeck, die gesetzgebenden Gewalten des Reichs der directen Kontrolle eines deutschen Städtebundes zu unterwerfen, und die Brandreden an die Adresse der besitzlosen Klassen von Laster und Richter haben die revolutionäre Tendenz dieser Abgeordneten so klar und nackt hingestellt, daß für Anhänger der monarchischen Regirungsform keine politische Gemeinschaft mehr mit ihnen möglich ist. Der Plan des Städtebundes mit seinem ständigen Ausschuß am Sitze des Reichstages war der Berufung der »Föderirten« aus den französischen Provinzialstädten im Jahre 1792 nachgebildet. Der Versuch fand im deutschen Volke keinen Anklang, zeigt aber, wie auch in unsern fortschrittlichen Abgeordneten das Material für Conventsdeputirte zu finden wäre. Die Vorarbeiter der Revolution recrutiren sich bei uns ziemlich ausschließlich aus dem *gelehrten* Proletariat, an welchem Norddeutschland reicher ist als der Süden. Es sind die studirten und hochgebildeten Herrn, ohne Besitz, ohne Industrie, ohne Erwerb, welche entweder vom Gehalt im Staats- und Gemeindedienst oder von der Presse, häufig von beiden leben, und welche im Reichstage erheblich mehr als die Hälfte der Abgeordneten stellen, während im wählenden Volke ihre Anzahl einen geringen Procentsatz nicht überschreitet. Diese Herrn sind es, welche das revolutionäre Ferment liefern und die fortschrittliche und nationalliberale Fraction und die Presse leiten. Die Sprengung ihrer Fraction ist nach meinem unterthänigsten Dafürhalten eine wesentliche Aufgabe der erhaltenden Politik, und die Reform der wirthschaftlichen Interessen bildet den Boden, auf welchem die Regirungen diesem Ziele mehr und mehr näher treten können.

Eurer Majestät danke ich ehrfurchtsvoll für Allerhöchstderselben huldreiche Wünsche bezüglich meiner hiesigen Kur, von welcher ich nach den bisherigen Eindrücken hoffen darf, daß sie ebenso wie in frühern Jahren die Schäden heilen werde, welche der Winter meiner Gesundheit zufügt. Einen wesentlichen Antheil an der guten Wirkung hat die Leichtigkeit, mit welcher Eurer Majestät Gnade mich in den Stand setzt, die gute Luft der umgebenden Wälder zu genießen. Die ausgezeichneten Pferde des Marstalls Eurer Majestät machen es leicht, jeden Punkt der schönen Umgebung Kissingens zu erreichen, eine Annehmlichkeit, für welche die mit den Jahren abnehmende Rüstigkeit zu Fuß doppelt empfänglich macht. Eure Majestät wollen meinen allerunterthänigsten Dank für diese Annehmlichkeit und für die Auszeichnung, welche für mich in ihrer Gewährung liegt, in Gnaden entgegennehmen.

v. Bismarck.

Kissingen, den 7. August 1879.

Bei dem Interesse, welches Eure Majestät an dem Fortgange der Verhandlungen mit Rom nehmen, erlaube ich mir Allerhöchstdenselben beifolgend Abschriften:

1. des Schreibens des Papstes an Se. Majestät den Kaiser vom 30. Mai,
2. der darauf ergangnen Antwort vom 21. Juni,
3. des bisher noch nicht beantworteten Schreibens des Papstes an Se. Majestät den Kaiser vom 9. Juli

ehrfurchtsvoll vorzulegen.

v. Bismarck.

Mein lieber Fürst!

Für Ihre beiden mir sehr willkommenen Schreiben vom 4. und 7. dieses Monats, in denen Sie mir über den Stand der Parteien und über die Lage der römischen Angelegenheit so interessante Aufschlüsse gaben, sende ich Ihnen meinen wärmsten Dank. – Schon jetzt sind Ihre Unterhandlungen mit Rom erfolgreich gewesen, da das erheblich gebesserte Verhältniß zur Curie entschieden auf die Centrumspartei und durch sie auf das Gelingen Ihres Finanzreformwerkes von Einfluß war. So möge auch im Uebrigen Ihr kräftiges Bestreben, eine große conservative Partei zu schaffen, vom Glück begünstigt sein. Es ist mein inniger Wunsch, daß Ihnen, mein lieber Fürst, Gesundheit und Kraft zur Bewältigung Ihrer großen, hochwichtigen Aufgaben bewahrt bleiben, und habe ich daher aus Ihren Zeilen mit wahrer Freude vernommen, daß der Aufenthalt in Kissingen die beste Wirkung verspricht.

Seien Sie, mein lieber Fürst, der besonderen Werthschätzung, der vollsten Hochachtung und Vertrauens versichert, womit ich immerdar verbleibe

Berg, den 18. Aug. 1879.

Ihr

aufrichtiger Freund

Ludwig In der chronologischen Folge würden hier die im Anhang zu den Gedanken und Erinnerungen II 531 ff. veröffentlichten Schreiben des Königs vom 2. und 17. Mai, 15. Juni 1880, sowie die im 29. Kapitel (Bd. II S. 266 ff.) eingefügten Stücke anzuschließen sein.

Mein lieber Fürst!

Mit wahrer Freude haben mich die Glückwünsche erfüllt, welche Sie mir zu meinem Doppelfeste und zur 700jährigen Jubiläumsfeier meines Hauses darzubringen die Aufmerksamkeit hatten. Das Schreiben liegt leider in einer Abschrift nicht vor. Ich danke Ihnen von ganzem Herzen für die erprobte anhängliche Gesinnung, welche mir und meinem Lande von so hohem Werthe ist und auf welche ich, wie bisher, so fürderhin mein aufrichtiges Vertrauen setze. – Bei den innigen Beziehungen, in welchen Sie als der ruhmreiche große Kanzler zu mir stehen, war es für mich von besonderem Interesse zu vernehmen, daß schon meine Vorfahren Anlaß hatten, Ihre Familie hochzuschätzen und auszuzeichnen. – Die günstige Nachricht, welche Sie, mein lieber Fürst, mir von Ihrem Befinden gaben, ist mir hochwillkommen, und ich wiederhole, wie freudig ich es empfinde, daß eine bayerische Heilquelle zur Erhaltung der bewundernswerthen Kraft beiträgt, welche Sie zum Wohle der deutschen Staaten einsetzen. Mit hoher Befriedigung habe ich aus Ihrem Schreiben den Glauben an die Sicherheit des Friedens ersehen, und dankbar bin ich für die Zusicherung eines Berichtes über die politische Lage.

Empfangen Sie, mein lieber Fürst, mit den Ihrigen die Versicherung meiner wärmsten Sympathie und der besonderen Wertschätzung, mit welcher ich stets bin

Berg, den 1. Sept. 1880.

Ihr

aufrichtiger Freund

Ludwig.

Mein lieber Fürst!

Der gute Erfolg Ihrer Cur in Kissingen hat meine aufrichtigen Wünsche erfüllt, und ich hoffe, daß die nöthige Ruhe auch die neuralgischen Schmerzen heilen wird, welche, wie Sie mir zu meinem lebhaften Bedauern mittheilen, noch vorhanden sind. – Die Darstellung der äußeren und inneren Lage, welche ich Ihrem, mir so willkommenen hochgeschätzten Schreiben verdanke, war mir im höchsten Grade interessant. Wie Großes Sie nach beiden Seiten hin leisten, ist der Gegenstand meiner Bewunderung. Für die Friedensaussichten bin ich ebenso empfänglich, als für Ihr festes Standhalten gegen die Gelüste nach parlamentarischer Majoritätsregierung, welche gegenwärtig auch in Bayern, wenn auch von anderer Seite her, auftauchen. Ich werde dafür sorgen, daß ihr Ziel, das mit dem monarchischen Princip nicht zu vereinigen ist und nur endlose Unruhe und Unfrieden herbeiführen würde, unerreicht bleibt. – Den bevorstehenden Wahlen sehe ich mit dem größten Interesse entgegen. Wenn sie auch nicht nach Wunsch ausfallen, so glaube ich doch fest daran, daß es Ihrer Beharrlichkeit gelingen wird, die finanziellen und wirthschaftlichen Grundlagen zu schaffen, welche nothwendig sind, um die Wohlfahrt der deutschen Lande und insbesondere die Lage der Arbeiter auf eine befriedigende Stufe zu bringen; der ehrlichen Mitwirkung von Seiten meiner Regierung sind Sie gewiß. – Andererseits bin ich der vertrauensvollen Ueberzeugung, daß Sie, mein lieber Fürst, bei der Durchführung Ihrer großen Ideen von dem föderativen Princip ausgehen, auf welchem das Reich und die Selbstständigkeit der Einzelstaaten bestehen.

Es hat mich von Herzen gefreut, Sie in Bayerns Gränzen zu wissen. Ich hoffe, daß Sie mein Land noch viele viele Jahre besuchen, und sende Ihnen, mein lieber Fürst, mit meinen innigsten Wünschen für alle Zukunft die Versicherung meines besonderen Vertrauens und vollster Hochschatzung, mit welcher ich stets verbleibe

Hohenschwangau, den 10. August 1881.

Ihr

aufrichtiger Freund

Ludwig.

Mein lieber Fürst!

Für die große Freude, welche Sie mir durch Ihre Glückwünsche zu meinem Geburtstage bereitet haben, spreche ich Ihnen meinen wärmsten Dank von Herzen aus. Dieselben sind mir wie der ganze Inhalt Ihres hochgeschätzten Schreibens ein neuer Beweis der mich hocherfreuenden anhänglichen Gesinnung, auf welche ich stets mein vollstes Vertrauen setze. Zu dem Aufenthalte in Varzin wünsche ich Ihnen Ruhe und schöne Tage, damit Sie im Genusse ungestörter Gesundheit an die von Ihnen ersehnte Beschäftigung mit Ihren großen Aufgaben gehen können.

Indem ich Ihnen und den Ihrigen meine besten Grüße sende, verbleibe ich, mein lieber Fürst, mit ganz besonderer Werthschätzung stets

Berg, den 27. August 1881.

Ihr

aufrichtiger Freund

Ludwig.

Mein lieber Fürst!

Mit lebhafter Freude erfüllte mich der mir so theure Brief, welchen Sie von Kissingen aus an mich zu richten die Aufmerksamkeit hatten. Indem ich Ihnen, mein lieber Fürst, für die darin zu meinem Doppelfeste ausgesprochenen Glückwünsche meinen wärmsten Dank zum Ausdruck bringe, will ich es nicht unterlassen, Ihnen, mein lieber Fürst, zu sagen, mit welch großem Interesse ich die Ihrem Schreiben beigefügten Darlegungen über die politische Lage verfolgt habe. – Zu meiner großen Genugthuung durfte ich demselben entnehmen, daß zur Zeit keine ernsten Anzeichen vorhanden sind, welche eine nahe Gefahr für den europäischen Frieden befürchten lassen. Wenn gleichwohl die Zustände in Rußland und die ungewöhnlichen Truppenaufstellungen an der russischen Westgränze einige Besorgniß zu erwecken geeignet sind, so gebe ich mich doch der Hoffnung hin, daß es dem so glücklichen Einverständnisse zwischen Deutschland und Oesterreich, das eine machtvolle Bürgschaft des Friedens für den Welttheil bietet, und Ihrer weisen und vorausschauenden Politik gelingen wird, einer kriegerischen Verwicklung vorzubeugen, und daß schließlich doch die erst kürzlich bei dem feierlichen Anlasse der Krönung zu Moskau laut und offen verkündigten friedlichen Absichten des Kaisers von Rußland den Sieg behaupten werden. – Empfangen Sie, mein lieber Fürst, mit meinem wärmsten Danke für Ihre stets so willkommenen Mittheilungen den Ausdruck meiner wahren Freude darüber, daß Ihre, wie ich tief bedauere, seit längerer Zeit angegriffene Gesundheit unter den heilkräftigen Einwirkungen des Kissinger Curgebrauches und Dank einer trefflichen ärztlichen Behandlung sich zu bessern begonnen hat. Möge Ihnen, das ist mein aufrichtigster Wunsch, recht bald die volle Kraft der Gesundheit wieder geschenkt werden, auf daß sich Deutschland noch recht lange des Gefühles der Sicherheit erfreue, welches ihm das Vertrauen auf die Thatkraft und die Umsicht seines großen Staatsmannes einflößt. Ferner erneuere ich in diesen Zeilen die Versicherung wahrer Bewunderung und unwandelbarer Zuneigung, von der ich stets für Sie, mein lieber Fürst, beseelt bin! Ihnen meine herzlichsten Grüße sendend, bleibe ich immerdar

Schloß Berg, den 2. Sept. 1883.

Ihr

aufrichtiger Freund

Ludwig.

Mein lieber Fürst von Bismarck! Ich habe Ihr Schreiben vom 19. dieses Monats zu erhalten das Vergnügen gehabt und spreche Ihnen, mein lieber Fürst, für Ihre Mittheilungen, sowie für die damit verbundene Zusendung des Aktenstückes aus St. Petersburg meinen wärmsten Dank aus. Von Beidem habe ich mit jenem lebhaften Interesse Kenntniß genommen, welches ich Allem, was mir von Ihnen zukommt, entgegenbringe. Das Erfreulichste aber, das mir Ihre Zeilen brachten, war mir die Nachricht von dem Fortschritte Ihrer Genesung, welcher, wie ich von Herzen wünsche, zur völligen Wiederherstellung Ihrer Gesundheit führen möge. Die begründete Hoffnung, daß Sie sich neu gestärkt und erfrischt auch ferner der hohen Aufgabe Ihres staatsmännischen Berufes vollauf werden widmen können, läßt mich der weiteren Entwicklung der politischen Lage mit um so größerer Ruhe entgegensehen. Was insbesondere das Verhältnis Deutschlands zu Rußland betrifft, so entnehme ich dem Berichte des Generals von Schweinitz mit Genugthuung, daß wenigstens an der aufrichtigen Friedensliebe des Kaisers von Rußland und des dortigen leitenden Ministers nicht gezweifelt werden kann. Diese immerhin beruhigende Thatsache im Vereine mit dem so glücklicher Weise herrschenden Einvernehmen zwischen Deutschland und Oesterreich, welches mir durch Ihre Mittheilungen zu meiner Freude aufs Neue als ein vollständig gesichertes bestätigt wird, erscheint wohl geeignet, die Hoffnungen auf fernere Erhaltung des Friedens zu stärken.

Empfangen Sie, mein lieber Fürst, mit dem wiederholten Ausdrucke meiner wärmsten Wünsche für Ihre volle Erkräftigung die Versicherung der besonderen Wertschätzung, mit welcher ich bin

Elmau, den 27. Sept. 1883.

Ihr

aufrichtiger Freund
Ludwig.

Zweiter Band

Neunzehntes Kapitel. Schleswig-Holstein.

I.

Zu meinem Nachfolger in Paris war Graf Robert von der Goltz ernannt worden, der seit 1855 Lies 1854, vgl. Brief Roberts v. d. Goltz an Bismarck vom 31. October 1854 im Anhang zu den Gedanken und Erinnerungen II 215 ff. Gesandter in Athen, Constantinopel und Petersburg gewesen war. Meine Erwartung, daß das Amt ihn disciplinirt, der Uebergang von der schriftstellerischen zu einer geschäftlichen Thätigkeit ihn praktischer, nüchterner gemacht und die Berufung auf den derzeit wichtigsten Posten der preußischen Diplomatie seinen Ehrgeiz befriedigt haben würde, sollte sich nicht sogleich und nicht völlig erfüllen. Am Ende des Jahres 1863 sah ich mich zu einer schriftlichen Erörtrung mit ihm genöthigt, die leider nicht vollständig in meinem Besitz ist; von seinem Briefe vom 22. December, welcher den unmittelbaren Anlaß dazu gab, ist nur ein Bruchstück vorhanden S. Bismarck-Jahrbuch V 231 f. , und in der Abschrift meiner Antwort fehlt der Eingang. Aber auch so hat diese ihren Werth als Schildrung der damaligen Situation und als Beleuchtung der daraus hervorgegangnen Entwicklung.

»Berlin, den 24. December 1863. ... Was die dänische Sache betrifft, so ist es nicht möglich, daß der König zwei auswärtige Minister habe, d. h. daß der wichtigste Posten in der entscheidenden Tagesfrage eine der ministeriellen Politik entgegengesetzte Immediat bei dem Könige vertrete. Die schon übermäßige Friction unsrer Staatsmaschine kann nicht noch gesteigert werden. Ich vertrage jeden mir gegenüber geübten Widerspruch, sobald er aus so kompetenter Quelle wie die Ihrige hervorgeht; die Berathung des Königs aber in dieser Sache kann ich amtlich mit niemandem theilen, und ich müßte, wenn Seine Majestät mir dies zumuthen sollte, aus meiner Stellung scheiden. Ich habe dies dem Könige bei Vorlesung eines Ihrer jüngsten Berichte gesagt; Seine Majestät fand meine Auffassung natürlich, und ich kann nicht anders als an ihr festhalten. Berichte, welche nur die ministeriellen Anschauungen wiederspiegeln, erwartet niemand; die Ihrigen sind aber nicht mehr Berichte im üblichen Sinne, sondern nehmen die Natur ministerieller Vorträge an, die dem Könige die entgegengesetzte Politik von der empfehlen, welche er mit dem gesammten Ministerium im Conseil selbst beschlossen und seit vier Wochen befolgt hat. Eine, ich darf wohl sagen scharfe, wenn nicht feindselige Kritik dieses Entschlusses ist aber ein andres Ministerprogramm und nicht mehr ein gesandschaftlicher Bericht. *Schaden* kann solche kreuzende Auffassung allerdings, ohne zu nützen; denn sie kann Zögerungen und Unentschiedenheiten hervorrufen, und jede Politik halte ich für eine bessere als eine schwankende.

Ich gebe Ihnen die Betrachtung vollständig zurück, daß eine ›an sich höchst einfache Frage preußischer Politik‹ durch den Staub, den die dänische Sache aufrührt, durch die Nebelbilder, welche sich an dieselbe knüpfen, verdunkelt wird. Die Frage ist, ob wir eine Großmacht sind oder ein deutscher Bundesstaat, und ob wir, der erstern Eigenschaft entsprechend, monarchisch oder, wie es in der zweiten Eigenschaft allerdings zulässig ist, durch Professoren, Kreisrichter und kleinstädtische Schwätzer zu regiren sind. Die Jagd hinter dem Phantom der Popularität ›in Deutschland‹, die wir seit den vierziger Jahren betrieben, hat uns unsre Stellung in Deutschland und in Europa gekostet, und wir werden sie dadurch nicht wieder gewinnen, daß wir uns vom Strome treiben lassen in der Meinung, ihn zu lenken, sondern nur dadurch, daß wir fest auf eignen Füßen stehn und *zuerst* Großmacht, *dann* Bundesstaat sind. Das hat Oestreich zu unserm Schaden stets als richtig für sich anerkannt, und es wird sich von der Komödie, die es mit deutschen Sympathien spielt, nicht aus seinen europäischen Allianzen, wenn es überhaupt solche hat, herausreißen lassen. Gehn wir ihm zu weit, so wird es scheinbar noch eine Weile mitgehn, namentlich mitschreiben, aber die 20 Procent Deutsche, die es in seiner Bevölkerung hat, sind kein in letzter Instanz zwingendes Element, sich von uns wider eignes Interesse fortreißen zu lassen. Es wird im geeigneten Momente hinter uns zurückbleiben und seine Richtung in die europäische Stellung zu finden wissen, sobald wir dieselbe aufgeben. Die Schmerling'sche Politik, deren Seitenstück Ihnen als Ideal für Preußen vorschwebt, hat ihr Fiasco gemacht. Unsre von Ihnen im Frühjahr sehr lebhaft bekämpfte Politik hat sich in der polnischen Sache bewährt, die Schmerling'sche bittre Früchte für Oestreich getragen. Ist es denn nicht der vollständigste Sieg, den wir erringen konnten, daß Oestreich zwei Monate nach dem Reformversuch froh ist, wenn von demselben nicht mehr gesprochen wird, und mit uns identische Noten an seine frühern Freunde schreibt, mit uns seinem Schooßkinde, der Bundestags-Majorität, drohend erklärt, es werde sich nicht majorisiren lassen? Wir haben diesen Sommer erreicht, wonach wir 12 Jahre lang vergebens strebten, die Sprengung der Bregenzer Koalition, Oestreich hat unser Programm adoptirt, was es im October v. J. öffentlich verhöhnte; es hat die preußische Allianz statt der Würzburger gesucht, empfängt seine Beihülfe von uns, und wenn wir ihm heut den Rücken kehren, so stürzen wir das Ministerium. Es ist noch nicht dagewesen, daß die Wiener Politik in diesem Maße *en gros et en détail* von Berlin aus geleitet wurde.

Dabei sind wir von Frankreich gesucht, Fleury bietet mehr, als der König mag; unsre Stimme hat in London und Petersburg das Gewicht, was ihr seit 20 Jahren verloren war; und das acht Monate, nachdem Sie mir die gefährlichste Isolirung wegen unsrer polnischen Politik prophezeiten. Wenn wir jetzt den Großmächten den Rücken drehn, um uns der in dem Netze der Vereinsdemokratie gefangnen Politik der Kleinstaaten in die Arme zu werfen, so wäre das die elendeste Lage, in die man die Monarchie nach Innen und Außen bringen könnte. Wir würden geschoben statt zu schieben Vgl. Goethe, Faust I Walpurgisnacht. ; wir würden uns auf Elemente stützen, die wir nicht beherrschen und die uns nothwendig feindlich sind, denen wir uns aber auf Gnade oder Ungnade zu ergeben hätten. Sie glauben, daß in der ›deutschen öffentlichen Meinung‹, Kammern, Zeitungen etc. irgend etwas steckt, was uns in einer Unions- oder Hegemonie-Politik stützen und helfen könnte. Ich halte das für einen radicalen Irrthum, für ein Phantasiegebilde. Unsre Stärkung kann nicht aus Kammern- und Preßpolitik, sondern nur aus waffenmäßiger Großmachtspolitik hervorgehn, und wir haben nicht nachhaltiger Kraft genug, um sie in falscher Front und für Phrasen und Augustenburg zu verpuffen. Sie überschätzen die ganze dänische Frage und lassen sich dadurch blenden, daß dieselbe das allgemeine Feldgeschrei der Demokratie geworden ist, die über das Sprachrohr von Presse und Vereinen disponirt und diese an sich mittelmäßige Frage zum Moussiren bringt. Vor zwölf Monaten hieß es zweijährige Dienstzeit, vor acht Monaten Polen, jetzt Schleswig-Holstein. Wie sahn Sie selbst die europäische Lage im Sommer an? Sie fürchteten Gefahren jeder Art für uns und haben in Kissingen kein Hehl gemacht über die Unfähigkeit unsrer Politik; sind denn nun diese Gefahren durch den Tod des Königs von Dänemark plötzlich geschwunden und sollen wir jetzt an der Seite von Pfordten, Coburg und Augustenburg, gestützt auf alle Schwätzer und Schwindler der Bewegungspartei, plötzlich stark genug sein, alle vier Großmächte zu brüskiren, und sind letztre plötzlich so gutmüthig oder so machtlos geworden, daß wir uns dreist in jede Verlegenheit stürzen können, ohne etwas von ihnen zu besorgen zu haben?

Sie nennen es eine ›wundervolle‹ Politik, daß wir das Gagern'sche Programm ohne Reichsverfassung hätten verwirklichen können. Ich sehe nicht ein, wie wir hätten dazu gelangen sollen, wenn wir im Bunde mit den Würzburgern, auf deren Unterstützung angewiesen, Europa hätten besiegen müssen. Entweder standen die Regirungen uns ehrlich bei, und der Kampfpreis war ein Großherzog mehr in Deutschland, der aus Sorge für seine neue Souveränetät am Bunde gegen Preußen stimmt, ein Würzburger mehr; oder wir mußten, und das war das Wahrscheinlichere, unsern Verbündeten durch eine Reichsverfassung den Boden unter den Füßen wegziehn und dennoch dabei auf ihre Treue rechnen. Mißlang das, wie zu glauben, so waren wir blamirt; gelang es, so hatten wir die Union mit der Reichsverfassung.

Sie sprechen von dem Staatencomplex von 70 Millionen mit einer Million Soldaten, der in compacter Weise Europa trotzen soll, muthen also Oestreich ein Aushalten auf Tod und Leben bei einer Politik zu, die Preußen zur Hegemonie führen soll, und traun doch dem Staate, der 85 dieser 70 Millionen hat, nicht über den Weg. Ich auch nicht; aber ich finde es für jetzt richtig, Oestreich bei uns zu haben; ob der Augenblick der Trennung kommt und von wem, das werden wir sehn. Sie fragen: wann in aller Welt sollen wir denn Krieg führen, wozu die Armeeorganisation? und Ihre eignen Berichte schildern uns das Bedürfniß Frankreichs, im Frühjahr Krieg zu haben, die Aussicht auf eine Revolution in Galizien daneben. Rußland hat 200000 Mann über den polnischen Bedarf auf den Beinen und kein Geld zu Phantasie-Rüstungen, muß also muthmaßlich doch auf Krieg gefaßt sein; ich bin es auf Krieg und mit Revolution combinirt. Sie sagen dann, daß wir uns dem Kriege garnicht aussetzen; das vermag ich mit Ihren eignen Berichten aus den letzten drei Monaten nicht in Einklang zu bringen. Ich bin dabei in keiner Weise kriegsscheu, im Gegentheil; bin auch gleichgültig gegen Revolutionär oder Conservativ, wie gegen alle Phrasen; Sie werden sich vielleicht sehr bald überzeugen, daß der Krieg auch in meinem Programme liegt; ich halte nur Ihren Weg, dazu zu gelangen, für einen staatsmännisch unrichtigen. Daß Sie dabei im Einverständniß mit Pfordten, Beust, Dalwigk und wie unsre Gegner alle heißen, sich befinden, macht für mich die Seite, die Sie vertreten, weder zur revolutionären noch zur conservativen, aber nicht zur richtigen für Preußen. Wenn der Bierhaus-Enthusiasmus in London und Paris imponirt, so freut mich das, es paßt ganz in unsern Kram; deshalb imponirt er mir aber noch nicht und liefert uns im Kampfe keinen Schuß und wenig Groschen. Mögen Sie den Londoner Vertrag revolutionär nennen: die Wiener Tractate waren es zehnmal mehr und zehnmal ungerechter gegen viele Fürsten, Stände und Länder, das europäische Recht wird eben durch europäische Tractate geschaffen. Wenn man aber an letztre den Maßstab der Moral und Gerechtigkeit legen wollte, so müßten sie ziemlich alle abgeschafft werden.

Wenn Sie statt meiner hier im Amte wären, so glaube ich, daß Sie sich von der Unmöglichkeit der Politik, die Sie mir heut empfehlen und als so ausschließlich ›patriotisch‹ ansehn, daß Sie die Freundschaft darüber kündigen, sehr bald überzeugen würden. So kann ich nur sagen: la critique est aisée; die Regirung, namentlich eine solche, die ohnehin in manches Wespennest hat greifen müssen, unter dem Beifall der Massen zu tadeln, hat nichts Schwieriges; beweist der Erfolg, daß die Regirung richtig verfuhr, so ist von Tadeln nicht weiter die Rede; macht die Regirung Fiasco in Dingen, die menschliche Einsicht und Wille überhaupt nicht beherrschen, so hat man den Ruhm, rechtzeitig vorhergesagt zu haben, daß die Regirung auf dem Holzwege sei. Ich habe eine hohe Meinung von Ihrer politischen Einsicht; aber ich halte mich selbst auch nicht für dumm; ich bin darauf gefaßt, daß Sie sagen, dies sei eine Selbsttäuschung. Vielleicht steigen mein Patriotismus und meine Urtheilskraft in Ihrer Ansicht, wenn ich Ihnen sage, daß ich mich seit 14 Tagen auf der Basis der Vorschläge befinde, die Sie in Ihrem Bericht Nro. – machen. Mit einiger Mühe habe ich Östreich bestimmt, die holsteinischen Stände zu berufen, falls wir es in Frankfurt durchsetzen; wir müssen erst darin sein im Lande. Die Prüfung der Erbfolgefrage am Bunde erfolgt mit unserm Einverständniß, wenn wir auch mit Rücksicht auf England nicht dafür stimmen; ich hatte Sydow ohne Instruction gelassen, er ist zur Ausführung subtiler Instructionen nicht gemacht.

Vielleicht werden noch andre Phasen folgen, die Ihrem Programm nicht sehr fern liegend; wie aber soll ich mich entschließen, mich über meine letzten Gedanken frei gegen Sie auszulassen, nachdem Sie mir politisch den Krieg erklärt haben und sich ziemlich unumwunden zu dem Vorsatz bekennen, das jetzige Ministerium und seine Politik zu bekämpfen, also zu beseitigen? Ich urtheile dabei blos nach dem Inhalt Ihres Schreibens an mich und lasse alles bei Seite, was mir durch Colportage und dritte Hand über Ihre mündlichen und schriftlichen Auslassungen in Betreff meiner zugeht. Und doch muß ich als Minister, wenn das Staatsinteresse nicht leiden soll, gegen den Botschafter in Paris rückhaltlos offen bis zum letzten Worte meiner Politik sein. Die Friction, welche Jeder in meiner Stellung mit den Ministern und Räthen, am Hofe, mit den occulten Einflüssen, Kammern, Presse, den fremden Höfen zu überwinden hat, kann nicht dadurch vermehrt werden, daß die Disciplin meines Ressorts einer Concurrenz zwischen dem Minister und dem Gesandten Platz macht, und daß ich die unentbehrliche Einheit des Dienstes durch Discussion im Wege des Schriftwechsels herstelle. Ich kann selten so viel schreiben wie heut in der Nacht am heiligen Abend, wo alle Beamte beurlaubt sind, und ich würde an niemanden als an Sie den vierten Theil des Briefs schreiben. Ich thue es, weil ich mich nicht entschließen kann, Ihnen amtlich und durch die Bureaus in derselben Höhe des Tones zu schreiben, bei welchem Ihre Berichte angelangt sind. Ich habe nicht die Hoffnung, Sie zu überzeugen, aber ich habe das Vertraun zu Ihrer eignen dienstlichen Erfahrung und zu Ihrer Unparteilichkeit, daß Sie mir zugeben werden, es kann nur Eine Politik auf einmal gemacht werden, und das muß die sein, über welche das Ministerium mit dem Könige einig ist. Wollen Sie dieselbe und damit das Ministerium zu werfen suchen, so müssen Sie das hier in der Kammer und der Presse an der Spitze der Opposition unternehmen, aber nicht von Ihrer jetzigen Stellung aus; und dann muß ich mich ebenfalls an Ihren Satz halten, daß in einem Conflict des Patriotismus und der Freundschaft der Erstre entscheidet. Ich kann Sie aber versichern, daß mein Patriotismus von so starker und reiner Natur ist, daß eine Freundschaft, die neben ihm zu kurz kommt, dennoch eine sehr herzliche sein kann«. Vgl. Bismarck-Jahrbuch V 232 ff. Goltz' Antwort auf diesen Brief mit Bismarck's Randbemerkungen s. im Bismarck-Jahrbuch V 238 ff.

II.

Die Abstufungen, welche in der dänischen Frage erreichbar erschienen und deren jede für die Herzogtümer einen Fortschritt zum Bessern im Vergleich mit dem vorhandnen Zustande bedeutete, gipfelten m. E. in der Erwerbung der Herzogthümer für Preußen, wie ich sofort nach dem Tode Friedrich's VII. in einem Conseil ausgesprochen habe. Ich erinnerte den König daran, daß jeder seiner nächsten Vorfahren – selbst seinen Bruder nicht ausgenommen – für den Staat einen Zuwachs gewonnen habe, Friedrich Wilhelm IV. Hohenzollern und das Jahdegebiet, Friedrich Wilhelm III. die Rheinprovinz, Friedrich Wilhem II. Polen, Friedrich II. Schlesien, Friedrich Wilhelm I. Altvorpommern, der Große Kurfürst Hinterpommern und Magdeburg, Minden u.s.w., und ermunterte ihn, ein Gleiches zu thun. In dem Protokolle fehlte diese meine Aeußrung. Der Geh. Rath Costenoble, der die Protokolle zu führen hatte, sagte, von mir zur Rede gestellt, der König hätte gemeint, es würde mir lieber sein, wenn meine Auslassungen nicht protokollarisch festgelegt würden; Seine Majestät schien geglaubt zu haben, daß ich unter bacchischen Eindrücken eines Frühstücks gesprochen hätte und froh sein würde, nichts weiter davon zu hören. Ich bestand aber auf der Einschaltung, die auch erfolgte. Der Kronprinz hatte, während ich sprach, die Hände zum Himmel erhoben, als wenn er an meinen gesunden Sinnen zweifelte; meine Collegen verhielten sich schweigend.

Wäre das höchste Ziel nicht zu erreichen gewesen, so konnten wir trotz aller Augustenburgischen Verzichtleistungen auf die Einsetzung dieser Dynastie und die Herstellung eines neuen Mittelstaates eingehn, wenn die preußischen und deutsch-nationalen Interessen sichergestellt wurden, die durch das Wesentliche der nachmaligen Februarbedingungen Vgl. Bd. I 374. , Militärconvention, Kiel als Bundeshafen und den Nord-Ostsee-Canal, gedeckt waren.

Wäre auch das nach der europäischen Situation und nach dem Willen des Königs nicht zu erreichen gewesen ohne Isolirung Preußens von allen Großmächten einschließlich Oestreichs, so stand zur Frage, auf welchem Wege für die Herzogthümer, sei es in Form der Personalunion oder in einer andern, ein vorläufiger Abschluß erreichbar bliebe, der immerhin eine Verbesserung der Lage der Herzogthümer hätte sein müssen. Ich habe von Anfang an die Annexion unverrückt im Auge behalten, ohne die andern Abstufungen aus dem Gesichtsfelde zu verlieren. Als die Situation, welche ich absolut glaubte vermeiden zu müssen, betrachtete ich diejenige, welche in der öffentlichen Meinung von unsern Gegnern als Programm aufgestellt war, d. h. den Kampf und Krieg Preußens für die Errichtung eines neuen Großherzogthums, durchzufechten an der Spitze der Zeitungen, der Vereine, der Freischaaren und der Bundesstaaten außer Oestreich, und ohne die Sicherheit, daß die Bundesregirungen die Sache auf jede Gefahr hin durchführen würden. Dabei hatte die in dieser Richtung entwickelte öffentliche Meinung, auch der Präsident Ludwig von Gerlach, ein kindliches Vertraun zu dem Beistande, den England dem isolirten Preußen leisten würde. Viel leichter als die englische wäre die französische Genossenschaft zu erlangen gewesen, wenn wir den Preis hätten zahlen wollen, den sie uns voraussichtlich gekostet haben würde. Ich habe nie in der Ueberzeugung geschwankt, daß Preußen, gestützt nur auf die Waffen und Genossen von 1848, öffentliche Meinung, Landtage, Vereine, Freischaaren und die kleinen Contingente in ihrer damaligen Verfassung, sich auf ein hoffnungsloses Beginnen eingelassen und unter den großen Mächten nur Feinde gefunden hätte, auch in England. Ich hätte den Minister als Schwindler und Landesverräther betrachtet, der in die falsche Politik von 1848, 49, 50 zurückgefallen wäre, die uns ein neues Olmütz bereiten mußte. Sobald aber Oestreich mit uns war, schwand die Wahrscheinlichkeit einer Coalition der andern Mächte gegen uns.

Wenn auch durch Landtagsbeschlüsse, Zeitungen und Schützenfeste die deutsche Einheit nicht hergestellt werden konnte, so übte doch der Liberalismus einen Druck auf die Fürsten, der sie zu Concessionen für das Reich geneigter machte. Die Stimmung der Höfe schwankte zwischen dem Wunsche, dem Andringen der Liberalen gegenüber die fürstliche Stellung in particularistischer und autokratischer Sonderpolitik zu befestigen, und der Sorge vor Friedensstörungen durch äußre oder innre Gewalt. An ihrer *deutschen* Gesinnung ließ keine deutsche Negirung einen Zweifel, doch über die Art, wie die deutsche Zukunft gestaltet werden sollte, stimmten weder die Regirungen noch die Parteien überein. Es ist nicht wahrscheinlich, daß Kaiser Wilhelm als Regent und später als König auf dem Wege, den er zuerst unter dem Einflusse seiner Gemalin mit der neuen Aera betreten hatte, je dahin gebracht worden wäre, das zur Erreichung der Einheit Nothwendige zu thun, indem er dem Bunde absagte und die preußische Armee für die deutsche Sache einsetzte. Auf der andern Seite aber ist es auch nicht wahrscheinlich, daß er ohne seine vorhergehenden Versuche und Bestrebungen in liberaler Richtung, ohne die Verbindlichkeiten, in die er dadurch gerathen war, in die Wege zum dänischen und damit zum böhmischen Kriege hätte geleitet werden können. Vielleicht wäre es nicht einmal gelungen, ihn von dem Frankfurter Fürstencongreß 1863 fern zu halten, wenn die liberalen Antecedentien nicht ein gewisses Popularitätsbedürfniß in liberaler Richtung auch bei dem Herrn zurückgelassen hätten, das ihm vor Olmütz fremd gewesen, seitdem aber die natürliche psychologische Folge des Verlangens gewesen war, für die seinem preußischen Ehrgefühl auf dem Gebiete der deutschen Politik geschlagne Wunde auf demselben Gebiete Heilung und Genugthuung zu suchen. Die holsteinische Frage, der dänische Krieg, Düppel und Alsen, der Bruch mit Oestreich und die Entscheidung der deutschen Frage auf dem Schlachtfelde, in dieses ganze Wagesystem wäre er ohne die schwierige Stellung, in die ihn die neue Aera gebracht hatte, vielleicht nicht eingegangen.

Es kostete freilich noch 1864 viel Mühe, die Fäden zu lösen, durch welche der König unter Mitwirkung des liberalisirenden Einflusses seiner Gemalin mit jenem Lager in Verbindung stand. Ohne die verwickelten Rechtsfragen der Erbfolge untersucht zu haben, blieb er dabei: »Ich habe kein Recht auf Holstein« Vgl. Bd. I 375. . Meine Vorhaltung, daß die Augustenburger kein Recht hätten, auf den herzoglichen und den Schaumburgischen Antheil nie ein solches gehabt und auf den Königlichen Theil zweimal 1721 und 1852 entsagt hätten In der ersten Ausgabe ist durch eine falsche Interpunktion – Setzung des Kommas nach »Antheil« statt nach »hätten« – der Sinn entstellt. , daß Dänemark am Bundestage in der Regel mit Preußen gestimmt habe, der Herzog von Schleswig-Holstein aus Furcht vor preußischem Uebergewicht es mit Oestreich halten werde, machte keinen Eindruck. Wenn auch die Erwerbung dieser von zwei Meeren umspülten Provinzen und meine geschichtliche Erinnrung in der Conseilsitzung vom December 1863 Richtiger wohl: 2. und 3. Januar 1864, vgl. *Kohl*, Wegweiser durch Bismarck's Gedanken und Erinnerungen S. 90 Anm. 1. auf das dynastische Gefühl des Herrn nicht ohne Wirkung war, so war auf der andern Seite die Vergegenwärtigung, der Mißbilligung wirksam, die der König, wenn er den Augustenburger aufgab, bei seiner Gemalin, bei dem kronprinzlichen Paare, bei verschiednen Dynastien und bei denen zu erwarten hatte, welche damals in seiner Auffassung die öffentliche Meinung Deutschlands bildeten.

Die öffentliche Meinung war in den gebildeten Mittelständen Deutschlands ohne Zweifel augustenburgisch, in derselben Urtheilslosigkeit, welche sich früher den Polonismus und später die künstliche Begeisterung für die battenbergische Bulgarei als deutsches Nationalinteresse unterschieben ließ. Die Mache der Presse war in diesen beiden etwas analogen Lagen betrübend erfolgreich und die öffentliche Dummheit für ihre Wirkung so empfänglich wie immer. Die Neigung zur Kritik der Regirung war 1864 auf der Höhe des Satzes: Nein, er gefällt mir nicht, der neue Bürgermeister Goethe, Faust I 2 (Vor dem Thore). . Ich weiß nicht, ob es heut noch Jemanden gibt, der es für vernünftig hielte, wenn nach Befreiung der Herzogthümer aus ihnen ein neues Großherzogthum hergestellt worden wäre, mit Stimmberechtigung am Bundestage und dem sich von selbst ergebenden Berufe, sich vor Preußen zu fürchten und es mit seinen Gegnern zu halten; damals aber wurde die Erwerbung der Herzogthümer für Preußen als eine Ruchlosigkeit von allen denen betrachtet, welche seit 1848 sich als die Vertreter der nationalen Gedanken aufgespielt hatten. Mein Respect vor der sogenannten öffentlichen Meinung, das heißt, vor dem Lärm der Redner und der Zeitungen, war niemals groß gewesen, wurde aber in Betreff der auswärtigen Politik in den beiden oben verglichnen Fällen noch erheblich herabgedrückt. Wie stark die Anschauungsweise des Königs bis dahin von dem landläufigen Liberalismus durch den Einfluß der Gemalin und der Bethmann-Hollweg'schen Streberfraction imprägnirt war, beweist die Zähigkeit, mit der er an dem Widerspruch festhielt, in welchem das Oestreichisch-Frankfurter-Augustenburger Programm mit dem preußischen Streben nach nationaler Einheit stand. Logisch begründet konnte diese Politik dem König gegenüber unmöglich werden; er hatte sie, ohne eine chemische Analyse ihres Inhalts vorzunehmen, als Zubehör des Altliberalismus vom Standpunkt der frühern Thronfolgerkritik und der Rathgeber der Königin im Sinne von Goltz, Pourtalès u.s.w. überkommen. Ich greife in der Zeit vor, indem ich hier das letzte Lebenszeichen der Wochenblattspartei einschalte, das Schreiben des Herrn von Bethmann-Hollweg an den König vom 15. Juni 1866, dessen Hauptsätze lauten Vollständig veröffentlicht in *L. Schneider*, Aus dem Leben Wilhelms I. Bd. I 334 ff., auch in *Kohl*, Bismarck-Regesten I 287f.] :

»Was Eure Majestät stets gefürchtet und vermieden, was alle Einsichtigen voraussahen, daß ein ernstliches Zerwürfniß mit Oesterreich von Frankreich benutzt werden würde, um sich auf Kosten Deutschlands zu vergrößern (wo?) Randbemerkung von Bismarck's Hand. liegt jetzt in L. Napoleon's ausgesprochenem Programm aller Welt vor Augen.... Die ganzen Rheinlande für die Herzogthümer wäre für ihn kein schlechter Tausch, denn mit den früher beanspruchten petites rectifications des frontières wird er sich gewiß nicht begnügen. Und Er ist der allmächtige Gebieter in Europa! ... Gegen den Urheber dieser (unsrer) Politik hege ich keine feindliche Gesinnung. Ich erinnere mich gerne, daß ich 1848 Hand in Hand mit ihm ging, um den König zu stärken. Im März 1862 rieth ich Eurer Majestät, einen Steuermann von conservativen Antecedentien zu wählen, der Ehrgeiz, Kühnheit und Geschick genug besitze, um das Staatsschiff aus den Klippen, in die es gerathen, herauszuführen, und ich würde Herrn von Bismarck genannt haben, hätte ich geglaubt, daß er mit jenen Eigenschaften die Besonnenheit und Folgerichtigkeit des Denkens und Handelns verbände, deren Mangel der Jugend kaum verziehen wird, bei einem Manne aber für den Staat, den er führt, lebensgefährlich ist. In der That war des Grafen Bismarck Thun von Anfang an voller Widersprüche. ... Von jeher ein entschiedener Vertreter der russisch-französischen Allianz, knüpfte er an die im preußischen Interesse Rußland zu leistende Hilfe gegen den polnischen Aufstand politische Projecte Vgl. den Brief des Prinzen vom 11. December 1863, S. 43 f. , die ihm beide Staaten entfremden mußten. Als ihm 1863 mit dem Tode des Königs von Dänemark eine Aufgabe in den Schooß fiel, so glücklich, wie sie nur je einem Staatsmanne zu Theil geworden, verschmähte er es, Preußen an die Spitze der einmüthigen Erhebung Deutschlands (in Resolutionen) Vgl. Bd. I 338 ff. zu stellen, dessen Einigung unter Preußens Führung sein Ziel war, verband sich vielmehr mit Oesterreich, dem principiellen Gegner dieses Planes, um später sich mit ihm unversöhnlich zu verfeinden. Den Prinzen von Augustenburg, dem Ew. M. wohlwollten, und von dem damals Alles zu erhalten war, mißhandelte er, Einschaltung Bismarck's. um ihn bald darauf durch den Grafen Bernstorff auf der Londoner Conferenz für den Berechtigten erklären zu lassen. Dann verpflichtet er Preußen im Wiener Frieden, nur im Einverständniß mit Oesterreich definitiv über die befreiten Herzogthümer zu disponiren Warum nicht: Verpflichtete er Oestreich, nur im Einverständniß mit Preußen u. s. w.? , und läßt in denselben Einrichtungen treffen, welche die beabsichtigte ›Annexion‹ deutlich verkündigen....

Viele betrachten diese und ähnliche Maßregeln, die stets, weil in sich widersprechend, in das Gegentheil des Bezweckten umschlugen, als Fehler der Unbesonnenheit. Andern erscheinen sie als Schritte eines Mannes, der auf Abenteuer ausgeht, Alles durcheinanderwirft und es darauf ankommen läßt, was ihm zur Beute wird, oder eines Spielers, der nach jedem Verlust höher pointirt und endlich va banque sagt.

Dies Alles ist schlimm, aber noch viel schlimmer in meinen Augen, daß Graf Bismarck sich in dieser Handlungsweise mit der Gesinnung und den Zielen seines Königs in Widerspruch setzte und sein größtes Geschick darin bewies, daß er ihn Schritt für Schritt dem entgegengesetzten Ziele näher führte, bis die Umkehr unmöglich schien, während es nach meinem Dafürhalten die erste Pflicht eines Ministers ist, seinen Fürsten treu zu berathen, ihm die Mittel zur Ausführung seiner Absichten darzureichen und vor Allem dessen Bild vor der Welt rein zu erhalten. Eurer Majestät gerader, gerechter und ritterlicher Sinn ist weltbekannt und hat Allerhöchstdemselben das allgemeine Vertrauen, die allgemeine Verehrung zugewendet. Graf Bismarck aber hat es dahin gebracht, daß Eurer Majestät edelste Worte dem eigenen Lande gegenüber, weil nicht geglaubt, wirkungslos verhallen, und daß jede Verständigung mit andern Mächten unmöglich geworden, weil die erste Vorbedingung derselben, das Vertrauen, durch eine ränkevolle Politik zerstört worden ist. ... Noch ist kein Schuß gefallen, noch ist Verständigung unter einer Bedingung möglich. Nicht die Kriegsrüstungen sind einzustellen, vielmehr, wenn es nöthig ist, zu verdoppeln, um Gegnern, die unsre Vernichtung wollen, siegreich entgegen zu treten oder mit vollen Ehren aus dem verwickelten Handel herauszukommen. Aber jede Verständigung ist unmöglich, so lange der Mann an Eurer Majestät Seite steht, Ihr entschiedenes Vertrauen besitzt, der dieses Eurer Majestät bei allen andern Mächten geraubt hat« König Wilhelm eröffnete den Brief erst in Nikolsburg im Juli 1866; seine Antwort begann: »In Nikolsburg eröffnete ich erst Ihren Brief, und Ort und Datum der Antwort wären Antwort genug! etc«; vgl. Schneider, Aus dem Leben Wilhelm's I. Bd. I 341. ...

III.

Als der König dieses Schreiben erhielt, war er schon aus der Verstrickung der darin wiederholten Argumente frei geworden durch den Gasteiner Vertrag vom 14./20. August 1865. Mit welchen Schwierigkeiten ich bei den Verhandlungen über diesen noch zu kämpfen hatte, welche Vorsicht zu beachten war, zeigt mein nachstehendes Schreiben an Se. Majestät Nach dem Original berichtigt; vgl. Anhang zu Bismarck's Gedanken und Erinnerungen I 119 ff. :

Gastein, 1. August 1865.

Allergnädigster König und Herr.

Eure Majestät wollen mir huldreich verzeihen, wenn eine vielleicht zu weit getriebne Sorge für die Interessen des allerhöchsten Dienstes mich veranlaßt, auf die Mittheilungen zurückzukommen, welche Eure Majestät soeben die Gnade hatten mir zu machen. Der Gedanke einer Theilung auch nur der Verwaltung der Herzogthümer würde, wenn er im Augustenburgischen Lager ruchbar würde, einen heftigen Sturm in Diplomatie und Presse erregen, weil man den Anfang der definitiven Theilung darin erblicken, und nicht zweifeln würde, daß die Landestheile, welche der ausschließlich preußischen Verwaltung anheimfallen, für Augustenburg verloren sind. Ich glaube mit Eurer Majestät, daß I. M. die Königin die Mittheilungen geheim halten werde; wenn aber von Coblenz im Vertrauen auf die verwandschaftlichen Beziehungen eine Andeutung an die Königin Victoria, an die Kronprinzlichen Herrschaften, nach Weimar oder nach Baden gelangte, so könnte allein die Thatsache, daß von uns das Geheimniß, welches ich dem Grafen Blome auf sein Verlangen zusagte, nicht bewahrt worden ist, das Mißtrauen des Kaisers Franz Joseph wecken und die Unterhandlung zum Scheitern bringen. Hinter diesem Scheitern steht aber fast unvermeidlich der Krieg mit Oestreich; Eure Majestät wollen es nicht nur meinem Interesse für den allerhöchsten Dienst, sondern meiner Anhänglichkeit an Allerhöchstdero Person zu Gute halten, wenn ich von dem Eindrucke beherrscht bin, daß Eure Majestät in einen Krieg gegen Oestreich mit einem andern Gefühle und mit freierem Muthe hineingehn werden, wenn die Nothwendigkeit dazu sich aus der Natur der Dinge und aus den monarchischen Pflichten ergiebt, als wenn der Hintergedanke Raum gewinnen kann, daß eine vorzeitige Kundwerdung der beabsichtigten Lösung den Kaiser abgehalten habe, zu dem letzten für Eure Majestät annehmbaren Auskunftsmittel die Hand zu bieten. Vielleicht ist meine Sorge thöricht, und selbst wenn sie begründet wäre und Eure Majestät darüber hinweggehn wollen, so würde ich denken, daß Gott Eurer Majestät Herz lenkt, und meinen Dienst deshalb nicht minder freudig thun, aber zur Wahrung des Gewissens doch ehrfurchtsvoll anheimgeben, ob Eure Majestät mir nicht befehlen wollen, den Feldjäger telegraphisch von Salzburg zurückzurufen. Die äußere Veranlassung dazu könnte die ministerielle Expedition bieten, und es könnte morgen ein andrer an seiner Statt, oder derselbe rechtzeitig abgehn. Eine Abschrift dessen, was ich an Werther über die Verhandlung mit Graf Blome telegraphirt habe, lege ich alleruntert-hänigst bei. Zu Eurer Majestät bewährter Gnade habe ich das ehrfurchtsvolle Vertrauen, daß Allerhöchstdieselben, wenn Sie meine Bedenken nicht gutheißen, deren Geltendmachung dem aufrichtigen Streben verzeihn wollen, Eurer Majestät nicht nur pflichtmäßig, sondern auch zu Allerhöchstdero persönlicher Befriedigung zu dienen.

In tiefster Ehrfurcht ersterbe ich Eurer Majestät

alleruntertHänigster

v. Bismarck.

An der mit [?] bezeichneten Stelle dieses Schreibens hat der König an den Rand geschrieben:

»Einverstanden. – Ich that der Sache deshalb Erwähnung, weil in den letzten 24 Stunden ihrer nicht mehr Erwähnung geschah, und ich sie als ganz aus der Combination fallengelassen ansah, nachdem die wirkliche Trennung und Besitzergreifung an die Stelle getreten war. Durch meine Mittheilung an die Königin wollte ich den Uebergang dereinst *anbahnen* zur resp. Besitzergreifung, die sich nach und nach aus der Administrations-Theilung entwickelt hätte. Indessen dies kann ich auch später *so* darstellen, wenn die Eigenthumstheilung wirklich erfolgt, an die ich noch immer nicht glaube, da Oesterreich zu stark zurückstecken muß, nachdem es sich für

Augustenburg und gegen Besitznahme, wenn freilich die einseitige, *zu sehr* avancirte. W. 1./8. 65« Bismarck-Jahrbuch VI 202 f. .

»Es wäre sicher, dem Courier zu befehlen, *alle* Briefe, auch den (an die) Königin zurückzubringen, weil ich ihm aufgab, denselben sogleich am Potsdam(er) Bahnhof abzugeben, woraus er Eile vermuthend diesen Brief vielleicht *allein* per Post von Salzburg absenden könnte« Die Nachschrift ist von der Hand des Königs mit Bleistift geschrieben. .

Nach dem Gasteiner Vertrage und der Besitznahme von Lauenburg, der ersten Mehrung des Reichs unter König Wilhelm, fand meiner Wahrnehmung nach ein psychologischer Wandel in seiner Stimmung, ein Geschmackfinden an Eroberungen statt, aber doch mit vorwiegender Befriedigung darüber, daß dieser Zuwachs, der Hafen von Kiel, die militärische Stellung in Schleswig und das Recht, einen Canal durch Holstein zu bauen, in Friede und Freundschaft mit Oestreich gewonnen worden war.

Ich denke mir, daß das Verfügungsrecht über den Kieler Hafen bei Sr. Majestät schwerer in das Gewicht gefallen ist als der Eindruck der neuerworbenen freundlichen Landschaft von Ratzeburg mit seinem See. Die deutsche Flotte, und der Kieler Hafen als Unterlage ihrer Errichtung, war seit 1848 einer der zündenden Gedanken gewesen, an deren Feuer die deutschen Einheitsbestrebungen sich zu erwärmen und zu versammeln pflegten. Einstweilen aber war der Haß meiner parlamentarischen Gegner stärker als das Interesse für die deutsche Flotte, und es schien mir, daß die Fortschrittspartei damals die neuerworbenen Rechte Preußens auf Kiel und die damit begründete Aussicht auf unsre maritime Zukunft lieber in den Händen des Auctionators Hannibal Fischer als in denen des Ministeriums Bismarck gesehn hätte Vgl. Rede vom 1. Juni 1865, Politische Reden II 356 (2. Aufl. S. 374). . Das Recht zu Klagen und Vorwürfen über die Vernichtung deutscher Hoffnungen durch diese Regirung hätte den Abgeordneten größre Befriedigung gewährt als der gewonnene Fortschritt auf dem Wege zu ihrer Erfüllung. Ich schalte einige Stellen aus der Rede ein, welche ich am 1. Juni 1865 für den außerordentlichen Geldbedarf der Marine gehalten habe Politische Reden II S. 355 ff. (2. Aufl. S. 373 ff.) .

»Es hat wohl keine Frage die öffentliche Meinung in Deutschland in den letzten 20 Jahren so einstimmig interessirt wie grade die Flottenfrage. Wir haben gesehn, daß die Vereine, die Presse, die Landtage ihren Sympathien Ausdruck gaben, diese Sympathien haben sich in Sammlung von verhältnißmäßig recht bedeutenden Beträgen bethätigt. Den Regirungen, der conservativen Partei wurden Vorwürfe gemacht über die Langsamkeit und über die Kargheit, mit der in dieser Richtung vorgegangen würde; es waren besonders die liberalen Parteien, die dabei thätig waren. Wir glaubten deshalb, Ihnen eine rechte Freude mit dieser Vorlage zu machen....

Ich war nicht darauf gefaßt, in dem Bericht der Commission eine indirecte Apologie Hannibal Fischer's zu finden, der die deutsche Flotte unter den Hammer brachte. Auch diese deutsche Flotte scheiterte daran, daß in den deutschen Gebieten, ebenso in den höhern, regirenden Kreisen, wie in den niedern, die Parteileidenschaft mächtiger war als der Gemeinsinn. Ich hoffe, daß der unsrigen dasselbe nicht beschieden sein wird. Ich war einigermaßen überrascht ferner darüber, daß dem Gebiete der Technik ein so großer Raum in dem Berichte angewiesen war. Ich zweifle nicht daran, daß es viele unter Ihnen giebt, die vom Seewesen mehr verstehn als ich und mehr zur See gewesen sind als ich, die Mehrzahl unter Ihnen, meine Herrn, ist es aber nicht, und doch muß ich sagen, ich würde mir nicht getraun, über technische Details der Marine ein Urtheil zu fällen, welches meine Abstimmung motiviren, welches mir Motive zur Verwerfung einer Marinevorlage geben könnte. Ich kann mich deshalb auch mit der Widerlegung dieses Theils Ihrer Einwendungen nicht beschäftigen.... Ihre Zweifel, ob es mir gelingen wird, Kiel zu erwerben, berührt mein Ressort näher. Wir besitzen in den Herzogthümern mehr als Kiel, wir besitzen die volle Souveränetät in den Herzogthümern in Gemeinschaft mit Oestreich, und ich wüßte nicht, wer uns dieses Pfand, das dem von uns erstrebten Object an Werth so viel überlegen ist, nehmen könnte anders als durch einen für Preußen unglücklichen Krieg. Fassen wir aber diese Eventualität in's Auge, so können wir *jeden* in unserm Besitz befindlichen Hafen ebenso gut verlieren. Unser Besitz ist ein gemeinsamer, das ist wahr, mit Oestreich. Nichtsdestoweniger ist er ein Besitz, für dessen Aufgebung wir berechtigt sein würden, unsre Bedingungen zu stellen. Eine dieser Bedingungen, und zwar eine der ganz unerläßlichen, ohne deren Erfüllung wir diesen Besitz nicht aufgeben wollen, ist das künftige alleinige Eigenthum des Kieler Hafens für Preußen.... Angesichts der Rechte, die sich in unsern Händen und in denen Oestreichs befinden und die unantastbar sind, so lange nicht einem der Herrn Prätendenten es gelingt, zu unsrer Ueberzeugung ein besseres Recht als das auf uns übergegangne des Königs Christian IX. von Dänemark nachzuweisen, angesichts der Rechte, welche in voller Souveränetät von uns und Oestreich besessen werden, sehe ich nicht ein, wie uns die schließliche Erfüllung unsrer Bedingungen entgehn sollte, sobald wir nur nicht die Geduld verlieren, sondern ruhig abwarten, ob sich Jemand findet, der es unternimmt, Düppel zu belagern, wenn die Preußen darin sind....

Zweifeln Sie dennoch an der Möglichkeit, unsre Absichten zu verwirklichen, so habe ich schon in der Commission ein Auskunftsmittel empfohlen: limitiren Sie die Anleihe dahin, daß die erforderlichen Beträge nur dann zahlbar sind, wenn wir wirklich Kiel besitzen, und sagen Sie: ›Kein Kiel, kein Geld!‹ Ich glaube, daß Sie andern Ministern als denen, die jetzt die Ehre haben, sich des Vertrauns Sr. Majestät des Königs zu erfreun, eine solche Bedingung nicht abschlagen würden....

Das Vertraun der Bevölkerung zur Weisheit des Königs ist groß genug, daß sie sich sagt, sollte das Land dabei (durch Einführung der zweijährigen Dienstzeit) zu Grunde gehn oder in Schaden kommen, so wird es ja der König nicht leiden. Die Leute unterschätzen eben die Bedeutung der Verfassung in Folge der frühern Traditionen. Ich bin überzeugt, daß ihr in die Weisheit des Königs gesetztes Vertraun sie nicht täuschen wird; aber ich kann doch nicht leugnen, daß es mir einen peinlichen Eindruck macht, wenn ich sehe, daß angesichts einer großen nationalen Frage, die seit 20 Jahren die öffentliche Meinung beschäftigt hat, diejenige Versammlung, die in Europa für die Concentration der Intelligenz und des Patriotismus in Preußen gilt, zu keiner andern Haltung als zu der einer impotenten Negative sich erheben kann. Es ist dies, meine Herrn, nicht die Waffe, mit der Sie dem Königthum das Scepter aus der Hand winden werden, es ist auch nicht das Mittel, durch das es Ihnen gelingen wird, unsern constitutionellen Einrichtungen diejenige Festigkeit und weitre Ausbildung zu geben, deren sie bedürfen.« –

Die Fordrung für die Marine wurde abgelehnt.

Es liegt im Rückblick auf diese Situation ein bedauerlicher Beweis, bis zu welchem Maße von Unehrlichkeit und Vaterlandslosigkeit die politischen Parteien bei uns auf dem Wege des Parteihasses gelangen. Es mag Aehnliches anderswo vorgekommen sein, doch weiß ich kein Land, wo das allgemeine Nationalgefühl und die Liebe zum Gesammtvaterlande den Ausschreitungen der Parteileidenschaft so geringe Hindernisse bereitet wie bei uns. Die für apokryph gehaltne Aeußrung, welche Plutarch dem Cäsar in den Mund legt Plutarch, Caes. c. 11; vgl. Plut. Reg. et Imp. Apophthegm. Caes. Nr. 5. , lieber in einem elenden Gebirgsdorfe der Erste, als in Rom der Zweite sein zu wollen, hat mir immer den Eindruck eines ächt deutschen Gedankens gemacht. Nur zu viele unter uns denken im öffentlichen Leben so und suchen das Dörfchen, und wenn sie es geographisch nicht finden können, die Fraction resp. Unterfraction und Coterie, wo sie die Ersten sein können. Diese Sinnesrichtung, die man nach Belieben Egoismus oder Unabhängigkeit nennen kann, hat in der ganzen deutschen Geschichte von den rebellischen Herzogen der ersten Kaiserzeiten bis auf die unzähligen reichsunmittelbaren Landesherrn, Reichs-Städte, Reichs-Dörfer, -Abteien und -Ritter und die damit verbundne Schwäche und Wehrlosigkeit des Reichs ihre Bethätigung gefunden. Einstweilen findet sie im Parteiwesen, welches die Nation zerklüftet, stärkern Ausdruck als in der rechtlichen oder dynastischen Zerrissenheit. Die Parteien scheiden sich weniger durch Programme und Prinzipien als durch die Personen, welche als Condottieri an der Spitze einer jeden stehn und für sich eine möglichst große Gefolgschaft von Abgeordneten und publicistischen Strebern anzuwerben suchen, die hoffen, mit dem Führer oder den Führern zur Macht zu gelangen. Prinzipielle programmatische Unterschiede, durch welche die Fractionen zu Kampf und Feindschaft gegen einander genöthtigt würden, liegen nicht in einer Stärke vor, die hinreichte, um die leidenschaftlichen Kämpfe zu motiviren, welche die Fractionen gegen einander glauben ausfechten zu müssen und Conservative und Freiconservative in getrennte Lager verweisen. Auch innerhalb der conservativen Partei haben wohl viele das Gefühl, daß sie mit der »Kreuzzeitung« und ihrem Zubehör nicht im Einverständnisse sind. Aber die prinzipielle Scheidelinie in einem Programme zu präcisiren und überzeugend auszudrücken, würden auch die Führer und Unterführer für eine schwere Aufgabe halten, grade so, wie confessionelle Fanatiker, und nicht blos Laien, in der Regel der Notwendigkeit ausweichen oder die Auskunft schuldig bleiben, wenn man sie nach den unterscheidenden Merkmalen der verschiednen Bekenntnisse und Glaubensrichtungen und nach dem Schaden fragt, welchen sie für ihr Seelenheil befürchten, wenn sie eine der Abweichungen des Andersgläubigen nicht angriffsweise bekämpfen. So weit die Parteien sich nicht lediglich nach wirtschaftlichen Interessen gruppiren, kämpfen sie im Interesse der rivalisirenden Führer der Fractionen und nach deren persönlichem Willen und Streberthum; nicht Verschiedenheit von Prinzipien, sondern »Kephisch oder Paulinisch?« ist die Frage.

Ein Andenken an den Gasteiner Vertrag ist das nachstehende Schreiben des Königs Bismarck-Jahrbuch VI 203 f., jetzt auch im Anhang zu den Gedanken und Erinnerungen I 121 f. :

»Berlin, den 15. September 1865. Mit dem heutigen Tage vollziehet sich ein Akt, die Besitzergreifung des Herzogthums Lauenburg, als eine Folge meiner, von Ihnen mit so großer und ausgezeichneter Umsicht und Einsicht befolgten Regierung. Preußen hat in den vier Jahren, seit welchen ich Sie an die Spitze der Staats-Regierung berief, eine Stellung eingenommen, die seiner Geschichte würdig ist und demselben auch eine fernere glückliche und glorreiche Zukunft verheißt. Um Ihrem hohen Verdienste, dem ich so oft Gelegenheit hatte, meinen Dank auszusprechen, auch einen öffentlichen Beweis desselben zu geben, erhebe ich Sie hiermit mit Ihrer Descendenz in den Grafen Stand, eine Auszeichnung, welche auf immerhin beweisen wird, wie hoch ich Ihre Leistungen um das Vaterland zu würdigen wußte.

Ihr

wohlgeneigter König

Wilhelm.«

IV.

Die Verhandlungen zwischen Berlin und Wien, zwischen Preußen und den übrigen deutschen Staaten, welche die Zeit von dem Gasteiner Vertrage bis zum Ausbruch des Kriegs ausfüllten, sind actenmäßig bekannt.

In Süddeutschland tritt Streit und Kampf mit Preußen zum Theil hinter deutsch-patriotische Gefühle zurück; in Schleswig-Holstein beginnen diejenigen, deren Wünsche nicht in Erfüllung gingen, sich mit der neuen Ordnung der Dinge auszusöhnen; nur die Welfen werden des Federkriegs über die Ereignisse von 1866 nicht müde Die in diesem Satze niedergelegte Betrachtung bezieht sich selbstverständlich auf die heutige Zeit, während der einleitende Satz des Abschnittes auf die Zeit von 1865/66 zurückweist. Die Trennung durch Absatz macht dies Verhältniß klarer. .

Die unvortheilhafte Gestaltung, die Preußen auf dem Wiener Congreß als Lohn seiner Anstrengungen und Leistungen davon getragen hatte, war nur haltbar, wenn wir mit den zwischen beide Theile der Monarchie eingeschobenen Staaten des alten Bündnisses aus dem siebenjährigen Kriege sicher waren. Ich bin lebhaft bemüht gewesen, Hanover und den mir befreundeten Grafen Platen dafür zu gewinnen, und es war alle Aussicht vorhanden, daß wenigstens ein Neutralitätsvertrag zu Stande kommen werde, als am 21. Januar 1866 Graf Platen in Berlin mit mir über die Verheirathung der hanöverschen Prinzessin Friederike mit unserm jungen Prinzen Albrecht verhandelte, und wir das Einverständniß beider Höfe so weit zu Stande brachten, daß nur noch eine persönliche Begegnung der jungen Herrschaften vorbehalten wurde, um deren gegenseitigen Eindruck festzustellen Vgl. v. Lettow-Vorbeck, Geschichte des Krieges von 1866 in Deutschland, Bd. I (Berlin, E. S. Mittler u. Sohn, 1896) 118 f. .

Aber schon im März oder April fing man in Hanover unter fadenscheinigen Vorwänden an, Reserven einzuberufen. Es hatten Einflüsse auf den König Georg stattgefunden, namentlich durch seinen Halbbruder, den östreichischen General Prinzen (Karl zu) Solms, der nach Hanover gekommen war und den König umgestimmt hatte durch übertriebene Schildrung der östreichischen Heereskräfte, von denen 800000 Mann bereit seien Vgl. die aus den Akten des Auswärtigen Amtes entnommenen Auszüge aus dem Berichte des Prinzen Ofenburg bei v. Lettow-Vorbeck, Geschichte des Krieges von 1866, S. 121 f. , und wie ich aus intimen hanöverschen Quellen vernommen habe, auch durch ein Erbieten von territorialer Vergrößerung, mindestens durch den Regirungs-Bezirk Minden. Meine amtlichen Anfragen bezüglich der Rüstungen Hanovers wurden mit der fast höhnisch klingenden Auskunft beantwortet, daß die Herbstübungen aus wirthschaftlichen Gründen schon im Frühjahr abgehalten werden sollten Vgl. Politische Reden IV 137. .

Mit dem Thronfolger in Kur-Hessen, Prinzen Friedrich Wilhelm, hatte ich in Berlin noch am 14. Juni eine Besprechung Vgl. Sybel, Begründung des Deutschen Reiches, IV 439 Anm. 1. , in der ich ihm empfahl, mit einem Extrazuge nach Kassel zu fahren und die Neutralität Kurhessens oder doch der dortigen Truppen sicher zu stellen, sei es durch Beeinflussung des Kurfürsten, sei es unabhängig von diesem. Der Prinz weigerte sich früher, als mit dem fahrplanmäßigen Zuge zu reisen. Ich stellte ihm vor, er würde dann zu spät kommen, um den Krieg zwischen Preußen und Hessen zu hindern und den Fortbestand des Kurstaats zu sichern. Wenn die Oestreicher siegten, so würde er immer vis major geltend machen können, seine neutrale Haltung ihm sogar vielleicht preußische Landestheile einbringen; wenn wir aber siegten, nachdem er sich geweigert, neutral zu bleiben, so würde der Kurstaat nicht fortbestehn; der hessische Thron sei immer einen Extrazug werth. Der Prinz machte der Unterredung ein Ende mit den Worten: »Wir sehn uns wohl noch einmal in diesem Leben wieder, und 800000 gute östreichische Truppen haben auch noch ein Wort mitzureden.« Hatte doch auch die von dem Könige noch aus Horsitz am 6. und aus Pardubitz am 8. Juli in dem freundschaftlichsten Tone an den Kurfürsten gerichtete Auffordrung, ein Bündniß mit Preußen zu schließen und seine Truppen aus dem feindlichen Lager zurückzurufen, keinen Erfolg.

Auch der Erbprinz von Augustenburg hatte durch Ablehnung der sogenannten Februarbedingungen den günstigen Moment versäumt. Von welfischer Seite Erinnerungen und Erlebnisse des kgl. hannöverschen General-Major Dammers. Hannover, Helwing's Verlag, 1890 S. 94 f. ist neuerdings folgende Version verbreitet worden: Der Verfasser behauptet, von dem Prinzen erfahren zu haben, daß derselbe sich in einer Audienz bei dem Könige Wilhelm zu den geforderten Zugeständnissen verpflichtet, der König ihm die Einsetzung als Herzog zugesichert und die formelle Erledigung durch den Ministerpräsidenten auf den nächsten Tag zugesagt habe. Ich hätte mich am folgenden Tage bei dem Prinzen eingestellt, ihm aber gesagt, mein Wagen hielte vor der Thüre, ich müsse in diesem Augenblicke nach Biarritz zum Kaiser Napoleon reisen, der Prinz sei aufgefordert worden, einen Bevollmächtigten in Berlin zurückzulassen, und nicht wenig erstaunt gewesen, am nächsten Tage in den Berliner Zeitungen zu lesen, daß er die preußischen Vorschläge abgelehnt habe.

Es ist das eine plumpe Erfindung, in der Hauptsache und in allen Einzelheiten. Die Verhandlungen mit dem Erbprinzen sind von Sybel Sybel, Begründung des Deutschen Reiches, Bd. III 337 f. nach den Acten dargestellt; ich habe dazu aus meiner Erinnrung und meinen Papieren Einiges nachzutragen. Der König ist niemals mit dem Erbprinzen einig gewesen; ich war nie in des Letztern Wohnung und habe ihm gegenüber nie die Namen Biarritz und Napoleon ausgesprochen; ich bin 1864 am 1. October nach Baden, von dort am 5. nach Biarritz, 1865 am 30. September direct dorthin gereist und 1863 garnicht in Biarritz gewesen. Eine Unterredung mit ihm habe ich zweimal gehabt; auf die erste (am 18. November 1863) bezieht sich sein nachstehender Brief Bismarck-Jahrbuch V 256. :

»Ew. Excellenz wollen mir erlauben, daß ich mich in einigen Zeilen an Sie wende, die veranlaßt sind durch einen Artikel, den No. 282 der Kreuzzeitung [vom 3. December] bringt, und von welchem ich erst nachträglich Kenntniß erhalten habe. In diesem Artikel wird u. A. von mir berichtet, ich habe einem Deputirten gegenüber die Aeußerung gethan, ›Herr von Bismarck sei mein Freund nicht‹. Den Wortlaut dessen, was ich bei jener Gelegenheit gesagt habe, vermag ich nicht anzugeben, da es sich hier um eine in der Conversation gefallene Aeußerung handelt. Es ist recht wohl möglich, daß ich mein Bedauern darüber ausgesprochen habe, daß Ew. Excellenz politische Anschauungen über die gegenwärtige Lage der schleswig-holsteinschen Angelegenheit nicht mit den meinigen übereinstimmen, wie ich keinen Anstand genommen habe, dies Ihnen selbst gegenüber bei meiner letzten Anwesenheit in Berlin offen auszusprechen. Ich bin mir jedoch vollkommen bewußt, daß ich die in der Zeitung referirte Aeußerung nicht gethan habe, da ich mir stets zur festen Regel gemacht habe, das Politische von dem Persönlichen zu trennen. Ich bedauere daher aufrichtig, daß eine solche Nachricht ihren Weg in die Zeitungen gefunden hat.

Ich habe mich umsomehr verpflichtet gefühlt, mit dieser Erklärung nicht zurückzuhalten, je mehr ich die loyale Weise anerkennen muß, in welcher Ew. Excellenz mir in Berlin offen sagten, daß Sie zwar persönlich von meinem Rechte überzeugt seien und es billigten, wenn ich suchte meinem Rechte Geltung zu verschaffen, daß Sie jedoch in Berücksichtigung der von Preußen eingegangenen Verbindlichkeiten sowie der allgemeinen Weltlage mir keine Versprechungen zu machen vermöchten.

Mit etc etc

Gotha, den 11. Dec. 63.

Friedrich.«

Am 16. Januar 1864 schrieb mir Seine Majestät Bismarck-Jahrbuch V 254 f., Anhang zu Bismarck's Gedanken und Erinnerungen I 100 f. :

»Mein Sohn kam heute Abend noch zu mir, um mir die Bitte des Erbprinzen von Augustenburg vorzutragen, aus den Händen des Herrn Samwer ein Schreiben desselben entgegenzunehmen, und ob ich nicht dieserhalb seine Soirée besuchen wolle, wo ich ganz unbemerkt den pp. S. in einem abgelegenen Zimmer finden könne. Ich lehnte dies ab, bis ich den Brief des Prinzen gelesen haben würde, weshalb ich meinem Sohn aufgab, mir denselben zuzusenden.

Dies ist geschehen und lege ich den Brief hier bei Veröffentlicht in *Jansen*, Schleswig-Holsteins Befreiung. Herausg. von Karl Samwer. S. 695 Beil. 11. . Er enthält nichts Verfängliches außer am Schluß, wo er mich fragt, ob ich dem pp. S. nicht einige Hoffnung geben könne? Vielleicht könnten Sie mir eine Antwort morgen noch fertigen lassen, die ich dem pp. S. mitgeben kann S. dieses *von Bismarck verfaßte* Schreiben des Königs vom 18. Januar bei Jansen, Schleswig-Holsteins Befreiung, S. 701 f. Beil. 14. . Wenn ich ihn incognito bei meinem Sohne doch noch sehen wollte, so könnte ich ihm keine andere Hoffnung geben, als die, welche in der Punctation Am 16. Januar von Rechberg und Werther unterzeichnet, s. Der deutsch-dänische Krieg, bearbeitet vom Preußischen Generalstab I Anl. 6 S. 21 f. angedeutet sind (lies: ist), d. h., daß man nach dem Siege sehen würde, welch neue Basen für die Zukunft aufzustellen wären, und den Ausspruch in F. a/M. über die Succession abzuwarten.

W.«

Und am 18. Januar Bismarck-Jahrbuch V 255, Anhang I 101. :

»Ich berichte Ihnen, daß ich mich doch entschloß, den Samwer bei meinem Sohn zu sehen ungefähr 6-10 Minuten in dessen Gegenwart Ueber den Verlauf der Unterredung berichtet die Aufzeichnung Samwer's in Jansen, Schleswig-Holsteins Befreiung, 696 ff. Beil. 12. . Ich sprach ihm ganz im Sinne der projectirten Antwort Des Schreibens vom 18., das im Entwurfe dem Könige am 17. vorgelegt worden ist. , aber noch etwas *kühler* und *sehr ernst*. Vor Allem sagte ich bestimmt, daß der Prinz keinen Falls nach Schleswig einfallen dürfe. Mündlich mehr.

W.«

In einer Denkschrift vom 26. Februar 1864 bezeichnete der Kronprinz folgende Forderungen Preußens als sachlich begründet Sie fußt auf dem Schreiben des Erbprinzen Friedrich vom 19. Febr. 1864, siehe: Jansen, Schleswig-Holsteins Befreiung S. 705 ff.): Rendsburg Bundesfestung, Kiel eine preußische Marinestation, Beitritt zum Zollverein, Bau eines Canals zwischen beiden Meeren und eine Militär- und Marine-Convention mit Preußen; er hegte die Hoffnung, daß der Erbprinz bereitwillig darauf eingehn werde.

Nachdem die preußischen Bevollmächtigten am 28. Mai 1864 auf der Londoner Conferenz die Erklärung abgegeben hatten, daß die deutschen Mächte die Constituirung Schleswig-Holsteins als eines selbständigen Staates unter der Souveränetät des Erbprinzen von Augustenburg begehrten, hatte ich mit dem Letztern am 1. Juni 1864, Abends von 9 bis 12 Uhr, in meiner Wohnung eine Besprechung, um festzustellen, ob ich dem Könige zur Vertretung seiner Candidatur rathen könne. Die Unterredung drehte sich hauptsächlich um die von dem Kronprinzen in der Denkschrift vom 26. Februar bezeichneten Punkte. Die Erwartung Seiner Königlichen Hoheit, daß der Erbprinz bereitwillig darauf eingehn würde, fand ich nicht bestätigt. Die Substanz der Erklärungen des Letztern ist von Sybel nach den Acten gegeben Sybel, Begründung des Deutschen Reiches, III 337 ff.; zu vergleichen der Bericht Bismarck's im Staatsanzeiger vom 2. Juli 1865, sowie die Aeußerungen in den Reden vom 13. Juni 1865 und 20. December 1866 (Politische Reden III 387. 389, IV 102 f.); das Referat des Herzogs in Jansen, Schleswig-Holsteins Befreiung, S. 731 (vgl. S. 336 ff.). . Am lebhaftesten widersprach er den Landabtretungen behufs der Anlage von Befestigungen; sie könnten sich ja auf eine Quadratmeile belaufen, meinte er. Ich mußte unsre Forderung als abgelehnt, eine weitre Verhandlung als aussichtslos betrachten, auf die der Prinz hinzudeuten schien, indem er beim Abschiede sagte: »Wir sehn uns wohl noch« – nicht in dem drohenden Sinne, in welchem Prinz Friedrich von Hessen zwei Jahre später mir dieselben Worte S. o. S. 42. sagte, sondern als Ausdruck seiner Unentschiedenheit. Wiedergesehn habe ich den Erbprinzen erst am Tage nach der Schlacht von Sedan in bairischer Generalsuniform.

Nachdem am 30. October 1864 der Friede mit Dänemark geschlossen war, wurden die Bedingungen formulirt, unter denen wir die Bildung eines neuen Staates Schleswig-Holstein nicht als eine Gefahr für die Interessen Preußens und Deutschlands ansehn würden. Unter dem 22. Februar 1865 wurden sie nach Wien mitgetheilt. Sie deckten sich mit den vom Kronprinzen empfohlnen. V.

Eine der Anlagen, zu denen ich die Berechtigung gefordert hatte, ist nach langem Zögern jetzt D. h. zur Zeit der Niederschrift dieser Erinnerungen 1891/92. in der Ausführung begriffen: der Nord-Ostsee-Canal. Im Interesse der deutschen Seemacht, die damals nur unter preußischem Namen entwicklungsfähig war, hatte ich, und nicht ich allein, einen hohen Werth auf die Herstellung des Canals und den Besitz und die Befestigung seiner beiden Mündungen gelegt. Das Verlangen, die Concentrirung der Streitkräfte zur See vermittelst Durchbrechung der Landstrecke, die beide Meere trennt, möglich zu machen, war in Nachwirkung des beinahe krankhaften Flottenenthusiasmus von 1848 noch sehr lebhaft, schlief aber zeitweise ein, als wir freie Verfügung über das Territorium erworben hatten. In meinem Bemühn, das Interesse wieder zu erwecken, stieß ich auf Widerspruch bei der Landesvertheidigungs-Commission, deren Vorsitzender der Kronprinz, deren eigentliche Spitze der Graf Moltke war. Letztrer erklärte als Mitglied des Reichstags am 23. Juni 1873, Moltke's Reden. Gesammelte Schriften. Berlin, E. S. Mittler u. Sohn. VII 25 ff. der Canal werde nur im Sommer benutzbar und von zweifelhaftem militärischen Werthe sein; für 40 bis 50 Millionen Thaler, die er kosten werde, baue man besser eine zweite Flotte. Die Gründe, die mir in der Bewerbung um die königliche Entscheidung entgegen gesetzt wurden, hatten ihr Gewicht mehr in dem großen Ansehn, das die militärischen Kreise bei Sr. Majestät genossen als in ihrem materiellen Inhalt; sie gipfelten in dem Argument, daß ein so kostspieliges Werk wie der Canal zu seinem Schutze im Kriege eine Truppenmasse erfordern würde, die wir der Landarmee nicht ohne Schaden entziehn könnten. Es wurde die Ziffer von 60000 Mann angegeben, die im Falle eines dänischen Anschlusses an feindliche Landungen zum Schütze des Canals verfügbar gehalten werden müßten. Ich wandte dagegen ein, daß wir Kiel mit seinen Anlagen, Hamburg und den Weg von dort nach Berlin immer würden decken müssen, auch wenn kein Canal vorhanden sei. Unter der Last des Uebermaßes andrer Geschäfte und den mannichfachen Kämpfen der siebziger Jahre konnte ich nicht die Kraft und Zeit aufwenden, um den Widerstand der genannten Behörde vor dem Kaiser zu überwinden; die Sache blieb in den Acten liegen. Ich schreibe den Widerstand mehr der militärischen Eifersucht zu, mit der ich 1866, 1870 und später Kämpfe zu bestehn hatte, die meinem Gemüthe peinlicher gewesen sind als die meisten andern.

Bei meinem Bemühn, die Zustimmung des Kaisers zu gewinnen, hatte ich weniger die handelspolitischen Vortheile als die ihm mehr eingänglichen militärischen Erwägungen in den Vordergrund gestellt. Die holländische Kriegsmarine hat den Vortheil, Canäle im Binnenlande benutzen zu können, die den größten Schiffen den Durchgang gestatten. Unser analoges Bedürfnis einer Canalverbindung wird durch das Vorhandensein der dänischen Halbinsel und die Vertheilung unsrer Flotte auf zwei getrennten Meeren wesentlich gesteigert. Wenn unsre gesammte Flotte aus dem Kieler Hafen, der Elbemündung und eventuell, bei Verlängrung des Canals, der Jahde ausfallen kann, ohne daß ein blockirender Feind es vorher weiß, so ist der letztre genöthigt, in jedem der beiden Meere ein unsrer ganzen Flotte äquivalentes Geschwader zu unterhalten. Aus diesen und andern Gründen war ich der Meinung, daß die Herstellung des Canals unsrer Küstenvertheidigung nützlicher sein würde, als die Verwendung der Canalkosten auf Festungsbau und Mehranschaffung von Schiffen, für deren Bemannung wir nicht über unbegrenzte Kräfte verfügen. Mein Wunsch war, den Canal von der Niederelbe in westlicher Richtung so weit fortzusetzen, daß die Wesermündung, die Jahde und eventuell auch die Emsmündung zu Ausfallpforten, welche der blockirende Feind zu beobachten hätte, hergerichtet würden. Die westliche Fortsetzung des Canals wäre verhältnißmäßig weniger kostspielig, als die Durchschneidung des holsteinischen Landrückens, da sich Linien von gleichmäßigem Niveau darbieten, auch zur Umgehung der hohen Geest an der Landspitze zwischen der Weser und der Elbemündung.

Im Hinblick auf eine, voraussichtlich französische, Blockade war bisher die Deckung Helgolands durch die englische Neutralität für uns nützlich; ein französisches Geschwader konnte daselbst kein Kohlendepot haben, sondern war genöthigt, zur Beschaffung des Kohlenbedarfs in bestimmten, nicht zu langen Zeiträumen nach französischen Häfen zurückzukehren oder eine große Anzahl von Frachtschiffen hin- und hergehn zu lassen. Jetzt Nach der Erwerbung von Helgoland im Jahre 1890. haben wir den Felsen mit eigner Kraft zu vertheidigen, wenn wir verhindern wollen, daß die Franzosen im Falle des Kriegs sich daselbst festsetzen.

Welche Gründe um das Jahr 1885 den Widerstand der Landesvertheidigungs-Commission abgeschwächt haben, weiß ich nicht; vielleicht hatte Graf Moltke sich inzwischen überzeugt, daß der Gedanke eines deutsch-dänischen Bündnisses, mit dem er sich früher getragen hatte, unausführbar sei.

Zwanzigstes Kapitel. Nikolsburg.

I.

Am 30. Juni 1866 Abends traf Seine Majestät mit dem Hauptquartier in Reichenberg ein. Die Stadt von 28000 Einwohnern beherbergte 1800 östreichische Gefangne und war nur von 500 preußischen Trainsoldaten mit alten Carabinern besetzt; nur einige Meilen davon lag die sächsische Reiterei. Diese konnte in einer Nacht Reichenberg erreichen und das ganze Hauptquartier mit Sr. Majestät ausheben. Daß wir in Reichenberg Quartier hatten, war telegraphisch publicirt geworden. Ich erlaubte mir den König hierauf aufmerksam zu machen, und infolge dieser Anregung wurde befohlen, daß die Trainsoldaten sich einzeln und unauffällig nach dem Schlosse begeben sollten, wo der König Quartier genommen hatte. Die Militärs waren über diese meine Einmischung empfindlich, und um ihnen zu beweisen, daß ich um *meine* Sicherheit nicht besorgt sei, verließ ich das Schloß, wohin Seine Majestät mich befohlen hatte, und behielt mein Quartier in der Stadt. Es war damit schon der Keim zu einer der Ressort-Eifersucht entspringenden Verstimmung der Militärs gegen mich wegen meiner persönlichen Stellung zu Sr. Majestät gelegt, die sich im Laufe des Feldzugs und des französischen Krieges weiter entwickelte.

Nach der Schlacht von Königgrätz war die Situation derartig, daß ein Eingehn auf die erste Annäherung Oestreichs zu Friedensunterhandlungen nicht nur möglich, sondern durch die Einmischung Frankreichs geboten erschien. Letztre datirte von dem in der Nacht vom 4. zum 5. Juli in Horricz eingetroffnen, an Seine Majestät gerichteten Telegramm, in welchem Louis Napoleon dem Könige mittheilte, daß der Kaiser Franz Joseph ihm Venetien abgetreten und seine Vermittlung angerufen habe. Der glänzende Erfolg der Waffen des Königs nöthige Napoleon aus seiner bisherigen Zurückhaltung herauszutreten S. L. Schneider, Aus dem Leben Wilhelm's I., Bd. I 253 f. . Die Einmischung war hervorgerufen durch unsern Sieg, nachdem Napoleon bis dahin auf unsre Niederlage und Hülfsbedürftigkeit gerechnet hatte. Wenn unsrerseits der Sieg von Königgrätz durch Eingreifen des Generals v. Etzel und durch energische Verfolgung des geschlagnen Feindes vermittelst unsrer intacten Cavallerie vollständig ausgenutzt worden wäre, so würde wahrscheinlich die Sendung des Generals von Gablenz in das preußische Hauptquartier schon zu dem Abschluß nicht nur eines Waffenstillstandes, sondern auch der Basen des künftigen Friedens geführt haben, bei der Mäßigung, welche unsrerseits und damals auch noch bei dem Könige in Bezug auf die Bedingungen des Friedens vorwaltete, eine Mäßigung, die damals von Oestreich doch schon mehr als nützlich beanspruchte und uns als künftige Genossen alle bisherigen Bundesglieder, aber alle verkleinert und verletzt, gelassen hätte. Auf meinen Antrag antwortete Seine Majestät dem Kaiser Napoleon dilatorisch, aber doch mit Ablehnung jedes Waffenstillstandes ohne Friedensbürgschaften.

Ich fragte später in Nikolsburg Diese Frage an Moltke kann nicht erst in Nikolsburg gestellt worden sein, wohin das Hauptquartier am 18. Juli verlegt wurde. Ihre Beantwortung durch Moltke in dem im Texte angegebenen Sinne, die durch Moltke's Schreiben an Bismarck vom 8. Aug. 1866 bestätigt wird, bestimmte Bismarck dazu, dem Könige die Bildung der ungarischen Legion vorzuschlagen. Der Befehl dazu erging am 14. Juli. – Vgl. v. Lettow-Vorbeck, Geschichte des Krieges von 1866 II 597 f. den General von Moltke, was er thun würde, wenn Frankreich militärisch eingriffe. Seine Antwort war: Eine defensive Haltung gegen Oestreich, mit Beschränkung auf die Elblinie, inzwischen Führung des Kriegs gegen Frankreich.

Dieses Gutachten befestigte mich noch mehr in meinem Entschlusse, Seiner Majestät den Frieden auf der Basis der territorialen Integrität Oestreichs anzurathen. Ich war der Ansicht, daß wir im Falle der französischen Einmischung entweder sofort unter mäßigen Bedingungen mit Oestreich Frieden und wo möglich ein Bündniß schließen müßten, um Frankreich anzugreifen, oder daß wir Oestreich durch raschen Anlauf und durch Fördrung des Conflicts in Ungarn, vielleicht auch in Böhmen, schnell vollends lahm zu legen und bis dahin gegen Frankreich, nicht, wie Moltke wollte, gegen Oestreich, uns nur defensiv zu verhalten hätten. Ich war des Glaubens, daß der Krieg gegen Frankreich, den Moltke, wie er sagte, zuerst und schnell führen wollte, nicht so leicht sein, daß Frankreich zwar für die Offensive wenig Kräfte übrig haben, aber in der Defensive nach geschichtlicher Erfahrung im Lande selbst bald stark genug werden würde, um den Krieg in die Länge zu ziehn, so daß wir dann vielleicht unsre Defensive gegen Oestreich an der Elbe nicht siegreich würden halten können, wenn wir einen Invasionskrieg in Frankreich, mit Oestreich und Süddeutschland feindlich im Rücken, zu führen hätten. Ich wurde durch diese Perspective zur lebhaftern Anstrengung im Sinne des Friedens bestimmt.

Eine Betheiligung Frankreichs am Kriege hätte damals vielleicht nur 60000 Mann französischer Truppen sofort nach Deutschland in das Gefecht geführt, vielleicht noch weniger; diese Zuthat zu dem Bestände der süddeutschen Bundesarmee wäre jedoch ausreichend gewesen, um für die letztre die einheitliche und energische Führung, wahrscheinlich unter französischem Obercommando, herzustellen. Allein die bairische Armee soll zur Zeit des Waffenstillstandes 100000 Köpfe stark gewesen sein, und mit den übrigen verfügbaren deutschen Truppen, an sich guten und tapfern Soldaten, und 60000 Franzosen wäre uns von Südwesten her eine Armee von 200000 Mann unter einheitlicher kräftiger französischer Leitung anstatt der frühern, schüchternen und zwiespältigen entgegengetreten, der wir vorwärts (von) Berlin keine gleichwerthigen Streitkräfte gegenüberzustellen hatten, ohne Wien gegenüber zu schwach zu werden. Mainz war von Bundestruppen unter dem Befehl des bairischen Generals Grafen Rechberg besetzt; wären die Franzosen einmal darin gewesen, so würde es harte Arbeit gekostet haben, sie daraus zu entfernen.

Unter dem Druck der französischen Intervention und zu einer Zeit, als es sich noch nicht übersehn ließ, ob es gelingen werde, sie auf dem diplomatischen Gebiete festzuhalten, entschloß ich mich, dem Könige den Appell an die ungarische Nationalität anzurathen. Wenn Napoleon in der angedeuteten Weise in den Krieg eingriff, Rußlands Haltung zweifelhaft blieb, namentlich aber die Cholera in unsrer Armee weitre Fortschritte machte, so konnte unsre Lage eine so schwierige werden, daß wir zu jeder Waffe, die uns die entfesselte nationale Bewegung nicht nur in Deutschland, sondern auch in Ungarn und Böhmen darbieten konnte, greifen mußten, um nicht zu unterliegen Vgl. die Aeußerung in der Rede vom 16. Januar 1874, Politische Reden VI 140.

II.

Am 12. Juli fand in dem Marschquartier Czernahora Kriegsrath, oder, wie die Militärs die Sache genannt haben wollen, Generalsvortrag Statt – ich behalte der Kürze und des allgemeinen Verständnisses wegen den erstem auch von Roon In dem Briefe an seine Gemalin vom 7. Februar 1871 (Denkwürdigkeiten III 4 297). gebrauchten Ausdruck bei, obwohl der Feldmarschall Moltke in einem dem Professor von Treitschke am 9. Mai 1881 übergebenen Aufsätze

bemerkt hat, daß in beiden Kriegen niemals Kriegsrath gehalten worden sei Vgl. Moltke, Gesammelte Schriften III 415 ff. . Zu diesen unter dem Vorsitz des Königs gehaltnen Berathungen, die anfangs regelmäßig, später in größern Abständen Statt fanden, wurde ich 1866 zugezogen, wenn ich erreichbar war. An jenem Tage v. Lettow-Vorbeck, Geschichte des Krieges von 1866 III 651 bezweifelt, daß diese Erörterung schon am 12. Juli stattgefunden habe. Inhaltlich werden aber Bismarck's Angaben kaum anzufechten sein; wenn die Ausführung erst durch den Erlaß vom 19. Juli angeordnet wurde, so erklärt sich die zeitliche Differenz zwischen Vorschlag und Ausführung wohl eben aus dem Widerstreben der militärischen Berather des Königs gegen Bismarck's Heranziehung zu rein militärischen Erörterungen. handelte es sich um die Richtung des weitern Vorgehns gegen Wien; ich war verspätet zur Besprechung erschienen, und der König orientirte mich, daß es sich darum handle, die Befestigungen der Floridsdorfer Linien zu überwältigen, um nach Wien zu gelangen, daß dazu nach der Beschaffenheit der Werke schweres Geschütz aus Magdeburg herbeigeführt werden müsse In dem Werke des Generalstabs heißt es S. 484 unter dem 14. Juli: »Nach Dresden wurde an den Obersten Mertens telegraphirt, 50 dorthin dirigirte also [wohl noch nicht eingetroffne] schwere Geschütze so bereit zu halten, daß sie, sobald es befohlen würde, ohne Zeitverlust auf der Eisenbahn abgesandt werden könnten. Die Eisenbahn jenseits Lundenburg war zerstört; der General von Hindersin wurde daher beauftragt, an dem genannten Orte einen Park von Transportmitteln zusammen zu bringen.« und daß dazu eine Transportzeit von 14 Tagen erforderlich sei. Nachdem Bresche gelegt, sollten die Werke gestürmt werden, wofür ein muthmaßlicher Verlust von 2000 Mann veranschlagt wurde. Der König verlangte meine Meinung über die Frage. Mein erster Eindruck war, daß wir 14 Tage nicht verlieren durften, ohne die Gefahr mindestens der *französischen* Einmischung sehr viel näher zu rücken, als sie ohnehin lag Die Situation war ähnlich wie 1870 vor Paris. . Ich machte meine Besorgniß geltend und sagte: »Vierzehn Tage abwartender Pause können wir nicht verlieren, ohne das Schwergewicht des französischen Arbitriums gefährlich zu verstärken.« Ich stellte die Frage, ob wir überhaupt die Floridsdorfer Befestigungen stürmen müßten, ob wir sie nicht umgehn könnten. Mit einer Viertelschwenkung links könnte die Richtung auf Preßburg genommen und die Donau dort mit leichtrer Mühe überschritten werden. Entweder würden die Oestreicher dann den Kampf in ungünstiger Lage mit Front nach Osten südlich (von) der Donau aufnehmen oder vorher auf Ungarn ausweichen; dann sei Wien ohne Schwertstreich zu nehmen. Der König ließ sich eine Karte reichen und sprach sich zu Gunsten dieses Vorschlags aus; die Ausführung wurde, wie mir schien widerstrebend, in Angriff genommen, aber sie geschah.

Nach dem Generalstabswerke, S. 522, erging erst unter dem 19. Juli folgender Erlaß des Großen Hauptquartiers:

»Es ist die Absicht Sr. Majestät des Königs, die Armee in einer Stellung hinter dem Rußbach zu concentriren ... In dieser Stellung soll die Armee zunächst in der Lage sein, einem Angriff entgegen zu treten, welchen der Feind mit etwa 150000 Mann von Floridsdorf aus zu unternehmen vermag; demnächst soll sie aus derselben entweder die Floridsdorfer Verschanzungen recognosciren und angreifen, oder aber, unter Zurücklassung eines Observationscorps gegen Wien, möglichst schnell nach Preßburg abmarschiren können... Beide Armeen schieben ihre Vortruppen und Recognoscirungen an den Rußbach in der Richtung Wolkersdorf und Deutsch-Wagram vor. Gleichzeitig mit diesem Vorrücken soll der Versuch gemacht werden, Preßburg durch überraschenden Angriff in Besitz zu nehmen und den eventuellen Donauübergang daselbst zu sichern.«

Mir kam es für unsre spätern Beziehungen zu Oestreich darauf an, kränkende Erinnrungen nach Möglichkeit zu verhüten, wenn es sich ohne Beeinträchtigung unsrer deutschen Politik thun ließ Lenz, Zur Kritik der Gedanken und Erinnerungen S. 62 sieht in diesem Satze ein Argument, dessen sich Bismarck bei der damaligen Kriegslage im Kriegsrathe nicht bedient haben könne. Die Beziehung des Satzes auf den Kriegsrath aber ist von Lenz künstlich hergestellt. Der Satz enthält eine *rückschauende* Betrachtung, Daß ihm die darin niedergelegte Auffassung auch im Juli 1866 nicht fremd war, er im Gegentheil bemüht war, Oesterreich soviel als möglich zu schonen, geht aus dem Ausspruche hervor, den er am Abend der Schlacht bei Königgrätz that: »Die Streitfrage... ist entschieden; *jetzt gilt es, die alte Freundschaft mit Oestreich wiederzugewinnen*« (Sybel V 203). . Der siegreiche Einzug des preußischen Heers in die feindliche Hauptstadt wäre für unsre Militärs natürlich eine befriedigende Erinnrung gewesen, für unsre Politik war er kein Bedürfniß; in dem östreichischen Selbstgefühl hatte er gleich jeder Abtretung alten Besitzes an uns eine Verletzung hinterlassen, die, ohne für uns ein zwingendes Bedürfniß zu sein, die Schwierigkeit unsrer künftigen gegenseitigen Beziehungen unnöthig gesteigert haben würde. Es war mir schon damals nicht zweifelhaft, daß wir die Errungenschaften des Feldzugs in fernern Kriegen zu vertheidigen haben würden, wie Friedrich der Große die Ergebnisse seiner beiden ersten schlesischen Kriege in dem schärfern Feuer des siebenjährigen. Daß ein französischer Krieg auf den östreichischen folgen werde, lag in der historischen Konsequenz, selbst dann, wenn wir dem Kaiser Napoleon die kleinen Spesen, die er für seine Neutralität von uns erwartete, hätten bewilligen können. Auch nach russischer Seite hin konnte man zweifeln, welche Wirkung eintreten werde, wenn man sich dort klar machte, welche Erstarkung für uns in der nationalen Entwicklung Deutschlands lag. Wie sich die spätern Kriege um die Behauptung des Gewonnenen gestalten würden, war nicht vorauszusehn; in allen Fällen aber war es von hoher Wichtigkeit, ob die Stimmung, die wir bei unsern Gegnern hinterließen, unversöhnlich, die Wunden, die wir ihnen und ihrem Selbstgefühl geschlagen, unheilbar sein würden. In dieser Erwägung lag für mich ein politischer Grund, einen triumphirenden Einzug in Wien, nach Napoleonischer Art, eher zu verhüten als herbeizuführen. In Lagen, wie die unsrige damals war, ist es politisch geboten, sich nach einem Siege nicht zu fragen, wie viel man dem Gegner abdrücken kann, sondern nur zu erstreben, was politisches Bedürfniß ist. Die Verstimmung, die mein Verhalten mir in militärischen Kreisen eintrug, habe ich als die Wirkung einer militärischen Ressortpolitik betrachtet, der ich den entscheidenden Einfluß auf die Staatspolitik und deren Zukunft nicht einräumen konnte.

III.

Als es darauf ankam, zu dem Telegramm Napoleon's vom 4. Juli Stellung zu nehmen, hatte der König die Friedensbedingungen so skizzirt: Bundesreform unter preußischer Leitung, Erwerb Schleswig-Holsteins, Oestreichisch-Schlesiens, eines böhmischen Grenzstrichs, Ostfrieslands, Ersetzung der feindlichen Souveräne von Hanover, Kurhessen, Meiningen, Nassau durch ihre Thronfolger. Später traten andre Wünsche hervor, die theils in dem Könige selbst entstanden, theils durch äußre Einflüsse erzeugt waren. Der König wollte Theile von Sachsen, Hanover, Hessen annectiren, besonders aber Ansbach und Bayreuth wieder an sein Haus bringen. Seinem starken und berechtigten Familiengefühl lag der Rückerwerb der fränkischen Fürstenthümer nahe.

Ich erinnre mich, auf einem der ersten Hoffeste, denen ich in den 30er Jahren beiwohnte, einem Costümballe bei dem damaligen Prinzen Wilhelm, diesen in der Tracht des Kurfürsten Friedrich I. gesehn zu haben. Die Wahl des Costüms außerhalb der Richtung der übrigen war der Ausdruck des Familiengefühls, der Abstammung, und selten wird dieses Costüm natürlicher und kleidsamer getragen worden sein, als von dem damals etwa 37 Jahre alten Prinzen Wilhelm, dessen Bild darin mir stets gegenwärtig geblieben ist. Der starke dynastische Familiensinn war vielleicht in Kaiser Friedrich III. noch schärfer ausgeprägt, aber gewiß ist, daß 1866 der König auf Ansbach und Bayreuth noch schwerer verzichtete als auf Oestreichisch-Schlesien, Deutsch-Böhmen und Theile von Sachsen. Ich legte an Erwerbungen von Oestreich und Baiern den Maßstab der Frage, ob die Einwohner in etwaigen Kriegen bei einem Rückzuge der preußischen Behörden und Truppen dem Könige von Preußen noch treu bleiben, Befehle von ihm annehmen würden, und ich hatte nicht den Eindruck, daß die Bevölkerung dieser Gebiete, die in die bairischen und östreichischen Verhältnisse eingelebt ist, in ihrer Gesinnung den Hohenzollern'schen Neigungen entgegenkommen würde.

Das alte Stammland der Brandenburger Markgrafen im Süden und Osten von Nürnberg etwa zu einer preußischen Provinz mit Nürnberg als Hauptstadt gemacht, wäre kaum ein Landestheil gewesen, den Preußen in Kriegsfällen von Streitkräften entblößen und unter den Schutz seiner dynastischen Anhänglichkeit hätte stellen können. Die letztre hat während der kurzen Zeit des preußischen Besitzes keine tiefen Wurzeln geschlagen, trotz der geschickten Verwaltung durch Hardenberg, und war seither in der bairischen Zeit vergessen, so weit sie nicht durch confessionelle Vorgänge in Erinnrung gebracht wurde, was selten und vorübergehend der Fall war. Wenn auch gelegentlich das Gefühl der bairischen Protestanten verletzt wurde, so hat sich die Empfindlichkeit darüber niemals in Gestalt einer Erinnrung an Preußen geäußert. Uebrigens wäre auch nach einer solchen Beschneidung der bairische Stamm von den Alpen bis zur Oberpfalz in der Verbittrung, in welche die Verstümmlung des Königreichs ihn versetzt haben würde, immer als ein schwer zu versöhnendes und nach der ihm innewohnenden Stärke gefährliches Element für die zukünftige Einigkeit zu betrachten gewesen. Es gelang mir jedoch in Nikolsburg nicht, dem Könige meine Ansichten über den zu schließenden Frieden annehmbar zu machen. Ich mußte daher Herrn von der Pfordten, der am 24. Juli dorthin gekommen war, unverrichteter Sache abreisen lassen und mich mit einer Kritik seines Verhaltens vor dem Kriege begnügen. Er war ängstlich, die östreichische Anlehnung vollständig aufzugeben, obgleich er sich auch dem Wiener Einfluß gern entzogen hätte, wenn es ohne Gefahr möglich war; aber Rheinbunds-Velleitäten, Reminiscenzen an die Stellung, die die deutschen Kleinstaaten unter französischem Schutze von 1806 bis 1814 gehabt hatten, waren bei ihm nicht vorhanden – ein ehrlicher und gelehrter, aber politisch nicht geschickter deutscher Professor.

Dieselbe Erwägung, wie in Betreff der fränkischen Fürstenthümer, machte ich Sr. Majestät gegenüber geltend in Betreff Oestreichisch-Schlesiens, das eine der kaisertreuesten Provinzen, überdies vorwiegend slavisch bevölkert ist, und in Betreff der böhmischen Gebiete, die der König auf Andringen des Prinzen Friedrich Karl als Glacis vor den sächsischen Bergen behalten wollte, Reichenberg, das Egerthal, Karlsbad. Es kam später hinzu, daß Karolyi jede Landabtretung kategorisch ablehnte, selbst die von mir ihm gegenüber berührte des kleinen Gebiets von Braunau, dessen Besitz für uns ein Eisenbahninteresse hatte. Ich zog vor, auch darauf zu verzichten, sobald das Festhalten den Abschluß zu verschleppen und die Gefahr französischer Einmischung zu verschärfen drohte.

Der Wunsch des Königs, Westsachsen, Leipzig, Zwickau und Chemnitz zur Herstellung der Verbindung mit Bayreuth zu behalten, stieß auf die Erklärung Karolyi's, daß er die Integrität Sachsens als conditio sine qua non der Friedensbedingungen festhalten müsse. Dieser Unterschied in der Behandlung der Bundesgenossen beruhte auf den persönlichen Beziehungen zum Könige von Sachsen und auf dem Verhalten der sächsischen Truppen nach der Schlacht bei Königgrätz, die bei dem Rückzuge den festesten und intactesten militärischen Körper gebildet hatten. Die andern deutschen Truppen hatten sich tapfer geschlagen, wo sie in's Gefecht kamen, aber spät und ohne praktische Erfolge, und es waltete in Wien der den Umständen nach unberechtigte Eindruck vor, von den Bundesgenossen, namentlich von Baiern und Würtemberg, unzulänglich unterstützt zu sein. Das Generalstabswerk sagt unter dem 21. Juli: »In Nikolsburg hatten seit mehreren Tagen Verhandlungen Statt gefunden, deren nächstes Ziel eine fünftägige Waffenruhe war. Vor Allem galt es, für die Diplomatie Zeit zu gewinnen Die Diplomatie hatte aber Angesichts der französischen Einmischung weniger Zeit zu verlieren als die Heeresleitung. . Jetzt, wo das preußische Heer das Marchfeld betrat, stand eine neue Katastrophe unmittelbar bevor.«

Ich fragte Moltke, ob er unser Unternehmen bei Preßburg für gefährlich oder für unbedenklich halte. Bis jetzt hatten wir keinen Flecken auf der weißen Weste. Sei mit Sicherheit auf einen guten Ausgang zu rechnen, so müßten wir die Schlacht sich vollziehn, die Waffenruhe einen halben Tag später beginnen lassen; der Sieg würde unsre Stellung in der Verhandlung natürlich stärken. Im andern Fall wäre besser auf das Unternehmen zu verzichten. Er gab mir die Antwort, daß er den Ausgang für zweifelhaft und die Operation für eine gewagte halte, aber im Kriege sei alles gefährlich. Dies bestimmte mich, die Verabredung über die Waffenruhe Sr. Majestät in der Art zu empfehlen, daß Sonntag den 22. Mittags die Feindseligkeiten eingestellt und nicht vor Mittag des 27. wieder aufgenommen werden sollten. Der General von Franseckn erhielt am 22. Morgens 7½ Uhr die Nachricht von der an demselben Tage eintretenden Waffenruhe und die Weisung, damit sein Verhalten in Einklang zu bringen. Der Kampf, in welchem er bei Blumenau stand, mußte daher um 12 Uhr abgebrochen werden.

IV.

Inzwischen hatte ich in den Conferenzen mit Karolyi und mit Benedetti, dem es, Dank dem Ungeschick unsrer militärischen Polizei im Rücken des Heeres, gelungen war, in der Nacht vom 11. zum 12. Juli nach Zwittau zu gelangen und dort plötzlich vor meinem Bette zu erscheinen Vgl. das Dictat Bismarck's vom 13. Juli 1866 bei v. Lettow-Vorbeck, Geschichte des Krieges von 1866 II 594 f. , die Bedingungen ermittelt, unter denen der Friede erreichbar war. Benedetti erklärte für die Grundlinie der Napoleonischen Politik, daß eine Vergrößrung Preußens um höchstens 4 Millionen Seelen in Norddeutschland, unter Festhaltung der Mainlinie als Südgrenze, keine französische Einmischung nach sich ziehn werde Diese Angabe findet v. Lettow-Vorbeck, Geschichte des Krieges von 1866 II 636 unvereinbar mit Benedetti's Bericht vom 15. Juli, Ma mission en Prusse 186 ff.; er übersieht, daß Bismarck hier nur von der letzten Phase der Unterhandlungen spricht, in der Benedetti Frankreichs Zustimmung zu Annexionen Preußens in Deutschland in sichere Aussicht stellte. – Den Länderzuwachs von über 4 Millionen und die Bundesführung in Norddeutschland nennt auch Blumenthal im Briefe vom 24. Juli (Tagebücher des Generalfeldmarschalls Graf von Blumenthal aus den Jahren 1866 und 1870/71. Stuttgart und Berlin, J. G. Cotta'sche Buchhandlung Nachfolger 1902. S.47) als gesicherten Siegespreis. . Er hoffte wohl, einen süddeutschen Bund als französische Filiale auszubilden. Oestreich trat aus dem Deutschen Bunde aus und war bereit, alle Einrichtungen, die der König in Norddeutschland treffen werde, vorbehaltlich der Integrität Sachsens, anzuerkennen. Diese Bedingungen enthielten Alles, dessen wir bedurften: freie Bewegung in Deutschland.

Ich war nach allen vorstehenden Erwägungen fest entschlossen, die Annahme des von Oestreich gebotnen Friedens zur Cabinetsfrage zu machen. Die Lage war eine schwierige; allen Generalen war die Abneigung gemeinsam, den bisherigen Siegeslauf abzubrechen, und der König war militärischen Einflüssen im Laufe jener Tage öfter und bereitwilliger zugänglich als den meinigen; ich war der Einzige im Hauptquartier, dem eine politische Verantwortlichkeit als Minister oblag und der sich nothwendig der Situation gegenüber eine Meinung bilden und einen Entschluß fassen mußte, ohne sich für den Ausfall auf irgend eine andre Autorität in Gestalt collegialischen Beschlusses oder höherer Befehle berufen zu können. Ich konnte die Gestaltung der Zukunft und das von ihr abhängige Urtheil der Welt ebenso wenig voraussehn wie irgend ein Andrer, aber ich war der einzige Anwesende, der gesetzlich verpflichtet war, eine Meinung zu haben, zu äußern und zu vertreten. Ich hatte sie mir in sorgsamer Ueberlegung der Zukunft unsrer Stellung in Deutschland und unsrer Beziehungen zu Oestreich gebildet, war bereit, sie zu verantworten und bei dem Könige zu vertreten. Es war mir bekannt, daß man mich im Generalstabe den »Questenberg im Lager« nannte, und die Identificirung mit dem Wallenstein'schen Hofkriegsrath war mir nicht schmeichelhaft.

Am 23. Juli fand unter dem Vorsitze des Königs ein Kriegsrath Statt, in dem beschlossen werden sollte, ob unter den gebotnen Bedingungen Friede zu machen oder der Krieg fortzusetzen sei. Eine schmerzhafte Krankheit, an der ich litt, machte es nothwendig, die Berathung in meinem Zimmer zu halten. Ich war dabei der einzige Civilist in Uniform. Ich trug meine Ueberzeugung dahin vor, daß auf die östreichischen Bedingungen der Friede geschlossen werden müsse, blieb aber damit allein; der König trat der militärischen Mehrheit bei. Meine Nerven widerstanden den mich Tag und Nacht ergreifenden Eindrücken nicht, ich stand schweigend auf, ging in mein anstoßendes Schlafzimmer und wurde dort von einem heftigen Weinkrampf befallen. Während desselben hörte ich, wie im Nebenzimmer der Kriegsrath aufbrach. Ich machte mich nun an die Arbeit, die Gründe zu Papier zu bringen, die m. E. für den Friedensschluß sprachen, und bat den König, wenn er diesen meinen verantwortlichen Rath nicht annehmen wolle, mich meiner Aemter als Minister bei Weiterführung des Kriegs zu entheben. Mit diesem Schriftstücke Zum Theil abgedruckt in Sybel V 294 ff., v. Lettow-Vorbeck II 679 ff. – Die Darstellung bei Sybel ist wesentlich aus den Acten geschöpft und darf darum nicht gegen die obenstehende Schilderung der persönlichen Begegnungen zwischen dem König und Bismarck benutzt werden. Vielmehr müssen sich beide Darstellungen ergänzen. Der Sachverhalt war der folgende: Am 23. Juli nach der ersten Friedensverhandlung fand der von Bismarck erwähnte Kriegsrath statt, zu dem sicher auch der Kronprinz zugezogen wurde, der am 23. Juli auf Bismarck's Ersuchen (Blumenthal's Tagebücher S. 47) nach Nikolsburg zu Seiner Majestät von Eisgrub herüberkam (Kaiser Friedrich's Tagebücher, herausg. von M. v, Poschinger S. 42). Darauf schrieb Bismarck den bei Sybel und v. Lettow-Vorbeck theilweis abgedruckten Bericht über die Lage. Am 24. Juli fand die heftige Auseinandersetzung zwischen König und Minister statt. An demselben Tage (vgl. Herzog Ernst, Aus meinem Leben III 612 f.) übernahm der Kronprinz die Vermittlung und überbrachte den auf S.67 mitgetheilten ungnädigen Bescheid des Königs auf eine der letzten Eingaben des Ministers (also nicht den Bericht vom 24.). Wenn Lenz die ganze Marginalnotiz in der im Texte gegebenen Fassung anzweifelt, ja für möglich hält, daß sie von Bismarck in einer Art Selbsttäuschung aus dem Schlußsatz der von Sybel mitgetheilten Randbemerkungen zum Bericht vom 24. Juli erst nachträglich gebildet worden sei, so muß ich darauf hinweisen, daß Fürst Herbert Bismarck mir ausdrücklich erklärt hat, daß er dieses Marginal in einem der Actenstücke des Auswärtigen Amtes selbst gelesen habe. Er hat sogar den Wortlaut der im Entwurf enthaltenen Fassung aus dem Gedächtniß noch durch die Einfügung der Worte: »in diesen sauren Apfel beißen und« ergänzt. Die Abweichungen hinsichtlich des Wortlauts des Marginals, die Lenz feststellt, können nichts gegen die letzte Fassung beweisen, da sie eben auf nachträglich gemachten Aufzeichnungen von Dinergästen beruhen. – Daß Bismarck übrigens die Cabinetsfrage damals wirklich gestellt hat, läßt sich unschwer aus dem Schluß des von Sybel mitgetheilten Actenstückes erkennen. In der mündlichen Erörterung hat er das im amtlichen Bericht schonend Angedeutete sicher mit voller Deutlichkeit zu verstehen gegeben. Die Marginalnotizen zu dem Bericht vom 24, Juli, die der König am 25. Bismarck zugehen ließ, zeigen das Einlenken des Königs und mildern in ihrem Schlusse die Schroffheit der am Tage zuvor gegebenen Antwort. begab ich mich am folgenden Tage zum mündlichen Vortrag. Im Vorzimmer fand ich zwei Obersten mit Berichten über das Umsichgreifen der Cholera unter ihren Leuten, von denen kaum die Hälfte dienstfähig war. Während des Feldzugs sind 6427 Mann der Seuche erlegen. (Die Zahl findet erst ihre volle Würdigung, wenn man die Verluste auf den Schlachtfeldern ihr gegenüberstellt: sie beliefen sich auf nur 4450 Mann. H. K.) Die erschreckenden Zahlen befestigten meinen Entschluß, aus dem Eingehn auf die östreichischen Bedingungen die Cabinetsfrage zu machen. Ich befürchtete neben politischen Sorgen, daß bei Verlegung der Operationen nach Ungarn die mir bekannte Beschaffenheit dieses Landes die Krankheit schnell übermächtig machen würde. Das Klima, besonders im August, ist gefährlich, der Wassermangel groß, die ländlichen Ortschaften mit Feldmarken von mehren Quadratmeilen weit verstreut, dazu Reichthum an Pflaumen und Melonen. Mir schwebte als warnendes Beispiel unser Feldzug von 1792 in der Champagne vor, wo wir nicht durch die Franzosen, sondern durch die Ruhr zum Rückzug gezwungen wurden.

Ich entwickelte dem Könige an der Hand meines Schriftstücks die politischen und militärischen Gründe, die gegen die Fortsetzung des Krieges sprachen.

Oestreich schwer zu verwunden, dauernde Bitterkeit und Revanchebedürfniß mehr als nöthig zu hinterlassen, müßten wir vermeiden, vielmehr uns die Möglichkeit, uns mit dem heutigen Gegner wieder zu befreunden, wahren und jedenfalls den östreichischen Staat als einen Stein im europäischen Schachbrett und die Erneurung guter Beziehungen mit demselben als einen für uns offen zu haltenden Schachzug ansehn. Wenn Oestreich schwer geschädigt wäre, so würde es der Bundesgenosse Frankreichs und jedes Gegners werden; es würde selbst seine antirussischen Interessen der Revanche gegen Preußen opfern.

Auf der andern Seite könnte ich mir keine für uns annehmbare Zukunft der Länder, welche die östreichische Monarchie bildeten, denken, falls letztre durch ungarische und slavische Aufstände zerstört oder in dauernde Abhängigkeit versetzt werden sollte. Was sollte an *die* Stelle Europas gesetzt werden, welche der östreichische Staat von Tyrol bis zur Bukowina bisher ausfüllt? Neue Bildungen aus dieser Fläche könnten nur dauernd revolutionärer Natur sein. Deutsch-Oestreich könnten wir weder ganz, noch theilweise brauchen, eine Stärkung des preußischen Staates durch Erwerbung von Provinzen wie Oestreichisch-Schlesien und Stücken von Böhmen nicht gewinnen, eine Verschmelzung des deutschen Oestreichs mit Preußen würde nicht erfolgen, Wien als ein Zubehör von Berlin aus nicht zu regiren sein.

Wenn der Krieg fortgesetzt würde, so wäre der wahrscheinliche Kampfplatz Ungarn. Die östreichische Armee, die, wenn wir bei Preßburg über die Donau gegangen, Wien nicht würde halten können, würde schwerlich nach Süden ausweichen, wo sie zwischen die preußische und die italienische Armee geriethe und durch ihre Annäherung an Italien die gesunkne und durch Louis Napoleon eingeschränkte Kampflust der Italiener neu beleben würde; sondern sie würde nach Osten ausweichen und die Vertheidigung in Ungarn fortsetzen, wenn auch nur in der Hoffnung auf die in Aussicht stehende Einmischung Frankreichs und die durch Frankreich vorbereitete Desinteressirung Italiens. Uebrigens hielte ich auch unter dem rein militärischen Gesichtspunkte nach meiner Kenntniß des ungarischen Landes die Fortsetzung des Krieges dort für undankbar, die dort zu erreichenden Erfolge für nicht im Verhältniß stehend zu den bisher gewonnenen Siegen, also unser Prestige vermindernd – ganz abgesehn davon, daß die Verlängrung des Krieges der französischen Einmischung die Wege ebnen würde. Wir müßten rasch abschließen, ehe Frankreich Zeit zur Entwicklung weitrer diplomatischer Action auf Oestreich gewönne.

Gegen alles dies erhob der König keine Einwendung; aber die vorliegenden Bedingungen erklärte er für ungenügend, ohne jedoch seine Fordrungen bestimmt zu formuliren. Nur so viel war klar, daß seine Ansprüche seit dem 4. Juli gewachsen waren. Der Hauptschuldige könne doch nicht ungestraft ausgehn, die Verführten könnten wir dann leichter davonkommen lassen, sagte er, und bestand auf den schon erwähnten Gebietsabtretungen von Oestreich. Ich erwiderte: Wir hätten nicht eines Richteramts zu walten, sondern deutsche Politik zu treiben; Oestreichs Rivalitätskampf gegen uns sei nicht strafbarer als der unsrige gegen Oestreich; *unsre Aufgabe sei Herstellung oder Anbahnung deutsch-nationaler Einheit unter Leitung des Königs von Preußen.*

Auf die deutschen Staaten übergehend, sprach er von verschiednen Erwerbungen durch Beschneidung der Länder aller Gegner. Ich wiederholte, daß mir nicht vergeltende Gerechtigkeit zu üben, sondern Politik zu treiben hätten, daß ich vermeiden wolle, in dem künftigen deutschen Bundesverhältniß verstümmelte Besitze zu sehn, in denen bei Dynastie und Bevölkerung der Wunsch nach Wiedererlangung des frühern Besitzes mit fremder Hülfe nach menschlicher Schwäche leicht lebendig werden könnte; es würden das unzuverlässige Bundesgenossen werden. Dasselbe würde der Fall sein, wenn man zur Entschädigung Sachsens etwa Würzburg oder Nürnberg von Baiern verlangen wollte, ein Plan, der außerdem mit der dynastischen Vorliebe Sr. Majestät für Ansbach in Concurrenz treten würde. Ebenso hatte ich Pläne zu bekämpfen, die auf eine Vergrößrung des Großherzogthums Baden hinausliefen, Annexion der bairischen Pfalz, und eine Ausdehnung in der untern Maingegend. Das Aschaffenburger Gebiet Baierns wurde dabei als geeignet angesehn, um Hessen-Darmstadt für den durch die Maingrenze gebotnen Verlust von Oberhessen zu entschädigen. Später in Berlin stand von diesen Plänen nur noch zur Verhandlung die Abtretung des auf dem rechten Mainufer gelegnen bairischen Gebiets einschließlich der Stadt Bayreuth an Preußen, wobei die Frage zur Erörtrung kam, ob die Grenze auf dem nördlichen rothen oder südlichen weißen Main gehn sollte. Vorwiegend schien mir bei Sr. Majestät die von militärischer Seite gepflegte Abneigung gegen die Unterbrechung des Siegeslaufs der Armee. Der Widerstand, den ich den Absichten Sr. Majestät in Betreff der Ausnutzung der militärischen Erfolge und seiner Neigung, den Siegeslauf fortzusetzen, meiner Ueberzeugung gemäß leisten mußte, führte eine so lebhafte Erregung des Königs herbei, daß eine Verlängrung der Erörtrung unmöglich war und ich mit dem Eindruck, meine Auffassung sei abgelehnt, das Zimmer verließ mit dem Gedanken, den König zu bitten, daß er mir erlauben möge, in meiner Eigenschaft als Offizier in mein Regiment einzutreten. In mein Zimmer zurückgekehrt, war ich in der Stimmung, daß mir der Gedanke nahe trat, ob es nicht besser sei, aus dem offenstehenden, vier Stock hohen Fenster zu fallen; und ich sah mich nicht um, als ich die Thür öffnen hörte, obwohl ich vermuthete, daß der Eintretende der Kronprinz sei, an dessen Zimmer ich auf dem Corridor vorübergegangen war. Ich fühlte seine Hand auf meiner Schulter, während er sagte: »Sie wissen, daß ich gegen den Krieg gewesen bin, Sie haben ihn für nothwendig gehalten und tragen die Verantwortlichkeit dafür. Wenn Sie nun überzeugt sind, daß der Zweck erreicht ist und jetzt Friede geschlossen werden muß, so bin ich bereit, Ihnen beizustehn und Ihre Meinung bei meinem Vater zu vertreten.« Er begab sich dann zum Könige, kam nach einer kleinen halben Stunde zurück in derselben ruhigen und freundlichen Stimmung, aber mit den Worten: »Es hat sehr schwer gehalten, aber mein Vater hat zugestimmt.« Diese Zustimmung hatte ihren Ausdruck gefunden in einem mit Bleistift an den Rand einer meiner letzten Eingaben geschriebenen Marginale ungefähr des Inhalts: »Nachdem mein Ministerpräsident mich vor dem Feinde im Stiche läßt und ich hier außer Stande bin, ihn zu ersetzen, habe ich die Frage mit meinem Sohne erörtert, und da sich derselbe der Auffassung des Ministerpräsidenten angeschlossen hat, sehe ich mich zu meinem Schmerze gezwungen, nach so glänzenden Siegen der Armee in diesen sauren Apfel zu beißen und einen so schmachvollen Frieden anzunehmen.« – Ich glaube mich nicht im Wortlaut zu irren, obschon mir das Aktenstück gegenwärtig nicht zugänglich ist; der Sinn war jedenfalls der angegebene und mir damals trotz der Schärfe der Ausdrücke eine erfreuliche Lösung der für mich unerträglichen Spannung. Ich nahm die Königliche Zustimmung zu dem von mir als politisch nothwendig Erkannten gern entgegen, ohne mich an ihrer unverbindlichen Form zu stoßen. Im Geiste des Königs waren eben die militärischen Eindrücke damals die vorherrschenden, und das Bedürfniß, die bis dahin so glänzende Siegeslaufbahn fortzusetzen, war vielleicht stärker als die politischen und diplomatischen Erwägungen.

Von dem erwähnten Marginale des Königs, das mir der Kronprinz überbrachte, blieb mir als einziges Residuum die Erinnrung an die heftige Gemüthsbewegung, in die ich meinen alten Herrn hatte versetzen müssen, um zu erlangen, was ich im Interesse des Vaterlands für geboten hielt, wenn ich verantwortlich bleiben sollte. Noch heut haben diese und analoge Vorgänge bei mir keinen andern Eindruck hinterlassen, als die schmerzliche Erinnrung, daß ich einen Herrn, den ich persönlich liebte wie diesen, so habe verstimmen müssen.

V.

Nachdem die Präliminarien mit Oestreich unterzeichnet waren, fanden sich Bevollmächtigte von Würtemberg, Baden und Darmstadt ein. Den würtembergischen Minister von Barnbüler zu empfangen, lehnte ich zunächst ab, weil die Verstimmung gegen ihn bei uns stärker war als gegen Pfordten. Er war politisch gewandter als der Letztre, aber auch weniger durch deutschnationale Skrupel behindert. Seine Stimmung beim Ausbruch des Kriegs hatte sich in dem Vae victis! ausgedrückt und war zu erklären aus den Stuttgarter Beziehungen zu Frankreich, die insbesondre durch die Vorliebe der Königin von Holland, einer würtembergischen Prinzessin, getragen waren.

Dieselbe hatte, so lange ich in Frankfurt war, viel für mich übrig, ermuthigte mich in meinem Widerstande gegen Oestreichs Politik und gab ihre antiöstreichische Gesinnung dadurch zu erkennen, daß sie im Hause ihres Gesandten Herrn von Scherff mich, nicht ohne Unhöflichkeit gegen den östreichischen Präsidial-Gesandten Baron Prokesch, tendenziös auszeichnete, zu einer Zeit, wo Louis Napoleon noch Hoffnung auf ein preußisches Bündniß gegen Oestreich hegte und den italienischen Krieg bereits im Sinne hatte. Ich lasse unentschieden, ob schon damals die Vorliebe für das Napoleonische Frankreich allein die Politik der Königin von Holland bestimmte, oder ob nur das unruhige Bedürfniß, überhaupt Politik zu treiben, sie zu einer Parteinahme in dem preußisch-östreichischen Streit und zu einer auffällig schlechten Behandlung meines östreichischen Collegen und Bevorzugung meiner bewog. Jedenfalls habe ich nach 1866 die mir früher so gnädige Fürstin unter den schärfsten Gegnern meiner in Voraussicht des Bruchs von 1870 befolgten Politik gefunden. Im Jahre 1867 wurden wir zuerst durch amtliche französische Kundgebungen verdächtigt, Absichten auf Holland zu haben, namentlich in der Aeußrung des Ministers Rouher in einer Rede gegen Thiers, 16. März 1867, daß Frankreich unser Vordringen an die »Zuider-See« nicht dulden könne. Es ist nicht wahrscheinlich, daß die Zuider-See von dem Franzosen selbständig entdeckt worden und sogar die Orthographie des Namens in der französischen Presse ohne fremde Hülfe richtig gegeben worden ist: man darf vermuthen, daß der Gedanke an dieses Gewässer von Holland aus dem französischen Mißtraun suppeditirt worden war. Auch die niederländische Abstammung des Herrn Drouyn de Lhuys berechtigt mich nicht, eine so genaue Localkenntniß in der Geographie außerhalb der französischen Grenzen bei seinem Collegen vorauszusetzen.

Die Einschätzung der würtembergischen Politik in die Rheinbundkategorie bestimmte mich, den Empfang des Herrn von Varnbüler in Nikolsburg zunächst abzulehnen. Auch eine Unterredung zwischen uns, die der Prinz Friedrich von Würtemberg, der Bruder des Commandirenden unsers Gardecorps, und die uns sehr wohlwollende Großfürstin Helene vermittelt hatte, verlief politisch fruchtlos. Erst später in Berlin habe ich mit Herrn von Varnbüler verhandelt; und seine bewegliche Empfänglichkeit für die politischen Eindrücke jeder Situation bethätigte sich dort darin, daß er der erste unter den süddeutschen Ministern war, mit dem ich einen Bündniß-Vertrag der bekannten Art abschließen konnte Am 13. August 1866 .

Einundzwanzigstes Kapitel. Der Norddeutsche Bund.

I.

In Berlin war ich äußerlich mit dem Verhältniß Preußens zu den neuerworbenen Provinzen und den übrigen norddeutschen Staaten, innerlich mit der Stimmung der auswärtigen Mächte und Erwägung ihres wahrscheinlichen Verhaltens beschäftigt. Unsre innre Lage hatte für mich und vielleicht für Jeden den Charakter des Provisoriums und der Unreife. Die Rückwirkung der Vergrößrung Preußens, der bevorstehenden Verhandlungen über den Norddeutschen Bund und seine Verfassung ließen unsre innre Entwicklung ebenso sehr im Fluß begriffen erscheinen wie unsre Beziehungen zum deutschen und außerdeutschen Auslande es waren vermöge der europäischen Situation, in der der Krieg abgebrochen wurde. Ich nahm als sicher an, daß der Krieg mit Frankreich auf dem Wege zu unsrer weitern nationalen Entwicklung, sowohl der intensiven als der über den Main hinaus extensiven, nothwendig werde geführt werden müssen, und daß wir diese Eventualität bei allen unsern Verhältnissen im Innern wie nach Außen im Auge zu behalten hätten. Louis Napoleon sah in einiger Vergrößrung Preußens in Norddeutschland nicht nur keine Gefahr für Frankreich, sondern ein Mittel gegen die Einigung und nationale Entwicklung Deutschlands; er glaubte, daß dessen außerpreußische Glieder sich dann des französischen Schutzes um so bedürftiger fühlen würden. Er hatte Rheinbundreminiscenzen und wollte die Entwicklung in der Richtung eines Gesammt-Deutschlands hindern. Er glaubte es zu können, weil er die nationale Stimmung des Tages nicht kannte und die Situation nach seinen süddeutschen Schulerinnrungen und nach diplomatischen Berichten beurtheilte, die nur auf ministerielle und sporadisch dynastische Stimmungen gegründet waren. Ich war überzeugt, daß ihr Gewicht schwinden würde; ich nahm an, daß ein Gesammt-Deutschland nur eine Frage der Zeit, und daß zu deren Lösung der Norddeutsche Bund die erste Etappe sei, daß aber die Feindschaft Frankreichs und vielleicht Rußlands, das Revanchebedürfniß Oestreichs für 1866 und der preußisch-dynastische Particularismus des Königs nicht zu früh in die Schranken gerufen werden dürfe. Ich war nicht zweifelhaft, daß ein deutsch-französischer Krieg werde geführt werden müssen, bevor die Gesammt-Einrichtung Deutschlands sich verwirklichte. Diesen Krieg hinauszuschieben, bis unsre Streitkräfte durch Anwendung der preußischen Wehrgesetzgebung nicht blos auf Hanover, Hessen und Holstein, sondern, wie ich damals schon nach der Fühlung mit den Süddeutschen hoffen durfte, auch auf diese, gestärkt wären, war ein Gedanke, der mich damals beherrschte. Ich hielt einen Krieg mit Frankreich im Hinblick auf die Erfolge der Franzosen im Krimkriege und in Italien für eine Gefahr, die ich damals überschätzte, indem mir die für Frankreich erreichbare Truppenziffer, die Ordnung und die Organisation und das Geschick in der Führung als höher und besser vorschwebten, als sich 1870 bestätigt hat. Die Tapferkeit des französischen Troupiers und die Höhe des nationalen Gefühls und der verletzten Eitelkeit haben sich vollkommen in dem Maße bewährt, wie ich sie für die Eventualität einer deutschen Invasion in Frankreich eingeschätzt hatte, in Erinnrung an die Erlebnisse von 1814, 1792, und zu Anfang des vorigen Jahrhunderts im spanischen Erbfolgekriege, wo das Eindringen fremder Heere stets ähnliche Erscheinungen wie das Stökern in einem Ameisenhaufen hervorgerufen hat. Für leicht habe ich den französischen Krieg niemals gehalten, ganz abgesehn von den Bundesgenossen, die Frankreich in dem östreichischen Revanchegefühl und in dem russischen Gleichgewichtsbedürfniß finden konnte. Mein Bestreben, diesen Krieg hinauszuschieben, bis die Wirkung unsrer Wehrgesetzgebung und militärischen Erziehung auf alle nicht altpreußischen Landestheile sich vollständig hätte entwickeln können, war also natürlich, und dieses mein Ziel war 1867 bei der Luxemburger Frage nicht annähernd erreicht. Jedes Jahr

Aufschub des Kriegs stärkte unser Heer um mehr als 100000 gelernte Soldaten. Bei der Indemnitätsfrage dem Könige gegenüber und bei der Verfassungsfrage im preußischen Landtage aber stand ich unter dem Druck des Bedürfnisses, dem Auslande keine Spur von vorhandnen oder bevorstehenden Hemmnissen durch unsre innre Lage, sondern nur die einige nationale Stimmung zur Anschauung zu bringen, um so mehr, als sich nicht ermessen ließ, welche Bundesgenossen Frankreich im Kriege gegen uns haben werde. Die Verhandlungen und Annäherungsversuche zwischen Frankreich und Oestreich in Salzburg 18. bis 23. August 1867. und anderswo bald nach 1866, konnten unter Leitung des Herrn von Beust erfolgreich sein, und schon die Berufung dieses verstimmten sächsischen Ministers zur Leitung der Wiener Politik ließ darauf schließen, daß sie die Richtung der Revanche einschlagen würde.

Die Haltung Italiens war nach der Fügsamkeit gegen Napoleon, die wir 1866 kennen gelernt hatten, unberechenbar, sobald französischer Druck stattfand. Der General Govone war, als ich in Berlin im Frühjahr 1866 mit ihm verhandelte, erschrocken, als ich den Wunsch äußerte, er möge zu Haus anfragen, ob wir auch gegen Napoleonische Verstimmungen auf Italiens Vertragstreue rechnen dürften. Er sagte, daß eine solche Rückfrage an demselben Tage nach Paris telegraphirt werden würde, mit der Anfrage, »was man antworten solle?« In der öffentlichen Meinung Italiens konnte ich auf sichern Anhalt nicht rechnen, nach der Haltung der italienischen Politik während des Kriegs, nicht blos auf Grund der persönlichen Freundschaft Victor Emanuel's für Louis Napoleon, sondern auch nach Maßgabe der durch Garibaldi im Namen der öffentlichen Meinung Italiens bekundeten Parteinahme. Der Bund Italiens mit Frankreich und Oestreich lag nicht blos nach meiner Befürchtung, sondern nach der öffentlichen Meinung in Europa nicht außerhalb der Wahrscheinlichkeit.

Von Rußland war einer solchen Coalition gegenüber activer Beistand schwerlich zu erwarten. Mir selbst hatte der russenfreundliche Einfluß, den ich in der Zeit des Krimkriegs auf die Entschließungen Friedrich Wilhelm's IV. auszuüben vermochte, das Wohlwollen des Kaisers Alexander erworben, und sein Vertraun zu mir war in der Zeit meiner Gesandschaft in Petersburg gewachsen. Inzwischen aber hatte in dem dortigen Cabinet unter Gortschakow's Leitung der Zweifel an der Nützlichkeit einer so bedeutenden Kräftigung Preußens für Rußland die Wirkung der kaiserlichen Freundschaft für den König Wilhelm und der Dankbarkeit für unsre Politik in der polnischen Frage von 1863 aufzuwiegen angefangen. Wenn die Mittheilung richtig ist, die Drouyn de Lhuys dem Grafen Vitzthum von Eckstädt London, Gastein und Sadowa. Stuttgart 1890. S. 248. gemacht hat, so hat Gortschakow im Juli 1866 den Kaiser Napoleon zu einem gemeinsamen Proteste gegen die Beseitigung des Deutschen Bunds aufgefordert und eine Ablehnung erfahren. Der Kaiser Alexander hatte in der ersten Ueberraschung und nach der Sendung Manteuffel's nach Petersburg dem Ergebniß der Nikolsburger Präliminarien generell und obiter zugestimmt; der Haß gegen Oestreich, der seit dem Krimkriege die öffentliche Meinung der russischen »Gesellschaft« beherrschte, hatte zunächst seine Befriedigung gefunden in den Niederlagen Oestreichs; dieser Stimmung standen aber russische Interessen gegenüber, die sich an den zarischen Einfluß in Deutschland und an dessen Bedrohung durch Frankreich knüpften.

Ich nahm zwar an, daß wir gegen eine Coalition, die Frankreich etwa gegen uns aufbringen würde, auf russischen Beistand würden zählen können, aber doch erst, wenn wir das Unglück gehabt haben sollten, Niederlagen zu erleiden, vermöge deren die Frage näher gerückt wäre, ob Rußland die Nachbarschaft einer siegreichen französisch-östreichischen Coalition an seinen polnischen Grenzen vertragen könne. Die Unbequemlichkeit einer solchen Nachbarschaft wäre vielleicht noch größer geworden, wenn statt des antipäpstlichen Königreichs Italien das Papstthum selbst der Dritte im Bunde der beiden katholischen Großmächte geworden wäre. Bis zum Näherrücken solcher Gefährlichkeit infolge preußischer Niederlagen hielt ich aber für wahrscheinlich, daß Rußland es nicht ungern sähe, wenigstens es nicht hindern würde, wenn eine numerisch überlegne Coalition einiges Wasser in unsern Wein von 1866 gegossen hätte.

Von England durften wir einen activen Beistand gegen den Kaiser Napoleon nicht erwarten, obschon die englische Politik einer starken befreundeten Continentalmacht mit vielen Bataillonen bedarf und dieses Bedürfnis unter Pitt, Vater und Sohn, zu Gunsten Preußens, später

Oestreichs, und dann unter Palmerston bis zu den spanischen Heirathen Vermählung der Königin Isabella von Spanien mit ihrem Vetter Franz von Cadiz, und ihrer Schwester, der Infantin Luise Fernanda, mit dem Herzog von Montpensier, dem Sohne Louis Philippe's, 10. October 1846. , dann wieder unter Clarendon zu Gunsten Frankreichs gepflegt hatte. Das Bedürfniß der englischen Politik war entweder entente cordiale mit Frankreich oder Besitz eines starken Bundesgenossen gegen Frankreichs Feindschaft. England ist wohl bereit, das stärkre Deutsch-Preußen als Ersatz für Oestreich hinzunehmen, und in der Lage vom Herbst 1866 konnten wir auf platonisches Wohlwollen und belehrende Zeitungsartikel dort allenfalls zählen; aber bis zum activen Beistände zu Wasser und zu Lande würde sich die theoretische Sympathie schwerlich verdichtet haben. Die Vorgänge von 1870 haben gezeigt, daß ich in der Einschätzung Englands Recht hatte. Mit einer für uns jedenfalls verstimmenden Bereitwilligkeit übernahm man in London die Vertretung Frankreichs in Norddeutschland, und während des Krieges hat man sich niemals zu unsern Gunsten so weit compromittirt, daß nicht die französische Freundschaft gewahrt worden wäre; im Gegentheil.

II.

Es geschah hauptsächlich unter dem Einfluß dieser Erwägungen auf dem Gebiete der auswärtigen Politik, daß ich mich entschloß, jeden Schachzug im Innern danach einzurichten, ob der Eindruck der Solidität unsrer Staatskraft dadurch gefördert oder geschädigt werden könne. Ich sagte mir, daß das nächste Hauptziel die Selbständigkeit und Sicherheit nach Außen sei, daß zu diesem Zwecke nicht nur die tatsächliche Beseitigung innern Zwiespaltes, sondern auch jeder Schein davon nach dem Auslande und in Deutschland vermieden werden müsse; daß, wenn wir erst Unabhängigkeit von dem Auslande hätten, wir auch in unsrer innern Entwicklung uns frei bewegen könnten, wir uns dann so liberal oder so reactionär einrichten könnten, wie es gerecht und zweckmäßig erschiene; daß wir alle innern Fragen vertagen könnten bis zur Sicherstellung unsrer nationalen Ziele nach Außen. Ich zweifelte nicht an der Möglichkeit, der königlichen Macht die nöthige Stärke zu geben, um unsre innre Uhr richtig zu stellen, wenn wir erst nach Außen die Freiheit erworben haben würden, als große Nation selbständig zu leben. Bis dahin war ich bereit, der Opposition nach Bedürfniß blackmail zu zahlen, um zunächst unsre volle Kraft und in der Diplomatie den Schein dieser einigen Kraft und die Möglichkeit in die Wagschale werfen zu können, im Falle der Noth auch revolutionäre Nationalbewegungen gegen unsre Feinde entfesseln zu können.

In einer Commissionssitzung des Landtags wurde ich von der Fortschrittspartei, wohl nicht ohne Kenntniß von den Bestrebungen der äußersten Rechten, darüber interpellirt, ob die Regirung bereit sei, die preußische Verfassung in den neuen Provinzen einzuführen. Eine ausweichende Antwort würde das Mißtraun der Verfassungsparteien hervorgerufen oder belebt haben. Nach meiner Ueberzeugung war es überhaupt nothwendig, die Entwicklung der deutschen Frage durch keinen Zweifel an der Verfassungstreue der Regirung zu hemmen; durch jeden neuen Zwiespalt zwischen Regirung und Opposition wäre der vom Auslande zu erwartende äußre Widerstand gegen nationale Neubildungen gestärkt worden. Aber meine Bemühungen, die Opposition und ihre Redner zu überzeugen, daß sie wohl thäten, innre Verfassungsfragen gegenwärtig zurücktreten zu lassen, daß die deutsche Nation, wenn erst geeinigt, in der Lage sein werde, ihre innern Verhältnisse nach ihrem Ermessen zu ordnen; daß unsre gegenwärtige Aufgabe sei, die Nation in diese Lage zu versetzen: alle diese Erwägungen waren der bornirten und kleinstädtischen Parteipolitik der Oppositionsredner gegenüber erfolglos, und die durch sie hervorgerufnen Erörtrungen stellten das nationale Ziel zu sehr in den Vordergrund nicht nur dem Auslande, sondern auch dem Könige gegenüber, der damals noch mehr die Macht und Größe Preußens als die verfassungsmäßige Einheit Deutschlands im Auge hatte. Ihm lag ehrgeizige Berechnung nach dieser Richtung hin fern; den Kaisertitel bezeichnete er noch 1870 geringschätzig als den »Charaktermajor«, worauf ich erwiderte, daß Se. Majestät die Kompetenzen der Stellung allerdings schon verfassungsmäßig besäßen und der »Kaiser« nur die äußerliche Sanction enthalte, gewissermaßen als ob ein mit Führung eines Regiments beauftragter Offizier definitiv zum Commandeur ernannt werde. Für das dynastische Gefühl war es schmeichelhafter, grade als geborner König von Preußen und nicht als erwählter und durch ein Verfassungsgesetz hergestellter Kaiser die betreffende Macht auszuüben, analog wie ein prinzlicher Regiments-Commandeur es vorzieht, nicht Herr Oberst, sondern Königliche Hoheit genannt zu werden und der gräfliche Lieutenant nicht Herr Lieutenant, sondern Herr Graf. Ich hatte mit diesen Eigenthümlichkeiten meines Herrn zu rechnen, wenn ich mir sein Vertraun erhalten wollte, und ohne ihn und sein Vertraun war mein Weg in deutscher Politik überhaupt nicht gangbar.

III.

Im Hinblick auf die Nothwendigkeit, im Kampfe gegen eine Uebermacht des Auslands im äußersten Nothfall auch zu revolutionären Mitteln greifen zu können, hatte ich auch kein Bedenken getragen, die damals stärkste der freiheitlichen Künste, das allgemeine Wahlrecht, schon durch die Circulardepesche vom 10. Juni 1866 mit in die Pfanne zu werfen, um das monarchische Ausland abzuschrecken von Versuchen, die Finger in unsre nationale omelette zu stecken. Ich habe nie gezweifelt, daß das deutsche Volk, sobald es einsieht, daß das bestehende Wahlrecht eine schädliche Institution sei, stark und klug genug sein werde, sich davon frei zu machen. Kann es das nicht, so ist meine Redensart, daß es reiten könne, wenn es erst im Sattel säße Rede vom 11. März 1867, Politische Reden III 184. , ein Irrthum gewesen. Die Annahme des allgemeinen Wahlrechts war eine Waffe im Kampfe gegen Oestreich und weitres Ausland, im Kampfe für die deutsche Einheit, zugleich eine Drohung mit letzten Mitteln im Kampfe gegen Coalitionen. In einem Kampfe derart, wenn er auf Tod und Leben geht, sieht man die Waffen, zu denen man greift, und die Werthe, die man durch ihre Benutzung zerstört, nicht an: der einzige Rathgeber ist zunächst der Erfolg des Kampfes, die Rettung der Unabhängigkeit nach Außen; die Liquidation und Ausbesserung der dadurch angerichteten Schäden hat nach dem Frieden stattzufinden. Außerdem halte ich noch heut das allgemeine Wahlrecht nicht blos theoretisch, sondern auch praktisch für ein berechtigtes Prinzip, sobald nur die Heimlichkeit beseitigt wird, die außerdem einen Charakter hat, der mit den besten Eigenschaften des germanischen Bluts in Widerspruch steht Die geheime Abstimmung wurde bekanntlich erst durch den Antrag Fries in das Gesetz hineingebracht, während die Regierungsvorlage öffentliche Abstimmung forderte. . Die Einflüsse und Abhängigkeiten, die das praktische Leben der Menschen mit sich bringt, sind gottgegebene Realitäten, die man nicht ignoriren kann und soll. Wenn man es ablehnt, sie auf das politische Leben zu übertragen, und im letztern den Glauben an die geheime Einsicht Aller zu Grunde legt, so geräth man in einen Widerspruch des Staatsrechts mit den Realitäten des menschlichen Lebens, der praktisch zu stehenden Frictionen und schließlich zu Explosionen führt und theoretisch nur auf dem Wege socialdemokratischer Verrücktheiten lösbar ist, deren Anklang auf der Thatsache beruht, daß die Einsicht großer Massen hinreichend stumpf und unentwickelt ist, um sich von der Rhetorik geschickter und ehrgeiziger Führer unter Beihülfe eigner Begehrlichkeit stets einfangen zu lassen.

Das Gegengewicht dagegen liegt in dem Einflusse der Gebildeten, der sich stärker geltend machen würde, wenn die Wahl öffentlich wäre, wie für den preußischen Landtag. Die größre Besonnenheit der intelligentern Classen mag immerhin den materiellen Untergrund der Erhaltung des Besitzes haben; der andre des Strebens nach Erwerb ist nicht weniger berechtigt, aber für die Sicherheit und Fortbildung des Staats ist das Uebergewicht derer, die den Besitz vertreten, das nützlichere. Ein Staatswesen, dessen Regiment in den Händen der Begehrlichen, der novarum rerum cupidi, und der Redner liegt, welche die Fähigkeit, urtheilslose Massen zu belügen, in höherm Maße wie Andre besitzen, wird stets zu einer Unruhe der Entwicklung verurtheilt sein, der so gewichtige Massen, wie staatliche Gemeinwesen sind, nicht folgen können, ohne in ihrem Organismus geschädigt zu werden. Schwere Massen, zu denen große Nationen in ihrem Leben und ihrer Entwicklung gehören, können sich nur mit Vorsicht bewegen, da die Bahnen, in denen sie einer unbekannten Zukunft entgegenlaufen, nicht geglättete Eisenschienen haben. Jedes große staatliche Gemeinwesen, in welchem der vorsichtige und hemmende Einfluß der Besitzenden, materiellen oder intelligenten Ursprungs, verloren geht, wird immer in eine der Entwicklung der ersten französischen Revolution ähnliche, den Staatsmagen zerbrechende Geschwindigkeit gerathen. Das begehrliche Element hat das auf die Dauer durchschlagende Uebergewicht der größern Masse. Es ist im Interesse dieser Masse selbst zu wünschen, daß dieser Durchschlag ohne gefährliche Beschleunigung und ohne Zertrümmerung des Staatswagens erfolge. Geschieht die letztre dennoch, so wird der geschichtliche Kreislauf immer in verhältnißmäßig kurzer Zeit zur Dictatur, zur Gewaltherrschaft, zum Absolutismus zurückführen, weil auch die Massen schließlich dem Ordnungsbedürfniß unterliegen, und wenn sie es a priori nicht erkennen, so sehn sie es infolge mannigfaltiger Argumente ad hominem schließlich immer wieder ein und erkaufen die Ordnung von Dictatur und Cäsarismus durch bereitwilliges Aufopfern auch des berechtigten und festzuhaltenden Maßes von Freiheit, das europäische staatliche Gesellschaften vertragen, ohne zu erkranken.

Ich würde es für ein erhebliches Unglück und für eine wesentliche Vermindrung der Sicherheit der Zukunft ansehn, wenn wir auch in Deutschland in den Wirbel dieses französischen Kreislaufs geriethen. Der Absolutismus wäre die ideale Verfassung für europäische Staatsgebilde, wenn der König und seine Beamten nicht Menschen blieben wie jeder Andre, denen es nicht gegeben ist, mit übermenschlicher Sachkunde, Einsicht und Gerechtigkeit zu regiren. Die einsichtigsten und wohlwollendsten absoluten Regenten unterliegen den menschlichen Schwächen und Unvollkommenheiten, wie der Ueberschätzung der eignen Einsicht, dem Einfluß und der Beredsamkeit von Günstlingen, ohne von weiblichen, legitimen und illegitimen Einflüssen zu reden. Die Monarchie und der idealste Monarch, wenn er nicht in seinem Idealismus gemeinschädlich werden soll, bedarf der Kritik, an deren Stacheln er sich zurechtfindet, wenn er den Weg zu verlieren Gefahr läuft. Joseph II. ist ein warnendes Beispiel.

Die Kritik kann nur geübt werden durch eine freie Presse und durch Parlamente im modernen Sinne. Beide Corrective können ihre Wirkung durch Mißbrauch abstumpfen und schließlich verlieren. Dies zu verhüten, ist eine der Aufgaben erhaltender Politik, die sich ohne Bekämpfung von Parlament und Presse nicht lösen läßt. Das Abmessen der Schranken, die in diesem Kampfe innegehalten werden müssen, um die dem Lande unentbehrliche Controlle der Regirung weder zu hindern noch zur Herrschaft werden zu lassen, ist eine Sache des politischen Tacts und Augenmaßes.

Wenn ein Monarch dafür das hinreichende Augenmaß besitzt, so ist das ein Glück für sein Land, freilich ein vergängliches, wie alles menschliche Glück. Die Möglichkeit, Minister an's Ruder zu bringen, welche die entsprechenden Eigenschaften besitzen, muß in dem Verfassungsleben gegeben werden, aber auch die Möglichkeit, Minister, die diesem Bedürfniß genügen, sowohl gegen gelegentliche Majoritäts-Abstimmungen als auch gegen Hof- und Camarilla-Einflüsse zu halten. Dieses Ziel war bis zu dem nach menschlicher Unvollkommenheit überhaupt erreichbaren Grade annähernd erreicht unter der Regirung Wilhelm's I.

IV.

Die Eröffnung des Landtags stand unmittelbar nach unsrer Ankunft in Berlin bevor, und die Thronrede kam in Prag zur Berathung. Dort trafen Abgeordnete der conservativen Fraction ein, die während des Conflicts zeitweise bis auf elf Mitglieder herabgegangen war und durch die Wahlen am 3. Juli unter dem Eindruck der ersten Siege vor Königgrätz sich auf mehr als hundert gehoben hatte. Das Ergebniß würde der Regirung noch günstiger gewesen sein, wenn die Wahl einige Tage nach der entscheidenden Schlacht stattgefunden hätte; aber auch so war es in Verbindung mit der schwunghaften Stimmung im Lande immerhin geeignet, nicht blos conservativen, sondern auch reactionären Bestrebungen Hoffnung auf Gelingen zu geben. Für diejenigen, welche nach der Rückbildung zum Absolutismus oder doch nach einer Restauration im ständischen Sinne strebten, war durch die Vergrößrung der Monarchie, durch die parlamentarische Situation beim Ausbruch des Kriegs und den ungeschickten und ehrgeizigen Eigensinn der Führer der Opposition ein Anknüpfungspunkt gegeben, um die preußische Verfassung zu suspendiren und zu revidiren. Sie war auf das vergrößerte Preußen nicht zugeschnitten, noch weniger aber auf die Einschichtung in die zukünftige Verfassung Deutschlands. Die Verfassungsurkunde selbst enthielt einen Artikel (118), welcher, entstanden unter dem Eindruck der nationalen Stimmung zur Zeit der Verfassungsbildung und aus dem Entwurf von 1848 entnommen, zur Unterordnung der preußischen Verfassung unter eine neu zu schaffende deutsche berechtigte. Es war also eine Gelegenheit gegeben, mit dem formalen Anstrich der Legalität die Verfassung und die Bestrebungen der Conflictsmajorität nach parlamentarischer Herrschaft aus den Angeln zu heben, und dies lag im Hintergrunde des Bemühns der äußersten Rechten und ihrer nach Prag abgeordneten Mitglieder.

Eine andre Gelegenheit, den innern Conflict zugleich mit der deutschen Frage zu erledigen, hatte sich dem Könige dargeboten, als der Kaiser Alexander 1863 zur Zeit des polnischen Aufstands und des Ueberrumpelungsversuchs für den Frankfurter Fürstencongreß ein preußisch-russisches Bündniß in eigenhändiger Correspondenz lebhaft befürwortet hatte Vgl. Bd. I 303. 341. . Auf mehren eng geschriebenen Bogen in der feinen Hand des Kaisers, weit ausgesponnen und mit mehr Declamation, als in seiner Feder lag, konnte der Brief an Hamlet's Wort:

> Whether 't is nobler in the mind, to suffer
> The slings and arrows of outrageous fortune,
> Or to take arms against a sea of troubles,
> And by opposing end them? – Shakespeare, Hamlet III 1.

erinnern, wenn man es aus dem Zweifel in die Affirmative übersetzt: der Kaiser ist der westmächtlichen und östreichisch-polnischen Chikanen müde und entschlossen, den Degen zu ziehn, um sich von ihnen frei zu machen; an die Freundschaft und die gleichen Interessen des Königs appellirend, fordert er ihn zu gemeinsamem Handeln auf, so zu sagen in erweitertem Sinne der Alvensleben'schen Convention vom Februar desselben Jahres. Dem Könige wurde es schwer, einerseits dem nahen Verwandten und nächsten Freunde eine ablehnende Antwort zu geben, andrerseits sich mit dem Entschlusse vertraut zu machen, seinem Lande die Nebel eines großen Kriegs aufzuerlegen, dem Staate und der Dynastie die Gefahren eines solchen zuzumuthen. Auch die Seite seines Gemüthslebens, die ihn geneigt machte, die Frankfurter Fürstenversammlung zu besuchen, das Gefühl der Zusammengehörigkeit mit allen alten Fürstenhäusern, trat in ihm der Versuchung entgegen, der Anrufung des befreundeten Neffen und den preußisch-russischen Familientraditionen eine Folge zu geben, die zu dem Bruch mit dem deutschen Bundesverhältniß und der Gesammtheit der deutschen Fürstenfamilien führen mußte. In meinem mehre Tage dauernden Vortrage vermied ich es, die Seite der Sache zu betonen, welche für unsre innre Politik von Gewicht gewesen sein würde, weil ich nicht der Meinung war, daß ein Krieg grade im Bunde mit Rußland gegen Oestreich und alle Gegner, mit denen wir es 1866 zu thun bekamen, uns der Erfüllung unsrer nationalen Aufgabe näher gebracht haben würde. Es ist ja ein namentlich in der französischen Politik gebräuchliches

Mittel, innre Schwierigkeiten durch Kriege zu überwinden; in Deutschland aber würde dieses Mittel nur dann wirksam gewesen sein, wenn der betreffende Krieg in der Linie der nationalen Entwicklung gelegen hätte. Dazu wäre vor Allem erforderlich gewesen, daß er nicht mit der, unklugerweise noch immer von der öffentlichen Meinung verurtheilten russischen Assistenz geführt wurde. Die deutsche Einheit mußte ohne fremde Einflüsse zu Stande kommen, aus eigner nationaler Kraft. Ueberdies hatte der innre Conflict, von dem der König bei meinem Eintritt in das Ministerium bis zu dem Entschlusse zur Abdication beeindruckt war, an Herrschaft über seine Entschließungen erheblich eingebüßt, seitdem er Minister gefunden hatte, die bereit waren, seine Politik offen, ohne Winkelzüge zu vertreten. Er hatte seitdem die Ueberzeugung gewonnen, daß die Krone, wenn es zum revolutionären Bruche gekommen wäre, stärker gewesen sein würde; die Einschüchterungen der Königin und der Minister der neuen Aera hatten ihre Kraft verloren. Dagegen hielt ich in meinen Vorträgen mit meiner Ansicht von der militärischen Stärke, die ein deutsch-russisches Bündniß, namentlich im ersten Anlauf haben würde, nicht zurück.

Die geographische Lage der drei großen Ostmächte ist der Art, daß eine jede von ihnen, sobald sie von den beiden andern angegriffen wird, sich strategisch im Nachtheil befindet, auch wenn sie in Westeuropa England oder Frankreich zum Verbündeten hat. Am meisten würde Oestreich, isolirt, gegen einen russisch-deutschen Angriff im Nachtheil sein, am wenigsten Rußland gegen Oestreich und Deutschland; aber auch Rußland würde bei einem concentrischen Vorstoß der beiden deutschen Mächte gegen den Bug zu Anfang des Kriegs in einer schwierigen Lage sein. Bei seiner geographischen Lage und ethnographischen Gestaltung ist Oestreich im Kampfe gegen die beiden benachbarten Kaiserreiche deshalb sehr im Nachtheil, weil die französische Hülfe kaum rechtzeitig eintreffen würde, um das Gleichgewicht herzustellen. Wäre aber Oestreich einer deutsch-russischen Coalition von Hause aus unterlegen, wäre durch einen klugen Friedensschluß der drei Kaiser unter sich das gegnerische Bündniß gesprengt oder auch nur durch eine Niederlage Oestreichs geschwächt, so wäre das deutsch-russische Uebergewicht entscheidend. Gleich gute Führung und gleiche Tapferkeit bei den großen Heeren vorausgesetzt, liegt in der territorialen Gestaltung der einzelnen Machtgebiete eine große Stärke der deutsch-russischen Combination, wenn sie von Hause aus sicher zusammenhält. Die Berechnung militärischen Erfolgs und der Glaube an einen solchen sind aber an sich unsicher und werden noch unsichrer, wenn die veranschlagte diesseitige Macht keine einheitliche ist, sondern auf Bündnissen beruht.

In meinem Entwurf der Antwort, der noch länger ausfallen mußte als der Brief des Kaisers Alexander, war hervorgehoben, daß ein gemeinsamer Krieg gegen die Westmächte in seiner schließlichen Entwicklung sich wegen der geographischen Verhältnisse und wegen der französischen Begehrlichkeit nach den Rheinlanden nothwendig zu einem preußisch-französischen condensiren müsse, daß die preußisch-russische Initiative zu dem Kriege unsre Stellung in Deutschland verschlechtern werde, daß Rußland, entfernt von dem Kriegsschauplatze, von den Leiden des Kriegs weniger betroffen sein, Preußen dagegen nicht nur die eignen, sondern auch die russischen Heere materiell zu erhalten haben und daß die russische Politik dann – wenn mein Gedächtniß mich nicht täuscht, habe ich den Ausdruck gebraucht – an dem längern Arme des Hebels sitzen würde, und uns auch, wenn wir siegreich wären, ähnlich wie in dem Wiener Congreß und mit noch mehr Gewicht werde vorschreiben können, wie unser Friede beschaffen sein solle, ebenso wie Oestreich es 1859 bezüglich unsrer Friedensbedingungen mit Frankreich hätte machen können, wenn wir damals in den Kampf gegen Frankreich und Italien eingetreten wären. Ich habe den Text meiner Argumentation nicht in der Erinnrung, obschon ich ihn vor wenigen Jahren behufs unsrer Auseinandersetzung mit der russischen Politik wieder unter Augen gehabt und mich gefreut habe, daß ich damals die Arbeitskraft besessen hatte, ein so langes Concept eigenhändig in einer für den König lesbaren Schrift herzustellen, eine Handarbeit, die für den Erfolg meiner Gasteiner Cur nicht förderlich gewesen sein wird. Obwohl der König die Frage nicht in demselben Maße wie ich unter den deutsch-nationalen Gesichtspunkt zog, so unterlag er doch nicht der Versuchung, der Ueberhebung der östreichischen Politik und der

Landtagsmajorität, der Geringschätzung, die beide der preußischen Krone bezeigten, im Bunde mit Rußland ein gewaltthätiges Ende zu machen. Wenn er auf die russische Zumuthung einging, so würden wir bei der Schnelligkeit unsrer Mobilisirung, bei der Stärke der russischen Armee in Polen und bei der damaligen militärischen Schwäche Oestreichs wahrscheinlich, mit oder ohne den Beistand der damals noch unbefriedigten Begehrlichkeit Italiens, Oestreich übergelaufen haben, bevor Frankreich ihm wirksame Hülfe leisten konnte. Wenn man sicher gewesen wäre, daß das Ergebniß dieses Ueberlaufens ein Dreikaiserbündniß unter Schonung Oestreichs gewesen wäre, so wäre meine Beurtheilung der Situation vielleicht nicht zutreffend zu nennen gewesen. Aber diese Sicherheit war Angesichts der divergirenden Interessen Rußlands und Oestreichs im Orient nicht vorhanden; es war kaum wahrscheinlich und auch der russischen Politik nicht zusagend, daß eine siegreiche preußisch-russische Coalition Oestreich gegenüber auch nur mit dem Maße von Schonung verführe, welches von preußischer Seite 1866 im Interesse der Möglichkeit künftiger Wiederannäherung beobachtet worden ist. Ich fürchtete deshalb, daß wir im Falle unsres Siegs über die Zukunft Oestreichs mit Rußland nicht einig sein würden, und daß Rußland selbst bei weitern Erfolgen gegen Frankreich nicht darauf werde verzichten wollen, Preußen in einer unterstützungsbedürftigen Stellung an seiner Westgrenze zu erhalten; am allerwenigsten wäre von Rußland eine Hülfe für eine nationale Politik im Sinne der preußischen Hegemonie zu erwarten gewesen. Tilsit, Erfurt, Olmütz und andre historische Erinnrungen sagten: vestigia terrent.

Kurz, ich hatte nicht das Vertraun zu der Gortschakowschen Politik, daß wir auf dieselbe Sicherheit rechnen könnten, welche Alexander I. 1813 gewährte, bis die Zukunftsfragen, was aus Polen und Sachsen werden und ob Deutschland gegen französische Invasionen eine von russischen Entschließungen unabhängige Deckung haben, Straßburg Bundesfestung werden solle, in Wien zur Verhandlung kamen Die Frage, ob Straßburg Bundesfestung werden solle, ist im zweiten Pariser Frieden, jedoch nicht in Wien verhandelt worden. . So mannigfache Erwägungen hatte ich anzustellen, um zu einem Entschlusse über die Anträge, welche ich dem Könige machen, und die Fassung des Concepts, das ich ihm vorlegen wollte, zu gelangen. Ich zweifle nicht, daß eine Zeit kommen wird, in der auch über diese Vorgänge unsre Archive der Oeffentlichkeit zugänglich werden, es sei denn, daß inzwischen die angeregte Zerstörung der Documente sich vollzieht, die von meiner politischen Thätigkeit Zeugniß geben.

Die Versuchung war groß gewesen für einen Monarchen, dessen Stellung den maßlosen Angriffen der Fortschrittspartei und dem Druck der östreichischen Diplomatie nicht blos auf dem nationalen Gebiete des Frankfurter Fürstencongresses, sondern auch auf dem polnischen von Seiten der drei großen verbündeten Mächte England, Frankreich und Oestreich ausgesetzt war.

Daß der König 1863 seine schwer gekränkte Empfindung als Monarch und als Preuße nicht über die politischen Erwägungen Herr werden ließ, beweist, wie stark in ihm das nationale Ehrgefühl und der gesunde Menschenverstand in der Politik waren.

V.

Im Jahre 1866 konnte der König über die Frage, ob er aus eigner Kraft den parlamentarischen Widerstand brechen und einer Wiederkehr desselben vorbeugen solle, nicht so schnell mit sich in's Reine kommen, so gewichtige Gründe auch dagegen sprachen. Mit der Suspendirung und Revision der Verfassung, mit der Demüthigung der Landtagsopposition wäre allen mit den Erfolgen von 1866 Unzufriednen in Deutschland und Oestreich eine wirksame Waffe gegen Preußen für die vorauszusehenden künftigen Kämpfe gegeben worden. Man hätte sich darauf gefaßt machen müssen, einstweilen in Preußen gegen Parlament und Presse ein Regirungssystem durchzuführen, das von dem ganzen übrigen Deutschland bekämpft wurde. Maßregeln, die bei uns gegen die Presse zu ergreifen gewesen sein würden, würden in Dessau keine Gültigkeit gehabt haben, und Oestreich und Süddeutschland würden ihre Revanche einstweilen dadurch genommen haben, daß sie die von Preußen verlassene Führung auf liberalem und nationalem Gebiete übernahmen. Die nationale Partei in Preußen selbst würde mit den Gegnern der Regirung sympathisirt haben; wir konnten dann innerhalb der verbesserten preußischen Grenzen staatsrechtlich eine Stärkung des Königthums gewinnen, aber doch in Gegenwart stark dissentirender einheimischer Elemente, denen sich die Opposition in den neuen Provinzen angeschlossen haben würde. Wir hätten dann einen preußischen Eroberungskrieg geführt, aber der *nationalen* Politik Preußens würden die Sehnen durchschnitten worden sein. In dem Bestreben, der deutschen Nation die Möglichkeit einer ihrer geschichtlichen Bedeutung entsprechenden Existenz durch Einheit zu verschaffen, lag das gewichtigste Argument zur Rechtfertigung des geführten deutschen »Bruderkriegs«; die Erneurung eines solchen wurde unabwendbar, wenn der Kampf zwischen den deutschen Stämmen lediglich im Interesse der Stärkung des preußischen Sonderstaats fortgesetzt wurde.

Ich halte den Absolutismus für keine Form einer in Deutschland auf die Dauer haltbaren oder erfolgreichen Regirung. Die preußische Verfassung ist, wenn man von einigen, aus der belgischen übersetzten Phrasenartikeln absieht, in ihrem Hauptprinzip vernünftig; sie hat drei Factoren, den König und zwei Kammern, deren jeder durch sein Votum willkürliche Aendrungen des gesetzlichen status quo hindern kann. Darin liegt eine gerechte Vertheilung der gesetzgebenden Gewalt. Wenn man letztre von der öffentlichen Kritik der Presse und der parlamentarischen Behandlung emancipirt, so wird die Gefahr erhöht, daß sie auf Abwege geriethe. Absolutismus der Krone ist ebenso wenig haltbar wie Absolutismus der parlamentarischen Majoritäten, das Erforderniß der Verständigung beider für jede Aendrung des gesetzlichen status quo ist ein gerechtes, und wir hatten nicht nöthig, an der preußischen Verfassung Erhebliches zu bessern. Es läßt sich mit derselben regiren, und die Bahn deutscher Politik wäre verschüttet worden, wenn wir 1866 daran änderten. Vor dem Siege würde ich nie von »Indemnität« gesprochen haben; jetzt, nach dem Siege, war der König in der Lage, sie großmüthig zu gewähren und Frieden zu schließen, nicht mit seinem Volke – der war nie unterbrochen worden, wie der Verlauf des Krieges gezeigt hat, – sondern mit dem Theile der Opposition, welcher irre geworden war an der Regirung, mehr aus nationalen als aus parteipolitischen Gründen.

Dies waren ungefähr die Gedanken und Argumente, mit denen ich während der viele Stunden langen Fahrt von Prag nach Berlin (4. August) die Schwierigkeiten zu bekämpfen suchte, die die eignen Ansichten, noch mehr aber andre Einflüsse, namentlich auch der Einfluß der conservativen Deputation, in dem Könige hinterlassen hatten. Es kam dazu eine staatsrechtliche Auffassung Sr. Majestät, die ihm ein Verlangen nach Indemnität als ein Eingeständniß begangnen Unrechts erscheinen ließ Die Angabe in Roon's Denkwürdigkeiten (»Deutsche Revue« 1891 Bd. I S. 133, Ausgabe in Buchform II(4) 482): »Für Bismarck's Zustimmung war es jedenfalls entscheidend, daß er die versöhnlichen Anschauungen seines Monarchen genau kannte«, ist irrthümlich. . Ich suchte vergeblich diesen sprachlichen und rechtlichen Irrthum zu entkräften, indem ich geltend machte, daß in Gewährung der Indemnität nichts weiter liege als die Anerkennung der Thatsache, daß die Regirung und ihr königlicher Chef rebus sic stantibus richtig gehandelt hätten; die Fordrung der Indemnität sei ein Verlangen nach dieser Anerkennung. In jedem constitutionellen Leben, in dem Spielraum, den es den Regirungen gestatte, liege es, daß der Regirung nicht für jede Situation eine Zwangsroute in der Verfassung angewiesen sein könne. Der König blieb bei seiner Abneigung gegen Indemnität, während es mir nothwendig schien, den parlamentarischen Gegnern, von denen doch höchstens diejenigen, die später die freisinnige Partei bildeten, böswillig, die Andern aber nur verrannt waren, sei es politisch, sei es sprachlich, eine goldne Brücke zu bauen, um den innern Frieden Preußens herzustellen und von dieser festen preußischen Basis aus die deutsche Politik des Königs fortzusetzen. Die viele Stunden lange und für mich sehr angreifende Unterredung, weil sie meinerseits stets in vorsichtigen Formen geführt werden mußte, fand im Eisenbahncoupé zu Dreien Statt, mit dem Könige und dem Kronprinzen. Der Letztre aber unterstützte mich nicht, obschon er in dem leichtbeweglichen Ausdruck seines Mienenspiels mich wenigstens durch Kundgebung seines vollen Einverständnisses seinem Herrn Vater gegenüber stärkte.

Durch eine Correspondenz, die ich von Nikolsburg aus mit den übrigen Ministern geführt hatte, war der Entwurf der Thronrede zu Stande gekommen und von Sr. Majestät genehmigt worden mit Ausnahme des auf die Indemnität bezüglichen Satzes. Schließlich gab der König mit Widerstreben auch dazu seine Einwilligung, so daß der Landtag am 5. August mit einer Thronrede eröffnet werden konnte, die ankündigte, daß die Landesvertretung in Bezug auf die ohne Staatshaushaltsgesetz geführte Verwaltung um nachträgliche Bewilligung angegangen werden solle. In verbis simus faciles Man vgl. dazu Rede Bismarck's vom 1. Sept. 1866, Politische Reden III 66 ff. !

VI.

Das nächste Geschäft war die Regelung unsres Verhältnisses zu den verschiednen deutschen Staaten, mit denen wir im Kriege gewesen waren. Wir hätten die Annexionen für Preußen entbehren und Ersatz dafür in der Bundesverfassung suchen können. Se. Majestät aber hatte an praktische Effecte von Verfassungsparagraphen keinen bessern Glauben wie an den alten Bundestag und bestand auf der territorialen Vergrößrung Preußens, um die Kluft zwischen den Ost- und den Westprovinzen auszufüllen und Preußen ein haltbar abgerundetes Gebiet auch für den Fall des frühern oder spätern Mißlingens der nationalen Neubildung zu schaffen. Bei der Annexion von Hanover und Kurhessen handelte es sich also um Herstellung einer unter *allen* Eventualitäten wirksamen Verbindung zwischen den beiden Theilen der Monarchie. Die Schwierigkeiten der Zollverbindung zwischen unsern beiden Gebietstheilen und die Haltung Hanovers im letzten Kriege hatten das Bedürfniß eines unbeschränkt in einer Hand befindlichen territorialen Zusammenhangs im Norden von Neuem anschaulich gemacht. Wir durften der Möglichkeit, bei künftigen östreichischen oder andern Kriegen ein oder zwei feindliche Corps von guten Truppen im Rücken zu haben, nicht von Neuem ausgesetzt werden. Die Besorgniß, daß die Dinge sich einmal so gestalten könnten, wurde verschärft durch die überschwängliche Auffassung, die der König Georg V. von seiner und seiner Dynastie Mission hatte. Man ist nicht jeden Tag in der Lage, einer gefährlichen Situation der Art abzuhelfen, und der Staatsmann, den die Ereignisse in den Stand setzen, letztres zu thun, und der sie nicht benutzt, nimmt eine große Verantwortlichkeit auf sich, da die völkerrechtliche Politik und das Recht der deutschen Nation, ungetheilt *als solche* zu leben und zu athmen, nicht nach privatrechtlichen Grundsätzen beurtheilt werden kann. Der König von Hanover schickte durch einen Adjutanten nach Nikolsburg einen Brief an den König, den ich Se. Majestät nicht anzunehmen bat, weil wir nicht gemüthliche, sondern politische Gesichtspunkte im Auge zu halten hätten, und weil die Selbständigkeit Hanovers mit der völkerrechtlichen Befugniß, seine Truppen nach dem jedesmaligen Ermessen des Souveräns gegen oder für Preußen in's Feld führen zu können, mit der Durchführung deutscher Einheit unvereinbar war. Die Haltbarkeit der Verträge allein ohne die Bürgschaft einer hinreichenden Hausmacht des leitenden Fürsten hat niemals hingereicht, der deutschen Nation Frieden und Einheit im Reiche zu sichern.

Es gelang mir, den König von dem Gedanken abzubringen, mit Hanover und Hessen auf der Basis der Zerstücklung dieser Länder und des Bündnisses mit den frühern Herrschern als Theilfürsten eines Restes zu verhandeln. Wenn der Kurfürst Fulda und Hanau, und Georg V. Kalenberg mit Lüneburg und der Aussicht auf die Erbfolge in Braunschweig behalten hätte, so würden weder die Hanoveraner und Hessen noch die beiden Fürsten zufriedne Theilnehmer des Norddeutschen Bunds geworden sein. Dieser Plan würde uns unzufriedne und behufs Wiedererwerb des Verlornen zur Rheinbündelei geneigte Bundesgenossen gegeben haben.

Auch eine so unbedingte Hingebung für Oestreich, wie sie Nassau bewiesen hatte, in der unmittelbaren Nähe von Coblenz, war eine gefährliche Erscheinung, besonders in der Eventualität französisch-östreichischer Bündnisse, wie sie sich während des Krimkriegs und der polnischen Wirren von 1863 in bedrohliche Aussicht gestellt hatten. Die Abneigung Sr. Majestät gegen Nassau war ein väterliches Erbtheil. Friedrich Wilhelm III. pflegte durch das Herzogthum zu reißen, ohne den Herzog zu sehn. Das Contingent des Herzogs hatte sich in der Rheinbundzeit in Preußen besonders unangenehm gemacht, und König Wilhelm I. wurde gegen Concessionen an den Herzog durch den leidenschaftlichen Widerspruch der Deputationen früherer nassauischer Unterthanen eingenommen; die stehende Rede derselben war: »Schütze Se uns vor dem Fürste und sei' Jagdknechte« Vgl. die Botschaft vom 16. Aug. 1866, betr. die Vereinigung des Königreichs Hannover, des Kurfürstenthums Hessen, des Herzogthums Nassau und der Freien Stadt Frankfurt mit dem Königreich Preußen, Politische Reden III 50 ff. .

Es blieben Friedensverträge zu schließen mit Sachsen und den süddeutschen Staaten. Herr von Varnbüler bewies dieselbe Lebhaftigkeit des Temperaments wie bei den Vorbereitungen zum Kriege und war der erste, mit dem der Abschluß gelang S. o. S. 68. 70. . Es handelte sich unter Anderm darum, ob wir, da Würtemberg das preußische Hohenzollern in Besitz genommen hatte, jetzt, wie der König wollte, den Spieß umkehren und eine Vergrößrung Hohenzollerns auf Kosten Würtembergs fordern wollten. Ich konnte darin weder für Preußen noch für die nationale Zukunft einen Nutzen sehn und hielt überhaupt das Vergeltungsprinzip nicht für eine vernünftige Basis unsrer Politik S. o. S. 66. , die auch da, wo unser Gefühl verletzt war, nicht von der eignen Verstimmung, sondern von der objectiven Erwägung geleitet werden sollte. Grade weil Varnbüler uns gegenüber einige diplomatische Sünden auf dem Conto hatte, war er für mich ein nützlicher Unterhändler, und indem ich mich dazu verstand, die Vergangenheit zu vergessen, gewann ich durch den Vorgang Würtembergs im Abschluß des Bündnisses (13. August) den Weg zu den andern.

Ich weiß nicht, ob Roggenbach bei den Friedensschlüssen im Auftrage des Großherzogs von Baden handelte, indem er mir vorstellte, daß Baiern durch seine Größe ein Hinderniß der deutschen Einigung sei, sich leichter in eine künftige Neugestaltung Deutschlands einfügen werde, wenn es kleiner gemacht wäre, und daß es sich deshalb empfehle, ein besseres Gleichgewicht in Süddeutschland dadurch herzustellen, daß Baden vergrößert und durch Angliederung der Pfalz in unmittelbare Grenznachbarschaft mit Preußen gebracht würde, wobei auch weitre Verschiebungen in Anlehnung an preußische Wünsche, die dynastischen Stammlande Ansbach-Bayreuth wiederzugewinnen, und mit Einbeziehung Würtembergs in Aussicht genommen waren. Ich ließ mich auf diese Anregung nicht ein, sondern lehnte sie a limine ab. Auch wenn ich sie ausschließlich unter dem Gesichtspunkte der Nützlichkeit hätte auffassen wollen, so verrieth sie einen Mangel an Augenmaß für die Zukunft, und eine Verdunklung des politischen Blickes durch badische Hauspolitik. Die Schwierigkeit, Baiern gegen seinen Willen in eine ihm nicht zusagende Reichsverfassung hinein zu zwingen, wäre dieselbe geblieben, auch wenn man die Pfalz an Baden gegeben hätte; und ob die Pfälzer ihre bairische Angehörigkeit bereitwillig gegen die badische vertauscht haben würden, ist fraglich. Als vorübergehend davon die Rede war, Hessen für sein Gebiet nördlich des Mains mit bairischem Lande in der Richtung von Aschaffenburg zu entschädigen, gingen mir aus dem letztern Gebiete Proteste zu, die, obschon aus streng katholischer Bevölkerung kommend, darin gipfelten, wenn die Unterzeichner nicht Baiern bleiben könnten, so wollten sie lieber Preußen werden, aber von Baiern zu Hessen gemacht zu werden, sei ihnen unannehmbar. Sie schienen von der Erwägung des Rangs der Landesherrn beherrscht und von der Stimmenordnung am Bundestage, wo Baiern vor Hessen rangirte. In derselben Richtung ist mir aus meiner Frankfurter Zeit die Aeußrung eines preußischen Reservisten zu einem kleinstaatlichen erinnerlich: »Sei du ganz stille, du hast ja nicht einmal einen König.« Ich hielt Aendrungen der Staatsgrenzen in Süddeutschland für keinen Fortschritt zur Einigung des Ganzen.

Eine Verkleinerung Baierns im Norden wäre dem damaligen Wunsche des Königs entgegengekommen, Ansbach und Bayreuth in der alten Ausdehnung wiederzugewinnen. Mit meinen politischen Auffassungen stimmte auch dieser Plan, so sehr er meinem verehrten und geliebten Herrn am Herzen lag, ebenso wenig wie der badische überein, und ich habe ihm erfolgreich Widerstand geleistet Baiern trat im Frieden vom 22. Aug. 1866 nur das Bezirksamt Gersfeld und einen Bezirk um Orb ab, nachdem eine Grenzregulirung zur Wahrung der strategischen und der Verkehrsinteressen als erforderlich befunden worden war. . Im Herbst 1866 war eine Voraussicht über die zukünftige Haltung Oestreichs noch nicht möglich. Die Eifersucht Frankreichs uns gegenüber war gegeben, und niemandem war besser als mir die Enttäuschung Napoleon's über unsre böhmischen Erfolge bekannt. Er hatte mit Sicherheit darauf gerechnet, daß Oestreich uns schlagen und wir in die Lage kommen würden, seine Vermittlung zu erkaufen. Wenn nun Frankreichs Bemühungen, diesen Irrthum und seine Folgen wieder gut zu machen, bei der durch unsern Sieg nothwendig hervorgerufnen Verstimmung in Wien Erfolg hatten, so wäre manchen deutschen Höfen die Frage nahe getreten, ob sie im Anschluß an Oestreich, gewissermaßen in einem zweiten schlesischen Kriege, den Kampf gegen uns von Neuem aufnehmen wollten oder nicht. Daß Baiern und Sachsen dieser Versuchung unterliegen würden, war möglich; daß ein im Roggenbach'schen Sinne verstümmeltes Baiern seine Revanche gegen uns im Anschlusse an Oestreich gesucht haben würde, war aber wahrscheinlich.

VII.

Ein solcher Anschluß würde vielleicht einen größern Umfang gewonnen haben als die Welfenlegion, welche demnächst unter französischem Protektorate gegen uns Aufstellung nahm. Daß diese im Jahre 1870, abgesehn von einzelnen verkommnen Persönlichkeiten, nicht mehr auf der Bildfläche erschienen ist, ist zum großen Theile dem Umstände zu verdanken, daß sich Eingeweihte der in Hanover vorbereiteten Verabredung fanden, die mich von den getroffnen Vorbereitungen bis in's Einzelne benachrichtigten und sich erboten, die ganze Combination zu vereiteln, wenn ihnen die Bezüge ihrer frühern hanöverschen Stellung gesichert würden. Ich hatte nach damals gerichtlich aufgefangnen Correspondenzen die Besorgniß, daß wir in die Notwendigkeit gerathen könnten, welfischen Unternehmungen gegenüber zu Repressalien zu schreiten, die Angesichts der Kriegsgefahr nicht anders als streng ausfallen konnten. Man darf nicht vergessen, daß wir damals des Siegs über Frankreich, nach der großen Vergangenheit der französischen Armee, nicht so sicher waren, um nicht jede Erschwerung unsrer Lage sorgsam zu verhindern. Ich verabredete daher mit den Unterhändlern, die mir näher traten, daß ihre Wünsche erfüllt werden sollten, wenn sie ihre Zusagen erfüllten, und bezeichnete als Kennzeichen dieser Bedingung die Frage, daß wir nicht genöthigt sein würden, einen hanöverschen Landsmann wegen Kampfes gegen deutsches Militär zu erschießen. Es sind denn auch im Lande keine Bewegungen vorgekommen, und nach dem Ausbruch des Kriegs beschränkte sich die Abreise von Welfen nach Frankreich zu Wasser und zu Lande auf einzelne bereits Compromittirte. Nach der Haltung der hanöverschen Truppentheile im Kriege ist es nicht wahrscheinlich, daß ein welfischer Aufstand in der Heimath einen erheblichen Umfang hätte annehmen können, wenigstens nicht, so lange unser Vorgehn in Frankreich siegreich war. Was geschehn wäre, wenn wir geschlagen und verfolgt durch Hanover heimgekehrt wären, lasse ich unberührt. Eine prophylaktische Politik hat aber auch solche Möglichkeiten zu erwägen; jedenfalls war ich entschlossen, in der Zwangslage des Kriegs dem Könige zu jedem Acte energischer Abwehr zu rathen, den der Trieb der staatlichen Selbsterhaltung eingeben kann. Und selbst wenn nur einzelne schwere und wahrscheinlich blutige Bestrafungen hätten stattfinden müssen, so würden die Gewaltthaten gegen deutsche Landsleute, wie sehr sie auch durch die Kriegsgefahr gerechtfertigt sein mochten, auf Menschenalter hin ein Hinderniß der Versöhnung und einen Vorwand für Verhetzungen abgegeben haben. Es war mir deshalb wichtig, solchen Eventualitäten rechtzeitig vorzubeugen.

VIII.

Die Kämpfe während des vergangnen Winters mit dem Könige, der den Krieg nicht wollte, während des Feldzugs mit den Militärs, die nur Oestreich, nicht die übrigen Mächte Europas vor sich sahn, und mit dem Könige über den Friedensschluß und dann wieder über die Indemnität, hatten mich so angegriffen, daß ich der Ruhe und Erholung bedurfte. Ich ging zunächst am 26. September zu meinem Vetter, dem Grafen Bismarck-Bohlen in Karlsburg, und dann am 6. October nach Putbus, wo ich im Gasthofe schwer erkrankte Vgl. dazu die Auszüge aus Briefen der Gräfin Bismarck an v. Keudell, Rob. v. Keudell, Fürst und Fürstin Bismarck. S. 313 ff. . Der Fürst und die Fürstin Putbus gewährten mir eine liebenswürdige Gastfreiheit in einem Pavillon, der neben dem abgebrannten Schlosse stehn geblieben war. Nachdem der erste heftige Anlauf der Krankheit überstanden war, konnte ich die Geschäfte wieder in die Hand nehmen durch Correspondenz mit Savigny. Als der letzte preußische Gesandte am Bundestage war er der natürliche Erbe des Decernats über die im Vordergrunde stehende deutsche Politik. Er führte die Verhandlungen mit Sachsen zu Ende, was vor meiner Abreise nicht gelungen war. Ihr Ergebniß ist publici juris, und ich kann mich einer Kritik derselben enthalten Der Friede mit Sachsen kam erst am 21. Oct. 1866 zu Stande. . Die militärische Selbständigkeit Sachsens wurde demnächst unter Vermittlung des Generals von Stosch durch persönliche Entschließungen Sr. Majestät weiter entwickelt, als sie nach dem Vertrage bemessen war.

Die geschickte und ehrliche Politik der beiden letzten sächsischen Könige hat diese Concessionen gerechtfertigt, namentlich so lange es gelingt, die bestehende preußisch-östreichische Freundschaft zu erhalten. Es ist in den geschichtlichen und confessionellen Traditionen, in der menschlichen Natur und speciell in den fürstlichen Ueberlieferungen begründet, daß der enge Bund zwischen Preußen und Oestreich, der 1879 geschlossen wurde, auf Baiern und Sachsen einen concentrirenden Druck ausübt, um so stärker, je mehr das deutsche Element in Oestreich, Vornehm und Gering, seine Beziehungen zur habsburgischen Dynastie zu pflegen weiß. Die parlamentarischen Exzesse des deutschen Elements in Oestreich und deren schließliche Wirkung auf die dynastische Politik drohten nach dieser Richtung hin das Gewicht des deutschnationalen Elements nicht nur in Oestreich abzuschwächen. Die doctrinären Mißgriffe der parlamentarischen Fractionen sind den Bestrebungen politisirender Frauen und Priester in der Regel günstig.

Zweiundzwanzigstes Kapitel. Die Emser Depesche.

Am 2. Juli 1870 entschied sich das spanische Ministerium für die Thronbesteigung des Erbprinzen Leopold von Hohenzollern. Damit war die erste völkerrechtliche Anregung, zu der spätern Kriegsfrage gegeben, aber doch nur in Gestalt einer specifisch spanischen Angelegenheit. Ein völkerrechtlicher Vorwand für Frankreich, in die Freiheit der spanischen Königswahl einzugreifen, war schwer zu finden; er wurde, seitdem man es in Paris auf den Krieg mit Preußen abgesehn hatte, künstlich gesucht in dem Namen Hohenzollern, welcher an sich für Frankreich nichts Bedrohlicheres hatte als jeder andre deutsche Name. Im Gegentheil konnte man in Spanien sowohl als in Deutschland annehmen, daß der Prinz Leopold wegen seiner persönlichen und Familienbeziehungen in Paris eher persona grata sein werde als mancher andre deutsche Prinz. Ich erinnre mich, daß ich in der Nacht nach der Schlacht von Sedan in tiefer Finsterniß mit einer Anzahl unsrer Offiziere nach der Rundfahrt des Königs um Sedan auf dem Wege nach Donchery ritt und auf Befragen, ich weiß nicht welches Begleiters, die Vorbereitung zu diesem Kriege besprach und dabei erwähnte, daß ich geglaubt hätte, der Prinz Leopold werde dem Kaiser Napoleon kein unerwünschter Nachbar in Spanien sein und seinen Weg über Paris nach Madrid nehmen, um dort die Fühlung mit der kaiserlich französischen Politik zu gewinnen, die zu den Vorbedingungen gehörte, unter denen er Spanien zu regiren gehabt haben würde. Ich sagte: *wir* wären viel mehr berechtigt gewesen zu der Besorgniß vor einem engern Verständnisse zwischen der spanischen und der französischen Krone als zu der Hoffnung auf Herstellung einer spanisch-deutschen und antifranzösischen Constellation nach Analogie Karl's V.; ein König von Spanien könne eben nur spanische Politik treiben, und der Prinz wäre Spanier geworden durch Uebernahme der Krone des Landes. Zu meiner Ueberraschung erfolgte aus der Finsternis; hinter mir eine lebhafte Erwiderung des Prinzen von Hohenzollern, von dessen Anwesenheit ich keine Ahnung gehabt hatte; er protestirte lebhaft gegen die Möglichkeit, bei ihm französische Sympathien vorauszusetzen. Dieser Protest inmitten des Schlachtfelds von Sedan war für einen deutschen Offizier und Hohenzollern'schen Prinzen natürlich, und ich konnte ihn nur damit beantworten, daß der Prinz als König von Spanien sich nur von spanischen Interessen hätte leiten lassen können, und daß zu solchen namentlich behufs Befestigung des neuen Königthums zunächst eine schonende Behandlung des mächtigen Nachbarn an den Pyrenäen gehört haben würde. Ich machte dem Prinzen meine Entschuldigung über die in seiner mir unbekannten Gegenwart gethane Aeußrung.

Diese anticipirte Episode legt Zeugniß ab über die Auffassung, die ich von der ganzen Frage hatte. Ich betrachtete sie als eine spanische und nicht als eine deutsche, wenn es mir auch erfreulich schien, den deutschen Namen Hohenzollern in Vertretung der Monarchie in Spanien thätig zu sehn, und wenn ich auch nicht versäumte, alle möglichen Folgen unter dem Gesichtspunkte unsrer Interessen zu erwägen, was bei jedem Vorgange von ähnlicher Wichtigkeit in einem andern Staate zu thun die Pflicht eines auswärtigen Ministers ist. Ich dachte zunächst mehr an wirtschaftliche wie an politische Beziehungen, denen ein König von Spanien deutscher Abstammung förderlich sein konnte. Für Spanien erwartete ich von der Person des Prinzen und von seinen verwandschaftlichen Beziehungen beruhigende und consolidirende Ergebnisse, die den Spaniern zu mißgönnen ich keinen Anlaß hatte. Spanien gehört zu den wenigen Ländern, die nach ihrer geographischen Lage und ihrem politischen Bedürfnis keinen Grund haben, antideutsche Politik zu treiben; es ist außerdem in wirthschaftlicher Beziehung nach Production und Bedarf für einen entwickelten Verkehr mit Deutschland wohl geeignet. Ein uns befreundetes Element in der spanischen Regirung wäre ein Vortheil gewesen, den *a limine* abzuweisen in den Aufgaben der deutschen Politik kein Grund vorhanden war, es sei denn, daß man die Besorgniß, Frankreich könne unzufrieden werden, als einen solchen gelten lassen wollte. Wenn Spanien sich wieder kräftiger entwickelte, als seither geschehn ist, konnte die Thatsache, daß die spanische Diplomatie uns befreundet wäre, im Frieden für uns von Nutzen sein; daß der König von Spanien bei Eintritt des früher oder später vorauszusehenden deutsch-französischen

Kriegs, auch wenn er den besten Willen gehabt hatte, seine deutschen Sympathien durch einen Angriff oder eine Aufstellung gegen Frankreich zu bethätigen im Stande sein werde, war mir nicht wahrscheinlich, und das Verhalten Spaniens nach Ausbruch des Kriegs, den wir uns durch die Gefälligkeit deutscher Fürsten zugezogen hatten, bewies die Richtigkeit meiner Zweifel. Der ritterliche Cid hätte Frankreich wegen der Einmischung in die Freiheit der spanischen Königswahl zur Rechenschaft gezogen und die Wahrung der spanischen Unabhängigkeit nicht Fremden überlassen. Die früher zu Wasser und Lande mächtige Nation kann heut nicht die stammverwandte Bevölkerung von Cuba im Zaume halten; wie sollte man von ihr erwarten, daß sie eine Macht wie Frankreich aus Liebe zu uns angriffe? Keine spanische Regirung und am wenigsten ein ausländischer König würde im Lande die Macht besitzen, auch nur ein Regiment aus Liebe zu Deutschland an die Pyrenäen zu schicken. Politisch stand ich der ganzen Frage ziemlich gleichgültig gegenüber. Mehr als ich war Fürst Anton geneigt, sie friedlich zu dem erstrebten Ziele zu führen. Die Memoiren Seiner Majestät des Königs von Rumänien sind über Einzelheiten der ministeriellen Mitwirkung in der Frage nicht genau unterrichtet. Das dort erwähnte Minister-Conseil im Schlosse hat nicht stattgefunden. Fürst Anton wohnte als Gast des Königs im Schlosse und hatte dort diesen Herrn und einige der Minister zum Diner eingeladen) ich glaube kaum, daß im Tischgespräch die spanische Frage verhandelt wurde. Wenn der Herzog von Gramont *Gramont*, La France et la Prusse avant la guerre. Paris, E. Dentu, 1872. pag. 21. sich bemüht, den Beweis zu führen, daß ich der spanischen Anregung gegenüber mich nicht ablehnend verhalten hätte, so finde ich keinen Grund, dem zu widersprechen. Des Wortlauts meines Briefs an den Marschall Prim, von dem der Herzog hat erzählen hören, erinnre ich mich nicht mehr; wenn ich selbst ihn redigirt habe, was ich auch nicht mehr weiß, so werde ich die Hohenzollern'sche Candidatur schwerlich »une excellente chose« genannt haben, der Ausdruck ist mir nicht mundrecht. Daß ich sie für »opportune« hielt, nicht »à un moment donné«, sondern prinzipiell und im Frieden, ist richtig. Ich hatte dabei nicht den mindesten Zweifel daran, daß der am französischen Hofe gern gesehne Enkel der Murats dem Lande Frankreichs Wohlwollen sichern werde.

Die Einmischung Frankreichs galt in ihren Anfängen spanischen, nicht preußischen Angelegenheiten; die Fälschung der Napoleonischen Politik, vermöge deren die Frage zu einer preußischen werden sollte, war eine international unberechtigte und provocirende und bewies mir, daß der Moment gekommen war, wo Frankreich Händel mit uns suchte und bereit war, dafür jeden Vorwand zu ergreifen, der brauchbar schien. Ich betrachtete die französische Einmischung zunächst als eine Verletzung und deshalb als eine Beleidigung Spaniens und erwartete, daß das spanische Ehrgefühl sich dieses Eingriffs erwehren würde. Nachdem später die Sache die Wendung genommen hatte, daß Frankreich im Sinne seines Eingriffs in die *spanische* Unabhängigkeit *uns* mit Krieg bedrohte, habe ich einige Tage lang erwartet, daß die spanische Kriegserklärung gegen Frankreich der französischen gegen uns folgen werde. Ich war nicht darauf gefaßt, daß eine selbstbewußte Nation wie die spanische Gewehr bei Fuß hinter den Pyrenäen ruhig zusehn werde, wie die Deutschen sich auf Tod und Leben für Spaniens Unabhängigkeit und freie Königswahl gegen Frankreich schlugen. Das spanische Ehrgefühl, das sich in der Karolinen-Frage so empfindlich anstellte, ließ uns 1870 einfach im Stich. Wahrscheinlich sind in beiden Fällen die Sympathien und internationalen Verbindungen der republikanischen Parteien entscheidend gewesen.

Von Seiten unsres Auswärtigen Amts waren die ersten schon unberechtigten Anfragen Frankreichs über die spanische Throncandidatur am 4. Juli der Wahrheit entsprechend in der ausweichenden Art beantwortet worden, daß das *Ministerium* nichts von der Sache wisse. Es traf das insofern zu, als die Frage der Annahme der Wahl durch den Prinzen Leopold von Sr. Majestät lediglich als Familiensache behandelt worden war, die weder Preußen noch den Norddeutschen Bund etwas anging, bei der es sich nur um die persönliche Beziehung des Kriegsherrn zu einem deutschen Offizier und des Haupts nicht der Kgl. Preußischen sondern der Hohenzollern'schen Gesammtfamilie zu den Trägern des Namens Hohenzollern handelte.

In Frankreich aber suchte man nach einem Kriegsfalle gegen Preußen, der möglichst frei von national-deutscher Färbung wäre, und glaubte einen solchen auf dynastischem Gebiete in dem Auftreten eines spanischen Thronprätendenten des Namens Hohenzollern gefunden zu haben. Dabei war die Überschätzung der militärischen Ueberlegenheit Frankreichs und die Unterschätzung des nationalen Sinns in Deutschland wohl die Hauptursache, daß man die Haltbarkeit dieses Kriegsvorwands nicht mit Ehrlichkeit und nicht mit Sachkunde geprüft hatte. Der deutschnationale Aufschwung, welcher der französischen Kriegserklärung folgte, vergleichbar einem Strome, der die Schleusen bricht, war für die französischen Politiker eine Ueberraschung; sie lebten, rechneten und handelten in Rheinbundserinnrungen, genährt durch die Haltung einzelner westdeutscher Minister Namentlich des Freiherrn v. Dalwigk. – Man vgl. auch die Note Gramont's vom 19. Juli 1870 (Staats-Archiv Bd. 57 Nr. 10772 S. 333 f.): *Le grand-duc de Hesse nous a fait dire que si ce n'était le canon de Mayence qui l'incommode, il serait tout à notre dévotion, et qu'il n'attend que jour où l'Empereur lui ayant rendu son indépendance, il poura nous monstrer ses sympathies.* und durch ultramontane Einflüsse, welche hofften, daß Frankreichs Siege, gesta Dei per Francos, die Ziehung weitrer Consequenzen des Vaticanums in Deutschland, gestützt auf Allianz mit dem katholischen Oestreich, erleichtern würden. Ihre ultramontanen Tendenzen waren der französischen Politik in Deutschland förderlich, in Italien nachtheilig, da das Bündniß mit letzterm schließlich an der Weigerung Frankreichs, Rom zu räumen, scheiterte. In dem Glauben an die Ueberlegenheit der französischen Waffen wurde der Kriegsvorwand, man kann sagen, an den Haaren herbeigezogen, und anstatt Spanien für seine, wie man annahm, antifranzösische Königswahl verantwortlich zu machen, hielt man sich an den deutschen Fürsten, der es nicht abgelehnt hatte, dem Bedürfniß der Spanier auf deren Wunsch durch Gestellung eines brauchbaren und voraussichtlich in Paris als persona grata betrachteten Königs abzuhelfen, und an den König von Preußen, den nichts als der Familienname und die deutsche Landsmannschaft zu dieser spanischen Angelegenheit in Beziehung brachte. Schon in der Thatsache, daß das französische Cabinet sich erlaubte, die preußische Politik über die Annahme der Wahl zur Rede zu stellen, und zwar in einer Form, die durch die Interpretation der französischen Blätter zu einer öffentlichen Bedrohung wurde, schon in dieser Thatsache lag eine internationale Unverschämtheit, die für uns nach meiner Ansicht die Unmöglichkeit involvirte, auch nur um einen Zoll breit zurückzuweichen. Der beleidigende Charakter der französischen Zumuthung wurde verschärft nicht nur durch die drohenden Herausfordrungen der französischen Presse, sondern auch durch die Parlamentsverhandlungen und die Stellungnahme des Ministeriums Gramont-Ollivier zu diesen Manifestationen. Die Aeußrung Gramont's in der Sitzung des gesetzgebenden Körpers vom 6. Juli:

»Wir glauben nicht, daß die Achtung vor den Rechten eines Nachbarvolkes uns verpflichtet zu dulden, daß eine fremde Macht einen ihrer Prinzen auf den Thron Karl's V. setze... Dieser Fall wird nicht eintreten, dessen sind wir gewiß... Sollte es anders kommen, so würden wir... unsre Pflicht ohne Zaudern und ohne Schwäche zu erfüllen wissen«

schon diese Aeußrung war eine amtliche internationale Bedrohung mit der Hand am Degengriff. Die Phrase: »La Prusse cane« bildete in der Presse eine Erläutrung zu der Tragweite der Parlamentsverhandlungen vom 6. und 7. Juli, die für unser nationales Ehrgefühl nach meiner Empfindung jede Nachgiebigkeit unmöglich machte.

Ich entschloß mich, am 12. Juli von Varzin nach Ems aufzubrechen, um bei Sr. Majestät die Berufung des Reichstags behufs der Mobilmachung zu befürworten. Als ich durch Wussow fuhr, stand mein Freund, der alte Prediger Mulert, vor der Thür des Pfarrhofs und grüßte mich freundlich; meine Antwort im offnen Wagen war ein Lufthieb in Quart und Terz, und er verstand, daß ich glaubte in den Krieg zu gehn. In den Hof meiner Berliner Wohnung einfahrend und bevor ich den Wagen verlassen hatte, empfing ich Telegramme, aus denen hervorging, daß der König nach den französischen Bedrohungen und Beleidigungen im Parlament und in der Presse mit Benedetti zu verhandeln fortfuhr, ohne ihn in kühler Zurückhaltung an seine Minister zu verweisen. Wahrend des Essens, an dem Moltke und Roon Theil nahmen, traf von der Botschaft in Paris die Meldung ein, daß der Prinz von Hohenzollern der Candidatur entsagt habe, um den Krieg abzuwenden, mit dem uns Frankreich bedrohte. Mein erster Gedanke war, aus dem Dienste zu scheiden, weil ich nach allen beleidigenden Provocationen, die vorhergegangen waren, in diesem erpreßten Nachgeben eine Demüthigung Deutschlands sah, die ich nicht amtlich verantworten wollte. Dieser Eindruck der Verletzung des nationalen Ehrgefühls durch den aufgezwungnen Rückzug war in mir so vorherrschend, daß ich schon entschlossen war, meinen Rücktritt aus dem Dienste nach Ems zu melden. Ich hielt diese Demüthigung vor Frankreich und seinen renommistischen Kundgebungen für schlimmer als die von Olmütz, zu deren Entschuldigung die gemeinsame Vorgeschichte und unser damaliger Mangel an Kriegsbereitschaft immer dienen werden. Ich nahm an, Frankreich werde die Entsagung des Prinzen als einen befriedigenden Erfolg escomptiren in dem Gefühl, daß eine kriegerische Drohung, auch wenn sie in den Formen internationaler Beleidigung und Verhöhnung geschehn und der Kriegsvorwand gegen Preußen vom Zaune gebrochen wäre, genüge, um Preußen zum Rückzuge auch in einer gerechten Sache zu nöthigen, und daß auch der Norddeutsche Bund in sich nicht das hinreichende Machtgefühl trage, um die nationale Ehre und Unabhängigkeit gegen französische Anmaßung zu schützen. Ich war sehr niedergeschlagen, denn ich sah kein Mittel, den fressenden Schaden, den ich von einer schüchternen Politik für unsre nationale Stellung befürchtete, wieder gut zu machen, ohne Händel ungeschickt vom Zaune zu brechen und künstlich zu suchen. Den Krieg sah ich schon damals als eine Nothwendigkeit an, der wir mit Ehren nicht mehr ausweichen konnten. Ich telegraphirte an die Meinigen nach Varzin, man sollte nicht packen, nicht abreisen, ich würde in wenig Tagen wieder dort sein. Ich glaubte nunmehr an Frieden; da ich aber die Haltung nicht vertreten wollte, durch welche dieser Friede erkauft gewesen wäre, so gab ich die Reise nach Ems auf und bat Graf Eulenburg, dorthin zu reisen und Sr. Majestät meine Auffassung vorzutragen. In gleichem Sinn sprach ich auch mit dem Kriegsminister von Roon: wir hätten die französische Ohrfeige weg, und wären durch die Nachgiebigkeit in die Lage gebracht, als Händelsucher zu erscheinen, wenn wir zum Kriege schritten, durch den allein wir den Flecken abwaschen könnten. Meine Stellung sei jetzt unhaltbar und das eigentlich schon dadurch geworden, daß der König den französischen Botschafter unter dem Drucke von Drohungen während seiner Badecur vier Tage hintereinander in Audienz empfangen und seine monarchische Person der unverschämten Bearbeitung durch diesen fremden Agenten ohne geschäftlichen Beistand exponirt habe.

Durch diese Neigung, die Staatsgeschäfte persönlich und allein auf sich zu nehmen, war der König in eine Lage gedrängt worden, die ich nicht vertreten konnte; meines Erachtens hätte Se. Majestät in Ems jede geschäftliche Zumuthung des ihm nicht gleichstehenden französischen Unterhändlers ablehnen und ihn nach Berlin an die amtliche Stelle verweisen müssen, die dann durch Vortrag in Ems oder, wenn man dilatorische Behandlung nützlich gefunden, durch schriftlichen Bericht die Entscheidung des Königs einzuholen gehabt haben würde. Aber bei dem hohen Herrn, so correct er in der Regel die Ressortverhaltnisse respectirte, war die Neigung, wichtige Fragen persönlich zwar nicht zu entscheiden, aber doch zu verhandeln, zu stark, um ihm eine richtige Benutzung der Deckung zu ermöglichen, mit der die Majestät gegen Zudringlichkeiten, unbequeme Fragestellung und Zumuthung zweckmäßiger Weise umgeben ist. Daß der König sich nicht mit dem ihm in so großem Maße eignen Gefühle seiner hoheitvollen Würde der Benedetti'schen Aufdringlichkeit von Haus aus entzogen hatte, davon lag die Schuld zum großen Theile in dem Einflusse, den die Königin von dem benachbarten Coblenz her auf ihn ausübte. Er war 73 Jahre alt, friedliebend und abgeneigt, die Lorbeern von 1866 in einem neuen Kampfe auf das Spiel zu setzen; aber wenn er vom weiblichen Einflusse frei war, so blieb das Ehrgefühl des Erben Friedrich's des Großen und des preußischen Offiziers in ihm stets leitend. Gegen die Concurrenz, welche seine Gemalin mit ihrer weiblich berechtigten Furchtsamkeit und ihrem Mangel an Nationalgefühl machte, wurde die Widerstandsfähigkeit des Königs abgeschwächt durch sein ritterliches Gefühl der Frau und durch sein monarchisches Gefühl einer Königin und besonders der seinigen gegenüber. Man hat mir erzählt, daß die Königin Augusta ihren Gemal vor seiner Abreise von Ems nach Berlin in Thränen beschworen habe, den Krieg zu verhüten im Andenken an Jena und Tilsit. Ich halte die Angabe für glaubwürdig bis auf die Thränen.

Zum Rücktritt entschlossen trotz der Vorwürfe, die mir Roon darüber machte, lud ich ihn und Moltke zum 13. ein, mit mir zu Drei zu speisen, und theilte ihnen bei Tische meine An- und Absichten mit. Beide waren sehr niedergeschlagen und machten mir indirect Vorwürfe, daß ich die im Vergleiche mit ihnen größre Leichtigkeit des Rückzugs aus dem Dienste egoistisch benutzte. Ich vertrat die Meinung, daß ich mein Ehrgefühl nicht der Politik opfern könne, daß sie Beide als Berufssoldaten wegen der Unfreiheit ihrer Entschließung nicht dieselben Gesichtspunkte zu nehmen brauchten wie ein verantwortlicher auswärtiger Minister. Während der Unterhaltung wurde mir gemeldet, daß ein Ziffertelegramm, wenn ich mich recht erinnre, von ungefähr 200 Gruppen, aus Ems, von dem Geheimrath Abeken unterzeichnet, in der Uebersetzung begriffen sei. Nachdem mir die Entzifferung überbracht war, welche ergab, daß Abeken das Telegramm auf Befehl Sr. Majestät redigirt und unterzeichnet hatte, las ich dasselbe meinen Gästen vor, Die am 13. Juli 1870 3 Uhr 50 Min. Nachm. in Ems aufgegebene, 6 Uhr 9 Min. in Berlin eingetroffene Depesche lautete in der Entzifferung: »Se. Majestät schreibt mir: ›Graf Benedetti fing mich auf der Promenade ab, um auf zuletzt sehr zudringliche Art von mir zu verlangen, ich sollte ihn autorisiren, sofort zu telegraphiren, daß ich für alle Zukunft mich verpflichtete, niemals wieder meine Zustimmung zu geben, wenn die Hohenzollern auf ihre Candidatur zurückkämen. Ich wies ihn zuletzt etwas ernst zurück, da man á tout jamais dergleichen Engagements nicht nehmen dürfe noch könne. Natürlich sagte ich ihm, daß ich noch nichts erhalten hätte und, da er über Paris und Madrid früher benachrichtigt sei als ich, er wohl einsähe, daß mein Gouvernement wiederum außer Spiel sei.‹ Seine Majestät hat seitdem ein Schreiben des Fürsten bekommen. Da Seine Majestät dem Grafen Benedetti gesagt, daß er Nachricht vom Fürsten erwarte, hat Allerhöchstderselbe, mit Rücksicht auf die obige Zumuthung, auf des Grafen Eulenburg und meinen Vortrag beschlossen, den Grafen Benedetti nicht mehr zu empfangen, sondern ihm nur durch einen Adjutanten sagen zu lassen: daß Seine Majestät jetzt vom Fürsten die Bestätigung der Nachricht erhalten, die Benedetti aus Paris schon gehabt, und dem Botschafter nichts weiter zu sagen habe. Seine Majestät stellt Eurer Excellenz anheim, ob nicht die neue Forderung Benedetti's und ihre Zurückweisung sogleich sowohl unsern Gesandten als in der Presse mitgetheilt werden sollte.« deren Niedergeschlagenheit so tief wurde, daß sie Speise und Trank verschmähten. Bei wiederholter Prüfung des Aktenstücks verweilte ich bei der einen Auftrag involvirenden Ermächtigung Sr. Majestät, die neue Fordrung Benedetti's und ihre Zurückweisung sogleich sowohl unsern Gesandten als in der Presse mitzutheilen. Ich stellte an Moltke einige Fragen in Bezug auf das Maß seines Vertrauns auf den Stand unsrer Rüstungen, respective auf die Zeit, deren dieselben bei der überraschend aufgetauchten Kriegsgefahr noch bedürfen würden. Er antwortete, daß er, wenn Krieg werden sollte, von einem Aufschub des Ausbruchs keinen Vortheil für uns erwarte; selbst wenn wir zunächst nicht stark genug sein sollten, sofort alle linksrheinischen Landestheile gegen französische Invasion zu decken, so würde unsre Kriegsbereitschaft die französische sehr bald überholen, während in einer spätern Periode dieser Vortheil sich abschwächen würde; er halte den schnellen Aufbruch im Ganzen für uns vortheilhafter als eine Verschleppung.

Der Haltung Frankreichs gegenüber zwang uns nach meiner Ansicht das nationale Ehrgefühl zum Kriege, und wenn wir den Fordrungen dieses Gefühls nicht gerecht wurden, so verloren wir auf dem Wege zur Vollendung unsrer nationalen Entwicklung den ganzen 1866 gewonnenen Vorsprung, und das 1866 durch unsre militärischen Erfolge gesteigerte deutsche Nationalgefühl südlich des Mains, wie es sich in der Bereitwilligkeit der Südstaaten zu den Bündnissen ausgesprochen hatte, mußte wieder erkalten. Das in den süddeutschen Staaten neben dem particularistischen und dynastischen Staatsgefühle lebendige Deutschthum hatte bis 1866 das politische Bewußtsein gewissermaßen mit der gesammtdeutschen Fiction unter Oestreichs Leitung beschwichtigt, theils aus süddeutscher Vorliebe für den alten Kaiserstaat, theils in dem Glauben an die militärische Ueberlegenheit desselben über Preußen. Nachdem die Ereignisse den Irrthum der Schätzung festgestellt hatten, war grade die Hülflosigkeit der süddeutschen Staaten, in der Oestreich sie bei dem Friedensschlusse gelassen hatte, ein Motiv für das politische Damascus, das zwischen Varnbüler's »*Vae Victis*« und So ist zu lesen statt »zu dem bereitwilligen Abschlusse« der ersten Ausgabe. dem bereitwilligen Abschlusse des Schutz- und Trutzbündnisses mit Preußen lag. Es war das Vertraun auf die durch Preußen entwickelte germanische Kraft und die Anziehung, welche einer entschlossenen und tapfern Politik innewohnt, wenn sie Erfolg hat und dann sich in vernünftigen und ehrlichen Grenzen bewegt. Diesen Nimbus hatte Preußen gewonnen; er ging unwiderruflich oder doch auf lange Zeit verloren, wenn in einer nationalen Ehrenfrage die Meinung im Volke Platz griff, daß die französische Insulte »*La Prusse cane*« einen thatsächlichen Hintergrund habe. In derselben psychologischen Auffassung, in welcher ich 1864 im dänischen Kriege aus politischen Gründen gewünscht hatte, daß nicht den altpreußischen, sondern den westfälischen Bataillonen, die bis dahin keine Gelegenheit gehabt hatten, unter preußischer Führung ihre Tapferkeit zu bewähren, der Vortritt gelassen werde, und bedauerte, daß der Prinz Friedrich Karl meinem Wunsche entgegen gehandelt hatte, in derselben Auffassung war ich überzeugt, daß die Kluft, die die Verschiedenheit des dynastischen und Stammesgefühls und der Lebensgewohnheiten zwischen dem Süden und dem Norden des Vaterlands im Laufe der Geschichte geschaffen hatte, nicht wirksamer überbrückt werden könne als durch einen gemeinsamen nationalen Krieg gegen den seit Jahrhunderten aggressiven Nachbar. Ich erinnerte mich, daß schon in dem kurzen Zeitraume von 1813 bis 1815, von Leipzig und Hanau bis Belle Alliance, der gemeinsame und siegreiche Kampf gegen Frankreich die Beseitigung des Gegensatzes ermöglicht hatte zwischen einer hingebenden Rheinbundspolitik und dem nationaldeutschen Aufschwung der Zeit von dem Wiener Congresse bis zu der Mainzer Untersuchungscommission, unter der Signatur Stein, Görres, Jahn, Wartburg bis zu dem Exceß von Sand. Das gemeinsam vergossene Blut von dem Uebergange der Sachsen bei Leipzig bis zu der Betheiligung unter englischem Commando bei Belle Alliance hatte ein Bewußtsein gekittet, vor dem die Rheinbundserinnrungen erloschen. Die Entwicklung der Geschichte in dieser Richtung wurde unterbrochen durch die Besorgniß, welche die Uebereilung des nationalen Drangs für den Bestand staatlicher Einrichtungen erweckte.

Dieser Rückblick bestärkte mich in meiner Ueberzeugung, und die politischen Erwägungen in Betreff der süddeutschen Staaten fanden *mutatis mutandis* auch auf unsre Beziehungen zu der Bevölkerung von Hanover, Hessen, Schleswig-Holstein Anwendung. Daß diese Auffassung richtig war, beweist die Genugthuung, mit der heut, nach zwanzig Jahren, nicht nur die Holsteiner, sondern auch die Hanseaten der 1870er Heldenthaten ihrer Söhne gedenken. Alle diese Erwägungen, bewußt und unbewußt, verstärkten in mir die Empfindung, daß der Krieg nur auf Kosten unsrer preußischen Ehre und des nationalen Vertrauns auf dieselbe vermieden werden könne.

In dieser Ueberzeugung machte ich von der mir durch Abeken übermittelten königlichen Ermächtigung Gebrauch, den Inhalt des Telegramms zu veröffentlichen, und reducirte in Gegenwart meiner beiden Tischgäste das Telegramm durch Streichungen, ohne ein Wort hinzuzusetzen oder zu ändern, auf die nachstehende Fassung:

»Nachdem die Nachrichten von der Entsagung des Erbprinzen von Hohenzollern der kaiserlich französischen Regirung von der königlich spanischen amtlich mitgetheilt worden sind, hat der französische Botschafter in Ems an Seine Majestät den König noch die Fordrung gestellt, ihn zu autorisiren, daß er nach Paris telegraphire, daß Seine Majestät der König sich für alle Zukunft verpflichte, niemals wieder seine Zustimmung zu geben, wenn die Hohenzollern auf ihre Candidatur wieder zurückkommen sollten. Seine Majestät der König hat es darauf abgelehnt, den französischen Botschafter nochmals zu empfangen, und demselben durch den Adjutanten vom Dienst sagen lassen, daß Seine Majestät dem Botschafter nichts weiter mitzuttzeilen habe.«

Der Unterschied in der Wirkung des gekürzten Textes der Emser Depesche im Vergleich mit der, welche das Original hervorgerufen hätte, war kein Ergebniß stärkrer Worte, sondern der Form, welche diese Kundgebung als eine abschließende erscheinen ließ, während die Redaction Abeken's nur als ein Bruchstück einer schwebenden und in Berlin fortzusetzenden Verhandlung erschienen sein würde.

Nachdem ich meinen beiden Gästen die concentrirte Redaction vorgelesen hatte, bemerkte Moltke: »So hat das einen andern Klang, vorher klang es wie Chamade, jetzt wie eine Fanfare in Antwort auf eine Herausfordrung.« Ich erläuterte: »Wenn ich diesen Text, welcher keine Aendrungen und keinen Zusatz des Telegramms enthält, in Ausführung des Allerhöchsten Auftrags sofort nicht nur an die Zeitungen, sondern auch telegraphisch an alle unsre Gesandschaften mittheile, so wird er vor Mitternacht in Paris bekannt sein und dort nicht nur wegen des Inhalts, sondern auch wegen der Art der Verbreitung den Eindruck des rothen Tuches auf den gallischen Stier machen. Schlagen müssen wir, wenn wir nicht die Rolle des Geschlagnen ohne Kampf auf uns nehmen wollen. Der Erfolg hängt aber doch wesentlich von den Eindrücken bei uns und Andern ab, die der Ursprung des Kriegs hervorruft; es ist wichtig, daß wir die Angegriffnen seien, und die gallische Ueberhebung und Reizbarkeit wird uns dazu machen, wenn wir *mit europäischer Öffentlichkeit*, so weit es uns ohne das Sprachrohr des Reichstags möglich ist, verkünden, daß wir den öffentlichen Drohungen Frankreichs furchtlos entgegentreten.«

Diese meine Auseinandersetzung erzeugte bei den beiden Generalen einen Umschlag zu freudiger Stimmung, dessen Lebhaftigkeit mich überraschte. Sie hatten plötzlich die Lust zu essen und zu trinken wiedergefunden und sprachen in heitrer Laune. Roon sagte: »Der alte Gott lebt noch und wird uns nicht in Schande verkommen lassen.« Moltke trat so weit aus seiner gleichmütigen Passivität heraus, daß er sich, mit freudigem Blick gegen die Zimmerdecke und mit Verzicht auf seine sonstige Gemessenheit in Worten, mit der Hand vor die Brust schlug und sagte: »Wenn ich das noch erlebe, in solchem Kriege unsre Heere zu führen, so mag gleich nachher ›die alte Carcasse‹ der Teufel holen.« Er war damals hinfälliger als später und hatte Zweifel, ob er die Strapazen des Feldzugs überleben werde.

Wie lebhaft sein Bedürfniß war, seine militärisch-strategische Neigung und Befähigung praktisch zu bethätigen, habe ich nicht nur bei dieser Gelegenheit, sondern auch in den Tagen vor dem Ausbruche des böhmischen Krieges beobachtet. In beiden Fällen fand ich meinen militärischen Mitarbeiter im Dienste des Königs abweichend von seiner sonstigen trocknen und schweigsamen Gewohnheit heiter, belebt, ich kann sagen, lustig. In der Juninacht 1866, in der ich ihn zu mir eingeladen hatte, um mich zu vergewissern, ob der Aufbruch des Heers nicht um 24 Stunden verfrüht werden könnte, bejahte er die Frage und war durch die Beschleunigung des Kampfes angenehm erregt. Indem er elastischen Schritts den Salon meiner Frau verließ, wandte er sich an der Thür noch einmal um und richtete im ernsthaften Tone die Frage an mich: »Wissen Sie, daß die Sachsen die Dresdner Brücke gesprengt haben?« Auf meinen Ausdruck des Erstaunens und Bedauerns erwiderte er: »Aber mit Wasser, wegen Staub.« Eine Neigung zu harmlosen Scherzen kam bei ihm in dienstlichen Beziehungen wie den unsrigen sehr selten zum Durchbruch. In beiden Fällen war mir, gegenüber der erklärlichen und berechtigten Abneigung an maßgebender Stelle, seine Kampflust, seine Schlachtenfreudigkeit für die Durchführung der von mir für nothwendig erkannten Politik ein starker Beistand. Unbequem wurde sie mir 1867 in der Luxemburger Frage, 1875 und später Angesichts der Erwägung, ob es sich empfehle, einen Krieg, der uns früher oder später wahrscheinlich bevorstand, *anticipando* herbeizuführen, bevor der Gegner zu besserer Rüstung gelange. Ich bin der bejahenden Theorie nicht blos zur Luxemburger Zeit, sondern auch später, zwanzig Jahre lang, stets entgegengetreten in der Ueberzeugung, daß auch siegreiche Kriege nur dann, wenn sie aufgezwungen sind, verantwortet werden können, und daß man der Vorsehung nicht so in die Karten sehn kann, um der geschichtlichen Entwicklung nach eigner Berechnung vorzugreifen. Es ist natürlich, daß in dem Generalstabe der Armee nicht nur jüngre strebsame Offiziere, sondern auch erfahrne Strategen das Bedürfniß haben, die Tüchtigkeit der von ihnen geleiteten Truppen und die eigne Befähigung zu dieser Leitung zu verwerthen und in der Geschichte zur Anschauung zu bringen. Es wäre zu bedauern, wenn diese Wirkung kriegerischen Geistes in der Armee nicht stattfände; die Aufgabe, das Ergebniß derselben in den Schranken zu halten, auf welche das Friedensbedürfniß der Völker berechtigten Anspruch hat, liegt den politischen, nicht den militärischen Spitzen des Staats ob. Daß sich der Generalstab und seine Chefs zur Zeit der Luxemburger Frage, während der von Gortschakow und Frankreich fingirten Krisis von 1875 S. u. S. 201 f.

258. und bis in die neuste Zeit hinein zur Gefährdung des Friedens haben verleiten lassen, liegt in dem notwendigen Geiste der Institution, den ich nicht missen möchte, und wird gefährlich nur unter einem Monarchen, dessen Politik das Augenmaß und die Widerstandsfähigkeit gegen einseitige und verfassungsmäßig unberechtigte Einflüsse fehlt.

Dreiundzwanzigstes Kapitel. Versailles.

I.

Die Verstimmung gegen mich, welche die höhern militärischen Kreise aus dem östreichischen Kriege mitgebracht hatten, dauerte während des französischen fort, gepflegt nicht von Moltke und Roon, aber von den »Halbgöttern«, wie man damals die höhern Generalstabsoffiziere nannte. Sie machte sich im Feldzuge für mich und meine Beamten bis in das Gebiet der Naturalverpflegung und Einquartirung fühlbar. Vgl. Schreiben Bismarck's an Roon vom 10. Aug. 1870 bei Poschinger, Bismarck-Portefeuille II 189 f. Sie würde noch weiter gegangen sein, wenn sie nicht in der sich immer gleichbleibenden, weltmännischen Höflichkeit des Grafen Moltke ein Correctiv gefunden hätte. Roon war im Felde nicht in der Lage, mir als Freund und College Beistand zu leisten; er bedurfte im Gegentheil schließlich in Versailles meines Beistands, um im Kreise des Königs seine militärischen Ueberzeugungen geltend zu machen.

Schon bei der Abreise nach Köln erfuhr ich durch einen Zufall, daß beim Ausbruch des Kriegs der Plan festgestellt war, mich von den militärischen Berathungen auszuschließen. Ich konnte das aus einem Gespräch des Generals von Podbielski mit Roon entnehmen, dessen unfreiwilliger Ohrenzeuge ich dadurch wurde, daß es in einem Nebencoupé stattfand, dessen Scheidewand von einer breiten Oeffnung über mir durchbrochen war. Der Erstre äußerte laut seine Befriedigung, etwa in dem Sinne: »Diesmal a name="page117" title="Didi/ArneH" id="page117"> ist also dafür gesorgt, daß uns dergleichen nicht wieder passirt.« Bevor der Zug sich in Bewegung setzte, hörte ich genug, um zu verstehn, welches »damals« im Gegensatz gegen diesmal der General im Sinne hatte, nämlich meine Betheiligung an militärischen Berathungen in dem böhmischen Feldzuge und besonders die Aendrung der Marschrichtung auf Preßburg anstatt auf Wien.

Die durch diese Reden gekennzeichnete Verabredung wurde mir praktisch wahrnehmbar; ich wurde nicht nur zu den militärischen Berathungen nicht zugezogen, wie 1866 geschehn war, sondern es galt mir gegenüber strenge Geheimhaltung aller militärischen Maßregeln und Absichten als Regel. Dieses Ergebniß der unsern amtlichen Kreisen innewohnenden Rivalität der Ressorts war ein so augenfälliger Schaden für die Geschäftsführung, daß der in Angelegenheiten des Rothen Kreuzes im Hauptquartier anwesende Graf Eberhard Stolberg bei der freundschaftlichen Intimität, in der ich mit diesem, leider zu früh verstorbenen Patrioten stand, den König auf die Unzuträglichkeiten der Ausschließung seines verantwortlichen politischen Rathgebers aufmerksam machte. Nach dem Zeugnisse des Grafen hatte Se. Majestät darauf erwidert: »Ich sei in dem böhmischen Kriege in der Regel zu dem Kriegsrathe zugezogen worden, und es sei dabei vorgekommen, daß ich im Widerspruche mit der Majorität den Nagel auf den Kopf getroffen hätte; daß das den andern Generalen ärgerlich sei und sie ihr Ressort allein berathen wollten, sei nicht zu verwundern« – *ipsissima verba regis*, nach dem Zeugnisse des Grafen Stolberg nicht nur mir, sondern auch Andern gegenüber. Das Maß von Einfluß, welches der König mir 1866 verstattet hatte, stand allerdings im Widerspruche mit militärischen Traditionen, sobald der Ministerpräsident allein nach den Abzeichen der Uniform classificirt wurde, die er im Felde trug, als Stabsoffizier eines Cavallerie-Regiments; und es blieb 1870 mir gegenüber bei dem militärischen Boycott, wie man heut sagen würde. Wenn man die Theorie, welche der Generalstab mir gegenüber zur Anwendung brachte und die auch kriegswissenschaftlich gelehrt werden soll, so ausdrücken kann: der Minister der Auswärtigen Angelegenheiten kommt erst wieder zum Wort, wenn die Heeresleitung die Zeit gekommen findet, den Janustempel zu schließen, so liegt schon in dem doppelten Gesicht des Janus die Mahnung, daß die Negirung eines kriegführenden Staats auch nach andern Richtungen zu sehn hat als nach dem Kriegsschauplatze.

Aufgabe der Heeresleitung ist die Vernichtung der feindlichen Streitkräfte; Zweck des Kriegs die Erkämpfung des Friedens unter Bedingungen, die der von dem Staate verfolgten Politik entsprechen. Die Feststellung und Begrenzung der Ziele, die durch den Krieg erreicht werden sollen, die Berathung des Monarchen in Betreff derselben ist und bleibt während des Kriegs wie vor demselben eine politische Aufgabe, und die Art ihrer Lösung kann nicht ohne Einfluß auf die Art der Kriegführung sein. Die Wege und Mittel der letztern werden immer davon abhängig sein, ob man das schließlich gewonnene Resultat oder mehr oder weniger hat erreichen wollen, ob man Landabtretungen fordern oder auf solche verzichten, ob man Pfandbesitz und auf wie lange gewinnen will.

Noch schwerer wirkt in gleicher Richtung die Frage, ob und aus welchen Motiven andre Mächte geneigt sein könnten, dem Gegner zunächst diplomatisch, eventuell militärisch beizustehn, welche Aussicht die Vertreter einer solchen Einmischung haben, an fremden Höfen ihren Zweck zu erreichen, wie die Parteien sich gruppiren würden, wenn es zu Conferenzen oder zu einem Congresse käme, ob Gefahr vorhanden, daß aus der Einmischung der Neutralen sich weitre Kriege entwickeln. Namentlich aber zu beurtheilen, wann der richtige Moment eingetreten sei, den Uebergang vom Kriege zum Frieden einzuleiten, dazu sind Kenntnisse der europäischen Lage erforderlich, die dem Militär nicht geläufig zu sein brauchen, Informationen, die ihm nicht zugänglich sein können. Die Verhandlungen in Nikolsburg 1866 beweisen, daß die Frage von Krieg und Frieden auch im Kriege stets zur Competenz des verantwortlichen politischen Ministers gehört und nicht von der technischen Armeeleitung entschieden werden kann; der competente Minister aber kann dem Könige nur dann sachkundigen Rath ertheilen, wenn er Kenntniß von der jeweiligen Lage und den Intentionen der Kriegführung hat.

Im fünften Kapitel ist der Plan zur Zerstücklung Rußlands erwähnt, den die Wochenblattspartei hegte und Bunsen in einer dem Minister von Manteuffel eingereichten Denkschrift in aller kindlichen Nacktheit entwickelt hatte S. Bd. I 131 ff. . Den damals unmöglichen Fall angenommen, daß der König für diese Utopie gewonnen wurde, angenommen ferner, daß die preußischen Heere und ihre etwaigen Verbündeten in siegreichem Vorschreiten waren, so würde sich doch eine artige Reihe von Fragen aufgedrängt haben: ob uns der weitre Erwerb polnischer Landstriche und Bevölkerungen wünschenswerth sei, ob es nothwendig, die vorspringende Grenze Congreßpolens, den Ausgangspunkt russischer Heere weiter nach Osten, weiter ab von Berlin zu rücken, analog dem Bedürfnisse, im Westen den Druck zu befestigen, den Straßburg und die Weißenburger Linien auf Süddeutschland ausübten, ob Warschau in polnischen Händen für uns unbequemer werden könnte als in russischen. Das alles sind rein politische Fragen, und wer wird leugnen wollen, daß ihre Entscheidung einen vollberechtigten Einfluß auf die Richtung, die Art, den Umfang der Kriegführung hätte fordern, daß zwischen Diplomatie und Strategie eine Wechselwirkung in Berathung des Monarchen hätte bestehn müssen?

Wenn ich mich auch in Versailles beschied, in militärischen Dingen zu einem Votum nicht berufen zu sein, so lag mir doch als dem leitenden Minister die Verantwortlichkeit für die richtige politische Ausnutzung der militärischen, wie der auswärtigen Situation ob, und ich war verfassungsmäßig der verantwortliche Rathgeber des Königs in der Frage, ob die militärische Situation irgend welche politische Schritte oder die Ablehnung irgend welcher Zumuthung andrer Mächte rathsam machte. Ich habe damals die Nachrichten über die militärische Lage, deren, ich für die Beurtheilung der politischen bedurfte, so weit als möglich mir dadurch zu verschaffen gesucht, daß ich mich mit einigen der unbeschäftigten hohen Herrn, welche die »zweite Staffel« des Hauptquartiers bildeten und im *Hôtel des Réservoirs* zusammenkamen, in vertraulichen Beziehungen hielt, denn diese fürstlichen Herrn erfuhren über die militärischen Vorgänge und Absichten erheblich mehr als der verantwortliche Minister des Auswärtigen und machten mir manche für mich sehr werthvolle Mitteilung, von der sie annahmen, daß sie für mich natürlich kein Geheimniß sei. Auch der englische Correspondent im Hauptquartier, Russell, war in der Regel über die Absichten und Vorgänge in demselben besser wie ich unterrichtet und eine nützliche Quelle für meine Informationen.

II.

Im Kriegsrathe war Roon der einzige Vertreter meiner Ansicht, daß wir mit Abschluß des Kriegs Eile hätten, wenn wir die Einmischung der Neutralen und ihres Congresses sicher hintanhalten wollten; er befürwortete die Notwendigkeit, aggressiv mit schwerem Geschütz gegen Paris vorzugehn, gegenüber dem in den Kreisen hoher Frauen für humaner geltenden Systeme der Aushungerung. Die Zeit, die das letztre in Anspruch nehmen würde, ließ sich bei der Unbekanntschaft mit dem Pariser Verpflegungs-Etat nicht übersehn Am 22. September hatte Moltke an seinen Bruder Adolf geschrieben, er hege im Stillen die Hoffnung, Ende October in Creisau Hasen zu schießen (Moltke, Gesammelte Schriften IV 198). . Die Belagrung machte territorial keine Fortschritte, mitunter sogar Rückschritte, und die Vorgänge in den Provinzen waren nicht mit Sicherheit zu berechnen, namentlich so lange man ohne Nachricht war über das Verbleiben der Südarmee und Bourbakt's. Man wußte eine Zeit lang nicht, ob dieselbe gegen unsre Verbindungslinie mit Deutschland operire oder auf dem Seewege an der untern Seine erscheinen werde. Wir verloren monatlich etwa zweitausend Mann vor Paris, gewannen den Belagerten kein Terrain ab und verlängerten in unberechenbarer Weise die Periode, während welcher unsre Truppen den Wandlungen des Geschicks ausgesetzt blieben, die durch unvorhergesehne Unfälle im Kampfe und durch Krankheiten, wie die Cholera 1866 vor Wien, eintreten konnten. Für mich lagen stärkre Beunruhigungen, die mir die Verschleppung der Entscheidung verursachten, auf dem politischen Gebiete, in der Besorgniß vor Einmischung der Neutralen. Je länger der Kampf dauerte, desto mehr mußte man mit der Möglichkeit rechnen, daß die latente Mißgunst und die schwankenden Sympathien eine der übrigen Mächte, in der Beunruhigung über unsre Erfolge, zu der Initiative für eine diplomatische Einmischung bereit finden lassen würden und diese dann den Anschluß andrer oder aller andern herbeiführte. Wenn auch zur Zeit der Rundreise des Herrn Thiers im October »Europa nicht zu finden war«, so konnte die Entdeckung dieser Potenz doch an jedem der neutralen Höfe, sogar auf dem Wege republikanischer Sympathien in Amerika, durch den geringsten Anstoß herbeigeführt werden, den ein Cabinet dem andern gegeben hatte, indem es sondirende Fragen über die Zukunft des europäischen Gleichgewichts oder die menschenfreundliche Heuchelei, durch welche die Festung Paris gegen ernste Belagrung gedeckt wurde, zur Unterlage seiner Initiative nahm. Gelang im Laufe der Monate und Angesichts der schwankenden Aussichten vor Paris in der Zeit, welche die Signatur trug: »Vor Paris nichts Neues«, gelang es damals den feindlichen Elementen und den mißgünstigen, unehrlichen Freunden, die uns an keinem Hofe fehlten, eine Verständigung zwischen den übrigen Mächten oder auch nur zwischen zweien von ihnen herbeizuführen, um eine Warnung, eine scheinbar von der Menschenliebe eingegebene Frage an uns zu richten, so konnte niemand wissen, wie schnell sich ein solcher erster Ansatz zu einer gemeinsamen, zunächst diplomatischen Haltung der Neutralen entwickeln würde. Nationalliberale Parlamentarier haben einander im August 1870 geschrieben, »daß jede fremde Friedensvermittlung unbedingt abzuweisen sei«, haben mich aber nicht wissen lassen, wie dem vorzubeugen sei, wenn nicht durch schnelle Einnahme von Paris.

Graf Beust hat selbst es sich angelegen sein lassen, nachzuweisen, wie »redlich, wenn auch erfolglos« er sich bemüht habe, eine »collective Mediation der Neutralen« zu Stande zu bringend Aus drei Viertel-Jahrhunderten. Stuttgart 1887. Theil II S. 361, 395 ff. . Er erinnert daran, daß er schon unter dem 28. September nach London und unter dem 12. October nach Petersburg an die östreichischen Botschafter die Weisung gegeben hat, die Auffassung zu vertreten, ein collectiver Schritt allein werde Aussicht auf Erfolg haben; daß er zwei Monate später dem Fürsten Gortschakow sagen ließ: »*Le moment d'intervenir est peut-être venu.*« Er reproducirt eine am 13. October, in der für uns kritischen Zeit 14 Tage vor der Capitulation von Metz, von ihm an den Grafen Wimpffen in Berlin gerichtete und von diesem dort verlesene Depesche Es ist auffallend, daß Graf Wimpffen diese Instruction *verlesen* hat; sie weist ihn nur an, sich in einem bezeichneten Falle im Sinne derselben auszusprechen. . In derselben knüpft er an ein Memorandum an, durch das ich zu Anfang October auf die Folgen aufmerksam gemacht hatte, die sich an einen bis zu eintretendem Mangel an Lebensmitteln fortgesetzten Widerstand des von zwei Millionen Menschen bewohnten Paris knüpfen müßten, und bezeichnet es, ganz richtig, als meinen Zweck, die Verantwortlichkeit dafür von der preußischen Regirung abzulehnen.

»Dies vorausgeschickt,« fährt er fort, »kann ich den Ausdruck meiner Besorgniß nicht unterdrücken, daß dereinst vor dem Urtheil der Geschichte ein Theil dieser Verantwortlichkeit auf die Neutralen fallen würde, wenn sie sich die Gefahr unerhörten Unheils in stummer Gleichgültigkeit vor Augen stellen ließen. Ich muß daher Eure Exzellenz auffordern, wenn der Gegenstand gegen Sie berührt wird, offen unser Bedauern darüber auszusprechen, daß in einer Lage, in welcher die königlich preußische Regierung Katastrophen, wie die in jenem Memorandum angedeutete, vorhersieht, dennoch das entschiedenste Bestreben sich kundgibt, jede persönliche Einwirkung dritter Mächte fernzuhalten... Rücksichten auf eigne Interessen sind es nicht, welche die Regierung Oesterreich-Ungarns beklagen lassen, daß auf dem Punkte, zu welchem die Dinge gediehen sind, jede friedliche Einflußnahme der neutralen Mächte fehlt. Aber es ist ihr unmöglich, in der Weise, wie es neuerlich von Seiten des St. Petersburger Cabinets geschieht, die absolute Enthaltung des unbetheiligten Europas zu billigen und zu empfehlen. Sie hält es vielmehr für Pflicht, auszusprechen, daß sie noch an allgemein europäische Interessen glaubt, und daß sie einen durch unparteiische Einwirkung der Neutralen herbeigeführten Frieden der Vernichtung weiterer Hunderttausende vorziehen würde.«

Darüber, welcher Art die »unparteiische Vermittlung« gewesen sein würde, läßt der Graf Beust keinen Zweifel: *mitiger les exigences du vainqueur, adoucir l'amertume des sentiments qui doivent accabler le vaincu* Depesche an Graf Chotek vom 12. October, Beust, Aus drei Viertel-Jahrhunderten. II 397. . Daß die Gefühle der Franzosen über die erlittne Niederlage heut uns gegenüber weniger bitter sein würden, wenn die Neutralen uns genöthigt hätten, uns mit weniger zu begnügen, das wird ein so guter Kenner der französischen Geschichte und des französischen Nationalcharakters, wie der Graf Beust, schwerlich geglaubt haben.

Eine Einmischung konnte nur die Tendenz haben, uns Deutschen den Siegespreis vermittelst eines Congresses zu beschneiden. Diese mich Tag und Nacht beunruhigende Gefahr erzeugte in mir das Bedürfniß, den Friedensschluß zu beschleunigen, um ihn ohne Einmischung der Neutralen herstellen zu können. Daß dies vor der Eroberung von Paris nicht thunlich sein würde, ließ sich nach dem herkömmlichen Vorgewicht der Hauptstadt in Frankreich voraussehn. So lange Paris sich hielt, war auch von den leitenden Kreisen in Tours und Bordeaux und von den Provinzen nicht anzunehmen, daß sie die Hoffnung auf einen Umschwung aufgeben würden, mochte derselbe von neuen *levées en masse*, wie sie in der Schlacht an der Lisaine zur Geltung kamen, oder von der endlichen »Auffindung Europas«, oder von dem Glanznebel erwartet werden, der die englischen resp. westmächtlichen Schlagworte: »Humanität, Civilisation« in deutschen, namentlich weiblichen Gemüthern an großen Höfen umgab – so lange bot sich an den auswärtigen Höfen, die über die Situation in Frankreich doch mehr durch französische als durch deutsche Berichte orientirt waren, die Möglichkeit, den Franzosen in ihrem Friedensschlüsse beiständig zu sein. Für mich spitzte sich daher meine Aufgabe dahin zu, mit Frankreich abzuschließen, bevor eine Verständigung der neutralen Mächte über ihre Einflußnahme auf den Frieden zu Stande gekommen wäre, grade so, wie es 1866 unser Bedürfniß war, mit Oestreich abzuschließen, bevor französische Einmischung in Süddeutschland wirksam werden konnte.

Es ließ sich nicht mit Bestimmtheit sagen, zu welchen Entschließungen man in Wien und Florenz gelangt sein würde, wenn bei Wörth, Spichern, Mars la Tour der Erfolg auf Seite der Franzosen oder für uns weniger eclatant gewesen wäre. Ich habe zur Zeit der genannten Schlachten Besuche von republikanischen Italienern gehabt, die überzeugt waren, daß der König Victor Emanuel mit der Absicht umginge, dem Kaiser Napoleon beizustehn, und diese Tendenz zu bekämpfen geneigt waren, weil sie von der Ausführung der dem Könige zugeschriebenen Absichten eine Verstärkung der ihrem Nationalgefühl empfindlichen Abhängigkeit Italiens von Frankreich befürchteten. Schon in den Jahren 1868 und 1869 waren mir ähnliche antifranzösische Anregungen von italienischer und nicht blos republikanischer Seite vorgekommen, in denen die Unzufriedenheit mit der französischen Suprematie über Italien scharf hervortrat. Ich habe damals wie später auf dem Marsche nach Frankreich in Homburg (Pfalz) den italienischen Herrn geantwortet: wir hätten bisher keine Beweise davon, daß der König von Italien seine Freundschaft für Napoleon bis zum Angriffe auf Preußen bethätigen werde; es sei gegen mein politisches Gewissen, eine Initiative zum Bruch zu ergreifen, welche Italien Vorwand und Rechtfertigung feindlicher Haltung gegeben hätte. Wenn Victor Emanuel die Initiative zu dem Bruche ergriffe, so würde die republikanische Tendenz derjenigen Italiener, welche eine solche Politik mißbilligten, mich nicht abhalten, dem Könige, meinem Herrn, zur Unterstützung der Unzufriednen in Italien durch Geld und Waffen, welche sie zu haben wünschten, zu rathen.

Ich fand den Krieg, wie er lag, zu ernst und zu gefährlich, um in einem Kampfe, in dem nicht nur unsre nationale Zukunft, sondern auch unsre staatliche Existenz auf dem Spiele stand, mich zur Ablehnung irgend eines Beistands bei bedenklichen Wendungen der Dinge für berechtigt zu halten. Ebenso wie ich 1866 nach und infolge der Einmischung durch Napoleon's Telegramm vom 4. Juli vor dem Beistande einer ungarischen Insurrection nicht zurückgeschreckt war S. o. S. 53., würde ich auch den der italienischen Republikaner für annehmbar gehalten haben, wenn es sich um Verhütung der Niederlage und um Vertheidigung unsrer nationalen Selbständigkeit gehandelt hatte. Die Belleitäten des Königs von Italien und des Grafen Beust, die durch unsre ersten glänzenden Erfolge zurückgedrängt waren, konnten bei der Stagnation vor Paris um so leichter wieder aufleben, als wir in den maßgebenden Kreisen eines so gewichtigen Factors wie England über zuverlässige Sympathien und namentlich über solche, welche bereit gewesen wären, sich auch nur diplomatisch zu bethätigen, keineswegs verfügen konnten.

In Rußland gewährten die persönlichen Gefühle Alexander's II., nicht nur die freundschaftlichen für seinen Oheim, sondern auch die antifranzösischen, uns eine Bürgschaft, die freilich durch die französirende Eitelkeit des Fürsten Gortschakow und durch seine Rivalität mir gegenüber abgeschwächt werden konnte. Es war deshalb eine Gunst des Schicksals, daß die Situation eine Möglichkeit bot, Rußland eine Gefälligkeit in Betreff des Schwarzen Meers zu erweisen. Aehnlich wie die Empfindlichkeiten des russischen Hofs, die sich vermöge der russischen Verwandschaft der Königin Marie an den Verlust der hanöverschen Krone knüpften, ihr Gegengewicht in den Concessionen fanden, die dem oldenburgischen Verwandten der russischen Dynastie auf territorialem und finanziellem Gebiete 1866 gemacht worden waren, bot sich 1870 die Möglichkeit, nicht nur der Dynastie, sondern auch dem russischen Reiche einen Dienst zu erweisen in Betreff der politisch unvernünftigen und deshalb auf die Dauer unmöglichen Stipulationen, die dem Russischen Reiche die Unabhängigkeit seiner Küsten des Schwarzen Meers beschränkten. Es waren die ungeschicktesten Bestimmungen des Pariser Friedens; einer Nation von hundert Millionen kann man die Ausübung der natürlichen Rechte der Souveränetät an ihren Küsten nicht dauernd untersagen. Die Servitut der Art, welche fremden Mächten auf russischem Gebiete eingeräumt war, war für eine große Nation eine auf die Dauer nicht erträgliche Demüthigung. Wir hatten hierin eine Handhabe, um unsre Beziehungen zu Rußland zu pflegen.

Fürst Gortschakow ist auf die Initiative, mit der ich ihn in dieser Richtung sondirte, nur widerstrebend eingegangen Aus diesen Mittheilungen geht hervor, daß Gortschakow's Depesche vom 31. October 1870 (Staatsarchiv XX 111 Nr. 4223) auf preußische Anregung zurückzuführen ist. . Sein persönliches Uebelwollen war stärker als sein russisches Pflichtgefühl. Er wollte keine Gefälligkeit von uns, sondern Entfremdung gegen Deutschland und Dank bei Frankreich. Um unser Anerbieten in Petersburg wirksam zu machen, habe ich der durchaus ehrlichen und stets wohlwollenden Mitwirkung des damaligen russischen Militärbevollmächtigten Grafen Kutusoff bedurft. Ich werde dem Fürsten Gortschakow kaum Unrecht thun, wenn ich nach meinen mehre Jahrzehnte dauernden Beziehungen zu ihm annehme, daß die persönliche Rivalität mit mir bei ihm schwerer wog als die Interessen Rußlands: seine Eitelkeit, seine Eifersucht gegen mich waren größer als sein Patriotismus.

Bezeichnend für die krankhafte Eitelkeit Gortschakow's waren einige gelegentliche Aeußrungen mir gegenüber, gelegentlich seiner Berliner Anwesenheit im Mai 1876. Er sprach von seiner Ermüdung und seiner Neigung, abzuscheiden, und sagte dabei: »*Je ne puis cependant me présen-*

ter devant Saint-Pierre au ciel sans avoir présidé la moindre chose en Europe.« Ich bat ihn in Folge dessen, das Präsidium in der damaligen Diplomatenconferenz, die aber nur eine officiöse war, zu übernehmen, was er that. In der Muße des Zuhörens bei seiner längern Präsidialrede schrieb ich mit Bleistift: *pompous, pompo, pomp, pom, po.* Mein Nachbar, Lord Odo Russell, entriß mir das Blatt und behielt es.

Eine andre Aeußrung bei dieser Gelegenheit lautete dahin: »*Si je me retire, je ne veux pas m'éteindre comme une lampe qui file, je veux me coucher comme une astre.*« Es ist nach diesen Auffassungen nicht verwunderlich, daß ihm sein letztes Auftreten im Berliner Congreß 1878 nicht genügte, zu dem der Kaiser nicht ihn, sondern den Grafen Schuwalow als Hauptbevollmächtigten ernannt hatte, so daß nur dieser und nicht Gortschakow über die russische Stimme verfügte. Gortschakow hatte seine Mitgliedschaft des Congresses dem Kaiser gegenüber gewissermaßen erzwungen, was in Folge der rücksichtsvollen Behandlung, die im russischen höhern Dienste verdienten Staatsmännern gegenüber Tradition ist, gelingen konnte. Er suchte noch auf dem Congresse seine russische Popularität im Sinne der »Moskauer Zeitung« nach Möglichkeit frei zu halten von den Rückwirkungen russischer Concessionen, und bei Congreßsitzungen, wo solche in Aussicht standen, blieb er aus, unter dem Vorwande des Unwohlseins, trug aber Sorge, sich am Parterrefenster seiner Wohnung unter den Linden als gesund sehn zu lassen. Er wollte sich die Möglichkeit wahren, vor der russischen »Gesellschaft« in Zukunft zu behaupten, daß er an den russischen Concessionen unschuldig wäre: ein unwürdiger Egoismus auf Kosten seines Landes.

Außerdem blieb der russische Abschluß auch nach dem Congresse immer noch einer der günstigsten, wo nicht der günstigste, den Rußland jemals nach türkischen Kriegen gemacht hat. Directe Eroberungen für Rußland waren die in Kleinasien: Batum, Kars u.s.w. Aber wenn Rußland wirklich es in seinen Interessen gefunden hat, die Balkanstaaten griechischer Confession von der türkischen Herrschaft zu emancipiren, so war doch auch in dieser Richtung ein ganz gewaltiger Fortschritt des griechisch-christlichen Elements, und noch mehr ein erheblicher Rückzug der Türkenherrschaft das Ergebniß. Zwischen den ursprünglichen Ignatieff'schen Friedensbedingungen von San Stefano und dem Congreßergebnisse war der Unterschied politisch bedeutungslos, wie die Leichtigkeit des Abfalls Südbulgariens und dessen Anschluß an das nördliche beweist. Und selbst wenn er nicht stattgefunden hätte, blieb die russische Gesammterrungenschaft nach dem Kriege auch in Folge der Congreßbeschlüsse eine glänzendere als die frühern.

Daß Rußland Bulgarien durch Verleihung an den Neffen der damaligen russischen Kaiserin, den Prinzen von Battenberg, in unsichre Hände gab, war eine Entwicklung, die auf dem Berliner Congresse nicht vorausgesehn werden konnte. Der Prinz von Battenberg war der russische Candidat für Bulgarien, und bei seiner nahen Verwandschaft mit dem Kaiserhause war auch anzunehmen, daß diese Beziehungen dauerhaft und haltbar sein würden. Der Kaiser Alexander III. erklärte sich den Abfall seines Vetters einfach mit dessen polnischer Abstammung: »*Polskaja mat*« war sein erster Ausruf bei der Enttäuschung über das Verhalten seines Vetters.

Die russische Entrüstung über das Ergebniß des Berliner Congresses war eine der Erscheinungen, die bei einer dem Volk so wenig verständlichen Presse, wie es die russische in auswärtigen Beziehungen ist, und bei dem Zwange, der auf sie mit Leichtigkeit geübt wird, sich im Widerspruche mit aller Wahrheit und Vernunft ermöglichen ließ. Die ganzen Gortschakow'schen Einflüsse, die er, angespornt durch Aerger und Neid über seinen frühern Mitarbeiter, den deutschen Reichskanzler, in Rußland übte, unterstützt von französischen Gesinnungsgenossen und ihren französischen Verschwägerungen (Wannowski, Obrutschew) waren stark genug, um in der Presse, die »Moskauer Wedomosti« an der Spitze, einen Schein von Entrüstung herzustellen über die Schädigung, welche Rußland auf dem Berliner Congresse durch deutsche Untreue erlitten hätte. Nun ist auf dem Berliner Congresse kein russischer Wunsch ausgesprochen worden, den Deutschland nicht zur Annahme gebracht hätte, unter Umständen durch energisches Auftreten bei dem englischen Premierminister, obschon letztrer krank und bettlägerig war. Anstatt hierfür dankbar zu sein, fand man es der russischen Politik entsprechend, unter Führung des lebensmüden, aber immer noch krankhaft eitlen Fürsten Gortschakow und der Moskauer Blätter, an der weitern Entfremdung zwischen Rußland und Deutschland fortzuarbeiten, für die weder im Interesse des einen noch des andern dieser großen Nachbarreiche das mindeste Bedürfniß vorliegt. Wir beneiden uns nichts und haben nichts von einander zu gewinnen, was wir brauchen könnten. Unsre gegenseitigen Beziehungen sind nur gefährdet durch persönliche Stimmungen, wie die von Gortschakow waren, und wie es die von hochstehenden russischen Militärs bei ihren französischen Verschwägerungen sind, und durch monarchische Verstimmungen, wie sie schon vor dem siebenjährigen Kriege durch sarkastische Bemerkungen Friedrich's des Großen über die russische Kaiserin entstanden. Deshalb ist die persönliche Beziehung der Monarchen beider Länder zu einander von hoher Bedeutung für den Frieden der beiden Nachbarreiche, für dessen Störung keine Interessendivergenz, sondern nur persönliche Empfindlichkeiten maßgebender Staatsmänner einen Anlaß bieten konnten.

Von Gortschakow sagten seine Untergebenen im Ministerium: »*Il se mire dans son encrier*« wie analog Bettina über ihren Schwager, den berühmten Savigny, äußerte: »Er kann keine Gossen überschreiten, ohne sich darin zu spiegeln.« Ein großer Theil der Gortschakow'schen Depeschen und namentlich die sachlichsten sind nicht von ihm, sondern von Jomini, einem sehr geschickten Redacteur und Sohn eines Schweizer Generals, den Kaiser Alexander für russischen Dienst anwarb. Wenn Gortschakow dictirte, so war mehr rhetorischer Schwung in den Depeschen, aber praktischer waren die von Jomini. Wenn er dictirte, so pflegte er eine bestimmte Pose anzunehmen, die er einleitete mit dem Worte: »*écrivez!*«, und wenn der Schreiber dann seine Stellung richtig auffaßte, so mußte er bei besonders wohlgerundeten Phrasen einen bewundernden Ausblick auf den Chef richten, der dafür sehr empfänglich war. Gortschakow beherrschte die russische, die deutsche und die französische Sprache mit gleicher Vollkommenheit.

Graf Kutusoff war ein ehrlicher Soldat ohne persönliche Eitelkeit. Er war ursprünglich nach der Bedeutung seines Namens in hervorragender Stellung in Petersburg als Offizier der Garde-Kavallerie, hatte aber nicht das Wohlwollen des Kaisers Nicolaus; und als dieser, wie mir in Petersburg erzählt worden ist, vor der Front ihm zurief: »Kutusoff, du kannst nicht reiten, ich werde dich zur Infanterie versetzen,« nahm er seinen Abschied und trat erst im Krimkriege in geringer Stellung wieder ein, blieb unter Alexander II. in der Armee und wurde endlich Militärbevollmachtigten in Berlin, wo seine ehrliche Bonhomie ihm viele Freunde erwarb. Er begleitete uns als russischer Flügeladjutant des preußischen Königs im französischen Kriege, und es war vielleicht ein Effect der ungerechten Beurtheilung seiner Reitfähigkeit, die ihm vom Kaiser Nicolaus zu Theil geworden war, daß er alle Marschetappen, auf denen der König und sein Gefolge gefahren wurden, nicht selten 50 bis 70 Werst im Tage, zu Pferde zurücklegte. Für seine Bonhomie und die Tonart auf den Jagden in Wusterhausen ist es bezeichnend, daß er gelegentlich vor dem Könige erzählte, seine Familie stamme aus Preußisch-Litthauen und sei unter dem Namen Kutu nach Rußland gekommen, worauf Graf Fritz Eulenburg in seiner witzigen Art bemerkte: »Den schließlichen ›Soff‹ haben Sie also erst in Rußland sich angeeignet« – allgemeine Heiterkeit, in welche Kutusoff herzlich einstimmte.

Neben der Gewissenhaftigkeit der Meldungen dieses alten Soldaten bot die regelmäßige eigenhändige Correspondenz des Großherzogs von Sachsen mit dem Kaiser Alexander einen Weg, unverfälschte Mittheilungen direct an diesen gelangen zu lassen. Der Großherzog, der stets wohlwollend für mich war und geblieben ist, war in Petersburg ein Anwalt der guten Beziehungen zwischen beiden Cabineten.

Die Möglichkeit einer europäischen Intervention war für mich eine Ursache der Beunruhigung und der Ungeduld angesichts der Stagnation der Belagrung. Kriegerische Wechselfälle sind in Situationen, wie die unsrige vor Paris war, bei der besten Leitung und der größten Tapferkeit nicht ausgeschlossen; sie können durch Zufälligkeiten aller Art herbeigeführt werden, und für solche bot unsre Stellung zwischen der numerisch reichlich starken belagerten Armee und den nach Zahl und Oertlichkeit schwer zu controllirenden Streitkräften der Provinzen ein reiches Feld, auch wenn unsre Truppen vor Paris, im Westen, Norden und Osten Frankreichs vor Seuchen bewahrt blieben. Die Frage, wie der Gesundheitszustand des deutschen Heeres sich in den Beschwerden eines so ungewöhnlich harten Winters bewahren werde, entzog sich jeder Berechnung. Es war unter diesen Umständen keine übertriebene Aengstlichkeit, wenn ich in schlaflosen Nachten von der Sorge gequält wurde, daß unsre politischen Interessen nach so großen Erfolgen durch das zögernde Hinhalten des weitern Vorgehns gegen Paris schwer geschädigt werden könnten. Eine weltgeschichtliche Entscheidung in dem Jahrhunderte alten Kampfe zwischen den beiden Nachbarvölkern stand auf dem Spiele und in Gefahr, durch persönliche und vorwiegend weibliche Einflüsse ohne historische Berechtigung gefälscht zu werden, durch Einflüsse, die ihre Wirksamkeit nicht politischen Erwägungen verdankten, sondern Gemüthseindrücken, welche die Redensarten von Humanität und Civilisation, die aus England bei uns importirt werden, auf deutsche Gemüther noch immer haben; war uns doch während des Krimkriegs von England aus nicht ohne Wirkung auf die Stimmung gepredigt worden, daß wir »zur Rettung der Civilisation« die Waffen für die Türken ergreifen müßten. Die entscheidenden Fragen konnten, wenn man wollte, als ausschließlich militärische behandelt werden, und man konnte das als Vorwand nehmen, um mir das Recht der Betheiligung an der Entscheidung zu versagen; sie waren aber doch solche, von deren Lösung die diplomatische Möglichkeit in letzter Instanz abhing, und wenn der Abschluß des französischen Kriegs ein weniger günstiger für Deutschland gewesen wäre, so blieb auch dieser gewaltige Krieg mit seinen Siegen und seiner Begeistrung ohne die Wirkung, die er für unsre nationale Einigung haben konnte. Es war mir niemals zweifelhaft, daß der Herstellung des Deutschen Reichs der Sieg über Frankreich vorhergehn mußte, und wenn es uns nicht gelang, ihn diesmal zum vollen Abschluß zu bringen, so waren weitre Kriege ohne vorgängige Sicherstellung unsrer vollen Einigung in Sicht.

III.

Es ist nicht anzunehmen, daß die übrigen Generale *von rein militärischem Standpunkte* andrer Meinung als Roon sein konnten; unsre Stellung zwischen der uns an Zahl überlegnen eingeschlossenen Armee und den französischen Streitkräften in den Provinzen war strategisch eine bedrohte und ihr Festhalten nicht erfolgversprechend, wenn man sie nicht als Basis angriffsweisen Fortschreitens benutzte. Das Bedürfniß, ihr bald ein Ende zu machen, war in militärischen Kreisen in Versailles ebenso lebhaft wie die Beunruhigung in der Heimath über die Stagnation. Man brauchte noch garnicht mit der Möglichkeit von Krankheiten und unvorhergesehnen Rückschlägen infolge von Unglück oder Ungeschick zu rechnen, um von selbst auf den Gedankengang zu gerathen, der mich beunruhigte, und sich zu fragen, ob das Ansehn und der politische Eindruck, die das Ergebniß unsrer ersten raschen und großen Siege an den neutralen Höfen gewesen waren, nicht vor der scheinbaren Thatlosigkeit und Schwäche unsrer Haltung vor Paris verblassen würden und ob die Begeistrung anhalten würde, in deren Feuer sich eine haltbare Einheit schmieden ließ.

Die Kämpfe in den Provinzen bei Orleans und Dijon blieben Dank der heldenmüthigen Tapferkeit der Truppen, wie sie in dem Maße nicht immer als Unterlage strategischer Berechnung vorausgesetzt werden kann, für uns siegreich. In dem Gedanken, daß der geistige Schwung, mit dem unsre Minderheiten dort trotz Frost, Schnee und Mangel an Lebensmitteln und Kriegsmaterial die numerisch stärkern französischen Massen überwunden hatten, durch irgend welche Zufälligkeiten gelähmt werden könnte, mußte jeder Heerführer, der nicht ausschließlich mit optimistischen Conjecturen rechnete, zu der Ueberzeugung kommen, daß wir bestrebt sein müßten, durch Fördrung unsres Angriffs auf Paris unsrer ungewissen Situation so bald als möglich ein Ende zu machen.

Es fehlte uns aber, um den Angriff zu activiren, an dem Befehl und an schwerem Belagerungsgeschütz, wie im Juli 1866 vor den Floridsdorfer Linien S. o. S. 54. . Die Befördrung desselben hatte mit den Fortschritten unsres Heers nicht Schritt gehalten; um sie zu bewirken, versagten unsre Eisenbahnmittel an den Stellen, wo die Bahnen unterbrochen waren oder, wie bei Lagny, ganz aufhörten.

Die schleunige Anfuhr von schwerem Geschütz und von der Masse schwerer Munition, ohne welche die Beschießung nicht begonnen werden durfte, hätte durch den vorhandnen Eisenbahnpark jedenfalls schneller, als der Fall war, bewirkt werden können. Es waren aber, wie Beamte mir meldeten, circa 1500 Axen mit Lebensmitteln für die Pariser beladen, um ihnen schnell zu helfen, wenn sie sich ergeben würden, und diese 1500 Axen waren deshalb für Munitionstransport nicht verfügbar. Der auf ihnen lagernde Speck wurde später von den Parisern abgelehnt und nach meinem Abgange aus Frankreich, infolge der durch General v. Stosch in Ferneres bei Sr. Majestät veranlaßten Aendrung unsres Staatsvertrags über die Verpflegung deutscher Truppen, diesen überwiesen und mit Widerstreben verbraucht wegen zu langer Lagerung.

Da die Beschießung nicht begonnen werden konnte, bevor das für wirksame Durchführung ohne Unterbrechung erforderliche Quantum Munition zur Hand war, so wurde in Ermanglung von Bahn-Material nun eine erhebliche Anspannung von Pferden und für diese ein Aufwand von Millionen erforderlich. Mir sind die Zweifel nicht verständlich, die darüber obwalten konnten, ob diese Millionen verfügbar wären, sobald das Bedürfniß für kriegerische Zwecke vorlag. Es erschien mir als ein erheblicher Fortschritt, als Roon, schon nervös aufgerieben und erschöpft, mir eines Tags mittheilte, daß man jetzt ihm persönlich die Verantwortlichkeit mit der Frage zugeschoben habe, ob er bereit sei, die Geschütze in absehbarer Zeit heranzuschaffen; er sei in Zweifel in Betreff der Möglichkeit. Ich bat ihn, die ihm gestellte Aufgabe sofort zu übernehmen, und erklärte mich bereit, jede dazu erforderliche Summe aus die Bundeskasse anzuweisen, wenn er die vielleicht 4000 Pferde, die er als ungefähren Bedarf angab, ankaufen und zur Befördrung der Geschütze verwenden wolle. Er gab die entsprechenden Aufträge, und die in unserm Lager lange mit schmerzlicher Ungeduld erwartete und mit Jubel begrüßte Beschießung des Mont Avron war das Ergebniß dieser wesentlich Roon zu dankenden Wendung.

Eine bereitwillige Unterstützung fand er für das Heranschaffen und die Verwendung der Geschütze bei dem Prinzen Kraft Hohenlohe. Wenn man sich fragt, was andre Generale bestimmt haben kann, die Ansicht Roon's zu bekämpfen, so wird es schwer, sachliche Gründe für die Verzögerung der gegen die Jahreswende ergriffnen Maßregeln aufzufinden. Man vgl. zum Folgenden auch v. Keudell, Fürst und Fürstin Bismarck S. 468 ff. und – von der Gegenseite – v. Blume, Die Beschießung von Paris 1870/71 und die Ursachen ihrer Verzögerung. Berlin, E. S. Mittler und Sohn 1899, sowie die Tagebuchaufzeichnungen Blumenthal's (Tagebücher des Generalfeldmarschalls Graf v. Blumenthal 1866 und 1870/71). – Einige Stellen aus Bismarck's Briefen an seine Gattin aus dem Kriege 1870/71, Stuttgart und Berlin 1903, I. G. Cotta'sche Buchhandlung Nachfolger mögen als Stimmungsbilder hier Platz finden: Versailles, 23. Oct. (S. 55): Vor Paris wird es wohl noch dauern; ich weiß nicht, ob die Generäle des Stabes früher andre Absichten gehabt haben oder was sonst, aber das Belagrungsgeschütz ist nicht heran, und vor November werden wir wohl keinen Schuß auf die Wälle thun. – Versailles, 28./29. Oct. (S. 56 f.): Ich muß heut noch meine Entrüstung über den auch Dir gemeldeten und in vielen Zeitungen gedruckten Gedanken zu Papier bringen, als hemmte ich das Spiel unsrer Geschütze gegen Paris und trüge damit die Schuld an der Verlängrung des Kriegs. Jeden Morgen seit Wochen hoffte ich durch das Donnern geweckt zu werden, über 200 stehn schon, aber sie schießen nicht, und sollen doch noch nicht einmal Paris, sondern nur einige Forts zum Ziele nehmen. *Es schwebt über der Sache irgend eine Intrige, angesponnen von Weibern, Erzbischöfen und Gelehrten, bekannte hohe Einflüsse sollen mitspielen,* damit das Lob des Auslands und die *Phrasenberäucherung keine Einbuße erleiden. Jeder klagt über Hindernisse anonymer Natur,* der eine sagt, man stellt die Artillerie-Transporte auf den Bahnen zurück, damit sie nicht eintreffen, der andre schilt auf Mangel früherer Vorbereitung, der dritte sagt, die Munition sei noch zu wenig, der vierte, die Armirung unfertig, der fünfte, es sei alles da, nur der Befehl zu schießen nicht. Dabei frieren und erkranken die Leute, der Krieg verschleppt sich, die Neutralen reden uns drein, weil ihnen die Zeit lang wird, und Frankreich waffnet mit den 100000en von Gewehren aus England und Amerika. – Versailles, 16. Nov. (S. 62): Unsre Geschütze schweigen noch immer, nachdem man etwa 3mal so viele hergefahren hat, als einstweilen gebraucht werden können. Ich war von Hause aus, d. h. vor 2 Monaten, garnicht für die Belagrung von Paris, sondern für andre Kriegsmethoden; aber nachdem die große Armee hier 2 Monat festgenagelt und währenddem der Enthusiasmus bei uns verraucht und der Franzose rüstet, muß die Belagrung auch durchgeführt werden; es scheint aber, als wolle man die 400 schweren Brummer und ihre 100000e von Centner Kugeln bis nach dem Frieden stehn lassen und dann wieder nach Berlin fahren. Dabei handelt es sich nicht einmal um Bombardement der Stadt, sondern nur der detachirten Forts. Das wissen die vielleicht garnicht, deren Einfluß diese Zögerungen zugeschrieben werden. – Versailles, 22. Nov. (S. 63): Roon ist krank aus Aerger über die Intrigen gegen das Bombardement der Pariser Forts. Wenn das einmal bekannt wird, weshalb unsre guten Soldaten so lange im Granatfeuer schlafen müssen und nicht angreifen dürfen, das wird böses Blut geben, und bekannt wird es werden, denn es sind zu viel Leute, die daran glauben. Ob der König es weiß und duldet oder getäuscht wird, darüber ist Streit, ich glaube letztres gern. Das Complott, wenn es existirt, sitzt bis im Generalstabe, der mir außer dem guten und klugen alten Moltke überhaupt nicht gefällt; ihm ist der Erfolg kaiserwahnsinnig in die Krone gefahren … mit Moltke's Namen decken sich andre … – Versailles, 7. Dec. (S. 65): Nach den glänzenden Siegen an Loire und im Norden sitzt unsre große Pariser Armee nach wie vor still, »fest gemauert« oder ob ihr wie Thor »ein weiblich Gewand die Knie umwallt« und (sie) am Gehen hindert, Gott weiß es. … Auch Moltke ist – und natürlich mit entscheidender Stimme – gegen den Angriff.… Der gute Roon aber ist vor Aerger über unsre Passivität und seine vergeblichen Versuche, uns zum Angriff zu bringen, recht krank gewesen. … – Versailles, 12. Dec. (S. 67): Endlich ist Roon mit der Anfuhr der Munition beauftragt, und in 8 Tagen hofft er soviel wie nöthig zu haben. Wäre das 2 Monat früher geschehn! – Versailles, 24. Dec. (S. 70): Endlich ist Aussicht auf Feuer vor Paris, hoffentlich noch vor Sylvester. Was Roon's und meine monatlange Arbeit nicht durchsetzte, scheint der Sturm der Berliner Blätter und der Wiederhall, den der

Reichstag davon herbrachte, bewirkt zu haben. Auch Moltke soll bekehrt sein, seit er anonyme Zeitungsgedichte erhielt, die zeigten, daß sein System, als ob die Sache ihn nichts anginge, vor der öffentlichen Meinung keine Gnade fand. – Versailles, 1. Jan. 1871 (S. 72): Mont Avron in Einem Tage zusammengeschossen und ohne Verlust besetzt. Die bisherigen Gegner des Angriffs sind bekehrt, fast etwas sauerblickend über die raschen Erfolge der Artillerie, denn jeder sagt sich nun im Stillen, das hätten wir vor 2 Monat auch gekonnt, wenn nicht ein Dutzend Leute von Einfluß aus verschiednen Gründen es hinderten. – Versailles, 4. Jan. (S. 74): Es hätte längst anders sein können, wenn früher geschossen wurde. Nach den glänzenden Erfolgen der ersten Versuche mit der Belagrungsartillerie streitet das niemand mehr, und man findet schwer jemand, der eingestände, jemals gegen Schießen gewesen zu sein, und doch ist es erst 3 Wochen her, daß von denen, die zum Kriegsrath zugezogen werden, Roon der einzig Rechtgläubige war und der »General-Adjutant« Boyen noch die Reichstagsherrn zu überzeugen suchte, daß Roon aus Mangel an Verstand und ich aus Verbittrung gegen den Generalstab – die Einzigen wären, die nach Schießen verlangten, weil wir es beide nicht verständen. Boyen's weitern Zusammenhang kennst Du, er ist gewissermaßen »Gesandter« am hiesigen Hoflager.

Von dem militärischen wie von dem politischen Standpunkte erscheint das zögernde Vorgehn widersinnig und gefährlich, und daß die Gründe nicht in der Unentschlossenheit unsrer Heeresleitung zu suchen waren, darf man aus der raschen und entschlossenen Führung des Kriegs bis vor Paris schließen. Die Vorstellung, daß Paris, obwohl es befestigt und das stärkste Bollwerk der Gegner war, nicht wie jede andre Festung angegriffen werden dürfe, war aus England auf dem Umwege über Berlin in unser Lager gekommen, mit der Redensart von dem »Mekka der Civilisation« und andern in dem *cant*, der öffentlichen Meinung in England üblichen und wirksamen Wendungen der Humanitätsgefühle, deren Betätigung England von allen andern Mächten erwartet, aber seinen eignen Gegnern nicht immer zu Gute kommen läßt. Von London wurde bei unsern maßgebenden Kreisen der Gedanke vertreten, daß die Uebergabe von Paris nicht durch Geschütze, sondern nur durch Hunger herbeigeführt werden dürfe. Ob der letztre Weg der menschlichere war, darüber kann man streiten, auch darüber, ob die Greuel der Commune zum Ausbruch gekommen sein würden, wenn nicht die Hungerzeit das Freiwerden der anarchischen Wildheit vorbereitet hätte. Es mag dahingestellt bleiben, ob bei der englischen Einwirkung zu Gunsten der Humanität des Aushungerns nur Empfindsamkeit und nicht auch politische Berechnung im Spiele war. England hatte kein praktisches Bedürfniß, weder uns noch Frankreich vor Schädigung und Schwächung durch den Krieg zu behüten, weder wirthschaftlich noch politisch. Jedenfalls vermehrte die Verschleppung der Ueberwältigung von Paris und des Abschlusses der kriegerischen Vorgänge für uns die Gefahr, daß die Früchte unsrer Siege uns verkümmert werden könnten. Vertrauliche Nachrichten aus Berlin ließen erkennen, daß in den fachkundigen Kreisen der Stillstand unsrer Thätigkeit Besorgniß und Unzufriedenheit erregte, und daß man der Königin Augusta einen brieflichen Einfluß auf ihren hohen Gemal im Sinne der Humanität zuschrieb. Eine Andeutung, die ich dem Könige über Nachrichten derart machte, hatte einen lebhaften Zornesausbruch zur Folge, nicht in dem Sinne, daß die Gerüchte unbegründet seien, sondern in einer scharfen Bedrohung jeder Aeußrung einer derartigen Verstimmung gegen die Königin.

Die Initiative zu irgend einer Wendung in der Kriegführung ging in der Regel nicht von dem Könige aus, sondern von dem Generalstabe der Armee oder des Höchstcommandirenden am Orte, des Kronprinzen. Daß diese Kreise englischen Auffassungen, wenn sie sich in befreundeter Form geltend machten, zugänglich waren, war menschlich natürlich: die Kronprinzessin, die verstorbene Frau Moltke's, die Frau des Generalstabschefs, spätern Feldmarschalls Grafen Blumenthal, und die Frau des demnächst maßgebenden Generalstabsoffiziers von Gottberg waren sämmtlich Engländerinnen.

Die Gründe der Verzögrung des Angriffs auf Paris, über die die Wissenden Schweigen beobachtet hatten, sind durch die in der »Deutschen Revue« von 1891 erfolgten Veröffentlichungen aus den Papieren des Grafen Roon Ausgabe in Buchform: Roon's Denkwürdigkeiten, III 4 243 ff. Gegenstand publicistischer Erörtrung geworden. Alle gegen die Darstellung Roon's gerichteten

Ausführungen umgehn die Berliner Einflüsse und die englischen, auch die Thatsache, daß 800, nach Andern 1500 Axen mit Lebensmitteln für die Pariser wochenlang festlagen; und alle, mit Ausnahme eines anonymen Zeitungsartikels, umgehn ebenso die Frage, ob die Heeresleitung rechtzeitig für die Herbeischaffung von Belagrungsgeschütz Sorge getragen habe. Ich habe keinen Anlaß gefunden, an meinen vorstehenden, vor dem Erscheinen der betreffenden Nummern der »Deutschen Revue« gemachten Aufzeichnungen irgend etwas zu ändern.

IV.

Die Annahme des Kaisertitels durch den König bei Erweitrung des Norddeutschen Bundes war ein politisches Bedürfniß, weil er in den Erinnrungen aus Zeiten, da er rechtlich mehr, factisch weniger als heut zu bedeuten hatte, ein werbendes Element für Einheit und Centralisation bildete; und ich war überzeugt, daß der festigende Druck auf unsre Reichsinstitutionen um so nachhaltiger sein müßte, je mehr der preußische Träger desselben das gefährliche, aber der deutschen Vorgeschichte innelebende Bestreben vermiede, den andern Dynastien die Ueberlegenheit der eignen unter die Augen zu rücken. König Wilhelm I. war nicht frei von der Neigung dazu, und sein Widerstreben gegen den Titel war nicht ohne Zusammenhang mit dem Bedürfnisse, grade das überlegne Ansehn der angestammten preußischen Krone mehr als das des Kaisertitels zur Anerkennung zu bringen. Die Kaiserkrone erschien ihm im Lichte eines übertragnen modernen Amts, dessen Autorität von Friedrich dem Großen bekämpft war, den Großen Kurfürsten bedrückt hatte. Bei den ersten Erörtrungen sagte er: »Was soll mir der Charakter-Major?« worauf ich u. A. erwiderte: »Ew. Majestät wollen doch nicht ewig ein Neutrum bleiben, ›das Präsidium‹? In dem Ausdrucke ›Präsidium‹ liegt eine Abstraction, in dem Worte ›Kaiser‹ eine große Schwungkraft« S. o. S. 77. .

Auch bei dem Kronprinzen habe ich für mein Streben, den Kaisertitel herzustellen, welches nicht einer preußisch-dynastischen Eitelkeit, sondern allein dem Glauben an seine Nützlichkeit für Fördrung der nationalen Einheit entsprang Vgl. über Bismarck's Ansicht von der praktischen Bedeutung des Kaisertitels besonders *Wilmomski*, Meine Erinnerungen an Bismarck. Breslau, G. Trewendt, 1900. S. 118 ff. , im Anfange (bei) Die Präposition »bei« scheint bei Umschrift des Textes ausgefallen zu sein. Da der Krieg gegen Frankreich vom ersten Tage an günstig für Deutschland verlief, kann von einem *Anfang* der günstigen Wendung des Kriegs nicht gesprochen werden. Bismarck aber unterscheidet genau zwei Phasen der Unterhandlungen mit dem Kronprinzen, die eine Anfang September, die andere später in Versailles. der günstigen Wendung des Kriegs nicht immer Anklang gefunden. Seine Königliche Hoheit hatte von irgend einem der politischen Phantasten, denen er sein Ohr lieh, den Gedanken aufgenommen, die Erbschaft des von Karl dem Großen wiedererweckten »römischen« Kaiserthums sei das Unglück Deutschlands gewesen, ein ausländischer, für die Nation ungesunder Gedanke. So nachweisbar letztres auch geschichtlich sein mag, so unpraktisch war die Bürgschaft gegen analoge Gefahren, welche des Prinzen Rathgeber in dem Titel »König« der Deutschen sahn. Es lag heut zu Tage keine Gefahr vor, daß der Titel, welcher allein in der Erinnrung des Volks lebt, dazu beitragen würde, die Kräfte Deutschlands den eignen Interessen zu entfremden und dem transalpinen Ehrgeize bis nach Apulien hin dienstbar zu machen. Das aus einer irrigen Vorstellung entspringende Verlangen, das der Prinz gegen mich aussprach, war nach meinem Eindrucke ein völlig ernstes und geschäftliches, dessen Inangriffnahme durch mich gewünscht wurde. Mein Einwand, anknüpfend an die Coexistenz der Könige von Bayern, Sachsen, Würtemberg mit dem intendirten Könige in Germanien oder Könige der Deutschen führte zu meiner Ueberraschung auf die weitre Consequenz, daß die genannten Dynastien aufhören müßten, den Königstitel zu führen, um wieder den herzoglichen anzunehmen. Ich sprach die Ueberzeugung aus, daß sie sich dazu gutwillig nicht verstehn würden. Sachlich ist dazu zu bemerken: Nach dem sonst vorliegenden Quellenmaterial – namentlich dem Immediatberichte des Fürsten Bismarck vom 23. Sept. 1888, dem Briefe des Fürsten an Ottokar Lorenz vom 7. Nov. 1896 (vgl. Ottokar Lorenz, Kaiser Wilhelm und die Begründung des Reichs. Jena, Gustav Fischer, 1902. S. 617), sowie den Tagebüchern des Kronprinzen und des Cabinetsraths Abelen – fanden zwischen dem Kronprinzen und dem Grafen Bismarck zwei eingehende Besprechungen statt über die Neugestaltung Deutschlands, die Behandlung der süddeutschen Bundesgenossen, sowie auch über den Titel des neu zu wählenden Oberhauptes; ob »Kaiser« oder »König«, nämlich am 3. Sept. 1870 zu Donchery im Quartier des Kronprinzen und vorher auf einem mehrstündigen Ritt, »wahrscheinlich bei Beaumont oder bei Sedan«. Dieser mehrstündige Ritt beider Herren hat aber weder bei Beaumont noch vorher stattgefunden, sondern am Nachmittag des 2. September, als sie im Gefolge des Königs die Schlachtfelder von Sedan beritten. Im Texte ist also zu lesen: Besprechungen dieses Themas fanden zwischen uns zweimal statt, einmal zu Pferde und einmal im Zimmer, nach Sedan. Die zweite erwähnt übrigens Bismarck im Briefe an die Gattin vom 6. Sept. 1870: »Mit dem Kronprinzen hatte ich eine mich sehr befriedigende Unterredung in Donchery«, Bismarck's Briefe an seine Gattin aus dem Kriege 1870/71 S. 39. Daraus und aus dem Briefe an O. Lorenz geht hervor, daß die scharfe Auseinandersetzung, von der die Gedanken und Erinnerungen berichten, auf jenem mehrstündigen Ritte erfolgte, während zu Donchery die Tags vorher unerledigt gebliebene Meinungsverschiedenheit befriedigend ausgeglichen wurde. Auch die von O. Lorenz aus seiner Unterredung mit Bismarck (am 14. Oct. 1889) bezeugte Aeußerung, das Gespräch zwischen dem Kronprinzen und ihm habe stattgefunden, als sie zusammen über eine Wiese ritten; sie hätten sich so in Eifer geredet, daß der Kronprinz die Führung des Pferdes verloren und Bismarck bei der Unsicherheit des Terrains – einer durch Abzugsgräben durchzogenen Wiese – sich gedrungen gefühlt habe, den Kronprinz zur Vorsicht zu mahnen (O. Lorenz a. a. O. S. 619) – stimmt durchaus mit meiner auf die Quellen gestützten Auffassung zusammen. Das von Abzugsgräben durchzogene Wiesengelände findet sich bei Floing und wurde beim Ritte über das Schlachtfeld berührt, ebenso wie die von Busch erwähnte Pappelallee bei Donchery. – Man vgl. auch die auf Fürst H. Bismarck's Informationen zurückgehenden Mittheilungen in den Hamb. Nachrichten vom 7. Aug. 1902 (Nr. 184): Der Kronprinz, Fürst Bismarck und die Kaiserfrage. Wollte man dagegen Gewalt anwenden, so würde dergleichen Jahrhunderte hindurch nicht vergessen und eine Saat von Mißtraun und Haß ausstreun. Daran schließen sich in dem Entwurf die nachträglich gestrichenen Sätze: »Die Erinnrung an die Sendlinger Mordweihnacht (1705) stehe heut noch wie ein Gespenst zwischen Bayern und Oestreich; wir Brandenburger sollten nicht vergessen, daß vor nicht viel unter tausend Jahren der Markgraf Gero dreißig wendische Fürsten zu Gaste lud und ermorden ließ, und daß infolge dessen die Deutschen auf zweihundert Jahre aus dem Gebiete, in dem sie Fuß gefaßt hatten, hinausgeworfen wurden. Zu solchen Praktiken könne ein Edelmann nicht die Hand bieten.« – Die That des Markgrafen Gero, der 30 wendische Fürsten beim Mahle überfiel und tödtete, berichtet Widukind, *Res gestae Saxonica* II 20; daß er sie selbst in treuloser Weise zum Mahle geladen habe, sagt Widukind nicht ausdrücklich. Ueber die Sendlinger Mordweihnacht (25. Dec. 1705) vgl. Sepp, Der bayrische Bauernkrieg mit den Schlachten bei Sendling und Uidenbach. München 1884.

In dem Geffcken'schen Tagebuche Zum 16. November, vergl. Kaiser Friedrich's Tagebücher, herausg. Von M. v. Poschinger, S. 120. findet sich die Andeutung, daß wir unsre Stärke nicht gekannt hätten; die Anwendung dieser Stärke in damaliger Gegenwart wäre die Schwäche der Zukunft Deutschlands geworden. Das Tagebuch ist wohl nicht damals auf den Tag geschrieben, sondern später mit Wendungen vervollständigt worden, durch die höfische Streber den Inhalt glaublich zu machen suchten. Ich habe meiner Ueberzeugung, daß es gefälscht sei, und meiner Entrüstung über die Intriganten und Ohrenbläser, die sich einer arglosen und edlen Natur wie Kaiser Friedrich aufdrängten, in dem veröffentlichten Immediatberichte Vom 23. Sept. 1888, Bismarckregesten, herausg. v. H. Kohl, II 464. Ausdruck gegeben. Als ich diesen schrieb, hatte ich keine Ahnung davon, daß der Fälscher in der Richtung von Geffcken, dem hanseatischen Welfen, zu suchen sei, den seine Preußenfeindschaft seit Jahren nicht gehindert hatte, sich um die Gunst des preußischen Kronprinzen zu bewerben, um diesen, sein Haus und seinen Staat mit mehr Erfolg schädigen, selbst aber eine Rolle spielen zu können. Geffcken gehörte zu den Strebern, die feit 1866 verbittert waren, weil sie sich und ihre Bedeutung verkannt fanden.

Außer den bairischen Unterhändlern befand sich in Versailles als besondrer Vertraunsmann des Königs Ludwig der ihm als Oberststallmeister persönlich nahestehende Graf Holnstein. Derselbe übernahm auf meine Bitte in dem Augenblick, wo die Kaiserfrage kritisch war und an dem Schweigen Baierns und der Abneigung König Wilhelm's zu scheitern drohte, die Ueberbringung eines Schreibens von mir an seinen Herrn, das ich, um die Befördrung nicht zu verzögern, sofort an einem abgedeckten Eßtische auf durchschlagendem Papiere und mit widerstrebender Tinte schrieb S. Bd. I 382 f. Das *Concept* ist auf durchschlagendem Papier geschrieben. .

Ich entwickelte darin den Gedanken, daß die bairische Krone die Präsidialrechte, für die die bairische Zustimmung geschäftlich bereits vorlag, dem Könige von Preußen ohne Verstimmung des bairischen Selbstgefühls nicht werde einräumen können; der König von Preußen sei ein Nachbar des Königs von Baiern, und bei der Verschiedenheit der Stammesbeziehungen werde die Kritik über die Concessionen, welche Baiern mache und gemacht habe, schärfer und für die Rivalitäten der deutschen Stämme empfindlicher werden. Preußische Autorität innerhalb der Grenzen Baierns ausgeübt, sei neu und werde die bairische Empfindung verletzen, ein deutscher Kaiser aber sei nicht der im Stamme verschiedne Nachbar Baierns, sondern der Landsmann; meines Erachtens könne der König Ludwig die von ihm der Autorität des Präsidiums bereits gemachten Concessionen schicklicher Weise nur einem deutschen Kaiser, nicht einem Könige von Preußen machen. Dieser Hauptlinie meiner Argumentation hatte ich noch persönliche Argumente hinzugefügt, in Erinnrung an das besondre Wohlwollen, welches die bairische Dynastie zu der Zeit, wo sie in der Mark Brandenburg regirte (Kaiser Ludwig), während mehr als einer Generation meinen Vorfahren bethätigt habe Die persönlichen Argumente fehlen durchaus in dem amtlichen Schreiben vom 27. Nov. 1870. Dagegen scheint aus den Mittheilungen bei v. Poschinger, Fürst Bismarck und die Parlamentarier, Berlin, E. Trewendt, I (2. Aufl.) S. 270 f. hervorzugehen, daß sie in einem zweiten rein privaten Schreiben enthalten gewesen sind, vgl. E. Marcks, Fürst Bismarck's Gedanken und Erinnerungen, Berlin, Gebrüder Paetel, 1899, S. 42 ff. – Daß sie Bismarck auch zu jener Zeit nicht fern lagen, lehrt die Mittheilung der Frau v. Kobell, wonach Bismarck im December 1870 in einem Toaste auf Ludwig II. sagte: »Se. Majestät der König wird an mir, so lange ich lebe, einen so ergebenen Diener finden, *als wäre ich noch sein Lehnsträger*« (S. 41). Vgl. auch Rusch, Tagebücher, engl. Ausg. I 359. . Ich hielt dieses *argumentum ad hominem* einem Monarchen von der Richtung des Königs gegenüber für nützlich, glaube aber, daß die politische und dynastische Würdigung des Unterschieds zwischen kaiserlich deutschen und königlich preußischen Präsidialrechten entscheidend in's Gewicht gefallen ist. Der Graf trat seine Reise nach Hohenschwangau binnen zwei Stunden, am 27. November, an und legte sie unter großen Schwierigkeiten und mit häufiger Unterbrechung in vier Tagen zurück. Der König war wegen eines Zahnleidens bettlägrig, lehnte zuerst ab, ihn zu empfangen, nahm ihn aber an, nachdem er vernommen hatte, daß der Graf in meinem Auftrage und mit einem Briefe von mir komme. Er hat darauf im Bette mein Schreiben in Gegenwart des Grafen zweimal sorgfältig durchgelesen, Schreibzeug gefordert und das von mir erbetne und im Concept entworfne Schreiben an den König Wilhelm zu Papier gebracht. Darin war das Hauptargument für den Kaisertitel mit der coercitiven Andeutung wiedergegeben, daß Baiern die zugesagten, aber noch nicht ratificirten Concessionen *nur* dem deutschen Kaiser, aber nicht dem Könige von Preußen machen könne. Das von Staatsminister Delbrück in der Reichstagssitzung vom 5. December 1870 verlesene, von Bismarck entworfene Schreiben Ludwig's II. an König Wilhelm lautete: »Nach dem Beitritt Süddeutschlands zu dem deutschen Verfassungsbündniß werden die Eurer Majestät übertragenen Präsidialrechte über alle deutschen Staaten sich erstrecken. Ich habe mich zu deren Vereinigung in einer Hand in der Ueberzeugung bereit erklärt, daß dadurch den Gesammtinteressen des deutschen Vaterlandes und seiner verbündeten Fürsten entsprochen werde, zugleich aber in dem Vertrauen, daß die dem Bundespräsidium nach der Verfassung zustehenden Rechte durch Wiederherstellung eines Deutschen Reiches und der deutschen Kaiserwürde als Rechte bezeichnet werden, welche Eure Majestät im Namen des gesammten deutschen Vaterlandes auf Grund der Einigung seiner Fürsten ausüben. Ich habe mich daher an die deutschen Fürsten mit dem Vorschlage gewendet, gemeinschaftlich mit mir bei Eurer Majestät in Anregung zu bringen, daß die Ausübung der Präsidialrechte des Bundes mit Führung des Titels eines deutschen Kaisers verbunden werde. Sobald mir Eure Majestät und die verbündeten Fürsten Ihre Willensmeinung kundgegeben haben, würde ich meine Regierung beauftragen, das Weitere zur Erzielung der entsprechenden Vereinbarungen einzuleiten.« Die im Texte erwähnte »coercitive Andeutung« ist in den Worten enthalten: in dem Vertrauen, daß u.s.w. Ich hatte diese Wendung ausdrücklich gewählt, um einen Druck auf die Abneigung meines hohen Herrn gegen den Kaisertitel auszuüben. Am siebenten Tage nach seiner Abreise, am 3. December, war Graf Holnstein mit diesem Schreiben des Königs wieder in Versailles; es wurde noch an demselben Tage durch den Prinzen Luitpold, jetzigen Regenten, unserm Könige officiell überreicht und bildete ein gewichtiges Moment für das Gelingen der schwierigen und vielfach in ihren Aussichten schwankenden Arbeiten, die durch das Widerstreben des Königs Wilhelm und durch die bis dahin mangelnde Feststellung der bairischen Erwägungen veranlaßt waren. Der Graf Holnstein hat sich durch diese in einer schlaflosen Woche zurückgelegte doppelte Reise und durch die geschickte Durchführung seines Auftrags in Hohenschwangau ein erhebliches Verdienst um den Abschluß unsrer nationalen Einigung durch Beseitigung der äußern Hindernisse der Kaiserfrage erworben.

Eine neue Schwierigkeit erhob Se. Majestät bei der Formulirung des Kaisertitels, indem er, wenn schon Kaiser, Kaiser *von* Deutschland heißen wollte. In dieser Phase haben der Kronprinz, der seinen Gedanken an einen König der Deutschen längst Seit jenem Ritte vom 2. Sept. und der Auseinandersetzung in Donchery am 3. Sept. – Immerhin verlangte der Kronprinz noch am 6. December nach seinem Tagebuche für das Reichswappen die deutsche *Königs*krone, wenigstens als »Attribut der Kaiserwürde«. fallen gelassen hatte, und der Großherzog von Baden mich, jeder in seiner Weise, unterstützt, wenn auch keiner von Beiden der zornigen Abneigung des alten Herrn gegen den »Charakter-Major« S. o. S. 71. 140 f. offen widersprach. Der Kronprinz unterstützte mich durch passive Assistenz in Gegenwart seines Herrn Vaters und durch gelegentliche kurze Aeußrungen seiner Ansicht, die aber meine Gefechtsposition dem Könige gegenüber nicht stärkten, sondern eher eine verschärfte Reizbarkeit des hohen Herrn zur Folge hatten. Denn der König war noch leichter geneigt, dem Minister, als seinem Herrn Sohne Concessionen zu machen, in gewissenhafter Erinnrung an Verfassungseid und Ministerverantwortlichkeit. Meinungsverschiedenheiten mit dem Kronprinzen faßte er von dem Standpunkte des pater familias auf.

In der Schlußberathung am 17. Januar 1871 lehnte er die Bezeichnung Deutscher Kaiser ab und erklärte, er wolle Kaiser *von* Deutschland oder garnicht Kaiser sein. Man vgl. dazu Kaiser Friedrich's Tagebücher zum 17. Januar 1871, S. 129 ff., Abeken, Ein schlichtes Leben in bewegter Zeit, S. 483 f. Ich hob hervor, wie die adjectivische Form Deutscher Kaiser und die genitivische Kaiser von Deutschland sprachlich und zeitlich verschieden seien. Man hätte Römischer Kaiser, nicht Kaiser von Rom gesagt; der Zar nenne sich nicht Kaiser von Rußland, sondern Russischer, auch »gesammtrussischer« (wserossiski) Kaiser. Das Letztre bestritt der König mit Schärfe, sich darauf berufend, daß die Rapporte seines russischen Regiments Kaluga stets »pruskomu« adressirt seien, was er irrthümlich übersetzte. Meiner Versichrung, daß die Form der Dativ des Adjectivums sei, schenkte er keinen Glauben und hat sich erst nachher von seiner gewohnten Autorität für russische Sprache, dem Hofrath Schneider, überzeugen lassen. Ich machte ferner geltend, daß unter Friedrich dem Großen und Friedrich Wilhelm II. auf den Thalern Borussorum, nicht Borussiae rex erscheine, daß der Titel Kaiser *von* Deutschland einen landesherrlichen Anspruch auf die nichtpreußischen Gebiete involvire, den die Fürsten zu bewilligen nicht gemeint wären; daß in dem Schreiben des Königs von Baiern in Anregung gebracht sei, daß »die Ausübung der Präsidialrechte mit Führung des Titels eines Deutschen Kaisers verbunden werde«; endlich daß derselbe Titel auf Vorschlag des Bundesraths in die neue Fassung des Artikel 11 der Verfassung aufgenommen sei.

Die Erörtrung ging über auf den Rang zwischen Kaisern und Königen, zwischen Erzherzogen, Großfürsten und preußischen Prinzen. Meine Darlegung, daß den Kaisern im Prinzip ein Vorrang vor Königen nicht eingeräumt werde, fand keinen Glauben, obwohl ich mich darauf berufen konnte, daß Friedrich Wilhelm I. bei einer Zusammenkunft mit Karl VI., der doch dem Kurfürsten von Brandenburg gegenüber die Stellung des Lehnsherrn hatte, als König von Preußen die Gleichheit beanspruchte und durchsetzte, indem man einen Pavillon erbaun ließ, in den die beiden Monarchen von den entgegengesetzten Seiten gleichzeitig eintraten, um einander in der Mitte zu begegnen.

Die Zustimmung, die der Kronprinz zu meiner Ausführung zu erkennen gab, reizte den alten Herrn noch mehr, so daß er auf den Tisch schlagend sagte: »Und wenn es so gewesen wäre, so befehle *ich* jetzt, wie es sein soll. Die Erzherzoge und Großfürsten haben stets den Vorrang vor den preußischen Prinzen gehabt, und so soll es ferner sein.« Damit stand er auf, trat an das Fenster, den um den Tisch Sitzenden den Rücken zuwendend. Die Erörtrung der Titelfrage kam zu keinem klaren Abschluß; indessen konnte man sich doch für berechtigt halten, die Ceremonie der Kaiserproclamation anzuberaumen, aber der König hatte befohlen, daß nicht von dem Deutschen Kaiser, sondern von dem Kaiser von Deutschland dabei die Rede sei.

Diese Sachlage veranlaßte mich, am folgenden Morgen, vor der Feierlichkeit im Spiegelsaale, den Großherzog von Baden aufzusuchen, als den ersten der anwesenden Fürsten, der voraussichtlich nach Verlesung der Proclamation das Wort nehmen würde, und ihn zu fragen, wie er den neuen Kaiser zu bezeichnen denke. Der Großherzog antwortete: »Als Kaiser *von* Deutschland, nach Befehl Sr. Majestät.« Unter den Argumenten, die ich dem Großherzoge dafür geltend machte, daß das abschließende Hoch auf den Kaiser nicht in *dieser* Form ausgebracht werden könne, war das durchschlagendste meine Berufung auf die Thatsache, daß der künftige Text der Reichsverfassung bereits durch einen Beschluß des Reichstags in Berlin präjudicirt sei. Die in seinen constitutionellen Gedankenkreis fallende Hinweisung auf den Reichstagsbeschluß bewog ihn, den König noch einmal aufzusuchen. Die Unterredung der beiden Herrn blieb mir unbekannt, und ich war bei Verlesung der Proclamation in Spannung. Der Großherzog wich dadurch aus, daß er ein Hoch weder auf den Deutschen Kaiser, noch auf den Kaiser von Deutschland, sondern auf den *Kaiser Wilhelm* ausbrachte.

Se. Majestät hatte mir diesen Verlauf so übel genommen, daß er beim Herabtreten von dem erhöhten Stande der Fürsten mich, der ich allein auf dem freien Platze davor stand, ignorirte, an mir vorüberging, um den hinter mir stehenden Generalen die Hand zu bieten Das bestätigt der dem »Preußischen Staatsanzeiger« eingesendete Bericht, der zwar von der Umarmung des Kronprinzen, des Großherzogs von Baden und anderer verwandter Fürsten, auch von der Begrüßung der militärischen Deputationen erzählt, aber nichts von einem Dank an den Bundeskanzler. , und in dieser Haltung mehre Tage verharrte, bis allmälig die gegenseitigen Beziehungen wieder in das alte Geleise kamen.

Vierundzwanzigstes Kapitel. Culturkampf.

I.

In Versailles hatte ich vom 5. bis 9. November mit dem Grafen Ledochowski, Erzbischof von Posen und Gnesen, Verhandlungen gehabt, die sich vorwiegend auf die territorialen Interessen des Papstes bezogen. Gemäß dem Sprichwort »Eine Hand wäscht die andre« machte ich ihm den Vorschlag, die Gegenseitigkeit der Beziehungen zwischen dem Papste und uns zu bethätigen durch päpstliche Einwirkung auf die französische Geistlichkeit im Sinne des Friedensschlusses, immer in Sorge, wie ich war, daß eine Einmischung der neutralen Mächte uns die Früchte der Siege verkümmern könne. Ledochowski und in engern Grenzen Bonnechose, Cardinal-Erzbischof von Rouen, Ueber seine Unterhandlungen mit Bismarck am 13. und 14. Febr. 1871 vgl. Besson, La vie du Cardinal de Bonnechose, Paris, Retaux-Bray, 1887, II 142 ff. machten bei verschiednen Mitgliedern des hohen Clerus den Versuch, sie zu einer Einwirkung in dem bezeichneten Sinne zu bestimmen, hatten mir aber nur von einer kühlen, ablehnenden Aufnahme ihrer Schritte zu berichten, woraus ich entnahm, daß es der päpstlichen Macht entweder an Stärke oder an gutem Willen fehlen müsse, uns im Sinne des Friedens eine Hülfe zu gewähren, werthvoll genug, um die Verstimmung der deutschen Protestanten und der italienischen Nationalpartei und der letztern Rückwirkung auf die zukünftigen Beziehungen beider Völker in den Kauf zu nehmen, die das Ergebniß eines öffentlichen Eintretens für die päpstlichen Interessen bezüglich Roms sein mußte.

In den Wechselfällen des Krieges ist unter den streitenden italienischen Elementen Anfangs der König als der für uns möglicherweise gefährliche Gegner erschienen. Später ist uns die republikanische Partei unter Garibaldi, die uns bei Ausbruch des Kriegs ihre Unterstützung gegen Napoleonische Velleitäten des Königs in Aussicht gestellt hatte, auf dem Schlachtfelde in einer mehr theatralischen als praktischen Erregtheit und in militärischen Leistungen entgegengetreten, deren Formen unsre soldatischen Auffassungen verletzten. Zwischen diesen beiden Elementen lag die Sympathie, welche die öffentliche Meinung der Gebildeten in Italien für das in der Geschichte und in der Gegenwart parallele Streben des deutschen Volkes hegen und dauernd bewahren konnte, lag der nationale Instinct, der denn auch schließlich stark und praktisch genug gewesen ist, mit dem frühern Gegner Oestreich in den Dreibund zu treten. Mit dieser nationalen Richtung Italiens würden wir durch ostensible Parteinahme für den Papst und seine territorialen Ansprüche gebrochen haben. Ob und in wie weit wir dafür den Beistand des Papstes in unsern innern Angelegenheiten gewonnen haben würden, ist zweifelhaft. Der Gallicanismus erschien mir stärker, als ich ihn 1870 der Infallibilität gegenüber einschätzen konnte, und der Papst schwächer, als ich ihn wegen seiner überraschenden Erfolge über alle deutschen, französischen, ungarischen Bischöfe gehalten hatte. Bei uns im Lande war das jesuitische Centrum demnächst stärker als der Papst, wenigstens unabhängig von ihm; der germanische Fractions- und Parteigeist unsrer katholischen Landsleute ist ein Element, dem gegenüber auch der päpstliche Wille nicht durchschlägt.

Desgleichen lasse ich dahingestellt, ob die am 16. desselben Monats vor sich gegangnen Wahlen zum preußischen Landtage durch das Fehlschlagen der Ledochowski'schen Verhandlungen beeinflußt worden sind. Die letztern wurden in etwas andrer Richtung aufgenommen von dem Bischof von Mainz, Freiherrn von Ketteler, zu welchem Zweck er mich bei Beginn des Reichstags, 1871, mehrmals aufsuchte. Ich war 1865 mit ihm in Verbindung getreten, indem ich ihn befragte, ob er das Erzbisthum Posen annehmen würde, wobei mich die Absicht leitete, zu zeigen, daß wir nicht antikatholisch, sondern nur antipolnisch wären. Ketteler hatte, vielleicht auf Anfrage in Rom, abgelehnt wegen Unkenntniß der polnischen Sprache. 1871 stellte er mir im Großen und Ganzen das Verlangen, in die Reichsverfassung die Artikel der preußischen aufzunehmen, welche das Verhältniß der katholischen Kirche im Staate regelten und von denen drei (15,16,18) durch das Gesetz vom 18. Juni 1875 aufgehoben worden sind. Für mich war die Richtung unsrer Politik nicht durch ein confessionelles Ziel bestimmt, sondern lediglich durch das Bestreben, die auf dem Schlachtfelde gewonnene Einheit möglichst dauerhaft zu festigen. Ich bin in confessioneller Beziehung jeder Zeit tolerant gewesen bis zu den Grenzen, die die Nothwendigkeit des Zusammenlebens verschiedner Bekenntnisse in demselben staatlichen Organismus den Ansprüchen eines jeden Sonderglaubens zieht. Die therapeutische Behandlung der katholischen Kirche in einem weltlichen Staate ist aber dadurch erschwert, daß die katholische Geistlichkeit, wenn sie ihren theoretischen Beruf voll erfüllen will, über das kirchliche Gebiet hinaus den Anspruch auf Betheiligung an weltlicher Herrschaft zu erheben hat, unter kirchlichen Formen eine politische Institution ist und auf ihre Mitarbeiter die eigne Ueberzeugung überträgt, daß ihre *Freiheit* in ihrer *Herrschaft* besteht, und daß die Kirche überall, wo sie nicht *herrscht*, berechtigt ist, über Diocletianische Verfolgung zu klagen.

In diesem Sinne hatte ich einige Auseinandersetzungen mit Herrn von Ketteler bezüglich seines genauer accentuirten Anspruchs auf ein verfassungsmäßiges Recht seiner Kirche, das heißt der Geistlichkeit, auf Verfügung über den weltlichen Arm. Er verwandte in seinen politischen Argumenten auch das mehr ad hominem gehende, daß bezüglich unsres Schicksals nach dem irdischen Tode die Bürgschaften für die Katholiken stärker seien, als für andre, weil, angenommen, daß die katholischen Dogmen irrthümlich seien, das Schicksal der katholischen Seele nicht schlimmer ausfalle, wenn der evangelische Glaube sich als der richtige erweisen sollte, im umgekehrten Falle aber die Zukunft der ketzerischen Seele eine entsetzliche sei. Er knüpfte daran die Frage: »Glauben Sie etwa, daß ein Katholik nicht selig werden könne?« Ich antwortete: »Ein katholischer Laie unbedenklich; ob ein Geistlicher, ist mir zweifelhaft; in ihm steckt ›die Sünde wider den heiligen Geist‹, und der Wortlaut der Schrift steht ihm entgegen.« Der Bischof beantwortete diese in scherzhaftem Tone gegebene Erwiderung lächelnd durch eine höflich ironische Verbeugung.

Nachdem unsre Verhandlungen resultatlos abgelaufen waren, wurde die Neubildung der 1860 gegründeten, jetzt Centrum genannten katholischen Fraction mit steigendem Eifer besonders von Savigny und Mallinckrodt betrieben. An dieser Fraction habe ich die Beobachtung zu machen gehabt, daß, wie in Frankreich, so auch in Deutschland der Papst schwächer ist, als er erscheint, jedenfalls nicht so stark ist, daß wir seinen Beistand in unsern Angelegenheiten durch den Bruch mit den Sympathien andrer mächtiger Elemente erkaufen durften. Von dem désaveu des Cardinals Antonelli in dem Briefe an den Bischof Ketteler vom 5. Juni 1871, von der Centrumsmission des Fürsten Löwenstein-Wertheim, von der Unbotmäßigkeit des Centrums bei Gelegenheit des Septennats habe ich den Eindruck erhalten, daß der Partei- und Fractionsgeist, den die Vorsehung dem Centrum an Stelle des Nationalsinns andrer Völker verliehn hat, stärker ist als der Papst, nicht auf einem Concil, ohne Laien, aber auf dem Schlachtfelde parlamentarischer und publicistischer Kämpfe innerhalb Deutschlands. Ob das auch der Fall sein würde, wenn der päpstliche Einfluß sich ohne Rücksicht auf concurrirende Kräfte, namentlich den Jesuitenorden, geltend zu machen vermöchte, lasse ich, ohne an den plötzlichen Tod des Cardinal-Staatssekretärs Franchi zu denken, dahingestellt sein. Von Rußland hat man gesagt: gouvernement absolu tempéré par le régicide. Ist ein Papst, der in der Nichtachtung der in der Kirchenpolitik concurrirenden Organe zu weit ginge, vor kirchlichen »Nihilisten« sichrer als der Zar? Gegenüber Bischöfen, die im Vatican versammelt sind, ist der Papst stark; und wenn er mit dem Jesuitenorden geht, stärker, als wenn er außerhalb seiner Residenz versucht, den Widerstand der weltlichen Jesuiten zu brechen, die die Träger des parlamentarischen Katholicismus zu sein pflegen.

II.

Der Beginn des Culturkampfs war für mich überwiegend bestimmt durch seine polnische Seite. Seit dem Verzicht auf die Politik der Flottwell und Grolman, seit der Consolidirung des Radziwill'schen Einflusses auf den König und der Einrichtung der »katholischen Abtheilung« im geistlichen Ministerium stellten die statistischen Data einen schnellen Fortschritt der polnischen Nationalität auf Kosten der Deutschen in Posen und Westpreußen außer Zweifel, und in Oberschlesien wurde das bis dahin stramm preußische Element der »Wasserpolacken« polonisirt; Schaffranek wurde dort in den Landtag gewählt, der uns das Sprichwort von der Unmöglichkeit der Verbrüderung der Deutschen und der Polen in polnischer Sprache als Parlamentsredner entgegenhielt. Dergleichen war in Schlesien nur möglich auf Grund der amtlichen Autorität der katholischen Abtheilung. Auf Klage bei dem Fürstbischof wurde dem Schaffranek untersagt, bei Wiederwahl auf der Linken zu »sitzen«; in Folge dessen stand dieser kräftig gebaute Priester 5 und 6 Stunden und bei Doppelsitzungen 10 Stunden am Tage vor den Bänken der Linken, stramm wie eine Schildwache, und brauchte nicht erst aufzustehn, wenn er zu antideutscher Rede das Wort ergriff. Vgl. die Aeußerung in der Rede vom 28. Januar 1886, Politische Reden XI 438. In Posen und Westpreußen waren nach Ausweis amtlicher Berichte Tausende von Deutschen und ganze Ortschaften, die in der vorigen Generation amtlich deutsch waren, durch die Einwirkung der katholischen Abtheilung polnisch erzogen und amtlich »Polen« genannt worden. Nach der Competenz, welche der Abtheilung verliehn worden war, ließ sich ohne Aufhebung derselben hierin nicht abhelfen. Diese Aufhebung war also nach meiner Ueberzeugung als nächstes Ziel zu erstreben. Dagegen war *natürlich* der Radziwill'sche Einfluß am Hof, *nicht natürlich* mein Cultus-College, dessen Frau und Ihre Majestät die Königin. Der Chef der katholischen Abtheilung war damals Krätzig, der früher Radziwill'scher Privatbeamter gewesen und dies im Staatsdienst auch wohl geblieben war. Die Familie Radziwill bestreitet, daß Krätzig Privatbeamter der Radziwills gewesen sei. Der Träger des Radziwill'schen Einflusses war der jüngre beider Brüder, Fürst Boguslav, auch Stadtverordneter von Einfluß in Berlin. Der ältre, Wilhelm, und sein Sohn Anton, waren zu ehrliche Soldaten, um sich auf polnische Intrigen gegen den König und dessen Staat einzulassen. Die katholische Abtheilung des Cultusministeriums, ursprünglich gedacht als eine Einrichtung, vermöge deren katholische Preußen die Rechte ihres Staats in den Beziehungen zu Rom vertreten sollten, war durch den Wechsel der Mitglieder nach und nach zu einer Behörde geworden, die inmitten der preußischen Bürokratie die römischen und polnischen Interessen gegen Preußen vertrat. Ich habe mehr als einmal dem Könige auseinander gesetzt, daß diese Abtheilung schlimmer sei als ein Nuntius in Berlin. Sie handle nach Anweisungen, die sie aus Rom empfinge, vielleicht nicht immer vom Papste, und sei neuerdings hauptsächlich polnischen Einflüssen zugänglich geworden. In dem Radziwillschen Hause seien die Damen deutschfreundlich, der ältre Bruder Wilhelm durch das Ehrgefühl des preußischen Offiziers in derselben Richtung gehalten, ebenso dessen Sohn Anton, bei dem die persönliche Anhänglichkeit an Se. Majestät hinzukomme. Aber in dem treibenden Elemente des Hauses, den Geistlichen und dem Fürsten Boguslaw und dessen Sohn, sei das polnische Nationalgefühl stärker als jedes andre und werde gepflegt auf der Basis des Zusammengehns der polnischen mit den römisch-clericalen Interessen, auf der einzigen im Frieden gangbaren, aber auch sehr geläufig gangbaren Basis. Nun sei der Chef der katholischen Abtheilung, Krätzig, so gut wie ein Radziwill'scher Leibeigner. Ein Nuntius würde die Interessen der katholischen Kirche, aber nicht die der Polen zu vertreten als seine Hauptaufgabe ansehn, werde nicht die intimen Verbindungen mit der Bürokratie besitzen wie die Mitglieder der katholischen Abtheilung, die in der Garnison der ministeriellen Citadelle unsres Vertheidigungssystems gegen revolutionäre Anläufe als staatsfeindliche Parteigänger säßen; ein Nuntius endlich werde als Mitglied des diplomatischen Corps an der Erhaltung guter Beziehungen zu seinem Souverain und an der Pflege des Verhältnisses zu dem Hofe, an dem er beglaubigt, persönlich interessirt sein.

Wenn es mir auch nicht gelang, die übrigens mehr äußerliche und formelle Abneigung des Kaisers gegen einen Nuntius in Berlin zu überwinden, so überzeugte er sich doch von der Gefährlichkeit der katholischen Abtheilung und gab seine Genehmigung zu ihrer Abschaffung trotz des Widerstandes seiner Gemalin. Unter ehelichem Einfluß wehrte sich Mühler gegen die Abschaffung, über die alle übrigen Minister einverstanden waren. Zur decorativen Platirung seines Abgangs wurde eine Differenz über eine die Verwaltung der Museen betreffende Personalfrage benutzt; in der That fiel er über Krätzig und den Polonismus, trotz des Rückhalts, den er und seine Frau durch Damenverbindungen am Hofe hatten.

III.

Auf die juristische Detailarbeit der Maigesetze würde ich nie verfallen sein; sie lag mir ressortmäßig fern, und weder in meiner Absicht, noch in meiner Befähigung lag es, Falk als Juristen zu controlliren oder zu corrigiren. Ich konnte als Ministerpräsident überhaupt nicht gleichzeitig den Dienst des Cultusministers thun, auch wenn ich vollkommen gesund gewesen wäre. Erst durch die Praxis überzeugte ich mich, daß die juristischen Einzelheiten psychologisch nicht richtig gegriffen waren. Der Mißgriff wurde mir klar an dem Bilde ehrlicher, aber ungeschickter preußischer Gendarmen, die mit Sporen und Schleppsäbel hinter gewandten und leichtfüßigen Priestern durch Hinterthüren und Schlafzimmer nachsetzten. Wer annimmt, daß solche in mir auftauchende kritische Erwägungen sofort in Gestalt einer Cabinetskrisis zwischen Falk und mir sich hätten verkörpern lassen, dem fehlt das richtige, nur durch Erfahrung zu gewinnende Urtheil über die Lenkbarkeit der Staatsmaschine in sich und in ihrem Zusammenhange mit dem Monarchen und den Parlamentswahlen. Diese Maschine ist zu plötzlichen Evolutionen nicht im Stande, und Minister von der Begabung Falk's wachsen bei uns nicht wild. Es war richtiger, einen Kampfgenossen von dieser Befähigung und Tapferkeit in dem Ministerium zu haben, als durch Eingriffe in die verfassungsmäßige Unabhängigkeit seines Ressorts die Verantwortlichkeit für die Verwaltung oder Neubesetzung des Cultusministeriums auf mich zu nehmen. Ich bin in dieser Auffassung verharrt, so lange ich Falk zum Bleiben zu bewegen vermochte. Erst nachdem er gegen meinen Wunsch durch weibliche Hofeinflüsse und ungnädige königliche Handschreiben derartig verstimmt worden war, daß er sich nicht halten ließ, bin ich an eine Revision seiner Hinterlassenschaft gegangen, der ich nicht näher treten wollte, so lange das nur durch Bruch mit ihm möglich war.

Falk unterlag der gleichen Taktik, die am Hofe gegen mich nicht mit demselben Erfolge, aber mit gleichen Mitteln in Anwendung gebracht worden war; er unterlag ihr, theils weil er für Hofeindrücke empfindlicher war als ich, theils weil ihm die Sympathie des Kaisers nicht in gleichem Maße zur Seite stand wie mir. Die antiministerielle Thätigkeit der Kaiserin fand ihre ursprüngliche Quelle in der Unabhängigkeit des Charakters, welche es ihr erschwerte, mit einer Regirung zu gehn, die nicht in ihren eignen Händen lag, und welche ihr ein Menschenalter hindurch den Weg der Opposition gegen die jedesmalige Regirung anziehend machte. Sie war nicht leicht der Meinung eines Andern. Zur Zeit des Culturkampfs wurde diese Neigung gefördert durch die katholische Umgebung Ihrer Majestät, welche aus dem ultramontanen Lager Information und Anweisung erhielt. Diese Einflüsse nutzten mit Geschick und Menschenkenntniß die alte Neigung der Kaiserin aus, auf die jedesmalige Staatsregirung verbessernd einzuwirken. Ich habe Falk wiederholt seine beabsichtigten Abschiedsgesuche ausgeredet, die sich an Kaiserliche Handschreiben ungnädigen Inhalts, welche wohl nicht der eignen Initiative des hohen Herrn entsprungen waren, und an verletzendes Benehmen gegen seine Frau am Hofe knüpften. Ich empfahl ihm, sich den ungnädigen, aber auch uncontrasignirten Allerhöchsten Erlassen gegenüber, die weniger an den Culturkampf als an die Beziehungen des Cultusministers zum Oberkirchenrath und zur evangelischen Kirche anknüpften, passiv zu verhalten, allenfalls seine Beschwerden an das Staatsministerium zu bringen, dessen Anträge, wenn sie einhellig waren, der König zu berücksichtigen pflegte. Endlich aber wurde er dadurch, daß er Kränkungen ausgesetzt war, die seinem Ehrgefühl empfindlich waren, doch bestimmt, seinen Abschied zu nehmen. Alle Erzählungen, nach denen ich ihn aus dem Ministerium verdrängt haben soll, beruhn auf Erfindung, und ich habe mich gewundert, daß er selbst ihnen niemals in der Oeffentlichkeit widersprochen hat, obschon er mit mir stets in befreundeten Beziehungen geblieben ist. Aus den Vorgängen, die für seinen Rücktritt entscheidend wurden, ist mir erinnerlich, daß es die Streitigkeiten mit dem Oberkirchenrath und den ihm nahe stehenden Geistlichen waren, welche den Bruch mit Sr. Majestät herbeiführten, nicht ohne daß aus der Zuspitzung der Entwicklung des vorhandnen Streitmaterials gegen Falk sich die Mitwirkung geschicktrer Hände und feinrer Arbeit erkennen ließ, als den formellen Rathgebern des Kaisers in seiner Eigenschaft als summus episcopus eigen war. Die Arten seines Rücktritts hat Falk im Januarheft der »Deutschen Revue« 1899 veröffentlicht; in den amtlichen Eingaben sind die persönlichen Momente, die Bismarck hervorhebt, ausgeschaltet, aber in allen andern Hinsichten bestätigen sie durchaus die Angaben Bismarck's, vor allen die, daß Falk's Rücktritt nicht von Bismarck herbeigeführt worden ist, um über ihn hinweg zum Frieden mit Rom zu gelangen; vgl. Horst Kohl, Wegweiser durch Bismarck's Gedanken und Erinnerungen S. 133 ff. und die Aufsätze der Hamburger Nachrichten vom 28. Dec. 1898 Nr. 303 M.-A., vom 30. Dec. 1898 Nr. 305 A.-A., abgedruckt im Bismarck-Jahrbuch VI 405 ff.

IV.

Nach seinem Abgange war ich vor die Frage gestellt, ob und wie weit ich bei der Wahl eines neuen Cultuscollegen die mehr juristische als politische Linie Falk's im Auge behalten oder meinen mehr gegen Polonismus als gegen Katholicismus gerichteten Auffassungen ausschließlich folgen sollte. In dem Culturkampfe war die parlamentarische Regirungspolitik durch den Abfall der Fortschrittspartei und ihren Uebergang zum Centrum gelähmt, indem sie im Reichstage einer durch gemeinsame Feindschaft zusammengehaltnen Majorität von Demokraten aller Schattirungen, im Bunde mit Polen, Welfen, Franzosenfreunden und Ultramontanen, ohne Unterstützung durch die Conservativen gegenüberstand. Die Consolidirung unsrer neuen Reichseinheit wurde durch diese Zustände gehemmt und, wenn sie dauerten oder sich verschärften, gefährdet. Der nationale Schaden konnte auf diesem Wege größer werden, als auf dem eines Verzichts auf den meiner Ansicht nach entbehrlichen Theil der Falk'schen Gesetzgebung. Für *nicht entbehrlich* hielt ich die Beseitigung der Verfassungsartikel, die Kampfmittel gegen den Polonismus und vor allen die Herrschaft des Staats über die Schule. Wahrten wir die, so behielten wir aus dem Culturkampfe beim Frieden immer einen werthvollen Siegespreis im Vergleich mit den Zuständen vor Ausbruch des Kampfs. Ueber die Grenze, bis zu der wir der Curie entgegenkommen konnten, hatte ich mich also mit meinen Collegen zu verständigen. Der Widerstand der Gesammtheit der am Kampfe betheiligt gewesenen Ministerialräthe war dabei nachhaltiger als der meiner unmittelbaren Collegen, zunächst des Nachfolgers Falk's, als welchen ich dem Könige Herrn v. Puttkamer vorschlug. Aber auch nach diesem Personenwechsel konnte es mir nicht sobald gelingen, die Kirchenpolitik zu ändern, wenn ich nicht neue, dem Könige unwillkommne und mir unerwünschte Cabinetskrisen herbeiführen wollte. Die Erinnrungen an die Zeiten der Anwerbung neuer Collegen gehören zu den unerquicklichsten meiner amtlichen Laufbahn. Um mich mit Herrn v. Puttkamer zu einigen, hätte ich die Unterstützung der culturkampfgewöhnten Räthe seines Ministeriums gewinnen müssen, und das überstieg meine Kräfte. Die Erklärung der Falk'schen Kirchenpolitik ist nicht ausschließlich auf dem Gebiete des katholischen Kirchenstreits zu suchen; sie wurde gelegentlich auch durch die evangelische Kirchenfrage gekreuzt und beeinflußt. In dieser stand Herr von Puttkamer den am Hofe wirksamen Auffassungen näher als Falk, und mein Wunsch, den Kampf mit Rom auf ein engres Gebiet einzuschränken, hätte bei meinem neuen Collegen persönlich wohl keinen Widerstand gefunden. Die Hemmnisse lagen aber theils in dem Schwergewicht der vom Zorne des Culturkampfs erregten Räthe, denen Herr von Puttkamer auch die natürliche und herkömmliche Entwicklung unsrer Orthographie zum Opfer zu bringen sich genöthigt glaubte, theils in dem Widerstreben meiner übrigen Collegen gegen jeden Anschein von Nachgiebigkeit dem Papste gegenüber.

Meine ersten Versuche zur Anbahnung des kirchlichen Friedens fanden auch bei Sr. Majestät keinen Anklang. Der Einfluß der höchsten evangelischen Geistlichkeit war damals stärker als der katholtsirende der Kaiserin und letztre vom Centrum her ohne Anregung, weil dort die Anfänge des Einlenkens ungenügend befunden wurden, und es auch dort wie am Hofe immer noch wichtiger schien, mich zu bekämpfen, als versöhnliche Bestrebungen, die von mir ausgingen, zu unterstützen. Die aus der Situation hervorgehenden Kämpfe wiederholten sich, allmälig schwerer werdend.

Es bedurfte noch jahrelanger Arbeit, um ohne neue Cabinetskrisen an die Revision der Maigesetze gehn zu können, für deren Vertretung in parlamentarischen Kämpfen nach der Desertion der freisinnigen Partei in das ultramontane Oppositionslager die Majortät fehlte. Ich war zufrieden, wenn es gelang, dem Polonismus gegenüber die im Culturkampf gewonnenen Beziehungen der Schule zum Staate und die eingetretne Aendrung der einschlagenden Verfassungsartikel als definitive Errungenschaften festzuhalten. Beide sind in meinen Augen werthvoller als die maigesetzlichen Verbote geistlicher Thätigkeit und der juristische Fangapparat für widerstrebende Priester, und als einen wichtigen Gewinn durfte ich schon die Beseitigung der katholischen Abtheilung und ihrer staatsgefährlichen Thätigkeit in Schlesien, Polen und

Preußen betrachten. Nachdem die Freisinnigen den von ihnen mehr wie von mir betriebenen »Culturkampf«, dessen Vorkämpfer Virchow und Genossen gewesen waren, nicht nur aufgegeben hatten, sondern im Parlament wie in den Wahlen das Centrum unterstützten, war letzterm gegenüber die Regirung in der Minorität. Der aus Centrum, Fortschritt, Socialdemokraten, Polen, Elsässern, Welfen bestehenden compacten Mehrheit gegenüber war die Politik Falk's im Reichstage ohne Aussicht. Ich hielt um so mehr für angezeigt, den Frieden anzubahnen, wenn die Schule gedeckt, die Verfassung von den aufgehobenen Artikeln und der Staat von der katholischen Abtheilung befreit blieb.

Nachdem ich den Kaiser schließlich gewonnen hatte, war bei Abschätzung des Festzuhaltenden und des Aufzugebenden die neue Stellung der Fortschrittspartei und der Secessionisten ein entscheidendes Moment; anstatt die Regirung zu unterstützen, schlossen sie bei Wahlen und Abstimmungen Bündnisse mit dem Centrum und hatten Hoffnungen gefaßt, die in dem sog. Ministerium Gladstone (Stosch, Rickert u. s. w.), das heißt in liberal-katholischer Coalition, ihren Ausdruck fanden.

Im Jahre 1886 gelang es, die von mir theils erstrebte, theils als zulässig erkannte Gegenreformation zum Abschluß zu bringen, den modus vivendi zu erreichen, der immer noch, verglichen mit dem status quo vor 1871 ein für den Staat günstiges Ergebniß des ganzen Culturkampfs aufweist.

Inwieweit derselbe von Dauer sein wird und die confessionellen Kämpfe nun ruhn werden, kann nur die Zeit lehren. Es hängt das von kirchlichen Stimmungen ab und von dem Grade der Streitbarkeit nicht blos des jedesmaligen Papstes und seiner leitenden Rathgeber, sondern auch der deutschen Bischöfe und der mehr oder weniger hochkirchlichen Richtung, welche im Wechsel der Zeit in der katholischen Bevölkerung herrscht. Eine feste Grenze der römischen Ansprüche an die paritätischen Staaten mit evangelischer Dynastie läßt sich nicht herstellen. Nicht einmal in rein katholischen Staaten. Der uralte Kampf zwischen Priestern und Königen wird nicht heut zum Abschluß gelangen, namentlich nicht in Deutschland. Wir haben vor 1870 Zustände gehabt, auf Grund deren die Lage der katholischen Kirche grade in Preußen als mustergültig und günstiger als in den meisten rein katholischen Ländern auch von der Curie anerkannt wurde. In unsrer innern Politik, namentlich der parlamentarischen, haben wir aber keine Wirkung dieser confessionellen Befriedigung gespürt. Die Fraction der beiden Reichensperger gehörte schon lange vor 1871, ohne daß deshalb die Führer persönlich in den Ruf des Händelmachens verfielen, dauernd der Opposition gegen die Regirung des evangelischen Königshauses an. Bei jedem modus vivendi wird Rom eine evangelische Dynastie und Kirche als eine Unregelmäßigkeit und Krankheit betrachten, deren Heilung die Aufgabe seiner Kirche sei. Die Ueberzeugung, daß dem so ist, nöthigt den Staat noch nicht, seinerseits den Kampf zu suchen und die Defensive der römischen Kirche gegenüber aufzugeben, denn alle Friedensschlüsse in dieser Welt sind Provisorien, gelten nur bis auf Weitres; die politischen Beziehungen zwischen unabhängigen Mächten bilden sich in ununterbrochnem Flusse, entweder durch Kampf oder durch die Abneigung der einen oder der andern Seite vor Erneurung des Kampfs. Eine Versuchung zur Erneurung des Streites in Deutschland wird für die Curie stets in der Entzündlichkeit der Polen, in der Herrschsucht des dortigen Adels und in dem durch die Priester genährten Aberglauben der untern Volksschichten liegen. Ich habe im Kissinger Lande deutsche und schulgebildete Bauern gefunden, die fest daran glaubten, daß der am Sterbebette im sündigen Fleische stehende Priester den Sterbenden durch Verweigrung oder Gewährung der Absolution direct in die Hölle oder den Himmel schicken könne, man ihn also auch politisch zum Freunde haben müsse. In Polen wird es mindestens ebenso sein oder schlimmer, weil dem ungebildeten Manne eingeredet ist, daß deutsch und lutherisch ebenso wie polnisch und katholisch identische Begriffe seien. Ein ewiger Friede mit der römischen Curie liegt nach den gegebenen Lebensbedingungen ebenso außerhalb der Möglichkeit, wie ein solcher zwischen Frankreich und dessen Nachbarn. Wenn das menschliche Leben überhaupt aus einer Reihe von Kämpfen besteht, so trifft das vor Allem bei den gegenseitigen Beziehungen unabhängiger politischer Mächte zu, für deren Regelung ein berufnes und vollzugsfähiges Gericht nicht vorhanden ist. Die römische Curie aber ist eine unabhängige politische Macht, zu deren unabänderlichen Eigenschaften derselbe Trieb zum Umsichgreifen gehört, der unsern französischen Nachbarn innewohnt. Für den Protestantismus bleibt ihr das durch kein Concordat zu beruhigende aggressive Streben des Proselytismus und der Herrschsucht; sie duldet keine Götter neben ihr.

V.

In die Hitze des Culturkampfs fiel ein Besuch des Königs Victor Emanuel in Berlin, (22.-26.) September 1873. Ich hatte durch Herrn von Keudell erfahren, daß der König eine Dose mit Brillanten, deren Werth auf 50-60000 Franken, ungefähr auf das sechs- bis achtfache des bei solchen Gelegenheiten üblichen, angegeben wurde, hatte anfertigen und dem Grafen Launay zur Ueberreichung an mich zustellen lassen. Gleichzeitig kam es zu meiner Kenntniß, daß Launay die Dose mit Angabe des Werths seinem Hausnachbarn, dem bairischen Gesandten Baron Pergler von Perglas, gezeigt hatte, der unsern Gegnern in dem Culturkampfe persönlich nahe stand. Der hohe Werth des mir zugedachten Geschenks konnte also Anlaß geben, es in Verbindung zu bringen mit der Anlehnung, die der König von Italien bei dem Deutschen Reiche damals erstrebte und erlangte. Als ich dem Kaiser meine Bedenken gegen die Annahme des Geschenks vortrug, hatte er zunächst den Eindruck, als ob ich es überhaupt unter meiner Würde fände, eine Portraitdose anzunehmen, und sah darin eine Verschiebung der Traditionen, an die er gewöhnt war. Ich sagte: »Gegenüber einem solchen Geschenke von durchschnittlichem Werthe würde ich auf den Gedanken der Ablehnung nicht gekommen sein. In diesem Falle aber hätte nicht das fürstliche Bildniß, sondern hätten die verkäuflichen Diamanten das für die Beurtheilung des Vorgangs entscheidende Gewicht; mit Rücksicht auf die Lage des Culturkampfs müßte ich Anknüpfungspunkte für Verdächtigungen vermeiden, nachdem der den Umständen nach übertriebene Werth der Dose durch die nachbarlichen Beziehungen von Perglas constatirt und in der Gesellschaft hervorgehoben worden sei.« Der Kaiser wurde schließlich meiner Auseinandersetzung zugänglich und schloß den Vortrag mit den Worten: »Sie haben Recht, nehmen Sie die Dose nicht an«. Andrer Ansicht über die Annahme einer mit Brillanten gefüllten Dose war Fürst Gortschakow. Bei unserm Besuch in Petersburg (1873) fragte mich Seine Majestät: »Was kann ich nur dem Fürsten Gortschakow geben? er hat schon alles, auch Portrait; vielleicht eine Büste oder eine Dose mit Brillanten?« Ich erhob gegen eine theure Dose Einwendungen, die ich aus der Stellung und dem Reichthum des Fürsten Gortschakow herleitete, und der Kaiser gab mir Recht. Ich sondirte darauf den Fürsten vertraulich und erhielt sofort die Antwort: »Laß Er mir (Russicismus) eine tüchtige Dose geben mit guten Steinen (avec de grosses bonnes pierres).« Ich meldete dies Sr. Majestät etwas beschämt über meine Menschenkenntnis; wir lachten beide, und Gortschakow bekam seine Dose. Nachdem ich meine Auffassung durch Herrn von Keudell zur Kenntniß des Grafen Launay gebracht hatte, wurde der Dose ein sehr hübsches und ähnliches Portrait des Königs substituirt mit folgender an meinen Annunziatenorden erinnernden eigenhändigen Unterschrift:

> Al Principe Bismarck. Berlino 26. Settembre 1873.
> Affezionatissimo cugino
> Vittorio Emanuele.

Der König behielt jedoch das Bedürfniß, mir einen verstärkten Ausdruck seines Wohlwollens zu geben durch ein dem ursprünglich beabsichtigten im Werthe analoges, aber nicht verkäufliches Geschenk, und ich erhielt als Zugabe zu der schmeichelhaften Unterschrift des Portraits eine Alabastervase von ungewöhnlicher Größe und Schönheit, deren sichre Verpackung und Beförderung bei der überstürzten Räumung meiner Amtswohnung, zu der mein Nachfolger mich nöthigte, nicht ohne Schwierigkeit war.

VI.

Die »Germania« vom 6. December 1891 deducirt aus dem Briefwechsel zwischen dem Grafen von Roon und Moritz von Blanckenburg, veröffentlicht in der »Deutschen Revue«, daß ich den Widerstand des Kaisers gegen die Zivilehe gebrochen hätte.

Blanckenburg war ein Kampfgenosse, dessen Hauptwerth für mich in unsrer aus den Kinderjahren datirenden und bis zu seinem Tode fortdauernden Freundschaft bestand. Dieselbe war aber auf seiner Seite nicht identisch mit Vertraun oder Hingebung auf dem politischen Gebiete; auf diesem hatte ich die Concurrenz seiner politischen und confessionellen Beichtväter zu bestehn, und bei diesen war nicht die Absicht, bei Blanckenburg nicht die Befähigung vorhanden, das historische Fortschreiten deutscher und europäischer Politik in breitem Ueberblick zu beurtheilen. Er selbst war ohne Ehrgeiz und frei von der Krankheit vieler altpreußischer Standesgenossen, dem Neide gegen mich; aber sein politisches Urtheil konnte sich schwer losreißen von dem preußisch-particularistischen, ja pommerisch-lutherischen Standpunkte. Sein hausbackner gesunder Menschenverstand und seine Ehrlichkeit machten ihn unabhängig von conservativen Partei-Strömungen, denen beides fehlte; von dieser Unabhängigkeit war jedoch die vorsichtige Bescheidenheit in Abrechnung zu bringen, mit der ihn die Fremdartigkeit erfüllte, die das politische Gebiet für ihn behielt. Er war weich und gegen Beredsamkeit nicht gepanzert, keine unerschütterliche Säule, auf die ich mich hätte stützen können. Der Kampf zwischen seinem Wohlwollen für mich und seinem Mangel an Energie andern Einflüssen gegenüber bewog ihn schließlich, sich von der Politik überhaupt zurückzuziehn. Als ich ihn das erste Mal zum landwirthschaftlichen Minister vorgeschlagen hatte, scheiterte die Ausführung an dem Widerstande derselben Collegen, die vorher meine an Blanckenburg gerichtete Anfrage gebilligt hatten. Ich lasse dahingestellt sein, ob die Abneigung meines Freundes, unter übelwollender Aufsicht dauernd auf dem Präsentirteller der Oeffentlichkeit zu stehn, bei dem Mißlingen meiner Absicht, diese conservative Kraft in das Ministerium zu ziehn, mitgewirkt hat; bei seiner zweiten und definitiven Ablehnung unter dem 10. November 1873 war dies zweifellos der Fall Deutsche Revue October 1891 S. 140, Roon's Denkwürdigkeiten III 4 370 ff. . Mangel an Klarheit zeigt sich in seinem Briefe an Roon vom April 1874 Deutsche Revue December 1891 S. 270, Roon's Denkwürdigkeiten III 4 406. , in welchem er gleichzeitig von seiner Ablehnung und von meinem Fallenlassen Falk gegenüber spricht. Wenn die conservative Partei in der Person ihrer damaligen Hauptredner und Führer Blanckenburg und Kleist-Retzow bereitwillig mit mir gegangen wäre, so würde die Mischung des Ministeriums eine andre und das, was in dem Briefe die Falk'sche Sackgasse genannt ist, vielleicht nicht nothwendig geworden sein. Die Ablehnung der Ministerstellung ist aber, wie der Brief documentirt, von Blanckenburg selbst ausgegangen, vielleicht nicht unbeeinflußt durch die Residuen der Kämpfe der »armen Lutheraner«, der »Alt-Lutheraner«, zu denen Blanckenburg sich hielt, in den dreißiger Jahren. Als er sich von der Politik zurückzog, hatte ich die Empfindung, daß er mich im Stiche ließ.

Daß ich den Widerstand des Kaisers Wilhelm gegen die Civilehe gebrochen hätte, ist eine der Erfindungen des demokratischen Jesuitismus, den die »Germania« vertritt. Die Abneigung des Kaisers wurde überwunden durch den Druck, den die Majorität der ohne mich und unter Roon's formalem Präsidium in Berlin anwesenden Minister auf Se. Majestät ausübte, und der so weit ging, daß der Kaiser zwischen Annahme des Gesetzentwurfs und Neubildung des Ministeriums zu wählen hatte. In meinem damaligen Gesundheitszustande wäre ich der Aufgabe nicht gewachsen gewesen, aus den mir und sich unter einander feindlichen Fractionen ein neues Cabinet behufs Fortsetzung der Kämpfe nach allen Seiten hin zu recrutiren. Wenn der Kaiser in dem Briefe vom 8. Mai 1874 An Roon, vgl. Denkwürdigkeiten III 4 408. retrospectiv sagt, daß er trotz seiner Hinfälligkeit noch zwei Mal dagegen geschrieben habe, so waren diese Schreiben nicht an mich, sondern an das Ministerium in Berlin gerichtet, und ich habe ihm nur gerathen, zwischen der obligatorischen Civilehe und einem Ministerwechsel für erstre zu optiren. Unzweifelhaft war seine Abneigung gegen die Civilehe noch größer als die meinige; ich hielt mit Luther die Eheschließung für eine bürgerliche Angelegenheit, und mein Widerstand gegen Anerkennung dieses Grundsatzes beruhte mehr auf Achtung vor der bestehenden Sitte und der Ueberzeugung der Massen als auf eignen christlichen Bedenken.

Fünfundzwanzigstes Kapitel. Bruch mit den Conservativen.

Der Bruch der Conservativen mit mir, der 1872 mit Geräusch vollzogen wurde, hatte zuerst 1868 vorgespukt in den Debatten über den hanöverschen Provinzialfonds. Nachdem der Gesetzentwurf, den die Regirung in Erfüllung einer den Hanoveranern im Jahr zuvor gemachten Zusage dem Landtage vorgelegt hatte, schon in der Commission von den conservativen Mitgliedern lebhaft bekämpft worden war, brachten die Abgeordneten von Brauchitsch und von Diest im Plenum einen Antrag ein, der die Vorlage wesentlich einschränkte. Der erstre entwickelte als Wortführer die Gründe, aus denen die conservative Partei nicht für das Gesetz stimmen könne. Meine eingehende Widerlegung habe ich damals mit den Worten geschlossen: »Es ist eine constitutionelle Regirung nicht möglich, wenn die Regirung nicht auf eine der größern Parteien mit voller Sicherheit zählen kann, auch in solchen Einzelheiten, die der Partei vielleicht nicht durchweg gefallen, – wenn nicht diese Partei das Facit ihrer Rechnung dahin zieht: wir gehn im Großen und Ganzen mit der Regirung; wir finden zwar, daß sie ab und zu eine Thorheit begeht, aber doch bisher noch weniger Thorheiten brachte als annehmbare Maßregeln; um deswillen wollen wir ihr die Einzelheiten zu Gute halten. Hat eine Regirung nicht wenigstens Eine Partei im Lande, die auf ihre Auffassungen und Richtungen in dieser Art eingeht, dann ist ihr das konstitutionelle Regiment unmöglich, dann muß sie gegen die Constitution manövriren und pactisiren; sie muß sich eine Majorität künstlich schaffen oder vorübergehend zu erwerben suchen. Sie verfällt dann in die Schwäche der Coalitions-Ministerien, und ihre Politik geräth in Fluctuationen, die für das Staatswesen und namentlich für das conservative Prinzip von höchst nachtheiliger Wirkung sind« Politische Reden III 456. .

Ungeachtet dieser Warnung gelangte das Gesetz mit einer von der Regirung zugestandnen Abschwächung am 7. Februar nur mit einer Mehrheit von 32 Stimmen zur Annahme, weil die meisten Conservativen dagegen stimmten. Auch in der Commission des Herrnhauses wiederholte sich der Angriff von conservativer Seite. Mit welchen Mitteln damals operirt wurde, zeigt folgender Vorgang. Karl von Bodelschwingh, während des Conflicts Finanzminister, der 1866 die Beschaffung der für den Krieg erforderlichen Geldmittel abgelehnt hatte und deshalb durch den Freiherrn von der Hendt ersetzt worden war, hatte in der konservativen Fraction verbreitet, daß mir die Ablehnung der Vorlage eigentlich recht sein würde, und erbot sich, dafür einen Beweis zu erbringen. Er trat in dem Sitzungssaale beim Beginn der Verhandlungen an mich heran, leitete ein gleichgültiges Gespräch mit der Frage nach dem Befinden meiner Frau ein und kehrte in die Mitte seiner Fractionsgenossen zurück mit der Erklärung, er sei nach Rücksprache mit mir seiner Sache sicher.

Wenn man die sehr fachkundigen Berichte liest, welche Roon, damals in Bordighera, im Februar 1868 von Mitgliedern der conservativen Partei empfing, abgedruckt in der »Deutschen Revue« vom April 1891 Vgl. Roon's Denkwürdigkeiten III 4 62 ff. , so sieht man, daß die Conservativen von mir verlangten, in ihre Fraction einzutreten. Ich hatte wenig Zeit übrig, war präoccupirt durch das, was wir von Frankreich zu erwarten hatten, durch die Möglichkeit, ja Wahrscheinlichkeit, daß Oestreich unter Beust auf französische Kriegspläne eingehn werde, um 1866 ungeschehn zu machen, durch die Frage, welche Stellung Rußland, Baiern, Sachsen zu solchen Conjuncturen nehmen würden, endlich durch das Bestehn einer hanöverschen Legion. Diese Sorgen und die Arbeit, zu denen sie nöthigten, erschöpften mich vollständig, und dabei verlangten die Herrn, ich sollte jeden einzelnen Privatpolitiker ihrer Fraction aufsuchen, bekehren. Ich that das sogar, so weit ich konnte, aber meine Versuche wurden durch die Intrigen von Bodelschwingh und die Leidenschaftlichkeit von Vincke, Diest, Kleist-Retzow und andern verstimmten und eifersüchtigen Standes- und frühern Fractions-Genossen vereitelt.

Wie Roon selbst über die ihm berichteten Zustände dachte, ergiebt sich aus seinem Briefe an mich vom 19. Februar 1868, aus Bordighera, dessen einschlagende Stellen lauten: Bismarck-Jahrbuch VI 198 f.

»Wie es nach den Zeitungen scheint, so haben Sie sich und Andre wieder weidlich geärgert. Mich wundert das nicht, aber es wurmt mich, daß Dissonanzen so ernster Art nicht vermieden werden konnten, Dissonanzen, welche die Liberalen von Profession in einen lauten Freudenrausch versetzen und die Conservativen von Metier noch confuser zu machen scheinen, als sie es leider ohnehin schon sind. Was sollen Sie nach Galignani Galignani's Messenger, ein in Paris erscheinendes englisches Blatt. nicht alles gesagt haben! Man hat mir die bezüglichen stenographischen Berichte verheißen; leider sind sie noch nicht in meinen Händen. Ohnehin bin ich in der Hauptsache – in der Ihres gedrohten Rücktritts – vollkommen ruhig, denn ich halte einen solchen, den Fall der physischen Unmöglichkeit ausgenommen, für absolut unmöglich. Beunruhigt aber bin ich dennoch über die immer drohendere Zersetzung der conservativen Partei, welche, falls sie sich in der von den Liberalen gehofften Weise vollziehen sollte, von mir für eine sehr ernste und bedeutungsschwere Sache gehalten werden würde, für einen Vorgang, der Sie und die Regierung zu einem gehorsamen Werkzeug der liberalen Partei herabwürdigen müßte. Zwar verstehe ich, daß es für unsre Politik nützlich, wenn die Liberalen die Hoffnung behalten, die Hand mit an's Ruder legen zu können. Aber ebenso begreife ich, daß es schädlich sein würde, wenn die Situation sich so gestaltete, daß ihre Theilnahme am Regiment eine unvermeidliche Nothwendigkeit wäre. Sie werden dagegen vielleicht bemerken, daß die Verworrenheit, Rath- und Kopflosigkeit der Conservativen – ganz abgesehen von der neidischen und boshaften Ueberhebung Einzelner – von selbst dahin führen werde, und daß Sie dagegen nichts thun können. Aber ist denn das ganz richtig? Hätten Sie Ihre bedeutenden Ressourcen ernstlich dazu verwandt, die conservative Partei, die leider noch immer nicht klar erkennt, daß ihre heutige Aufgabe eine andre sein muß als 1862 und in den folgenden Jahren, zu endoctriniren und zu organisiren, und wollen Sie das heute noch versuchen, so wird nicht nur die Mesalliance mit den Liberalen vermieden werden können, sondern auch aus der reformirten conservativen Partei der dauerhafteste und sicherste Stab für die Wanderung auf dem schwierigen aber unvermeidlichen Wege konservativen Fortschritts in innerer reformatorischer Erneuerung gemacht werden können. – Wohl kann Ein Mensch, wie bedeutend er auch von Gott ausgestattet worden, nicht Alles selbst thun, was gethan werden muß. Indem ich dies ausspreche, schließe ich jeden Vorwurf aus, der für Sie in Vorstehendem gefunden werden könnte. Ich erkenne vielmehr gern und wiederholt an, daß Ihre amtlichen Helfer Ihnen und Ihren Zielen nicht die entsprechende Unterstützung gewähren. Und wenn ich von der Reform der conservativen Partei sprach, so erkenne ich an, daß diese Aufgabe zunächst die des Ministers des Innern sein sollte. Aber besitzt Graf E. das zu der Lösung derselben unentbehrliche Vertrauen? (und Pflichtgefühl! Zusatz Bismarck's Wo sollen Sie andre Collegen hernehmen, namentlich einen andern Minister des Innern? Aus der Reihe der Nationalliberalen? Der Gedanke ist mir unerträglich. Aus den Conservativen? Wen aber? Die organisatorisch schöpferischen Geister unter ihnen sind unbekannte Größen, und so sehr ich unsrem bureaukratischen Unwesen abhold bin, das sehe ich ein, der Betreffende müßte es kennen, um es reformiren zu können.«

Einige Tage später, am 25. Februar, schrieb Roon an seinen ältesten Sohn: Roon's Denkwürdigkeiten III 4 70 ff.

»... Ueber Politik und Conflict möchte ich am liebsten gar nichts schreiben, nachdem ich auf Grund des am 9. mir gesandten vertraulichen Berichtes am 19. an Graf Bismarck geschrieben, um ihm mein Bedauern auszusprechen, daß die Dinge so verlaufen sind u. s. w. Die stenographischen Berichte, welche mir verheißen sind, können wahrscheinlich an meiner Auffassung der Dinge nichts ändern: Bismarck kann unmöglich Alles selbst thun. Die nothwendig gewordene Organisation oder Reorganisation der conservativen Partei ist eine Sache des Ministers des Innern, und weder Bismarck, noch ich, noch Blanckenburg oder sonst Jemand hat dazu den amtlichen Beruf. Ist der dazu allein Berufene dazu nicht geneigt oder geeignet, so fehlt ihm etwas Unentbehrliches für sein Amt, und die daraus sich ergebende Folgerung mag man ziehen und darnach verfahren. Was durch Bismarck's Verhalten gegen die Conservativen, durch meine oder Blanckenburg's Abwesenheit an heilsamer Einwirkung etwa unterblieben ist: daraus kann man auch für Bismarck kaum einen wohlbegründeten Vorwurf ableiten. Wenn man, wie ich, ganz sicher weiß, wie Ungeheures B. zu leisten hat und auch leistet, so kann man ihn billigerweise nicht schelten, daß er nicht auch noch mehr leistet und für seines Collegen Versäumniß oder Unfähigkeit eintritt. Der allein gegen ihn zu begründende Vorwurf würde vielmehr nur darin bestehen, wenn man mit Grund behaupten könnte, daß er nicht Alles was möglich gethan, um sich wirksamere Gehülfen zu verschaffen, und vielleicht kann man dies; aber ich, der ich die betreffenden persönlichen Beziehungen, trotz meiner Entfernung, vielleicht besser und richtiger beurtheilen kann als sonst Jemand, vermag doch kaum eine solche Behauptung mit voller Bestimmtheit auszusprechen. Uebrigens wird der Bruch heilen, denn er muß heilen; wir können uns auf keine andre Partei in der Hauptsache stützen, aber die Partei *muß endlich begreifen*, daß ihre heutigen Auffassungen und Aufgaben *wesentlich andre sein müssen* als zur Zeit des Conflicts; sie muß eine Partei des *conservativen Fortschritts* sein und werden und die Rolle des Hemmschuhs aufgeben, so wesentlich und nothwendig solche zur Zeit der Uebermacht des demokratischen Fortschritts und der damit angedrohten demagogischen Ueberstürzung auch sein mochte und in der That gewesen ist. Dies sind in nuce meine Gedanken über die neueste Situation; natürlich sind sie nur für die allervertrautesten Kreise zur Mittheilung geeignet...«

II.

Roon's Erwartung erfüllte sich nicht; die conservative Partei blieb, was sie war; der Conflict, in den sie sich mit mir versetzt hatte, dauerte mehr oder weniger latent fort. Ich begreife, daß meiner Politik die mit dem vulgären Namen »Kreuzzeitung« bezeichnete conservative Richtung feindlich war, in manchen Mitgliedern aus achtbaren prinzipiellen Gründen, die in dem Einzelnen eine stärkre Triebkraft ausübten als ihr mehr preußisches wie deutsches Nationalgefühl. In andern, ich möchte sagen in meinen Gegnern zweiter Classe, lag das Motiv der Opposition im Streberthum – ôte-toi, que je m'y mette Citat aus St. Simon, Catéchisme des industriels, Oeuvres (Paris 1875) VIII 53. – deren Prototyp Harry Arnim, Robert Goltz und Andre waren.

Als dritte Classe möchte ich meine Standesgenossen im Landadel bezeichnen, die sich ärgerten, weil ich in meinem exceptionellen Lebenslauf aus dem mehr polnischen als deutschen Begriff der traditionellen Landadelsgleichheit herausgewachsen war. Daß ich vom Landjunker zum Minister wurde, hätte man mir verziehn, aber die Dotationen und vielleicht auch den mir sehr gegen meinen Willen verliehnen Fürstentitel verzieh man mir nicht: die »Excellenz« lag innerhalb des gewohnheitsmäßig Erreichbaren und Geschätzten; die »Durchlaucht« reizte die Kritik. Ich kann das nachempfinden, denn dieser Kritik entsprach meine eigne. Als mir am Morgen des 21. März 1871 ein eigenhändiges Handschreiben des Kaisers Anhang zu den Gedanken und Erinnerungen I 215 f. die Erhebung in den Fürstenstand anzeigte, war ich entschlossen, Se. Majestät um Verzicht auf seine Absicht zu bitten, weil diese Standeserhöhung in die Basis meines Vermögens und in meine ganzen Lebensverhältnisse eine mir unsympathische Aenderung bringe. So gern ich mir meine Söhne als bequem situirte Landedelleute dachte, so unwillkommen war mir der Gedanke an Fürsten mit unzulänglichem Einkommen nach dem Beispiel von Hardenberg und Blücher, deren Söhne die Erbschaft des Titels nicht antraten – der Blücher'sche wurde Jahrzehnte später (1861) erst infolge einer reichen und katholischen Heirath Des Enkels Gebhard v. Blücher (gest. 8. März 1875) mit der Gräfin Marie v. Larisch-Moenich. erneuert. In Erwägung aller Gründe gegen eine Standeserhöhung, die ganz außerhalb des Bereichs meines Ehrgeizes lag, langte ich auf den obern Stufen der Schloßtreppe an und fand dort zu meiner Ueberraschung den Kaiser an der Spitze der königlichen Familie, der mich herzlich und mit Thränen in seine Arme schloß, indem er mich als Fürsten begrüßte, und seine Freude, mir diese Auszeichnung gewähren zu können, laut äußerte. Dem gegenüber und unter den lebhaften Glückwünschen der königlichen Familie blieb mir keine Möglichkeit, meine Bedenken anzubringen. Das Gefühl, daß man als Graf wohlhabend sein kann, ohne unangenehm aufzufallen, als Fürst aber, wenn man letztres vermeiden will, reich sein *muß*, hat mich seitdem nie wieder verlassen. Ich würde die Mißgunst meiner frühern Freunde und Standesgenossen noch bequemer ertragen haben, wenn sie in meiner *Gesinnung* begründet gewesen wäre. Sie fand ihren Ausdruck und ihre Vorwände in der verurtheilenden Kritik, welcher meine Politik von Seiten der preußischen Conservativen unter der Führung des mir verwandten Herrn von Kleist-Retzow bei Gelegenheit des Schulaufsichtsgesetzes 1872 und bei einigen andern Anlässen unterzogen wurde.

Die Opposition der Conservativen gegen das noch von Mühler vorgelegte Schulaufsichtsgesetz begann schon im Abgeordnetenhause und ging darauf aus, die Localinspection über die Volksschule gesetzlich dem Ortsgeistlichen zu vindiciren, auch in Polen, während die Vorlage den Behörden freie Hand in der Wahl des Schulinspectors ließ. In der erregten Debatte, an die manche alte Mitglieder des Landtags sich 1892 erinnert haben werden, sagte ich am 13. Februar 1872:

»Der Vorredner (Lasker) hat gesagt, es sei ihm und den Seinigen undenkbar gewesen, daß in einer prinzipiellen und von uns für die Sicherheit des Staats für wichtig erklärten Frage, in einer Frage von *der* Bedeutung die bisherige conservative Partei der Regirung offen den Krieg erklärte. Ich will mir diesen letztern Ausdruck nicht aneignen, aber ich darf das wohl bestätigen, daß es auch mir undenkbar gewesen ist, daß diese Partei die Regirung in einer Frage im Stiche lassen werde, in welcher die Regirung ihrerseits entschlossen ist, jedes constitutionelle Mittel zur Anwendung zu bringen, um sie durchzuführen«. Politische Reden V 283.

Nachdem das Gesetz in der von der Regirung genehmigten Fassung mit 207 Stimmen gegen 155 Stimmen von Clericalen, Conservativen und Polen angenommen war, gelangte es am 6. März in dem Herrnhause zur Berathung. Aus meiner Rede will ich eine Stelle anführen:

»Die Frage ist nach der evangelischen Seite hin zu einer Wichtigkeit aufgebläht worden, als wollten wir jetzt sämmtliche Geistliche absetzen, eine tabula rasa schaffen und mit diesen 20000 Thalern, die wir fordern, den evangelischen Staat auf den Kopf stellen. Wären diese Uebertreibungen nicht geschehn, so wären die bedauerlichen Streitigkeiten und Reibungen bei diesem Gesetz vollständig überflüssig gewesen; das Gesetz hat seine übertriebene Wichtigkeit erst durch den uns ganz unerwarteten Widerstand der conservativen Partei evangelischer Confession erhalten, einen Widerstand, in dessen Genesis ich hier nicht näher eingehn will – ich könnte es nicht, ohne persönlich zu werden – der aber für die Staatsregirung eine tief schmerzliche und für die Zukunft entmuthigende Erfahrung bildet. Nachdem ich Ihnen mit einer Offenheit, zu der conservative Leute die Staatsregirung niemals zwingen sollten, die Genesis und Tendenz dieses Gesetzes dargelegt habe, sollten Sie die Nothwendigkeit, daß unsre bisher nicht deutsch sprechenden Landsleute Deutsch lernen, anerkennen. Das ist für mich der Hauptpunkt dieses Gesetzes«. Politische Reden V 304 f.

In einem Hause von 202 stimmten 76 gegen das Gesetz. Ich hatte noch am Abend vorher mit großer Anstrengung versucht, Herrn von Kleist die muthmaßlichen Folgen der Politik darzustellen, zu der er seine Freunde verleitete, fand mich aber einem parti pris gegenüber, bezüglich dessen Unterlage ich keine Conjectur machen will. Der Bruch mit mir wurde von jener Seite mit einer Schärfe äußerlich vollzogen, aus der ebenso viel persönliche als politische Leidenschaft hervorleuchtete. Die Ueberzeugung, daß dieser mir persönlich nahestehende Parteimann das Land und die conservative Sache schwer geschädigt hat, währt bis auf den heutigen Tag. Wenn die conservative Partei, anstatt mit mir zu brechen und mich mit einer Bitterkeit und einem Fanatismus zu bekämpfen, worin sie keiner staatsfeindlichen Partei etwas nachgab, der Regirung des Kaisers geholfen hätte, in ehrlicher gemeinsamer Arbeit die Reichsgesetzgebung auszubauen, so würde der Ausbau nicht ohne tiefe Spuren solcher conservativen Mitarbeit geblieben sein. Ausgebaut mußte werden, wenn die politischen und militärischen Errungenschaften vor Zerbröcklung und centrifugaler Rückbildung geschützt werden sollten.

Ich weiß nicht, wie weit ich conservativer Mitwirkung hätte entgegenkommen können, jedenfalls weiter, als es in den durch den Bruch entstandnen Verhältnissen geschehn ist. Ich hielt für die damalige Zeit bei den Gefahren, die unsre Kriege geschaffen hatten, die Unterschiede der Parteidoctrinen für untergeordnet im Vergleiche mit der Nothwendigkeit der politischen

Deckung nach Außen durch möglichst geschlossene Einheit der Nation in sich. Als erste Bedingung galt mir die Unabhängigkeit Deutschlands auf Grund einer zum Selbstschutz hinreichend starken Einheit, und ich hatte und habe zu der Einsicht und Besonnenheit der Nation das Vertraun, daß sie Auswüchse und Fehler der nationalen Einrichtungen heilen und ausmerzen wird, wenn sie daran nicht durch die Abhängigkeit von dem übrigen Europa und von innern Fractions- und Sonderinteressen verhindert wird, wie es bis 1866 der Fall war. In dieser Auffassung kam es mir auf die Frage, ob liberal, ob conservativ, in der damaligen Kriegs- und Coalitionsgefahr so wenig wie heut in erster Linie an, sondern auf die freie Selbstbestimmung der Nation und ihrer Fürsten. Ich gebe auch heut diese Hoffnung nicht auf, wenn auch ohne die Gewißheit, daß unsre politische Zukunft nicht noch durch Mißgriffe und Unfälle im weitern Ausbau geschädigt werden wird.

III.

Die exclusivere Fühlung mit den Nationalliberalen, zu welcher der Abfall der Conservativen mich nothwendig führte, wurde in Kreisen der letztern Grund oder Vorwand zu gesteigerter Animosität gegen mich. In der Zeit, während deren ich, durch Krankheit genöthigt, dem Grafen Roon den Vorsitz im Staatsministerium abgetreten hatte, von Neujahr bis November 1873, fanden bei ihm in kleinen und größern Kreisen abendliche Begegnungen mir feindlicher Politiker der rechten Seite statt. An diesen nahm Graf Harry Arnim, der Herrngesellschaften ohne politischen Zweck nicht zu besuchen pflegte, wenn er sich auf Urlaub in Berlin befand, in der Rolle Theil, daß er auf die Anwesenden den Eindruck machte, den mir Roon selbst mit den Worten wiedergab: »In dem steckt doch ein tüchtiger Junker!« Die gesprächliche Verbindung, in welcher dieses Urtheil ausgesprochen wurde, und die öftre scharf accentuirte Wiederholung desselben im Munde meines Freundes und Collegen hatte die Tragweite eines Vorwurfs für mich wegen Mangels gleicher Eigenschaften und einer Andeutung, als ob Arnim die innre Politik schneidiger und conservativer behandeln würde, wenn er an meiner Stelle wäre. In den Unterredungen, in denen dieses Thema des Arnim'schen Junkerthums breit entwickelt wurde, gewann ich den Eindruck, daß auch mein alter Freund Roon unter der Einwirkung der bei ihm stattfindenden Conventikel in dem Vertraun zu meiner Politik einigermaßen erschüttert war.

Zu den betreffenden Kreisen gehörte auch Oberst von Caprivi, damals Abtheilungschef im Kriegsministerium. Ich will nicht entscheiden, zu welchen der S. 174 aufgeführten Kategorien meiner Gegner er damals gehörte; bekannt ist mir nur seine persönliche Beziehung zu Mitarbeitern an der »Reichsglocke«, wie dem Geheimrath von Lebbin, Personalrath im Ministerium des Innern, der auch in seinem Ressort einen mir feindlichen Einfluß ausübte.

Der Feldmarschall von Manteuffel hat mir gesagt, daß Caprivi seinen, Manteuffel's, Einfluß bei dem Kaiser gegen mich anzuspannen versucht und meine »Feindschaft gegen die Armee« Vgl. zu diesem Vorwurf den Brief des Kaisers Friedrich vom 25. März 1888 in Kapitel 33, S. 340. als Grund zur Klage und als eine Gefahr bezeichnet habe. Es ist erstaunlich, daß Caprivi sich dabei nicht erinnert hat, wie die Armee vor und zur Zeit meines Eintritts in's Amt, 1862, civilistisch bekämpft, kritisirt und stiefmütterlich verkürzt wurde, und wie sie unter meiner Amtsführung aus der Alltäglichkeit des Garnisonlebens über Düppel, Sadowa und Sedan von 1864-1871 dreimal zum Einzuge in Berlin gelangte. Ich darf ohne Ueberhebung annehmen, daß König Wilhelm 1862 abdicirt hätte, daß die Politik, die den Ruhm der Armee gründete, vielleicht nicht oder nicht so, wie geschah, in's Leben getreten wäre, wenn ich ihre Leitung nicht übernommen hätte. Würde die Armee zu ihren Heldenthaten und Graf Moltke auch nur den Degen zu ziehn Gelegenheit erhalten haben, wenn König Wilhelm I. anders und durch Andre berathen worden wäre? Wohl sicher nicht, wenn er 1862 abdicirt hätte, weil er niemand fand, der die Gefahren seiner Stellung zu theilen und zu bestehn bereit war.

IV.

Als die Kreuzzeitung, weil ich Parlamentsherrschaft und Atheismus proclamirt hätte, schon am 11. Februar 1872 Fehde angesagt und unter Nathusius-Ludom 1875 mit den sogenannten Aeraartikeln Perrot's Dr. Perrot, Hauptmann a.D., geb. in Trier, gest. 1891, Verfasser nationalökonomischer Brochüren, zuletzt Kaufmann. den Verleumdungsfeldzug gegen mich eröffnet hatte, wandte ich mich brieflich an Amsberg, eine unsrer höchsten juristischen Autoritäten, und an den Justizminister mit der Frage, ob, wenn ich einen Strafantrag stellte, eine Verurtheilung des Verfassers mit Sicherheit zu erwarten sei; andernfalls würde ich von einem solchen abstehn, weil ein freisprechendes Erkenntniß meinen Gegnern neue Vorwände zu Verdächtigungen geben könnte. Die Antwort Beider und meines gleichfalls befragten Rechtsanwalts fiel dahin aus, daß die Verurtheilung wahrscheinlich, aber bei der vorsichtigen Fassung der Artikel nicht sicher sei. Ich hatte mir damals über die Stellung von Strafanträgen noch keine bestimmten Grundsätze gebildet, und die Erfahrungen, welche ich in der Conflictszeit gemacht hatte, waren nicht grade ermuthigend; ich erinnre mich, daß ein Ortsgericht, ich glaube in Stendal, in den Gründen seines Erkenntnisses die Schwere der öffentlich gegen mich gerichteten Beleidigungen zwar reichlich zugab, aber die Festsetzung einer Minimalstrafe von 10 Thalern damit motivirte, daß ich wirklich ein übler Minister sei.

Als die Perrot'schen Artikel erschienen, sah ich auch noch nicht voraus, welchen Umfang der Verleumdungsfeldzug gegen mich von Seiten meiner frühern Parteigenossen und namentlich in den Kreisen meiner Standesgenossen annehmen sollte.

V.

Jeder, der heutiger Zeit in politischen Kämpfen gestanden hat, wird die Wahrnehmung gemacht haben, daß Parteimänner, über deren Wohlerzogenheit und Rechtlichkeit im Privatleben nie Zweifel aufgekommen sind, sobald sie in Kämpfe der Art gerathen, sich von den Regeln des Ehrgefühls und der Schicklichkeit, deren Autorität sie sonst anerkennen, für entbunden halten und aus einer karikirenden Uebertreibung des Satzes salus publica suprema lex die Rechtfertigung für Gemeinheiten und Rohheiten in Sprache und Handlungen ableiten, durch die sie sich außerhalb der politischen und religiösen Streitigkeiten selbst angewidert fühlen würden. Diese Lossagung von Allem, was schicklich und ehrlich ist, hängt undeutlich mit dem Gefühle zusammen, daß man im Interesse der Partei, das man dem des Vaterlands unterschiebt, mit anderm Maße zu messen habe als im Privatleben, und daß die Gebote der Ehre und Erziehung in Parteikämpfen anders und loser auszulegen seien, als selbst im Kriegsgebrauch gegen ausländische Feinde. Die Reizbarkeit, die zur Ueberschreitung der sonst üblichen Formen und Grenzen führt, wird unbewußt dadurch verschärft, daß in der Politik und in der Religion Keiner dem Andersgläubigen die Richtigkeit der eignen Ueberzeugung, des eignen Glaubens concludent nachweisen kann, und daß kein Gerichtshof vorhanden ist, der die Meinungsverschiedenheiten durch Erkenntniß zur Ruhe verweisen könnte.

In der Politik wie auf dem Gebiete des religiösen Glaubens kann der Conservative dem Liberalen, der Royalist dem Republikaner, der Gläubige dem Ungläubigen niemals ein andres Argument entgegenhalten als das in tausend Variationen der Beredsamkeit breitgetretne Thema: meine politischen Ueberzeugungen sind richtig und die deinigen falsch; mein Glaube ist Gott wohlgefällig, dein Unglaube führt zur Verdammniß. Es ist daher erklärlich, daß aus kirchlichen Meinungsverschiedenheiten Religionskriege entstehn und durch politische Parteikämpfe, so lange nicht ihre Erledigung durch Bürgerkrieg stattfindet, doch ein Umsturz der Schranken herbeigeführt wird, die durch Anstand und Ehrgefühl wohlerzogner Leute im außerpolitischen Lebensverkehr aufrecht erhalten werden. Welcher gebildete und wohlerzogne Deutsche würde versuchen, im gewöhnlichen Verkehr auch nur einen geringen Theil der Grobheiten und Bosheiten zur Verwendung zu bringen, die er nicht ansteht, von der Rednertribüne vor hundert Zeugen seinem bürgerlich gleich achtbaren Gegner in einer schreienden, in keiner anständigen Gesellschaft üblichen Tonart in's Gesicht zu werfen? Wer würde es außerhalb des politischen Parteitreibens mit der von ihm selbst beanspruchten Stellung eines Edelmanns von gutem Hause verträglich halten, sich in den Gesellschaften, wo er verkehrt, gewerbsmäßig zum Colporteur von Lügen und Verleumdungen gegen andre Genossen seiner Gesellschaft und seines Standes zu machen? Wer würde sich nicht schämen, auf diese Weise unbescholtne Leute unehrlicher Handlungen zu beschuldigen, ohne sie beweisen zu können? Kurz, wer würde anderswo als auf dem Gebiete politischer Parteikämpfe die Rolle eines gewissenlosen Verleumders bereitwillig übernehmen? Sobald man aber vor dem eignen Gewissen und vor der Fraction sich damit decken kann, daß man im Parteiinteresse auftritt, so gilt jede Gemeinheit für erlaubt oder doch für entschuldbar.

Gegen mich begannen die Verleumdungen in dem Blatte, das unter dem christlichen Symbol des Kreuzes und mit dem Motto »Mit Gott für König und Vaterland« seit Jahren nicht mehr die conservative Fraction und noch weniger das Christenthum, sondern nur den Ehrgeiz und die gehässige Verbissenheit einzelner Redacteure vertritt. Als ich über die Giftmischereien des Blatts am 9. Februar 1876 in öffentlicher Rede Klage geführt hatte Politische Reden VI 351. , antwortete mir die Kundgebung der sogenannten Declaranten, deren wissenschaftliches Contingent aus einigen Hundert evangelischen Geistlichen bestand, die in ihrem amtlichen Charakter mir in dieser Form als Eideshelfer der Kreuzzeitungslügen entgegentraten und ihre Mission als Diener der christlichen Kirche und ihres Friedens dadurch bethätigten, daß sie die Verleumdungen des Blatts öffentlich contrasignirten. Ich habe gegen Politiker in langen Kleidern, weiblichen und priesterlichen, immer Mißtraun gehegt, und dieses Pronunciamento einiger Hundert evangelischer Pfarrer zu Gunsten einer der frivolsten, gegen den ersten Beamten des Landes gerichteten Verleumdung war nicht geeignet, mein Vertraun grade zu Politikern, die im Priesterrock, auch in einem evangelischen, stecken, zu stärken. Zwischen mir und allen Declaranten, von denen viele bis dahin zu meinen Bekannten, sogar zu meinen Freunden gehört hatten, war, nachdem sie sich die ehrenrührigen Beschimpfungen aus der Feder Perrot's angeeignet hatten, die Möglichkeit eines persönlichen Verkehrs vollständig abgeschnitten.

Für die Nerven eines Mannes in reifen Jahren ist es eine harte Probe, plötzlich mit allen oder fast allen Freunden und Bekannten den bisherigen Umgang abzubrechen. Meine Gesundheit war damals längst geschwächt, nicht durch die Arbeiten, welche mir oblagen, aber durch das ununterbrochne Bewußtsein der Verantwortlichkeit für große Ereignisse, bei denen die Zukunft des Vaterlands auf dem Spiele stand. Ich habe natürlich während der bewegten und gelegentlich stürmischen Entwicklung unsrer Politik nicht immer *mit Sicherheit* voraussehn können, ob der Weg, den ich einschlug, der richtige war, und doch war ich gezwungen, so zu handeln, als ob ich die kommenden Ereignisse und die Wirkung der eignen Entschließungen auf dieselben mit voller Klarheit voraussehe. Die Frage, ob das eigne Augenmaß, der politische Instinct, ihn richtig leitet, ist ziemlich gleichgültig für einen Minister, dem alle Zweifel gelöst sind, sobald er durch die königliche Unterschrift oder durch eine parlamentarische Mehrheit sich gedeckt fühlt, man könnte sagen, einen Minister katholischer Politik, der im Besitz der Absolution ist, und den die mehr protestantische Frage, ob er seine eigne Absolution hat, nicht kümmert. Für einen Minister aber, der seine Ehre mit der des Landes vollständig identificirt, ist die Ungewißheit des Erfolgs einer jeden politischen Entschließung von aufreibender Wirkung. Man kann die politische Gestaltung in der Zeit, welche die Durchführung einer Maßregel bedarf, so wenig mit Sicherheit vorhersehn, wie das Wetter der nächsten Tage in unserm Klima, und muß doch seine Entschließung fassen, als ob man es könnte, nicht selten im Kampfe gegen alle Einflüsse, denen Gewicht beizulegen man gewöhnt ist, wie z. B. in Nikolsburg zur Zeit der Friedensverhandlungen, wo ich die einzige Person war und blieb, die schließlich für das, was geschah, und für den Erfolg verantwortlich gemacht wurde und nach unsern Institutionen und Gewöhnungen auch verantwortlich war, und wo ich meine Entschließung im Widerspruch nicht nur mit allen Militärs, also mit allen Anwesenden, sondern auch mit dem Könige fassen und in schwerem Kampfe aufrecht halten mußte. Die Erwägung der Frage, ob eine Entschließung richtig sei, und ob das Festhalten und Durchführen des auf Grund schwacher Prämissen für richtig Erkannten richtig sei, hat für jeden gewissenhaften und ehrliebenden Menschen etwas Aufreibendes; es wird verstärkt durch die Thatsache, daß lange Zeit vergeht, oft viele Jahre, bevor man in der Politik sich selbst überzeugt, ob das Gewollte und Geschehne das Richtige war oder nicht. Nicht die Arbeit ist das Aufreibende, die Zweifel und Sorgen sind es und das Ehrgefühl, die Verantwortlichkeit, ohne daß man zur Unterstützung der letztern etwas andres als die eigne Ueberzeugung und den eignen Willen anführen kann, wie das grade in den wichtigsten Krisen am schärfsten Platz greift.

Der Verkehr mit Andern, die man für gleichgestellt hält, erleichtert die Ueberwindung solcher Krisen, und wenn er plötzlich aufhört und aus Motiven, die mehr persönlich als sachlich, mehr mißgünstig als ehrlich, und so weit sie ehrlich, ganz banausischer Natur sind, der betheiligte verantwortliche Minister plötzlich von allen bisherigen Freunden boycottirt, als Feind behandelt, also mit sich und seinen Erwägungen vereinsamt wird, so muß das den Eingriff seiner amtlichen Sorgen in seine Nerven und seine Gesundheit verschärfen.

VI.

Man hätte glauben sollen, daß die nationalliberale Partei, durch deren Begünstigung ich mir das Uebelwollen meiner frühern conservativen Parteigenossen zugezogen hatte, durch die rohen und unwürdigen Angriffe auf meine persönliche Ehrenhaftigkeit bewogen worden wäre, mir in der Abwehr irgendwie beizustehn oder doch zu erkennen zu geben, daß sie die Angriffe nicht billigte und die Ansicht meiner Verleumder über mich nicht theilte; ich erinnre mich aber nicht, in jener Zeit irgend einen nationalliberalen Versuch, mir zur Hülfe zu kommen, in der Presse oder sonst im öffentlichen Leben, wahrgenommen zu haben. Es schien im Gegentheil, als ob im nationalliberalen Lager eine gewisse Genugthuung darüber herrschte, daß die conservative Partei mich angriff und mit mir brach, und als ob man bemüht wäre, den Bruch zu erweitern und bei mir den Stachel tiefer einzudrücken. Liberale und Conservative waren darüber einig, je nach dem Fractionsinteresse mich zu verbrauchen, fallen zu lassen und anzugreifen. Die Frage, ob es dem Lande, dem allgemeinen Interesse nützlich sei, wird theoretisch natürlich von jeder Fraction als die dominirende bezeichnet, und jede behauptet, daß sie eben auf dem Fractionswege das Wohl der Gesammtheit suche und finde. In der That aber ist mir der Eindruck verblieben, daß jede unsrer Fractionen ihre Politik betreibt, als ob sie allein da sei, ohne Rücksicht auf das Ganze und auf das Ausland sich auf ihrer Fractionsinsel isolirt. Dabei kann man nicht einmal sagen, daß die verschiednen Wege der Fractionen auf dem politischen Kampfplatz durch Verschiedenheit der politischen Grundsätze und Ueberzeugungen in jedem Einzelnen zu einer Gewissensfrage und Nothwendigkeit würden; es geht den meisten Fractionsmitgliedern wie den meisten Bekennern verschiedner Confessionen; sie gerathen in Verlegenheit, wenn man sie bittet, die unterscheidenden Merkmale der eignen Ueberzeugung den andern concurrirenden gegenüber anzuführen. In unsern Fractionen ist der eigentliche Krystallisationspunkt nicht ein Programm, sondern eine Person, ein parlamentarischer Condottiere.

Auch die Beschlüsse entspringen nicht aus den Ansichten der Mitglieder, sondern aus dem Willen des Führers oder eines hervorragenden Redners, was in der Regel zusammenfällt. Der Versuch einzelner Mitglieder, gegen die Fractionsleitung, gegen den schlagfertigen Redner aufzukommen, ist mit so viel Unannehmlichkeiten, mit Niederlage in der Abstimmung, mit Störungen in dem täglichen, gewohnten Privatverkehr verbunden, daß schon ein recht selbständiger Charakter dazu gehört, eine von der Fractionsleitung abweichende Meinung zu vertreten; und Charakter genügt nicht, wenn nicht ein ausreichendes Maß von Wissen und Arbeitskraft hinzukommt. Die letztre aber nimmt zu in der Richtung nach links. Die erhaltenden Parteien setzen sich im Ganzen zusammen aus den zufriednen Staatsbürgern, die den status quo angreifenden recrutiren sich naturgemäß mehr aus den mit den bestehenden Einrichtungen unzufriednen; und unter den Elementen, auf denen die Zufriedenheit beruht, nimmt die Wohlhabenheit nicht die letzte Stelle ein. Nun ist es eine Eigenthümlichkeit, wenn nicht der Menschen im Allgemeinen, so doch der Deutschen, daß der Unzufriedne arbeitsamer und rühriger ist als der Zufriedne, der Begehrliche strebsamer als der Satte. Die geistig und körperlich satten Deutschen sind gewiß zuweilen aus Pflichtgefühl arbeitsam, aber in der Mehrheit nicht, und unter den gegen das Bestehende Ankämpfenden findet sich der Wohlhabende bei uns seltner aus Ueberzeugung, öfter von einem Ehrgeiz getrieben, der auf diesem Wege schnellere Befriedigung hofft oder durch Verstimmung über politische oder confessionelle Widerwärtigkeiten auf ihn gedrängt worden ist. Das Ergebniß im Ganzen ist immer eine größre Arbeitsamkeit unter den Kräften, die das Bestehende angreifen als unter denen, die es vertheidigen, also den Conservativen. Dieser Mangel an Arbeitsamkeit der Mehrheit erleichtert wiederum die Leitung einer conservativen Fraction in höherm Maße, als dieselbe durch individuelle Selbständigkeit und stärkern Eigensinn der Einzelnen erschwert werden könnte. Nach meinen Erfahrungen ist die Abhängigkeit der conservativen Fractionen von dem Gebote ihrer Leitung mindestens ebenso stark, vielleicht stärker als auf der äußersten Linken. Die Scheu vor dem Bruch ist auf der rechten Seite vielleicht größer als auf der linken, und der damals auf jeden Einzelnen stark wirkende Vorwurf, »ministeriell zu sein«, war der objectiven Beurtheilung auf der rechten Seite oft hinderlicher als auf der linken. Dieser Vorwurf hörte sofort auf, den Conservativen und andern Fractionen empfindlich zu sein, als durch meine Entlassung die regirende Stelle vacant geworden war, und jeder Parteiführer in der Hoffnung, bei ihrer Wiederbesetzung betheiligt zu werden, bis zur unehrlichen Verleugnung und Boycottirung des frühern Kanzlers und seiner Politik servil und ministeriell wurde.

In der Zeit der Declaranten wurde die antiministerielle Strömung, das heißt die Mißgunst, mit der ich von vielen meiner Standesgenossen betrachtet und behandelt wurde, lebhaft gefördert durch starke Einflüsse am Hofe. Der Kaiser hat mir seine Gnade und seine Unterstützung in Geschäften niemals versagt; das hinderte den Herrn aber nicht, die »Reichsglocke« täglich zu lesen. Dieses nur von der Verleumdung gegen mich lebende Blatt wurde im Königlichen Hausministerium für unsern und andre Höfe in 13 Exemplaren colportirt und hatte seine Mitarbeiter nicht nur im katholischen, sondern auch im evangelischen Hof- und Landesadel. Die Kaiserin Augusta ließ mich ihre Ungnade andauernd fühlen, und ihre unmittelbaren Untergebenen, die höchsten Beamten des Hofes, gingen in ihrem Mangel an Formen so weit, daß ich zu schriftlichen Beschwerden bei Sr. Majestät selbst veranlaßt wurde. Diese hatten den Erfolg, daß wenigstens die äußern Formen mir gegenüber nicht mehr vernachlässigt wurden. – Minister Falk wurde demnächst durch dergleichen höfische Unfreundlichkeiten gegen ihn und seine Frau mehr als durch sachliche Schwierigkeiten seiner Stellung überdrüssig S. o. S. 158 f.

Sechsundzwanzigstes Kapitel Intrigen

I.

Graf Harry Arnim vertrug wenig Wein und sagte mir einmal nach einem Frühstücksglase: »In jedem Vordermanne in der Carrière sehe ich einen persönlichen Feind und behandle ihn dementsprechend. Nur darf er es nicht merken, so lange er mein Vorgesetzter ist.« Es war dies in der Zeit, als er nach dem Tode seiner ersten Frau aus Rom zurückgekommen, durch eine italienische Amme seines Sohnes in roth und gold Aufsehn auf den Promenaden erregte und in politischen Gesprächen gern Macchiavell und die Werke italienischer Jesuiten und Biographen citirte. Er posirte damals in der Rolle eines Ehrgeizigen, der keine Scrupel kannte, spielte hinreißend Klavier und war vermöge seiner Schönheit und Gewandheit gefährlich für die Damen, denen er den Hof machte. Diese Gewandheit auszubilden, hatte er frühzeitig begonnen, indem er als Schüler des Neustettiner Gymnasiums von den Damen einer wandernden Schauspielertruppe sich in die Lehre nehmen ließ und das mangelnde Orchester am Clavier ersetzte.

Unter den Persönlichkeiten, die neben ausländischen Einflüssen, neben der »Reichsglocke« und ihren Mitarbeitern in aristokratischen und Hofkreisen und in den Ministerien meiner Collegen, neben dem verstimmten Junkerthume und dessen Aera-Artikeln in der Kreuzzeitung, daran arbeiteten, mir das Vertraun des Kaisers zu entziehn, spielte Graf Harry Arnim eine hervorragende Rolle.

Am 23. August 1871 wurde er auf meinen Antrag zum Gesandten, demnächst zum Botschafter in Paris ernannt, wo ich seine hohe Begabung trotz seiner Fehler im Interesse des Dienstes nützlich zu verwerthen hoffte; er sah in seiner Stellung dort aber nur eine Stufe, von der aus er mit mehr Erfolg daran arbeiten konnte, mich zu beseitigen und mein Nachfolger zu werden. Er machte in Privatbriefen an den Kaiser geltend, daß das preußische Königshaus gegenwärtig das älteste in Europa sei, das sich in ununterbrochner Regirung erhalten habe, und daß dem Kaiser, als dem doyen der Monarchen, durch diese Gnade Gottes eine Verpflichtung erwachse, die Legitimität und Continuität andrer alter Dynastien zu überwachen und zu schützen. Die Berührung dieser Saite im Gemüthe des Kaisers war psychologisch richtig berechnet, und wenn Arnim allein ihn zu berathen gehabt hätte, so wäre es ihm vielleicht gelungen, das klare und nüchterne Urtheil dieses Herrn durch ein künstlich gesteigertes Gefühl von angestammter Fürstenpflicht zu trüben. Aber er wußte nicht, daß Se. Majestät mir in seiner graden und ehrlichen Weise die Briefe mittheilte und dadurch Gelegenheit gab, der politischen Einsicht, man könnte sagen, dem gesunden Verstande des Herrn die Schäden und Gefahren der Rathschläge darzulegen, denen wir auf dem von Arnim empfohlnen Wege der Herstellung der Legitimität in Frankreich entgegengehn würden.

Meine schriftlichen Auslassungen in diesem Sinne erlaubte der Kaiser später Arnim'schen Schmähschriften gegenüber zu veröffentlichen. In einer derselben ist Bezug darauf genommen, daß dem Könige bekannt sei, daß Arnim's Aufrichtigkeit in maßgebenden Kreisen angezweifelt werde, und daß man ihn am englischen Hofe als Botschafter nicht gewünscht habe, »weil man ihm kein Wort glauben würde« Schreiben an den Kaiser vom 14. April 1873, Anhang zu Bismarck's Gedanken und Erinnerungen I 237 ff. . Graf Arnim hat wiederholt Versuche gemacht, ein Zeugniß des englischen Cabinets gegen diese meine Andeutung zu erlangen, und von den ihm mehr als mir wohlwollenden englischen Staatsmännern die Versichrung erhalten, daß ihnen nichts derart bekannt sei. Doch war die von mir angedeutete präventive Zurückweisung Arnim's in einer Gestalt an den Kaiser gelangt, daß ich mich öffentlich auf Sr. Majestät Zeugniß über die Thatsache berufen konnte.

Nachdem Arnim sich 1873 in Berlin überzeugt hatte, daß seine Aussichten, an meine Stelle zu treten, noch nicht so reif waren, wie er angenommen hatte, versuchte er einstweilen das frühere gute Verhältniß herzustellen, suchte mich auf, bedauerte, daß wir durch Mißverständnisse und Intrigen Andrer auseinander gekommen wären, und erinnerte an Beziehungen, die er einst mit mir gehabt und gesucht hatte. Zu gut von seinem Treiben und von dem Ernst seines Angriffs auf mich unterrichtet, um mich täuschen zu lassen, sprach ich ganz offen mit ihm, hielt ihm vor, daß er mit allen mir feindlichen Elementen in Verbindung getreten sei, um meine politische Stellung zu erschüttern, in der irrigen Annahme, er werde mein Nachfolger werden, und daß ich an seine versöhnliche Gesinnung nicht glaube. Er verließ mich, indem er mit der ihm eignen Leichtigkeit des Weinens eine Thräne im Auge zerdrückte. Ich kannte ihn von seiner Kindheit an.

Mein amtliches Verfahren gegen Arnim war von ihm provocirt durch seine Weigerung, amtlichen Instructionen Folge zu leisten. Ich habe die Thatsache, daß er Gelder, die er zur Vertretung unsrer Politik in der französischen Presse erhielt, 6000 bis 7000 Thaler, dazu verwandte, in der deutschen Presse unsre Politik und meine Stellung anzugreifen, in den Gerichtsverhandlungen niemals berühren lassen. Sein Hauptorgan, in welchem er mich und mit steigender Siegeszuversicht angriff, war damals die »Spener'sche Zeitung«, die, im Absterben begriffen, ihm käuflich war. In derselben ließ er Andeutungen machen, als ob er allein ein Mittel wisse, den Kampf mit Rom siegreich zu Ende zu führen, und daß nur mein unberechtigter Ehrgeiz einen überlegnen Staatsmann, wie er sei, nicht an's Ruder kommen lasse. Gegen mich hat er sich über dieses Arcanum nicht ausgesprochen. Dasselbe bestand in dem von einzelnen Canonisten vertretnen Gedanken, daß die römisch-katholische Kirche durch die Beschlüsse des Vaticanums ihre Natur verändert habe, ein andres Rechtssubject geworden sei und die in ihrem frühern Dasein erworbenen Eigenthums- und Vertragsrechte verloren habe. Ich habe dieses Mittel früher als er erwogen, glaube aber nicht, daß es eine stärkre Wirkung auf den Austrag des Streits geübt haben würde, als die Gründung der altkatholischen Kirche es vermochte, deren Berechtigung logisch und juristisch noch einleuchtender und gerechtfertigter war, als es die angerathne Lossagung der Preußischen Regirung von ihren Beziehungen zur römischen Kirche gewesen sein würde. Die Zahl der Altkatholiken giebt das Maß für die Wirkung, welche dieser Schachzug auf den Bestand der Anhänger des Papstes und des Neokatholicismus geübt haben würde. Noch weniger versprach ich mir von dem Vorschlage, den Graf Arnim in einem der veröffentlichten Berichte gemacht hat, die preußische Regirung möge »Oratores« zur Erörtrung der dogmatischen Fragen in das Concil schicken. Ich vermuthe, daß er darauf durch den Titelkopf der von Paolo Sarpi verfaßten Geschichte des Tridentiner Concils gekommen ist, auf dem die Versammlung abgebildet ist und zwei an einem besondern Tische sitzende Personen als Oratores Caesareae Majestatis bezeichnet sind. Ist meine Vermuthung richtig, so hat Graf Arnim wissen müssen, daß »orator« in der clericalen Latinität jener Zeit der Ausdruck für Gesandter ist.

In dem Gerichtsverfahren gegen ihn verfolgte ich nur den Zweck, die von mir dienstlich gestellte, von Arnim definitiv abgelehnte Forderung der Herausgabe bestimmter, zweifellos amtlicher Bestandtheile der Botschaftsacten durchzusetzen. Mir kam es nur darauf an, als Vorgesetzter die amtliche Autorität zu wahren; ein Straferkenntniß gegen Arnim habe ich weder erstrebt noch erwartet, im Gegentheile würde ich, nachdem ein solches erfolgt war, seine Begnadigung wirksam befürwortet haben, wenn dieselbe in der durch das Contumacial-Erkenntniß geschaffnen Lage juristisch zulässig gewesen wäre. Mich trieb keine persönliche Rachsucht, sondern, wenn man eine tadelnde Bezeichnung finden will, eher bürokratische Rechthaberei eines in seiner Autorität mißachteten Vorgesetzten. War schon das Erkenntniß in dem ersten Proceß auf neun Monat Gefängniß ein meiner Ansicht nach übertrieben strenges, so war die Verurtheilung in dem zweiten Processe zu fünf Jahren Zuchthaus doch nur, wie der Verurtheilte selbst richtig bemerkt hat, dadurch möglich geworden, daß der regelmäßige Strafrichter nicht in der Lage ist, die Sünden der Diplomatie in internationalen Verhandlungen mit vollem Verständnisse zu beurtheilen. Dieses Erkenntniß würde ich nur dann für adäquat gehalten haben, wenn der Verdacht erwiesen gewesen wäre, daß der Verurtheilte seine Verbindungen mit dem Baron Hirsch benutzt hätte, um die Verzögerung der Ausführung seiner Instructionen Börsenspekulationen dienstbar zu machen. Ein Beweis dafür ist in dem Gerichtsverfahren weder geführt, noch versucht worden. Die Annahme, daß er lediglich aus geschäftlichen Gründen die Ausführung einer präcisen Weisung unterlassen habe, blieb immerhin zu seinen Gunsten möglich, obschon ich mir den Gedankengang, dem er dabei gefolgt sein müßte, nicht klar machen kann. Der erwähnte Verdacht ist aber meinerseits nicht ausgesprochen worden, obschon er dem Auswärtigen Amte und der Hofgesellschaft durch Pariser Correspondenzen und Reisende mitgetheilt worden war und in diesen Kreisen colportirt wurde. Es war ein Verlust für den diplomatischen Dienst bei uns, daß die ungewöhnliche Begabung Arnim's für diesen Dienst nicht mit einem gleichen Maße von Zuverlässigkeit und Glaubwürdigkeit gepaart war.

Welche Eindrücke die diplomatischen Kreise empfingen, zeigt u. A. der nachstehende Brief des Staatssekretärs von Bülow vom 23. October 1874: »Die Kreuzzeitung enthält heute eine perfide Einsendung, offenbar von Graf Arnim selbst auf die Melodie: Was habe ich denn Böses gethan? Nichts, als ganz persönliche Actenstücke vor der Indiscretion von Botschaftern und Kanzlisten gerettet; ich würde sie langst herausgegeben haben, wenn das Auswärtige Amt nicht so rücksichtslos und grob gewesen wäre. Es ist schwer, während der Untersuchung auf solche Lügen und Verdrehungen zu antworten. Einstweilen bringt die Weserzeitung gestern die sehr nützliche Notiz über den Inhalt mehrerer der vermißten Actenstücke. Gestern war Feldmarschall von Manteuffel bei mir, zumeist um sich nach der causa Arnim zu erkundigen. Er sprach in sehr passender Weise seine Ueberzeugung aus, daß man nicht anders habe handeln können, und daß er den Reichskanzler und die Diplomatie bedaure, mit solchen Erfahrungen die Geschäfte leiten zu müssen. Da er übrigens Arnim von Jugend auf kenne, und unter oder neben ihm in Nancy genug habe leiden müssen, so überrasche die Katastrophe ihn nicht; Arnim sei ein Mann, der bei jeder Sache nur gefragt habe: Was nützt oder schadet sie mir persönlich? Wörtlich dasselbe sagten mir Lord Odo Russell als Ergebniß seiner römischen Erfahrungen und Nothomb als Erinnerung aus Brüssel. Am merkwürdigsten war mir, daß der Feldmarschall wiederholt darauf zurückkam, daß Arnim im Sommer 72 angefangen habe, gegen E. D. zu conspiriren, ihn, Manteuffel, in dieser Beziehung im Sommer 73 habe sondiren wollen und durch seine Haltung gegen Thiers dessen Sturz mit allen üblen politischen Folgen hauptsächlich mit verschuldet habe. Ueber letzteres Kapitel sprach er mit großer Sach- und Personalkenntniß und nicht ohne Hindeutung auf den Einfluß, den damals Arnim sich allerhöchsten Orts zu verschaffen gewußt, durch Schüren gegen Republik und für legitime Ueberlieferung. Am Tage von Thiers' Sturz habe er mit mehreren hervorragenden Orleanisten dinirt; die Bulletins aus Versailles seien ihm während des Diners zugegangen und mit Jubel begrüßt worden – ein Rückhalt für die Partei, ohne den sie vielleicht nicht den moralischen Muth zu dem coup d'état vom 24. Mai gehabt. Im gleichen Sinne sagte mir Nothomb, Thiers habe ihm im vorigen Winter von Arnim gesagt: cet homme m'a fait beaucoup de mal, beaucoup plus même que ne sait ni pense Monsieur de Bismarck.«

In dem Verleumdungsproceß gegen den Redacteur der »Reichsglocke«, Januar 1877, sagte der Staatsanwalt:

»Ich mache für diese verbrecherische Tendenz alle Mitarbeiter des Blattes, auch alle diejenigen, die das Blatt durch Rath und durch That unterstützen, moralisch verantwortlich, zunächst insbesondre den Herrn von Loë, sodann aber auch den Grafen Harry von Arnim. Es ist garnicht zu bezweifeln, daß alle die Artikel ›Arnim contra Bismarck‹, die es sich zur Aufgabe gemacht haben, seit Jahr und Tag die Person des Fürsten Bismarck anzugreifen, herabzusetzen, im Interesse des Grafen Arnim geschrieben werden.«

II.

Meiner Ueberzeugung nach hat die römische Curie den Krieg zwischen Frankreich und Deutschland ebenso wie die meisten Politiker seit 1866 als wahrscheinlich betrachtet, als ebenso wahrscheinlich auch, daß Preußen unterliegen würde. Den Krieg vorausgesetzt, mußte der damalige Papst darauf rechnen, daß der Sieg Frankreichs über das evangelische Preußen die Möglichkeit bieten werde, den Vorstoß, den er selbst mit dem Concil und der Unfehlbarkeit gegen die akatholische Welt und gegen nervenschwache Katholiken gemacht hatte, zu weitern Consequenzen zu treiben. Wie das kaiserliche Frankreich und besonders die Kaiserin Eugenie damals zu dem Papste standen, ließ sich ohne zu gewagte Berechnung annehmen, daß Frankreich, wenn seine Heere siegreich in Berlin ständen, bei dem Friedensschlusse die Interessen der katholischen Kirche in Preußen nicht unberücksichtigt lassen würde, wie der Kaiser von Rußland Friedensschlüsse zu benutzen pflegt, um sich seiner Glaubensgenossen im Oriente anzunehmen. Es würden sich die gesta Dei per Francos vielleicht um einige neue Fortschritte der päpstlichen Macht bereichert haben, und die Entscheidung der confessionellen Kämpfe, die nach der Meinung katholischer Schriftsteller (Donoso Cortes de Valdegamas) schließlich »auf dem Sande der Mark Brandenburg« auszufechten sind, würde durch eine übermächtige Stellung Frankreichs in Deutschland nach verschiednen Richtungen hin gefördert worden sein. Die Parteinahme der Kaiserin Eugenie für die kriegerische Richtung der französischen Politik wird schwerlich ohne Zusammenhang mit ihrer Hingebung für die katholische Kirche und den Papst gewesen sein; und wenn die französische Politik und die persönlichen Beziehungen Louis Napoleon's zur italienischen Bewegung es unmöglich machten, daß Kaiser und Kaiserin dem Papste in Italien in befriedigender Weise gefällig waren, so würde die Kaiserin ihre Ergebenheit für den Papst im Falle des Sieges in Deutschland bethätigt und auf diesem Gebiete eine allerdings unzulängliche fiche de consolation für die Schäden gewährt haben, die der päpstliche Stuhl in Italien unter und durch Napoleon's Mitwirkung erlitten hatte.

Wenn nach dem Frankfurter Frieden eine katholisirende Partei, sei es royalistischer, sei es republikanischer Form, in Frankreich am Ruder geblieben wäre, so würde es schwerlich gelungen sein, die Erneuerung des Krieges so lange, wie geschehn, hinauszuschieben. Es war alsdann zu befürchten, daß die beiden von uns bekämpften Nachbarmächte, Oestreich und Frankreich, auf dem Boden der gemeinsamen Katholicität sich einander nähern und uns entgegentreten würden, und die Thatsache, daß es in Deutschland so wenig wie in Italien an Elementen fehlte, deren confessionelles Gefühl stärker war als das nationale, hätte zur Verstärkung und Ermuthigung einer solchen katholischen Allianz gedient. Ob wir ihr gegenüber Bundesgenossen finden würden, ließ sich nicht sicher voraussehn; jedenfalls hätte es in der Willkür Rußlands gestanden, die östreichisch-französische Freundschaft durch seinen Zutritt zu einer übermächtigen Coalition auszubilden, wie im siebenjährigen Kriege, oder uns doch unter dem diplomatischen Drucke dieser Möglichkeit in Abhängigkeit zu erhalten.

Mit der Herstellung einer katholisirenden Monarchie in Frankreich wäre die Versuchung, gemeinschaftlich mit Oestreich Revanche zu nehmen, erheblich näher getreten. Ich hielt es deshalb dem Interesse Deutschlands und des Friedens widersprechend, die Restauration des Königthums in Frankreich zu fördern, und gerieth in Gegnerschaft zu den Vertretern dieser Idee. Dieser Gegensatz spitzte sich persönlich zu gegenüber dem damaligen französischen Botschafter Gontaut-Biron und unserm damaligen Botschafter in Parts, Grafen Harry Arnim. Der Erstre war im Sinne der Partei thätig, der er von Natur angehörte, der legitimistisch-katholischen; der Letztre aber speculirte auf die legitimistischen Sympathien des Kaisers, um meine Politik zu discreditiren und mein Nachfolger zu werden. Gontaut, ein geschickter und liebenswürdiger Diplomat aus alter Familie, fand bei der Kaiserin Augusta Anknüpfungspunkte einerseits in deren Vorliebe für katholische Elemente in und neben dem Centrum, mit denen die Regirung im Kampfe stand, andrerseits in seiner Eigenschaft als Franzose, die in den Jugenderinnrungen der Kaiserin aus der Zeit ohne Eisenbahnen an deutschen Höfen fast in gleichem Maße wie die

Eigenschaft des Engländers zur Empfehlung diente. Derselbe, wahrscheinlich von Gontaut an Ihre Majestät empfohlen, unterhielt einen lebhaften Briefwechsel mit Gambetta, der nach des Letztern Tode in die Hände von Madame Adam gerieth und als hauptsächliches Material für die Schrift La Société de Berlin gedient hat. Nach Paris zurückgekehrt, wurde Gérard eine Zeit lang Leiter der officiösen Presse, dann Legationssekretär in Madrid, Geschäftsträger in Rom und 1890 Gesandter in Montenegro. Ihre Majestät hatte französisch sprechende Diener, ihr französischer Vorleser Gérard S. Bd. I 142 f. 145. 350. fand Eingang in die Kaiserliche Familie und Correspondenz. Alles Ausländische mit Ausnahme des Russischen hatte für die Kaiserin dieselbe Anziehungskraft, wie für so viele deutschen Kleinstädter. Bei den alten langsamen Verkehrsmitteln war früher an den deutschen Höfen ein Ausländer, besonders ein Engländer oder Franzose fast immer ein interessanter Besuch, nach dessen Stellung in der Heimath nicht ängstlich gefragt wurde; um ihn hoffähig zu machen, genügte es, daß er »weit her« und eben kein Landsmann war.

Auf demselben Boden erwuchs in ausschließlich evangelischen Kreisen das Interesse, welches die fremdartige Erscheinung eines Katholiken und, am Hofe, eines Würdenträgers der katholischen Kirche, damals einflößte. Es war zur Zeit Friedrich Wilhelm's III. eine interessante Unterbrechung der Einförmigkeit, wenn Jemand katholisch war. Ein katholischer Mitschüler wurde ohne jedes confessionelle Uebelwollen mit einer Art von Verwunderung wie eine exotische Erscheinung und nicht ohne Befriedigung darüber betrachtet, daß ihm von der Bartholomäusnacht, von Scheiterhaufen und dem dreißigjährigen Kriege nichts anzumerken war. Im Hause des Professors von Savigny, dessen Frau katholisch war, wurde den Kindern, wenn sie 14 Jahre alt waren, die Wahl der Confession freigestellt; sie folgten der evangelischen Confession des Vaters mit Ausnahme meines Altersgenossen, des nachmaligen Bundestagsgesandten und Mitbegründers des Centrums. In der Zeit, als wir beide Primaner oder Studenten waren, sprach er ohne polemische Färbung über die Motive der getroffnen Wahl und führte dabei die imponirende Würde des katholischen Gottesdienstes, dann aber auch den Grund an, katholisch sei doch im Ganzen vornehmer, »protestantisch ist ja jeder dumme Junge«.

Diese Verhältnisse und Stimmungen haben sich geändert in dem halben Jahrhundert, in dem die politische und wirthschaftliche Entwicklung alle Varietäten der Bevölkerung nicht blos Europas mit einander in nähere Berührung gebracht hat. Heut zu Tage kann man durch die Kundgebung, katholisch zu sein, in keinem Berliner Kreise mehr Aufsehn erregen oder auch nur einen Eindruck machen. Nur die Kaiserin Augusta ist von ihren Jugendeindrücken nicht frei geworden. Ein katholischer Geistlicher erschien ihr vornehmer als ein evangelischer von gleichem Range und von gleicher Bedeutung. Die Aufgabe, einen Franzosen oder Engländer zu gewinnen, hatte für sie mehr Anziehung als dieselbe Aufgabe einem Landsmanne gegenüber, und der Beifall der Katholiken wirkte befriedigender als der der Glaubensgenossen. Gontaut-Biron, dazu aus vornehmer Familie, hatte keine Schwierigkeit, sich in den Hofkreisen eine Stellung zu schaffen, deren Verbindungen auf mehr als einem Wege an die Person des Kaisers heranreichten.

Daß die Kaiserin in der Person Gérards einen französischen geheimen Agenten zu ihrem Vorleser nahm, ist eine Abnormität, deren Möglichkeit ohne das Vertrauen, welches Gontaut durch seine Geschicklichkeit und durch die Mitwirkung eines Theils der katholischen Umgebung Ihrer Majestät genoß, nicht verständlich ist. Für die französische Politik und die Stellung des französischen Botschafters in Berlin war es natürlich ein erheblicher Vortheil, einen Mann wie Gérard in dem kaiserlichen Haushalte zu sehn. Derselbe war gewandt bis auf die Unfähigkeit, seine Eitelkeit im Aeußern zu unterdrücken. Er liebte es, als Muster der neusten Pariser Mode zu erscheinen, in einer für Berlin auffälligen Uebertreibung, ein Mißgriff, durch welchen er sich indessen in dem Palais nicht schadete. Das Interesse für exotische und besonders Pariser Typen war mächtiger als der Sinn für einfachen Geschmack.

Gontaut's Thätigkeit im Dienste Frankreichs beschränkte sich nicht auf das Berliner Terrain. Er reiste 1875 nach Petersburg, um dort mit dem Fürsten Gortschakow den Theatercoup einzuleiten, welcher bei dem bevorstehenden Besuche des Kaisers Alexander in Berlin die Welt glauben machen sollte, daß er allein das wehrlose Frankreich vor einem deutschen Ueberfall bewahrt habe, indem er uns mit einem Quos ego!. in den Arm gegriffen und zu dem Zweck den Kaiser nach Berlin begleitet habe.

Von wem der Gedanke ausgegangen ist, weiß ich nicht; wenn von Gontaut, so wird er bei Gortschakow einen empfänglichen Boden gefunden haben bei dessen eitler Natur Vgl. o. S. 126 f. , seiner Eifersucht auf mich und dem Widerstande, den ich seinen Ansprüchen auf Präpotenz zu leisten gehabt hatte. Ich hatte ihm in vertraulichem Gespräch sagen müssen: »Sie behandeln uns nicht wie eine befreundete Macht, sondern comme un domestique, qui no monte pas assez vite, quand on a sonné.« Gortschakow beutete es aus, daß er dem Gesandten Grafen Redern und den auf ihn folgenden Geschäftsträgern an Autorität überlegen war, und benutzte mit Vorliebe zu Verhandlungen den Weg der Mittheilung seinerseits an unsre Vertretung in Petersburg unter Vermeidung der Instruirung des russischen Botschafters in Berlin behufs Besprechung mit mir. Ich halte es für Verleumdung, was Russen mir gesagt haben, das Motiv dieses Verfahrens sei gewesen, daß in dem Etat des auswärtigen Ministers ein Pauschquantum für Telegramme ausgeworfen sei und Gortschakow deshalb seine Mitteilungen lieber auf deutsche Kosten durch unsern Geschäftsträger als auf russische besorgt habe. Ich suche, obschon er sicher geizig war, das Motiv auf politischem Gebiete. Gortschakow war ein geistreicher und glänzender Redner und liebte es, sich als solchen namentlich den fremden, in Petersburg beglaubigten Diplomaten gegenüber zu zeigen. Er sprach französisch und deutsch mit gleicher Beredsamkeit, und ich habe seinen docirenden Vorträgen oft stundenlang gern zugehört als Gesandter und später als College. Mit Vorliebe hatte er als Zuhörer fremde Diplomaten und namentlich jüngre Geschäftsträger *von Intelligenz*, denen gegenüber die vornehme Stellung des auswärtigen Ministers, bei dem sie beglaubigt waren, dem oratorischen Eindrucke zu Hülfe kam. Auf diesem Wege gingen mir die Gortschakow'schen Willensmeinungen in Formen zu, die an das Roma locuta est erinnerten. Ich beschwerte mich in Privatbriefen bei ihm direct über diese Form des Geschäftsbetriebes und über die Tonart seiner Eröffnungen und bat ihn, in mir nicht mehr den diplomatischen Schüler zu sehn, der ich in Petersburg ihm gegenüber bereitwillig gewesen wäre, sondern jetzt mit der Thatsache zu rechnen, daß ich ein für die Politik meines Kaisers und eines großen Reichs verantwortlicher College sei.

Als 1875 während der Vacanz des Botschafterpostens ein Legationssekretär als Geschäftsträger fungirte, wurde Herr von Radowitz, damals Gesandter in Athen, en mission extraordinaire nach Petersburg geschickt, um die Geschäftsführung auch äußerlich auf den Fuß der Gleichheit zu bringen. Er hatte dadurch Gelegenheit, sich durch entschlossene Emancipation von Gortschakow's präpotenter Beeinflussung dessen Abneigung in einem so hohen Grade zuzuziehn, daß die Abneigung des russischen Cabinets gegen ihn ungeachtet seiner russischen Heirath vielleicht noch heut nicht erloschen ist.

Die Rolle des Friedensengels, sehr geeignet, Gortschakow's Selbstgefühl durch den ihm über alles theuern Eindruck in Paris zu befriedigen, war von Gontaut in Berlin vorbereitet worden; es läßt sich annehmen, daß seine Gespräche mit dem Grafen Moltke und mit Radowitz, die später als Beweismittel für unsre kriegerischen Absichten angeführt wurden, von ihm mit Geschick herbeigeführt waren, um vor Europa das Bild eines von uns bedrohten, von Rußland beschützten Frankreich zur Anschauung zu bringen. In Berlin am 10. Mai 1875 angekommen, erließ Gortschakow unter dem Datum dieses Ortes ein zur Mittheilung bestimmtes telegraphisches Circular, welches mit den Worten anfing: »Maintenant, also unter russischem Druck, la paix est assurée,»als ob das vorher nicht der Fall gewesen wäre. Einer der dadurch avisirten außerdeutschen Monarchen hat mir gelegentlich den Text gezeigt.

Ich machte dem Fürsten Gortschakow lebhafte Vorwürfe und sagte, es sei kein freundschaftliches Verhalten, wenn man einem vertrauenden und nichts ahnenden Freunde plötzlich und hinterrücks auf die Schulter springe, um dort eine Circus-Vorstellung auf seine Kosten in Scene zu setzen, und daß dergleichen Vorgänge zwischen uns leitenden Ministern den beiden Monarchien und Staaten zum Schaden gereichten. Wenn ihm daran liege, in Paris gerühmt zu werden, so brauchte er deshalb unsre russischen Beziehungen noch nicht zu verderben, ich sei gern bereit, ihm beizustehn und in Berlin Fünffrankenstücke schlagen zu lassen mit der Umschrift: Gortchakoff protège la France; wir könnten auch in der deutschen Botschaft ein Theater herstellen, wo er der französischen Gesellschaft mit derselben Umschrift als Schutzengel im weißen Kleide und mit Flügeln in bengalischem Feuer vorgeführt würde.

Er wurde unter meinen bittern Invectiven ziemlich kleinlaut, bestritt die für mich beweiskräftig feststehenden Thatsachen und zeigte nicht die ihm sonst eigne Sicherheit und Beredsamkeit, woraus ich schließen durfte, daß er Zweifel hatte, ob sein kaiserlicher Herr sein Verhalten billigen werde. Der Beweis wurde vervollständigt, als ich mich bei dem Kaiser Alexander mit derselben Offenheit über Gortschakow's unehrliches Verfahren beschwerte; der Kaiser gab den ganzen Thatbestand zu und beschränkte sich rauchend und lachend darauf, zu sagen, ich möge diese vanité sénile nicht zu ernsthaft nehmen. Die dadurch allerdings ausgesprochne Mißbilligung hat aber niemals einen hinreichend authentischen Ausdruck gefunden, um die Legende von unsrer Absicht, 1875 Frankreich zu überfallen, aus der Welt zu schaffen.

Mir lag eine solche damals und später so fern, daß ich eher zurückgetreten sein würde, als zu einem vom Zaune zu brechenden Kriege die Hand zu bieten, der kein andres Motiv gehabt haben würde, als Frankreich nicht wieder zu Athem und zu Kräften kommen zu lassen. Ein solcher Krieg hätte meiner Ansicht nach nicht zu haltbaren Zuständen in Europa auf die Dauer geführt, wohl aber eine Uebereinstimmung von Rußland, Oestreich und England in Mißtrauen und eventuell in activem Vorgehn einleiten können gegen das neue und noch nicht consolidirte Reich, das damit die Wege betreten haben würde, auf denen das erste und das zweite französische Kaiserreich in einer fortgesetzten Kriegs- und Prestige-Politik ihrem Untergange entgegengingen. Europa würde in unserm Verfahren einen Mißbrauch der gewonnenen Stärke erblickt haben, und Jedermanns Hand, einschließlich der centrifugalen Kräfte im Reich selbst, würde dauernd gegen Deutschland erhoben oder am Degen gewesen sein. Grade der friedliche Charakter der deutschen Politik nach den überraschenden Beweisen der militärischen Kraft der Nation hat wesentlich dazu beigetragen, die fremden Mächte und die innern Gegner früher, als wir erwarteten, wenigstens bis zu einem tolerari posse mit der neudeutschen Kraftentwicklung zu versöhnen und das Reich zum Theil mit Wohlwollen, zum Theil als einstweilen annehmbaren Friedenswächter sich entwickeln und festigen zu sehn.

Es war für unsre Begriffe merkwürdig, daß der Kaiser von Rußland bei der Geringschätzung, mit der er sich über seinen leitenden Minister äußerte, ihm doch die ganze Maschine des Auswärtigen Amtes in der Hand ließ und ihm dadurch den Einfluß auf die Missionen gestattete, den er thatsächlich ausübte. Trotz der Klarheit, mit der der Kaiser die Abwege erkannte, die einzuschlagen sein Minister sich durch persönliche Gründe verleiten ließ, unterwarf er die Concepte, die ihm Gortschakow zu eigenhändigen Briefen an den Kaiser Wilhelm vorlegte, nicht der scharfen Sichtung, deren sie bedurft hätten, wenn der Eindruck verhütet werden sollte, daß die wohlwollende Gesinnung des Kaisers in der Hauptsache den anspruchsvollen und bedrohlichen Stimmungen Gortschakow's Platz gemacht habe. Der Kaiser Alexander hatte eine elegante und deutliche feine Handschrift, und die Arbeit des Schreibens hatte nichts Unbequemes für ihn, aber wenn auch die in der Regel sehr langen und in die Details eingehenden Schreiben von Souverän zu Souverän ganz von der eignen Hand des Kaisers herrührten, so habe ich doch nach Stil und Inhalt in der Regel auf die Unterlage eines von Gortschakow redigirten Concepts schließen zu können geglaubt; wie denn auch die eigenhändigen Antworten unsres Herrn von mir zu entwerfen waren. Auf diese Weise hatte die eigenhändige Correspondenz, in der beide Monarchen die wichtigsten politische Fragen mit entscheidender Autorität behandelten, zwar nicht die constitutionelle Garantie einer ministeriellen Gegenzeichnung, aber doch das Correctiv ministerieller Mitwirkung, vorausgesetzt, daß sich der Allerhöchste Briefsteller genau an das Concept hielt. Darüber erhielt der Verfasser des letztern allerdings keine Sicherheit, da die Reinschrift garnicht oder doch nur versiegelt in seine Hände kam.

Wie weit verzweigt die Gontaut-Gortschakow'sche Intrige gewesen war, ergiebt folgendes Schreiben, das ich am 13. August 1875 aus Varzin an den Kaiser richtete: Bismarck-Jahrbuch IV 35 ff., Anhang zu den Gedanken und Erinnerungen I 258 ff.

»Eurer Majestät huldreiches Schreiben vom 8. c. Lies 6. c., s. dasselbe im Anhang I 256 ff. aus Gastein habe ich mit ehrfurchtsvollem Danke erhalten und mich vor Allem gefreut, daß Eurer Majestät die Kur gut bekommen ist, trotz allen schlechten Wetters in den Alpen. Den Brief der Königin Victoria beehre ich mich wieder beizufügen; es wäre sehr interessant gewesen, wenn Ihre Majestät Sich genauer über den Ursprung der damaligen Kriegsgerüchte ausgelassen hätte. Die Quellen müssen der hohen Frau doch für sehr sicher gegolten haben, sonst würde Ihre Majestät Sich nicht von Neuem darauf berufen und würde die englische Regirung auch nicht so gewichtige und für uns so unfreundliche Schritte daran geknüpft haben.

Ich weiß nicht, ob Eure Majestät es für thunlich halten, die Königin Victoria beim Worte zu nehmen, wenn Ihre Majestät versichert, es sei Ihr ›ein Leichtes, nachzuweisen, daß Ihre Befürchtungen nicht übertrieben waren‹. Es wäre sonst wohl von Wichtigkeit zu ermitteln, von welcher Seite her so kräftige Irrthümer 2. Thess. 2, 11. nach Windsor haben befördert werden können. Die Andeutung über Personen, welche als ›Vertreter‹ der Regirung Eurer Majestät gelten müssen, scheint auf Graf Münster zu zielen. Derselbe kann ja sehr wohl, gleich dem Grafen Moltke, akademisch von der Nützlichkeit eines rechtzeitigen Angriffs auf Frankreich gesprochen haben, obschon ich es nicht weiß und er niemals dazu beauftragt worden ist. Man kann ja sagen, daß es für den Frieden nicht förderlich ist, wenn Frankreich die Sicherheit habe, daß es unter keinen Umständen angegriffen wird, es mag thun, was es will. Ich würde noch heut, wie 1867 in der Luxemburger Frage, Eurer Majestät niemals zureden, einen Krieg um deswillen sofort zu führen, weil wahrscheinlich ist, daß der Gegner ihn bald beginnen werde; man kann die Wege der göttlichen Vorsehung dazu niemals sicher genug im Voraus erkennen. Aber es ist auch nicht nützlich, dem Gegner die *Sicherheit* zu geben, daß man seinen Angriff *jedenfalls* abwarten werde. Deshalb würde ich Münster noch nicht tadeln, wenn er in solchem Sinne gelegentlich geredet hätte, und die englische Regirung hätte deshalb noch kein Recht gehabt, auf außeramtliche Reden eines Botschafters amtliche Schritte zu gründen, und sans nous dire gare die andern Mächte zu einer Pression auf uns aufzufordern. Ein so ernstes und unfreundliches Verfahren läßt doch vermuthen, daß die Königin Victoria noch andre Gründe gehabt habe, an kriegerische Absichten zu glauben als gelegentliche Gesprächswendungen des Grafen Münster, an die ich nicht einmal glaube. Lord O. Russell hat versichert, daß er jederzeit seinen festen Glauben an unsre friedlichen Absichten berichtet habe. Dagegen haben alle Ultramontane und ihre Freunde uns heimlich und öffentlich in der Presse angeklagt, den Krieg in kurzer Frist zu wollen, und der französische Botschafter, der in diesen Kreisen lebt, hat die Lügen derselben als sichre Nachrichten nach Paris gegeben. Aber auch das würde im Grunde noch nicht hinreichen, der Königin Victoria die Zuversicht und das Vertrauen zu den von *Eurer Majestät* Selbst dementirten Unwahrheiten zu geben, das Höchstdieselbe noch in dem Briefe vom 20. Juni ausspricht. Ich bin mit den Eigenthümlichkeiten der Königin zu wenig bekannt, um eine Meinung darüber zu haben, ob es möglich ist, daß die Wendung, es sei ›ein Leichtes nachzuweisen‹, etwa nur den Zweck haben könnte, eine Uebereilung, die einmal geschehn ist, zu maskiren, anstatt sie offen einzugestehn.

Verzeihn E. M., wenn das Interesse des ›Fachmannes‹ mich über diesen abgemachten Punkt nach dreimonatlicher Enthaltung hat weitläuftig werden lassen«. Das Weitere s. im Anhang zu den Gedanken und Erinnerungen I 260 f.

III.

Graf Friedrich Eulenburg erklärte sich Sommer 1877 körperlich bankrott, und in der That war seine Leistungsfähigkeit sehr verringert, nicht durch Uebermaß von Arbeit, sondern durch die Schonungslosigkeit, mit der er sich von Jugend auf jeder Art von Genuß hingegeben hatte. Er besaß Geist und Muth, aber nicht immer Luft zu ausdauernder Arbeit. Sein Nervensystem war geschädigt und schwankte schließlich zwischen weinerlicher Mattigkeit und künstlicher Aufregung. Dabei hatte ihn in der Mitte der 70er Jahre, wie ich vermuthe, ein gewisses Popularitätsbedürfniß überfallen, das ihm früher fremd geblieben war, so lange er gesund genug war, um sich zu amüsiren. Diese Anwandlung war nicht frei von einem Anflug von Eifersucht auf mich, wenn wir auch alte Freunde waren. Er suchte sie dadurch zu befriedigen, daß er sich der Verwaltungsreform annahm. Sie mußte gelingen, wenn sie ihm Ruhm erwerben sollte. Um den Erfolg zu sichern, machte er bei den parlamentarischen Verhandlungen darüber unpraktische Concessionen und bürokratisirte den wesentlichen Träger unsrer ländlichen Zustände, den Landrathsposten, gleichzeitig mit der neuen Local-Verwaltung. Der Landrathsposten war in frühern Zeiten eine preußische Eigenthümlichkeit, der letzte Ausläufer der Verwaltungshierarchie, durch den sie mit dem Volke unmittelbar in Berührung stand. In dem socialen Ansehn aber stand der Landrath höher als andre Beamte gleichen Ranges. Man wurde früher nicht Landrath mit der Absicht, dadurch Carrière zu machen, sondern mit der Aussicht, sein Leben als Landrath des Kreises zu beschließen. Die Autorität eines solchen wuchs mit den Jahren seiner Amtsdauer; er hatte keine andern Interessen als die des Kreises zu vertreten und für keine andern Wünsche als die seiner Eingesessenen zu streben. Es liegt auf der Hand, wie nützlich eine solche Institution nach oben und nach unten wirkte, und mit wie geringen Mitteln an Menschen und Geld die Kreisgeschäfte betrieben werden konnten. Seitdem ist der Landrath ein reiner Regirungsbeamter geworden, seine Stellung ein Durchgangsposten für weitre Beförderung im Staatsdienste, eine Erleichterung der Wahl zum Abgeordneten; und in der Eigenschaft des letztern wird er, wenn er strebsam ist, seine Beziehungen nach oben als Beamter wichtiger finden als die zu den Einsassen seines Kreises. Zugleich sind die neugeschaffnen örtlichen Amtsvorstände nicht Organe der Selbstverwaltung, nach Analogie der städtischen Behörden, sondern eine unterste schreiberartig wirkende Klasse der Bürokratie geworden, durch welche jede unpraktische oder müßige Anregung der unzulänglich beschäftigten und den Realitäten des Lebens fremden Centralbürokratie über das platte Land verbreitet wird und die die unglücklichen Selbst-Verwalter nöthigt, Berichte und Listen zusammenzustellen, um die Wißbegierde von Beamten zu befriedigen, die mehr Zeit als Staatsgeschäfte haben. Es ist für Landwirthe oder Industrielle nicht möglich, solchen Anforderungen im »Nebenamte« zu genügen. An ihre Stelle treten nothwendig mehr und mehr remunerirte Schreiber, deren Kosten durch die Eingesessenen aufzubringen sind und die von der höhern Bürokratie ad nutum abhängig sind.

Als Nachfolger des Grafen Eulenburg hatte ich Rudolf von Bennigsen in's Auge gefaßt und habe im Laufe des Jahres 1877 in Varzin zweimal, im Juli und im December, Besprechungen mit ihm gehabt. Es fand sich dabei, daß er dem Boden unsrer Verhandlung eine weitre Ausdehnung zu geben suchte, als mit den Ansichten Sr. Majestät und mit meinen eignen Auffassungen vereinbar war. Ich wußte, daß es schon eine schwierige Aufgabe sein würde, ihn für seine Person dem Könige annehmbar zu machen; er aber faßte die Sache so auf, als ob es sich um einen durch die politische Situation gegebenen Systemwechsel handelte, um die Uebernahme der Leitung durch die nationalliberale Partei. Das Streben nach dem Mitbesitz des Regiments hatte sich schon erkennbar gemacht in dem Eifer, mit dem die Partei das Stellvertretungsgesetz betrieben hatte in der Meinung, auf diesem Wege ein collegialisches Reichsministerium anzubahnen, in dem anstatt des allein verantwortlichen Reichskanzlers selbständige Ressorts mit collegialischer Abstimmung wie in Preußen die Entscheidung hätten. Bennigsen wollte daher nicht einfach Eulenburg's Nachfolger werden, sondern verlangte, daß mit ihm wenigstens Forckenbeck und Stauffenberg einträten. Der Erstre sei der geeignete Mann für das Innre und werde dort dieselbe Geschicklichkeit und Thatkraft wie in der Verwaltung der Stadt Breslau bewähren; er selbst würde das Finanzministerium wählen; Stauffenberg müsse an die Spitze des Reichsschatzamts treten, um mit ihm zusammen zu wirken.

Ich sagte ihm, es sei nichts vacant als die Stelle Eulenburg's; ich sei bereit, ihn für diese dem Könige vorzuschlagen, und würde mich freuen, wenn ich den Vorschlag durchsetzte. Wenn ich aber Sr. Majestät rathen wollte, noch zwei Ministerposten proprio motu frei zu machen, um sie mit Nationalliberalen zu besetzen, so werde der hohe Herr das Gefühl haben, daß es sich nicht um eine zweckmäßige Stellenbesetzung, sondern um einen Systemwechsel handle, und einen solchen werde er prinzipiell ablehnen. Bennigsen dürfe überhaupt nicht darauf rechnen, daß es dem Könige und unsrer ganzen politischen Lage gegenüber möglich sein werde, seine Fraction gewissermaßen mit in das Ministerium zu nehmen und als ihr Führer den ihrer Bedeutung entsprechenden Einfluß im Schoße der Regirung auszuüben, gewissermaßen ein constitutionelles Majoritätsministerium zu schaffen. Bei uns sei der König thatsächlich und ohne Widerspruch mit dem Verfassungstexte Ministerpräsident, und Bennigsen würde, wenn er als Minister etwa die bezeichnete Richtung einhalten wollte, bald zwischen dem Könige und seiner Fraction zu wählen haben. Er möge sich klar machen, daß wenn es mir gelänge, seine Ernennung durchzusetzen, damit ihm und seiner Partei eine mächtige Handhabe zur Verstärkung und Erweiterung ihres Einflusses geboten sei; er möge sich das Beispiel Roon's vergegenwärtigen, der als der einzige Conservative in das liberale Auerswald'sche Ministerium trat und der Krystallisationspunkt wurde, um den es sich in ein conservatives verwandelte. Er möge nichts Unmögliches von mir verlangen, ich kennte den König und die Grenzen meines Einflusses genau genug; mir wären die Parteien ziemlich gleichgültig, sogar ganz gleichgültig, wenn ich von den eingestandnen und nicht eingestandnen Republikanern absähe, die nach rechts mit der Fortschrittspartei abschlössen. Mein Ziel sei die Befestigung unsrer nationalen Sicherheit; zu ihrer innern Ausgestaltung werde die Nation Zeit haben, wenn erst ihre Einheit und damit ihre Sicherheit nach Außen consolidirt sein werde. Für die Erreichung des letztern Zwecks sei gegenwärtig auf dem parlamentarischen Gebiete die nationalliberale Partei das stärkste Element. Die conservative Partei, der ich im Parlament angehört, habe die geographische Ausdehnung, deren sie in der heutigen Bevölkerung fähig sei, erreicht und trage nicht das Wachsthum in sich, um zu einer nationalen Majorität zu werden; ihr naturgeschichtliches Vorkommen, ihr Standort sei beschränkt in unsern neuen Provinzen; im Westen und Süden von Deutschland habe sie nicht dieselben Unterlagen wie in Alt-Preußen; in Bennigsen's Heimath, Hanover, namentlich habe man nur zwischen Welfen und Nationalliberalen zu wählen, und die letztern böten einstweilen die beste Unterlage von allen denen, auf welchen das Reich Wurzel schlagen könne. Diese politische Erwägung veranlasse mich, ihnen, als der gegenwärtig stärksten Partei, entgegen zu kommen, indem ich ihren Führer zum Collegen zu werben suchte, ob für die Finanzen oder das Innre, sei mir gleichgültig. Ich sähe die Sache von dem rein politischen Standpunkte an, bedingt durch die Auffassung, daß es für jetzt und bis nach den nächsten großen Kriegen nur darauf ankomme, Deutschland fest zusammenwachsen zu lassen, es durch seine Wehrhaftigkeit gegen äußre Gefahren und durch seine Verfassung gegen innre dynastische Brüche sicher zu stellen. Ob wir uns nachher im Innern etwas conservativer oder etwas liberaler einrichteten, das werde eine Zweckmäßigkeitsfrage sein, die man erst ruhig erwägen könne, wenn das Haus wetterfest sei. Ich hätte den aufrichtigen Wunsch, ihn zu überreden, daß er, wie ich mich ausdrückte, zu mir in das Schiff springe und mir bei dem Steuern helfe; ich läge am Landungsplatze und wartete auf sein Einsteigen.

Bennigsen blieb aber dabei, nicht ohne Forckenbeck und Stauffenberg eintreten zu wollen, und ließ mich unter dem Eindrucke, daß mein Versuch mißlungen sei, einem Eindrucke, der schnell verstärkt wurde durch das Einlaufen eines ungewöhnlich ungnädigen Schreibens des Kaisers Vom 30. Dec. 1877, Anhang zu den Gedanken und Erinnerungen I 277 f. , aus dem ich ersah, daß Graf Eulenburg zu ihm mit der Frage in das Zimmer getreten sei: »Haben Eure Majestät schon von dem neuen Ministerium gehört? Bennigsen.« Dieser Mittheilung folgte der lebhafte schriftliche Ausbruch kaiserlicher Entrüstung über meine Eigenmächtigkeit und über die Zumuthung, daß Er aufhören solle, »conservativ« zu regiren. Ich war unwohl und abgespannt, und der Text des kaiserlichen Schreibens und der Eulenburgische Angriff fielen mir dermaßen auf die Nerven, daß ich von Neuem ziemlich schwer erkrankte, nachdem ich dem Kaiser durch Bülow So ist jedenfalls hier wie unten zu lesen statt »Roon«, wie in dem Entwurfe und auch in der Redaction letzter Hand steht. geantwortet hatte, ich könne ihm einen Nachfolger Eulenburg's doch nicht vorschlagen, ohne mich vorher vergewissert zu haben, daß der Betreffende die Ernennung annehmen werde; ich hätte Bennigsen für geeignet gehalten und seine Stimmungen sondirt, bei ihm aber nicht die Auffassung gefunden, die ich erwartet hätte, und die Ueberzeugung gewonnen, daß ich ihn *nicht* zum Minister vorschlagen könne; die ungnädige Verurtheilung, die ich durch das Schreiben erfahren hätte, nöthige mich, mein Abschiedsgesuch vom Frühjahr zu erneuern. Diese Correspondenz fand in den letzten Tagen des Jahres 1877 statt, und meine neue Erkrankung fiel grade in die Neujahrsnacht.

Der Kaiser antwortete mir auf das Schreiben Bülow's, er sei über das Sachverhältniß getäuscht worden und wünsche, daß ich seinen vorhergehenden Brief als nicht geschrieben betrachte. Vgl. Brief des Kaisers vom 2. Januar 1878 im Anhang zu den Gedanken und Erinnerungen I 279 f. – Uebrigens stellt sich dieser Brief nicht als Antwort auf das amtliche Schreiben Bülow's dar, sondern als Erwiderung auf Bismarck's Schreiben vom 30. December 1877. Jede weitre Verhandlung mit Bennigsen verbot sich durch diesen Vorgang von selbst, ich hielt es aber in unserm politischen Interesse nicht für zweckmäßig, Letztern von der Beurtheilung in Kenntniß zu setzen, die seine Person und Candidatur bei dem Kaiser gefunden hatte. Ich ließ die für mich definitiv abgeschlossene Unterhandlung äußerlich in suspenso; als ich dann wieder in Berlin war, ergriff Bennigsen die Initiative, um die seiner Meinung nach noch schwebende Angelegenheit in freundschaftlicher Form zum negativen Abschluß zu bringen. Er fragte mich im Reichstagsgebäude, ob es wahr sei, daß ich das Tabakmonopol einzuführen strebe, und erklärte auf meine bejahende Antwort, daß er dann die Mitwirkung als Minister ablehnen müsse. Ich verschwieg ihm auch dann noch, daß mir jede Möglichkeit, mit ihm zu verhandeln, durch den Kaiser schon seit Neujahr abgeschnitten war. Vielleicht hatte er sich auf anderm Wege überzeugt, daß sein Plan einer grundsätzlichen Modification der Regirungspolitik im Sinne der nationalliberalen Anschauungen bei dem Kaiser auf unüberwindliche Hindernisse stoßen würde, namentlich seit einer von Stauffenberg gehaltnen Rede über die Nothwendigkeit der Abschaffung des Art. 109 der preußischen Verfassung (Forterhebung der Steuern). Die Gründe, warum die Verhandlungen mit v. Bennigsen scheiterten, sind in der Nordd. Allg. Zeitung vom 29. Aug. 1880, 13., 21. und 22. Oct. 1881 entwickelt.

Wenn die nationalliberalen Führer ihre Politik geschickt betrieben hätten, so hätten sie längst wissen müssen, daß bei dem Kaiser, dessen Unterschrift sie zu ihrer Ernennung bedurften und begehrten, es keinen empfindlichern politischen Punkt gab als diesen Artikel, und daß sie sich den hohen Herrn nicht sicherer entfremden konnten als durch den Versuch, ihm dieses Palladium zu entreißen. Als ich Sr. Majestät vertraulich den Verlauf meiner Verhandlungen mit Bennigsen erzählte und dessen Wunsch in Betreff Stauffenberg's erwähnte, war der Kaiser noch unter dem Eindrucke der Rede des Letztern und sagte, indem er mit dem Finger auf seine Schulter deutete, wo auf der Uniform die Regimentsnummer sitzt: »Nro. 109 Regiment Stauffenberg«. Wenn der Kaiser damals den von mir zur Herstellung der Uebereinstimmung mit der Reichstagsmajorität gewünschten Eintritt Bennigsen's genehmigt und selbst wenn der Letztre bald die Unmöglichkeit eingesehn hätte, das Cabinet und den König in seine Fractionsrichtung zu bringen, so würden sich doch, wie ich heut überzeugt bin, die einigermaßen doctrinäre Schärfe des Fractionsprogramms und die Empfindlichkeit der monarchischen Auffassung des Kaisers nicht lange mit einander vertragen haben. Damals war ich dessen nicht so sicher gewesen, um nicht den Versuch zu machen, ob ich Se. Majestät bewegen könnte, sich der nationalliberalen Auffassung zu nähern. Die Schärfe des Widerstandes, die allerdings durch Eulenburg's feindliche Einwirkung gesteigert worden war, übertraf meine Erwartung, obschon mir bekannt war, daß der Kaiser gegen Bennigsen und seine frühere Thätigkeit in Hanover eine instinctive monarchische Abneigung hegte. Obwohl die nationalliberale Partei in Hanover und die Wirksamkeit ihres Führers vor und nach 1866 die »Verstaatlichung« Hanovers wesentlich erleichtert hatte, und der Kaiser ebenso wenig wie sein Vater 1805 eine Neigung hatte, diesen Erwerb rückgängig zu machen, so war der fürstliche Instinct in ihm doch herrschend genug, um solches Verhalten eines hanöverschen Unterthanen gegen die welfische Dynastie mit innerlichem Unbehagen zu beurtheilen.

Es ist eine der vielen unwahren Legenden, daß ich die Nationalliberalen hätte »an die Wand drücken« wollen Vgl. auch die Aeußerungen Bismarck's in der Rede vom 2. Mai 1891, Politische Reden XIII 35. . Im Gegentheil, die Herrn versuchten es so mit mir zu machen. Durch den Bruch mit den Conservativen infolge der ganzen Verleumdungsära durch die »Reichsglocke« und die »Kreuzzeitung« und der Kriegserklärung, die unter Führung meines mißvergnügten frühern Freundes Kleist-Retzow erfolgte, durch das neidische Uebelwollen meiner Standesgenossen, der Landjunker, durch alle diese Verluste von Anlehnungen, durch die Feindschaften am Hofe, die katholischen und weiblichen Einflüsse daselbst waren meine Stützpunkte außerhalb der nationalliberalen Fraction schwächer geworden und bestanden allein in dem persönlichen Verhältniß des Kaisers zu mir. Die Nationalliberalen nahmen davon nicht etwa einen Anlaß, unsre gegenseitigen Beziehungen dadurch zu stärken, daß sie mich unterstützten, sondern machten im Gegentheil den Versuch, mich gegen meinen Willen in das Schlepptau zu nehmen. Zu diesem Zwecke wurden Beziehungen zu mehren meiner Collegen angeknüpft; durch die Minister Friedenthal und Botho Eulenburg, welcher Letztre das Ohr meines Vertreters im Präsidium, des Grafen Stolberg hatte, wurden ohne mein Wissen amtliche Verständigungen mit den Präsidien beider Parlamente nicht nur bezüglich der Sitzungs- und Vertagungsfragen, sondern auch in Betreff materieller Vorlagen gegen meinen, den Collegen bekannten Willen eingeleitet. Der Gesammtandrang auf meine Stellung, das Streben nach Mitregentschaft oder Alleinherrschaft an meiner Stelle, das sich in dem Plane selbständiger Reichsminister und in den erwähnten Heimlichkeiten verrathen hatte, trat handgreiflich zu Tage in der Conseilsitzung, die der Kronprinz als Vertreter seines verwundeten Vaters am 5. Juni 1878 abhielt, um über die Auflösung des Reichstags nach dem Nobiling'schen Attentate zu beschließen. Die Hälfte meiner Collegen oder mehr, jedenfalls die Majorität des Ministeriums und des Conseils, stimmte abweichend von meinem Votum gegen die Auflösung und machte dafür geltend, daß der vorhandne Reichstag, nachdem das Nobiling'sche Attentat auf das Hödel'sche gefolgt sei, bereit sein werde, seine jüngste Abstimmung zu ändern und der Regirung entgegen zu kommen. Die Zuversicht, die meine Collegen bei dieser Gelegenheit kundgaben, beruhte offenbar auf vertraulicher Verständigung zwischen ihnen und einflußreichen Parlamentariern, während mir gegenüber kein Einziger von den letztern auch nur eine Aussprache versucht hatte. Es schien, daß man sich über die Theilung meiner Erbschaft bereits verständigt hatte.

Ich war sicher, daß der Kronprinz, auch wenn alle meine Collegen andrer Ansicht gewesen wären, die meinige annehmen werde, abgesehn von der Zustimmung, die ich unter den 20 oder mehr zugezognen Generalen und Beamten, wenigstens bei den erstern fand. Wenn ich überhaupt Minister bleiben wollte, was ja eine Opportunitätsfrage geschäftlicher sowohl wie persönlicher Natur war, die ich bei eigner Prüfung mir bejahte, so befand ich mich im Stande der Nothwehr und mußte suchen, eine Aenderung der Situation im Parlament und in dem Personalbestande meiner Collegen herbeizuführen. Minister bleiben wollte ich, weil ich, wenn der schwer verwundete Kaiser am Leben blieb, was bei dem starken Blutverlust in seinem hohen Alter noch unsicher, fest entschlossen war, ihn nicht gegen seinen Willen zu verlassen, und es als Gewissenspflicht ansah, wenn er stürbe, seinem Nachfolger die Dienste, die ich ihm vermöge des Vertrauens und der Erfahrung, die ich mir erworben hatte, leisten konnte, nicht gegen seinen Willen zu versagen. Nicht ich habe Händel mit den Nationalliberalen gesucht, sondern sie haben im Complot mit meinen Collegen mich an die Wand zu drängen versucht. Die geschmacklose und widerliche Redensart von dem »an die Wand drücken, bis sie quietschten«, hat niemals in meinem Denken, geschweige denn auf meiner Lippe Platz gefunden – eine der lügenhaften Erfindungen, mit denen man politischen Gegnern Schaden zu thun sucht. Obenein war diese Redensart nicht einmal eignes Product derer, welche sie verbreiteten, sondern ein ungeschicktes Plagiat. Graf Beust erzählt in seinen Memoiren (»Aus drei Viertel-Jahrhunderten« Thl. I S. 5):

»Die Slaven in Oesterreich haben mir das beiläufig nie von mir gesprochene Wort aufgebracht, ›man müsse sie an die Wand drücken‹. Der Ursprung dieses Wortes war folgender: Der frühere Minister, spätere Statthalter von Galizien, Graf Goluchowski, pflegte sich mit mir in französischer Sprache zu unterhalten. Seinen Bemühungen war es vorzugsweise zu danken, daß nach meiner Uebernahme des Ministerpräsidiums 1867 der galizische Landtag vorbehaltlos für den Reichsrath wählte. Damals hatte ich zu Graf Goluchowski gesagt: ›Si cela se fait, les Slaves sont mis au pied du mur‹ – eine von der obigen sehr verschiedene Aeußerung.«

Ich habe unter meinen Argumenten für Auflösung besonders geltend gemacht, daß dem Reichstage ohne Verletzung seines Ansehns die Zurücknahme seines Beschlusses nur durch vorgängige Auflösung möglich gemacht werden könne. Ob hervorragende Nationalliberale damals die Absicht hatten, nur meine Collegen oder meine Nachfolger zu werden, kann unentschieden bleiben, da erstres immer den Uebergang zu der andern Alternative bilden konnte; den zweifelsfreien Eindruck aber hatte ich, daß zwischen einigen meiner Collegen, einigen Nationalliberalen und einigen Leuten von Einfluß am Hofe und im Centrum über die Theilung meiner politischen Erbschaft die Verhandlungen bis zur Verständigung oder nahezu so weit gediehn waren. Diese Verständigung bedingte ein ähnliches Aggregat wie in dem Ministerium Gladstone zwischen Liberalismus und Katholicismus. Der Letztre reichte durch die nächsten Umgebungen der Kaiserin Augusta, einschließlich des Einflusses der »Reichsglocke«, des Hausministers von Schleinitz bis in das Palais des alten Kaisers; und bei ihm fand der Gesammtangriff gegen mich einen thätigen Bundesgenossen in dem General von Stosch. Derselbe hatte auch am kronprinzlichen Hofe eine gute Stellung, theils direct durch eignes Talent, theils mit Hülfe des Herrn von Normann und seiner Frau, mit denen er schon von Magdeburg her vertraut war und deren Uebersiedlung nach Berlin er vermittelt hatte.

IV.

Bei dem Plane, mich durch ein Cabinet Gladstone zu ersetzen, war auf den Grafen Botho Eulenburg gerechnet, seit dem 31. März 1878 Minister des Innern, welchem seine Verwandschaft den traditionellen Hofeinfluß seiner und der Dönhoff'schen Familie sicherte. Er ist gescheidt, elegant, eine vornehmere Natur als Harry von Arnim, glatter polirt als Robert Goltz; aber ich habe auch mit ihm das Erlebniß gehabt, daß begabte Mitarbeiter und eventuelle Nachfolger, die ich heranzuziehn suchte, mir ihr Wohlwollen nicht dauernd bewahrten.

Meine Beziehungen zu ihm wurden zuerst geschädigt durch einen Ausbruch der Empfindlichkeit, die bei ihm äußerlich durch die volle Höflichkeit guter Erziehung verdeckt wurde, aber doch von einer für den geläufigen und vertraulichen Geschäftsverkehr störenden Schärfe war. Mein damaliger Beistand für vertrauliche Geschäfte, der Geheim-Rath Tiedemann, veranlaßte durch die Form, in der er einen Auftrag während meiner Abwesenheit von Berlin bei dem Grafen ausrichtete, diesen zu einer mir unerwarteten brieflichen Explosion. Da mein Auftrag an Tiedemann ein sachliches und noch lebendiges Interesse hat, so lasse ich die Correspondenz folgen.

»Kissingen, den 15. August 1878. Eure Hochwohlgeboren bitte ich, Herrn Minister Grafen Eulenburg und Herrn Geheim-Rath Hahn mein Bedauern darüber auszusprechen, daß der Entwurf des Socialistengesetzes in der Provinzial-Correspondenz amtlich publicirt worden ist, bevor er im Bundesrath vorgelegt war. Die Veröffentlichung präjudicirt jeder Amendirung durch uns und ist für Baiern und andre Dissentirende verletzend. Nach meinen Verhandlungen von hier aus mit Baiern muß ich annehmen, daß letztres an seinem Widerspruche gegen das Reichsamt unbedingt festhält. Würtemberg und, wie ich höre, auch Sachsen widersprechen dem Reichsamt nicht im Prinzip, wohl aber angebrachtermaßen, indem sie die Zuziehung von Richtern perhorresciren. Diesem Widerspruche kann ich mich persönlich nur anschließen. Es handelt sich nicht um richterliche, sondern um politische Functionen, und auch das preußische Ministerium darf in seinen Vorentscheidungen nicht einem richterlichen Collegium unterstellt und auf diese Weise für alle Zukunft in seiner politischen Bewegung gegen den Socialismus lahm gelegt werden. Die Functionen des Reichsamts können nach meiner Auffassung nur durch den Bundesrath entweder direct oder durch Delegation an einen jährlich zu wählenden Ausschuß geübt werden. Der Bundesrath repräsentirt die Regirungsgewalt der Gesammt-Souveränetät von Deutschland, dabei etwa dem Staatsrathe unter andern Verhältnissen entsprechend.

Bisher muß ich indessen annehmen, daß Baiern auf diesen für Würtemberg, Sachsen und für mich persönlich annehmbaren Ausweg nicht eingehn wird. Auch die Klausel in Nro. 3 Artikel 23, daß nur arbeitslose Individuen ausgewiesen werden dürfen, ist für den Zweck ungenügend.

Ferner bedarf das Gesetz meines Erachtens eines Zusatzes in Betreff der Beamten dahingehend, daß Betheiligung an socialistischer Politik die Entlassung ohne Pension nach sich zieht. Die Mehrzahl der schlecht bezahlten Subalternbeamten in Berlin, und dann der Bahnwärter, Weichensteller und ähnlicher Kategorien sind Socialisten, eine Thatsache, deren Gefährlichkeit bei Aufständen und Truppentransporten einleuchtet.

Ich halte ferner, wenn das Gesetz wirken soll, für die Dauer nicht möglich, den gesetzlich als Socialisten erweislichen Staatsbürgern das Wahlrecht und die Wählbarkeit und den Genuß der Privilegien der Reichstagsmitglieder zu lassen.

Alle diese Verschärfungen werden, nachdem einmal die mildere Form in allen Zeitungen gleichzeitig bekannt gegeben, denselben also wohl amtlich mitgetheilt ist, im Reichstage sehr viel weniger Aussicht haben, als der Fall sein könnte, wenn eine mildere Version nicht amtlich bekannt geworden wäre.

Die Vorlage, so wie sie jetzt ist, wird praktisch dem Socialismus nicht Schaden thun, zu seiner Unschädlichmachung keinesfalls ausreichen, namentlich da ganz zweifellos ist, daß der Reichstag von jeder Vorlage etwas abhandelt. Ich bedaure, daß meine Gesundheit mir absolut verbietet, mich jetzt sofort an den Verhandlungen des Bundesrathes zu betheiligen, und muß mir vorbehalten, meine weitern Anträge im Bundesrathe im Hinblick auf die ordentliche Reichstagssession im Winter zu stellen.

v. Bismarck.«

»Berlin, den 18. August 1878.

Eure Durchlaucht

haben den Geheimen Regierungsrath Tiedemann beauftragt, mir und dem Geheimen Rath Hahn Ihr Bedauern darüber auszusprechen, daß der Entwurf des Socialistengesetzes in der Provinzial-Correspondenz amtlich publicirt worden ist, ehe er im Bundesrath vorgelegt war. Den Geheimen Rath Hahn trifft hierbei keine Verantwortlichkeit, da er nicht ohne meine Zustimmung gehandelt hat. Letztere habe ich erst ertheilt, nachdem Abends zuvor die den Entwurf enthaltende Drucksache des Bundesraths ohne besondere Anempfehlung discreter Behandlung ausgegeben und mir Seitens des Herrn Präsidenten des Reichskanzleramts mitgetheilt worden war, daß unter diesen Umständen die Veröffentlichung des Entwurfs durch die Zeitungen am folgenden, also an demselben Tage, an welchem die Provinzial-Correspondenz erschien, mit Sicherheit zu erwarten sei, eine Annahme, welche sich demnächst als völlig zutreffend erwiesen hat. Die Sitzung des Bundesraths fand am 14. d. M. Nachmittags 2 Uhr statt, die Provinzial-Correspondenz wurde an demselben Tage Nachmittags ausgegeben; die Mittheilung des Inhalts des Gesetzentwurfs in derselben hat also nicht früher stattgefunden als die Vorlegung des Entwurfs im Bundesrathe.

Ob es dennoch besser gewesen wäre, jene Mittheilung in der Provinzial-Correspondenz zu unterlassen, habe ich nicht die Absicht weiter zu erörtern. Ew. Durchlaucht erleuchtetes Urtheil zu vernehmen, wird mir stets von hohem Werthe sein, auch wenn dasselbe von dem meinigen abweicht. Dagegen kann ich es nicht stillschweigend hinnehmen, daß Ew. Durchlaucht Ihr Mißfallen mir durch Einen Ihrer Untergebenen haben eröffnen und die darin liegende Mißachtung meiner Stellung um so schärfer haben hervortreten lassen, als Sie mich hierbei mit Einem meiner Untergebenen auf Eine Linie stellten. Das Verletzende dieses Verfahrens springt so sehr in die Augen, daß die Annahme der Absichtlichkeit und die hieran nothwendiger Weise sich knüpfende Gedankenreihe nahe liegen. Der letzteren Folge zu geben, werde ich nicht zögern, sobald ich mich überzeuge, daß diese Annahme zutrifft. Indem ich einstweilen davon ausgehe, daß dies nicht der Fall ist, beschränke ich mich darauf, Ew. Durchlaucht dringend zu bitten, ein ähnliches Verfahren nicht wiederkehren zu lassen.

Mit etc.

Graf Eulenburg.«

»Gastein, den 20. August 1878.

Eure Excellenz haben, wie ich aus dem geehrten Schreiben vom 18. entnehme, die, wie es scheint, wenig vorsichtige, mir jedenfalls unerwartete Folge, die der Geheim-Rath Tiedemann meiner vertraulichen und formlosen Aeußerung gegeben hat, mir mit vollem Gewichte zur Last geschrieben, ohne mir auch nur das Beneficium der Unvollkommenheit des Geschäftsganges bei eingreifender Badekur zu gewähren. Nach Inhalt Ihres Schreibens bin ich unter dem Eindruck, daß Ihnen gegenüber eine Tactlosigkeit in der Form begangen ist, für die ich Sie um Verzeihung bitte, obschon ich sie nicht verschuldet, höchstens ermöglicht habe. Daß Eurer Excellenz dabei der Gedanke an eine Absichtlichkeit meinerseits hat nahe treten können, ist mir unerwartet und betrübend, indem ich die freundschaftliche Natur unsrer persönlichen Beziehungen zu einander zu gesichert glaubte, um ein derartiges Mißverständniß aufkommen zu lassen.

Mit etc.

v. Bismarck.«

Es ist bekannt, unter welchen Umständen Graf Eulenburg im Februar 1881 seinen Abschied nahm, Verlesung einer Erklärung Bismarck's im Herrenhause durch Geheimrath Rommel, wodurch Eulenburg sich verletzt fühlte, s. Politische Reden VIII 287 ff. und daß er im August desselben Jahres zum Oberpräsidenten in Kassel ernannt wurde.

An seinen Namen knüpft sich folgender Briefwechsel zwischen Sr. Majestät und mir. Den Gegenstand meines darin erwähnten Vortrags vom 17. December 1881 habe ich nicht zu ermitteln vermocht.

»Berlin, den 18. December 1881.

Einen eigenthümlichen Traum muß ich Ihnen erzählen, den ich diese Nacht träumte, so klar, wie ich ihn hier mittheile.

Der Reichstag trat nach den jetzigen Ferien zum ersten Mal zusammen. Während der Discussion trat der Graf Eulenburg ein; sogleich schwieg die Discussion; nach einer langen Pause ertheilte der Präsident dem letzten Redner von Neuem das Wort. Schweigen! Der Präsident hebt die Sitzung auf. Nun entsteht ein Tumult und Geschrei. Keinem Mitgliede darf ein Orden während der Session des Reichstags ertheilt werden; der Monarch darf nicht in der Session genannt werden. Andern Tages Sitzung. Eulenburg erscheint und wird mit solchem Zischen und Lärm empfangen – darüber erwache ich in einer nervösen Agitation, daß ich lange mich nicht erholen konnte und zwei Stunden von ½5 bis ½7 Uhr nicht schlafen konnte.

Das alles geschah in meiner Gegenwart im Hause so klar, wie ich es hier niederschreibe.

Ich will nicht hoffen, daß der Traum sich realisiere, aber eigentümlich bleibt die Sache. Da dieser Traum erst nach dem sechsstündigen ruhigen Schlaf eintrat, so könnte er doch keine unmittelbare Folge unserer Unterredung sein.

Enfin ich mußte Ihnen diese Curiosität doch erzählen.

Ihr

Wilhelm.«

»Berlin, den 18. December 1881.

Eurer Majestät danke ich ehrfurchtsvoll für das huldreiche Handschreiben. Ich glaube doch, daß der Traum das Ergebniß nicht grade meines vorhergehenden Vortrages, aber doch der Gesammtheit der Eindrücke der letzten Tage, auf Grund der mündlichen Berichte von Puttkamer, der Zeitungsartikel und meines Vortrags war. Die Bilder des Wachens tauchen im Spiegel des Traumes nicht sofort, sondern erst dann wieder auf, wenn der Geist durch Schlaf und Ruhe still geworden ist. Eurer Majestät Mittheilung ermuthigt mich zur Erzählung eines Traumes, den ich Frühjahr 1863 in den schwersten Conflictstagen hatte, aus denen ein menschliches Auge keinen gangbaren Ausweg sah. Mir träumte, und ich erzählte es sofort am Morgen meiner Frau und andern Zeugen, daß ich auf einem schmalen Alpenpfad ritt, rechts Abgrund, links Felsen; der Pfad wurde schmaler, so daß das Pferd sich weigerte, und Umkehr und Absitzen wegen Mangel an Platz unmöglich; da schlug ich mit meiner Gerte in der linken Hand gegen die glatte Felswand und rief Gott an; die Gerte wurde unendlich lang, die Felswand stürzte wie eine Coulisse und eröffnete einen breiten Weg mit dem Blick auf Hügel und Waldland wie in Böhmen, Preußische Truppen mit Fahnen und in mir noch im Traume der Gedanke, wie ich das schleunig Eurer Majestät melden könnte. Dieser Traum erfüllte sich, und ich erwachte froh und gestärkt aus ihm.

Der böse Traum, aus dem Eure Majestät nervös und agitirt erwachten, kann doch nur so weit in Erfüllung gehn, daß wir noch manche stürmische und lärmende Parlamentssitzung haben werden, durch welche die Parlamente ihr Ansehn leider untergraben und die Staatsgeschäfte hemmen; aber Eurer Majestät Gegenwart dabei ist nicht möglich, und ich halte dergleichen Erscheinungen wie die letzten Reichstagssitzungen zwar für bedauerlich als Maßstab unsrer Sitten und unsrer politischen Bildung, vielleicht unsrer politischen Befähigung; aber für kein Unglück an sich: l'excès du mal en devient le remède.

Verzeihn Eure Majestät mit gewohnter Huld diese durch Allerhöchstdero Schreiben angeregte Ferienbetrachtung; denn seit gestern bis zum 9. Januar haben wir Ferien und Ruhe.«

Die Beschwerde des Grafen Eulenburg über Tiedemann und die darin sofort gestellte Cabinetsfrage waren mir in ihrer Form um so mehr auf die Nerven gefallen, als ich an den Folgen einer schweren Erkrankung litt, die durch die Einwirkung der auf den Kaiser gemachten Attentate und den gleichzeitigen Zwang zur Arbeit in dem Präsidium des Berliner Congresses hervorgerufen, zwar aus amtlichem Pflichtgefühle zurückgedrängt, aber durch die Gasteiner Kur mehr verschärft als geheilt war. Diese Kur, der mein Mitarbeiter, der Staatsminister Bernhard von Bülow, am 20. October 1879 erlag, wirkt auf überarbeitete Nerven nicht beruhigend, wenn sie durch Arbeit oder Gemüthsbewegung gestört wird.

Unmittelbar nach meiner Rückkehr nach Berlin hatte ich die Vorlage des Socialistengesetzes im Reichstage zu vertreten und fand dabei die Erfahrung bestätigt, daß die oratorische Leistung auf der Tribüne eine geringere Nervenanstrengung erfordert als die Correctur einer langen schnell gesprochnen Rede, deren Wortlaut an leitender Stelle vertreten werden soll. Während einer solchen Correctur kam bei mir eine seit Monaten vorbereitete Nervenkrisis körperlich zum Ausbruche, glücklicherweise in der leichtern Form der Nesselsucht.

Die Aufgaben eines leitenden Ministers einer europäischen Großmacht mit parlamentarischer Verfassung sind an sich hinreichend aufreibender Natur, um die Arbeitsfähigkeit eines Mannes zu absorbiren; sie werden es in höherm Maße, wenn der Minister, wie in Deutschland und Italien, einer Nation über das Stadium ihrer Ausbildung hinwegzuhelfen und wie bei uns mit einem starken Isolirungstrieb der Parteien und Individuen zu kämpfen hat. Wenn man Alles, was der Mensch an Kräften und Gesundheit besitzt, an die Lösung solcher Aufgaben setzt, so ist man gegen alle Erschwerungen derselben, welche nicht sachlich nothwendig sind, doppelt empfindlich. Ich glaubte schon zu Anfang der 70er Jahre mit meiner Gesundheit zu Ende zu sein und überließ deshalb das Präsidium des Cabinets dem einzigen mir persönlich Nahestehenden unter meinen Collegen, dem Grafen Roon, wurde aber damals nicht durch sachliche Schwierigkeiten entmuthigt. Um letztres herbeizuführen, mußte die feindliche Intrige der Kreise hinzutreten, auf deren Unterstützung ich vorzugsweise glaubte rechnen zu können, und die sich zur Zeit der »Reichsglocke« in den Beziehungen der durch dieses Blatt vertretnen Elemente in erster Linie zum Hofe und den Conservativen und zu vielen meiner amtlichen Mitarbeiter kennzeichnete. Die Thatsache, daß ich bei dem mir sonst so gnädigen Monarchen keinen genügenden Beistand gegen die Hof- und Hauseinflüsse des Reichsglockenringes fand, hatte mich am meisten entmuthigt und das Gewicht der Erwägungen vervollständigt, die mich zu meinem Abschiedsgesuche vom 27. März 1877 bewogen hatten. Die Gürtelrose, an welcher ich krank war, als Graf Schuwalow 1878 von mir die Berufung des Congresses verlangte, kennzeichnete den Fehlbetrag in dem damaligen Zustande meiner Gesundheit, war eine Quittung über Erschöpfung der Nerven. Mehr als die »Reichsglocke« und deren Zubehör am Hofe hatte daran der Mangel an Aufrichtigkeit in der Mitwirkung einiger meiner amtlichen Mitarbeiter Antheil. Meine Vertretung durch das Vicepräsidium des Grafen Stolberg nahm durch den Einfluß, den die Minister Friedenthal und dann Graf Botho Eulenburg auf meinen Vertreter ausübten, eine Gestalt an, die mir schließlich den Eindruck machte, daß ich mich einem Systeme allmäligen Abdrängens von den Geschäften der politischen Leitung gegenüber befand. Das Symbol dieses Systems machte sich in der Thatsache kenntlich, daß die amtlichen Kundgebungen des Staatsministeriums aus der damaligen Zeit meiner Mitunterschrift entbehrten. Es geschah das nicht auf meinen Wunsch oder mit meiner Zustimmung, sondern unter Benutzung meiner Gleichgültigkeit gegen Aeußerlichkeiten, und ich habe diese Vorgänge ungerügt gelassen, bis ich über die systematische Absichtlichkeit derselben keinen Zweifel mehr haben konnte.

Die auf spätre Ereignisse Licht werfenden Einzelnheiten gehören nicht alle in die Situation zur Zeit der Conseilsitzung im Juni 1878, aber sie beleuchten zum Theil retrospectiv die damalige Lage und ihre Triebfedern. Graf Botho Eulenburg als Minister des Innern gab damals auf der Tribüne des Landtags ohne Zwang sein Wohlwollen für den Abgeordneten Rickert gegenüber einem Artikel der »Nordd. Allg. Ztg.« mit absichtlicher Klarheit zu erkennen, für mich um so einleuchtender, als ich keinen Zweifel hatte, daß er jenen von ihm gemißbilligten Artikel mit mir in Verbindung brachte. Wie in der Nacht beim Gewitter jeder Blitz die Gegend deutlich zeigt, so gestatteten auch mir einzelne Schachzüge meiner Gegner die Gesammtheit der Situation zu überblicken, die durch äußerlich achtungsvolle Kundgebungen von persönlichem Wohlwollen bei thatsächlicher Boycottirung erzeugt wurde. Ob ein Cabinet Gladstone, dessen Mission durch die Namen Stosch, Eulenburg, Friedenthal, Camphausen, Rickert und beliebige

Abschwächungen des Gattungsbegriffs »Windthorst« mit katholischen Hofeinflüssen bezeichnet werden kann, wenn es gelang, dasselbe zu Stande zu bringen, in sich haltbar gewesen wäre, ist eine Frage, die sich die Interessenten wohl nicht vorgelegt hatten; der Hauptzweck war der negative, mich zu beseitigen, und über den waren einstweilen die Inhaber der Antheilscheine auf die Zukunft einig. Jeder konnte nachher wieder hoffen, den Andern hinauszudrängen, wie das bei uns im System aller der heterogenen Coalitionen liegt, die nur in der Abneigung gegen das Bestehende einig sind. Die ganze Combination hatte damals keinen Erfolg, weil weder der König noch der Kronprinz dafür zu gewinnen waren. Ueber die Beziehungen des Letztern zu mir waren die strebenden Gegner damals wie später 1888 stets falsch unterrichtet. Er hatte bis an sein Lebensende dasselbe Vertrauen zu mir wie sein Vater, und die Neigung, es zu erschüttern, erreichte bei seiner Gemalin niemals dieselbe kampfbereite Entschiedenheit wie bei der Kaiserin Augusta, die sich auch in der Wahl der Mittel freier bewegte.

Neben den aufreibenden Kämpfen persönlicher Natur waren mir sachliche Schwierigkeiten und anstrengende Arbeiten erwachsen aus dem Bruche mit der Freihandelspolitik, den mein Brief an den Freiherrn von Thüngen Vom 16. April 1879, Politische Reden VIII 54 f. über Schutzzoll symptomatisch kennzeichnet, dann aus der Secession und dem Uebergange der Secessionisten zu dem Centrum. Ich verfiel in einen Gesundheitsbankrott, der mich lähmte, bis Dr. Schweninger meine Krankheit richtig erkannte, richtig behandelte und mir ein relatives Gesundheitsgefühl verschaffte, das ich seit vielen Jahren nicht mehr gekannt hatte.

V.

Herr von Gruner, während der Neuen Aera Unterstaatssekretär in dem Ministerium der Auswärtigen Angelegenheiten, wurde bald nach meiner Uebernahme des Ministeriums des Auswärtigen zur Disposition gestellt und durch Herrn von Thile ersetzt. Er gehörte schon seit meiner Ernennung zum Bundesgesandten zu meinen Gegnern, da er diese Stellung als ein Erbtheil von seinem Vater Justus Gruner angesehn hatte; er blieb mir Feind und war geschäftlich unfähig. Im November 1863 richtete er an Se. Majestät ein Schreiben über den Budgetstreit in demselben Sinne, in dem der Oberstlieutenant von Vincke auf Olbendorf (vgl. Bd. I S. 332) und Roggenbach denselben Schritt zu thun für gut befunden hatten. Indem diese Herrn ihre Vorschläge an den König richteten, gingen sie von der Voraussetzung aus, daß derselbe, wenn er ihrem Rathe folgend, dem Abgeordnetenhause nachgäbe, ein andres Ministerium, wenigstens einen andern Ministerpräsidenten und Minister des Auswärtigen berufen werde, ein Ergebniß, für das außerhalb des öffentlichen Lebens Einflüsse in Thätigkeit waren, denen der Hausminister von Schleinitz mit andern dem Hofe nahestehenden Personen seine Dienste widmete. Auch später lebte Herr von Gruner in den Kreisen, die 1876 die »Reichsglocke« protegirten und speisten.

Nachdem der Redacteur dieses Blattes im Januar 1877 verurtheilt und ich im März das von Sr. Majestät abgelehnte Abschiedsgesuch eingereicht hatte, kam es im Juni, während ich mich zur Kur in Kissingen befand, im Geschäftswege zu meiner Kenntniß, daß Herr von Gruner in das Hausministerium berufen, zugleich ohne Gegenzeichnung eines verantwortlichen Ministers zum Wirklichen Geheimen Rath ernannt sei, und daß Herr von Schleinitz an den Curator des »Reichs- und Staats-Anzeigers« das Ansinnen gestellt habe, diese Ernennung in dem amtlichen Blatte zu publiciren.

Ich schrieb darüber unter dem 8. Juni an den Chef der Reichskanzlei Geheim-Rath Tiedemann, zur Mittheilung an das Staatsministerium:

»Meiner Ansicht nach ist der amtliche Theil des Reichs- und Staats-Anzeigers für solche Veröffentlichungen da, welche bezüglich der Reichs- und der Preußischen Staats-Angelegenheiten unter Verantwortung des Reichskanzlers resp. des Preußischen Staatsministeriums erfolgen. Kommt die Ernennung Gruner's ohne Weitres in den amtlichen Theil, so kann selbst durch die vorgängige Erwähnung der Ueberweisung an das Hausministerium die Präsumtion nicht entkräftet werden, daß das Staatsministerium die Ernennung Gruner's zum Wirkl. Geheimen Rath mit seiner Verantwortlichkeit deckt. Die öffentliche Meinung und der Landtag würden kaum annehmen, daß das Staatsministerium diese Auszeichnung seines notorischen Gegners gewünscht habe; sie würden vielmehr die Wahrheit leicht errathen, daß das Staatsministerium bei Hofe nicht das hinreichende Ansehn, bei Sr. Majestät nicht den hinreichenden Einfluß gehabt habe, um diese Ernennung zu hindern; man würde auch darüber garnicht zweifelhaft sein, daß diese im Staatsanzeiger veröffentlichte Ernennung eine vom Staatsministerium more solito contrasignirte gewesen sei. Der Glaube, daß das Staatsministerium sich im Besitz des von der Verfassung vorausgesetzten Einflusses auf die Allerhöchsten Entschließungen befände, würde auch dann nicht gefördert werden, wenn etwa die ungnädige Allerhöchste Randbemerkung und die darauf erfolgte Antwort des Staatsministeriums öffentlich bekannt würden. Man würde in Versuchung sein, in Betreff von Inhalt und Wirkung Vergleiche mit dem Vorgange in Frankreich anzustellen, der dort zu dem jüngsten Ministerwechsel führte.

Ich bin nicht ohne Besorgniß, daß wir in dem Grunerschen Vorgange nur eine Sonde zu erblicken haben, die von Herrn von Schleinitz und seinen Rathgebern (nicht von Sr. Majestät dem Kaiser) angelegt wird, um zu probiren, was man uns bieten kann und wie hoch wir unsre ministerielle Autorität anschlagen. Meiner Ansicht nach ist Fügsamkeit gegen diese unberechtigten Einflüsse auf die Allerhöchsten Entschließungen nicht das Mittel, sie abzuschneiden; im Gegentheil, sie werden wachsen, und der Conflict, der jetzt ein blos formaler ist, würde sich auf ungünstigern Feldern und unter Hineinziehung großer Parteifragen demnächst wiederholen.

Ich könnte mich nach meiner augenblicklichen Lage jeder amtlichen Aeußerung enthalten, aber ich habe das Gefühl, daß die für mich persönlich doch sehr wichtige Frage meines Wiedereintritts in die Geschäfte auf diesem Wege auch ohne Rücksicht auf meine Gesundheit präjudicirt werden würde. Da ich hoffe, daß meine Gesundheit sich bessern wird, und da ich für diesen Fall mir gern den Wiedereintritt in die Geschäfte, so weit er dem Allerhöchsten Willen entspricht, offen erhalte, so nehme ich ein persönliches Interesse daran, daß das Ansehn der ministeriellen Stellung hinreichend gewahrt werde, um mir die Wiederaufnahme einer solchen nach meinem Gewissen möglich zu erhalten.

Die richtige der Logik des ersten Beschlusses entsprechende Erledigung wäre meiner Ansicht nach die Ablehnung der von dem Hausminister beantragten Veröffentlichung für den amtlichen Theil des Staats-Anzeigers. Die amtliche Aufnahme ist vor Mißdeutung in der Oeffentlichkeit nicht zu schützen und bleibt immer ein partieller Sieg der Reichsglocken-Intrige über die gegenwärtige Regirung. Bekanntmachungen des Hausministeriums gehören an und für sich nicht in den ›Reichs- und Staats-Anzeiger‹; soll letztrer außerdem ein ›Königlicher Haus-Anzeiger‹ sein, so können doch meiner Ansicht nach in seinem *amtlichen* Theile immer keine Anordnungen des Hausministers Platz greifen, der keine Verantwortlichkeit für den Inhalt des amtlichen Blattes trägt; dieselben müßten immer in der einen oder andern Gestalt das von dem Hausminister nachzusuchende Placet des verantwortlichen Staatsministeriums erhalten, bevor sie abgedruckt werden. Dieses Placet ist im vorliegenden Falle nicht nachgesucht; der Hausminister hat ein Verfügungsrecht über den Staats-Anzeiger in Anspruch genommen, und wäre deshalb sein Verlangen angebrachtermaßen schon unter Anführung dieses formellen Grundes abzulehnen. Geht ein Befehl zur Aufnahme einer Angelegenheit des Königlichen Hauses von Sr. Majestät dem Könige selbst aus, so wird seine Ausführung in den Fällen, welche die Regel bilden, ja kein Bedenken haben; nur wird es sich auch selbst in unverfänglichen Fällen empfehlen, die amtlichen Bekanntmachungen des Königlichen Hauses durch ihren Platz von denen des Staates gesondert erscheinen zu lassen. Diese Sonderung wäre meines Erachtens in der Art vorzunehmen, daß die das Königliche Haus angehenden Allerhöchsten Anordnungen nicht promiscue mit denen des Staatsministeriums erscheinen, sondern es würde neben den beiden großen amtlichen Rubriken des Staatsanzeigers ›Deutsches Reich‹ und ›Königreich Preußen‹, am höflichsten zwischen beiden, eventuell auch nach ›Königreich Preußen‹ eine dritte mit der Bezeichnung ›Königliches Haus‹ einzuschalten sein, von den andern beiden Rubriken ebenso mittelst durchgehender Striche geschieden, wie jetzt ›Preußen‹ und das ›Reich‹. Damit ließe sich die formale Frage für die Zukunft erledigen, und in einer, wie mir scheint, nach keiner Seite hin verletzenden Form.

Etwas andres ist es aber, wenn eine Allerhöchste Entschließung amtlich bekannt gemacht wird, welche in der Oeffentlichkeit, ungeachtet der in den Arten verbleibenden Versicherung des Gegentheils, dasjenige bekundet, was man im constitutionellen Sprachgebrauch Mangel an Vertrauen des Monarchen zu seinen Ministern zu nennen pflegt. Dagegen haben Minister natürlich kein andres Hülfsmittel als den Rücktritt aus ihrer Stellung. Unzweifelhaft trifft der vorliegende Fall, soweit er diese Natur hat, mehr mich als meine Collegen. Die letztern sind von der Reichsglocke und andern Blättern, in denen die Tendenzen der Herrn von Gruner, von Schleinitz, Graf Nesselrode, Nathusius-Ludom vertreten wurden, theils garnicht, theils doch nicht in dem Maße wie ich öffentlich verleumdet worden.

Eine Begnadigung des Herrn von Nathusius, eine Auszeichnung des Grafen Nesselrode und des Herrn von Gruner grade in der Zeit, wo die Verleumdungen des Organs dieser Herrn gegen mich die öffentliche Meinung und die Gerichte beschäftigten, wo der Zusammenhang jener Herrn mit diesen Blättern offenkundig wurde, enthalten einen Act Königlichen Wohlwollens für Leute, die durch weiter nichts bekannt sind als durch ihre Feindschaft gegen die Regirung und durch öffentliche Verletzung meiner Ehre. Letztre aber sollte, so lange ich des Königs Diener bin, unter Sr. Majestät Schutze stehn. Wird mir das Gegentheil dieses Schutzes zu Theil, so liegt ein persönliches Motiv vor, welches mich viel gebieterischer aus dem Dienste vertreibt, als die Rücksicht auf meine Gesundheit es jemals könnte. Diese Entschließungsgründe liegen nur persönlich für mich vor, werden aber je nach der Entwicklung der Sache für die Möglichkeit meines Wiedereintritts in die Geschäfte entscheidend sein.

Meinen Herrn Collegen stelle ich ergebenst anheim, im Interesse ihrer ministeriellen Zukunft dafür Sorge tragen zu wollen, daß die amtliche Publication von Gruner's Ernennung, wenn Se. Majestät nicht überhaupt darauf verzichten will, doch in einer Form stattfinde, aus der die Nichtcontrasignatur zweifellos ersichtlich ist. Es würde dies in der oben vorgeschlagnen Dreitheilung der Ernennungen zwischen Reich, Preußen und Haus erreichbar sein, namentlich wenn die Presse dazu eine Erläuterung erhält. Empfehlen würde es sich aber meines Erachtens, wenn die Anstellung Gruner's im Hausministerium *vorher* in separato unter der Hausministerial-Rubrik veröffentlicht und am andern Tage bekannt gegeben würde, daß Se. Majestät geruht hätte, den im Hausministerium u. Angestellten den Titel eines Wirklichen Geheim-Raths u. zu verleihn; eine etwas abweichende Gestalt des Wortlauts der Bekanntmachung von der sonst üblichen, wenn auch nur eine ganz geringe, würde sich immer empfehlen.«

Diesem, an den Geheim-Rath Tiedemann gerichteten, unter fliegendem Siegel an den Minister von Bülow beförderten Schreiben fügte ich für Letztern mit dem Anheimstellen vertraulicher Benutzung bei den Collegen Folgendes hinzu:

10./6. 77. »... Ich bin, wie ich glaube, von dem Vorgange in einem stärkern Maße betroffen als meine Collegen; höchstens Camphausen ist außer mir noch von der Reichsglockenpartei verleumdet worden, aber doch lange nicht mit dem Maße von Niedertracht, wie es mir gegenüber geschehn ist. Man hat ihn sachlich in Bezug auf sein Amt mit unwürdigen Mitteln angegriffen, aber doch seine persönliche Ehre nicht angetastet. Das Staatsministerium im Ganzen ist gewiß in der Lage, sich durch die Form der Ernennung Gruner's verletzt zu finden und gegen diese Verletzung zu reagiren, um seine Rechte und seine Würde für die Zukunft sicher zu stellen. Die Verletzung aber, die in der Thatsache der Ernennung Gruner's liegt, trifft wesentlich mich allein; seine langjährige Feindschaft gegen mich persönlich ist es allein, welche die Aufmerksamkeit auf ihn hat lenken können, denn er besitzt weder Fähigkeiten noch Verdienste, war im Auswärtigen Amte durch seine, in wichtigen Momenten an Geisteskrankheit grenzende Unfähigkeit ein Hinderniß und hat nunmehr seit 15 Jahren nichts geleistet, als mit der ganzen Verbissenheit verkannter Selbstüberschätzung gegen mich gesprochen, geschrieben, intrigirt. Ich sehe dabei für den Augenblick ganz davon ab, daß grade diese Reichsglocken-Elemente mir die Erfüllung meiner Amtspflicht in einem meine Kräfte überschreitenden Maße erschweren. Ich spreche jetzt nur von dem Schlag, der dadurch persönlich gegen mich hat geführt werden sollen, daß dieser Mensch Sr. Majestät hat mit Erfolg empfohlen werden können. Wenn ich dem gegenüber in meinem Schreiben an Tiedemann sage, daß für meine Herrn Collegen ein zwingendes Motiv zum Rücktritt in diesem Gruner'schen Falle nicht liegt, so erscheint mir meine Lage demselben gegenüber als eine wesentlich andre.

Ich würde Ihnen sehr dankbar sein, wenn Sie namentlich mit Camphausen, Friedenthal und Falk in diesem Sinne vertraulich reden wollten. Das Verhalten Wilmowski's gestaltet sich anders, als ich erwartet hatte. Ich hatte bisher auf ihn als auf einen sichern Bundesgenossen gegen die Schleinitz'sche Camarilla gerechnet; seine Thätigkeit in diesem Falle aber verstehe ich nicht recht. Er wird mit Eulenburg und Leonhardt zusammen das Staatsministerium um das Maß von Selbstachtung und Consideration bringen, ohne welches sich in diesen schwierigen Lagen am Hofe und schließlich auch im Lande die Staatsgeschäfte nicht führen lassen. Gegen Eulenburg wird man sich nur so äußern können, wie es wiedererzählt werden kann. Wie stellt sich eigentlich Hofmann zu der Sache?

Mir scheint die Kur gut zu bekommen, doch markirt sich jeder Rückschlag über ärgerliche Eindrücke in empfindlicher Weise und läßt mich voraussehn, daß mein Gesundheitszustand ein geschäftsfähiger schwerlich wieder werden wird. Vor der einfachen Besorgung der Amtsgeschäfte würde ich nicht zurückschrecken; aber die faux frais der Hofintrigen vermag ich nicht mehr in der Weise zu tragen wie früher, vielleicht auch deshalb, weil sie an Umfang und Wirkung in erschreckender Weise zugenommen haben. Diese eigentlichen Gründe meiner fortbestehenden Absicht, zurückzutreten, habe ich vor drei Monaten verschwiegen, obschon es wesentlich dieselben waren; und ich werde auch demnächst aus Rücksicht für den Kaiser keine andern Motive für mein Ausscheiden anführen können als den Zustand meiner Gesundheit.«

Die Sache schloß damit ab, daß die Ernennung Gruner's zum Wirklichen Geheimen Rathe im Staatsanzeiger nicht veröffentlicht wurde.

Siebenundzwanzigstes Kapitel. Die Ressorts.

Bei meinen vielen Abwesenheiten verlor ich mit manchen meiner Collegen die Fühlung; die Thatsache, daß ich jedem Einzelnen von ihnen das Aufsteigen von zum Theil geringen Stellungen bis zum Minister verschafft und sie mit Einmischungen in ihre Ressorts nicht belästigt hatte, ließ mich ihr persönliches Wohlwollen für mich überschätzen. In die laufenden Geschäfte ihrer Ressorts habe ich sehr selten hineingeredet, und nur wenn ich sah, daß ein großes öffentliches Interesse Gefahr lief, unter Sonderinteressen zu leiden. Ich habe z.B. die Canalisirung des Rheins am Rheingau bekämpft, die um der Schifffahrt willen geschehn sollte und das Flußbett zwischen den Ufern und den beiden zu erbauenden Dämmen auf 30 Jahre in einen Sumpf verwandelt hätte; desgleichen den Plan, den Kurfürstendamm nur in der gewöhnlichen Breite der Chausseen zu chauffiren und bis dicht an den alten Weg zu bebauen. In beiden Fällen habe ich die Absichten der zunächst competenten Behörden gekreuzt und glaube mir damit ein dauerndes Verdienst erworben zu haben. Auch mit Protectionen bin ich meinen Collegen und den mir untergeordneten Reichsämtern nicht lästig gefallen. Verfassungsmäßig hätte ich alle Post-, Telegraphen- und (Reichs-)Eisenbahnbeamte anstellen und alle Posten der einzelnen Reichs-Ressorts besetzen können. Ich glaube aber kaum, daß ich je von Herrn von Stephan oder Andern Posten für einen von mir empfohlnen Candidaten verlangt habe, auch nicht für einen Briefträger. Nur der Neigung, neue eingreifende Gesetze oder Organisationen zu machen, der Neigung, vom grünen Tische aus zu reglementiren, bin ich bei meinen Collegen nicht selten entgegen getreten, weil ich wußte, daß, wenn nicht sie selbst, so doch ihre Räthe die Gesetzmacherei übertrieben, und daß so manche vortragende Räthe in den innern Ressorts seit dem Examen her Projecte in ihren Fächern haben, durch die sie die Unterthanen des Reiches zu beglücken suchen, sobald sie einen Chef finden, der darauf eingeht.

Ungeachtet meiner Zurückhaltung ist nach meinem Ausscheiden bei der Mehrheit meiner Geschäftsfreunde ein Gefühl wie der Erleichterung von einem Drucke wahrgenommen worden, das in vielen Fällen eben aus dem Widerstande zu erklären ist, den ich dem überwuchernden Triebe zu unnöthigen Eingriffen in den Bestand unsrer Gesetzgebung geleistet hatte. Aus dem Gebiete der Schule hatte ich dauernd, aber ohne Erfolg die Theorie bekämpft, daß der Unterrichtsminister ohne Gesetz und ohne sich an das vorhandne Schulvermögen zu binden, auf dem Verwaltungswege, und ohne die Leistungsfähigkeit zu beachten, bestimmen könne, was jede Gemeinde zur Schule beizutragen habe. Diese in keinem andern Verwaltungszweige vorhandne Machtvollkommenheit, deren Anwendung in manchen Fällen so weit getrieben wurde, daß die Gemeinden existenzunfähig wurden, beruhte nicht auf Gesetz, sondern auf einem Rescript des frühern Cultusministers von Raumer, das das Schulbudget von einer Verfügung der betreffenden Abtheilung der Regirungen, in letzter Instanz des Ministers, abhängig machte. Das Bestreben, diesen Ministerabsolutismus durch Gesetz zu consolidiren, war für mich ein Hinderniß, den gelegentlich mir vorgelegten Schulgesetzentwürfen meine Zustimmung zu geben.

Auf dem Gebiete der Finanzen war meine Zustimmung zu einer Steuerreform jederzeit dem Verlangen untergeordnet, diejenigen directen Steuern, die von dem Vermögen des Zahlenden unabhängig sind, nicht ferner als Maßstab für jährliche Zuschläge zu benutzen. Wenn auch die durch Auflegung der Grund- und Häusersteuer einmal begangne Ungerechtigkeit sich nicht ausgleichen ließ, so ist es deshalb doch nicht der Gerechtigkeit entsprechend, sie jährlich durch Zuschläge zu wiederholen. Mein letzter College im Finanzministerium, Scholz, mit dem ich jederzeit in freundlichen Beziehungen gelebt habe, theilte meine Ansicht, hatte jedoch mit den parlamentarischen und ministeriellen Schwierigkeiten der Remedur zu kämpfen; dagegen war die Streitmacht seiner Räthe ohne Zweifel der freiern Bewegung froh, die nach meinem Ausscheiden aus dem Staatsministerium eintrat. Eine Forderung, mit der ich Jahre lang im Finanzministerium keinen Anklang finden konnte, war neben der Selbsteinschätzung die, daß das Einkommen von ausländischen Werthen höher zu besteuern sei als von deutschen, gewissermaßen ein Schutzzoll für deutsche Werthe, und das von selbst flüssige höher als das durch Arbeit jährlich neu zu gewinnende.

Auf dem Gebiete der Landwirthschaft ist der Wegfall des von mir angeblich ausgeübten agrarischen Druckes hauptsächlich den kranken Schweinen und den Viehseuchen zu Gute gekommen, desgleichen den höhern und niedern Beamten, denen die Aufgabe zufiel, vor dem Parlamente und dem Lande die Agitationslüge von der Vertheurung der Lebensmittel zu bekämpfen. In der Nachgiebigkeit auf diesem Gebiete und in der nach unangenehmen Erfahrungen im Februar 1891 wieder zurückgenommnen Erleichterung des französischen Verkehrs mit dem Elsaß sehe ich den gemeinschaftlichen Ausdruck der Kampfesscheu, die die Zukunft für etwas mehr Bequemlichkeit in der Gegenwart zu opfern bereit ist. Der Zweck, wohlfeiles Schweinefleisch zu haben, wird durch laxe Behandlung der Ansteckungsgefahr auf die Dauer ebenso wenig gefördert werden wie die Loslösung des Elsaß von Frankreich durch die beifallsbedürftige Weichlichkeit gegen locale Beschwerden und Grenzschwierigkeiten.

Was die Reichsämter betrifft, so habe ich mit dem Schatzamte stets gute Fühlung gehabt, zur Zeit von Scholz wie von Malzahn. Die Bestimmung dieses Amtes hatte keine größre Tragweite als diejenige, dem Reichskanzler in seinen Erörterungen und Verständigungen mit dem preußischen Minister der Finanzen Beistand und technisch geschulte Arbeitskräfte zu stellen. Die entscheidende Stelle in Finanzfragen blieb der preußische Finanzminister und das Staatsministerium. Der Charakter beider Herrn gestattete, Meinungsverschiedenheiten in ehrlicher Erörterung und ohne Verstimmung zu erledigen. Die neuerdings in der Presse vertretne und thatsächlich gehandhabte Auffassung von der Möglichkeit einer von einander unabhängigen Finanzpolitik des Reichskanzlers oder gar des ihm untergebenen Reichsschatzamtes einerseits und des preußischen Finanzministers andrerseits galt zu meiner Zeit als verfassungswidrig. Divergenzen beider Stellen fanden ihre Lösung in collegialischen Beratungen des Staatsministeriums, dem der Kanzler als auswärtiger Minister angehörte, und ohne dessen vorausgesetztes oder ausgesprochnes Einverständniß er nicht berechtigt ist, im Bundesrath die preußischen Stimmen abzugeben oder eine Gesetzesvorlage zu machen.

Weniger durchsichtig waren für mich die Beziehungen zu dem Reichspostamte. Während des französischen Krieges traten Erscheinungen hervor, die mich hart an den Bruch mit Herrn von Stephan brachten, aber ich war schon damals von seiner ungewöhnlichen Begabung, nicht für sein Fach allein, so überzeugt, daß ich ihn gegen die Ungnade Sr. Majestät mit Erfolg vertrat. Herr von Stephan hatte an seine Untergebenen ein amtliches Circular gerichtet, in dem er die Besorgung von gewissen Blättern für alle Armeelazarethe in Frankreich anbefahl und zur Motivirung dieses Befehls auf Wünsche I. K. Hoheit der Kronprinzessin Bezug nahm. Wie weit er dazu berechtigt war, weiß ich nicht; wer aber den alten Herrn kannte, wird sich seine Stimmung denken können, als dieser postalische Erlaß durch Militärberichte zu seiner Kenntniß gekommen war. Die Farbe der empfohlnen Blätter allein hatte genügt, um Stephan bei Wilhelm I. in Ungnade zu bringen; noch verstimmender aber wirkte die Berufung auf ein Mitglied der königlichen Familie und grade der Frau Kronprinzessin. Ich stellte den Frieden mit Sr. Majestät her. Das Bedürfniß hoher Anerkennung ist eins der Passiva, die auf den meisten ungewöhnlichen Begabungen lasten. Ich nahm an, daß die Schwächen, welche Stephan aus seinen Anfängen in seine höhern Stellungen hinübergebracht hatte, je älter und je vornehmer er werde, desto mehr von ihm abfallen würden. Ich kann nur wünschen, daß er in seinem Amte alt werde und gesund bleibe, und würde seinen Verlust für schwer ersetzlich halten Stephan starb am 8. April 1897. , vermuthe aber, daß auch er bei meinem Abgange zu denen gehörte, welche eine Erleichterung zu empfinden glaubten. Ich bin stets der Meinung gewesen, daß der Transport- und Correspondenz-Verkehr zu dem Staatszwecke beizusteuern habe und diese Beisteuer in der Porto- und Frachtvergütung einzubegreifen sei. Stephan ist mehr Ressortpatriot und als solcher allerdings nicht nur seinem Ressort und dessen Beamten, sondern auch dem Reiche in einem Maße nützlich gewesen, das für jeden Nachfolger schwer erreichbar sein wird. Ich bin seinen Eigenmächtigkeiten stets mit dem Wohlwollen entgegen getreten, das die Achtung vor seiner eminenten Begabung mir einflößte, auch wenn sie in meine Competenz als

Kanzler und stimmführender Vertreter Preußens einschnitten, oder er durch seine Vorliebe für Prachtbauten die finanziellen Ergebnisse schädigte.

Achtundzwanzigstes Kapitel. Berliner Congreß.

I.

Im Herbst 1876 erhielt ich in Varzin ein chiffrirtes Telegramm unsres Militärbevollmächtigten, des Generals von Werder, aus Livadia, durch welches er im Auftrage des Kaisers Alexander eine Aeußerung darüber verlangte, ob wir neutral bleiben würden, wenn Rußland mit Oestreich in Krieg geriethe. Bei der Beantwortung desselben hatte ich zu erwägen, daß Werder's Chiffre innerhalb des Kaiserlichen Palais nicht unzugänglich sein werde, hatte ich doch die Erfahrung gemacht, daß selbst in unserm Gesandschaftshause in Petersburg durch keinen künstlichen Verschluß, sondern nur durch häufigen Wechsel der Chiffre das Geheimniß derselben zu bewahren war S. Bd. I S. 258 f.. Ich konnte meiner Ueberzeugung nach nichts nach Livadia telegraphiren, was nicht auch zur Kenntniß des Kaisers kommen würde. Daß eine solche Frage überhaupt auf solchem Wege gestellt werden konnte, hatte schon eine Verschiebung der geschäftlichen Traditionen zur Voraussetzung. Wenn ein Cabinet Fragen der Art an ein andres stellen will, so ist der correcte Weg eine vertrauliche mündliche Sondirung durch den eignen Botschafter oder von Souverän zu Souverän bei persönlicher Begegnung. Daß die Sondirung durch eine Anfrage bei dem Vertreter der zu sondirenden Macht seine Bedenken hat, hatte die russische Diplomatie durch die Vorgänge zwischen dem Kaiser Nicolaus und Seymour erfahren. Die Neigung Gortschakow's, telegraphische Anfragen bei uns nicht durch den russischen Vertreter in Berlin, sondern durch den deutschen in Petersburg zu bewirken S. o. S. 200., hat mich genöthigt, unsre Missionen in Petersburg häufiger als an andern Höfen darauf aufmerksam zumachen, daß ihre Aufgabe nicht in der Vertretung der Anliegen des russischen Cabinets bei uns, sondern unsrer Wünsche an Rußland liege. Die Versuchung für einen Diplomaten, seine dienstliche und gesellschaftliche Stellung durch Gefälligkeiten für die Regirung, bei der er beglaubigt ist, zu pflegen, ist groß und wird noch gefährlicher, wenn der fremde Minister unsern Agenten für seine Wünsche bearbeiten und gewinnen kann, ehe dieser alle die Gründe kennt, aus denen für seine Regirung die Erfüllung und selbst die Zumuthung inopportun ist.

Außerhalb aller aber, selbst der russischen, Gewohnheiten lag es, wenn der deutsche Militärbevollmächtigte am russischen Hofe uns, und während ich nicht in Berlin war, auf Befehl des russischen Kaisers eine politische Frage von großer Tragweite in dem kategorischen Stile eines Telegramms vorlegte. Ich hatte, so unbequem sie mir auch war, nie eine Aenderung in der alten Gewohnheit erlangen können, daß unsre Militärbevollmächtigten in Petersburg nicht, wie andre, durch das Auswärtige Amt, sondern direct in eigenhändigen Briefen an Se. Majestät berichteten, – einer Gewohnheit, die sich davon herschrieb, daß Friedrich Wilhelm III. dem ersten Militärattaché in Petersburg, dem frühern Commandanten von Kolberg, Loucadou, eine besonders intime Stellung zu dem Kaiser gegeben hatte. Freilich meldete der Militärattaché in solchen Briefen Alles, was der russische Kaiser über Politik in dem gewohnheitsmäßigen vertraulichen Verkehre am Hofe mit ihm gesprochen hatte, und das war nicht selten viel mehr, als Gortschakow mit dem Botschafter sprach; der »Pruski Fligeladjudant«, wie er am Hofe hieß, sah den Kaiser fast täglich, jedenfalls viel öfter als Gortschakow, der Kaiser sprach mit ihm nicht blos über Militärisches, und die Aufträge zu Bestellungen an unsern Herrn beschränkten sich nicht auf Familienangelegenheiten. Die diplomatischen Verhandlungen zwischen beiden Cabineten haben ihren Schwerpunkt, wie zur Zeit Rauch's und Münster's, oft und lange mehr in den Berichten des Militärbevollmächtigten als in denen der amtlich accreditirten Gesandten gefunden. Da indessen Kaiser Wilhelm niemals versäumte, mir seine Correspondenz mit dem Militärbevollmächtigten in Petersburg nachträglich, wenn auch oft zu spät, mitzutheilen, und politische Entschlüsse nie ohne Erwägung an amtlicher Stelle faßte, so beschränkten sich die

Nachtheile dieses directen Verkehrs auf Verspätung von Informationen und Anzeigen, die in solchen Immediatberichten enthalten waren. Es lag also außerhalb dieser Gewohnheit im Geschäftsverkehr, daß Kaiser Alexander, ohne Zweifel auf Anregung des Fürsten Gortschakow, Herrn von Werder als Organ benutzte, um uns jene Doctorfrage vorzulegen. Gortschakow war damals bemüht, seinem Kaiser zu beweisen, daß meine Ergebenheit für ihn und meine Sympathie für Rußland unaufrichtig oder doch nur »platonisch« sei, und sein Vertrauen zu mir zu erschüttern, was ihm denn auch später gelungen ist.

Bevor ich die Werder'sche Anfrage fachlich beantwortete, versuchte ich es mit dilatorischen Rückäußrungen, bezugnehmend auf die Unmöglichkeit, mich auf eine solche Frage ohne höhere Ermächtigung zu äußern, und empfahl auf wiederholtes Drängen, die Frage auf amtlichem, wenn auch vertraulichem Wege durch den russischen Botschafter in Berlin im Auswärtigen Amte zu stellen. Indessen schnitten wiederholte Interpellationen durch Werder'sche Telegramme diesen ausweichenden Weg ab. Inzwischen hatte ich Se. Majestät gebeten, Herrn von Werder, der in Livadia diplomatisch gemißbraucht werde, ohne sich dessen erwehren zu können, telegraphisch an das kaiserliche Hoflager zu berufen und ihm die Uebernahme von politischen Aufträgen zu untersagen, als eine Leistung, die dem russischen, aber nicht dem deutschen Dienste angehöre. Der Kaiser ging auf meinen Wunsch nicht ein, und da Kaiser Alexander endlich auf Grund unsrer persönlichen Beziehungen die Aussprache meiner eignen Meinung unter Betheiligung der russischen Botschaft in Berlin von mir verlangte, so war es mir nicht länger möglich, der Beantwortung der indiscreten Frage auszuweichen. Ich ersuchte den Botschafter von Schweinitz, der am Ende seines Urlaubs stand, mich vor der Rückkehr nach St. Petersburg in Varzin zu besuchen, um meine Instruction entgegenzunehmen. Vom 11. bis 13. October war Schweinitz mein Gast. Ich beauftragte ihn, sich sobald als möglich über Petersburg an das Hoflager des Kaisers Alexander nach Livadia zu begeben. Der Sinn meiner Instruction für Herrn von Schweinitz war, unser erstes Bedürfniß sei, die Freundschaft zwischen den großen Monarchien zu erhalten, welche der Revolution gegenüber mehr zu verlieren, als im Kampfe unter einander zu gewinnen hätten. Wenn dies zu unserm Schmerze zwischen Rußland und Oestreich nicht möglich sei, so könnten wir zwar ertragen, daß unsre Freunde gegen einander Schlachten verlören oder gewönnen, aber nicht, daß einer von beiden so schwer verwundet und geschädigt werde, daß seine Stellung als unabhängige und in Europa mitredende Großmacht gefährdet würde. Diese unsre Erklärung, welche von uns in zweifelsfreier Deutlichkeit zu erzwingen Gortschakow seinen Herrn bewogen hatte, um ihm den platonischen Charakter unsrer Liebe zu beweisen, hatte zur Folge, daß das russische Gewitter von Ostgalizien sich nach dem Balkan hin verzog, – und daß Rußland anstatt der mit uns abgebrochnen Verhandlungen dergleichen mit Oestreich, so viel ich mich erinnre, zunächst in Pest, im Sinne der Abmachungen von Reichstadt, wo die Kaiser Alexander und Franz Joseph am 8. Juli 1876 zusammengetroffen waren, einleitete unter dem Verlangen, sie vor uns geheim zu halten. Diese Convention, nicht der Berliner Congreß, ist die Grundlage des östreichischen Besitzes an Bosnien und der Herzegowina und hat den Russen während ihres Krieges mit den Türken die Neutralität Oestreichs gesichert.

II.

Daß das russische Cabinet in den Abmachungen von Reichstadt den Oestreichern für ihre Neutralität die Erwerbung Bosniens zugestanden hat, läßt annehmen, daß Herr von Oubril uns nicht die Wahrheit sagte, indem er versicherte, es werde sich in dem Balkankriege nur um eine *promenade militaire*, um Beschäftigung des *trop plein* des Heeres und um Roßschweife und Georgenkreuze handeln; dafür wäre Bosnien ein zu hoher Preis gewesen. Wahrscheinlich hatte man in Petersburg darauf gerechnet, daß Bulgarien, wenn von der Türkei losgelöst, dauernd in Abhängigkeit von Rußland bleiben werde. Diese Berechnung würde wahrscheinlich auch dann nicht zugetroffen sein, wenn der Friede von San Stefano ungeschmälert zur Ausführung gekommen wäre. Um nicht vor dem eignen Volke für diesen Irrthum verantwortlich zu sein, hat man sich mit Erfolg bemüht, der deutschen Politik, der »Untreue« des deutschen Freundes die Schuld für den unbefriedigenden Ausgang des Krieges aufzubürden. Es war das eine unehrliche Fiction; wir hatten niemals etwas Andres in Aussicht gestellt als wohlwollende Neutralität, und wie ehrlich wir es damit gemeint haben ergiebt sich schon daraus, daß wir uns durch die von Rußland verlangte Geheimhaltung der Reichstadter Abmachungen vor uns in unserm Vertrauen und Wohlwollen für Rußland nicht irre machen ließen, sondern bereitwillig dem Wunsche, den der Graf Peter Schuwalow mir nach Friedrichsruh überbrachte, entgegen kamen, einen Congreß nach Berlin zu berufen. Der Wunsch der russischen Regirung, vermittelst eines Congresses zu dem Frieden mit der Türkei zu gelangen, bewies, daß sie sich militärisch nicht stark genug fühlte, es auf Krieg mit England und Oestreich ankommen zu lassen, nachdem die rechtzeitige Besetzung von Constantinopel einmal versäumt war. Für die Mißgriffe der russischen Politik theilt Fürst Gortschakow ohne Zweifel mit jüngern und energischern Gesinnungsgenossen die Verantwortlichkeit, aber frei davon ist er nicht. Wie stark seine Stellung, nach den russischen Traditionen gemessen, dem Kaiser gegenüber war, zeigt die Thatsache, daß er gegen den ihm bekannten Wunsch seines Herrn an dem Berliner Congresse als Vertreter Rußlands theilnahm. Indem er, gestützt auf seine Eigenschaft als Reichskanzler und auswärtiger Minister, seinen Sitz einnahm, entstand die eigenthümliche Situation, daß der vorgesetzte Reichskanzler und der seinem Ressort unterstellte Botschafter Schuwalow neben einander figurirten, der Träger der russischen Vollmacht aber nicht der Reichskanzler sondern der Botschafter war S. o. S. 127. .

Diese vielleicht actenmäßig nur aus den russischen Archiven und vielleicht auch aus diesen nicht nachweisbare, aber nach meiner Wahrnehmung unzweifelhafte Situation zeigt, daß auch in einer Regirung mit so einheitlicher und absoluter Spitze, wie der russischen, die Einheit der politischen Action nicht gesichert ist. Sie ist es vielleicht in höherm Grade in England, wo der leitende Minister und die Berichte, die er empfängt, der öffentlichen Kritik unterliegen, während in Rußland nur der jedesmalige Kaiser in der Lage ist, je nach seiner Menschenkenntniß und Befähigung zu beurtheilen, welcher von seinen berichtenden und vortragenden Dienern irrt oder ihn belügt, und von welchem er die Wahrheit erfährt. Ich will damit nicht sagen, daß der laufende Dienst des Auswärtigen Amts in London klüger betrieben wird als in Petersburg, aber die englische Regirung geräth seltner als die russische in die Notwendigkeit, Irrthümer ihrer Untergebenen durch Unaufrichtigkeit wieder gut zu machen. Lord Palmerston hat freilich am 4. April 1856 im Unterhause mit einer von der Masse der Mitglieder wahrscheinlich nicht verstandnen Ironie gesagt, die Auswahl der dem Parlamente vorzulegenden Schriftstücke über Kars habe große Sorgfalt und Aufmerksamkeit von Personen, die nicht eine untergeordnete, sondern eine hohe Stellung im Auswärtigen einnähmen, erfordert. Das Blaubuch über Kars, die castrirten Depeschen von Sir Alexander Burnes aus Afghanistan und die Mittheilungen der Minister über die Entstehung der Note, welche die Wiener Conferenz 1854 dem Sultan anstatt der Mentschikow'schen zur Unterzeichnung empfahl, sind Proben von der Leichtigkeit, mit welcher Parlament und Presse in England getäuscht werden können. Daß die Archive des Auswärtigen Amtes in London ängstlicher als irgendwo gehütet werden, läßt vermuthen, daß in ihnen noch manche ähnliche Probe zu entdecken sein würde. Im Ganzen wird man aber doch sagen dürfen, daß der Zar leichter zu belügen ist als das Parlament.

Bei den diplomatischen Verhandlungen über Ausführung der Bestimmungen des Berliner Congresses wurde in Petersburg erwartet, daß wir jede russische Auffassung der östreichisch-englischen gegenüber ohne weitres und namentlich ohne vorgängige Verständigung zwischen Berlin und Petersburg unterstützen und durchsetzen würden. Meine angedeutete, endlich ausgesprochne Forderung, die russischen Wünsche uns vertraulich, aber deutlich auszusprechen und darüber zu verhandeln, wurde eludirt, und ich erhielt den Eindruck, daß Fürst Gortschakow von mir, wie eine Dame von ihrem Verehrer, erwartete, daß ich die russischen Wünsche errathen und vertreten würde, ohne daß Rußland selbst sie auszusprechen und dadurch eine Verantwortlichkeit zu übernehmen brauchte. Selbst in Fällen, wo wir annehmen durften, der russischen Interessen und Absichten völlig gewiß zu sein, und glaubten, der russischen Politik einen Beweis unsrer Freundschaft freiwillig geben zu können, ohne eigne Interessen zu schädigen, erfuhren wir statt der erwarteten Anerkennung eine nörgelnde Mißbilligung, weil wir angeblich in Richtung und Maß nicht das von unserm russischen Freunde Erwartete getroffen hatten. Auch wenn letztres unzweifelhaft der Fall war, hatten wir keinen bessern Erfolg. In diesem ganzen Verfahren lag eine berechnete Unehrlichkeit nicht nur uns, sondern auch dem Kaiser Alexander gegenüber, dessen Gemüthe die deutsche Politik als unehrlich und unzuverlässig erscheinen sollte. *Votre amitié est trop platonique*, hat die Kaiserin Marie einem unsrer Vertreter vorwurfsvoll gesagt. Platonisch bleibt die Freundschaft eines großmächtlichen Cabinets für die andern allerdings immer bis zu einem gewissen Grade; denn keine Großmacht kann sich in den ausschließlichen Dienst einer andern stellen. Sie wird immer ihre, nicht nur gegenwärtigen, sondern auch zukünftigen Beziehungen zu den übrigen im Auge behalten und dauernde, prinzipielle Feindschaft mit jeder von ihnen nach Möglichkeit vermeiden müssen. Für Deutschland mit seiner centralen, nach drei großen Angriffsfronten offnen Lage trifft das besonders zu. Irrthümer in der Cabinetspolitik der großen Mächte strafen sich nicht sofort, weder in Petersburg noch in Berlin, aber unschädlich sind sie nie. Die geschichtliche Logik ist noch genauer in ihren Revisionen als unsre Oberrechenkammer. Bei Ausführung der Congreßbeschlüsse erwartete und verlangte Rußland, daß die deutschen Commissarien bei localen Verhandlungen darüber im Orient, bei Divergenzen zwischen russischen und andern Auffassungen, generell der russischen zustimmen sollten. Vgl. dazu die einer Depesche entnommene Charakteristik der Situation im Bismarck-Jahrbuch I 125 ff. Uns konnte in manchen Fragen allerdings die objective Entscheidung ziemlich gleichgültig sein, es kam für uns nur darauf an, die Stipulationen ehrlich auszulegen und unsre Beziehungen auch zu den übrigen Großmächten nicht durch parteiisches Verhalten zu stören in Localfragen, die ein deutsches Interesse nicht berührten. Die leidenschaftliche Bitterkeit der Sprache aller russischen Organe, die durch die Censur autorisirte Verhetzung der russischen Volksstimmung gegen uns ließ es dann gerathen erscheinen, die Sympathien, die wir bei nichtrussischen Mächten noch haben konnten, uns nicht zu entfremden.

In dieser Situation nun kam ein eigenhändiges Schreiben des Kaisers Alexander, das trotz aller Verehrung für den bejahrten Freund und Oheim an zwei Stellen bestimmte Kriegsdrohungen enthielt in der Form, die völkerrechtlich üblich ist, etwa des Inhalts: wenn die Weigerung, das deutsche Votum dem russischen anzupassen, festgehalten wird, so kann der Friede zwischen uns nicht dauern. Der Correspondent, Herr Oppert aus Blomitz in Böhmen, wird die Verbreitung dieser ihm doch wohl von Gortschakow zugegangnen Nachricht um so bereitwilliger übernommen haben, als er mir von dem Congreß her grollte. Auf den Wunsch Beaconsfield's, der ihn bei guter Laune erhalten wollte, hatte ich ihm die dritte Classe des Kronenordens verschafft. Er war über die nach preußischen Begriffen ungewöhnlich hoch gegriffne Auszeichnung entrüstet, lehnte sie ab und verlangte die zweite Classe. Dieses Thema war in scharfen und unzweideutigen Worten an zwei Stellen variirt. Daß Fürst Gortschakow, der am 6. September 1879 in einem Interview mit dem Korrespondenten des orleanistischen »Soleil«, Louis Peyramont, Frankreich eine sehr auffallende Liebeserklärung machte, auch an jenem Schreiben mitgearbeitet hatte, sah ich dem letztern an; durch zwei spätre Wahrnehmungen wurde meine Vermuthung bestätigt. Im October hörte eine Dame der Berliner Gesellschaft, die in dem *Hôtel de l'Europe* in Baden-Baden Zimmernachbarin Gortschakow's war, ihn sagen: « *j'aurais voulu faire la guerre, mais la France a d'autres intentions.*« Und am 1. November war der Pariser Korrespondent der »Times« in der Lage, seinem Blatte zu melden, vor der Zusammenkunft in Alexandrowo habe der Zar an Kaiser Wilhelm geschrieben, sich über die Haltung Deutschlands beschwert und sich der Phrase bedient: »Der Kanzler Ew. Majestät hat die Versprechungen von 1870 vergessen«. Ich habe dieses Schreiben vom 3./15. August 1879 nach dem Original in dem »Wegweiser durch Bismarck's Gedanken und Erinnerungen« S. 168 ff. veröffentlicht.

Angesichts der Haltung der russischen Presse, der steigenden Erregtheit der großen Massen des Volkes, der Truppenanhäufung unmittelbar längs der preußischen Grenzen wäre es leichtfertig gewesen, den Ernst der Situation und der kaiserlichen Drohung gegen den früher so verehrten Freund zu bezweifeln. Daß Kaiser Wilhelm auf den Rath des Feldmarschalls von Manteuffel am 3. September 1879 nach Alexandrowo ging, um die schriftlichen Drohungen seines Neffen mündlich begütigend zu beantworten, widerstrebte meinem Gefühle und meinem Urtheil über das, was noth thue.

Betrachtungen analog denen, welche den Versuch widerriethen, die complicirten Schwierigkeiten von 1863 auf dem Wege eines russischen Bündnisses zu lösen, S. o. S. 82 ff., Bd. I 303. 341. standen in der zweiten Hälfte der siebziger Jahre ebenfalls einer stärkern Accentuirung der russischen Freundschaft ohne Oestreich entgegen. Ich weiß nicht, in wie weit Graf Peter Schuwalow vor Beginn des letzten Balkankriegs und während des Congresses ausdrücklich beauftragt war, die Frage eines deutsch-russischen Bündnisses zu besprechen; er war nicht in Berlin beglaubigt, sondern in London, seine persönlichen Beziehungen zu mir gestatteten ihm aber, sowohl bei seinen vorübergehenden Berührungen Berlins auf der Durchreise wie während des Congresses mit mir alle Eventualitäten rückhaltlos zu besprechen.

Anfang Februar 1877 hatte ich von ihm ein längres Schreiben aus London erhalten; meine Antwort und seine Erwiderung darauf lasse ich folgen: Der in der ersten Ausgabe nach dem Concept gedruckte Brief wird hier nach dem im »Wegweiser durch Bismarck's Gedanken und Erinnerungen« veröffentlichten Original wiedergegeben. Er ist die Antwort auf einen Brief Schuwalow's vom 3. Februar 1877, den ich nach dem Original in dem »Wegweiser durch Bismarck's Gedanken und Erinnerungen« S. 171 f. veröffentlicht habe. Die Urschrift des Bismarck'schen Briefes vom 15. Febr. 1877 hat mir Herr Consistorialrath Dalton zur Verfügung gestellt.

Berlin, le 15 février 1877.

Cher Comte,

Je vous remercie des bonnes paroles que vous avez bien voulu m'écrire et je sais gré au Cte Munster d'avoir si bien interprété en cette occasion les sentiments, qui dès notre première connaissance ont formé entre nous un lien qui survivra aux relations politiques, qui aujourd'hui nous mettent en rapport. Parmi les regrets que me laissera la vie officielle, celui qui naîtra du souvenir de mes conversations avec vous, sera des plus vifs.

Quel que soit l'avenir politique de nos deux pays, la part que j'ai prise à l'histoire de leur passé, me laissera la satisfaction, qu'au sujet de leur alliance, j'ai de tout temps été d'accord avec l'homme d'état le plus aimable parmi mes amis politiques. Tant que je resterai en place, je serai fidèle aux traditions qui m'ont guidé depuis 25 ans et qui sont identiques aux idées développées dans votre lettre au sujet des services que la Russie et l'Allemagne peuvent se rendre et se sont rendus mutuellement depuis plus d'un siècle sans que les intérêts particuliers à l'une et à l'autre en aient souffert. Deux voisins en Europe qui, pendant plus d'un siècle, n'ont pas éprouvé la moindre démangeaison d'hostilité, devraient de ce fait seul tirer la conclusion, qu'il n'y a pas d'intérêts divergent entre eux. Voilà la conviction que j'ai suivi en 1848, en 54, en 63 et dans la situation actuelle, et que j'ai fait partager à la grande majorité de mes compatriotes. C'est une œuvre qu'il sera peut-être plus facile de détruire qu'il n'a été de la créer, surtout dans le cas où mes successeurs ne mettraient pas la même constance que moi à cultiver des relations dont l'habitude leur manquera, et pour le maintien desquelles il faut quelquefois faire abnégation d'amour-propre, et subordonner ses susceptibilités aux intérêts de son maître et de son pays. J'en sais quelque chose, mais je ne tiens pas compté des petites niches que me fait mon ancien ami et tuteur de *Pétersbourg Fürst Gortschakow. ni de ses »flirtations« avec Paris ou de celles d'Orlow. Un vieux routier de ma trempe ne se laisse dérouter par de fausses alarmes; mais sera-t-il de même avec les Chaceliers qui me suivront et auxquels je ne puis pas léguer mon sangfroid et mon expérience? Il semble peut-être plus facile d'égarer leur jugement politique par des journaux officieux, par des propos malveillants, par des lettres privées que l'on fait circuler. Un ministre allemand, auquel on fait entrevoir la facilité d'une coalition sur la base de la revanche, effrayé par l'idée de l'isolement, pourra tenter de se prémunir par des engagements maladroits, funestes même, mais difficiles à résoudre après coup. Il y a tant de force et de sécurité dans une alliance des deux empires, que je me fâche à l'idée seule, qu'elle pourrait être compromise un jour sans la moindre raison politique, uniquement par la volonté de quelque homme d'état qui aime à varier ou qui trouve le Français plus aimable que l'Allemand; sur cela je serais parfaitement de son avis, mais sans y subordonner la politique de mon pays. Aussi longtemps que je serai à la tête de nos affaires, vous aurez de la difficulté à vous défaire de notre alliance, mais ce ne sera plus longtemps. Ma santé s'en va rapidement. Je tâcherai de tenir tête à la diète qui s'ouvrira dans quelques jours et qui ne peut durer que quelques semaines. Immédiatement après la clôture je m'en irai aux eaux pour ne plus rentrer aux affaires. Je tiens le certificat de la faculté d'être »untauglich«, terme technique pour l'admission forcée à la retraite, et qui dans cette circonstance ne dit que la triste vérité.*

Si Dieu me permet de jouir de quelques années de repos dans la vie privée, je vous demande la permission de continuer les bonnes relations d'amitié avec vous, cher Comte, que la vie officielle m'a permis de nouer, et en attendant je vous prie d'agréer l'expression des sentiments avec lesquels je vous suis sincèrement dévoué.

v. Bismarck.

Je vous demande pardon du retard de ma résponse, j'ai eu pendant une quinzaine de jours bien de la difficulté á écrire de ma main, une espèce de crampe, qui ma gêne encore comme vous le verrez à mon écriture. Je n'ai pas voulu cependant me servir de la main d'un autre pour vous écrire.

Londres, le 25 févr. 1877

Mon cher Prince,

J'ai été très profondément touché de votre si bonne lettre – seulement c'est un vrai remords pour moi que de penser à la peine que vous vous êtes donnée de l'écrire et au temps précieux (quand c'est le vôtre) qu'elle vous a coûté!

Cette lettre restera un des meilleurs souvenirs de ma carrière politique et je la léguerai à mon fils.

Eloigné depuis un an de Berlin et de Pétersbourg, le doute s'était emparé de moi.

Je pensais que ce qui *avait existè* – n'existait peut-être *plus*. Vous m'en donnez la preuve contraire. Je m'en réjouis en bon Russe et de tout mon cœur.

Si je n'avais pas retrouvé en vous, cher Prince, l'homme qui ne varie jamais ni en politique, ni dans sa bienveillance pour ses amis, – c'est alors pour le coup que j'aurais vendu mes fonds russes comme vous aviez voulu le faire il y a trois ans, parce que vous aviez une trop haute opinion de moi.

J'ai copié quelques passages de votre lettre, et les ai envoyés à mon Empereur. Je sais que cela lui fera plaisir de les lire. Toutes les fois qu'il s'est trouvé en contact *direct* avec vous, il en écrives à quelqu'un que vous honorez du titre d'ami, c'est pour l'Empereur, comme s'il était en rapports directs.

Inutile d'ajouter que j'ai omis tout ce qui concernait Gortschakow, car j'ai considéré vos allusions à son égard comme une preuve de confiance dans ma discrétion.

Tout mal informé que je suis (et pour cause) de ce que l'on veut à Péterbourg, l'ajournement et le désarmement me paraissent probables.

La paix avec la Serbie et le Monténégro va être conclue, dit-on. Le grand-visir a adressé des lettres à Decazes et Derby pour leur déclarer que le Sultan promet d'accomplir spontanément toutes les réformes demandées par la conférence. L'Europe va nous demander d'accorder du temps á la Turquie. Serait-ce le moment favorable pour nous de déclarer la guerre et de nous aliéner encore davantage les sentiments de l'Europe?

Des affaires particulières me réclament impérieusement en Russie; je compte demander un court congé aussitôt qu'une décision sera prise chez nous dans un sens ou dans l'autre. J'espère, mon cher Prince, que vous me permettrez de vous voir à mon passage par Berlin – j'y tiens *énormement*

Excusez la longueur de cette lettre pour la raison que vous n'avez pas un seul mot à y répondre.

Recevez encore une fois, cher Prince, mes chaleureux remerciements pour votre kindness et pour votre lettre, à laquelle je ne fais qu'une seule objection, c'est la façon dont vous parlez malheureusement de votre santé. – Dieu la soutiendra, j'en suis sûr, comme Il préserve tout ce qui est utile à des millions d'hommes et à la préservation de grands et de vastes intérêts.

Soyez assuré, cher Prince, que vous trouverez toujour en moi plus même qu'un admirateur, dont le nombre est assez grand sans moi, mais un homme qui vous est sincèrement attaché et dévoué de tout cœur.

Schouvaloff.

Noch vor dem Congreß berührte Graf Schuwalow die Frage eines russisch-deutschen Schutz- und Trutzbündnisses und stellte sie direct. Ich besprach mit ihm offen die Schwierigkeiten und Aussichten, die die Bündnißfrage und zunächst, wenn der Dreibund der Ostmächte nicht haltbar wäre, die Wahl zwischen Oestreich und Rußland für uns habe. Er sagte unter Anderm in der Discussion: »vous avez le cauchemar des coalitions«, worauf ich erwiderte: »nécessairement«. Als das sicherste Mittel dagegen bezeichnete er ein festes, unerschütterliches Bündniß mit Rußland, weil bei Ausschluß der letztern Macht aus dem Kreise unsrer Coalitionsgegner keine für uns lebensgefährliche Combination möglich sei.

Ich gab dies zu, sprach aber meine Befürchtung aus, daß die deutsche Politik, wenn sie ihre Möglichkeiten auf das russische Bündniß einschränkte und allen übrigen Staaten den russischen Wünschen entsprechend absagte, Rußland gegenüber in eine ungleiche Stellung gerathen könne, weil die geographische Lage und die autokratische Verfassung Rußlands diesem für das Aufgeben des Bündnisses stets mehr Leichtigkeit gewähre, als wir haben würden, und weil das Festhalten an der alten Tradition des preußisch-russischen Bundes doch immer nur auf zwei Augen stehe, d. h. von dem Gemüthsleben des jedesmaligen Kaisers von Rußland abhänge. Unsre Beziehungen zu Rußland beruhten wesentlich auf dem persönlichen Verhältniß beider Monarchen zu einander und auf dessen richtiger Pflege durch höfische und diplomatische Geschicklichkeit, respective Gesinnung der beiderseitigen Vertreter. Wir hätten das Beispiel gehabt, daß bei ziemlich hülflosen preußischen Gesandten in Petersburg durch die Geschicklichkeit von Militärbevollmächtigten, wie der Generale von Rauch und Graf Münster, die gegenseitigen Beziehungen intim geblieben wären, trotz mancher berechtigten Empfindlichkeit auf beiden Seiten. Wir hätten ebenso erlebt, daß jähzornige oder reizbare Vertreter Rußlands, wie Budberg und Oubril, durch ihre Haltung in Berlin und durch ihre Berichterstattung, wenn sie persönlich verstimmt waren, Eindrücke erzeugten, welche auf die gegenseitigen Gesammtbeziehungen zweier Völker von einundeinhalb hundert Millionen gefährlich zurückwirken konnten. Ich erinnre mich, daß Fürst Gortschakow mir, als ich in Petersburg Gesandter war und seines unbegrenzten Vertrauns mich erfreute, mitunter, wenn er mich warten ließ, noch unerbrochne Berliner Berichte zu lesen gab, bevor er selbst sie durchgesehn hatte. Ich war zuweilen erstaunt, daraus zu entnehmen, mit welchem Uebelwollen mein früherer Freund Budberg seiner Empfindlichkeit über irgend ein Erlebniß in der Gesellschaft oder auch nur dem Bedürfniß, einen witzigen Sarkasmus über Berliner Verhältnisse am Hofe und in dem Ministerium anzubringen, die Aufgabe der Erhaltung der gegenwärtigen Beziehungen unterordnete. Seine Berichte wurden natürlich dem Kaiser vorgelegt und zwar ohne Commentar und ohne Vortrag, und die kaiserlichen Randbemerkungen, von denen Gortschakow mir in der weitern geschäftlichen Correspondenz mitunter Einsicht gestattete, lieferten mir den zweifellosen Beweis, wie der uns wohlgesinnte Kaiser Alexander II. für die verstimmten Berichte von Budberg und Oubril empfänglich war und daraus nicht auf die falsche Darstellung seiner Vertreter, sondern auf den in Berlin herrschenden Mangel an einsichtiger und wohlwollender Politik schloß. Wenn der Fürst Gortschakow mir derartige Dinge unerbrochen zu lesen gab, um mit seinem Vertrauen zu coquettiren, so pflegte er zu sagen: »Vous oublierez ce que vous ne deviez pas lire,« was ich natürlich, nachdem ich im Nebenzimmer die Depeschen durchgesehn hatte, zusagte und, so lange ich in Petersburg war, auch gehalten habe, da es nicht meine Aufgabe war, die Beziehungen beider Höfe durch Anklagen gegen den Vertreter des russischen in Berlin zu verschlechtern, und da ich ungeschickte Verwerthung meiner Meldungen zu höfischen Intrigen und Verhetzungen befürchtete.

Es wäre überhaupt zu wünschen, daß wir an jedem befreundeten Hofe durch Diplomaten vertreten wären, die ohne der Gesammtpolitik des eignen Vaterlands vorzugreifen, doch nach Möglichkeit die Beziehungen beider betheiligten Staaten dadurch pflegten, daß sie Verstimmungen und Klatsch nach Möglichkeit verschwiegen, ihr Bedürfniß, witzig zu sein, zügelten und *eher* die förderliche Seite der Sache hervorhöben. Ich habe die Berichte unsrer Vertreter an deutschen Höfen höhern Orts oft nicht vorgelegt, weil sie mehr die Tendenz hatten, pikant zu sein oder verstimmende Aeußrungen oder Erscheinungen mit Vorliebe zu melden und zu würdigen, als die Beziehungen zwischen beiden Höfen zu bessern und zu pflegen, so lange letztres, wie in Deutschland *stets* der Fall ist, die Aufgabe unsrer Politik war. Ich habe mich für berechtigt gehalten, aus Petersburg und Paris Dinge, die zu Haufe nur zwecklos verstimmen konnten oder sich lediglich zu satirischen Darstellungen eigneten, zu verschweigen, und als ich Minister war, dergleichen allerhöchsten Orts nicht vorzulegen. In der Stellung eines Botschafters am Hofe einer Großmacht findet die Verpflichtung zur mechanischen Berichterstattung über alle am Domicil des Botschafters vorkommenden thörichten Reden und Bosheiten nicht Anwendung. Ein Botschafter nicht nur, sondern auch jeder deutsche Diplomat an einem deutschen Hofe, sollte nicht Berichte schreiben, wie sie Budberg, Oubril aus Berlin, Valabin aus Wien nach Hause sandten in der Berechnung, daß sie als witzig mit Interesse und mit selbstgefälliger Heiterkeit gelesen würden, sondern er sollte sich, so lange die Verhältnisse freundlich sind und bleiben sollen, des Hetzens und Klatschens enthalten. Wer nur das Förmliche des Geschäftsganges im Auge hat, wird es allerdings für das Richtigste halten, daß der Gesandte rückhaltlos meldet, was er hört, und es dem Minister überläßt, über was er hinwegsehn und was er betonen will. Ob das aber sachlich zweckmäßig ist, hängt von der Persönlichkeit des Ministers ab. Da ich mich für ebenso einsichtig hielt wie Herrn von Schleinitz und einen tiefern und gewissenhaftern Antheil an dem Schicksal unsres Landes nahm als er, so habe ich mich für berechtigt und verpflichtet gehalten, manches nicht zu seiner Kenntniß zu bringen, was in seinen Händen Verhetzungen und Intrigen am Hofe im Sinne einer Politik dienen konnte, die nicht die des Königs war.

Ich kehre von dieser Abschweifung zu den Besprechungen zurück, die ich zur Zeit des Balkankriegs mit dem Grafen Peter Schuwalow gehabt habe. Ich sagte ihm, daß wir, wenn wir der Festigkeit eines Bündnisses mit Rußland die Beziehungen zu allen andern Mächten zum Opfer brächten, uns bei acuten Vorkommnissen von französischer und östreichischer Revanchelust bei unsrer exponirten geographischen Lage in einer gefährlichen Abhängigkeit von Rußland befinden würden. Die Verträglichkeit Rußlands mit Mächten, die nicht auch ohne sein Wohlwollen bestehn könnten, hätte ihre Grenzen, namentlich bei einer Politik wie die des Fürsten Gortschakow, die mich mitunter an asiatische Auffassungen erinnerte. Er habe oft jeden politischen Einwand einfach mit dem Argumente niedergeschlagen: »l'empereur est fort irrité«, worauf ich ironisch zu antworten pflegte: »Eh, le mien donc!« Schuwalow bemerkte dazu: »Gortschakoff est un animal«, was in dem Petersburger Jargon nicht so grob gemeint ist, wie es klingt, »il n'a aucune influence«; er verdanke es überhaupt nur der Achtung des Kaisers vor dem Alter und dem frühern Verdienste, daß er formell noch die Geschäfte führe. Worüber könnten Rußland und Preußen ernsthaft jemals in Streit gerathen? Es gebe garkeine Frage zwischen ihnen, die wichtig genug dazu wäre. Das letztre gab ich zu, erinnerte aber an Olmütz und den siebenjährigen Krieg, man gerathe auch aus unwichtigen Ursachen in Händel, sogar aus Formfragen; es würde manchen Russen auch ohne Gortschakow schwer, einen Freund als gleichberechtigt zu betrachten und zu behandeln, ich wäre in dem Punkte der Form persönlich nicht empfindlich – aber das jetzige Rußland habe bis auf Weitres nicht blos die Formen, sondern auch die Ansprüche Gortschakow's.

Ich lehnte die »Option« zwischen Oestreich und Rußland auch damals ab und empfahl den Bund der drei Kaiser oder doch die Pflege des Friedens zwischen ihnen.

Neunundzwanzigstes Kapitel. Der Dreibund.

I.

Der Dreibund, den ich ursprünglich nach dem Frankfurter Frieden zu erreichen suchte und über den ich schon im September 1870 von Meaux aus in Wien und Petersburg sondirt hatte, war ein Bund der drei Kaiser mit dem Hintergedanken des Beitritts des monarchischen Italiens und gerichtet auf den, wie ich befürchtete, in irgend einer Form bevorstehenden Kampf zwischen den beiden europäischen Richtungen, die Napoleon die republikanische und die kosakische genannt hat und die ich nach heutigen Begriffen bezeichnen möchte einerseits als das System der Ordnung auf monarchischer Grundlage, andrerseits als die sociale Republik, auf deren Niveau die antimonarchische Entwicklung langsam oder sprungweise hinabzusinken pflegt, bis die Unerträglichkeit der dadurch geschaffnen Zustände die enttäuschte Bevölkerung für gewaltsame Rückkehr zu monarchischen Institutionen in cäsarischer Form empfänglich macht. Diesem circulus vitiosus zu entgehn, oder das Eintreten in ihn der gegenwärtigen Generation oder ihren Kindern womöglich zu ersparen, halte ich für eine Aufgabe, die den noch lebenskräftigen Monarchien näher liegen sollte als die Rivalität um den Einfluß auf die nationalen Fragmente, welche die Balkanhalbinsel bevölkern. Wenn die monarchischen Regirungen für das Bedürfnis des Zusammenhaltens im Interesse staatlicher und gesellschaftlicher Ordnung kein Verständniß haben, sondern sich chauvinistischen Regungen ihrer Unterthanen dienstbar machen, so befürchte ich, daß die internationalen revolutionären und socialen Kämpfe, die auszufechten sein werden, um so gefährlicher und für den Sieg der monarchischen Ordnung schwieriger sich gestalten werden. Ich habe die Nächstliegende Assecuranz gegen diese Kämpfe seit 1871 in dem Dreikaiserbunde und in dem Bestreben gesucht, dem monarchischen Prinzipe in Italien eine feste Anlehnung an diesen Bund zu gewähren. Ich war nicht ohne Hoffnung auf einen dauernden Erfolg, als im September 1872 die Zusammenkunft der drei Kaiser in Berlin, demnächst die Besuche meines Kaisers in Petersburg im Mai, des Königs von Italien in Berlin im September, des deutschen Kaisers in Wien im October des folgenden Jahres stattfanden. Die erste Trübung dieser Hoffnung wurde 1875 verursacht durch die Hetzereien des Fürsten Gortschakow Kap. 26, s. o. S. 201 f., der die Lüge verbreitete, daß wir Frankreich, bevor es sich von seinen Wunden erholt hatte, zu überfallen beabsichtigten.

Ich bin zur Zeit der Luxemburger Frage (1867) ein grundsätzlicher Gegner von Präventivkriegen gewesen, d. h. von Angriffskriegen, die wir um deshalb führen würden, weil wir vermutheten, daß wir sie später mit dem besser gerüsteten Feinde zu bestehn haben würden. S. o. S. 204 ff. den Brief Bismarck's an den Kaiser vom 13. Aug. 1875. Daß wir 1875 Frankreich besiegt haben würden, war nach der Ansicht unsrer Militärs wahrscheinlich; aber nicht so wahrscheinlich war es, daß die übrigen Mächte neutral geblieben sein würden. Wenn schon in den letzten Monaten vor den Versailler Verhandlungen die Gefahr europäischer Einmischung mich täglich beängstigte, so würde die scheinbare Gehässigkeit eines Angriffs, den wir unternommen hätten, nur um Frankreich nicht wieder zu Athem kommen zu lassen, einen willkomnmen Vorwand zunächst für englische Humanitätsphrasen geboten haben, dann aber auch für Rußland, um aus der Politik der persönlichen Freundschaft der beiden Kaiser einen Uebergang zu der des kühlen russischen Staatsinteresses zu finden, das 1814 und 1815 bei Absteckung des französischen Gebiets maßgebend gewesen war. Daß es für die russische Politik eine Grenze giebt, über die hinaus das Gewicht Frankreichs in Europa nicht vermindert werden darf, ist erklärlich. Dieselbe war, wie ich glaube, mit dem Frankfurter Frieden erreicht, und diese Thatsache war vielleicht 1870 und 1871 in Petersburg noch nicht in dem Maße zum Bewußtsein gekommen, wie fünf Jahre später. Ich glaube kaum, daß das russische Cabinet während unsres Krieges deutlich vorausgesehn hat, daß es nach demselben ein so starkes und consolidirtes Deutschland zum Nachbar haben würde. Im Jahre 1875 nahm ich an, daß an der Newa schon einige Zweifel darüber herrschten, ob es richtig gewesen sei, die Dinge so weit kommen zu lassen, ohne in die Entwicklung einzugreifen. Die aufrichtige Freundschaft und Verehrung Alexander's II. für seinen Oheim deckten das Unbehagen, das die amtlichen Kreise bereits empfanden. Hätten wir damals den Krieg erneuern wollen, nur um das kranke Frankreich nicht genesen zu lassen, so würde unzweifelhaft nach einigen mißlungnen Conferenzen zur Verhütung des Kriegs unsre Kriegführung sich in Frankreich in der Lage befunden haben, die ich in Versailles bei der Verschleppung der Belagrung befürchtet hatte. Die Beendigung des Kriegs würde nicht durch einen Friedensschluß unter vier Augen, sondern in einem Congresse zu Stande gekommen sein, wie 1814 unter Zuziehung des besiegten Frankreich, und vielleicht bei der Mißgunst, der wir ausgesetzt waren, ebenso wie damals unter Leitung eines neuen Talleyrand.

Ich hatte schon in Versailles befürchtet, daß die Betheiligung Frankreichs an den Londoner Conferenzen über die das Schwarze Meer betreffenden Clauseln des Pariser Friedens dazu benutzt werden könnte, um mit der Dreistigkeit, die Talleyrand in Wien bewiesen hatte, die deutsch-französische Frage als Pfropfreis auf die programmmäßigen Erörtrungen zu setzen. Aus dem Grunde habe ich, trotz vielseitiger Befürwortung, die Betheiligung Favre's an jener Conferenz durch äußre und innre Einflüsse verhindert. Ob Frankreich 1875 unserm Anfalle gegenüber in seiner Verteidigung so schwach gewesen sein würde, wie unsre Militärs annahmen, erscheint fraglich, wenn man sich erinnert, daß in dem französisch-englisch-östreichischen Vertrage vom 3. Januar 1815 das besiegte und (noch theilweise besetzte Die in Klammern gesetzten Worte enthalten einen Irrthum. Nach dem *ersten* Pariser Frieden wurde Frankreich alsbald geräumt; nach dem *zweiten* Pariser Frieden blieben Theile des Landes einige Jahre lang besetzt. durch zwanzig Kriegsjahre erschöpfte Frankreich doch noch bereit war, für die Coalition gegen Preußen und Rußland 150000 Mann sofort und demnächst 300000 in's Feld zu führen. Die 300000 in unsrer Gefangenschaft gewesenen altgedienten Soldaten befanden sich wieder in Frankreich, und wir hatten die russische Macht schließlich wohl nicht wie im Januar 1815 (als Bundesgenossen auf unsrer Seite, auch nicht wie während des deutsch-französischen Kriegs Die in Klammern gesetzten Worte fehlen in der ersten Ausgabe infolge eines erst nachträglich bemerkten Irrthums des Abschreibers. wohlwollend neutral, sondern vielleicht feindlich hinter uns gehabt. Aus dem Gortschakow'schen Circular-Telegramm vom Mai 1875 S. o. S. 201. an alle russischen Gesandschaften geht hervor, daß die russische Diplomatie bereits zu einer Thätigkeit gegen unsre angebliche Neigung zur Friedensstörung veranlaßt worden war.

Auf diese Episode folgten die unruhigen Bestrebungen des russischen Reichskanzlers, unsre und besonders meine persönlich guten Beziehungen zum Kaiser Alexander zu trüben, unter anderm dadurch, daß er, wie im 28. Kapitel erzählt ist, durch Vermittlung des Generals von Werder die Ablehnung des Versprechens der Neutralität für den Fall eines russisch-östreichischen Krieges von mir erpreßte. Daß das russische Cabinet sich alsdann direct und im Geheimen an das Wiener wandte, bezeichnet wiederum eine Phase der Gortschakow'schen Politik, die meinem Streben nach einem monarchisch-conservativen Dreibunde nicht günstig war.

II.

Graf Schuwalow hatte vollkommen Recht, wenn er mir sagte, daß mir der Gedanke an Coalitionen böse Träume verursache S. o. S. 253.. Wir hatten gegen zwei der europäischen Großmächte siegreiche Kriege geführt; es kam darauf an, wenigstens einen der beiden mächtigen Gegner, die wir im Felde bekämpft hatten, der Versuchung zu entziehn, die in der Aussicht lag, im Bunde mit andern Revanche nehmen zu können. Daß Frankreich das nicht sein konnte, lag für jeden Kenner der Geschichte und der gallischen Nationalität auf der Hand, und wenn ein geheimer Vertrag von Reichstadt ohne unsre Zustimmung und unser Wissen möglich war, so war auch die alte Kaunitz'sche Coalition von Frankreich, Oestreich, Rußland nicht unmöglich, sobald die ihr entsprechenden, in Oestreich latent vorhandnen Elemente dort an das Ruder kamen. Sie konnten Anknüpfungspunkte finden, von denen aus sich die alte Rivalität, das alte Streben nach deutscher Hegemonie als Factor der östreichischen Politik wieder beleben ließ in Anlehnung, sei es an Frankreich, die zur Zeit des Grafen Beust und der Salzburger Begegnung mit Louis Napoleon, August 1867, in der Luft schwebte, sei es in Annäherung an Rußland, wie sie sich in dem geheimen Abkommen von Reichstadt erkennen ließ.

Die Frage, welche Unterstützung Deutschland von England in einem solchen Falle zu erwarten haben würde, will ich nicht ohne Weitres im Rückblick auf die Geschichte des siebenjährigen Kriegs und des Wiener Congresses beantworten, es aber doch als wahrscheinlich bezeichnen, daß ohne die Siege Friedrich's des Großen die Sache des Königs von Preußen damals noch früher von England wäre fallen gelassen worden.

In dieser Situation lag die Auffordrung zu dem Versuch, die Möglichkeit der antideutschen Coalition durch vertragsmäßige Sicherstellung der Beziehungen zu wenigstens einer der Großmächte einzuschränken. Die Wahl konnte nur zwischen Oestreich und Rußland stehn, da die englische Verfassung Bündnisse von gesicherter Dauer nicht zuläßt und die Verbindung mit Italien allein ein hinreichendes Gegengewicht gegen eine Koalition der drei übrigen Großmächte auch dann nicht gewährte, wenn die zukünftige Haltung und Gestaltung Italiens nicht nur von Frankreich, sondern auch von Oestreich unabhängig gedacht wurde. Es blieb, um das Feld der Coalitionsbildung zu verkleinern, nur die bezeichnete Wahl.

Für materiell stärker hielt ich die Verbindung mit Rußland. Sie hatte mir früher auch als sichrer gegolten, weil ich die traditionelle dynastische Freundschaft, die Gemeinsamkeit des monarchischen Erhaltungstriebs und die Abwesenheit aller eingebornen Gegensätze in der Politik für sichrer hielt als die wandelbaren Eindrücke der öffentlichen Meinung in der ungarischen, slavischen und katholischen Bevölkerung der habsburgischen Monarchie. Absolut sicher für die Dauer war keine der beiden Verbindungen, weder das dynastische Band mit Rußland, noch das populäre ungarisch-deutscher Sympathie. Wenn in Ungarn stets die besonnene politische Erwägung den Ausschlag gäbe, so würde diese tapfre und unabhängige Nation sich darüber klar bleiben, daß sie als Insel in dem weiten Meere slavischer Bevölkerungen sich bei ihrer verhältnißmäßig geringen Ziffer nur durch Anlehnung an das deutsche Element in Oestreich und in Deutschland sicher stellen kann. Aber die Kossuth'sche Episode und die Unterdrückung der reichstreuen deutschen Elemente in Ungarn selbst und andre Symptome zeigten, daß in kritischen Momenten das Selbstvertraun des ungarischen Husaren und Advocaten stärker ist als die politische Berechnung und die Selbstbeherrschung. Läßt doch auch in ruhigen Zeiten mancher Magyar sich von den Zigeunern das Lied »Der Deutsche ist ein Hundsfott« aufspielen!

In den Bedenken über die zukünftigen östreichisch-deutschen Beziehungen kam der Mangel an Augenmaß für politische Möglichkeiten, infolge dessen das deutsche Element in Oestreich die Fühlung mit der Dynastie und die Leitung verloren hat, die ihm in der geschichtlichen Entwicklung zugefallen war. Zu Sorgen für die Zukunft eines östreichisch-deutschen Bundes gab ferner die confessionelle Frage Anlaß, die Erinnrung an den Einfluß der Beichtväter der Kaiserlichen Familie, die Möglichkeit der Herstellung französischer Beziehungen auf katholisirender Unterlage, sobald in Frankreich eine entsprechende Wandlung der Form und der Prinzipien der

Staatsleitung eingetreten wäre. Wie fern oder wie nahe eine solche in Frankreich liegt, entzieht sich jeder Berechnung.

Dazu kam endlich die polnische Seite der östreichischen Politik. Wir können von Oestreich nicht verlangen, daß es auf die Waffe verzichte, die es in der Pflege des Polenthums in Galizien Rußland gegenüber besitzt. Die Politik, die 1846 dazu führte, daß östreichische Beamte Preise auf die Köpfe polnischer Insurgenten setzten, war möglich, weil Oestreich die Vortheile der heiligen Allianz, des Bündnisses der drei Ostmächte, durch ein adäquates Verhalten in den polnischen und orientalischen Dingen bezahlte, gleichsam durch einen Assecuranzbeitrag zu einem gemeinsamen Geschäfte. Bestand der Dreibund der Ostmächte, so konnte Oestreich seine Beziehungen zu den Ruthenen in den Vordergrund stellen; löste er sich auf, so war es rathsamer, den polnischen Adel für den Fall eines russischen Kriegs zur Verfügung zu haben. Galizien ist überhaupt der östreichischen Monarchie lockrer angefügt als Posen und Westpreußen der preußischen. Die östreichische, gegen Osten offne Provinz ist außerhalb der Grenzmauer der Karpathen künstlich angeklebt, und Oestreich könnte ohne sie ebenso gut bestehn, wenn es für die 5 oder 6 Millionen Polen und Ruthenen einen Ersatz innerhalb des Donaubeckens fände. Pläne der Art in Gestalt eines Eintauschs rumänischer und südslavischer Bevölkerungen gegen Galizien, unter Herstellung Polens mit einem Erzherzoge an der Spitze, sind während des Krimkriegs und 1863 von berufner und unberufner Seite erwogen worden. Die alten preußischen Provinzen aber sind von Posen und Westpreußen durch keine natürliche Grenze getrennt, und der Verzicht auf sie wäre unausführbar. Die Frage der Zukunft Polens ist deshalb unter den Vorbedingungen eines deutsch-östreichischen Kriegsbündnisses eine besonders schwierige.

III.

In dieser Erwägung nöthigte mich der drohende Brief des Kaisers Alexander (1879) zu festem Entschlusse behufs Abwehr und Wahrung unsrer Unabhängigkeit von Rußland. Ein östreichisches Bündniß war ziemlich bei allen Parteien populär, bei den Conservativen aus einer geschichtlichen Tradition, bezüglich deren man zweifelhaft sein kann, ob sie grade von dem Standpunkt einer conservativen Fraction heut zu Tage als folgerichtig gelten könne. Thatsache ist aber, daß die Mehrheit der Conservativen in Preußen die Anlehnung an Oestreich als ihren Tendenzen entsprechend ansieht, auch wenn vorübergehend eine Art von Wettlauf im Liberalismus zwischen den beiden Regirungen stattfand. Der conservative Nimbus des östreichischen Namens überwog bei den meisten Mitgliedern dieser Fraction den Eindruck der theils überwundnen, theils neuen Vorstöße auf dem Gebiete des Liberalismus und der gelegentlichen Neigung zu Annäherungen an die Westmächte und speciell an Frankreich. Noch näher lagen die Erwägungen, welche den Katholiken den Bund mit der vorwiegend katholischen Großmacht als nützlich erscheinen ließen. Der nationalliberalen Partei war ein vertragsmäßig verbrieftes Bündniß des neuen Deutschen Reichs mit Oestreich ein Weg, auf dem man der Lösung der 1848er Cirkelquadratur näher kam, ohne an den Schwierigkeiten zu scheitern, die einer unitarischen Verbindung nicht nur zwischen Oestreich und Preußen-Deutschland, sondern schon innerhalb des ostreichisch-ungarischen Gesammtreichs entgegen standen. Es gab also auf unserm parlamentarischen Gebiete außer der socialdemokratischen Partei, deren Zustimmung überhaupt zu keiner Art von Regirungspolitik zu haben war, keinen Widerspruch gegen und sehr viel Vorliebe für das Bündniß mit Oestreich.

Auch die Traditionen des Völkerrechts waren von den Zeiten des Römischen Reichs deutscher Nation und des Deutschen Bundes her theoretisch darauf zugeschnitten, daß zwischen dem gesammten Deutschland und der Habsburgischen Monarchie eine staatsrechtliche Verbindung bestand, durch welche diese mitteleuropäischen Ländermassen theoretisch zum gegenseitigen Beistande verpflichtet erschienen. Praktisch allerdings ist ihre politische Zusammengehörigkeit in der Vorgeschichte nur selten zum Ausdruck gekommen; aber man konnte Europa und namentlich Rußland gegenüber mit Recht geltend machen, daß ein dauernder Bund zwischen Oestreich und dem heutigen Deutschen Reiche völkerrechtlich nichts Neues sei. Diese Fragen der Popularität in Deutschland und des Völkerrechts standen jedoch für mich in zweiter Linie und waren zu erwägen als Hülfsmittel für die eventuelle Ausführung. Im Vordergrunde stand die Frage, ob der Durchführung des Gedankens sofort näher zu treten und mit welchem Maße von Entschiedenheit der voraussichtliche Widerstand des Kaisers Wilhelm aus Gründen, die weniger der Politik als dem Gemüthsleben angehörten, zu bekämpfen sein würde. Mir erschienen die Gründe, die in der politischen Situation uns auf ein östreichisches Bündniß hinwiesen, so zwingender Natur, daß ich nach einem solchen auch gegen den Widerstand unsrer öffentlichen Meinung gestrebt haben würde.

IV.

Als Kaiser Wilhelm sich nach Alexandrowo begab (3. September), hatte ich schon in Gastein eine Begegnung mit dem Grafen Andrassy eingeleitet, die am 27. und 28. August stattfand.

Nachdem ich ihm die Lage dargelegt hatte, zog er daraus die Folgerung mit den Worten: »Gegen ein russisch-französisches Bündniß ist der natürliche Gegenzug ein östreichisch-deutsches.« Ich erwiderte, daß er damit die Frage formulirt habe, zu deren Besprechung ich unsre Zusammenkunft angeregt hätte, und wir kamen leicht zu einer vorläufigen Verständigung über ein rein defensives Bündniß gegen einen russischen Angriff auf einen von beiden Theilen, dagegen fand mein Vorschlag, das Bündniß auch auf andre als russische Angriffe auszudehnen, bei dem Grafen keinen Anklang.

Nachdem ich nicht ohne Schwierigkeit die Ermächtigung Sr. Majestät dazu erlangt hatte, in amtliche Verhandlungen einzutreten, nahm ich zu dem Zwecke meinen Rückweg über Wien.

Vor meiner Abreise von Gastein richtete ich am 10. September folgendes Schreiben an den König von Baiern:

»Gastein, den 10. September 1879.

Eure Majestät haben früher die Gnade gehabt, Allerhöchstihre Zufriedenheit mit den Bestrebungen auszusprechen, welche meinerseits dahin gerichtet waren, dem Deutschen Reiche Frieden und Freundschaft mit den beiden großen Nachbarreichen Oestreich und Rußland gleichmäßig zu erhalten. S. Bd. I S. 388 ff. Im Laufe der letzten drei Jahre ist diese Aufgabe um so schwieriger geworden, je mehr die russische Politik dem Einflusse der theils kriegerischen, theils revolutionären Tendenzen des Panslavismus sich hingegeben hat. Schon im Jahre 1876 wurde uns von Livadia aus wiederholentlich die Forderung gestellt, uns darüber in verbindlicher Form zu erklären, ob das Deutsche Reich in einem Kriege zwischen Rußland und Oestreich neutral bleiben werde. Es gelang nicht, dieser Erklärung auszuweichen, und das russische Kriegswetter zog einstweilen nach dem Balkan ab. Die auch nach dem Congresse noch immer großen Erfolge, welche die russische Politik infolge dieses Kriegs gewonnen hat, haben leider die Erregtheit der russischen Politik nicht in dem Maße abgekühlt, wie es für das friedliebende Europa wünschenswerth wäre. Die russischen Bestrebungen sind unruhig und friedlos geblieben; der Einfluß des panslavistischen Chauvinismus auf die Stimmungen des Kaisers Alexander hat sich gesteigert, und mit der, wie es leider scheint, ernstlichen Ungnade des Grafen Schuwalow hat dessen Werk, der Berliner Congreß, seine Verurtheilung durch den Kaiser erfahren. Der leitende Minister, insoweit es einen solchen in Rußland gegenwärtig giebt, ist der Kriegsminister Milutin. Auf sein Verlangen sind jetzt nach dem Frieden, wo Rußland von niemand bedroht ist, die gewaltigen Rüstungen erfolgt, welche trotz der Finanzopfer des Kriegs den Friedensstand des russischen Heers um 56000, den Stand der *mobilen westlichen* Kriegsarmee um fast 400000 Mann steigerten. Diese Rüstungen können nur gegen Oestreich oder Deutschland bestimmt sein, und die Truppenaufstellungen im Königreich Polen entsprechen einer solchen Bestimmung. Der Kriegsminister hat auch den technischen Commissionen Welche gewisse Bestimmungen des Berliner Vertrages vom 13. Juli 1878 auszuführen hatten. gegenüber rückhaltlos geäußert, daß Rußland sich auf einen Krieg ›mit Europa‹ einrichten müsse.

Wenn es zweifellos ist, daß der Kaiser Alexander, ohne den Türkenkrieg zu wollen, unter dem Drucke der panslavistischen Einflüsse denselben dennoch geführt hat, und wenn inzwischen dieselbe Partei ihren Einfluß dadurch gesteigert hat, daß dem Kaiser die Agitation, welche hinter ihr steht, heut mehr und gefährlichern Eindruck macht als früher, so liegt die Befürchtung nahe, daß es ihr ebenso gelingen kann, die Unterschrift des Kaisers Alexander für weitre kriegerische Unternehmungen nach Westen zu gewinnen. Die europäischen Schwierigkeiten, welchen Rußland auf diesem Wege begegnen könnte, können einen Minister wie Milutin oder Makoff wenig schrecken, wenn es wahr ist, was die Conservativen in Rußland befürchten, daß die Bewegungspartei, indem sie Rußland in schwere Kriege zu verwickeln sucht, weniger einen Sieg Rußlands über das Ausland, als einen Umsturz im Innern Rußlands erstrebt.

Ich kann mich unter diesen Umständen der Ueberzeugung nicht erwehren, daß der Friede durch Rußland, und zwar *nur* durch Rußland, in der Zukunft, vielleicht auch in naher Zukunft, bedroht sei. Die nach unsern Berichten in jüngster Zeit versuchten Ermittlungen, ob Rußland in Frankreich und Italien, wenn es Krieg beginnt, Beistand finden würde, haben freilich ein negatives Resultat ergeben. Italien ist machtlos befunden worden, und Frankreich hat erklärt, daß es jetzt keinen Krieg wolle und im Bunde mit Rußland *allein* sich für einen Angriffskrieg gegen Deutschland nicht stark genug fühle.

In dieser Lage hat nun Rußland in den letzten Wochen an uns Fordrungen gestellt, welche darauf hinausgehn, daß wir definitiv zwischen Rußland und Oestreich optiren sollen, indem wir die deutschen Mitglieder der orientalischen Commissionen anwiesen, in den zweifelhaften Fragen mit Rußland zu stimmen, während in diesen Fragen unsrer Meinung nach die richtige Auslegung der Congreßbeschlüsse auf Seiten der durch Oestreich, England und Frankreich gebildeten Majorität ist, und Deutschland deshalb mit dieser gestimmt hat, so daß Rußland theils mit, theils ohne Italien allein die Minorität bildet. Obschon diese Fragen, wie z. B. die Lage der Brücke bei Silistria, die der Türkei vom Congreß concedirte Militärstraße in Bulgarien, die Verwaltung der Post und Telegraphie und der Grenzstreit über einzelne Dörfer an sich im Vergleich mit dem Frieden großer Reiche sehr unbedeutende sind, so war das russische Verlangen, daß wir in Betreff derselben nicht mehr mit Oestreich, sondern mit Rußland stimmen sollten, nicht einmal, sondern wiederholt von unzweideutigen Drohungen begleitet bezüglich der Folgen, welche unsre Weigerung eventuell für die internationalen Beziehungen beider Länder haben würde. Diese auffällige Thatsache war, da sie mit dem Rücktritt des Grafen Andrassy Am 14. August hatte der Kaiser Franz Joseph die von dem Grafen Andrassy nachgesuchte Entlassung im Prinzip genehmigt, sich aber die definitive Enthebung vorbehalten, bis über den Nachfolger Beschluß gefaßt sei. Der Graf verstand sich dazu, noch einige Zeit in Function zu bleiben, um das Bündniß mit Deutschland zu Stande zu bringen. Am 8. October wurde seine Verabschiedung und die Ernennung seines Nachfolgers Haymerle veröffentlicht. zusammenfiel, geeignet, die Besorgniß zu erwecken, daß zwischen Rußland und Oestreich eine geheime Verständigung zum Nachtheile Deutschlands stattgefunden hätte. Diese Besorgniß ist aber unbegründet; Oestreich fühlt gegenüber der Unruhe der russischen Politik dasselbe Unbehagen wie wir und scheint zu einer Verständigung mit uns behufs gemeinsamer Abwehr eines etwaigen russischen Angriffs auf eine der beiden Mächte geneigt zu sein.

Ich würde es für eine wesentliche Garantie des europäischen Friedens und der Sicherheit Deutschlands halten, wenn das Deutsche Reich auf eine solche Abmachung mit Oestreich einginge, welche zum Zweck hätte, den Frieden mit Rußland nach wie vor sorgfältig zu pflegen, aber wenn trotzdem eine der beiden Mächte angegriffen würde, einander beizustehn. Im Besitze dieser gegenseitigen Assecuranz könnten beide Reiche sich nach wie vor der erneuten Befestigung des Dreikaiserbunds widmen. Das Deutsche Reich im Bunde mit Oestreich würde der Anlehnung Englands nicht entbehren und bei der friedfertigen Politik der beiden großen Reichskörper den Frieden Europas mit zwei Millionen Streitern verbürgen. Der rein defensive Charakter dieser gegenseitigen Anlehnung der beiden deutschen Mächte aneinander könnte auch für niemand etwas Herausforderndes haben, da dieselbe gegenseitige Assecuranz beider in dem deutschen Bundesverhältniß von 1815 schon 50 Jahre völkerrechtlich bestanden hat.

Unterbleibt jedes Abkommen derart, so wird man es Oestreich nicht verargen können, wenn es unter dem Drucke russischer Drohungen und ohne Gewißheit über Deutschland schließlich entweder bei Frankreich oder bei Rußland selbst nähere Fühlung sucht. Träte der letztre Fall ein, so wäre Deutschland bei seinem Verhältniß zu Frankreich der gänzlichen Isolirung auf dem Continent ausgesetzt. Nähme Oestreich aber bei Frankreich und England Fühlung, ähnlich wie 1854, so wäre Deutschland auf Rußland allein angewiesen und wenn es sich nicht isoliren wollte, an die wie ich fürchte fehlerhaften und gefährlichen Bahnen der russischen innern und äußern Politik gebunden.

Zwingt uns Rußland, zwischen ihm und Oestreich zu optiren, so glaube ich, daß Oestreich die conservative und friedliebende Richtung für uns anzeigen würde, Rußland aber eine unsichre.

Ich wage mich der Hoffnung hinzugeben, daß Eure Majestät nach Allerhöchstdero mir bekannter politischer Auffassung meine vorstehende Ueberzeugung theilen, und würde glücklich sein, wenn ich darüber vergewissert werden könnte.

Die Schwierigkeiten der Aufgabe, welche ich mir stelle, sind an sich groß, aber sie werden noch wesentlich gesteigert durch die Nothwendigkeit, eine so umfängliche und vielseitige Angelegenheit schriftlich von hier aus zu verhandeln, wo ich lediglich auf meine eigne, durch die bisherige Ueberanstrengung ganz unzulänglich gewordne Arbeitskraft reducirt bin. Ich habe aus Gesundheitsrücksichten meinen Aufenthalt hier schon verlängern müssen, hoffe aber nach dem 20. ds. M. meine Rückreise über Wien antreten zu können. Wenn es bis dahin nicht gelingt, wenigstens prinzipiell zu einer Gewißheit zu gelangen, so wird, wie ich fürchte, die jetzt günstige Gelegenheit versäumt sein, und bei dem Rücktritt Andrassy's läßt sich nicht vorhersehn, ob sie jemals wiederkehren wird.

Wenn ich für meine Pflicht halte, meine Ansicht über die Lage und die Politik des Deutschen Reichs in Ehrfurcht zu Eurer Majestät Kenntniß zu bringen, so wollen Allerhöchstdieselben der Thatsache in Gnaden Rechnung tragen, daß Graf Andrassy und ich uns die Geheimhaltung des vorstehend dargelegten Planes gegenseitig zugesagt haben und bisher nur Ihre Majestäten die beiden Kaiser Kenntniß haben von der Absicht ihrer leitenden Minister, eine Vereinbarung zwischen Allerhöchstdenselben herbeizuführen.«

Ich füge zur Vervollständigung die Antwort des Königs, sowie meine Erwiderung bei:

»Mein lieber Fürst von Bismarck!

Mit aufrichtigem Bedauern entnahm ich Ihrem Schreiben vom 10. d. M., daß die Wirkung Ihrer Kissinger und Gasteiner Badecur durch anstrengende und aufregende Geschäftsthätigkeit beeinträchtigt wurde. Ihrer ausführlichen Darlegung des gegenwärtigen Standes der Politik bin ich mit dem größten Interesse gefolgt und spreche Ihnen hiefür meinen lebhaften Dank aus. Sollte es zwischen dem Deutschen Reiche und Rußland zu kriegerischen Verwickelungen kommen, so würde mich eine *so tief beklagenswerthe* Aenderung in den gegenseitigen Beziehungen beider Reiche auf das *Schmerzlichste* berühren, und noch gebe ich mich der Hoffnung hin, daß es gelingen wird, einer solchen Wendung der Dinge durch eine im friedlichen Sinne sich geltend machende Einwirkung auf Seine Majestät den Kaiser von Rußland vorzubeugen. Unter allen Umständen jedoch dürfen Ihre Bestrebungen für einen engen Anschluß des Deutschen Reichs an Oesterreich-Ungarn meines vollen Beifalles und meiner angelegentlichsten Wünsche für einen glücklichen Erfolg versichert sein.

Mit dem Wunsche, daß Sie neu gekräftigt in die Heimath zurückkehren mögen, verbinde ich gerne die wiederholte Versicherung besonderer Werthschätzung, mit welcher ich bin und stets verbleibe

Berg, den 16. September 1879.

Ihr

aufrichtiger Freund

Ludwig.«

»Gastein, 19. 9. 1879.

Mit ehrfurchtsvollem Danke habe ich Eurer Majestät gnädiges Schreiben vom 16. d. M. erhalten und daraus zu meiner Freude das Allerhöchste Einverständniß mit meinen Bestrebungen nach gegenseitiger Anlehnung mit Oestreich-Ungarn entnommen. In Betreff der Beziehungen zu Rußland bemerke ich allerunterthänigst, daß die Gefahr kriegerischer Verwicklungen, welche auch ich nicht nur politisch, sondern auch persönlich auf das Tiefste beklagen würde, nach meinem ehrfurchtsvollen Dafürhalten nicht unmittelbar bevorsteht, uns vielmehr nur dann nähertreten würde, wenn Frankreich zu einem gemeinsamen Vorgehn mit Rußland bereit wäre. Dies ist bisher nicht der Fall, und unsre Politik wird nach den Intentionen Seiner Majestät des

Kaisers nichts unterlassen, um den Frieden des Reichs mit Rußland durch Einwirkung auf Seine Majestät den Kaiser Alexander nach wie vor zu pflegen und zu befestigen. Die Verhandlungen über einen engern gegenseitigen Anschluß mit Oestreich haben nur friedliche, defensive Ziele und daneben die Fördrung der nachbarlichen Verkehrsverhältnisse zum Ziele.

In der Absicht, Gastein morgen zu verlassen, hoffe ich am Sonntag in Wien einzutreffen.

Mit unterthänigstem Danke für Eurer Majestät huldreiche Theilnahme an meiner Gesundheit verharre ich in tiefster Ehrfurcht

Eurer Majestät

unterthänigster Diener

v. Bismarck.«

V.

Auf der langen Fahrt von Gastein über Salzburg und Linz wurde mein Bewußtsein, daß ich mich auf rein deutschem Gebiete und unter deutscher Bevölkerung befand, durch die entgegenkommende Haltung des Publikums auf den Stationen vertieft. In Linz war die Masse so groß und ihre Stimmung so erregt, daß ich aus Besorgniß, in Wiener Kreisen Mißverständnisse zu erregen, die Vorhänge der Fenster meines Wagens vorzog, auf keine der wohlwollenden Kundgebungen reagirte und abfuhr, ohne mich gezeigt zu haben. In Wien fand ich eine ähnliche Stimmung in den Straßen, die Begrüßungen der dicht gedrängten Menge waren so zusammenhängend, daß ich, da ich in Civil war, in die unbequeme Notwendigkeit gerieth, die Fahrt zum Gasthofe so gut wie mit bloßem Kopfe zurückzulegen. Auch während der Tage, die ich in dem Gasthofe zubrachte, konnte ich mich nicht am Fenster zeigen, ohne freundliche Demonstrationen der dort Wartenden oder Vorübergehenden hervorzurufen. Diese Kundgebungen vermehrten sich, nachdem der Kaiser Franz Joseph mir die Ehre erzeigt hatte, mich zu besuchen. Alle diese Erscheinungen waren der unzweideutige Ausdruck des Wunsches der Bevölkerung der Hauptstadt und der durchreisten deutschen Provinzen, eine enge Freundschaft mit dem neuen Deutschen Reiche als Signatur der Zukunft beider Großmächte sich bilden zu sehn. Daß dieselben Sympathien im Deutschen Reiche, im Süden noch mehr als im Norden, bei den Conservativen mehr als bei der Opposition, im katholischen Westen mehr als im evangelischen Osten, der Blutsverwandschaft entgegenkamen, war mir nicht zweifelhaft. Die angeblich confessionellen Kämpfe des dreißigjährigen Kriegs, die einfach politischen des siebenjährigen und die diplomatischen Rivalitäten vom Tode Friedrich's des Großen bis 1866 hatten das Gefühl dieser Verwandschaft nicht erstickt, so sehr sonst der Deutsche auch geneigt ist, den Landsmann, wenn ihm Gelegenheit dazu geboten wird, mit mehr Eifer zu bekämpfen als den Ausländer. Es ist möglich, daß der slavische Keil, durch den in Gestalt der Czechen die urdeutsche Bevölkerung der östreichischen Stammlande von den nordwestlichen Landsleuten getrennt ist, die Wirkungen, die nachbarliche Reibungen auf Deutsche gleichen Stamms, aber verschiedner dynastischer Angehörigkeit, auszuüben pflegen, abgeschwächt und das germanische Gefühl der Deutsch-Oestreicher gekräftigt hat, das durch den Schutt, den historische Kämpfe hinterlassen, wohl verdeckt, aber nicht erstickt worden ist. Ich fand bei dem Kaiser Franz Joseph eine sehr huldreiche Aufnahme und die Bereitwilligkeit, mit uns abzuschließen. Um mich der Zustimmung meines allergnädigsten Herrn zu versichern, hatte ich schon in Gastein täglich einen Theil der für die Cur bestimmten Zeit am Schreibtische zugebracht und auseinandergesetzt, daß es nothwendig sei, den Kreis der möglichen gegen uns gerichteten Coalitionen einzuschränken, und daß der zweckmäßigste Weg dazu ein Bündniß mit Oestreich sei. Ich hatte freilich wenig Hoffnung, daß der todte Buchstabe meiner Abhandlungen die mehr auf Gemüthsregungen als auf politischer Erwägung beruhende Auffassung Sr. Majestät ändern werde. Der Abschluß eines Vertrags, dessen wenn auch defensives doch kriegerisches Ziel ein Ausdruck des Mißtrauns gegen den Freund und Neffen war, mit dem er eben in Alexandrowo von Neuem unter Thränen und in der vollsten Aufrichtigkeit des Herzens die Versichrungen der althergebrachten Freundschaft ausgetauscht hatte, lief zu sehr gegen die ritterlichen Gefühle, mit denen der Kaiser sein Verhältniß zu einem ebenbürtigen Freunde auffaßte. Ich zweifelte zwar nicht, daß die gleiche rückhaltlose Ehrlichkeit des Empfindens bei dem Kaiser Alexander vorhanden war; aber ich wußte, daß er nicht die Schärfe des politischen Urtheils und nicht die Arbeitsamkeit besaß, die ihn dauernd gegen die unaufrichtigen Einflüsse seiner Umgebung gedeckt hätten, auch nicht die gewissenhafte Zuverlässigkeit in persönlichen Beziehungen, die meinen hohen Herrn auszeichnete. Die Offenheit, die der Kaiser Nicolaus im Guten wie im Bösen bewiesen hatte, war auf die weichre Natur seines Nachfolgers nicht vollständig übergegangen; auch weiblichen Einflüssen gegenüber war die Unabhängigkeit des Sohns nicht auf derselben Höhe wie die des Vaters. Nun ist aber die einzige Bürgschaft für die Dauer der russischen Freundschaft die Persönlichkeit des regirenden Kaisers, und sobald letztre eine minder sichre Unterlage gewährt; als Alexander I., der 1813 eine auf demselben Throne nicht immer vorauszusetzende Treue gegen das preußische Königshaus bewährt hat, wird man auf das russische Bündniß, wenn man seiner bedarf, nicht jederzeit in dem vollen Maße des Bedürfnisses rechnen können.

Schon im vorigen Jahrhundert war es gefährlich, auf die zwingende Gewalt eines Bündnißtextes zu rechnen, wenn die Verhältnisse, unter denen er geschrieben war, sich geändert hatten; heut zu Tage aber ist es für eine große Regirung kaum möglich, die Kraft ihres Landes für ein andres befreundetes voll einzusetzen, wenn die Ueberzeugung des Volks es mißbilligt. Es gewahrt deshalb der Wortlaut eines Vertrags dann, wenn er zur Kriegführung zwingt, nicht mehr die gleichen Bürgschaften wie zur Zeit der Cabinetskriege, die mit Heeren von 30 bis 60000 Mann geführt wurden; ein Familienkrieg, wie ihn Friedrich Wilhelm II. für seinen Schwager in Holland führte, ist heut schwer in Scene zu setzen, und für einen Krieg, wie Nicolaus ihn 1849 in Ungarn führte, finden sich die Vorbedingungen nicht leicht wieder. Indessen ist auf die Diplomatie in den Momenten, wo es sich darum handelt, einen Krieg herbeizuführen oder zu vermeiden, der Wortlaut eines klaren und tiefgreifenden Vertrags nicht ohne Einfluß. Die Bereitwilligkeit zum zweifellosen Wortbruch pflegt auch bei sophistischen und gewaltthätigen Regirungen nicht vorhanden zu sein, so lange nicht die force majeure unabweislicher Interessen eintritt.

Alle Erwägungen und Argumente, die ich dem in Baden befindlichen Kaiser schriftlich aus Gastein, aus Wien und demnächst aus Berlin unterbreitete, waren ohne die gewünschte Wirkung. Um die Zustimmung des Kaisers zu dem von mir mit Andrassy vereinbarten und von dem Kaiser Franz Joseph unter der Voraussetzung, daß Kaiser Wilhelm dasselbe thun würde, genehmigten Vertragsentwurfe herbeizuführen, war ich genöthigt, zu dem für mich sehr peinlichen Mittel der Cabinetsfrage zu greifen, und es gelang mir, meine Collegen für mein Vorhaben zu gewinnen. Da ich selbst von den Anstrengungen der letzten Wochen und von der Unterbrechung der Gasteiner Cur zu angegriffen war, um die Reise nach Baden-Baden zu machen, so übernahm sie Graf Stolberg; er führte die Verhandlungen, wenn auch unter starkem Widerstreben Sr. Majestät, glücklich zu Ende. Die auf die Vorgeschichte des deutsch-österreichischen Bündnisses bezüglichen Akten sind bei *Busch, Bismarck Some secret pages of his history, London, Maccmillan and Co.*, 1898, III 257 ff. in englischer Übersetzung aus den Originalen veröffentlicht; die deutsche Ausgabe enthält diesen Abschnitt nicht. Einige der Stücke finden sich im Anhang zu Bismarck's Gedanken und Erinnerungen II 521-529. Der Kaiser war von den politischen Argumenten nicht überzeugt worden, sondern ertheilte das Versprechen, den Vertrag zu ratificiren, nur aus Abneigung gegen einen Personenwechsel in dem Ministerium. Der Kronprinz war von Hause aus für das östreichische Bündniß lebhaft eingenommen, aber ohne Einfluß auf seinen Vater.

Der Kaiser hielt es in seinem ritterlichen Sinne für erforderlich, den Kaiser von Rußland vertraulich darüber zu verständigen, Im Schreiben vom 4. Nov. 1879, nach dem Original mitgetheilt von Horst Kohl, Wegweiser durch Bismarck's Gedanken und Erinnerungen S. 178 ff., ebendort S. 180 ff. die Antwort des Zaren vom 14. November 1879. daß er, wenn er eine der beiden Nachbarmächte angriffe, beide gegen sich haben werde, damit Kaiser Alexander nicht etwa irrthümlich annehme, Oestreich allein angreifen zu können. Mir schien diese Besorgnis; ungegründet, da das Petersburger Cabinet schon aus unsrer Beantwortung der aus Livadia an uns gerichteten Frage wissen mußte, daß wir Oestreich nicht würden fallen lassen, durch unsern Vertrag mit Oestreich also eine neue Situation nicht geschaffen, nur die vorhandne legalisirt wurde.

VI.

Eine Erneurung der Kaunitz'schen Coalition wäre für Deutschland, wenn es in sich geschlossen einig bleibt und seine Kriege geschickt geführt werden, zwar keine verzweifelte, aber doch eine sehr ernste Constellation, welche nach Möglichkeit zu verhüten Aufgabe unsrer auswärtigen Politik sein muß. Wenn die geeinte östreichisch-deutsche Macht in der Festigkeit ihres Zusammenhangs und in der Einheitlichkeit ihrer Führung ebenso gesichert wäre wie die russische und die französische, jede für sich betrachtet, es sind, so würde ich, auch ohne daß Italien der Dritte im Bunde wäre, den gleichzeitigen Angriff unsrer beiden großen Nachbarreiche nicht für lebensgefährlich halten. Wenn aber in Oestreich antideutsche Richtungen nationaler oder confessioneller Natur sich stärker als bisher zeigen, wenn russische Versuchungen und Anerbietungen auf dem Gebiet der orientalischen Politik wie zur Zeit Katharina's und Joseph's II. hinzutreten, wenn italienische Begehrlichkeiten Oestreichs Besitz am Adriatischen Meere bedrohn und seine Streitkräfte in ähnlicher Weise wie zu Radetzky's Zeit in Anspruch nehmen sollten: dann würde der Kampf, dessen Möglichkeit mir vorschwebt, ungleicher sein. Es braucht nicht gesagt zu werden, wie viel gefährdeter Deutschlands Lage erscheint, wenn man sich auch Oestreich, nach Herstellung der Monarchie in Frankreich, im Einverständniß beider mit der Römischen Curie, im Lager unsrer Gegner denkt mit dem Bestreben, die Ergebnisse von 1866 aus der Welt zu schaffen.

Diese pessimistische, aber doch nicht außer dem Bereich der Möglichkeit liegende und durch Vergangnes nicht ungerechtfertigte Vorstellung hatte mich veranlaßt, die Frage anzuregen, ob sich ein organischer Verband zwischen dem Deutschen Reiche und Oestreich-Ungarn empföhle, der nicht wie gewöhnliche Verträge kündbar, sondern der Gesetzgebung beider Reiche einverleibt und nur durch einen neuen Art der Gesetzgebung eines derselben lösbar wäre.

Eine solche Assecuranz hat für den Gedanken etwas Beruhigendes; ob auch im Drange der Ereignisse etwas Sicherstellendes, daran kann man zweifeln, wenn man sich erinnert, daß die theoretisch sehr viel stärker verpflichtende Verfassung des heiligen Römischen Reichs den Zusammenhalt der deutschen Nation niemals hat sichern können, und daß wir nicht im Stande sein würden, für unser Verhältniß zu Oestreich einen Vertragsmodus zu finden, der in sich eine stärkre Bindekraft trüge als die frühern Bundesverträge, nach denen die Schlacht von Königgrätz theoretisch unmöglich war. Die Haltbarkeit aller Verträge zwischen Großstaaten ist eine bedingte, sobald sie »in dem Kampf um's Dasein« auf die Probe gestellt wird. Keine große Nation wird je zu bewegen sein, ihr Bestehn auf dem Altar der Vertragstreue zu opfern, wenn sie gezwungen ist, zwischen beiden zu wählen. Das *ultra posse nemo obligatur* kann durch keine Vertragsclausel außer Kraft gesetzt werden; und ebenso wenig läßt sich durch einen Vertrag das Maß von Ernst und Kraftaufwand sicherstellen, mit dem die Erfüllung geleistet werden wird, sobald das eigne Interesse des Erfüllenden dem unterschriebenen Texte und seiner frühern Auslegung nicht mehr zur Seite steht. Es läßt sich daher, wenn in der europäischen Politik Wendungen eintreten, die für Oestreich-Ungarn eine antideutsche Politik als Staatsrettung erscheinen lassen, eine Selbstaufopfrung für die Vertragstreue ebenso wenig erwarten, wie während des Krimkriegs die Einlösung einer Dankespflicht erfolgte, die vielleicht gewichtiger war als das Pergament eines Staatsvertrags.

Ein Bündniß unter gesetzlicher Bürgschaft wäre eine Verwirklichung der Verfassungsgedanken gewesen, die in der Paulskirche den gemäßigtsten Mitgliedern, den Vertretern des engern reichsdeutschen und des größern östreichisch-deutschen Bunds vorschwebten; aber grade die vertragsmäßige Sicherstellung solcher gegenseitigen Verpflichtungen ist eine Feindin ihrer Haltbarkeit. Das Beispiel Oestreichs aus der Zeit von 1850 bis 1866 ist mir eine Warnung gewesen, daß die politischen Wechsel, die man auf solche Verhältnisse zu ziehn in Versuchung kommt, über die Grenzen des Credits hinausgehn, den unabhängige Staaten in ihren politischen Operationen einander gewähren können. Ich glaube deshalb, daß das wandelbare Element des politischen Interesses und seiner Gefahren ein unentbehrliches Unterfutter für geschriebene Verträge ist, wenn sie haltbar sein sollen. Für eine ruhige und erhaltende östreichische Politik ist das deutsche Bündniß das nützlichste.

Die Gefahren, die für unsre Einigkeit mit Oestreich in den Versuchungen russisch-östreichischer Verständigungen im Sinne der Zeit von Joseph II. und Katharina oder der Reichstadter Convention und ihrer Heimlichkeit liegen, lassen sich, so weit das überhaupt möglich ist, paralysiren, wenn wir zwar fest auf Treue gegen Oestreich, aber auch darauf halten, daß der Weg von Berlin nach Petersburg frei bleibt. Unsre Aufgabe ist, unsre beiden kaiserlichen Nachbarn in Frieden zu erhalten. Die Zukunft der vierten großen Dynastie in Italien werden wir in demselben Maße sicher zu stellen im Stande sein, in dem es uns gelingt, die drei Kaiserreiche einig zu erhalten und den Ehrgeiz unsrer beiden östlichen Nachbarn entweder zu zügeln oder in beiderseitiger Verständigung zu befriedigen. Jeder von beiden ist für uns nicht nur in der europäischen Gleichgewichtsfrage unentbehrlich, – wir könnten keinen von beiden missen, ohne selbst gefährdet zu werden – sondern die Erhaltung eines Elements monarchischer Ordnung in Wien und Petersburg, und auf der Basis beider in Rom, ist für uns in Deutschland eine Aufgabe, die mit der Erhaltung der staatlichen Ordnung bei uns selbst zusammenfällt.

VII.

Der Vertrag, den wir mit Oestreich zu gemeinsamer Abwehr eines russischen Angriffs geschlossen haben, ist *publici juris.* Ein analoger Defensivvertrag zwischen beiden Mächten gegenüber Frankreich ist nicht bekannt. Das deutsch-östreichische Bündniß enthält gegen einen französischen Krieg, von dem Deutschland in erster Linie bedroht ist, nicht dieselbe Deckung wie gegen einen russischen, der mehr für Oestreich als für Deutschland wahrscheinlich ist. Zwischen Deutschland und Rußland existiren keine Verschiedenheiten der Interessen, welche die Keime von Conflicten und eines Bruchs unabweislich in sich trügen. Dagegen gewähren die übereinstimmenden Bedürfnisse in der polnischen Frage und die Nachwirkung der hergebrachten dynastischen Solidarität im Gegensatz zu den Umsturzbestrebungen Unterlagen für eine gemeinsame Politik beider Cabinete. Dieselben sind abgeschwächt worden durch eine zehnjährige Fälschung der öffentlichen Meinung seitens der russischen Presse, die in dem lesenden Theile der Bevölkerung einen künstlichen Haß gegen alles Deutsche geschaffen und genährt hat, mit dem die Dynastie rechnen muß, auch wenn der Kaiser die deutsche Freundschaft pflegen will. Doch dürfte die Feindschaft der russischen Massen gegen das Deutschthum kaum schärfer zugespitzt sein wie die der Czechen in Böhmen und Mähren, der Slowenen in dem frühern deutschen Bundesgebiete und der Polen in Galizien. Kurz, wenn ich in der Wahl zwischen dem russischen und dem östreichischen Bündniß das letztre vorgezogen habe, so bin ich keineswegs blind gewesen gegen die Zweifel, welche die Wahl erschwerten. Ich habe die Wege nachbarlicher Beziehungen zu Rußland neben unserm defensiven Bunde mit Oestreich nach wie vor für geboten angesehn, denn eine sichre Assecuranz gegen einen Schiffbruch der gewählten Combination ist für Deutschland nicht vorhanden, wohl aber die Möglichkeit, antideutsche Velleitäten in Oestreich-Ungarn in Schach zu halten, so lange die deutsche Politik sich die Brücke, die nach Petersburg führt, nicht abbricht und keinen Riß zwischen Rußland und uns herstellt, der sich nicht überbrücken ließe. So lange ein solcher unheilbarer Riß nicht vorhanden ist, wird es für Wien möglich bleiben, die dem deutschen Bündnisse feindlichen oder fremden Elemente im Zaume zu halten. Wenn aber der Bruch zwischen uns und Rußland, schon die Entfremdung, unheilbar erschiene, würden auch in Wien die Ansprüche wachsen, die man an die Dienste des deutschen Bundesgenossen glauben würde stellen zu können, erstens in Erweitrung des casus foederis, der sich bisher nach dem veröffentlichten Texte doch nur auf die Abwehr eines russischen Angriffs auf Oestreich erstreckt, und zweitens in dem Verlangen, dem bezeichneten casus foederis die Vertretung östreichischer Interessen im Balkan und im Orient zu substituiren, was selbst in unsrer Presse schon mit Erfolg versucht worden ist. Es ist natürlich, daß die Bewohner des Donaubeckens Bedürfnisse und Pläne haben, die sich über die heutigen Grenzen der östreichisch-ungarischen Monarchie hinaus erstrecken; und die deutsche Reichsverfassung zeigt den Weg an, auf dem Oestreich eine Versöhnung der politischen und materiellen Interessen erreichen kann, die zwischen der Ostgrenze des rumänischen Volksstamms und der Bucht von Cattaro vorhanden sind. Aber es ist nicht die Aufgabe des Deutschen Reichs, seine Unterthanen mit Gut und Blut zur Verwirklichung von nachbarlichen Wünschen herzuleihn. Die Erhaltung der östreichisch-ungarischen Monarchie als einer unabhängigen starken Großmacht ist für Deutschland ein Bedürfniß des Gleichgewichts in Europa, für das der Friede des Landes bei eintretender Nothwendigkeit mit gutem Gewissen eingesetzt werden kann. Man sollte sich jedoch in Wien enthalten, über diese Assecuranz hinaus Ansprüche aus dem Bündnisse ableiten zu wollen, für die es nicht geschlossen ist. Directe Bedrohung des Friedens zwischen Deutschland und Rußland ist kaum auf anderm Wege möglich, als durch künstliche Verhetzung oder durch den Ehrgeiz russischer oder deutscher Militärs von der Art Skobelew's, die den Krieg wünschen, bevor sie zu alt werden, um sich darin auszuzeichnen. Es gehört ein ungewöhnliches Maß von Dummheit und Verlogenheit in der öffentlichen Meinung und in der Presse Rußlands dazu, um zu glauben und zu behaupten, daß die deutsche Politik von aggressiven Tendenzen geleitet worden sei, indem sie das östreichische und dann das italienische Defensivbündniß abschloß. Die Verlogenheit war mehr polnisch-französischen, die

Dummheit mehr russischen Ursprungs. Polnisch-französische Gewandheit hat auf dem Felde der russischen Leichtgläubigkeit und Unwissenheit den Sieg über den Mangel solcher Gewandheit davongetragen, in dem je nach den Umständen eine Stärke oder Schwäche der deutschen Politik liegt. In den meisten Fällen ist eine offne und ehrliche Politik erfolgreicher als die Feinspinnerei früherer Zeiten, aber sie bedarf, wenn sie gelingen soll, eines Maßes von persönlichem Vertraun, das leichter zu verlieren als zu erwerben ist.

Niemand kann die Zukunft Oestreichs an sich mit der Sicherheit berechnen, die für dauernde und organische Verträge erforderlich ist. Die bei Gestaltung derselben mitwirkenden Factoren sind ebenso mannigfaltig wie die Völkermischung: und zu der ätzenden und gelegentlich sprengenden Wirkung dieser kommt der unberechenbare Einfluß, den je nach dem Steigen oder Fallen der römischen Fluth das confessionelle Element auf die leitenden Persönlichkeiten auszuüben vermag. Nicht blos der Panslavismus und Bulgarien oder Bosnien, sondern auch die serbische, die rumänische, die polnische, die czechische Frage, ja selbst noch heut die italienische im Trentino, in Triest und an der dalmatischen Küste, können zu Krystallisationspunkten für nicht blos östreichische, sondern auch europäische Krisen werden, von denen die deutschen Interessen nur insoweit nachweislich berührt werden, als das Deutsche Reich mit Oestreich in ein solidarisches Haftverhältniß tritt. In Böhmen ist die Spaltung zwischen Deutschen und Czechen stellenweis schon so weit in die Armee eingedrungen, daß die Offiziere beider Nationalitäten in einigen Regimentern nicht mit einander verkehren und getrennt essen. Für Deutschland unmittelbar existirt die Gefahr, in schwere und gefährliche Kämpfe verwickelt zu werden, mehr auf seiner Westseite infolge der angriffslustigen, auf Eroberung gerichteten Neigungen des französischen Volks, die von den Monarchen seit den Zeiten Kaiser Karl's V. im Interesse ihrer Herrschsucht im Innern sowohl wie nach Außen groß gezogen worden sind.

Der Beistand Oestreichs ist für uns gegen Rußland leichter zu haben als gegen Frankreich, nachdem die Frictionen dieser beiden Mächte in dem von ihnen umworbenen Italien in der alten Form nicht mehr existiren. Für ein monarchisches und katholisch gesinntes Frankreich, wenn ein solches wieder erstanden, wäre die Hoffnung nicht erstorben, ähnliche Beziehungen zu Oestreich wieder zu gewinnen, wie sie während des siebenjährigen Kriegs und auf dem Wiener Congreß vor der Rückkehr Napoleon's von Elba bestanden, in der polnischen Frage 1863 drohten, im Krimkriege und zur Zeit des Grafen Beust von 1867 bis 1870 in Salzburg und Wien Aussicht auf Verwirklichung hatten. Bei etwaiger Wiederherstellung der Monarchie in Frankreich würde die durch die italienische Rivalität nicht mehr abgeschwächte gegenseitige Anziehung der beiden katholischen Großmächte unternehmende Politiker in Versuchung führen können, mit der Wiederbelebung derselben zu experimentiren.

In der Beurtheilung Oestreichs ist es auch heut noch ein Irrthum, die Möglichkeit einer feindseligen Politik auszuschließen, wie sie von Thugut, Schwarzenberg, Buol, Bach und Beust getrieben worden ist. Kann sich nicht die Politik für Pflicht gehaltner Undankbarkeit, deren Schwarzenberg sich Rußland gegenüber rühmte, in andrer Richtung wiederholen, die Politik, die uns von 1792 bis 1795, während wir mit Oestreich im Felde standen, Verlegenheit bereitete und (uns) im Stiche ließ, um uns gegenüber in den polnischen Händeln stark genug zu bleiben, die bis dicht an den Erfolg bestrebt war, uns einen russischen Krieg auf den Hals zu ziehn, während wir als nominelle Verbündete für das Deutsche Reich gegen Frankreich fochten, die sich auf dem Wiener Congreß bis nahe zum Kriege gegen Rußland und Preußen geltend machte? Die Anwandlungen, ähnliche Wege einzuschlagen, werden für jetzt durch die persönliche Ehrlichkeit und Treue des Kaisers Franz Joseph niedergehalten, und dieser Monarch ist nicht mehr so jung und ohne Erfahrung, wie zu der Zeit, da er sich von der persönlichen Rancüne des Grafen Buol gegen den Kaiser Nicolaus zum Politischen Druck auf Rußland bestimmen ließ, wenig Jahre nach Vilagos; aber seine Garantie ist eine rein persönliche, fällt mit dem Personenwechsel hinweg, und die Elemente, die die Träger einer rivalisirenden Politik zu verschiednen Epochen gewesen sind, können zu neuem Einflusse gelangen. Die Liebe der galizischen Polen, des ultramontanen Clerus für das Deutsche Reich ist vorübergehender und opportunistischer Natur, ebenso das Uebergewicht der Einsicht in die Nützlichkeit der deutschen Anlehnung über das Gefühl der Geringschätzung, mit dem der vollblütige Magyar auf den Schwaben herabsieht. In Ungarn, in Polen sind französische Sympathien auch heut lebendig, und im Clerus der habsburgischen Gesammtmonarchie würde eine katholisch-monarchische Restauration in Frankreich die Beziehungen wieder beleben können, die 1863 und zwischen 1866 und 1870 in gemeinsamer Diplomatie und in mehr oder weniger reifen Vertragsbildungen ihren Ausdruck fanden. Die Bürgschaft, die diesen Möglichkeiten gegenüber in der Person des heutigen Kaisers von Oestreich und Königs von Ungarn liegt, steht, wie gesagt, auf zwei Augen; eine voraussehende Politik soll aber alle Eventualitäten im Auge behalten, die im Reiche der Möglichkeit liegen. Die Möglichkeit eines Wettbewerbs zwischen Wien und Berlin um russische Freundschaft kann ebenso gut wiederkommen, wie sie zur Zeit von Olmütz vorhanden war, und zur Zeit des Reichstadter Vertrags unter dem uns sehr wohlgesinnten Grafen Andrassy Lebenszeichen gab.

Dieser Eventualität gegenüber ist es ein Vortheil für uns, daß Oestreich und Rußland entgegengesetzte Interessen im Balkan haben, und daß solche zwischen Rußland und Preußen-Deutschland nicht in der Stärke vorhanden sind, daß sie zu Bruch und Kampf Anlaß geben könnten. Dieser Vortheil kann aber vermöge der russischen Staatsverfassung durch persönliche Verstimmungen und ungeschickte Politik noch heut mit derselben Leichtigkeit aufgehoben werden, mit der die Kaiserin Elisabeth durch Witze und bittre Worte Friedrich's des Großen bewogen wurde, dem französisch-östreichischen Bunde gegen uns beizutreten. Zuträgereien, wie sie damals zur Aufhetzung Rußlands dienten, Erfindungen und Indiscretionen werden auch heut an beiden Höfen nicht fehlen; aber wir können Unabhängigkeit und Würde Rußland gegenüber wahren, ohne die russische Empfindlichkeit zu provociren und Rußlands Interessen zu schädigen. Verstimmung und Erbittrung, welche ohne Nothwendigkeit provocirt werden, sind heut so wenig ohne Rückwirkung auf die geschichtlichen Ereignisse, wie zur Zeit der Kaiserin Elisabeth von Rußland und der Königin Anna von England. Aber die Rückwirkung von Ereignissen, die dadurch gefördert werden, auf das Wohl und die Zukunft der Völker ist heut zu Tage gewaltiger als vor 100 Jahren. Eine Coalition wie im siebenjährigen Kriege gegen Preußen von Rußland, Oestreich und Frankreich, vielleicht in Verbindung mit andern dynastischen Unzufriedenheiten, ist für unsre Existenz ebenso gefährlich und für unsern Wohlstand, wenn sie siegt, noch erdrückender als die damalige. Es ist unvernünftig und ruchlos, die Brücke, die uns eine Annäherung an Rußland gestattet, aus persönlicher Verstimmung abzubrechen.

Wir müssen und können der östreichisch-ungarischen Monarchie das Bündniß ehrlich halten; es entspricht unsern Interessen, den historischen Traditionen Deutschlands und der öffentlichen Meinung unsres Volks. Die Eindrücke und Kräfte, unter denen die Zukunft der Wiener Politik sich zu gestalten haben wird, sind jedoch complicirter als bei uns, wegen der Mannigfaltigkeit der Nationalitäten, der Divergenz ihrer Bestrebungen, der clericalen Einflüsse und der in den Breiten des Balkan und des Schwarzen Meeres für die Donauländer liegenden Versuchungen. Wir dürfen Oestreich nicht verlassen, aber auch die Möglichkeit, daß wir von der Wiener Politik freiwillig oder unfreiwillig verlassen werden, nicht aus den Augen verlieren. Die Möglichkeiten, die uns in solchen Fällen offen bleiben, muß die Leitung der deutschen Politik, wenn sie ihre Pflicht thun will, sich klar machen und gegenwärtig halten, bevor sie eintreten, und sie dürfen nicht von Vorliebe oder Verstimmung abhängen, sondern nur von objectiver Erwägung der nationalen Interessen.

VIII.

Ich habe mich stets bemüht, nicht nur die Sicherstellung gegen russische Angriffe, sondern auch die Beruhigung der russischen Stimmung und den Glauben an den inoffensiven Charakter unsrer Politik zu pflegen. Es ist mir auch bis zu meinem Ausscheiden aus dem Amte vermöge des persönlichen Vertrauns, das Kaiser Alexander III. mir schenkte, stets gelungen, dem Mißtraun die Spitze abzubrechen, das wiederholt durch fremde und einheimische Entstellungen und gelegentlich durch diesseitige militärische Unterströmungen in ihm erregt wurde. Er hat mir, als ich ihn auf der Danziger Rhede zum ersten Male als Kaiser sah, und bei allen spätern Begegnungen auch trotz der über den Berliner Congreß verbreiteten Lügen und trotz der Kenntniß des östreichischen Vertrags ein Wohlwollen bewiesen, das in Skierniewice und in Berlin zum authentischen Ausdruck kam und darauf beruhte, daß er mir glaubte. Selbst die durch ihre unverschämte Dreistigkeit eindrucksvolle Intrige mit gefälschten Briefen, die ihm in Kopenhagen zugesteckt worden waren, wurde durch meine einfache Versichrung sofort unschädlich gemacht. Ebenso gelang es mir bei der Begegnung im October 1889, die Zweifel, die er wieder aus Kopenhagen mitgebracht hatte, zu zerstreun bis auf den einen, ob ich Minister bleiben würde. Er war wohl besser unterrichtet als ich, als er die Frage an mich richtete, ob ich meiner Stellung bei dem jungen Kaiser ganz sicher sei. Ich antwortete, was ich damals dachte, daß ich von dem Vertraun Kaiser Wilhelm's II. zu mir überzeugt sei und nicht glaubte, daß ich jemals gegen meinen Willen würde entlassen werden, weil Seine Majestät bei meiner langjährigen Erfahrung im Dienste und bei dem Vertraun, das ich mir in Deutschland sowohl wie bei den auswärtigen Höfen erworben hätte, in meiner Person einen schwer zu ersetzenden Diener besäße. Der Kaiser gab seiner großen Genugthuung über meine Zuversicht Ausdruck, wenn er sie auch nicht unbedingt zu theilen schien.

Die internationale Politik ist ein flüssiges Element, das unter Umständen zeitweilig fest wird, aber bei Veränderungen der Atmosphäre in seinen ursprünglichen Aggregatzustand zurückfällt. Die clausula rebus sic stantibus wird bei Staatsverträgen, die Leistungen bedingen, stillschweigend angenommen. Der Dreibund ist eine strategische Stellung, welche Angesichts der zur Zeit seines Abschlusses drohenden Gefahren rathsam und unter den obwaltenden Verhältnissen zu erreichen war. Er ist von Zeit zu Zeit verlängert worden, und es mag gelingen, ihn weiter zu verlängern; aber ewige Dauer ist keinem Vertrage zwischen Großmächten gesichert, und es wäre unweise, ihn als sichre Grundlage für alle Möglichkeiten betrachten zu wollen, durch die in Zukunft die Verhältnisse, Bedürfnisse und Stimmungen verändert werden können, unter denen er zu Stande gebracht wurde. Er hat die Bedeutung einer strategischen Stellungnahme in der europäischen Politik nach Maßgabe ihrer Lage zur Zeit des Abschlusses; aber ein für jeden Wechsel haltbares ewiges Fundament bildet er für alle Zukunft ebenso wenig, wie viele frühere Tripel- und Quadrupel-Allianzen der letzten Jahrhunderte und insbesondre die heilige Allianz und der Deutsche Bund. Er dispensirt nicht von dem toujours en vedette!

Dreißigstes Kapitel. Zukünftige Politik Rußlands.

Die Gefahr auswärtiger Kriege, die Gefahr, daß der nächste auf der Westgrenze uns gegenüber die rothe Fahne ebenso gut wie vor hundert Jahren die dreifarbige in's Gefecht führen könne, lag zur Zeit von Schnäbele und Boulanger Am 20. April 1887 wurde der französische Grenzcommissar Schnäbele, der sich der Bestechung von Angehörigen des Deutschen Reichs in Elsaß-Lothringen schuldig gemacht hatte, von deutschen Geheimpolizisten beim Ueberschreiten der deutschen Grenze verhaftet, jedoch am 30. April wieder freigelassen. – Kriegsminister Boulanger trieb aus diesem Anlaß lebhaft zum Revanchekrieg in der von ihm beeinflußten Presse. vor und liegt noch heut vor. Die Wahrscheinlichkeit eines Kriegs nach zwei Seiten hin ist durch den Tod von Katkow und Skobelew in etwas vermindert: es ist nicht nothwendig, daß ein französischer Angriff auf uns Rußland mit derselben Gewißheit gegen uns in das Feld rufen würde, wie ein russischer Angriff Frankreich; aber die Neigung Rußlands, still zu sitzen, hängt nicht allein von Stimmungen, sondern mehr noch von technischen Fragen der Bewaffnung zu Wasser und zu Lande ab. Wenn Rußland mit der Construction seines Gewehrs, der Art seines Pulvers und der Stärke seiner Schwarzen-Meer-Flotte seiner Meinung nach »fertig« ist, so wird die Tonart, in der heut die Variationen der russischen Politik gehalten sind, vielleicht einer freiern Platz machen.

Es ist nicht wahrscheinlich, daß Rußland, wenn es seine Rüstung vollendet hat, dieselbe benutzen wird, um ohne Weitres und in Rechnung auf französischen Beistand uns anzugreifen. Der deutsche Krieg bietet für Rußland ebenso wenig unmittelbare Vortheile, wie der russische für Deutschland, höchstens im Betrage der Kriegscontribution würde der russische Sieger günstiger stehn als der deutsche, aber doch kaum auf seine Kosten kommen. Der Gedanke an den Erwerb Ostpreußens, der im siebenjährigen Kriege an das Licht trat, wird schwerlich noch Anhänger haben. Wenn Rußland schon den deutschen Bestandtheil der Bevölkerung seiner baltischen Provinzen nicht vertragen mag, so ist nicht anzunehmen, daß seine Politik auf die Verstärkung dieser für gefährlich gehaltnen Minderheit durch einen so kräftigen Zusatz wie den ostpreußischen ausgehn wird. Ebenso wenig erscheint dem russischen Staatsmanne eine Vermehrung der polnischen Unterthanen des Zaren durch Posen und Westpreußen begehrenswerth. Wenn man Deutschland und Rußland isolirt betrachtet, so ist es schwer, auf einer von beiden Seiten einen zwingenden oder auch nur berechtigten Kriegsgrund zu finden. Lediglich zur Befriedigung der Rauflust oder zur Verhütung der Gefahren unbeschäftigter Heere kann man vielleicht in einen Balkankrieg gehn; ein deutsch-russischer aber wiegt zu schwer, um auf der einen oder andern Seite als Mittel nur zur Beschäftigung der Armee und ihrer Offiziere verwendet zu werden.

Ich glaube auch nicht, daß Rußland, wenn es fertig ist, ohne Weitres Oestreich angreifen würde, und bin noch heut der Meinung, daß die Truppenaufstellung im russischen Westen auf keine direct aggressive Tendenz gegen Deutschland berechnet ist, sondern nur auf die Vertheidigung im Falle, daß Rußlands Vorgehn gegen die Türkei die westlichen Mächte zur Repression bestimmen sollte. Wenn Rußland sich für ausreichend gerüstet halten wird, wozu eine angemessene Stärke der Flotte im Schwarzen Meere gehört, so wird, denke ich mir, das Petersburger Cabinet, ähnlich wie es in dem Vertrage von Hunkiar-Iskelessi 1833 verfahren, dem Sultan anbieten, ihm seine Stellung in Constantinopel und den ihm verbliebenen Provinzen zu garantiren, wenn er Rußland den Schlüssel zum russischen Hause, d. h. zum Schwarzen Meere, in der Gestalt eines russischen Verschlusses des Bosporus gewährt. Daß die Pforte auf ein russisches Protectorat in dieser Form eingehe, liegt nicht nur in der Möglichkeit, sondern, wenn die Sache geschickt betrieben wird, auch in der Wahrscheinlichkeit. Der Sultan hat in frühern Jahrzehnten glauben können, daß die Eifersucht der europäischen Mächte ihm gegen Rußland Garantien gewähre. Für England und Oestreich war es eine traditionelle Politik, die Türkei zu erhalten; aber die Gladstone'schen Kundgebungen haben dem Sultan diesen Rückhalt entzogen, nicht nur in London, sondern auch in Wien, denn man kann nicht annehmen, daß das Wiener

Cabinet die Traditionen der Metternichschen Zeit (Ypsilanti, Feindschaft gegen die Befreiung Griechenlands) hätte in Reichstadt fallen lassen, wenn es der englischen Unterstützung sicher geblieben wäre. Der Bann der Dankbarkeit gegen den Kaiser Nicolaus war bereits durch Buol wahrend des Krimkriegs gebrochen, und auf dem Pariser Congresse war die Haltung Oestreichs um so deutlicher in die alte Metternich'sche Richtung zurückgetreten, als sie nicht durch die finanziellen Beziehungen jenes Staatsmanns zum russischen Kaiser gemildert, vielmehr durch Kränkung der Eitelkeit des Grafen Buol verschärft war. Das Oestreich von 1856 würde ohne die zersetzende Wirkung ungeschickter englischer Politik selbst um den Preis Bosniens sich weder von England noch von der Pforte losgesagt haben. So wie die Sachen aber heut liegen, ist es nicht wahrscheinlich, daß der Sultan von England oder Oestreich noch so viel Beistand und Schutz erwartet, wie ihm Rußland, ohne eigne Interessen Preis zu geben, zusagen und vermöge seiner Nachbarschaft erfolgreich gewähren kann.

Wenn Rußland, nachdem es hinreichend fertig ist, um den Sultan und den Bosporus nöthigenfalls militärisch zu Wasser und zu Lande überzulaufen, dem Sultan persönlich und vertraulich vorschlägt, gegen Bewilligung einer ausreichenden Befestigung und Truppenzahl am nördlichen Eingang des Bosporus ihm seine Stellung im Serail und alle Provinzen nicht nur gegen das Ausland, sondern auch gegen seine eignen Unterthanen zu garantiren, so würde das ein Angebot sein, in dem eine erhebliche Versuchung zur Annahme liegt. Setzen wir aber den Fall, daß der Sultan aus eignem oder auf fremden Antrieb die russische Insinuation zurückweist, so kann die neue Schwarze-Meer-Flotte die Bestimmung haben, auch vor entschiedner Sache sich der Stellung am Bosporus zu bemächtigen, deren Rußland zu bedürfen glaubt, um in den Besitz seines Hausschlüssels zu gelangen.

Wie auch diese Phase der von mir vorausgesetzten russischen Politik verlaufen mag, so wird aus derselben immer die Situation entstehn, daß Rußland wie im Juli 1853 ein Pfand nimmt und abwartet, ob man und wer es ihm wieder abnehmen werde. Der erste Schritt der russischen Diplomatie nach diesen seit lange vorbereiteten Operationen würde vielleicht eine vorsichtige Sondirung in Berlin sein, bezüglich der Frage, ob Oestreich oder England, wenn sie sich dem russischen Vorgehn kriegerisch widersetzten, auf die Unterstützung Deutschlands rechnen könnten. Diese Frage würde meiner Ueberzeugung nach unbedingt zu verneinen sein. Ich glaube, daß es für Deutschland nützlich sein würde, wenn die Russen auf dem einen oder andern Wege, physisch oder diplomatisch, sich in Constantinopel festgesetzt und dasselbe zu vertheidigen hätten. Wir würden dann nicht mehr in der Lage sein, von England und gelegentlich auch von Oestreich als Hetzhund gegen russische Bosporus-Gelüste ausgebeutet zu werden, sondern abwarten können, ob Oestreich angegriffen wird und damit unser casus belli eintritt.

Auch für die östreichische Politik wäre es richtiger, sich den Wirkungen des ungarischen Chauvinismus so lange zu entziehn, bis Rußland eine Position am Bosporus eingenommen und dadurch seine Frictionen mit den Mittelmeerstaaten, also mit England und selbst mit Italien und Frankreich, erheblich verschärft und sein Bedürfniß, sich mit Oestreich àl'amiable zu verständigen, gesteigert hätte. Wenn ich östreichischer Minister wäre, so würde ich die Russen nicht hindern, nach Constantinopel zu gehn, aber eine Verständigung mit ihnen erst beginnen, nachdem sie den Vorstoß gemacht hätten. Die Betheiligung Oestreichs an der türkischen Erbschaft wird doch nur im Einverständnisse mit Rußland geregelt werden, und der östreichische Antheil um so größer ausfallen, je mehr man in Wien zu warten und die russische Politik zu ermuthigen weiß, eine weiter vorgeschobene Stellung einzunehmen. England gegenüber mag die Position des heutigen Rußland als verbessert gelten, wenn es Constantinopel beherrscht, Oestreich und Deutschland gegenüber ist sie weniger gefährlich, so lange es in Constantinopel steht. Es würde dann die preußische Ungeschicklichkeit nicht mehr möglich sein, uns wie 1855 für Oestreich, England, Frankreich auszuspielen und einzusetzen, um uns in Paris eine demüthigende Zulassung zum Congreß und eine mention honorable als europäische Macht zu verdienen.

Wenn man die Sondirung, ob Rußland, wenn es wegen seines Vorgreifens nach dem Bosporus von andern Mächten angegriffen wird, auf unsre Neutralität rechnen könne, so lange

Oestreich nicht gefährdet werde, in Berlin verneinend oder gar bedrohlich beantwortet, so wird Rußland zunächst denselben Weg wie 1876 in Reichstadt einschlagen und wieder versuchen, Oestreichs Genossenschaft zu gewinnen. Das Feld, auf dem Rußland Anerbietungen machen könnte, ist ein sehr weites, nicht nur im Orient auf Kosten der Pforte, sondern auch in Deutschland auf unsre Kosten. Die Zuverlässigkeit unsres Bündnisses mit Oestreich-Ungarn gegenüber solchen Versuchungen wird nicht allein von dem Buchstaben der Verabredung, sondern auch einigermaßen von dem Charakter der Persönlichkeiten und von den politischen und confessionellen Strömungen abhängen, die dann in Oestreich leitend sein werden. Gelingt es der russischen Politik, Oestreich zu gewinnen, so ist die Coalition des siebenjährigen Kriegs gegen uns fertig, denn Frankreich wird immer gegen uns zu haben sein, weil seine Interessen am Rheine gewichtiger sind als die im Orient und am Bosporus.

Jedenfalls wird auch in der Zukunft nicht blos kriegerische Rüstung, sondern auch ein richtiger politischer Blick dazugehören, das deutsche Staatsschiff durch die Strömungen der Coalitonen zu steuern, denen wir nach unsrer geographischen Lage und unsrer Vorgeschichte ausgesetzt sind. Durch Liebenswürdigkeiten und wirthschaftliche Trinkgelder für befreundete Mächte werden wir den Gefahren, die im Schoße der Zukunft liegen, nicht vorbeugen, sondern die Begehrlichkeit unsrer einstweiligen Freunde und ihre Rechnung auf unser Gefühl sorgenvoller Bedürftigkeit steigern. Meine Befürchtung ist, daß auf dem eingeschlagnen Wege unsre Zukunft kleinen und vorübergehenden Stimmungen der Gegenwart geopfert wird. Frühere Herrscher sahen mehr auf Befähigung als auf Gehorsam ihrer Rathgeber; wenn der Gehorsam allein das Kriterium ist, so wird ein Anspruch an die universelle Begabung des Monarchen gestellt, dem selbst Friedrich der Große nicht genügen würde, obschon die Politik in Krieg und Frieden zu seiner Zeit weniger schwierig war wie heut.

Unser Ansehn und unsre Sicherheit werden sich um so nachhaltiger entwickeln, je mehr wir uns bei Streitigkeiten, die uns nicht unmittelbar berühren, in der Reserve halten und unempfindlich werden gegen jeden Versuch, unsre *Eitelkeit* zu reizen und auszubeuten, Versuche, wie sie während des Krimkriegs von der englischen Presse und dem englischen Hofe und den auf England gestützten Strebern an unserm eignen Hofe gemacht wurden, indem man uns mit der Entziehung der Titulatur einer Großmacht so erfolgreich bedrohte, daß Herr von Manteuffel uns in Paris großen Demüthigungen aussetzte, um zur Mitunterschrift eines Vertrags zugelassen zu werden, an den nicht gebunden zu sein uns nützlich gewesen sein würde S. Bd. I 304 f. . Deutschland würde auch heut eine große Thorheit begehn, wenn es in orientalischen Streitfragen ohne eignes Interesse früher Partei nehmen wollte als die andern, mehr interessirten Mächte. Wie das schwächre Preußen schon während des Krimkriegs Momente hatte, in denen es bei entschlossener Rüstung im Sinne östreichischer Forderungen und über dieselben hinaus den Frieden gebieten und sein Verständniß mit Oestreich über deutsche Fragen fördern konnte, so wird auch Deutschland in zukünftigen orientalischen Händeln, wenn es sich zurückzuhalten weiß, den Vortheil, daß es die in orientalischen Fragen am wenigsten interessirte Macht ist, um so sichrer verwerthen können, je länger es seinen Einsatz zurückhält, auch wenn dieser Vortheil nur in längerm Genusse des Friedens bestände. Oestreich, England, Italien werden einem russischen Vorstoße auf Constantinopel gegenüber immer früher Stellung zu nehmen haben als die Franzosen, weil die orientalischen Interessen Frankreichs weniger zwingend und mehr im Zusammenhange mit der deutschen Grenzfrage zu denken sind. Frankreich würde in russisch-orientalischen Krisen weder auf eine neue »westmächtliche« Politik, noch um seiner Freundschaft mit Rußland willen auf eine Bedrohung Englands sich einlassen können, ohne vorgängige Verständigung oder vorgängigen Bruch mit Deutschland.

Dem Vortheile, den der deutschen Politik ihre Freiheit von directen orientalischen Interessen gewährt, steht der Nachtheil der centralen und exponirten Lage des Deutschen Reichs mit seinen ausgedehnten Vertheidigungsfronten nach allen Seiten hin und die Leichtigkeit antideutscher Coalitionen gegenüber. Dabei ist Deutschland vielleicht die einzige große Macht in Europa, die durch keine Ziele, die nur durch siegreiche Kriege zu erreichen wären, in Versuchung geführt wird. Unser Interesse ist, den Frieden zu erhalten, während unsre continentalen

Nachbarn ohne Ausnahme Wünsche haben, geheime oder amtlich bekannte, die nur durch Krieg zu erfüllen sind. Dementsprechend müssen wir unsre Politik einrichten, das heißt den Krieg nach Möglichkeit hindern oder einschränken, uns in dem europäischen Kartenspiele die Hinterhand wahren und uns durch keine Ungeduld, keine Gefälligkeit auf Kosten des Landes, keine *Eitelkeit* oder befreundete Provocation vor der Zeit aus dem abwartenden Stadium in das handelnde drängen lassen? wenn nicht, plectuntur Achivi.

Unsre Zurückhaltung kann vernünftiger Weise nicht den Zweck haben, über irgend einen unsrer Nachbarn oder möglichen Gegner mit geschonten Kräften herzufallen, nachdem die andern sich geschwächt hätten. Im Gegentheil sollten wir uns bemühn, die Verstimmungen, die unser Heranwachsen zu einer wirklichen Großmacht hervorgerufen hat, durch den ehrlichen und friedliebenden Gebrauch unsrer Schwerkraft abzuschwächen, um die Welt zu überzeugen, daß eine deutsche Hegemonie in Europa nützlicher und unparteiischer, auch unschädlicher für die Freiheit andrer wirkt als eine französische, russische oder englische. Die Achtung vor den Rechten andrer Staaten, an der namentlich Frankreich in den Zeiten seines Uebergewichts es hat fehlen lassen, und die in England doch nur so weit reicht, als die englischen Interessen nicht berührt werden, wird dem Deutschen Reiche und seiner Politik erleichtert, einerseits durch die Objectivität des deutschen Charakters, andrerseits durch die verdienstlose Thatsache, daß wir eine Vergrößrung unsres unmittelbaren Gebiets nicht brauchen, auch nicht herstellen könnten, ohne die centrifugalen Elemente im eignen Gebiete zu stärken. Mein ideales Ziel, nachdem wir unsre Einheit innerhalb der erreichbaren Grenzen zu Stande gebracht hatten, ist stets gewesen, das Vertraun nicht nur der mindermächtigen europäischen Staaten, sondern auch der großen Mächte zu erwerben, daß die deutsche Politik, nachdem sie die injuria temporum, die Zersplittrung der Nation, gut gemacht hat, friedliebend und gerecht sein will. Um dieses Vertraun zu erzeugen, ist vor allen Dingen Ehrlichkeit, Offenheit und Versöhnlichkeit im Falle von Reibungen oder von *untoward events* nöthig. Ich habe dieses Recept nicht ohne Widerstreben meiner persönlichen Empfindlichkeiten befolgt in Fällen wie Schnäbele (April 1887), Boulanger, Kaufmann (September 1887), Spanien gegenüber in der Carolinen-Frage, den Vereinigten Staaten gegenüber in Samoa, und vermuthe, daß die Gelegenheiten, zur Anschauung zu bringen, daß wir befriedigt und friedliebend sind, auch in Zukunft nicht ausbleiben werden. Ich habe während meiner Amtsführung zu drei Kriegen gerathen, dem dänischen, dem böhmischen und dem französischen, aber mir auch jedesmal vorher klar gemacht, ob der Krieg, wenn er siegreich wäre, einen Kampfpreis bringen würde, werth der Opfer, die jeder Krieg fordert und die heut so viel schwerer sind als in dem vorigen Jahrhundert. Wenn ich mir hätte sagen müssen, daß wir nach einem dieser Kriege in Verlegenheit sein würden, uns wünschenswerthe Friedensbedingungen auszudenken, so würde ich mich, so lange wir nicht materiell angegriffen waren, schwerlich von der Nothwendigkeit solcher Opfer überzeugt haben. Internationale Streitigkeiten, die nur durch den Volkskrieg erledigt werden können, habe ich niemals aus dem Gesichtspunkte des Göttinger Comments und der Privatmensuren-Ehre aufgefaßt, sondern stets nur in Abwägung ihrer Rückwirkung auf den Anspruch des deutschen Volks, in Gleichberechtigung mit den andern großen Mächten Europas ein autonomes politisches Leben zu führen, wie es auf der Basis der uns eigenthümlichen nationalen Leistungsfähigkeit möglich ist.

Die traditionelle russische Politik, die sich theils auf Glaubens-, theils auf Blutsverwandschaft gründet, der Gedanke, die Rumänen, die Bulgaren, die griechischen, gelegentlich auch die römisch-katholischen Serben, die unter verschiednen Namen zu beiden Seiten der östreichisch-ungarischen Grenze vorkommen, zu »befreien« von dem türkischen Joche und dadurch an Rußland zu fesseln, hat sich nicht bewährt. Es ist nicht unmöglich, daß in ferner Zukunft alle diese Stämme dem russischen Systeme gewaltsam angefügt werden, aber daß die Befreiung allein sie nicht in Anhänger der russischen Macht verwandelt, hat zuerst der griechische Stamm bewiesen. Er wurde seit Tschesme (1770) als Stützpunkt Rußlands betrachtet, und noch in dem russisch-türkischen Kriege von 1806 bis 1812 schienen die Ziele der kaiserlich russischen Politik unverändert zu sein. Ob die Unternehmungen der Hetärie zur Zeit des auch schon im Westen populär gemachten Ypsilant'schen Aufstandes, des durch die Fanarioten vermittelten

Ausläufers gräcisirender Orientpolitik, noch die einheitliche Zustimmung der verschiednen russischen Strömungen hatten, die von Araktschejew bis zu den Decabristen durch einander liefen, ist gleichgültig, jedenfalls aber waren die Erstlinge der russischen Befreiungspolitik, die Griechen, eine, freilich noch nicht durchschlagende, Enttäuschung für Rußland. Die griechische Befreiungspolitik hört mit und seit Navarin auch in den Augen der Russen auf, eine russische Spectalität zu sein. Es hat lange gedauert, ehe das russische Cabinet aus diesem kritischen Ergebniß die Consequenzen zog. Die rudis indigestaque moles Rußland wiegt zu schwer, um für jede Wahrnehmung des politischen Instincts leicht lenksam zu sein. Man fuhr fort zu befreien und machte mit den Rumänen, Serben, Bulgaren dieselbe Erfahrung wie mit den Griechen. Alle diese Stämme haben Rußlands Hülfe zur Befreiung von den Türken bereitwillig angenommen, aber, nachdem sie frei geworden, keine Neigung gezeigt, den Zaren zum Nachfolger des Sultans anzunehmen. Ich weiß nicht, ob man in Petersburg die Ueberzeugung theilt, daß auch der »einzige Freund« des Zaren, der Fürst von Montenegro, was bei seiner entfernten und isolirten Situation auch einigermaßen entschuldbar ist, nur so lange die russische Flagge hissen wird, als er Aequivalente an Geld oder Macht dafür erwartet; aber es kann in Petersburg nicht unbekannt sein, daß der Bladika bereit war und vielleicht noch bereit ist, als großherrlich türkischer Connetable an die Spitze der Balkanvölker zu treten, wenn dieser Gedanke bei der Pforte eine hinreichend günstige Aufnahme und Unterstützung fände, um für Montenegro nützlich werden zu können.

Wenn man in Petersburg aus den bisherigen Mißgriffen die Folgerungen ziehn und praktisch machen will, so wäre es natürlich, sich auf die weniger phantastischen Fortschritte zu beschränken, die durch das Gewicht der Regimenter und Kanonen zu erreichen sind. Der geschichtlich poetischen Seite, die der Kaiserin Katharina vorschwebte, als sie ihrem zweiten Enkel den Namen Constantin gab, fehlt das placet der Praxis. Befreite Völker sind nicht dankbar, sondern anspruchsvoll, und ich denke mir, daß die russische Politik in der heutigen realistischen Zeit mehr technisch als schwunghaft vorgehn wird in Behandlung der orientalischen Fragen. Ihr erstes praktisches Bedürfniß für Kraftentwicklung im Oriente ist die Sicherstellung des Schwarzen Meers. Gelingt es, einen festen Verschluß des Bosporus durch Geschütz- und Torpedoanlagen zu erreichen, so ist die Südküste Rußlands noch besser geschützt als die baltische, der die überlegnen englisch-französischen Flotten im Krimkriege nicht viel anzuhaben vermochten.

So mag die Berechnung des Petersburger Cabinets sich gestalten, wenn sie als Zielpunkt zunächst den Verschluß des Schwarzen Meeres und die Gewinnung des Sultans für diesen Zweck durch Liebe, durch Geld, durch Gewalt in Aussicht nimmt. Wenn die Pforte sich der freundschaftlichen Annäherung Rußlands erwehrt und gegen die angedrohte Gewalt das Schwert zieht, so wird Rußland wahrscheinlich von andrer Seite angegriffen werden, und auf diesen Fall sind m. E. die Truppenanhäufungen an der Westgrenze berechnet. Gelingt es, den Verschluß des Bosporus in Güte zu erreichen, so werden vielleicht die Mächte, die sich dadurch beeinträchtigt finden, einstweilen stille sitzen, weil eine jede auf die Initiative der andern und auf die Entschließung Frankreichs warten würde. Unsre Interessen sind mehr als die der andern Mächte mit dem Gravitiren der russischen Macht nach Süden verträglich; man kann sogar sagen, daß sie dadurch gefördert werden. Wir können die Lösung eines neuen von Rußland geschürzten Knotens länger als die andern abwarten.

Einunddreißigstes Kapitel. Der Staatsrath.

Der durch das Gesetz vom 20. März 1817 gestiftete Staatsrath war bestimmt, den absoluten König zu berathen. An dessen Stelle ist heut zu Tage der verfassungsmäßig von seinen Ministern berathne König getreten und dadurch das Staatsministerium in den durch die Vorberathung des Staatsraths aufzuklärenden regirenden Factor, den früher der König allein darstellte, mit aufgenommen. Die Berathung des Staatsraths ist heut zu Tage informatorisch nicht nur für den König, sondern auch für die verantwortlichen Minister; seine Reactivirung im Jahre 1852 hatte den Zweck, nicht nur die königlichen Entschließungen, sondern auch die Vota der Staatsminister vorzubereiten.

Die Vorbereitung der Gesetzentwürfe durch das Staatsministerium ist unvollkommen. Ein vortragender Rath ist im Stande, das Schicksal eines Gesetzes festzulegen bis zu der Veröffentlichung, indem er alle Einwirkungen auf den Inhalt, die von dem Staatsministerium oder in den verschiednen Stadien der parlamentarischen Berathung versucht werden, an der Außenseite des Entwurfs abgleiten läßt, wenn der Gegenstand schwierig und die Zahl der Paragraphen groß ist. Schon im Staatsministerium beherrscht der Ressortminister nicht immer den Stoff, den ihm seine betreffenden Räthe in Gestalt eines Gesetzentwurfs mit Motiven vorgelegt haben. Noch viel weniger verwenden die übrigen Minister Zeit und Mühe darauf, sich mit Inhalt und Tragweite eines neuen Gesetzes in allen Einzelheiten vertraut zu machen, wenn es nicht Wirkungen hat, die in ihr eignes Ressort eingreifen. Ist das aber der Fall, so regt sich das Unabhängigkeitsgefühl und der Particularismus, wovon jeder der acht föderirten ministeriellen Staaten und jeder Rath in seiner Sphäre beseelt ist. Die Wirkung eines beabsichtigten Gesetzes auf das praktische Leben im Voraus zu beurtheilen, wird aber auch der Ressortminister nicht im Stande sein, wenn er selbst ein einseitiges Product der Bürokratie ist, noch viel weniger aber seine Collegen. Diejenigen unter ihnen, die das Bewußtsein haben, nicht nur Ressortminister, sondern Staatsminister mit solidarischer Verantwortlichkeit für die Gesammtpolitik zu sein, machen nicht fünf Procent derer aus, welche ich zu beobachten Gelegenheit gehabt habe. Die übrigen beschränken sich auf das Bestreben, ihr Ressort einwandfrei zu verwalten, die Geldmittel dazu von dem Finanzminister und dem Landtage bewilligt zu erhalten und parlamentarische Angriffe auf ihr Ressort mit Beredsamkeit und nach Bedürfniß unter Preisgebung ihrer Untergebenen erfolgreich abzuwehren. Die Quittungen, die in der königlichen Unterschrift und der parlamentarischen Bewilligung liegen, sind ausreichend, um daneben die Frage, ob die Sache an sich vernünftig sei, vor einem bürokratisch-ministeriellen Gewissen nicht zur Entscheidung kommen zu lassen. Einreden eines Collegen, dessen Ressort nicht direct betheiligt ist, erregen die Empfindlichkeit des Ressortministers, und diese wird in der Regel geschont, im Hinblick auf gleiche Schonung, die man für eigne Anträge vorkommenden Falls erwartet. Ich habe die Erinnrung, daß die Erörtrungen des alten Staatsraths vor 1848, aus dem ich einige hervorragende Mitglieder gekannt habe, mit schärfrer Anstrengung des eignen Urtheils und größrer Regsamkeit des Gewissens geführt worden sind als die Ministerberathungen, die ich mehr als vierzig Jahre lang zu beobachten in der Lage gewesen bin.

Ich halte auch die Voraussetzung für trügerisch, daß ein ungeschickter Gesetzentwurf des Ministeriums im Landtage sachlich genügend richtig gestellt werden wird. Er kann und wird hoffentlich in der Regel abgelehnt werden; ist aber die Frage, die er betrifft, dringend, so liegt die Gefahr vor, daß auch ministerieller Unsinn glatt durch die parlamentarischen Stadien geht, namentlich wenn es dem Verfasser gelingt, den einen oder andern einflußreichen oder beredten Freund für sein Erzeugniß zu gewinnen. Abgeordnete, die einen Gesetzentwurf von mehr als hundert Paragraphen zu lesen sich die Mühe geben oder *mit Verständniß* zu lesen vermöchten, sind bei der Ueberzahl studirter Leute aus der Justiz und der Verwaltung wohl vorhanden, aber die Lust und das Pflichtgefühl zur Arbeit haben nur wenige, und diese sind vertheilt unter einander bekämpfende Fractionen und Parteibestrebungen, deren Tendenzen es ihnen erschweren, sachlich zu urtheilen. Die meisten Abgeordneten lesen und prüfen nicht, sondern fragen die für eigne Zwecke arbeitenden und redenden Fractionsführer, wann sie in die Sitzung kommen und wie sie stimmen sollen. Das Alles ist aus der menschlichen Natur erklärlich, und niemand ist darüber zu tadeln, daß er nicht aus seiner Haut hinaus kann; nur darf man sich darüber nicht täuschen, daß es ein bedenklicher Irrthum ist, anzunehmen, daß unsern Gesetzen heut zu Tage die Prüfung und vorbereitende Arbeit zu Theil werde, deren sie bedürfen, oder auch nur die, welche sie vor 1848 genossen.

Ein Denkmal seiner Flüchtigkeit hat sich der Reichstag von 1867 in der Verfassung des Norddeutschen Bunds gesetzt, das in die Verfassung des Deutschen Reichs übergegangen ist. Der einem Beschlusse des Frankfurter Bundestags nachgebildete Artikel 68 des Entwurfs zählte fünf Verbrechen auf, die, wenn sie gegen den Bund begangen werden, so bestraft werden sollen, als wenn sie gegen einen einzelnen Bundesstaat begangen wären. Die fünfte Nummer war mit »endlich« eingeführt. Der wegen seiner Gründlichkeit gerühmte Twesten stellte den Verbesserungsantrag, die drei ersten Nummern zu streichen, hatte aber offenbar den zu verbessernden Artikel nicht zu Ende gelesen und das »endlich« stehn lassen. Sein Antrag wurde angenommen und in allen Stadien der Berathung beibehalten, und so hat denn der Artikel (jetzt 74) die sonderbare Fassung:

Jedes Unternehmen gegen die Existenz, die Integrität, die Sicherheit oder die Verfassung des Deutschen Reichs, *endlich* die Beleidigung des Bundesraths, des Reichstags u.s.w.

Vor 1848 war man beflissen, das Richtige und Vernünftige zu finden, heut genügt die Majorität und die königliche Unterschrift. Ich kann nur bedauern, daß die Mitwirkung weitrer Kreise zur Vorbereitung der Gesetze, wie sie im Staatsrath und im Volkswirthschaftsrath gegeben war, gegenüber ministerieller oder monarchischer Ungeduld nicht hinreichend hat zur Geltung gebracht werden können. Ich habe, wenn ich Muße fand, mich mit diesen Problemen zu beschäftigen, zu meinen Collegen gelegentlich den Wunsch geäußert, daß sie ihre legislatorische Thätigkeit damit beginnen möchten, die Entwürfe zu veröffentlichen, der publicistischen Kritik preis zu geben, möglichst viele sachkundige und an der Frage interessirte Kreise, also Staatsrath, Volkswirthschaftsrath, nach Umständen die Provinziallandtage zu hören, und alsdann erst die Berathung im Staatsministerium möchten eintreten lassen. Das Zurückdrängen des Staatsrats und ähnlicher Berathungskörper schreibe ich hauptsächlich der Eifersucht zu, mit der diese unzünftigen Rathgeber in öffentlichen Angelegenheiten von den zünftigen Räthen und von den Parlamenten betrachtet werden, zugleich aber auch dem Unbehagen, mit dem die ministerielle Machtvollkommenheit innerhalb des eignen Ressorts auf das Mitreden Andrer blickt.

Die ersten Staatsrathssitzungen, denen ich nach seiner Wiedereinberufung 1884 unter dem Vorsitz des Kronprinzen Friedrich Wilhelm beiwohnte, machten nicht nur mir, sondern, wie ich glaube, allen Theilnehmern einen geschäftlich günstigen Eindruck. Der Prinz hörte die Vorträge an, ohne ein Bedürfniß, die Vortragenden zu beeinflussen, zu erkennen zu geben. Bemerkenswerth war, daß die Vorträge zweier ehemaligen Gardes du Corps-Offiziere, von Zedlitz-Trützschler, späterem Oberpräsidenten in Posen und Cultusminister, und von Minnigerode, einen solchen Eindruck machten, daß der Kronprinz im Sinne der Versammlung verfuhr, indem er die beiden Herrn später zu Referenten bestellte, obschon die theoretisch sachkundigsten Vorträge ohne Zweifel von den anwesenden sachgelehrten Professoren gehalten waren. Die Einwirkung, die dadurch frühern Gardeoffizieren auf die Gestaltung von Gesetzvorlagen zufiel, befestigte mich in der Ueberzeugung, daß die rein und nur ministerielle Prüfung von Entwürfen nicht der richtige Weg ist, um die Gefahr zu vermeiden, daß unpraktische, schädliche und gefährliche Vorlagen in sprachlich unvollkommner Fassung ihren Weg aus den Niederschriften der legislativen Liebhabereien eines einzelnen vortragenden Rathes, unbeirrt oder doch ohne ausreichende Richtigstellung durch alle Stadien des Staatsministeriums, der Parlamente und des Cabinets bis in die Gesetzsammlung finden und dann bis zu etwaiger Abhülfe einen Theil der Last bilden, die sich wie eine Krankheit schleichend fortschleppt.

Zweiunddreißigstes Kapitel. Kaiser Wilhelm I.

I.

Um die Mitte der siebziger Jahre begann die geistige Empfänglichkeit des Kaisers im Auffassen andrer und Entwickeln eigner Vorträge schwerfälliger zu functioniren; er verlor zuweilen den Faden im Zuhören und Sprechen. Merkwürdigerweise trat darin nach dem Nobiling'schen Attentate eine günstige Verändrung ein. Momente wie die beschriebenen kamen nicht mehr vor, der Kaiser war freier, lebendiger, auch weicher. Der Ausdruck meiner Freude über sein Wohlbefinden veranlaßte ihn zu dem Scherze: »Nobiling hat besser als die Aerzte gewußt, was mir fehlte: ein tüchtiger Aderlaß.« Die letzte Krankheit war kurz, sie begann am 4. März 1888. Am 8. Mittags hatte ich die letzte Unterredung mit dem Kaiser, in der er noch bei Bewußtsein war, und erlangte von ihm die Ermächtigung zur Veröffentlichung der schon am 17. November 1887 vollzognen Ordre, die den Prinzen Wilhelm mit der Stellvertretung beauftragte in Fällen, wo Se. Majestät einer solchen zu bedürfen glauben würde. Der Kaiser sagte, er erwarte von mir, daß ich in meiner Stellung verbleiben und seinen Nachfolgern zur Seite stehn würde, wobei ihm zunächst die Besorgniß vorzuschweben schien, daß ich mich mit dem Kaiser Friedrich nicht würde stellen können. Ich sprach mich beruhigend darüber aus, so weit es überhaupt angebracht schien, einem Sterbenden gegenüber von dem zu sprechen, was seine Nachfolger und ich selbst nach seinem Tode thun würden. Dann, an die Krankheit seines Sohnes denkend, verlangte er von mir das Versprechen, meine Erfahrung seinem Enkel zu Gute kommen zu lassen und ihm zur Seite zu bleiben, wenn er, wie es schiene, bald zur Regirung gelangen sollte. Ich gab meiner Bereitwilligkeit Ausdruck, seinen Nachfolgern mit demselben Eifer zu dienen wie ihm selbst. Seine einzige Antwort darauf war ein etwas fühlbarerer Druck seiner Hand; dann aber traten Fieberphantasien ein, in denen die Beschäftigung mit dem Enkel so im Vordergrunde stand, daß er glaubte, der Prinz, der im September 1886 dem Zaren in Brest-Litowsk einen Besuch gemacht hatte, säße an meiner Stelle neben dem Bette, und mich plötzlich mit Du anredend sagte: »Mit dem russischen Kaiser mußt du immer Fühlung halten, da ist kein Streit nothwendig.« Nach einer langen Pause des Schweigens war die Sinnestäuschung verschwunden; er entließ mich mit den Worten: »Ich sehe Sie noch.« Gesehn hat er mich noch, als ich mich am Nachmittage und dann wieder in der Nacht des 9. um 4 Uhr einfand, aber schwerlich unter den vielen Anwesenden erkannt; noch in später Abendstunde des 8. fand eine Rückkehr der vollen Klarheit des Bewußtseins und der Fähigkeit statt, sich den sein Sterbebett in dem engen Schlafzimmer Umstehenden gegenüber klar und zusammenhängend auszusprechen. Es war das letzte Aufleuchten dieses starken und tapfern Geistes. Um 8 Uhr 30 Minuten that er den letzten Athemzug.

II.

Für die Thronfolge war unter Friedrich Wilhelm III. nur der Kronprinz mit Bewußtsein vorgebildet worden, der zweite Sohn dagegen ausschließlich militärisch. Es war natürlich, daß durch sein ganzes Leben militärische Einflüsse an und für sich stärker auf ihn wirkten als civilistische, und ich selbst habe in dem äußern Eindruck der Militäruniform, die ich trug, um ein mehrmaliges Umkleiden am Tage zu vermeiden, ein Moment der Verstärkung meines Einflusses zu finden geglaubt. Unter den Personen, die, so lange er noch Prinz Wilhelm war, Einfluß auf seine Entwicklung haben konnten, standen in erster Linie Militärs ohne politischen Beruf, nachdem der General von Gerlach, der Jahre hindurch sein Adjutant gewesen war, dem politischen Leben vorübergehend fremd geworden war. Er war der begabteste unter den Adjutanten, die der Prinz gehabt hatte, und nicht theoretischer Fanatiker in Politik und Religion wie sein Bruder, der Präsident, aber doch genug doctrinär, um bei dem praktischen Verstande des Prinzen nicht den Anklang zu finden, wie bei dem geistreichen Könige Friedrich Wilhelm. Pietismus war ein Wort und ein Begriff, die mit dem Namen Gerlach leicht in Verbindung traten wegen der Rolle, die die beiden Brüder des Generals, der Präsident und der Prediger, Verfasser eines ausgedehnten Bibelwerks, in der politischen Welt spielten.

Ein Gespräch, das ich 1853 in Ostende, wo ich dem Prinzen näher getreten war, mit ihm hatte und das sich an den Namen Gerlach knüpfte, ist mir in Erinnrung geblieben, weil es mich betroffen machte über des Prinzen Unbekanntschaft mit unsern staatlichen Einrichtungen und der politischen Situation.

Eines Tags sprach er mit einer gewissen Animosität über den General von Gerlach, der aus Mangel an Uebereinstimmung und, wie es schien, verstimmt aus der Adjutanten-Stellung geschieden war. Der Prinz bezeichnete ihn als einen Pietisten.

Ich: »Was denken Ew. K. H. Sich unter einem Pietisten?«

Er: »Einen Menschen, der in der Religion heuchelt, um Carrière zu machen.«

Ich: »Das liegt Gerlach fern, was kann der werden? Im heutigen Sprachgebrauch versteht man unter einem Pietisten etwas andres, nämlich einen Menschen, der orthodox an die christliche Offenbarung glaubt und aus seinem Glauben kein Geheimniß macht; und deren giebt es viele, die mit dem Staate garnichts zu thun haben und an Carrière nicht denken.«

Er: »Was verstehn Sie unter orthodox?«

Ich: »Beispielsweise Jemanden, der ernstlich daran glaubt, daß Jesus Gottes Sohn und für uns gestorben ist als ein Opfer, zur Vergebung unsrer Sünden. Ich kann es im Augenblick nicht präciser fassen, aber es ist das Wesentliche der Glaubensverschiedenheit.«

Er, hoch erröthend: »Wer ist denn so von Gott verlassen, daß er das nicht glaubte!«

Ich: »Wenn diese Aeußrung öffentlich bekannt würde, so würden Ew. K. H. selbst zu den Pietisten gezählt werden.«

Im weitern Verlauf der Unterhaltung kamen wir auf die damals schwebende Frage der Kreis- und Gemeinde-Ordnung. Bei der Gelegenheit sagte der Prinz ungefähr:

Er sei kein Feind des Adels, könne aber nicht zugeben, daß »der Bauer von dem Edelmann mißhandelt werde«.

Ich erwiderte: »Wie sollte der Edelmann das anfangen? Wenn ich die Schönhauser Bauern mißhandeln wollte, so fehlte mir jedes Mittel dazu, und der Versuch würde mit meiner Mißhandlung entweder durch die Bauern oder durch das Gesetz endigen.«

Darauf Er: »Das mag bei Ihnen in Schönhausen so sein; aber das ist eine Ausnahme, und ich kann nicht zugeben, daß der kleine Mann auf dem Lande geschunden wird.«

Ich bat um die Erlaubniß, ihm eine kurze Darstellung der Genesis unsrer ländlichen Zustände, des Verhältnisses zwischen Gutsherrn und Bauern vorzulegen. Er nahm das Erbieten freudig dankend an; und ich habe nachher in Norderney meine freien Stunden dazu verwendet, dem damals 56 Jahre alten Thronerben an der Hand von Gesetzesstellen die rechtliche Situation auseinander zu setzen, in der sich Rittergüter und Bauern 1853 befanden. Ich schickte ihm die Arbeit nicht ohne die Befürchtung, der Prinz würde kurz und ironisch antworten, er habe durch mich nichts erfahren, was er nicht schon seit 30 Jahren wisse. Umgekehrt aber dankte er mir lebhaft für die interessante Zusammenstellung der ihm neuen Daten.

III.

Von dem Augenblicke des Antritts der Regentschaft an hatte Prinz Wilhelm den Mangel an geschäftlicher Vorbildung so lebhaft empfunden, daß er keine Arbeit Tag und Nacht scheute, um demselben abzuhelfen. Wenn er »Staatsgeschäfte erledigte«, so arbeitete er wirklich, mit vollem Ernst und voller Gewissenhaftigkeit. Er las *alle* Eingänge, nicht blos die, welche ihn anzogen, studirte die Verträge und Gesetze, um sich ein selbständiges Urtheil zu bilden. Er kannte keine Vergnügung, die den Staatsgeschäften Zeit entzogen hätte. Er las niemals Romane oder sonst Bücher, die nicht Bezug auf seinen Herrscherberuf hatten. Er rauchte nicht, spielte nicht Karten. Wenn nach einem Jagddiner in Wusterhausen die Gesellschaft sich in das Zimmer begab, in dem Friedrich Wilhelm I. das Tabakscollegium zu versammeln pflegte, so ließ er sich, damit die Anwesenden in seiner Gegenwart rauchen durften, eine der langen holländischen Thonpfeifen reichen, that einige Züge und legte sie mit einem krausen Gesichte aus der Hand. Als er in Frankfurt, damals noch Prinz von Preußen, auf einem Balle in ein Zimmer gerieth, in dem Hazard gespielt wurde, sagte er zu mir: »Ich will doch auch einmal mein Glück versuchen, habe aber kein Geld bei mir, geben Sie mir etwas.« Da auch ich kein Geld bei mir zu tragen pflegte, so half der Graf Theodor Stolberg aus. Der Prinz setzte einige Male einen Thaler, verlor jedes Mal und verließ das Zimmer. Seine einzige Erholung war, nach einem arbeitsvollen Tage in seiner Theaterloge zu sitzen; aber auch dort durfte ich als Minister ihn in dringenden Fällen aufsuchen, um ihm in dem kleinen Zimmer vor der Loge Vorträge zu halten, und Unterschriften entgegennehmen. Obschon er der Nachtruhe dermaßen bedürftig war, daß er schon über eine schlechte Nacht klagte, wenn er zweimal, und über Schlaflosigkeit, wenn er dreimal erwacht war, so habe ich niemals den leisesten Zug von Verdrießlichkeit wahrgenommen, wenn man ihn unter schwierigen Verhältnissen um 2 oder 3 Uhr weckte, um eine eilige Entscheidung zu erbitten.

Neben dem Fleiße, zu dem ihn sein hohes Pflichtgefühl trieb, kam ihm in Erfüllung seiner Regentenpflicht ein ungewöhnliches Maß von klarem, durch Erlerntes weder unterstützten noch beeinträchtigten gesunden Menschenverstande, common sense, zu Statten. Hinderlich für das Verständniß der Geschäfte war die Zähigkeit, mit der er an fürstlichen, militärischen und localen Traditionen hing; jeder Verzicht auf solche, jede Wendung zu neuen Bahnen, wie sie der Lauf der Ereignisse nothwendig machte, wurde ihm schwer und erschien ihm leicht im Lichte von etwas Unerlaubtem oder Unwürdigem. Wie an Personen seiner Umgebung und an Sachen seines Gebrauchs, so hielt er auch an Eindrücken und Ueberzeugungen fest, unter der Mitwirkung der Erinnrung an das, was sein Vater in ähnlichen Lagen gethan hatte oder gethan haben würde; insbesondre im französischen Kriege hatte er die Erinnrung an den parallelen Verlauf der Freiheitskriege immer vor Augen.

König Wilhelm, der mich während der schleswig-holsteinischen Episode einmal vorwurfsvoll fragte: »Sind Sie denn nicht auch ein Deutscher?« weil ich mich seiner durch häusliche Einflüsse bedingten Neigung, ein neues gegen Preußen stimmendes Großherzogthum in Kiel zu schaffen, widersetzte, derselbe Herr war, wenn er, ohne durch politische Gedanken angekränkelt zu sein, in naturwüchsiger Freiheit seinen Empfindungen folgte, einer der entschlossensten Particularisten unter den deutschen Fürsten, in der Richtung eines patriotischen und conservativ gesinnten preußischen Offiziers aus der Zeit seines Vaters. Der Einfluß seiner Gemalin brachte ihn in reifern Jahren in Opposition gegen das traditionelle Prinzip, und die Unfähigkeit seiner Minister der neuen Aera und das überstürzende Ungeschick der liberalen Parlamentarier in der Conflictszeit weckte in ihm wiederum den alten Pulsschlag des preußischen Prinzen und Offiziers, zumal er mit der Frage, ob die Bahn, die er einschlug, gefährlich sei, niemals rechnete. Wenn er überzeugt war, daß Pflicht und Ehre, oder eins von beiden, ihm geboten, einen Weg zu betreten, so ging er ihn ohne Rücksicht auf die Gefahren, denen er ausgesetzt sein konnte, in der Politik ebenso wie auf dem Schlachtfelde. Einzuschüchtern war er nicht. Die Königin war es, und das Bedürfniß des häuslichen Friedens mit ihr war ein unberechenbares Gewicht, aber parlamentarische Grobheiten oder Drohungen hatten nur die Wirkung, seine Entschlossenheit im Widerstande zu stärken. Mit dieser Eigenschaft hatten die Minister der neuen Aera und ihre parlamentarischen Stützen und Gefolgschaften niemals gerechnet. Graf Schwerin war in seinem Mißverstehn dieses furchtlosen Offiziers auf dem Throne so weit gegangen, zu glauben, ihn durch Ueberhebung und Mangel an Höflichkeit einschüchtern zu können S. Bd. I 237. . In diesen Vorgängen lag der Wendepunkt des Einflusses der Minister der neuen Aera, der Altliberalen und der Bethmann-Hollweg'schen Partei, von dem ab die Bewegung rückläufig wurde, die Leitung in Roon's Hände fiel und der Ministerpräsident Fürst Hohenzollern mit seinem Adjuncten Auerswald meinen Eintritt in das Ministerium wünschten. Die Königin und Schleinitz verhinderten ihn einstweilen noch, als ich im Frühjahr 1860 in Berlin war, aber die Aeußerlichkeiten, die zwischen dem Herrn und seinen Ministern vorgekommen waren, hatten in die gegenseitigen Beziehungen doch einen Riß gebracht, der nicht mehr vernarbte.

IV.

Die Prinzessin Augusta vertrat unter Friedrich Wilhelm IV. in der Regel den Gegensatz zur Regirungspolitik; die neue Ära der Regentschaft sah sie als *ihr* Ministerium an, wenigstens bis zum Rücktritt des Herrn von Schleinitz. Es lebte in ihr vorher und später ein Bedürfniß des Widerspruchs gegen die jedesmalige Haltung der Regirung ihres Schwagers und später ihres Gemals. Ihr Einfluß wechselte und zwar so, daß derselbe bis auf die letzten Lebensjahre stets gegen die Minister in's Gewicht fiel. War die Regirungspolitik conservativ, so wurden die liberalen Personen und Bestrebungen in den häuslichen Kreisen der hohen Frau ausgezeichnet und gefördert; befand sich die Regirung des Kaisers in ihrer Arbeit zur Befestigung des neuen Reichs auf liberalen Wegen, so neigte die Gunst mehr nach der Seite der conservativen und namentlich der katholischen Elemente, deren Unterstützung, da sie unter einer evangelischen Dynastie sich häufig und bis zu gewissen Grenzen regelmäßig in der Opposition befanden, überhaupt der Kaiserin nahe lag. In den Perioden, wo unsre auswärtige Politik mit Oestreich Hand in Hand gehn konnte, war die Stimmung gegen Oestreich unfreundlich und fremd; bedingte unsre Politik den Widerstreit gegen Oestreich, so fanden dessen Interessen Vertretung durch die Königin und zwar bis in die Anfänge des Krieges 1866 hinein. Während an der böhmischen Grenze schon gefochten wurde, fanden in Berlin unter dem Patronate Ihrer Majestät durch das Organ von Schleinitz noch Beziehungen und Unterhandlungen bedenklicher Natur statt. Herr von Schleinitz hatte, seit ich Minister des Aeußern und er selbst Minister des königlichen Hauses geworden, das Amt einer Art Gegenministers der Königin, um Ihrer Majestät Material zur Kritik und zur Beeinflussung des Königs zu liefern. Er hatte zu diesem Behufe die Verbindungen benutzt, die er in der Zeit, wo er mein Vorgänger war, im Wege der Privatcorrespondenz angeknüpft hatte, um eine förmliche diplomatische Berichterstattung in seiner Hand zu concentriren. Ich erhielt die Beweise dafür durch den Zufall, daß einige dieser Berichte, aus deren Fassung die Thatsache der Continuität der Berichterstattung ersichtlich war, durch Mißverständniß der Feldjäger oder der Post an mich gelangten und amtlichen Berichten so genau ähnlich sahn, daß ich erst durch einzelne Bezugnahmen im Texte stutzig wurde, mir das dazu gehörige Couvert aus dem Papierkorb suchte und darauf die Adresse des Herrn von Schleinitz vorfand. Zu den Beamten, mit denen er solche Verbindungen unterhielt, gehörte unter Andern ein Consul, über den mir Roon unter dem 25. Januar 1864 schrieb, derselbe stehe im Solde von Drouyn de L'Huys und schreibe unter dem Namen Siegfeld Artikel für das »Mémorial Diplomatique«, die u. A. der Occupation der Rheinlande durch Napoleon das Wort redeten und sie in Parallele stellten mit unsrer Occupation Schleswigs. Zur Zeit der »Reichsglocke« und der gehässigen Angriffe der conservativen Partei und der »Kreuzzeitung« auf mich konnte ich ermitteln, daß die Colportage der »Reichsglocke« und ähnlicher verleumderischer Preßerzeugnisse im Bureau des Hausministeriums besorgt wurde. Der Vermittler war ein höherer Subalternbeamter Namens Bernhard Geh. Rechnungsrath, vgl. H. Blum, Persönliche Erinnerungen an den Fürsten Bismarck. München, Alb. Langen 1900. S. 138. der der Frau von Schleinitz die Federn schnitt und den Schreibtisch in Ordnung hielt. Durch ihn wurden allein an unsre höchsten Herrschaften dreizehn Exemplare der »Reichsglocke«, davon zwei in das Kaiserliche Palais, berichtmäßig eingesandt und andre an mehre verwandte Höfe.

Als ich einmal den geärgerten und darüber erkrankten Kaiser des Morgens aufsuchen mußte, um über eine höfische Demonstration zu Gunsten des Centrums eine unter den obwaltenden Umständen dringliche Beschwerde zu führen, fand ich ihn im Bette und neben ihm die Kaiserin in einer Toilette, die darauf schließen ließ, daß sie erst auf meine Anmeldung herunter gekommen war. Auf meine Bitte, mit dem Kaiser allein sprechen zu dürfen, entfernte sie sich, aber nur bis zu einem dicht außerhalb der von ihr nicht ganz geschlossenen Thüre stehenden Stuhle und trug Sorge, durch Bewegungen mich erkennen zu lassen, daß sie Alles hörte. Ich ließ mich durch diesen, nicht den ersten, Einschüchterungsversuch nicht abhalten, meinen Vortrag zu erstatten. An dem Abende desselben Tags war ich in einer Gesellschaft im Palais. Ihre Majestät redete mich in einer Weise an, die mich vermuthen ließ, daß der Kaiser meine Beschwerde ihr gegenüber vertreten hatte. Die Unterhaltung nahm die Wendung, daß ich die Kaiserin bat, die schon bedenkliche Gesundheit ihres Gemals zu schonen und ihn nicht zwiespältigen politischen Einwirkungen auszusetzen. Diese nach höfischen Traditionen unerwartete Andeutung hatte einen merkwürdigen Effect. Ich habe die Kaiserin Augusta in dem letzten Jahrzehnt ihres Lebens nie so schön gesehn wie in diesem Augenblicke; ihre Haltung richtete sich auf, ihr Auge belebte sich zu einem Feuer, wie ich es weder vorher noch nachher erlebt habe. Sie brach ab, ließ mich stehn und hat, wie ich von einem befreundeten Hofmanne erfuhr, gesagt: »Unser allergnädigster Reichskanzler ist heut sehr ungnädig.«

Ich hatte durch langjährige Gewohnheit allmälig ziemliche Sicherheit in Beurtheilung der Frage gewonnen, ob der Kaiser Anträgen, die mir logisch geboten erschienen, aus eigner Ueberzeugung oder im Interesse des Hausfriedens widerstand. War erstres der Fall, so konnte ich in der Regel auf Verständigung rechnen, wenn ich die Zeit abwartete, wo der klare Verstand des Herrn sich die Sache assimilirt hatte. Oder er berief sich auf das Minister-Conseil. In solchen Fällen blieb die Discussion zwischen mir und Sr. Majestät immer sachlich. Anders war es, wenn die Ursache des königlichen Widerstrebens gegen ministerielle Meinungen in vorhergegangnen Erörtrungen der Frage lag, die Ihre Majestät beim Frühstück hervorgerufen und bis zu scharfer Aussprache der Zustimmung durchgeführt hatte. Wenn der König in solchen Momenten, beeinflußt durch ad hoc geschriebene Briefe und Zeitungsartikel, zu raschen Aeußrungen im Sinne antiministerieller Politik gebracht war, so pflegte Ihre Majestät den gewonnenen Erfolg zu befestigen durch Aeußrung von Zweifeln, ob der Kaiser im Stande sein werde, die geäußerte Absicht oder Meinung »Bismarck gegenüber« aufrecht zu erhalten. Wenn Se. Majestät nicht auf Grund eigner Ueberzeugung, sondern weiblicher Bearbeitung widerstand, so konnte ich dies daran erkennen, daß seine Argumente unsachlich und unlogisch waren. Dann endete eine solche Erörtrung, wenn ein Gegenargument nicht mehr zu finden war, wohl mit der Wendung: »Ei der Tausend, da muß ich doch sehr bitten.« Ich wußte dann, daß ich nicht den Kaiser, sondern die Gemalin mir gegenüber gehabt hatte.

Alle Gegner, die ich mir in den verschiedensten Regionen im Laufe meiner politischen Kämpfe nothwendiger Weise und im Interesse des Dienstes zugezogen hatte, fanden in ihrem gemeinsamen Hasse gegen mich ein Band, das einstweilen stärker war als ihre gegenseitigen Abneigungen gegen einander. Sie vertagten ihre Feindschaft, um einstweilen der stärkern gegen mich zu dienen. Den Krystallisationspunkt für diese Uebereinstimmung bildete die Kaiserin Augusta, deren Temperament, wenn es galt ihren Willen durchzusetzen, auch in der Rücksicht auf Alter und Gesundheit des Gemals nicht immer Grenze fand.

Der Kaiser hatte während der Belagrung von Paris, wie häufig vorher und nachher, unter dem Kampfe zwischen seinem Verstande und seinem königlichen Pflichtgefühl einerseits und dem Bedürfniß nach häuslichem Frieden und weiblicher Zustimmung zur Politik andrerseits zu leiden. Die ritterlichen Empfindungen, die ihn gegenüber seiner *Gemalin*, die mystischen, die ihn der gekrönten *Königin* gegenüber bewegten, seine Empfindlichkeit für Störungen seiner Hausordnung und seiner täglichen Gewohnheiten haben mir Hindernisse bereitet, die zuweilen schwerer zu überwinden waren als die von fremden Mächten oder feindlichen Parteien verursachten, und vermöge der herzlichen Anhänglichkeit, die ich für die Person des Kaisers hatte, die aufreibende Wirkung der Kämpfe erheblich gesteigert, die ich bei pflichtmäßigem Vertreten meiner Ueberzeugung in den Vorträgen durchzumachen hatte.

Der Kaiser hatte das Gefühl davon und machte in den letzten Jahren seines Lebens mir gegenüber kein Geheimniß aus seinen häuslichen Beziehungen, berieth mit mir, welche Wege und Formen zu wählen seien, um seinen häuslichen Frieden ohne Schädigung der Staatsinteressen zu schonen; »der Feuerkopf« pflegte der hohe Herr in vertraulichen, aus Verdruß, Respect und Wohlwollen gemischten Stimmungen die Gemalin zu bezeichnen und diesen Ausdruck mit einer Handbewegung zu begleiten, die etwa sagen wollte: »Ich kann nichts ändern«. Ich fand diese Bezeichnung außerordentlich treffend; die Königin war, so lange nicht physische Gefahren drohten, eine muthige Frau, getragen von einem hohen Pflichtgefühl, aber auf Grund ihres königlichen Empfindens abgeneigt, andre Autoritäten als die ihrige gewähren zu lassen.

V.

Das Schwergewicht, das nach dem Antritt der Regentschaft der Wille und die Ueberzeugung des Prinzen von Preußen und spätern Kaisers auf dem außermilitärischen, dem politischen Gebiete darstellte, war das eigenste Product der mächtigen und vornehmen Natur, die diesem Fürsten, unabhängig von der ihm zu Theil gewordnen Erziehung, angeboren war. Der Ausdruck »königlich vornehm« ist prägnant für seine Erscheinung. Die Eitelkeit kann bei Monarchen ein Sporn zu Thaten und zur Arbeit für das Glück ihrer Unterthanen sein. Friedrich der Große war nicht frei davon; sein erster Thatendrang entsprang dem Verlangen nach historischem Ruhm; ob diese Triebfeder gegen das Ende seiner Regirung, wie man sagt, degenerirte, ob er dem Wunsche innerlich Gehör gab, daß die Nachwelt den Unterschied zwischen seiner und der folgenden Regirung merken möge, lasse ich unerörtert. Eine dichterische Ergießung datirte er von dem Tage vor einer Schlacht und theilte sie brieflich mit der Unterschrift mit: Pas trop mal à la veille d'une bataille.

Eine Eitelkeit der Art war dem Kaiser Wilhelm I. durchaus fremd; dagegen war ihm die Furcht vor *berechtigter* Kritik der Mit- und Nachwelt in hohem Maße eigen. Er war darin ganz preußischer Offizier, der, sobald er durch höhern Befehl gedeckt ist, ohne Schwanken dem sichern Tode entgegen geht, aber durch die Furcht vor dem Tadel des Vorgesetzten und der öffentlichen Meinung in zweifelnde Unsicherheit geräth, die ihn das Falsche wählen läßt. Niemand hätte gewagt, ihm eine platte Schmeichelei zu sagen. In dem Gefühle königlicher Würde würde er gedacht haben: wenn Einer das Recht hätte, mich in's Gesicht zu loben, so hätte er auch das Recht, mich in's Gesicht zu tadeln. Beides gab er nicht zu.

Monarch und Parlament hatten einander in schweren innern Kämpfen gegenseitig kennen und achten gelernt; die Ehrlichkeit der königlichen Würde, die sichre Ruhe des Königs hatten schließlich die Achtung auch seiner Gegner erzwungen, und der König selbst war durch sein hohes persönliches Ehrgefühl zu einer gerechten Beurtheilung der beiderseitigen Situationen befähigt. Das Gefühl der Gerechtigkeit nicht blos seinen Freunden und seinen Dienern gegenüber, sondern auch im Kampfe mit seinen Gegnern beherrschte ihn. Er war ein gentleman ins Königliche übersetzt, ein Edelmann im besten Sinne des Wortes, der sich durch keine Versuchung der ihm zufallenden Machtvollkommenheiten von dem Satze noblesse oblige dispensirt fühlte: sein Verhalten in der innern wie in der äußern Politik war den Grundsätzen des Cavaliers alter Schule und des normalen preußischen Offiziersgefühls jederzeit untergeordnet. Er hielt auf Treue und Ehre nicht nur Fürsten, sondern auch seinen Dienern bis zum Kammerdiener gegenüber. Wenn er durch augenblickliche Erregung seinem feinen Gefühl für königliche Würde und Pflicht zu nah getreten war, so fand er sich schnell wieder und blieb dabei »jeder Zoll ein König«, und zwar ein gerechter und wohlwollender König und ehrliebender Offizier, den der *Gedanke an sein preußisches porte-épée* auf richtigem Wege erhielt S. Bd. I 314. 365 f..

Der Kaiser konnte heftig werden, ließ sich aber in der Discussion von der etwaigen Heftigkeit dessen, mit dem er discutirte, nicht anstecken, sondern brach dann die Unterredung vornehm freundlich ab. Ausbrüche wie in Versailles bei Abwehr des Kaisertitels S. o. S. 145 ff. waren sehr selten. Wenn er heftig wurde gegen Leute, denen er wohlwollte, wie dem Grafen Roon oder mir, so war er entweder durch den Gegenstand selbst erregt oder durch fremde, außeramtliche Besprechungen vorher an Auffassungen gebunden, die sich sachlich nicht vertreten ließen. Graf Roon hörte dergleichen Explosionen an wie ein Militär in der Front den Verweis eines hohen Vorgesetzten, den er nicht verdient zu haben glaubt, aber er litt nervös darunter und secundär auch körperlich. Auf mich haben Ausbrüche von Heftigkeit des Kaisers, die ich seltner erlebte als Roon, niemals contagiös, eher abkühlend gewirkt. Ich hatte mir die Logik zurechtgelegt, daß ein Herrscher, der mir in dem Maße Vertraun und Wohlwollen schenkte, wie Wilhelm I., in seinen Unregelmäßigkeiten für mich die Natur einer vis major habe, gegen die zu reagiren mir nicht gegeben sei, etwa wie das Wetter oder die See, wie ein Naturereigniß, auf das ich mich einrichten müsse; und wenn mir das nicht gelang, so hatte ich eben meine Aufgabe nicht richtig angegriffen. Dieser mein Eindruck beruhte nicht auf meiner generellen Auffassung der

Stellung eines Königs von Gottes Gnaden zu seinem Diener, sondern auf meiner persönlichen Liebe zu Kaiser Wilhelm I. Ihm gegenüber lag mir persönliche Empfindlichkeit sehr fern, er konnte mich ziemlich ungerecht behandeln, ohne in mir Gefühle der Entrüstung hervorzurufen. Das Gefühl, beleidigt zu sein, werde ich ihm gegenüber ebenso wenig gehabt haben, wie im elterlichen Hause. Es hinderte das nicht, daß mich sachliche, politische Interessen, für die ich bei dem Herrn entweder kein Verständniß oder eine vorgefaßte Meinung vorfand, die von Ihrer Majestät oder von confessionellen oder freimaurerischen Hofintriganten ausging, in der Stimmung einer durch ununterbrochnen Kampf erzeugten Nervosität zu einem passiven Widerstande gegen ihn geführt haben, den ich heut in ruhiger Stimmung mißbillige und bereue, wie man analoge Empfindungen nach dem Tode eines Vaters hat, in Erinnrung an Momente des Dissenses.

Seinem redlichen Sinne und der Aufrichtigkeit seines Wohlwollens für Andre, seiner aus dem Herzen kommenden und von hohem Sinne getragnen Liebenswürdigkeit verdankte er es, daß ihm eine gewisse Leistung leicht wurde und gut gelang, die der Verstandesthätigkeit constitutioneller Regenten und Minister von Zeit zu Zeit viel Mühe macht. Für öffentliche Ansprachen enthalten die jährlich wiederkehrenden Aeußrungen solcher Monarchen, deren Constitutionalismus als mustergültig betrachtet wurde, einen reichen Vorrath an Redewendungen; aber trotz aller sprachlichen Gewandheit haben sowohl Leopold von Belgien wie Louis Philipp die constitutionelle Phraseologie ziemlich erschöpft, und ein deutscher Monarch wird kaum im Stande sein, schriftlich und gedruckt den Kreis der brauchbaren Aeußrungen zu erweitern. Mir selbst ist keine Arbeit unbehaglicher und schwieriger gewesen, als die Herstellung des nöthigen Phrasenbedarfs für Thronreden und ähnliche Aeußrungen. Wenn Kaiser Wilhelm selbst Proclamationen redigirte oder wenn er eigenhändig Briefe schrieb, so hatten dieselben, auch wenn sie sprachlich incorrect waren, doch immer etwas Gewinnendes, oft Begeisterndes. Sie berührten angenehm durch die Wärme seines Gefühls und die Sicherheit, die aus ihnen sprach, daß er Treue nicht nur verlangte, sondern auch gewährte. Il était de relation sûre; eine von den fürstlichen Gestalten, in Seele und Körper, deren Eigenschaften mehr des Herzens als des Verstands die im germanischen Charakter hin und wieder vorkommende Hingebung ihrer Diener und Anhänger auf Tod und Leben erklären. Für monarchische Gesinnung ist die Ausdehnung des Gebiets ihrer Ergebenheit nicht jedem Fürsten gegenüber dieselbe; sie unterscheidet sich, je nachdem politisches Verständniß oder Empfindung die Grenzen ziehn. Ein gewisses Maß der Hingebung wird durch die Gesetze bestimmt, ein größres durch politische Ueberzeugung; wo es darüber hinaus geht, bedarf es eines persönlichen Gefühls von Gegenseitigkeit, das bewirkt, daß treue Herrn treue Diener haben, deren Hingebung über das Maß staatsrechtlicher Erwägungen hinausreicht.

Es ist eine Eigenthümlichkeit royalistischer Gesinnung, daß ihren Träger, auch wenn er sich bewußt ist, die Entschließungen des Königs zu beeinflussen, das Gefühl nicht verläßt, der Diener des Monarchen zu sein. Der König selbst rühmte eines Tages (1865) gegen meine Frau die Geschicklichkeit, mit der ich seine Intentionen zu errathen und – wie er nach einer Pause hinzusetzte – zu *leiten* wüßte. Solche Anerkennung benahm ihm nicht das Gefühl, daß er der Herr und ich sein Diener sei, ein nützlicher, aber ehrerbietig ergebener. Dieses Bewußtsein verließ ihn auch dann nicht, als er bei erregter Erörtrung meines Abschiedsgesuchs 1877 in die Worte ausbrach: »Soll ich mich in meinen alten Tagen blamiren? Es ist eine Untreue, wenn Sie mich verlassen« – auch unter solchen Gefühlen stand er in seiner eignen königlichen Einschätzung und in seinem Gerechtigkeitssinn zu hoch, um jemals dem Gefühl einer Saulischen Eifersucht gegen mich zugänglich zu werden. Er hatte das königliche Gefühl, daß er es nicht nur vertrug, sondern sich gehoben fühlte durch den Gedanken, einen angesehnen und mächtigen Diener zu haben. Er war zu vornehm für das Gefühl eines Edelmanns, der keinen reichen und unabhängigen Bauern im Dorfe vertragen kann. Die freudige Art, in welcher er 1885 bei meiner 50jährigen Dienstfeier Sie wurde nach Wunsch des Kaisers mit der Feier des 70. Geburtstags verbunden. die mir gebrachten Huldigungen nicht befahl und anordnete, aber zuließ und mitmachte, stellte auch für das Publikum und die Geschichte diesen königlichen und vornehmen Charakter in das richtige Licht. Die Feier war nicht von ihm befohlen, aber zugelassen und freudig befördert. Nicht einen Augenblick kam ihm der Gedanke einer Eifersucht auf seinen Diener und Unterthanen in den Sinn, und nicht einen Augenblick verließ ihn das königliche Bewußtsein, der Herr zu sein, ebenso wie bei mir alle, auch übertriebene Huldigungen das Gefühl, der Diener dieses Herrn zu sein und mit Freuden zu sein, in keiner Weise berührten.

Diese Beziehungen und meine Anhänglichkeit hatten ihre prinzipielle Begründung in einem überzeugungstreuen Royalismus: aber in der Specialität, wie er vorhanden war, ist er doch nur möglich unter der Wirkung einer gewissen Gegenseitigkeit des Wohlwollens zwischen Herrn und Diener, wie unser Lehnrecht die »Treue« auf beiden Seiten zur Voraussetzung hatte. Solche

Beziehungen, wie ich sie zum Kaiser Wilhelm hatte, sind nicht ausschließlich staatsrechtlicher oder lehnrechtlicher Natur; sie sind persönlich, und sie wollen von dem Herrn sowohl wie von dem Diener, wenn sie wirksam sein sollen, erworben sein; sie übertragen sich mehr persönlich als logisch leicht auf eine Generation, aber ihnen einen dauernden und prinzipiellen Charakter beizulegen, entspricht im heutigen politischen Leben nicht mehr den germanischen, sondern eher den romanischen Anschauungen; der bourbonische porte-coton So ist zu lesen statt: der portugiesische porteur du coton. – Am portugiesischen Hofe war der porte-coton unbekannt; er gehörte zur Hofbeamtenhierarchie der Bourbonen. ist in die deutschen Begriffe nicht übertragbar.

VII.

Lebendiger als in meiner Schildrung werden gewisse Charakterzüge des Kaisers aus seinen nachstehenden Briefen hervortreten:

»Berlin, den 13. Januar 1870.

Leider vergaß ich noch immer, Ihnen die Sieges-Medaille zu übergeben, die eigentlich *zuerst in Ihren* Händen hätte sein müssen, und so sende ich sie Ihnen hierbei als Siegel Ihrer Welthistorischen Leistungen.

Ihr

Wilhelm.«

Ich schrieb dem Könige an demselben Tage:

»Allerdurchlauchtigster König,

Allergnädigster Herr,

Eurer Majestät sage ich meinen ehrfurchtsvollen und tiefgefühlten Dank für die huldreiche Verleihung der Sieges-Medaille und für den ehrenvollen Platz, den Eure Majestät mir auf diesem historischen Denkmal anzuweisen geruht haben. Die Erinnrung, welche dieses geprägte Document der Nachwelt erhalten wird, gewinnt für mich und die Meinigen ihre besondre Bedeutung durch die gnädigen Zeilen, mit denen Eure Majestät die Verleihung begleitet haben.

Wenn mein Selbstgefühl eine hohe Befriedigung darin findet, daß es mir vergönnt ist, meinen Namen unter den Flügeln des Königlichen Adlers, der Deutschland seine Bahnen anweist, auf die Nachwelt kommen zu sehn, so ist mein Herz noch mehr befriedigt in dem Gefühle, unter Gottes sichtbarem Segen einem angestammten Herrn zu dienen, dem ich mit voller und persönlicher Liebe anhänge, und dessen Zufriedenheit zu besitzen für mich der in diesem Leben begehrteste Lohn ist. Genehmigen Eure Majestät den Ausdruck ehrfurchtsvoller und unwandelbarer Treue, mit dem ich ersterbe

Eurer Majestät

treugehorsamster Diener

v. Bismarck.«

»Berlin, den 21. März 1871.

Mit der heutigen Eröffnung des ersten deutschen Reichstags nach Wiederherstellung eines Deutschen Reiches beginnt die erste öffentliche Thätigkeit desselben. Preußens Geschichte und Geschicke wiesen seit längerer Zeit auf ein Ereigniß hin, wie es sich jetzt, durch dessen Berufung an die Spitze des neugegründeten Reiches, vollzogen hat. Preußen verdankt dies weniger seiner Ländergröße und Macht, wenngleich Beides sich gleichmäßig mehrte, als seiner geistigen Entwicklung und seiner Heeres Organisation. In unerwartet schneller Folge haben sich im Laufe von 6 Jahren die Geschicke meines Landes zu dem Glanzpunkte entwickelt, auf dem es heute stehet. In diese Zeit fällt die Thätigkeit, zu welcher ich Sie vor 10 Jahren zu mir berief. In welchem Maaße Sie das Vertrauen gerechtfertigt haben, aus welchem ich damals den Ruf an Sie ergehen ließ, liegt offen vor der Welt. Ihrem Rath, Ihrer Umsicht, Ihrer unermüdlichen Thätigkeit verdankt Preußen und Deutschland das Welt Geschichtliche Ereigniß, welches sich heute in meiner Residenz verkörpert.

Wenngleich der Lohn für solche Thaten in Ihrem Innern ruhet, so bin ich doch gedrungen und verpflichtet, Ihnen öffentlich und dauernd den Dank des Vaterlandes und den meinigen auszudrücken. Ich erhebe Sie daher in den Fürstenstand Preußens mit der Bestimmung, daß sich derselbe stets auf das älteste männliche Mitglied Ihrer Familie vererbt.

Mögen Sie in dieser Auszeichnung den nie versiegenden Dank erblicken

Ihres

Kaisers und Königs

Wilhelm.«

»Berlin, den 2. März 1872.

Wir begehen heute den ersten Jahrestag des glorreichen Friedensschlusses, der durch Tapferkeit und Opfer aller Art erkämpft, durch Ihre Umsicht und Energie aber zu Résultaten führte, die nie geahndet waren! Meine Anerkennung und meinen Dank wiederhohle ich Ihnen heute von neuem mit dankbarem und gerührtem Herzen, dem ich durch *Eisen* und *edle* Metalle öffentlich Ausdruck gab. Es fehlt aber noch ein Metall, die Bronce. Ein Andenken aus diesem Metall stelle ich daher heute zu Ihrer Disposition und zwar in der Gestalt, die Sie vor einem Jahre zum *Schweigen* brachten; Ich habe daher bestimmt, daß nach Ihrer eignen Auswahl einige eroberte Geschütze Ihnen überwiesen werden, die Sie auf Ihren Besitzungen zum bleibenden Andenken Ihrer mir und dem Vaterlande geleisteten hohen Dienste aufpflanzen wollen!

Ihr

treu ergebener und
dankbarer

Wilhelm.«

»Coblenz, den 26. July 1872.

Sie werden am 28. d. M. ein schönes Familien Fest begehen, das Ihnen der Allmächtige in Seiner Gnade bescheert. Daher darf und kann ich mit meiner Theilnahme an diesem Feste nicht zurückbleiben, und so wollen Sie und die Fürstin Ihre Gemahlin hier meinen innigsten und wärmsten Glückwunsch zu diesem erhebenden Feste entgegen nehmen. Daß Ihnen Beiden unter so vielen Glücksgütern, die Ihnen die Vorsehung für Sie erkoren hat, doch immer das häusliche Glück obenan stand, das ist es, wofür Ihre Dankgebethe zum Himmel steigen. Unsere und meine Dankgebethe gehen aber weiter, indem sie den Dank in sich schließen, daß Gott Sie mir in endscheidender Stunde zur Seite stellte und damit eine Laufbahn meiner Regierung eröffnete, die weit über Denken und Verstehen gehet. Aber auch hierfür werden Sie Ihre Dankgefühle nach Oben senden, daß Gott Sie begnadigte, so Hohes zu leisten. Und in und nach allen Ihren Mühen fanden Sie stets in der Häuslichkeit Erholung und Frieden, und das erhält Sie Ihrem schweren Berufe. Für diesen sich zu erhalten und zu kräftigen, ist mein stetes Anliegen an Sie, und freue ich mich aus Ihrem Briefe durch Graf Lehndorff und von diesem selbst zu hören, daß Sie jetzt mehr an sich als an die Papiere denken werden.

Zur Erinnerung an Ihre silberne Hochzeit wird Ihnen eine Vase übergeben werden, die eine dankbare Borussia darstellt und die, so gebrechlich ihr Matérial auch sein mag, doch selbst in jeder Scherbe dereinst aussprechen soll, was Preußen Ihnen durch die Erhebung auf die Höhe, auf welcher es jetzt stehet, verdankt.

Ihr

treu ergebener
dankbarer König

Wilhelm.« Bismarck's Antwort s. im Anhang zu den Gedanken und Erinnerungen I 222 ff.

»Coblenz am 6. November 1878.

Es ist Ihnen beschieden gewesen, in Zeit eines *Vierteljahres* Europa durch Ihre Einsicht, Umsicht und durch Ihren Muth den Frieden theils wiederzugeben, theils zu erhalten, und für Deutschland auf gesetzlichem Wege einem Feinde entgegen zu treten, der für alle Staatlichen Verhältnisse Verderben drohte. Wenn beide Welt Geschichtliche Ereignisse von allen Wohlgesinnten begriffen und Ihnen derselben Anerkennung zu Theil geworden ist, und ich Ihnen selbst diese Anerkennung beweisen konnte für das zuerst genannte Ereigniß des Berliner Congresses, so geziemt es mir nun auch für die Endschiedenheit, mit welcher Sie den Rechtsboden vertheidigt haben, Ihnen diese Anerkennung auch öffentlich darzulegen. Das Gesetz Gegen die gemeingefährlichen Bestrebungen der Socialdemokratie vom 21. October 1878. welches ich im Sinne habe und welches seine Entstehung einem meinem Herzen und Gemüth schmerzlichen Ereigniß Den Mordversuchen Hödel's (11. Mai 1876) und Nobiling's (2. Juni 1878). verdankt, soll den deutschen Staaten ihren jetzigen rechtlichen Standpunkt erhalten und sichern, also auch Preußen.

Ich habe als Zeichen meiner Anerkennung Ihrer großen Verdienste um mein Preußen die Zeichen seiner Macht gewählt: Krone, Zepter und Schwerdt, und dem Großkreuz des Rothen Adler Ordens, welches Sie stets tragen, zufügen lassen, welche Décoration ich Ihnen beifolgend übersende.

Das Schwerdt spricht für den Muth und die Einsicht, mit welcher Sie meinen Zepter und meine Krone zu unterstützen und zu schützen wissen.

Möge die Vorsehung Ihnen noch die Kraft verleihen, um lange Jahre hindurch ferner Ihren Patriotismus meiner Regierung und dem Wohle des Vaterlandes zu widmen.

Ihr

treu ergebener dankbarer

Wilhelm.«

»Berlin, den 1. April 1879.

Leider kann ich Ihnen meine Wünsche zum heutigen Tage nicht persönlich mündlich darbringen, da ich heute zum Erstenmale zwar ausfahren soll, aber noch keine Treppen steigen darf.

Vor Allem wünsche ich Ihnen Gesundheit, denn von der hängt ja alle Thätigkeit ab, und diese entwickeln Sie jetzt mehr wie seit langer Zeit, ein Beweis, daß Thätigkeit auch gesund erhält. Möge es zum Wohle des Vaterlandes, des engeren wie weiteren, so fortgehen!

Ich benutze den Tag, um Ihren Schwiegersohn den Grafen Rantzau hiermit zum Legationsrath zu ernennen, da ich glaube Ihnen damit eine Freude zu machen.

Auch sende ich Ihnen die Copie meines großen Ahnherrn, des Groß(en) Kurfürsten, wie er auf der langen Brücke steht, zum Andenken an den heutigen Tag, der noch recht oft für Sie und uns wiederkehren möge.

Ihr

dankbarer

Wilhelm.«

Um Weihnachten 1883 schenkte der Kaiser mir eine Nachbildung des Denkmals auf dem Niederwald, an der ein Blättchen mit folgenden Worten befestigt war:

»Zu Weihnachten

1883

Der Schlußstein Ihrer Politik, eine Feier, die hauptsächlich Ihnen galt und der Sie leider Krankheitshalber nicht beiwohnen konnten!

W.«

»Berlin, 1. April 1885.

Mein lieber Fürst! Wenn sich in dem Deutschen Lande und Volke das warme Verlangen zeigt, Ihnen bei der Feier Ihres 70. Geburtstages zu bethätigen, daß die Erinnerung an Alles, was Sie für die Größe des Vaterlandes gethan haben, in so vielen Dankbaren lebt, so ist es mir ein tiefgefühltes Bedürfniß, Ihnen heute auszusprechen, wie hoch es mich freut, daß ein solcher Zug des Dankes und der Verehrung für Sie durch die Nation geht. Es freut mich das für Sie als eine wahrlich im höchsten Maaße verdiente Anerkennung; und es erwärmt mir das Herz, daß solche Gesinnungen sich in so großer Verbreitung kund thun, denn es ziert die Nation in der Gegenwart und es stärkt die Hoffnung auf ihre Zukunft, wenn sie Erkenntniß für das Wahre und Große zeigt und wenn sie ihre hochverdienten Männer feiert und ehrt. An einer solchen Feier Theil zu nehmen, ist mir und meinem Hause eine besondere Freude und wünschen wir Ihnen durch beifolgendes Bild Die Kaiserproclamation in Versailles von Anton v. Werner. auszudrücken, mit welchen Empfindungen dankbarer Erinnerung wir dies thun. Denn dasselbe vergegenwärtigt einen der größten Momente der Geschichte des Hohenzollern Hauses, dessen niemals gedacht werden kann, ohne sich zugleich auch Ihrer Verdienste zu erinnern.

Sie, mein lieber Fürst, wissen, wie in mir jederzeit das vollste Vertrauen, die aufrichtigste Zuneigung und das wärmste Dank Gefühl für Sie leben wird! Ihnen sage ich daher mit diesem nichts, was ich Ihnen nicht oft genug ausgesprochen habe, und ich denke, daß dieses Bild noch

Ihren späten Nachkommen vor Augen stellen wird, daß Ihr Kaiser und König und sein Haus sich dessen wohl bewußt waren, was wir Ihnen zu danken haben.

Mit diesen Gesinnungen und Gefühlen endige ich diese Zeilen als, über das Grab hinausdauernd,

Ihr dankbarer treu ergebener

Kaiser und König

Wilhelm.«

»Sie feiern, mein lieber Fürst, am 23. September d. J. den Tag, an welchem ich Sie vor 25 Jahren in mein Staats Ministerium berief und nach kurzer Zeit Ihnen das Präsi(di)um desselben übertrug. Ihre bis dahin dem Vaterlande in den verschiedensten und wichtigsten Aufträgen geleisteten ausgezeichneten Dienste berechtigten mich, Ihnen diese höchste Stellung zu übertragen. Die Geschichte des letzten Viertels des Jahrhunderts beweiset, daß ich mich nicht bei Ihrer Wahl geirrt habe!

Ein leuchtendes Bild von wahrer Vaterlandsliebe, unermüdlicher Thätigkeit, oft mit Hintenansetzung Ihrer Gesundheit, waren Sie unermüdlich, die oft sich aufthürmenden Schwierigkeiten, im Frieden und Kriege fest ins Auge zu fassen u(nd) zu guten Zielen zu führen, die Preußen an Ehre und Ruhm, zu einer Stellung führten in der Welt Geschichte, wie man sie nie geahndet hatte! Solche Leistungen sind wohl gemacht, um den 25. Jahrestag Original: den 25. Jahrestag des 25jährigen Jahrestag. des 23. Septembers mit Dank gegen Gott zu begehen, daß Er Sie mir zur Seite stellte, um Seinen Willen auf Erden auszuführen!

Und diesen Dank lege ich nun erneuert an Ihr Herz, wie ich dies so oft aussprechen und bethätigen konnte!

Mit Dank erfülltem Herzen wünsche ich Ihnen Glück zur Feier eines solchen Tages und wünsche von Herzen, daß Ihre Kräfte noch lange ungeschwächt erhalten bleiben zum Seegen des Thrones und des Vaterlandes!

Ihr

ewig dankbarer König
und Freund

Wilhelm.

Berlin zum 23. September 1887.

N. Sch.

Zur Erinnerung an die abgelaufenen 25 Jahre, sende ich Ihnen die Ansicht des Gebäudes, in welchem mir so endscheidende Beschlüsse berathen u(nd) ausführen mußten u(nd) die immer Preußen u(nd) nun hoffentlich Deutschland zur Ehre und zum Wohle gereichen mögen.«

Den letzten Brief des Kaisers erhielt ich am 23. December 1887. Verglichen mit dem vorhergehenden zeigt er im Satzbau und in den Zügen, daß dem Kaiser während der letztverflossenen drei Monate der schriftliche Ausdruck und das Schreiben viel saurer geworden waren; aber die Schwierigkeiten beeinträchtigen nicht die Klarheit der Gedanken, die väterliche Rücksicht auf das Gefühl des kranken Sohnes, die landesherrliche Sorge für die gehörige Ausbildung des Enkels. Es wäre unrecht, bei der Wiedergabe dieses Briefes irgend etwas daran bessern zu wollen.

»Berlin, den 23.12.1887.

Anliegend sende ich Ihnen die Ernennung Ihres Sohnes zum Wirklichen Geheimen Rath mit dem Predikat Ex(c)ellenz, um dieselbe(n) Ihrem Sohne zu übergeben, eine Freude, die ich Ihnen nicht versagen wollte. Ich denke, die Freude wird eine 3fache sein, für Sie, für Ihren Sohn u(nd) für mich!

Ich ergreife die Gelegenheit, um Ihnen mein bisheriges Schweigen [zu erklären] Ergänzung, fehlt im Original. auf Ihren Vorschlag, meinen Enkel den Prinzen Wilhelm mehr in die Staats Geschäfte einzuführen, bei dem traurigen Gesundheits Zustande des Kronprinzen meines Sohnes! Im Princip bin ich ganz einverstanden, daß dies geschehe, aber die Ausführung ist eine sehr schwierige. Sie werden ja wissen, daß die an sich sehr natürliche Bestimmung, die ich aus Ihren Rath traf, daß mein Enkel W. in meiner Behinderung die laufenden 2 Cabinets Erlasse des

Civils und Militairs unterschreiben werde, unter der Ueberschrift »auf Allerhöchsten Befehl« – daß diese Bestimmung den Kronprinzen sehr irritirt hat, als denke man in Berlin bereits an seinen Ersatz! Bei ruhigerer Ueberlegung wird sich mein Sohn wohl beruhigt haben. Schwieriger würde diese Ueberlegung sein, wenn er erfährt, daß seinem Sohn eine noch größere Einsicht in die Staatsgeschäfte gestattet wird u(nd) selbst ein Civil-Adjudant gegeben wird – wie ich seiner Zeit meine vortragenden Räthe bezeichnete. Damals lagen die Dinge jedoch ganz [anders] Ergänzung des Herausgebers. , da ein Grund meinen Königlichen Vater veranlassen konnte, für einen Stellvertreter des damaligen Kronprinzen zu bestellen, Offenbar schwebte dem Kaiser ›sorgen‹ vor, als er die Worte »für einen Stellvertreter« niederschrieb. obgleich meine Erbschaft an der Krone schon längst vorher zu sehen war, u(nd) unterblieb meine Einführung bis zu meinem 44. Jahre, als mein Bruder mich sofort zum Mitglied des Staats Ministeriums ernannte mit Beilegung des Titels als Prinz von Preußen. Mit dieser Stellung war also die Zutheilung eines erfahrenen Geschäftsmanns nothwendig, um mich zur jedesmaligen Staats Ministerial Sitzung vorzubereiten. Zugleich erhielt ich täglich die politischen *Dépéchen*, nachdem dieselben durch 4-5-6 Hände, – den Siegeln nach, gegangen waren! Für Original: Eine *bloße Conversation*, wie Sie es vorschlagen, einen Staatsmann meinem Enkel zuzutheilen, entbehrt also des Grundes, einer Vorbereitung, wie bei mir, zu einem bestimmten Zweck u(nd) würde bestimmt meinen Sohn von Neuem u(nd) noch mehr irritiren, was durchaus unterbleiben muß. Ich schlage daher vor, daß die bisherige Art der Beschäftigung-Erlernung der Behandlung der Staats-Orientirung beibehalten wird d. h. einzelnen Staats Ministerien zugetheilt werde und vielleicht auf zwei ausgedehnt werde, wie in diesem Winter, wo mein Enkel freiwillig den Besuch des Auswärtigen Amts ferner zu gestatten neben dem Finanz-Ministerium, welche Freiwilligkeit dann von Neujahr ganz fortfallen könnte, u(nd) vielleicht das Minist. des Inneren an die Stelle [treten könnte] Ergänzung des Herausgebers. , wobei meinem Enkel zu gestatten wäre, in einzelnen sanglanten Fällen sich im Auswärt(igen) Amt zu orientiren. Diese Fortsetzung des jetzigen Verfahrens kann meinen Sohn weniger *irritiren*, obgleich Sie sich erinnern werden, daß er auch gegen dieses Verfahren scharf *opponirt*.

Ich bitte also um Ihre Ansicht in dieser Materie.

Ein angenehmes Fest Ihnen Allen wünschen(d)

Ihr

dankbarer

Wilhelm.

Das beifolgende Patent wollen Sie gefällichst vor der Uebergabe *contrasigniren*.

W. Vgl. Anhang zu den Gedanken und Erinnerungen des Fürsten Bismarck, Bd. I: Kaiser Wilhelm und Bismarck.

Von der Kaiserin Augusta habe ich sehr selten Zuschriften erhalten; ihr letzter Brief, bei dessen Abfassung sie wohl ebenso wie ich bei dem Lesen an die Kämpfe gedacht hat, die ich mit ihr zu bestehn hatte, lautet wie folgt:

»*Dictirt.*

Baden-Baden, den 24. December 1888.

Lieber Fürst!

Wenn ich diese Zeilen an Sie richte, so ist es nur, um an dem Wendepunkt eines ernsten Lebensjahres eine Pflicht der Dankbarkeit zu erfüllen. Sie haben unserm unvergeßlichen Kaiser treu beigestanden und meine Bitte der Fürsorge für seinen Enkel erfüllt. Sie haben mir in bitteren Stunden Theilnahme bewiesen, deshalb fühle ich mich berufen, Ihnen, bevor ich dieses Jahr beschließe, nochmals zu danken und dabei auf die Fortdauer Ihrer Hülfe zu rechnen, mitten unter den Widerwärtigkeiten einer vielbewegten Zeit. Ich stehe im Begriff, den Jahreswechsel im Familienkreise still zu feiern, und sende Ihnen und Ihrer Gemahlin einen freundlichen Gruß.

Augusta.«

Die Unterschrift ist eigenhändig, aber sehr verschieden von den festen Zügen, in denen die Kaiserin früher zu schreiben pflegte.

Dreiunddreißigstes Kapitel. Kaiser Friedrich III.

Es war ein weitverbreiteter Irrthum, daß der Regirungswechsel von Kaiser Wilhelm zu Kaiser Friedrich mit einem Ministerwechsel, der mir meinen Nachfolger gegeben haben würde, verbunden sein müßte. Im Sommer 1848 hatte ich zuerst Gelegenheit, dem damals 17jährigen Herrn bekannt zu werden und Beweise persönlichen Vertrauns von ihm zu erhalten S. Bd. I S. 58 f. . Letztres mag bis 1866 gelegentlich geschwankt haben, erwies sich aber als fest und offen bei Erledigung der Danziger Episode in Gastein 1863 S. Bd. I S. 351 . Im Kriege von 1866, insbesondre in den Kämpfen mit dem Könige und den höhern Militärs über die Opportunität des Friedensschlusses in Nikolsburg, hatte ich mich eines von politischen Prinzipien und Meinungsverschiedenheiten unabhängigen Vertrauns des Kronprinzen zu erfreuen S. o. S. 67 . Versuche, es zu erschüttern, sind von verschiednen Seiten, die äußerste Rechte nicht ausgeschlossen, und unter Anwendung verschiedner Vorwände und Erfindungen gemacht worden, haben aber keinen dauernden Erfolg erreicht; zu ihrer Vereitlung genügte seit 1866 eine persönliche Aussprache zwischen dem hohen Herrn und mir.

Als der Gesundheitszustand Wilhelm's I. im Jahre 1885 Anlaß zu ernsten Besorgnissen gab, berief der Kronprinz mich nach Potsdam und fragte, ob ich im Falle eines Thronwechsels im Dienst bleiben würde. Ich erklärte mich dazu unter zwei Bedingungen bereit: keine Parlamentsregirung und keine auswärtigen Einflüsse in der Politik. Der Kronprinz erwiderte mit einer entsprechenden Handbewegung: »Kein Gedanke daran!«

Bei seiner Frau Gemalin konnte ich nicht dasselbe Wohlwollen für mich voraussetzen; ihre natürliche und angeborne Sympathie für ihre Heimath hatte sich von Hause aus gekennzeichnet in dem Bestreben, das Gewicht des preußisch-deutschen Einflusses in europäischen Gruppirungen in die Wagschale ihres Vaterlandes, als welches sie England zu betrachten niemals aufgehört hat, hinüberzuschieben und im Bewußtsein der Interessenverschiedenheit der beiden asiatischen Hauptmächte, England und Rußland, bei eintretendem Bruche die deutsche Macht im Sinne Englands verwendet zu sehn. Dieser auf der Verschiedenheit der Nationalität beruhende Dissens hat in der orientalischen Frage, mit Einschluß der Battenbergischen, manche Erörtrung zwischen Ihrer Kaiserlichen Hoheit und mir veranlaßt. Ihr Einfluß auf ihren Gemal war zu allen Zeiten groß und wurde stärker mit den Jahren, um zu culminiren in der Zeit, wo er Kaiser war. Aber auch bei ihr bestand die Ueberzeugung, daß meine Beibehaltung bei dem Thronwechsel im Interesse der Dynastie liege.

Es ist nicht meine Absicht, würde auch unausführbar sein, jeder Legende und böswilligen Erfindung ausdrücklich zu widersprechen. Da indessen die Erzählung, der Kronprinz habe 1887 nach der Rückkehr aus Ems eine Urkunde unterzeichnet, in der er für den Fall, daß er seinen Vater überlebe, zu Gunsten des Prinzen Wilhelm auf die Regirung verzichtet, in ein englisches Werk über den Kaiser Wilhelm II. übergegangen ist, so will ich constatiren, daß an der Geschichte nicht ein Schatten von Wahrheit ist. Auch daß ein Thronerbe, der an einer unheilbaren Körperkrankheit leide, nach unsern Hausgesetzen nicht successionsfähig sei, wie 1887 in manchen Kreisen behauptet, in andern geglaubt wurde, ist eine Fabel. Die Hausgesetze so wenig wie die preußische Verfassungs-Urkunde enthalten irgend eine Bestimmung der Art. Dagegen gab es einen Moment, in dem eine Frage staatsrechtlicher Natur mich nöthigte, in die Behandlung des Dulders einzugreifen, deren Geschichte übrigens die medizinische Wissenschaft angeht. Die behandelnden Aerzte waren Ende Mai 1887 entschlossen, den Kronprinzen bewußtlos zu machen und die Exstirpation des Kehlkopfs auszuführen, ohne ihm ihre Absicht angekündigt zu haben. Ich erhob Einspruch, verlangte, daß nicht ohne die Einwilligung des Patienten vorgegangen und, da es sich um den Thronfolger handle, auch die Zustimmung des Familienhauptes eingeholt werde. Der Kaiser, durch mich unterrichtet, verbot die Operation ohne Einwilligung seines Sohnes vorzunehmen.

Von den wenigen Erörtrungen, die ich mit dem Kaiser Friedrich während seiner kurzen Regirungszeit zu führen hatte, sei eine erwähnt, an die sich Betrachtungen über die Reichsverfassung knüpfen lassen, die mich in frühern Conjuncturen und wieder im März 1890 beschäftigt haben.

Bei dem Kaiser Friedrich war die Neigung vorhanden, der Verlängrung der Legislaturperiode von drei auf fünf Jahre im Reiche und in Preußen die Genehmigung zu versagen. In Betreff des Reichstags setzte ich ihm auseinander, daß der Kaiser als solcher kein Factor der Gesetzgebung sei, sondern nur als König von Preußen durch die preußische Stimme am Bundesrathe mitwirke; ein Veto gegen übereinstimmende Beschlüsse beider gesetzgebenden Körperschaften habe ihm die Reichsverfassung nicht beigelegt. Diese Auseinandersetzung genügte, um Se. Majestät zur Vollziehung des Schriftstücks, durch das die Verkündigung des Gesetzes vom 19. März 1888 angeordnet wurde, zu bestimmen.

Auf die Frage Sr. Majestät, wie sich die Sache nach der preußischen Verfassung verhalte, konnte ich nur antworten, daß der König dasselbe Recht habe, einen Gesetzentwurf anzunehmen oder abzulehnen, wie jedes der beiden Häuser des Landtags. Se. Majestät lehnte dann vor der Hand die Unterzeichnung ab, sich die Entschließung vorbehaltend. Es entstand also die Frage, wie das Staatsministerium, das die Königliche Zustimmung beantragt hatte, sich zu verhalten habe. Ich befürwortete und erreichte, daß einstweilen auf eine Erörtrung mit dem Könige verzichtet wurde, weil er ein unzweifelhaftes Recht ausübe, weil überdies der Gesetzentwurf vor dem Thronwechsel eingebracht war, und endlich, weil wir vermeiden müßten, die wegen der Krankheit des Monarchen ohnehin schwierige Situation durch Anregung von Cabinetsfragen zu verschärfen. Die Sache erledigte sich dadurch, daß Se. Majestät mir am 27. Mai auch das preußische Gesetz vollzogen aus eignem Antriebe zugehn ließ.

Man hat sich in der Praxis daran gewöhnt, den Kanzler als verantwortlich für das gesammte Verhalten der Reichsregirung anzusehn. Diese Verantwortlichkeit läßt sich nur dann behaupten, wenn man seine Berechtigung zugiebt, das kaiserliche Uebersendungsschreiben, vermittelst dessen Vorlagen der verbündeten Regirungen (Art. 16) an den Reichstag gelangen, durch Verweigrung der Gegenzeichnung zu inhibiren. Der Kanzler an sich hätte, wenn er nicht zugleich preußischer Bevollmächtigter zum Bundesrathe ist, nach dem Wortlaute der Verfassung nicht einmal die Berechtigung, an den Debatten des Reichstags persönlich theilzunehmen. Wenn er, wie bisher, zugleich Träger eines preußischen Mandats zum Bundesrathe ist, so hat er nach Art. 9 das Recht, im Reichstage zu erscheinen und jederzeit gehört zu werden; dem Reichskanzler als solchem ist diese Berechtigung durch keine Bestimmung der Verfassung beigelegt. Wenn also weder der König von Preußen, noch ein andres Mitglied des Bundes den Kanzler mit einer Vollmacht für den Bundesrath versieht, so fehlt demselben die verfassungsmäßige Legitimation zum Erscheinen im Reichstage; er führt zwar nach Art. 15 im Bundesrathe den Vorsitz, aber ohne Votum, und es würden ihm die preußischen Bevollmächtigten in derselben Unabhängigkeit gegenüberstehn wie die der übrigen Bundesstaaten.

Es leuchtet ein, daß eine Aendrung der bisherigen Verhältnisse, infolge deren die bisher dem Kanzler zugeschriebene Verantwortlichkeit auf die Anordnungen der kaiserlichen Executiv-Gewalt beschränkt und ihm die Befugniß, geschweige denn die Verpflichtung, im Reichstage zu erscheinen und zu discutiren, entzogen würde, nicht eine nur formelle sein, fondern auch die Schwerkraft der Factoren unsres öffentlichen Lebens wesentlich verändern würde. Ich habe mir die Frage, ob es sich empföhle, derartigen Eventualitäten näher zu treten, vorgelegt zu der Zeit, als ich mich im December 1884 einer Reichstagsmehrheit gegenüber fand, die sich aus einer Coalition der verschiedenartigsten Elemente zusammensetzte, aus der Socialdemokratie, den Polen, Welfen, Franzosenfreunden aus dem Elsaß, den freisinnigen Krypto-Republikanern und gelegentlich aus mißgünstigen Conservativen am Hofe, im Parlamente und in der Presse – der Coalition, die zum Beispiel die Geldbewilligung für einen zweiten Director im Auswärtigen Amt ablehnte. Vgl. Politische Reden X 320 ff. Die Unterstützung, die ich dieser Opposition gegenüber am Hofe, im Parlamente und außerhalb desselben fand, war keine unbedingte und nicht frei von der Mitwirkung mißgünstiger und rivalisirender Streber. Ich habe damals die Frage Jahre hindurch mit wechselnder Ansicht über ihre Dringlichkeit bei mir und mit Andern erwogen, ob das Maß nationaler Einheit, welches wir gewonnen hatten, zu seiner Sicherstellung nicht einer andern Form bedürfe als der zur Zeit gültigen, die aus der Vergangenheit überliefert und durch die Ereignisse und durch Compromisse mit Regirungen und Parlamenten entwickelt war. Ich habe in jener Zeit, wie ich glaube, auch in öffentlichen Reden angedeutet, daß der König von Preußen, wenn ihm der Reichstag die kaiserliche Wirksamkeit über die Grenzen der Möglichkeit monarchischer Einrichtungen erschwere, sich zu einer stärkern Anlehnung an die Unterlagen veranlaßt sehn könne, welche die preußische Krone und Verfassung ihm gewähre. Vgl. Politische Reden XI 468. Ich hatte bei Herstellung der Reichsverfassung befürchtet, daß die Gefährdung unsrer nationalen Einheit in erster Linie von dynastischen Sonderbestrebungen zu befürchten sei, und hatte mir daher zur Aufgabe gestellt, das Vertraun der Dynastien durch ehrliche und wohlwollende Wahrung ihrer verfassungsmäßigen Rechte im Reiche zu gewinnen, habe auch die Genugthuung gehabt, daß insbesondre die hervorragenden Fürstenhäuser eine gleichzeitige Befriedigung ihres nationalen Sinns und ihrer particulären Ansprüche fanden. In dem Ehrgefühle, das den Kaiser Wilhelm I. seinen Bundesgenossen gegenüber beseelte, habe ich stets ein Verständniß für die politische Notwendigkeit gefunden, das dem eignen stark dynastischen Gefühle schließlich doch überlegen war.

Auf der andern Seite hatte ich darauf gerechnet, in den gemeinsamen öffentlichen Einrichtungen, namentlich in dem Reichstage, in Finanzen, basirt auf indirecten Steuern und in Monopolen, deren Ertrage nur bei dauernd gesichertem Zusammenhange flüssig bleiben, Bindemittel herzustellen, die haltbar genug wären, um centrifugaler Anwandlung einzelner Bundesregirungen Widerstand zu leisten. Die Ueberzeugung, daß ich mich in dieser Rechnung geirrt, daß ich die nationale Gesinnung der Dynastien unterschätzt, die der deutschen Wähler oder doch des Reichstags überschätzt hatte, war Ende der siebziger Jahre in mir noch nicht zum Durchbruch gekommen, mit so viel Uebelwollen ich auch im Reichstage, am Hofe, in der conservativen Partei und deren »Declaranten« zu kämpfen gehabt hatte. Jetzt habe ich den Dynastien Abbitte zu leisten; ob die Fractionsführer mir ein pater peccavi schuldig sind, darüber wird die Geschichte einmal entscheiden. Ich kann nur das Zeugniß ablegen, daß ich den Fractionen, den arbeitsscheuen Mitgliedern sowohl wie den Strebern, in deren Hand die Führung und das Votum ihrer Gefolgschaften lag, eine schwerere Schuld an der Schädigung unsrer Zukunft beimesse, als sie selbst fühlen, »Get you home, you fragments,« sagt Coriolan. Nur die Führung des Centrums kann ich nicht eine unfähige nennen, aber sie ist berechnet auf die Zerstörung des unbequemen Gebildes eines Deutschen Reichs mit evangelischem Kaiserthum und acceptirt in Wahlen und Abstimmungen den Beistand jeder ihr an sich feindlichen, aber zunächst in gleicher Richtung wirkenden Fraction, nicht nur der Polen, Welfen, Franzosen, sondern auch der Freisinnigen. Wie viele der Mitglieder mit Bewußtsein, wie viele in ihrer Beschränktheit für reichsfeindliche Zwecke arbeiten, werden nur die Führer beurtheilen können. Windthorst, politisch latitudinarian, religiös ungläubig, ist durch Zufall und bürokratisches Ungeschick auf die feindliche Seite geschoben worden. Trotz alledem hoffe ich, daß in Kriegszeiten das Nationalgefühl stets zu der Höhe anschwellen wird, um das Lügengewebe zu zerreißen, in dem Fractionsführer, strebsame Redner und Parteiblätter in Friedenszeiten die Massen zu erhalten wissen.

Wenn man sich die Zeit vergegenwärtigt, wo das Centrum, gestützt weniger auf den Papst als auf den Jesuitenorden, die Welfen, nicht blos die hanöverschen, die Polen, die französirenden Elsässer, die Volksparteiler, die Socialdemokraten, die Freisinnigen und die Particularisten, einig unter einander nur in der Feindschaft gegen das Reich und seine Dynastie, unter Führung desselben Windthorst, der vor und nach seinem Tode zu einem Nationalheiligen gemacht wurde, eine sichre und herrische Mehrheit gegen den Kaiser und die verbündeten Regirungen besaß, so wird Jeder, der die damalige Situation und die von Westen und Osten drohenden Gefahren fachkundig zu beurtheilen im Stande ist, es natürlich finden, daß ein für die Schlußergebnisse verantwortlicher Reichskanzler daran dachte, den möglichen auswärtigen Verwicklungen und ihrer Verbindung mit innern Gefahren mit derselben Unabhängigkeit entgegen zu treten, mit der der böhmische Krieg ohne Einverständniß, vielfach sogar im Widerspruche mit politischen Stimmungen unternommen wurde.

Von den Privatbriefen des Kaisers Friedrich theile ich einen um seinet- und um meinetwillen mit, als Probe seiner Sinnesart und seines schriftlichen Ausdrucks und behufs Zerstörung der Legende, daß ich »ein Feind der Armee« gewesen sei.

»Charlottenburg, 25. März 1888.

Ich gedenke mit Ihnen, mein lieber Fürst, der heute abgelaufenen 50 Jahre, welche verstrichen sind, seitdem Sie in das Heer eintraten, und freue mich aufrichtig, daß der Garde-Jäger von damals mit so viel Zufriedenheit auf dieses abgelaufene halbe Jahrhundert zurückblicken kann. Ich will mich heute nicht in lange Auseinandersetzungen über die staatsmännischen Verdienste einlassen, welche Ihren Namen für immer mit unsrer Geschichte verflochten haben. Aber das Eine muß ich hervorheben: daß, wo es galt, das Wohl des Heeres, seine Wehrkraft, seine Schlagfertigkeit zu vervollkommnen, Sie nimmer fehlten, den Kampf auszufechten und durchzuführen. Somit dankt Ihnen das Heer für erlangte Segnungen, die es Ihnen niemals vergessen wird, und an der Spitze desselben der Kriegsherr, der erst vor wenigen Tagen berufen ist, diese Stellung nach dem Heimgang dessen einzunehmen, der unausgesetzt das Wohl der Armee auf dem Herzen trug.

Ihr

wohlgeneigter
Friedrich.«

FSC
www.fsc.org
MIX
Papier | Fördert
gute Waldnutzung
FSC® C083411

Zeitfracht Medien GmbH
Ferdinand-Jühlke-Straße 7
99095 Erfurt, Deutschland
produktsicherheit@kolibri360.de